FEN UM 750

KASPISCHES MEER
ARAL S.
PERSISCHER GOLF
ARMENIEN
ĀDHARBAIDSCHĀN
TABARISTĀN
CHORĀSSĀN
PERSIEN DER SSĀSSĀNIDEN
Kōhistān
FARS
KERMĀN
MEKRĀN
SSEDSCHISTĀN
CHUSISTĀN (SUSIANA)
CHWĀRASM
TRANSOXANIEN
FARGHANA
TOCHARISTĀN
PANDSCHAB
SIND
TŪRĀN
NEDSCHD
JEMĀMA
BACHRAIN
OMĀN
HADRAMAUT
NEDSCHRĀN
JEMEN
Roba'el Chali (Sandwüste)
Mahra
Schamar Geb.
Mossul
Bagdad
Madain
Basra
Hira
Kufa
Ispahān
Rai
Hamadān (Ekbatana)
Istachr
Schirās
Hormus
Merw
Naischāpūr
Balch
Buchārā
Ssamarkand
Kabul
Herāt
Bost
Multān
Kusdar
Mansūra
Daybul
Maskat
Ssanā
Aden
Ma'rib (Saba)
Nedschrān
Bosācha
Wolga
Jaxartes
Oxus
Indus
Eroberungen unter Muhammed (622-632)
den vier ersten Chalifen (632-656)
den Umaijaden bis Welid I. (661-715)
Sulaiman (715-717) und seinen Nachfolgern (bis 750)
Maßstab 1:17000000.
45
50
55
60
65

Hans-Peter Raddatz

Von Allah zum Terror?

Hans-Peter Raddatz

Von Allah zum Terror?

Der Djihad und die Deformierung des Westens

Herbig

Besuchen Sie uns im Internet unter:
http:/www.herbig.net

Schutzumschlag: Wolfgang Heinzel
Herstellung und Satz: VerlagsService Dr. Helmut Neuberger
& Karl Schaumann GmbH, Heimstetten
Gesetzt aus der 10,5/13 Punkt Minion
Druck: Jos. C. Huber, Dießen
Binden: G. Frauenberger, Neudörfl
Printed in Germany
ISBN 3-7766-2289-X

Inhalt

Teil I

Das Imperium Allahs

A

Die Wurzeln des *Djihad*

B

Die Praxis des *Djihad*

C

Die Lizenz der Macht

Teil II
Islam und Europa

A
Der Beginn in Spanien

B
Europa und die Gewalt

C
Der Marsch der Osmanen

Teil III
Wege zum Terror

A
Version Islam

B

Version Europa

C

Spuren des Subhumanen

Einführung

Es bedarf nicht der Septemberkatastrophe von New York, um die Feststellung zu treffen, daß die Begegnungen des Islam mit dem Westen ein historisch gewachsenes und auch aktuell dringliches Diskussionspotential aufgebaut haben. Seit Jahrzehnten entwickelt sich allerdings in Europa, speziell in Deutschland, unter massiver Mitwirkung der Wirtschaft und Medien eine eigentümliche Formation, die unter dem Anspruch, einen »interkulturellen Dialog« zu führen, tendenziell eher islamische Interessen wahrnimmt. Es treten Repräsentanten der Politik, Kirchen, Universitäten etc. auf, die den Islam und seine politischen Ziele mit wachsendem Nachdruck als eine Art »Friedenspaket«, als besondere »Bereicherung« der multikulturellen Zukunftsgesellschaft fordern.

In endlosen Wiederholungen richtet diese lobbyartige Vertretung an eine durchaus gutgläubige, allerdings z.T. skeptische bzw. desinteressierte Öffentlichkeit die Forderung, an bestimmte »Wahrheiten« zu glauben: daß der Islam tolerant sei, u.a. weil er in Spanien tolerant gewesen sei und Minderheiten schütze, daß er der Frieden selbst sei, weil angeblich schon das Wort Islam »Frieden« bedeute (arab.: *islam* = Hinwendung, Unterwerfung) und daß daher die Muslime sich ganz auf ihre Religion konzentrierten sowie an die freiheitliche Grundordnung hielten, weil schon im Koran die Demokratie angelegt sei. Darüber hinaus wird betont, daß der Islam den Westen wissenschaftlich ganz wesentlich befruchtet habe, daß er seine Frauen ehre und nicht unterdrücke, daß das Abschlagen von Gliedmaßen und Köpfen gewachsenes Recht »des Islam« sei, daß »der Islam« keine Gewalttradition habe und daß daher der terroristische Islamismus mit dem »eigentlichen«, nämlich dem toleranten, friedlichen Islam nicht zu verbinden sei, sondern ihn eher »mißbrauche«. Aus diesen und anderen Gründen könne man insgesamt also auch an den einen, weitgehend gleichen Gott glauben, weil man schließlich u.a. aus der gleichen »abrahamitischen Wurzel« hervorgehe.

Diese Aussagen, die seit vielen Jahren die Runde machen, und durch weitere, ähnliche Stereotypen ergänzt werden können, stehen in so absurdem Kontrast zu Geschichte und Wirklichkeit, daß sie demjenigen, der wissen will, was den Islam »eigentlich« ausmacht, eher als Gegenindikator dienen können. Mit anderen Worten: Die Botschaft dieses »Dialogs« trägt alle Merkmale einer Ersatzrealität, einer kognitiv starren und dabei offenbar heilsträchtigen Fiktion, die allerdings politisch nicht ohne Brisanz ist. Denn aus Sicht der Informationswissenschaft hat eine solche Verfaßtheit mit Denken im herkömmlichen Sinne nichts mehr zu tun. Man spricht hier von einem »Kristall«, in dem sich Information *statisch* wiederholt und daher zu *Desinformation* werden muß, weil ihre Starre unfähig ist, irgendeinen Beitrag zur Entwicklung einer Umgebung zu leisten, die sich ihrerseits fortlaufend *dynamisch* entwickelt.[1]

Auch den »Rauch«, den Gegenpol im informatorischen Spektrum, bietet uns der »Dialog« in reichlichem Umfang an. Hier handelt es sich um eine anonyme und strukturlose Vielzahl von möglichen Einzelangaben, die allerdings nicht konkret benannt werden. In einem binären »Denken«, das nur zu Starre *oder* Auflösung fähig scheint und nicht *informiert*, also *zwischen* den Polen nicht analytisch vermittelt, betonen die Lobbyisten des Islam, daß dieser selbst kein »Monolith« sei, sondern sich in so viele Facetten und Aspekte teile, daß von »dem Islam« eigentlich keine Rede sein könne und daher vom Islamismus strikt zu trennen sei. Ab dem 11. September sah man sich allerdings genötigt, diese »Methode« auf den Islamismus auszuweiten.

Nun hieß es auch hier, daß es innerhalb des Islamismus eine Vielzahl z.T. überaus friedlicher Strömungen gebe, die es unmöglich machten, von »dem Islamismus« zu sprechen. Welche Aspekte es nun »eigentlich« sind, die »den Islam« und »den Islamismus« so vielfältig, friedlich und bereichernd sein lassen, blieb indessen weiterhin undiskutiert. Ebenso blieb ungeklärt, wieso eine Religion – im Gegensatz zu beispielsweise Buddhismus und Hinduismus – einer eigens für sie eingerichteten Lobby und deren umfassender Fürsprache bedarf, wenn ihr hervorstechendes Merkmal eine ebenso umfassende Friedensfähigkeit und Toleranz ist, die sie »eigentlich« zum Selbstläufer, zum moralischen Renner der westlichen Moderne machen müßten.

Der produktive Bereich zwischen den Polen »Kristall« und »Rauch«, in dem ansonsten Information erzeugt, verknüpft, geprüft und zu einer brauchbaren These verarbeitet wird, bleibt im »Dialog mit dem Islam« auffällig ungenutzt. So verbindet denn alle »Deutungseliten« in Politik, Kirchen, Medien, »Wissenschaft« etc. das gemeinsame Kennzeichen, diesen für einen emanzipierten Dialog unverzichtbaren Bereich strikt zu meiden und dabei jedes konträre Argument aggressiv abzuwehren, weil ihre Botschaft zwar eine logische, aber keinesfalls eine finanzielle Fiktion darstellt.

Die fundamentale Wahrheit des »Dialogs« besteht in ihrem doppelten Dogma, daß der Islam tolerant ist und Islam sowie Islamismus, obwohl es sie »eigentlich« nicht gibt, streng getrennt werden müssen, wobei sie selbst nicht beschrieben werden können, weil sie von überwältigender Vielfalt sind. Alle einschlägigen, gesellschaftlich massiv gesponsorten Publikationen und Veranstaltungen basieren auf dieser ihrerseits radikalen Doktrin, die jeden Einwand als »Feindbild« wertet und ihre Behauptungen gern mit der Zusatzfloskel »nicht alle« in einen noch nebulöseren Bereich zieht. Indem »nicht alle« Muslime extrem sind, »nicht alle« dem Islamismus folgen, »nicht alle« im Koran die einzige Richtschnur sehen, »nicht alle« ihre Frauen schlagen und schließlich »nicht alle« überhaupt dieses oder jenes befürworten oder verwerfen, lassen sich zwei wesentliche Tendenzen verschleiern – das Vorrücken der *shari'a*, der Gesetzesregeln Allahs, im islamischen Raum und ihrer durchweg *islamistischen* Vertreter in Deutschland und Europa.

Wissenschaft ist dagegen ein offener Prozeß, in dem relevante Information zu Thesen verarbeitet wird, die sich der Überprüfung, möglicherweise der Widerlegung oder auch »Falsifikation« (K. Popper) stellen. Dieser Prozeß trägt nicht nur dem Wandel der modernen Lebensumstände Rechnung, er läßt auch gegenläufige Thesen zu, die wiederum zur Veränderung der geltenden Weltsicht führen können. Die Entwicklung des Wissens lebt also von der Vielfalt des Geistes, die auf den Fortgang der Erkenntnis einwirkt. Im »Dialog« steht alles »Wissen« über den Islam und seine Folgen in der laufenden Zuwanderung bereits unverrückbar fest. Indem sich seine Vertreter der sachbezogenen Information strikt verschließen, signalisieren sie den Abschied von herkömmlicher Logik, offenbaren allerdings auch eine tiefe Furcht, die häufig in Aggression ausgreift, wenn ihrem Dogma zugemutet wird, sich den historischen und aktuellen Fakten des Islam zu stellen.

Wer dem fiktiven Idealislam der Dialogdiener den real existierenden Islam der aktuellen Lebenswelt gegenüberstellt, begegnet einer ganzen Reihe von Mustern, die ihrerseits inzwischen zu einem stereotypen, wenngleich politisch problematischen »Kristall« erstarrt sind. In der Skala reflexhafter Aggression kann er u.a. wählen zwischen »Arroganz, Polemik, obskuren Quellen, ›gnadenloser‹ Objektivität, Schüren von Ängsten und/oder Feindbildern, Euro- oder Christozentrismus, Hetze, Volksverhetzung, Rassismus, Rechtsradikalismus« etc. Der »Dialog« offenbart damit seinerseits ein Feindbild, das sich in seinem absoluten Geltungsanspruch gegen zwei Gruppen richtet: diejenigen, welche die historischen und aktuellen Fakten des realen Islam beschreiben und der Bevölkerung mitteilen, und diejenigen, welche durch ihre simple Existenz die Ausbreitung des Islam in Europa behindern – die Bevölkerung selbst.

Da Wirtschaft und Politik – aus ihrer Sicht legitime – Profit- und Machtinteressen verfolgen, besteht hohes Interesse an einer massierten und dabei reibungslosen Zuwanderung. So verfügt der »Dialog« über erhebliche Mittel und lukrative Posten, die eine interne Konkurrenz- und externe Aggressionsbereitschaft zu einer Dynamik mit nach oben offener Skala erzeugen. Damit erfüllt er allerdings klassische Bedingungen einer totalitären Ideologie, die auffällige Parallelen zum Faschismus, wenn nicht sogar zur konkreten Praxis der National-Sozialisten aufweist:[1a]

Er vertritt eine fiktive Realität, die er mit klaren Feindbildern und *charismatischen* Aktionsfeldern, d.h. mit wachsender Konkurrenz und eigenen Strukturen ausstattet. Die Islamlobby baut Parallelapparate in Gestalt von Ämtern und Tätigkeiten auf – z.B. unter den Begriffen des »Dialogbeauftragten« oder »Kulturreferenten« –, die in offizielle Funktionen eintreten und den Staat als Repräsentanten des Volkes tendenziell verdrängen. Dies wird seit langem deutlich, indem man zum Erhalt der hier gebildeten Machtansprüche, die sich symbiotisch mit den Interessen des Islam verbinden, das demokratische Selbstbestimmungsrecht der Bevölkerung als »Ängste«, »Vorurteile« oder »Feindbilder« unterläuft und Widerstände gegen ungeprüften Moscheenbau als »Intoleranz« ausweist. Ebenso bleibt Artikel 4 des Grundgesetzes (Religionsfreiheit) auf seine Anwendbarkeit ungeprüft, obwohl diverse Verfassungsschutzstellen erhebliche Teile der Islamvertretungen als staatsgefährdend einstufen.

Wie die nachfolgenden Betrachtungen verdeutlichen, handelt es sich bei den islamischen Lehren um ihrerseits feststehendes, unveränderbares »Wissen«, das sich in vielen Phasen der Geschichte und Gegenwart unter dem Banner des *djihad* (Heiliger Krieg) mit Gewalt Geltung verschafft hat. In den letzten Jahrzehnten erlebte das Gesetz Allahs (*shari'a*) in seinem Raum eine vitale Renaissance, die im Westen mit Begriffen wie Fundamentalismus und Islamismus nur an der Oberfläche erfaßt wurde. Die zentralen Kriterien der islamischen Existenz sind der Ritus, der Kampf für die Einheit und Ausbreitung der islamischen Gemeinschaft, die Ausbeutung fremder Vermögen und die Macht, welche diese Triade aus *Kult, Kampf und Kapital* sichert. Was dem Westen als »Fundamentalismus« erschien, ist die muslimische Erkenntnis, sich im Prozeß globaler Modernisierung letztlich nur den eigenen Regeln, eben dem Gesetz der *shari'a*, unterwerfen zu können.

Die erfolgreichste Vertretung dieses *Schariatismus* bildet seit langem die *Muslimbruderschaft*. Mit offenen Politik- und Sozialvereinen sowie verdeckten Terrorgruppen betreibt diese schon 1928 gegründete Gruppierung die Strategie von »Gemäßigten«, die sich konstruktiv gegen die jeweils aktivierten, »extremen« Kräfte abhebt, und eine ganze Reihe islamischer Länder, z.B. Algerien, Ägypten, Sudan, Pakistan, konkret unterwanderte. In Deutschland ist der Geist dieser Gemeinschaft in »Islamvertretungen« wie dem arabischen »Zentralrat der Muslime«, der türkischen »Milli Görüsh« (Nationale Weltsicht), in den »Islamischen Zentren«, im Moscheenbauverein DITIB und etlichen anderen tätig. Unter der Camouflage einer pseudo-demokratischen Propaganda sind sie alle untereinander verknüpft, setzen mit immer gleichen, »gemäßigten« Argumenten einen enormen Moscheenbau durch und verwirklichen somit langfristig unbehelligt die Interessen eines schariatischen Islam – die Installation der islamischen Gesellschaft unter islamischem Recht.

Es versteht sich von selbst, daß die deutsche Islamlobby diese Kräfte harmonisch ergänzt. Da die eigene Kultur ohnehin vehement abgelehnt wird, gehören »intolerantes« Christentum und die »Tradition« einer europäischen Pauschalgewalt ebenso zum Reflexarsenal dieser Ideologie wie der obligate »Kolonialismus der Menschenrechte«. So wie man sich mit diesem Begriff massiv vom Menschenrechtskonzept der Vereinten Nationen verabschiedet, das auf der Würde des einzelnen Menschen aufbaut, nähert man sich dem Kollektivkonzept des Islam an, das auf dem Koran fußt, »Menschenrechte« nur in der Unterwerfung unter die *shari'a* erkennt und somit die Religionsfreiheit ausschließt.

Diese Sicht beginnt, sich perspektivisch in deutsches Rechts- und Verfassungsdenken zu verlängern, wo man inzwischen über die parallele Geltung »anderer Normen«, nämlich schariatischer Grundsätze, nachdenkt.[2] Mit einem »Dialog« in der humanistischen Tradition Europas, die eine sachliche Information und damit das Gemeinwohl anstrebt, verbindet diese Ideologie offenbar nichts. Viel eher wird eine wachsende Verachtung gegenüber dem Grundgesetz erkennbar, indem die Dialogdiener diejenigen diffamieren und verhöhnen, die eine emanzipierte Diskussion des Problems einfordern. Wer die verbrieften Interessen der Mehrheit vertritt, landet an den »Stammtischen« der Gestrigen, die noch der »populistischen Illusion« (lat.: *populus* = Volk) nachhängen, daß »alle Staatsgewalt vom Volke ausgeht« (Art. 20/2), ganz zu schweigen vom Recht des Widerstands gegen jeden, »der es unternimmt, diese Ordnung zu beseitigen« (Art. 20/4).

Die schariatistische Aktionsgemeinschaft aus westlichen Proislamisten und islamischen Politaktivisten wird also beizeiten beweisen müssen, daß die Aushöhlung der Demokratie nicht ihr vorrangiges Ziel darstellt. Zuvor allerdings zwingt sie der Wahrnehmung ihres Publikums einen Meinungsfokus auf, in dem nur einige, vor Analyse geschützte Aspekte zugelassen sind. Wie der Leuchtkegel im Theater sich auf bestimmte Akteure richtet und ihre Umgebung in unbestimmtes Dunkel taucht, so hebt der »Dialog« die leuchtende Fiktion eines toleranten Islam hervor, die immer mehr zum Fetisch oder Machtmittel derer wird, die ihn sich aus unkritischer Denkverarmung, Überzeugung, Opportunismus oder konkretem Herrschaftsanspruch aneignen.

Der im erstarkenden Schariatismus besonders gebräuchliche Begriff des *djihad* erfährt hier eine gezielte Auflösung, indem sich die gewachsene Funktion als Heiliger Krieg, Mord und Zerstörung im Kampf gegen den Unglauben hinter dem Schleier einer »Anstrengung im Glauben« verbirgt. Damit soll der Öffentlichkeit suggeriert werden, daß sich jeder Muslim um die rechte Seelenverfassung bemüht, die letztlich immer wieder nur »Frieden« und »Toleranz« im Auge hat. In einer für sich selbst und die Fachschaft seltenen Einsicht merkte der Orientalist J. van Ess ein solches *djihad*-Verständnis als Beweis dafür an, »daß Exegese zu allem fähig ist«.[3] Die Islamlobby, die sich somit durchaus – statt der Muslime – zu einer Art »Euro-Islam« formieren kann, strebt mit ihren islamistischen Schützlingen ein gemeinsames Ziel an: statt einer Integration der Muslim-Gemeinschaft deren Installation in ihrer authentischen, autonomen Form. Damit erschwert sich allerdings auch ihre Pflicht, nicht zugleich zum Sprengsatz der demokratischen Gesellschaft zu werden.

Denn wer den Islam und seine Erscheinungsformen, wie unklar man sie der Bevölkerung auch präsentieren mag, primär als tolerant und friedlich darstellt, muß neue, undemokratische Standards der Politik entwickeln. Er muß sich mit den unverzichtbaren Grundlagen des Islam solidarisch erklären, die einen absoluten Alleinanspruch erheben und letztlich schariatische Bedingungen anstreben, d.h. selbstgeschaffene Gesetze und Institutionen verteufeln, Täuschung und Betrug zu religiösen Tugenden erheben, Andersgläubige auspeitschen und töten, Straftäter verstümmeln, Frauen ins Unsichtbare verbannen, Ehebrecherinnen steinigen, Homosexuelle lebendig begraben sowie die Vernichtung Israels und schrankenlosen Antijudaismus predigen.

Damit kann sich wie bisher auch eine Zuwanderung fortsetzen, die der Wirtschaft zwar den obligaten Lohnsenkungseffekt und große Teile des islamischen Rohöl- und Konsummarkts sichert, der Bevölkerung jedoch eine Gegenleistung für unentwegt geübte »Toleranz« vorenthält und – wie im Jahre 2002 – ihren Fortbestand auf Verfassungsbruch »gründet«. So direkt heute jeder Arbeitnehmer mit »Effizienz« für das Verlustrisiko seiner Beschäftigung verantwortlich ist, so direkt haftet die »Toleranz« mit dem »Besitzstand« der Gemeinschaft für das Gesamtrisiko des Islam, ohne von der nun zutage tretenden, inkompetenten Vormundschaft und Kasinomentalität des »Dialogs« zur Mitsprache über die eigene Zukunft zugelassen zu werden.

Unsere nachfolgenden Betrachtungen sollten sich also nicht nur mit dem hier sichtbaren, undemokratischen Machtanspruch, sondern vor allem mit demjenigen Bereich beschäftigen, den der dialogische Leuchtkegel hartnäckig ausspart – mit der Machtdoktrin des Islam sowie deren politisch-gesellschaftlichen Grundlagen und Auswirkungen. Dabei werden wir unseren eigenen, erweiterten Fokus im wesentlichen auf zwei Aspekte bzw. Fragen richten: Ist eine Tendenz »von Allah« zur Terrorfähigkeit festzustellen, d.h. ist der *djihad*, die sogenannte »Anstrengung im Glauben«, gewaltbesetzt und wenn ja, welche Gründe veranlassen die »Verantwortlichen« im Westen, einer solchen Tendenz in der Verkleidung von »Frieden« und »Toleranz« auf eigenem Terrain Vorschub zu leisten? Daran schließen sich weitere, nicht minder wichtige Einzelfragen an.

Über welche »Qualitäten« müssen in einer Demokratie die Gewählten verfügen, um ihre Wähler über die Kriterien und Folgen der islamischen Expansion täuschen zu können? Welche Veränderungen müssen in Kirchenleuten vonstatten gehen, um zwischen Christentum und Islam »den einen Gott« zu sehen, der im Koran radikal abgelehnt wird? Welche Eigenschaften müssen Medienleute besitzen, um immer gleiche Beschreibungen und Bilder islamischer Harmonie zu verbreiten? Wie weit muß sich das Denken verengen bzw. psychologisieren, um historische und aktuelle Fakten als »Polemik« oder gar »Hetze« zu verstehen, und wie stark müssen islamische »Argumente« oder auch kommerzielle Motive sein, um christliche Werte, demokratische Rechte und rationales Denken durch eine konsequente Tendenz zur neuen Ideologie des Schariatismus zu ersetzen?

Das Buch gliedert sich in drei Teile mit neun Kapiteln. Der erste Teil beschäftigt sich zunächst mit der Entstehungsgeschichte des *djihad*, der islamischen Gewaltexpansion und ihrer Herrschaftslehre. Der Mittelteil beleuchtet den imperialistischen Islam in Europa und stellt ihn der »Europäischen Expansion« gegenüber, in der sich unterschiedliche Konzepte der Herrschaft und des Lehnswesens ausdrückten. Zudem machte sich hier eine neue Identität geltend, in der wiederum Impulse des Sittengesetzes und wirtschaftliche Antriebe eine bestimmende Rolle spielten. Der dritte Abschnitt schließlich gliedert sich seinerseits in drei Kapitel, die den modernen Machtprozeß im Islam und im Westen sowie seine ideologischen und psychologischen Konturen beschreiben. Die Übereinstimmung der hier angebotenen Aspekte mit der westlichen Realität wird erhebliche Beiträge zu einem erweiterten Verständnis der laufenden Expansion des Islam in Europa leisten und Wege anbieten, das polarisierende Reflexdenken des »Dialogs« zu erklären.

In jedem Falle werden Gesichtspunkte einer beginnenden Islamisierung erkennbar, die sich zu einer selbstverschuldeten *Deformation* oder gar *Spaltung* des Westens verstärken kann, wenn sich undifferenzierte Zuwanderung und ideologisches Islam-Marketing weiter fortsetzen. Denn eine Erkenntnis bestätigt die Geschichte, die sich in der gegenwärtigen Expansion zu einem für die westliche Politikform schwierigen Problem ausweitet: die janusköpfige Natur des Islam, die ihr Doppelgesicht nicht nur in der Klammer zwischen Moschee und Staat zeigt, sondern auch in der Klammer zwischen *Ritus* und *Kampf*. Diese grundlegende, dem Islam eingewobene Dialektik bildet den Kern unserer Darstellung, die sich daher auf den *djihad*, den Umgang des Islam mit

Macht und Gewalt, konzentriert. Die Religion selbst ist in diesem Kontext nur insoweit relevant, wie sie »der Islam« als bloße Legitimation der Macht benutzt, eine Funktion wiederum, die der »Dialog« ebenso stereotyp ausblendet, weil sie den im Islam üblichen, despotischen Machthaber und die »glaubensbedingte« Abwesenheit von realer Toleranz rechtfertigen muß.

Das letzte Kapitel des dritten Abschnitts stellt eine repräsentative Ergebnisauswahl betroffener Wissenschaften zusammen, deren Erkenntnisstände in erstaunlicher Parallelität in eine gemeinsame Richtung weisen. Ob Soziologie oder Psychologie, Evolutions- oder Kognitionswissenschaft, sie alle bestätigen die »postmoderne« Tendenz des westlichen Machtprozesses in Richtung einer *netzförmigen* Neuordnung der Gesellschaft im Gegensatz zu überkommenen, eher *baumartigen* Hierarchien. Dieser »Strukturwandel« blieb der *umma*, der ihrerseits netzartig formierten Gesellschaft des Islam, von Anbeginn erspart, womit eine *strukturelle* Verähnlichung Europas mit dem Islam in Gegenwart und Zukunft ganz erheblich erleichtert werden kann.

In Netzorganisationen tritt die Individualität zugunsten einer »objektiv verwertbaren« Funktionalität zurück, in der sich kulturelle Unterschiede graduell abschleifen. Um einen optimalen »Systemgeist« des Profits und des Dialogs zu formen, müssen die Menschen selbst zu Modulen des Systems, zu »humanen Automaten« werden, wie sie die Vision der Neuen Weltordnung, das Projekt einer hierarchiefreien, biologischen »*Produktionsmaschine*«, in den Blick nimmt.[4] Es könnten somit die Weichen gestellt sein zur Herrschaft der Wenigen über die Vielen, d.h. einer Gesellschaft nach dem *kleptokratischen* Recht des Stärksten, das im *djihad*, dem historischen Kampf des Islam gegen den Unglauben, seit jeher die Grundlage der Macht bildet. Das Arrangement der Eliten ist dabei alles andere als die oft bemühte »Verschwörung«, sondern die logische Folge eines globalen Prozesses, indem sie sich von Recht und Verfassung zu befreien und, wie in wachsendem Umfang erkennbar, der Korruption, dem organisierten Verbrechen und – dem *Terror* zu öffnen beginnen.

Den Rahmen für eine solche Entwicklung liefern die Führungsebenen der EU, die im Maße der Globalisierung nicht nur ihren Korruptionsgrad, sondern auch ihren Machtanspruch anheben. Sie fußen zwar auf den einzelnen Demokratien der europäischen Gemeinschaft, haben sich jedoch innerhalb der EU-Strukturen einen zunehmend autonomen Handlungsraum geschaffen, der sich *optisch* in mediengerechten »Konferenzen« zum Ausdruck bringt und *faktisch* der bürgerlichen Mitsprache bereits weitgehend entzogen hat.

Die Macht der EU »legitimiert« sich mit dem *Versprechen*, die Zukunft optimal gestalten zu können, und verlangt die Zustimmung der Bürger, ohne ihnen irgendeine *Rechenschaft* und sich selbst demokratische *Institutionen* über Ablauf und Kontrolle ihres Wirkens zu geben. Solche Grauzonen politischer »Gestaltung« haben reale Konsequenzen. Gegenüber den seit Jahren wiederholten Floskeln von »globaler Produktivität« und »interkultureller Toleranz« ist der Einzelne zwar inzwischen weitgehend abgestumpft; ihre graduell zunehmende Kontrollwirkung auf seine konkrete Lebenswelt verspürt er jedoch durchaus konkret. Im Begriff des »Besitzstands«, den die neue EU-Macht auf den

Prüfstand stellt, spiegelt sich der Pegel der Verzichtsleistung, in welche die Bürger finanziell, rechtlich und kulturell eingetreten sind.

Der ultimativen Kontrollgesellschaft steht allerdings noch ein Problem im Wege: Es ist der von uns so genannte »Plus-Impuls« des Sittengesetzes, der die Würde des Menschen ausmacht und bei F. Fukuyama als »X-Faktor« erscheint.[5] Es ist jenes dem Menschen eingeschriebene Wissen um die eigene personale, unveräußerliche Individualität, das sich in unabhängig denkenden, westlichen Nichtwählern und Kirchenflüchtern, aber auch in aufgeklärten Muslimen ausdrückt, die im Islam nur eine unattraktive Kommandoreligion erkennen können, solange ihnen das Recht der Religionsfreiheit verweigert wird.

Wie geschildert, nimmt der »Dialog« bislang nicht die Mehrheitsinteressen wahr, sondern den Schutz des Islamismus, der ein kaum glaubliches Ausmaß unkontrollierten Moscheenbaus, Islamunterrichts sowie terroristischer Ruhe- und Vorbereitungsräume ermöglichte. Wie werden sich indessen die Muslime, die sich in der *fitna*, in ihrer Tradition des permanenten Machtkampfs und Bürgerkriegs, noch nicht einmal vor sich selbst schützen können, vor den Folgen des »Dialogs« schützen, wenn sich dessen Propagandanutzen im Westen abschwächt? Da schon der Prophet vor solchen »Freunden« gewarnt hatte, liegt die Antwort in ihrer Geschichte. Aus der *hidjra*, dem Wandel der Muslime von passiver Schwäche zu aktiver Stärke, von Geduld zu Gewalt, erwuchs schon im Urmodell von Medina der *djihad*, der historische, expansive Kampf des Islam gegen den Unglauben, der im Zentrum unserer Betrachtung steht.

Nicht zuletzt »paßt die Glorie der Technik hervorragend zur Glorie der Gewalt«[6], wie sie in der Präzision der in die Türme des World Trade Center einschlagenden Passagiermaschinen perfekt inszeniert wurde.

So ähnelt der »Dialog« dem *Chamäleon vor dem Spiegel*, jener raffinierten Metapher, mit der die Kognitionswissenschaft den Wandel eines Beobachters beschreibt, der – selbst auf Anpassung programmiert – in seinem Gegenüber umso mehr Aggression sehen muß, je mehr Unterwerfung er signalisiert. Es entsteht eine selbstverstärkende »Kommunikation«, in der sich das Chamäleon des Dialogs zunehmend vom Terror des Islam gelähmt sieht, bis es in der Bindung an die eigene Aggression, in der Furcht vor dem erneuerten *Terreur* des modernen Westens, völlig erstarrt, weil es sich im Spiegelbild selbst erkennt.

Es fragt sich indessen, welche Ausmaße – im Windschatten dominanter Macht- und Wirtschaftsinteressen – die öffentliche Desinformation über die politischen Strategien des Islam annehmen kann. Es wird nicht nur ein konkretes Gewaltrisiko verschwiegen, sondern auch der rasch abnehmende Grenznutzen der zuwandernden Muslime, die in der globalen Ära der Produktivität keine dauerhafte »Bereicherung« ohne Berücksichtigung der Grenzkosten bilden können.[7] Sie werden allerdings zur Basis einer neuen, erweiterten Herrschaftsform, in der sich westliche, islamische und kriminelle Eliten übergreifend arrangieren. Hier sehen wiederum die Weltordner selbst die Zeit gekommen, die bisherige Form eines starren »Dialogs«, der eine »verschleiernde Akzeptanz« der Kulturen erreichte, nun in sein exaktes Gegenteil zu überführen, in die Phase der *maxi-*

mierten Information, welche die Kulturen endgültig abbauen und in die technische Konsumwelt überführen soll.[8]

Im Netz der *anthropologischen Umformung*, in dem es zukünftig »keine Grenzen zwischen Mensch und Tier, Mensch und Maschine, Männlich und Weiblich«[9] gibt, geraten traditionelle und kulturelle Unterschiede zu sich selbst prophezeienden Unwerten, deren Absurdität umso deutlicher hervortritt, je klarer sie erkannt und beschrieben werden. Wie eine solche *Optimierung von Fakten* erfolgen und die Beurteilung einer den Islam einschließenden, globalen Netzwerkgesellschaft unterstützen kann, wird in den nachfolgenden Betrachtungen untersucht. Hier geht es weder um ein »Ende der Geschichte« noch um den »Kampf der Kulturen«, sondern um die *Deformierung des Westens*, indem dessen Zivilisation einen offenbar unaufhaltsamen Denk- und Bildungsverfall und damit einen *biologistischen* »Massen-Impuls« des Unbewußten, einen ins Totalitäre weisenden Trend zu Konsum, Spaß, Kontrolle und – Terror entwickelt. Dieser Impuls könnte geeignet sein, den Menschen von dem zu trennen, was ihn zum Menschen macht, wobei der Islam dem Geschehen in Europa den »interkulturellen« Treibsatz gibt.

Da er sich auf eigenem Terrain nach wie vor mit besonderem Nachdruck zur Geltung bringt, konnten die Erkenntnisse einer Reihe von Experten, die im politisch-aktuellen Teil unserer Untersuchung Pate gestanden haben, mehrheitlich eher nur atmosphärische denn konkrete Verwendung finden. Sie stehen oder standen zu einem erheblichen Teil mit politischen Abteilungen und/oder nachrichtendienstlichen Bereichen in Verbindung, wobei auf muslimische Kontakte besondere Rücksicht genommen werden mußte, weil hier bestimmte Informationen leichter als im Westen auf ihre Quellen zurückgeführt werden können. Dies umso mehr, als diese Kontakte und der Verfasser selbst über gewachsene Verbindungen verfügen, die immer wieder – sozusagen islambedingt – in problematische Situationen in ihren jeweiligen, z.T. überaus instabilen Regionen geraten.

Aber auch für Europa – Deutschland, England, Vatikan – war der Verfasser gehalten, auf mögliche Bezugnahmen zu verzichten, weil sie noch agierende Personen des öffentlichen Lebens, in diversen Aspekten als »Teilmengen« der Wirtschaft, Schattenwirtschaft und des Islam tangieren. Allen Gesprächspartnern war allerdings – völlig unabhängig von ihrer kulturellen Herkunft – eine klare, ermutigende Überzeugung gemeinsam, nämlich eine ausgeprägte Abneigung gegen den »Minus-Impuls« – gegen jene geistige und materielle Korruption, die sich permanent an den Rechten der Menschen bedient. Neben einigen Wissenschaftlern aus betroffenen Fachschaften ist ganz besonders diesen Kontakten für ihre couragierte Offenheit zu danken, die eine unschätzbare Qualität zu vermitteln vermag – die Sicherheit bei der Auswertung, Verknüpfung und Darstellung einer in der vorliegenden Thematik oft problematischen, weil »offiziellen« Information.

Mit ist geboten,
die Menschen zu bekämpfen,
bis sie sagen:
Es gibt keinen Gott
außer Allah!

Muhammad*

* Bukhari: Sahia II, Abu Da'ud: Sahia I, Nasa'i: Sahia II

Teil I

Das Imperium Allahs

A

Die Wurzeln des *Djihad*

1. Gewalt als vorislamische Stammesehre

Das Entstehungsgebiet des Islam lag in der Wüste, genauer in der westarabischen Wüste. Die Akteure waren Nomaden und Seßhafte, die über lange Zeiträume aufeinander eingewirkt und ein dynamisches Spannungsfeld aufgebaut hatten. In unregelmäßigen Konzentrationen und Zeitabständen formierten sich die an Zahl und Kraft überlegenen Nomaden zu Wanderungswellen von erheblichen Ausmaßen. Zum einen bewegten sie sich vom Süden in den fruchtbareren Norden – vornehmlich Syrien und Irak – zum anderen suchten sie in Razzien und Raubzügen die Ansiedlungen der seßhaften Bevölkerung heim. Wahrscheinlich haben klimatische Schwankungen, vor allem eine langfristige Austrocknung der gesamten Region, in diesem Ablauf eine zusätzlich bestimmende Rolle gespielt .[10]

Für das Geschehen wesentlich wichtiger scheinen allerdings eher demographische Entwicklungen gewesen zu sein, die sich in phasenartigen Ausdehnungs- und Schrumpfungsprozessen der nomadischen Bevölkerung niederschlugen. Ein bestimmter Teil der Nomaden erlangte Dominanz, indem er den Handel mit Produkten der Seßhaften an sich zog, dabei graduell selbst zur Seßhaftigkeit überging und schließlich die gesamte Region beherrschte – als kommerzieller Hauptlieferant und militärische Schutzmacht. Die daraus folgende Ausbeutung zwang die physisch Unterlegenen, sich anderweitig zu orientieren, wodurch Raum zu neuer Nomadenmigration entstand. Schon einer der größten Geister des Islam, der Kulturhistoriker Ibn Khaldun (gest. 1409), hatte sich mit diesem Basisphänomen der arabischen Bevölkerungsdynamik, dem Aufstieg und Niedergang der nomadischen Dynastien, beschäftigt. [11]

In Mekka war der dominante Stamm der Quraysh durch einen solchen Umformungsprozeß gegangen. Sie hatten vom Niedergang der Südaraber und abessinischen Perser profitiert und deren Fernhandel an sich gezogen, der zudem mit der lukrativen Verwaltung der Kaaba verbunden war, des Lokalheiligtums der Araber. Kult und Handel hatten ihnen somit zu erheblichem Wohlstand und einer beherrschenden Stellung im Hidjaz, ihrer westarabischen Region, verholfen. Sie kontrollierten eine Gesellschaft, die eine Reihe von Göttern verehrte und mit Juden, Christen und Zoroastriern, aus Persien stammenden Feueranbetern, zusammenlebte. Die beiden letztgenannten unterschieden sich nicht nur deutlich in Kult, Weltbild und Verhalten von ihrer arabischen Umgebung, sondern repräsentierten mit den Byzantinern und Persern zwei Hochkulturen, die Arabien jahrhundertelang bedroht hatten, bevor sie sich in ausgedehnten Abnutzungskämpfen gegenseitig aufrieben.

Demgegenüber konnte von einer »arabischen Kultur« keine Rede sein. Wechselnde Konstellationen von Nomaden, Seßhaften und Semi-Nomaden, die klima- oder saisonabhängig zwischen Viehzucht und Ackerbau schwankten, bildeten laufende Konfigurationen, die sich in ständigem Konkurrenzkampf um die verfügbaren, in der Regel äußerst knappen Ressourcen befanden. Der jeweils erreichbare Erfolg richtete sich nach den aktuellen Kräfteverhältnissen der einzelnen Stämme zueinander. Dabei war diese Gesellschaft ohne Zentralmacht und ohne formales Gesetz auf eine strenge Ordnung unbedingter Solidarität angewiesen, die sich auf Kampf und Beute richtete:

> »Arabien bestand zur Zeit Mohammed's aus einer großen Anzahl von Stämmen, deren einige säßhaft, die meisten beständig nomadisirend lebten, dazu ohne Gemeinsamkeit der Interessen, ohne gemeinsamen Mittelpunkt, und gewöhnlich in Fehde miteinander. Wenn die Tapferkeit genügte, um ein Volk unüberwindlich zu machen, so wären die Araber es gewesen. Ohne Krieg keine Beute, und es ist doch die Beute, von der die Beduinen hauptsächlich leben.«[12]

Der einzelne Mensch fand Schutz in der Familie, die Familie im Klan und der Klan im Stamm, der sich seinerseits mit den jeweils wichtigsten Konkurrenzstämmen arrangierte. Nomaden, Bauern, seßhafte Städter, sie alle gehorchten den Prinzipien der Stammessolidarität, die ihr Leben klar regelte und individuelle Abweichungen vom Kodex streng ahndete. Denn die Lebensumstände jener Zeit waren hart, die Vorräte knapp und alles Verhalten auf das Überleben konzentriert. In einem solchen Szenarium gab es natürlich genügend Klane und Stämme, mit denen zu gegebener Zeit kein Vertrags- oder Schutzverhältnis, mithin keinerlei Verpflichtungsverhältnis bestand. Sie bei hinreichender Überlegenheit zu überfallen, zu berauben, ihre Besitztümer zu plündern, ihre Frauen und Kinder zu verschleppen und zu versklaven, war nicht nur möglich, sondern angesichts der permanenten wirtschaftlichen Notlage unausweichliche Dauerpflicht.

Dieses Vorgehen stellte eine allgemein akzeptierte Praxis gerade deswegen dar, weil es auf einem entsprechend ausgeklügelten, wechselseitigen Schutzsystem vergleichbarer Kräfte basierte. Dieses System konnte allerdings die Gewalt nur unvollkommen ausgleichen, weil laufend Konstellationen entstanden, in denen ein großes Kräftegefälle mit erkennbarem Überschußvermögen zusammentraf und somit Plünderung und Raub einerseits bzw. die Schutzgelderpressung andererseits geradezu provozierte. Stammes- oder klanübergreifende Mordfälle kamen in diesem Geschehen laufend vor und lösten die Blutrache aus, die durch Zahlung eines Wergelds beendet werden konnte. Streit über den Wert der Getöteten gehörte zum Alltag, konnte indessen eher positiv gesehen werden, weil er oft lange Zeit in Anspruch nahm und – zumindest während der Verhandlungen – weitere Gewalt verhinderte.

Der Kampf bildete einen zentralen Wert im Leben der vorislamischen Araber, weil er die lebensnotwendige Voraussetzung für die kollektive Umverteilung der vorhandenen Ressourcen darstellte. Die dauernde Nähe des Todes erzeugte einen ausgeprägten Ehrbegriff, der zu äußerstem Einsatz für Familie, Klan und Stamm motivierte und den zentralen Kodex der *muruwwa*, des arabischen Verständnisses von Mut, Großmut und Selbstlosigkeit begründete. In Literatur und Dichtung kreisten die Gedanken um die Ehre im Kampf für die Stammeswürde (*'ird*), die in Dichterwettkämpfen besungen wurde, zuweilen religiöse Züge annahm, aber immer auch auf profanere Motive zurückgriff:

> »Muth, ihr Verteidiger der Frauen. Schlagt drein mit der Schärfe eurer Schwerter ... Wir sind die Töchter des Morgensterns, unsere Füße ruhen auf weichen Pfühlen, unser Hals ist mit Perlen geschmückt, unsere Haare duften von Moschus. Die Muthigen, welche dem Feinde Stand halten, nehmen wir in unsere Arme; den Feigen entfliehen wir, wir verlassen sie und entziehen ihnen unsere Liebe.«[13]

Neben solchen direkten Hinweisen von universaler Überzeugungskraft und dem quasireligiösen Ehrenkodex betonte auch und ganz besonders der Schicksalsbegriff den Kampf als zentrale Form arabischer Existenz. Das Schicksal erschien den Wüstenbewohnern als Zeit (*dahr*), die jederzeit ablaufen konnte. Nur Kampfesmut, Loyalität und Geduld konnten die Ehre des Arabers gewährleisten, wenn ihn denn die Zeit des Schicksals ereilte. Die kodexartige Bedeutung des Kampfes und der Ehre trat mindestens gleich- wenn nicht höherwertig neben einen eher flachen Polytheismus und drückte den hohen Stellenwert des soziokulturellen Zusammenhalts dieser Gesellschaft aus.

Mit einem »Stammeshumanismus«, wie er vom britischen Orientalisten W.M. Watt angenommen wurde, hatte diese eher darwinistische Überlebensstrategie wenig zu tun, wie auch die spätere islamische Kultur von einem dominanten Allahgesetz beherrscht wurde, in dem autonomes, d. h. zumeist fremdes Wissen nur als selektives Plagiat zugelassen war, das kein integraler Bestandteil der Kultur werden konnte, sozusagen »rezessiv« blieb.[14] Noch weniger konnten die Stammesfehden und Raubzüge der vorislamischen Araber mit dem Begriff des »Heiligen Krieges« in Verbindung gebracht werden.

Die Stammesfürsten konsultierten eher einen oder mehrere der um die Kaaba versammelten 360 Götzen, um sich eine ohnehin als notwendig erachtete Razzia bestätigen zu lassen; eine tiefer reichende Religiosität fand unter den Überlebensbedingungen der Wüste und einem Schicksalsbild, das den Menschen zu jeder Zeit dem Nichts übergeben konnte, nur geringe Entwicklungschancen. Dennoch konnte sich in diesem Umfeld bereits eine monotheistische Gottesidee ausbreiten, die in der späteren vorislamischen Dichtung unter der üblichen Bezeichnung »Allah« Gestalt annahm, von den sogenannten *Hanifen* vertreten wurde und auch den Vorstellungen des Islamverkünders zugrunde lag:

> »Versteckt nicht vor Allah, was in euren Seelen ist, weil wie sorgsam auch immer es versteckt und verborgen sein mag, Allah wird es wissen! Entweder wird es aufgeschoben, in ein Buch getan und bis zum Tag der Abrechnung aufbewahrt, oder es wird schon bald hervorkommen und vergolten werden.«[15]

Immerhin verbanden sich Überlebenswille und Götzendienst zu einem pragmatischen Markt des Austauschs von Informationen während der heiligen Monate. Man setzte die gegenseitigen Beraubungen aus und pilgerte zum mekkanischen Heiligtum, nicht nur, um den Götzendienst zu vollziehen, sondern auch und vor allem, um sich mit den wichtigen Klan- und Stammesführern über die jeweils anstehenden Fragen der Schutzvereinbarungen und generellen Stammessituation abzustimmen. In diesen Monaten ruhte der Kampf, der Normalzustand der Araber, jede Fehde und Aggression war verboten, vor allem das Töten eines Menschen. Die spezifische Vernunft ihrer Götter, die sich ohne tiefere Mythologie mehrheitlich in Himmelskörpern repräsentierten, konnte solchen Pragmatismus wesentlich erleichtern, allerdings auch den Skeptizismus hervorbringen, der die Beduinen für den kommenden Islam zum Dauerproblem machte.

So präsentiert sich uns im sechsten Jahrhundert eine Gesellschaft, die trotz Abwesenheit zentraler Herrschafts- und Gesetzesebenen ein relativ hohes Maß an Gemeinschaftskontrolle entwickelt und dabei – wenngleich unter Anwendung erheblichen Zwangs – die verfügbaren Mittel unter den gegebenen Umständen optimal verteilt. Die jeweils überschießende Gewalt wird durch Blutgeld und Götzendienst aufgelöst oder in ironisierenden Dichterwettkämpfen sublimiert. Die Ideologie des Islam wird diese Menschen jedoch als unmoralisch, barbarisch und anarchisch einstufen und die Gesamtheit ihres Gesellschaftssystems als Epoche der »Ignoranz« (*djahiliya*) abqualifizieren. Wir werden sehen, ob der Stifter Muhammad und seine Gefolgsleute das hiermit formulierte Versprechen höherer Standards in Wissen, Menschlichkeit und Moral einlösen konnten.

2. Muhammad in Mekka und Medina

Anfangs des siebten Jahrhunderts, um 610, machte sich in Mekka ein Mann bemerkbar, der seinen Zeitgenossen eine neue Gottesvorstellung und ein neues Weltbild näherbringen wollte. Muhammad Ibn Abdallah sprach von einem einzigen Gott, den er Allah nannte und von einem Weltgericht, vor dem sich jeder Mensch nach dem Tode zu verantworten hatte. Gänzlich abweichend vom bisher praktizierten Götzenkult predigte er eine neue Art der Sittlichkeit und Solidarität, die sich nicht mehr dem Klan und Stamm, sondern einer neuen Gemeinschaft verpflichtete, welche sich durch den Glauben an diesen einen Allah und damit eine höhere Stufe des Menschseins auszeichnete. Ähnliches hatten vor ihm schon die erwähnten Hanifen verkündet, vorislamische Monotheisten, die dem Glaubensvorbild Abrahams nacheiferten, sich dabei indessen von Juden und Christen abgrenzten und mit der allmählich wachsenden Gefolgsschar Muhammads verschmolzen.

Nicht zuletzt war es auch den Bestrebungen der jüdischen und christlichen Glaubensgemeinschaften um erweiterte Geltung zuzuschreiben, daß sich die religiös-soziale Umbruchsituation Arabiens zur Zeit Muhammads entscheidend verstärkte. Gerade bei den christlichen Gruppierungen – marginalisiert durch die byzantinische Großkirche – handelte es sich eher um Sektenformationen, die in der arabischen Diaspora um Einfluß rangen. Während die Juden als einheitliche Gemeinschaften mit einem geschlossenen Glaubenssystem auftraten, boten die Christen daher ein wesentlich weniger homogenes Bild. Sie alle, ob Juden oder Christen, beschrieben jedoch den gleichen, den einen Gott, der von jedem einzelnen Menschen Rechenschaft verlangte, ob über das Gesetz des Moses oder über die Offenbarung in Jesus Christus.

Mit seiner – nicht ganz neuen – Allah-Idee als Alternative zur herkömmlichen Götterwelt hatte sich Muhammad nicht nur gegen die Kult- und Handelsprivilegien der herrschenden Quraysh, sondern mit einer einheitlichen Glaubensgemeinschaft auch gegen das überkommene Stammesdenken und seine gesellschaftlichen Ordnungsvorstellungen gerichtet. Er gehörte immerhin zu den Hashim, einem Klan, der selbst Teil der Quraysh war, so daß er sich und seine Leute in eine prekäre Situation brachte. Er mußte, wenn er denn Erfolg haben wollte, sowohl die Quraysh dazu bringen, auf ihre Privilegien zu verzichten, als auch die Menschen seiner Zeit veranlassen, den gesamten Sittenkodex, die über lange Zeit gewachsenen Verhaltensmuster ihrer nomadischen Stammeswelt abzustreifen.

»Mit einem Wort: Er mußte ein sinnliches, skeptisches und spöttisches Volk umformen und gänzlich umwandeln.«[16] Stolze Araber, die ihre Ehre im Kampf für Ruhm und Besitz ihres Stammes gesehen und ihr Selbstbild an dessen unmittelbarem Erfolg geformt hatten, sollten sich nun einem universalen Gott unterwerfen, der sie weniger als Menschen, sondern als Mitglieder einer Gemeinschaft erkannte. Sie sollten jemandem huldigen, der nicht bereit war, ihnen bereits vor dem Tode mitzuteilen, wie er ihre Lebensbilanz beurteilte.

Wenn Muhammad nicht Khadidja Bint Khuwaylidj geheiratet hätte, eine wohlhabende Kaufmannswitwe, die ihn sowohl finanziell als auch spirituell unterstützte, wäre es ihm kaum gelungen, seine Lehre zu entwickeln und eine nennenswerte Anhängerschar zu gewinnen, der erhebliche Widerstände aus der mekkanischen Umgebung begegneten. Immerhin machte auch sein Onkel Abu Talib seinen Einfluß im Klan geltend, doch starben er und Khadidja im Jahre 619, so daß Muhammad und seine Leute steigenden Anfeindungen der Mekkaner ausgesetzt waren. Indem er die Privilegien der Herrschenden ganz grundsätzlich in Frage gestellt hatte, mußte er auf Dauer zwangsläufig ihren Argwohn auf sich ziehen.

Seine ständige Kritik an ihrer religiösen Verwahrlosung und sozialen Ungerechtigkeit ließ den Quraysh letztlich keine Wahl. Zur Wahrung ihrer Machtposition setzten sie seine wenigen Anhänger unter steigenden Druck, wobei in der arabischen Stammesgesellschaft der moralische Boykott ein durchaus probates Mittel darstellte. Auch wirtschaftlich konnten aufsässige Gruppen in für sie unerfreulicher Weise beeinflußt werden, während regelrechte Folterungen einzelner Gefolgsleute Muhammads wohl die Ausnahme waren. Eine systematische Verfolgung war kaum möglich, da die Menschen dem Schutz ihrer jeweiligen Sippe unterstanden. Berichte dieser Art gehören zu den frommen Märchen, die im Volksglauben eine gewisse Rolle spielen und sogar Eingang in die moderne Islampropaganda im Westen gefunden haben. Hier besteht bei den Anhängern des »Dialogs mit dem Islam« eine besonders ausgeprägte Glaubensbereitschaft bezüglich des islamischen Selbstbildes, das im Grunde ungeprüft übernommen und noch im einzelnen zu diskutieren sein wird.

Es war indes nicht wenig, was Muhammad seinen Stammesgenossen zumutete. Nicht genug damit, daß er die Herrschenden als »Ungläubige« und ihren Kult als »Götzendienst« verunglimpfte – ihren gesamten Wertekanon wollte er zu den Akten der Geschichte legen. *Djahiliya* war das böse Wort, das er ihnen entgegenhielt. Unwissenheit, wenn nicht Barbarei bedeutete ihr Weltbild in den Augen dieses Außenseiters, der mit solchen Parolen allerdings Gefahr lief, die Stammesloyalität zu überlasten. Man begann nun doch zu Maßnahmen und Drohungen zu greifen, die geeignet waren, seine Gefolgsleute einzuschüchtern und zu demoralisieren.

Sa'd Ibn al-Waqqas, einer der ersten Muslime und späterer Feldherr in Persien, soll sich mit einem Kamelknochen gegen tätliche Angriffe zur Wehr gesetzt haben. Die Versuchung, dem Druck der Umgebung nachzugeben und in die Stammesgemeinschaft zurückzukehren, wurde für etliche Anhänger zu groß. Jeder Angehörige dieser unbequemen Gemeinschaft wurde zu einer Hypothek für die Loyalität seines jeweiligen Klans. Da sie verschiedenen Sippen angehörten, belasteten sie darüber hinaus die zwischen den Stämmen bestehenden Schutz- und Vertragsverhältnisse. Muhammad war zu sehr Mitglied der mekkanischen Gesellschaft, um die Grenzen des Loyalitätsbonus und die Notwendigkeit des Handelns nicht erkennen zu können.

Bereits gut ein Jahr vor Verlassen Mekkas hatte er nicht nur Kontakte zu den Nachbarorten Yathrib (Medina) und Ta'if geknüpft, sondern auch eine Abordnung nach Abessinien entsandt, um Alternativen für eine gedeihlichere Entwicklung seiner Gemeinschaft zu sondieren. Diese Aktivitäten führten schließlich zu Kontakten in Medina, die sich zur Aufnahme seiner abschmelzenden Anhängerschar bereit erklärten. Bevor die neue Lehre unter dem Druck der qurayshitischen Herrscher verschwand, konnte Muhammad sie durch die berühmte *hidjra* von 622 retten. Die »Auswanderung« von Mekka nach Medina setzte den Beginn der islamischen Zeitrechnung und die Schnittstelle für den *djihad*, neben dem Ritus das grundlegende Kriterium islamischer Existenz.

Mit sicherem Instinkt hatte Muhammad erfaßt, daß die Wirkung seiner Lehren dem Widerstand der Mächtigen nicht gewachsen sein würde. Als Basis des späteren Koran hatte er inzwischen eine ganze Reihe von Aussagen zusammengestellt, die er Offenbarungen (*ayat*) nannte. Sie lehnten sich zu einem erheblichen Teil an jüdisch-christliches Gedankengut an und machten seinen Anhängern deutlich, wie wichtig es für sie war, sich zu einer neuen, nicht mehr stammesbezogenen, sondern universalen Gemeinschaft zu bekennen. Dabei sollte man sich gegenüber etwaiger Aggression von außen passiv verhalten:

> »Und gib bekannt, was dir befohlen wird, und wende dich von den Heiden ab! Wir genügen dir (als Schutz und Beistand) gegenüber den Spöttern« (15/94f.).

Muhammads Gefolgsleute waren zu sehr verwurzelt in der archaischen Welt arabischen Rachedenkens, als daß sie ihn nicht bedrängt hätten, sich gegen die verschiedentlichen

Übergriffe der mekkanischen »Spötter« zur Wehr setzen zu dürfen. Eine solche Erlaubnis wurde jedoch – noch – nicht erteilt. Der Verkünder des Islam zog es vor, seine Lehre mit einer realistischen Einschätzung der vorherrschenden Situation zu verbinden. Unter Bezugnahme auf die von ihm selbst gesetzten Eingebungen empfahl er somit, »den Zorn zu unterdrücken und den Menschen zu vergeben« (3/128) und bezeichnete »ältere Religionsgemeinschaften« als Vorbild für seine Volksgemeinschaft.[17]

Hier kam erneut die Alternative zum Ausdruck, die der junge Islam dem *muruwwa*-Konzept der heidnischen *djahiliya* entgegensetzen wollte: eine neue Tugend, welche die Zeitgenossen mit *hilm* umschrieben, eine beherrschte Verhaltensweise, die schwierige Situationen eher durch kühle Zurückhaltung als emotionale Ausbrüche meisterte. Besonders in der engeren Verwandtschaft wurde *hilm* auch schon zu vorislamischer Zeit gepflegt. Diese Tugend ließ sich sehr komfortabel gegen alle Gewohnheiten und Verhaltensweisen in Position bringen, die nicht in Muhammads Konzept paßten und daher abschaffenswert erschienen: u. a. Weingenuß, Völlerei, Ehebruch, Diebstahl, Kindsmord, Hochmut. Jemand, der die muslimische Tugend des *hilm* übte, konnte also viel eher die Rolle des Überlegenen, Kontrollierenden einnehmen, als der Mensch der zu überwindenden *djahl*-Epoche, der unüberlegten Leidenschaft, der immer wieder in barbarische, eben heidnische Emotionen zurückfiel. Aus der Not der Unterdrückung durch die herrschende Klasse konnte die Tugend der muslimischen Selbstkontrolle werden, mit der die kleine Gemeinde des Verkünders ihre bedrängte Lage rationalisierte.

Letztlich blieb jedoch keine Wahl. Alle Spielräume stammesrechtlicher Loyalität waren schließlich erschöpft. Muhammad war zu schwach, den Unglauben in Mekka aktiv zu bekämpfen. So erschien es keineswegs ehrenrührig, sondern eher logisch, wenn nicht sogar tugendhaft, sich im Jahre 622 nach Medina zurückzuziehen. Die dortigen Verhältnisse waren durch Fehden zwischen den Klans der 'Aus und Khazradj so unübersichtlich geworden, daß man im »Gesandten Allahs« eine Persönlichkeit gefunden zu haben glaubte, die geeignet war, das eigene Chaos in eine neue soziale und auch kultische Ordnung zu überführen.

3. *Hidjra* – von Geduld zu Gewalt

Muhammad wanderte aus und mit ihm seine Getreuen. Sie vollzogen die *hidjra* von Mekka nach Medina, die der zweite Kalif des Islam, Umar Ibn al-Khattab (gest. 644), später zum Beginn der islamischen Zeitrechnung erklärte. Mit dieser *hidjra* vollzog sich allerdings noch mehr. Muhammad und seine Schar verließen nicht nur Mekka, sondern sie verließen ihre Stämme und damit – scheinbar – den Wertekanon ihrer Zeit. Sie brachen fundamentale Brücken ab, die Raum für neue Vorstellungen schafften. Sie gingen nach Medina, in eine Stadt, welche die neue Religion offenbar zur Regelung ihrer eigenen Probleme brauchte. Die Religion des Islam ihrerseits benötigte Städte, nicht nur, um eine ausreichend große Zahl von Menschen als Potential von Gläubigen und Steuerzahlern zu aktivieren, sondern unter diesen Menschen vor allem eine ausreichend große

Zahl *aktiver Helfer* zur weiteren Ausbreitung finden zu können. Damit entstand das gerichtete Expansionprinzip des *djihad* als Basis zentraler Herrschaft, eine Vorstellung, die der vorislamischen Stammesmentalität unbekannt gewesen war.

Die soziokulturelle Verbindung zu arabischem Nomadentum und Stammeswesen wurde durch diesen Prozeß indessen nicht gekappt. Sie veränderte lediglich ihren Charakter: Die Nomaden werden ihre vormals beherrschende Position gegenüber den seßhaften Städtern in eine solche der Kooperation wandeln. Das beherrschende Element in dieser Kooperation wird der Islam sein, und die kämpferischen Nomaden werden seine Speerspitze in der kommenden Expansion werden. In einer komplexen Entwicklung wird sich der Islam in ganz erheblichem Maße einerseits in *Gegensätzen* zum Stammeswesen, andererseits in *Anpassung* an seine dominanten Akzente ausdrücken. Aus partikular-arabischem Heidentum wird eine universal-monotheistische Religion, die ihre Identität wesentlich aus zwei Quellen bezieht: 1. aus der Abgrenzung gegen das Stammeswesen und die anderen Religionen und 2. aus der Absorption wichtiger Elemente beider, nämlich aus dem Kampf mit der Erlaubnis Allahs, von dem ausführlich die Rede sein wird.

Während Muhammad in Mekka ein teils belächelter, teils bekämpfter Außenseiter war, wurde er in Medina zur Integrationsgestalt, die inzwischen auch den Anspruch auf den Status eines Propheten erhoben hatte. Individuelle Identität wurde immer weniger aus dem Stammesverband, sondern aus der Zugehörigkeit zu einer stammesübergreifenden Glaubensgemeinschaft bezogen. Von einer verachteten Minorität in Mekka wandelte sich diese Gemeinschaft, die neue *umma* des Islam, zu einer dominanten Majorität in Medina. Der Grundlagenvertrag (oder auch Gemeindeordnung), der alsbald zwischen den ehemals mekkanischen Muslimen und den neuislamisierten medinensischen Klanen abgeschlossen wurde, definierte diese Stammesfusion als *Gemeinschaft unter Ausschluß anderer*, wobei der Beitritt der »anderen« unter den Bedingungen des Vertrags, d. h. unter Annahme des Islam, möglich wurde.[18]

Als letzte Instanz dieses Vertrages fungierte Muhammad, der als »Gesandter Allahs« dessen Wille in den koranischen Offenbarungen kundtat und an seine Gefolgschaft weitergab. Hier war eine völlig neue Autorität mit einem Machtpotential entstanden, gegenüber dem – bei effizienter Nutzung – die vormals mächtigen Klanführer und Stammesfürsten zu willigen Vasallen schrumpften. Daß Muhammad ein talentierter Machtpolitiker war, wird in einer Zusatzklausel zum Grundlagenvertrag deutlich, der zufolge in allen Streitfällen »die Angelegenheit vor Allah und Muhammad gebracht werden sollte«.[19]

Der Prozeß der Abgrenzung, Anpassung und Differenzierung, der sich im Anschluß an die *hidjra* in Medina entfaltete, war wesentlich politisch und sozial geprägt. Er fand nicht nur seinen Ausdruck in pragmatischen Offenbarungen, die Muhammad dem entstehenden Koran hinzufügte, sondern auch und vor allem in der folgerichtigen Herausbildung einer politischen Religion und ihrer Gemeinschaft. Die nun erfolgenden Offenbarungen sind im Gegensatz zu denen, die in Mekka herabkamen, medinensische und vornehmlich politische »Offenbarungen«, die häufig aktuelle Probleme regeln. Die mekkanischen Muslime gelten nun als »Auswanderer« (*muhadjirun*), die sich mit ihren medinensischen »Helfern« (*ansar*) unter Führung des »Gesandten Allahs« zur Urgemeinde des Islam, dem »Modell von Medina«, verbunden haben.

Die *umma* in Medina nimmt immer deutlichere Konturen an, eine Identität, die für Arabien neu, wenn nicht revolutionär ist. Menschen schließen sich zu einer Schutzgemeinschaft zusammen, die nicht nur Stammesgrenzen überschreitet, sondern sich auch einem Gott unterwirft, der diese Grenzüberschreitung ausdrücklich fordert und sogar beginnt, darüber hinaus die Ausweitung seines Geltungsbereiches zu billigen:

> »Denjenigen, die (gegen die Ungläubigen) kämpfen, ist die Erlaubnis zum Kämpfen erteilt worden, weil ihnen (vorher) Unrecht geschehen ist – Gott hat die Macht, ihnen zu helfen« (22/39).

In Mekka hatte Allah den Gläubigen durch Muhammad noch mitteilen lassen, daß es genüge, »sich von den Heiden abzuwenden«; nun war die klare Erlaubnis zum Kampf erteilt worden, auch und weil man zuvor Unbill durch die Ungläubigen erlitten hatte. Damit hatte Allah ganz allgemein jede Maßnahme legitimiert, die als Rache für vom Unglauben ausgehende Wirkungen ausgewiesen wurde. Hier schloß sich bald die Vorstellung von der »Versuchung« (*fitna*) an, die von Allah als Probe und von den Menschen als Verführung ausgehen kann. Als schlimmste und rigoros auszumerzende Form der Versuchung tritt die Möglichkeit auf, von Ungläubigen im wahren Glauben verunsichert oder gar gänzlich irregeleitet zu werden:

> »Und kämpft gegen sie, bis niemand mehr versucht, (Gläubige zum Abfall vom Islam) zu verführen, und bis nur noch Gott (Allah) verehrt wird«! (8/40)

Die Verführung zum Unglauben erlangte sogar das Kaliber eines Kapitalverbrechens, indem man in der *fitna* Totschlag (des Glaubens) erkannte und graduell einen Status permanenter Kampfbereitschaft erzeugte:

> »Die Versuchung, die die Gemeinde Muhammads von ihren Gegnern erfährt, besteht also in der Vertreibung von ihren Wohnsitzen, dem Versuch, sie von ihrem Glauben abzubringen, und der Nichtachtung ihrer geheiligten Stätten.«[20]

Solange eine solche Versuchung vorlag, war die Gemeinde gegen sie zu schützen. Dieser Schutz bestand im Kampf gegen den Unglauben und in der Sicherung der im Glauben erreichten Positionen. Die Art des Kampfes war von einer passiven »Abwendung von den Heiden« vor der *hidjra* zu einer Erlaubnis zum aktiven Kampf umgewandelt worden, vom Propheten selbst zusätzlich bekräftigt durch die allgemeine Formel: »Verfolgung ist schlimmer als Töten« (2/191).

Da Begründungen für den Kampf in vielerlei Gestalt geliefert werden, vorliegend in der Vertreibungsgefahr, der Glaubensverunsicherung und der Nichtachtung des Geheiligten, war ein charismatisches Prinzip entstanden, das den Kampf zu einer Art Dauerzustand werden ließ, weil kaum Situationen vorkamen, in denen nicht wenigstens eine der Bedingungen behauptet werden konnte, und kaum Mangel an Menschen bestand, welche bereit waren, sie zu vertreten und die sich daraus ergebenden Vorteile in Anspruch zu nehmen. Da »Verfolgung schlimmer als Töten« war, konnte nun sogar eine Art universaler Lizenz entstehen, die den Muslimen gestattete, selbst zu entscheiden, von welcher Seite in welcher Situation die »Verfolgung« anzunehmen und im Zweifel auch präventiv zu bekämpfen war.

Unschwer läßt sich daraus schließen, daß eine solche umfassende Versuchung erst beendet ist, wenn überhaupt keine Gefahren mehr vom Unglauben oder sonstigen Quellen der Verfolgung und Bedrohung ausgehen können. Im Gegensatz zum modernen Islamdialog, der im *djihad* eher eine vorübergehende, punktuelle »Anstrengung« zur lokalen Sicherung islamischer Verhältnisse sieht,[21] hat die koranische Idee einen dynamischen, phasenweise ablaufenden Prozeß im Auge. Die jeweils erreichte Stufe islamischer Ordnung fungiert als Basis zur Bekämpfung noch verbliebener, islamischer Unordnung. Hier war eine Sprungbrettstrategie entstanden, die lokale Stabilität und universale Expansion nicht nur theoretisch gewährleistete, sondern auch in der historischen Praxis vielfältig in Angriff nahm:

> »Bekämpft sie, bis alle Versuchung aufhört und die Religion Allahs allgemein verbreitet ist –« (8/40)

Nun war allerdings nicht nur der Unglaube allgemein, sondern auch seine Sonderform, die »Schriftverfälschung« der Juden und Christen, zu regeln. Allah übermittelte hierzu folgendes:

> »Kämpft gegen diejenigen der Schriftbesitzer, welche nicht an Allah und den Jüngsten Tag glauben und die das nicht verbieten, was Allah und sein Gesandter verboten haben, und sich nicht zur wahren Religion bekennen, so lange, bis sie ihren Tribut in Demut entrichten« (9/29).

Innerhalb des Kampfes gegen den Unglauben, der nun von einer Möglichkeit zu einer Pflicht erhoben war, schienen die Juden und Christen eine Art Sonderstellung einnehmen zu können, denn Allah gab, die Ungläubigen betreffend, unmißverständliche Anweisungen:

> »Tötet sie, wo ihr sie trefft, verjagt sie, von wo sie euch vertrieben; vertreiben ist schlimmer als töten. Bekämpft sie, aber nicht in der Nähe heiliger Stätten … (2/192). Die Verführung (zum Götzendienst) ist schlimmer als Krieg (im heiligen Monat) … Jene aber, die glauben und ausziehen, um für die Religion Allahs zu kämpfen, die dürfen Allahs Barmherzigkeit gewärtig sein … (2/218f.)

Auch wenn die islamische Koraninterpretation sich über die Art und Weise der Abrogation, d. h. die Aufhebung von in ihrer zeitlichen Abfolge strittigen Versen, nicht einig ist, so ist sie sich doch in der Verhärtung der Offenbarungen einig. Nach der *hidjra*, dem Wechsel von bedrängter Schwäche zu einem Status wachsender Stärke, wandelt sich die Sicht des Gesandten – im Auftrag Allahs – den Kampf gegen alles Islamfremde betreffend von einer schwachen Erlaubnis zu einem starken Gebot.

Dementsprechend schwierig gestalteten sich die frühen Jahre des Islam in Medina, vor allem die wirtschaftlichen Verhältnisse der neuen Gemeinde. Die Einkünfte der medinensischen Helfer waren weitgehend erschöpft, die mekkanischen Auswanderer völlig mittellos. Das Denken aller war vom Kampfgedanken erfaßt, der sich sowohl gegen die mekkanische Feudalklasse als auch gegen die Schriftbesitzer richtete. Aus einer teils stammes-, teils islamorientierten Motivation wendete sich dann allerdings binnen weniger Jahre das Blatt zugunsten Muhammads und seiner Gefolgsleute.

In Scharmützeln zwischen 624 und 628 bringt Muhammad den Mekkanern hohe Verluste bei und nimmt ihnen erhebliche Teile ihres Vermögens ab. Gleichzeitig geht er gegen die Juden Medinas vor, vertreibt sie zum Teil nach Norden in die Oase Khaybar und bringt sie zum Teil in einem beispielgebenden Massaker in Medina um. Hier vermischen sich verschiedene Ebenen des Stammesdenkens und der neu entstehenden Islamideologie. In bezug auf den Kampf geht das Stammesdenken graduell in die Argumentation des Islam über. Es etabliert sich hier in deutlich verstärkter Form: Eine wirtschaftliche Funktion erlangt den Grad einer religiösen Pflicht. Die neuen Muslime bleiben arabische Stammeskämpfer, indem sie Razzien gegen Nichtmuslime durchführen, aber da sie dies auch als religiöse Pflicht ausüben, können sie Angehörige der eigenen Stämme ausrauben.

Die Vertreibung und Ermordung der medinensischen Juden erfolgte in einem vergleichbaren Szenarium. Obwohl die Juden bereit waren, den Tribut zu entrichten und den »Schutzvertrag« (*dhimma*) in Anspruch zu nehmen, konnten die altarabischen Schutzgrenzen überschritten werden, weil die neumuslimische Verhärtung der Kampfideologie die Juden in immer größere Nähe zum Unglauben rückte.[22] Der wirtschaftliche Aspekt spielte auch und gerade in diesem Fall eine ausschlaggebende Rolle. Im Bruch der selbstgesetzten Schutzregel für die Schriftbesitzer – oder auch »Schriftverfälscher« – entstanden Einkünfte, die den normalen Tribut weit überstiegen. Im Hintergrund dieser Aktionen stand das ideologische Motiv des »zuvor erlittenen Unrechts« oder auch der angenommenen »Verfolgung«, die das Töten rechtfertigt.

Die Rabbiner Medinas hatten Muhammads religiöse Avancen wiederholt abgelehnt und sich über seine theologischen Schwächen lustig gemacht. Eine solche Verhaltensweise begründete nicht nur das obligate »Unrecht«, sondern erlangte proportional zu Muhammads Prestigezuwachs den Grad einer Quasi-Blasphemie. Nachdem einige Jahre zuvor – und damit noch zu einer Zeit geringeren Prestiges – die Judenstämme der Qaynuqa und Nadir mit Enteignung und Vertreibung davonkamen, waren im Falle der verbliebenen Qurayza Hinrichtung der Männer sowie Versklavung der Frauen und Kinder eine dem gestiegenen Ansehen Muhammads offenbar eher angemessene Maßnahme. Allah legitimierte sie durch eine nachträgliche Offenbarung, ein Zeichen für die ungewöhnliche Machtfülle des Verkünders.[23] Der Medinenser Abdallah Ibn Ubayy, der noch die beiden erstgenannten Stämme vor dem Zugriff Muhammads bewahrt hatte, konnte für die Qurayza nichts mehr tun.[24]

4. Das Charisma islamischer Ideologie

Je dominanter und sicherer sich der Islam als neuer Gemeinschaftsgeist etablierte, desto eher konnten Denk- und Verhaltensweisen zu »Unrecht« werden, welche diesem Geist zuwiderliefen – die klassische Ausgangssituation für eine totalitäre Ideologie. Damit mußte eine weitere, wichtige Form der sozialen Auseinandersetzung im alten Arabien ebenso auf Muhammads unbequemen Prüfstand geraten: die Spottdichtung. In zum Teil berühmt gewordenen epischen Dichtungen, den sogenannten Qasiden, versuchten in Fehde liegende Stämme, sich mit Ruhm- und Prahlversen gegenseitig zu überbieten und ins Lächerliche zu ziehen – eine wichtige Funktion in der gesellschaftlichen Neutralisierung von Gewalt. Viele dieser Dichter, die bekanntlich wußten, daß es auch schon einen vorislamischen Allah gab, hatten nun Muhammad und seine zunächst kurios wirkende Gemeinde aufs Korn genommen und sich damit in akute Lebensgefahr gebracht.

Denn diese Gemeinde und vor allem ihr Führer hatten keinerlei Sinn für Humor oder Ironie und brachten die Schöpfer unangenehmer, in Gedichtform gekleideter Wahrheiten ebenso um wie jene, die sich »dem Islam« politisch oder religiös entgegenstellten, oder – noch schlimmer – ihm den gerechten Tribut vorenthielten. Es war Muhammad selbst, der die Weichen in Richtung der gewaltsamen Beseitigung jeglicher Opposition stellte. Er etablierte die Institution des Auftragsmords, welche diejenigen zu höchsten Ehren führte, die für den Gesandten Allahs töteten.

»Wer bewahrt mich vor meinen Feinden?« lautete Muhammads rhetorische Frage, die unter seinen Gefolgsleuten eine gar nicht mehr so rhetorische Konkurrenz um die Frage auslöste, wem die Ehre des Mords zufallen sollte. Die auf diesem Ruhmesblatt verzeichnete Namensliste ist lang, die der Autor des Muhammad-Katechismus, der spanische Qadi Iyad Ibn Musa al-Yahsubi (gest. 1148) aufführt.[25] Einer der bekannteren Fälle ist der des Dichters Ka'b Ibn Ashraf, eines Halbjuden, der 627 den mekkanischen Erzfeind zu Maßnahmen gegen Muhammad aufgerufen und damit Todesmut bewiesen hatte. Bereits in früher Zeit blieben solche Morde für Muhammad folgenlos und die ansonsten wirksame Blutrache inaktiv, ein deutliches Indiz für die Usurpation des Rechts durch den »Gesandten Allahs« und seine Instrumentalisierung für die »Rechte des Islam.«

So konnte sich von Anbeginn der *umma* ein Phänomen entfalten, das sich im historischen Verlauf als wichtigstes Merkmal des Islam überhaupt herausbilden sollte: der charismatische Charakter seiner Ideologie. Kaum ein Werk der Weltgeschichte erweist sich als so mehrdeutig und schwer verständlich wie der Koran. Der heterogene Inhalt mit religiösen Schwerpunkten im mekkanischen und gesetzgeberischen Akzenten im medinensischen Teil, die erratische Abfolge der Suren, die sich nicht nach dem zeitlichen Entstehen, sondern nach ihrer Länge richten, haben eine detaillierte Interpretation bewirkt, die indessen bis heute nicht in allen Bereichen Eindeutigkeit bewerkstelligen konnte. Eine durchaus klare und bis heute geltende Sicht betrifft Christen und Juden und stützt sich u. a. auf die Autorität des ägyptischen Koranexegeten Al-Suyuti (gest.

1505), nach dem alle Koranverse, die sich für die »Schriftbesitzer« (*ahl al-kitab*) günstig aussprechen, als wirkungslos anzusehen sind.[26]

Nicht nur der Kontext, sondern auch die Inhalte der einzelnen Verse der Suren stecken voller Diskrepanzen und Ambivalenzen. Die Verbindung dieser hochinstabilen Bedeutungen mit ihrem sakrosankten Verkünder, der sie nach eigenem Bekunden von Allah selbst empfangen hat, erzwingt einen konsequenten Glauben, der jeden Zweifel an seinen zahlreichen Gegensätzen und Widersprüchen rigoros bekämpfen muß.

Die ewige Allmacht Allahs, die Unangreifbarkeit des Verkünders und die Unfehlbarkeit des koranischen Textes werden die Grundlage für das kommende Gesetz Allahs, die *sharia*, bilden. Aber bereits zu Lebzeiten Muhammads entsteht der charismatische Glaubensbeweis in Gestalt des *djihad*, des Kampfes »auf dem Wege Allahs« und der Denunziation als identitätsbildender Wettbewerb um eine optimale Verwirklichung des einzelnen in der Gemeinschaft. So wie sich zahlreiche Neumuslime dem Verkünder als Auftragsmörder zur Beseitigung unliebsamer Widersacher und »Feinde« anboten, so sollte der historische Islam zum formenden Spannungsfeld aller Muslime und auch vieler Nichtmuslime werden.

Es entspann sich eine umfassende Konkurrenz um die möglichst gesetzestreue Verwirklichung des individuellen Daseins und – vor allem – ein endloser Kampf um die Macht im Islam und die von Allah legitimierte Verwirklichung des islamischen Staatswesens. »*Djihad*« wurde nicht nur gegen die Ungläubigen betrieben, sondern mußte immer auch im eigenen Verhalten beginnen, das sich von allen unislamischen Störungen zu befreien hatte, um der Gemeinschaft »auf dem Wege Allahs« (*fi sabil illahi*) zum Siege zu verhelfen. So konnte bald jeder jeden zum »Heuchler« (*munafiq*) erklären, wenn es darum ging, sich in der innermuslimischen Ausschaltung mißliebiger Elemente eine günstige Ausgangsposition zu verschaffen.[27]

> »Du, o Prophet, kämpfe gegen die Ungläubigen und die Heuchler und sei streng gegen sie. Ihre Wohnung wird die Hölle sein. Eine schlimme Reise ist es dorthin« (9/73).

Das Wort Allahs lag erst ca. 30 Jahre nach dem Tode des Verkünders in einer ersten verbindlichen Schriftfassung vor, die noch ein weiteres Jahrhundert lang sprachlichen und inhaltlichen Veränderungen und der Prophetentradition, einem umfassenden Katalog von Denk- und Handlungsanweisungen, ausgesetzt war. Hier entstand ein umfassendes Spektrum, in dem sich die einzige Institution des Islam bilden konnte, das Charisma seiner identitätsbildenden Durchsetzung als Grundlage des orthodoxen Glaubens. Islam gründet sich nicht nur auf Koran, Prophetentradition und ein über mehrere Jahrhunderte sedimentiertes Gottesgesetz; Islam beruht auch und vor allem auf einem *Kraftfeld der Macht*, das sich bereits wenige Jahre nach der *hidjra* in den Köpfen der Menschen auszudehnen beginnt.

Dieses Kraftfeld speist sich aus der Wirkmacht des Verkünders und aus der Wirkmacht des vorislamischen Stammesdenkens. Muslim ist nicht nur, wer die Glaubensübungen vollzieht; Muslim ist auch derjenige, der Abweichungen bei anderen erkennt, und Muslim ist vor allem derjenige, der die religiösen, politischen und wirtschaftlichen Interessen des Islam schützt und sein Geltungsgebiet ausweitet. Alles Denken und Handeln ist auf die Stützung, Bestätigung und Förderung dieser neuen Glaubensform gerichtet, und der Kampf ist die bevorzugte Form ihrer universalen Verwirklichung. In diesem Kraftfeld lösen sich die alten Normen der genealogischen Verwandtschaft graduell zugunsten einer religiös-politischen Verwandtschaft, gewissermaßen zum »Superstamm« der islamischen Gemeinschaft, in dem Maße auf, in dem sich ihre spirituelle Intensität mit wirtschaftlichen Anreizen verbindet:

> »Wer für die Religion Allahs kämpft, mag er umkommen oder siegen, wir geben ihm großen Lohn« (4/75).

Wer dieser Aufforderung folgt, betritt den Weg zum Kriegsmartyrium, das jedoch für den wahrhaft Glaubenden alle Schrecken verliert, weil es nicht weniger als das Paradies selbst öffnet:

> Du darfst keineswegs die für tot halten, die für die Religion Allahs fielen; sie leben vielmehr bei ihrem Herrn, der ihnen reiche Gaben gibt« (3/170).

Das Vermögen aus den zahlreichen Beutezügen und den inzwischen reichlich fließenden Tributen der unterworfenen arabischen Stämme hatte Muhammads *umma* zum mit Abstand stärksten Machtfaktor der Halbinsel gemacht. Abu Sufyan, Statthalter Mekkas und alter Widersacher Muhammads, einigte sich mit letzterem im Jahre 630 auf eine gewaltfreie Übergabe der Stadt. Muhammad gehörte letztlich selbst den Quraysh an und legte offenbar Wert darauf, trotz zuvor erlittenen »Unrechts« seine Stammesgenossen ungeschoren davonkommen zu lassen. Deren Führungserfahrung war, in die Dienste des Islam gestellt, weit wertvoller, als sie sich zum Feind zu machen. In der sogenannten »Lossagung« (*bara'a*) war nun Gelegenheit für alle Polytheisten, das Land zu verlassen oder den Islam anzunehmen, eine Offerte ohne wirkliche Alternative, denn wer sie ablehnte, wurde nach vier Monaten getötet.[28]

Dennoch wurde hier erneut eine Variante der *hilm*-Tugend erkennbar, jenes distanzierte Kalkül, welches die altarabischen Rachegelüste der medinensischen Helfer pragmatisch überwand und die Gesamtsituation der Übernahme Mekkas effizient löste. Der Grundstein zum Einlenken der Mekkaner war bereits zwei Jahre zuvor im Waffenstillstandsvertrag von Hudaybiya gelegt worden, in dem sich Muhammad die jährliche, unbehelligte Pilgerfahrt ausbedungen hatte. Nach dem politischen Sieg über die Quraysh vereinnahmte Muhammad – in Bruch des Hudaybiya-Vertrags – nun auch den altarabischen Kult, indem er die Pilgerriten islamisch umgestaltete und die Kaaba als Gründung Abrahams umwidmete. In Anlehnung an dessen Vorgehen ließ er die Kultfiguren als »satanisch« (5/92) zerschlagen und schuf somit die Basis für das spätere Bilderverbot.[29] In nur wenig mehr als zwei Jahrzehnten hatte der Gesandte Allahs mit Geschick, Geduld und Gewalt den arabischen Raum seiner neuen Religion unterworfen.

In diesem Geschehen bildete sich immer deutlicher das charismatische Kraftnetz des

Islam ab, dessen Maschen aus Ritus und Kampf geknüpft wurden und sich dabei auf mehrere miteinander verbundene Elemente stützen konnte:

1. Der vorislamische, auf die Ehre des Stammes bezogene Kampfreflex wird in den Dienst des Islam gestellt und mutiert dort zum »Glauben«;
2. Die islamische Kampfmentalität »läutert« zunächst die Seele der Gläubigen und konditioniert sie auf drei deutlich gewaltbesetzten Ebenen für den *djihad* nach innen und außen:
   a) die Gewalt gegenüber dem Bereich des Unglaubens oder auch des »Krieges« (*dar al-harb*), die zur Expansion des Islamgebiets (*dar al-islam*) im Glaubenskampf (*djihad*) einzusetzen ist;
   b) die Gewalt zur innerstaatlichen Sicherung der islamischen Herrschaft, denn schon nach dem Prophetengenossen Umar bestand »religiöses Heil in politischer Ordnung«;[29a]
   c) die Gewalt gegenüber den Minderheiten, hauptsächlich Juden und Christen, vereinzelt auch Zoroastriern (*madjus*), welche unter einen tributpflichtigen »Schutzvertrag« gestellt wurden, dessen Theorie in deutlichen Gegensatz zur historischen Praxis geraten sollte.
3. *Djihad* wird zwar in zunehmendem Maße auch als Kampf für den Glauben begriffen, basiert jedoch ganz wesentlich auf vorislamisch verankerten Motiven des Zugewinns durch Beute;[29b]
4. Die vorislamische *muruwwa*, die emotionale, zuweilen bacchantische Stammesmentalität, wird kanalisiert in die beherrschtere Ritenmentalität der islamischen Glaubenspraxis (*din*);
5. Der sakrale Herrschaftsanspruch des Islam verbindet nomadisches Land mit seßhafter Stadt und beginnt einen langen Prozeß der gegenseitigen Kontrolle durch Schutz und Glaubenssicherung.

5. Ritus, Kampf und »Paradies«

Dieses Kraftnetz aus religiösen, politischen und soziologischen Impulsen und Handlungsanweisungen bildet die ideologische Religion des Islam, die im wesentlichen bereits durch ihren Verkünder selbst vorgegeben und in ihrer historischen Entfaltung als dominante Formgebung fortlaufend bestätigt wurde. Die Dominanz dieses Kraftnetzes schließt dabei gegenläufige Einzelaspekte, die allein schon durch die Ambivalenz des Koran geliefert werden, nicht aus. So gibt es natürlich Gesichtspunkte, die gegen die Bedeutung des *djihad* als Glaubenskrieg oder Krieg überhaupt sprechen, wie sie z. B. in den diversen Hinweisen auf Bedenken gegen Gewalt an Schriftbesitzern niedergelegt sind:

> »Mit den Schriftbesitzern streitet nur auf die anständigste Weise, nur die Frevler unter ihnen seien ausgenommen, und sagt: Wir glauben an das, was uns und an das,

was euch offenbart worden ist. Allah unser Gott und euer Gott ist nur einer, und wir sind ihm ganz ergeben« (29/47).

Während hier bereits islamisch orientierte Unklarheit dadurch geschaffen wird, daß ein breiter Raum für »Frevler« entsteht, verstärkt sich diese gestaltbare, eben charismatische Konkurrenzlage durch ideologische Begriffe wie »Gerechtigkeit«, die im historischen Verlauf zu keiner Zeit gegen die Interessen des Islam ausgelegt worden sind:

»Ich glaube an die Schriften, welche Allah offenbart hat, und mir wurde befohlen, Gerechtigkeit unter euch herzustellen. Allah ist unser Herr und euer Herr; unsere Werke haben wir, und ihr habt die eurigen zu verantworten. Kein Streit sei daher zwischen uns und euch; denn Allah wird uns ja einst einigen und zu ihm kehren wir zurück« (42/16).

Wie u. a. die komplette Umdeutung Jesu Christi in der Endzeitvorstellung der islamischen Tradition zeigt (Anmerkung[29a]), wurden diese und ähnlich versöhnliche Ansätze keineswegs durchgehalten, weil sich Muhammads Vorbild durchsetzte, das eine maximale Realisierung eigener Interessen anstrebte.[30] Es bleibt zweifelhaft, ob der Verkünder sich hätte auf eine konziliantere Linie verständigen können, die eine Qualität oberhalb des reinen Mittels zum Zweck erreichen konnte. Um seine Religion nachhaltig in Gang zu setzen, brauchte er die Stämme, und diese waren ohne die integrale Einbindung der stammesorientierten Kampfesehre und greifbare Vorteile kaum für einen »Glauben« zu motivieren, der sie auf ins Jenseits verschobene Verdienste vertröstete. So schoben sich denn immer wieder auch realistische, für die Menschen der Zeit konkret faßbare Verhaltensempfehlungen in den Vordergrund:

»Tötet für Allahs Pfad – eure Religion – die euch töten wollen; doch beginnt nicht die Feindseligkeiten; Allah liebt die nicht, die über das Ziel schießen« (2/191).

Da alles »gerecht« ist, was dem Islam nützt und dem Unglauben schadet, erlangt der Kampf »auf dem Wege Allahs« einen sakralen Stellenwert und relativiert sämtliche Einschränkungen auf ein möglicherweise defensives Verhalten – eine wichtige Basis für die kommende Ideologie des *djihad* und das kollektive Verhalten der Muslime im historischen Verlauf. Vor diesem Hintergrund konnten sich denn auch diejenigen, die den Kampf aus Bequemlichkeit oder gar moralischen Bedenken meiden wollten, kaum noch zur Geltung bringen:

»Der Krieg (Kampf) ist euch vorgeschrieben. Und er gefällt euch nicht? Aber vielleicht ist es so, daß euch etwas mißfällt, was euch gerade gut (dienlich) ist, und vielleicht auch, daß euch etwas lieb ist, was euch gerade schädlich ist. Allah weiß es, aber ihr wißt es nicht« (2/217).

Hier macht sich Muhammad selbst das klassische Instrument der politisch-moralischen Manipulation zunutze, das er zur eigenen Abgrenzung den christlichen Mönchen und jüdischen Rabbinern unablässig vorwirft: die Entmündigung der Gläubigen. Hieraus ergab sich allerdings in bezug auf den Glaubenskampf die Möglichkeit, innerhalb der islamischen Gemeinschaft eine Zweiklassen-Spaltung aus hochwertigen Glaubenskämpfern und minderwertigen »Kriegsdienstverweigerern« zu schaffen:

> »Die Gläubigen, welche nicht durch Krankheit verhindert zu Hause sitzen bleiben, haben nicht gleichen Wert mit jenen, die Vermögen und Leben für die Religion Allahs verwenden ... Zwar hat Allah allen das Paradies versprochen; doch werden die Aufopfernden vor den ruhig Bleibenden von Allah bevorzugt« (4/96).

Die mythische Verbindung von Opfer und Gewalt, von der später noch ausführlicher zu sprechen sein wird (s. u. S. 118), löst Muhammad also zugunsten einer Gewalt auf, die zur Begründung des islamischen Menschseins unabdingbar wird. Indem Kampfbereitschaft »mit Gut und Blut« eine höhere Qualität von Glaube und Existenz erzeugt, ist der Boden für die Definition des Islam gegen alles Nichtislamische und eine religiös begründete Expansionsideologie bereitet. Als Muhammad am 6. März 632 stirbt, hat er die Entwicklung der *umma* auf Expansion gepolt, wobei er ihr das elitäre Bewußtsein der »besten aller Gemeinschaften« auf den Weg gibt (3/111). Auch die historischen Randbedingungen stellen sich äußerst günstig. Byzanz und Persien sind durch lange Kriege nachhaltig geschwächt, die Bevölkerungen Syriens und Ägyptens durch die Pest arg dezimiert. Zudem hatte Allah kurz vor dem Hinscheiden des Verkünders seinem Willen zum *djihad* den letzten koranischen Schliff verliehen:

> »Unglaube *(fitna)* ist schlimmer als Töten« (2/218) – »Tötet sie, wo ihr sie trefft« (2/192) – »Bekämpft sie, bis alle Versuchung (fitna) aufhört und Allahs Religion allgemein verbreitet ist« (8/40).

Die universale Definition des Islam gegen alles Nichtislamische kommt besonders sinnfällig im *»fitna«* -Begriff zum Ausdruck, der im Unglauben die Versuchung an sich und damit die Basis der Sünde, sogar Satan selbst, erkennt.[31] Der Einheit der Gemeinschaft kommt daher ein hoher Stellenwert zu, der den Kampf um die Macht auf eine sakrale Ebene hebt. Zum Schutz gegen die Sünde der Spaltung enthält der Koran eine ganze Reihe diesseitiger Handlungsanweisungen, die sich mit jenseitigem Lohn pragmatisch verknüpfen:

> »Wenn ihr im Krieg mit den Ungläubigen zusammentrefft, dann schlagt ihnen die Köpfe ab, bis ihr eine große Niederlage unter ihnen angerichtet habt ... (47/5).
> ... Die für Allahs Religion kämpfen (und sterben), deren Werte werden nicht verloren sein (6) Allah wird sie vielmehr leiten und die Bestrebungen ihres Herzens beglücken (7) und sie in das Paradies führen, welches er ihnen angekündigt hat.«

Im Kraftfeld islamischer Gewalt ist zwar der *dhimma*-Schutzvertrag mit den Schriftbesitzern als Sonderfall des »normalen« *djihad* enthalten, und wir werden uns in den nachfolgenden Darstellungen immer wieder mit diesem grundlegenden Aspekt der islamischen Geschichte befassen; wir werden jedoch auch sehen, daß in der Praxis des Glaubenskampfes zwischen den beiden Kategorien des *djihad* und der *dhimma* keineswegs in der Weise unterschieden wurde, wie es sich in der Theorie der islamischen Rechtskompendien ausdrückt.

Einen ähnlich theoretischen Charakter hat die »Einladung zum Islam« (*da'wa*) bewahrt, die vor dem Beginn der Kampfhandlungen auszusprechen war. Es stellte sich rasch heraus, daß dieses Konzept friedlicher Unterweisung eine kontinuierliche, militärische Strategie unmöglich machte und allenfalls für individuelle Aktionen begrenzter Größenordnung in Frage kam.[32] Für eine geistige Läuterung, geschweige Mission im christlichen Sinne ist die Einrichtung des *djihad* erkennbar nicht geeignet, zumal bei allem Interesse des Islam an neuen Gläubigen das wirtschaftliche Moment in Gestalt von Tribut und Verkauf (in die Sklaverei) im Vordergrund stand. In der Moderne gewann die *da'wa* allerdings neuen Schwung in der Gestalt subversiver Unterwanderung, wie sie von der Muslimbruderschaft betrieben wird (s. u. S. 210f.).

Schon der Verkünder selbst hatte eher die großräumige Eroberung und Tributerschließung nichtislamischer Gebiete (*futuh*) als die individuelle Missionierung vor Augen, als er während des berühmten »Grabenkrieges« von Medina im Jahre 627 die Bitte an Allah richtete, »er möge sie (die Städte und Länder) uns öffnen, uns ihre Häuser als Beute geben und ihre Länder mit unseren Händen zerstören lassen«.[33] Dabei wurde wiederholt auch die Aussicht des Glaubenskämpfers (*mudjahid*) auf Beute in weniger günstigem Licht dargestellt, weil sie den Wert des jenseitigen Lohns schmälerte,[34] wie auch das Streben nach Ruhm und Ehre Allahs Wohlgefallen nicht förderlich war.[35] Während letzteres auf die Unterdrückung der Stammesmentalität abzielte, war ersteres darauf ausgerichtet, den Beuteanteil der Kämpfer zu drücken, um entsprechend denjenigen der Statthalter und Kalifen zu optimieren.

Die Verquickung weltlichen Lohns mit himmlischen Freuden als eine Art Zug-um-Zug-Geschäfts hatte Allah den Gläubigen bereits über den gelernten Kaufmann Muhammad Ibn Abdallah nahelegen lassen:

> »O Gläubige, soll ich euch eine Ware (einen Handel) zeigen, welche euch von peinvoller Strafe erretten kann? Glaubt an Allah und seinen Gesandten und kämpft mit Gut und Blut für die Religion Allahs« (61/11f.).

In keinem anderen Zusammenhang der islamischen Religion macht Allah den Menschen so weitreichende Angebote. Die Versprechungen werden allerdings nur eingelöst, wenn der Gläubige auch wirklich zu den Waffen greift:

> »Die, welche geglaubt und für die Religion Allahs ihr Vaterland verlassen und mit ihrem Vermögen und Leben für sie gekämpft haben, diese erhalten eine hohe Stufe der Glückseligkeit bei Allah ...« (9/20).

Von hier ist es zum Paradieseintritt für den Märtyrer nicht mehr weit. Diesen erwarten dort unvorstellbare, zumindest für das europäische Gemüt schwer nachvollziehbare Genüsse, nachdem dem Kämpfer alle Sünden und damit auch die Grabesstrafe, die der Entscheidung zwischen Paradies und Hölle vorgeschaltet ist, erlassen worden sind. Bei der Grabesstrafe handelt es sich um eine erhebliche Einschränkung auf dem Weg zum

Endgericht, indem der Verstorbene schon unmittelbar nach der Grablegung empfindlicher Pein unterzogen wird. Während die Todesengel (*munkar wa nakir*) mit schweren Keulen auf ihn einschlagen, rücken die Wände des Grabes unerbittlich zusammen, bis die Knochen des Untoten krachend zerbersten.[36]

Die Aussichten für den kompromißlosen Kämpfer, der auch mit dem Einsatz seiner persönlichen Habe nicht knausert, stellen sich wesentlich günstiger. Dabei scheint wiederum die kaufmännische Dimension auf, die den Kampf für den Islam – und nur für diesen – zu einem Geschäft werden läßt.

> »Wahrlich, Allah hat das Leben und das Vermögen der Gläubigen dafür erkauft, dass sie das Paradies erlangen, indem sie für die Religion Allahs kämpfen. Mögen sie nun töten oder getötet werden, so wird doch die Verheißung, welche in der Thora, im Evangelium und im Koran enthalten ist, ihm in Erfüllung gehen. Und wer ist wohl in seinen Verheißungen gewissenhafter als Allah? Freut euch daher eures Handels, den ihr gemacht habt, denn er bringt große Glückseligkeit« (9/111).

Somit ist islamischer Glaube weit mehr als Islam im Sinne des Ritenvollzugs. Er beweist sich authentisch erst im *djihad* und setzt die *hidjra* voraus, das mutige und aufopferungsvolle Hinausgehen »auf dem Wege und für die Religion Allahs«.[37] Die Spannung zwischen Riten- und Kampfglaube wurde daher schon früh zu einem Dauerthema des historischen Islam und ist es bis in unsere Zeit geblieben. Der Krieg um der Sache Allahs willen ist nicht nur weit höher einzuschätzen als jede kultische Frömmigkeit (2/218); *djihad* bildet überhaupt die existentielle Voraussetzung für die eschatologische Vollendung des Islam, während der Ritus ihn individuell sicherstellt.

Daß der Kampf für den Islam die mit Abstand verdienstvollste Handlung darstellt, steht für die Muslime außerhalb jeden Zweifels.[38] Zahllose Stellen in Koran und *hadith* fordern zum *djihad* auf und verbinden ihn mit den verschiedensten Belohnungen. Wann und wie der Kampf geführt wird, können nur die Muslime selbst entscheiden, deren Anzahl hinreichend groß sein muß, um eine nachhaltige Vergrößerung des Islamlandes zu gewährleisten. Wird das Islamland angegriffen, hat jeder Muslim zu den Waffen zu greifen. Mangel an Kämpfern hat es offenbar so gut wie nie gegeben, wobei die koranische Kriegswerbung mehrheitlich auf die Attraktivität der weltlichen und spirituellen Belohnung abgestellt ist.[39]

Die rechtlichen Ergänzungen zu den koranischen Vorschriften des *djihad* erfolgten durch die islamischen Rechtsgelehrten, die sich dabei auf die zweite grundlegende Quelle religiösen Wissens stützen, die Tradition des Propheten (*hadith*). Dieser Fundus besteht aus einer Fülle von Nachrichten über Aussagen und Handlungsanweisungen des Verkünders, welche sich ihrerseits auf eine Kette von Gewährsmännern (*isnad*) zwischen dem Berichtenden und Muhammad stützen. Jede Nachricht enthält Informationen über Gedanken und Handlungen des Propheten, die nicht nur viele Bedeutungslücken des Koran füllen, sondern das gesamte Leben der islamischen Gesellschaft in den Fragen des Rechts, des Ritus und – des Kampfes durchdringen. Hier wurde natürlich viel gefälscht, um den jeweiligen Machtinteressen gebührenden Nachdruck zu verleihen, doch kann ein Blick in den *hadith* durchaus angemessenen Aufschluß über den Stellenwert des *djihad* in der späteren Entwicklung vermitteln.

6. Ritus und Kampf in der Grenzfestung

Kaum ein Bereich eignet sich so zum »Lernen durch Handeln« wie der Krieg. Der Islam als neue Gesellschaftsform erlebte in seinen ersten Jahrhunderten eine dynamische Ausbreitung in eine Vielzahl unterschiedlicher Kulturen, die diese neue Religion graduell übernahmen und ihre kulturelle Identität dabei teilweise konservierten. Als in diesem Prozeß dominant erwiesen sich Denk- und Verhaltensweisen, wie sie sich als Erbe des Verkünders in der Gemeinschaft verankert hatten, in dem ebenso zentrale Werte wie die vorislamischen Formen des arabischen Kriegshandwerks fortlebten. Muhammad selbst hatte die Kriegskunst als elitäre Pflicht hervorgehoben, welche die Muslime gegenüber jenen Menschen, die dem Landhandwerk verpflichtet waren, unüberbrückbar abgrenzte:

> »Der Unterhalt meiner Gemeinde beruht auf den Hufen ihrer Rosse und den Spitzen ihrer Lanzen, solange sie nicht den Acker bestellen; wenn sie aber anfangen, das zu tun, so werden sie wie die übrigen Menschen.«[40]

Dieser Elitarismus konnte bei der Wichtigkeit des Krieges und der Reiterei – der Kavallerist rangierte weit über dem Infanteristen – für den arabischen Stammeskrieger doppelte, wenn nicht sakrale Bedeutung erlangen:

> »Das Beste liegt in der wehenden Mähne des (Schlacht-) Rosses bis zum Tage der Auferstehung«[41] – Der beste unter den Menschen ist derjenige, der im Heidenkampf, die Zügel fest in der Hand, sich überall dorthin stürzt, wo er Schlachtenlärm hört.«[42]

Hier nahm kaum wunder, daß der Reiter bei der Beuteverteilung, die mit vier Fünfteln den Kämpfern und einem Fünftel der Obrigkeit zufiel, bevorzugt berücksichtigt wurde. Er erhielt mindestens das Doppelte, gemäß der Majorität der führenden Rechtsgelehrten sogar das Dreifache des einfachen Fußsoldaten.[43] Ob Kavallerist oder Infanterist, ob Mitglied der Quraysh oder irgendeines anderen Stammes, ob Angehöriger der *muhadjirun* oder der *ansar* – sie alle waren Muslime und konnten ihrem Glauben neben den täglichen Riten besonderen Ausdruck im Kampf verleihen. Der Kampf für den Islam erlangte eindeutige Priorität vor dem Ritus:

> »Hält sich jemand in der Schlachtreihe auf, sofern das für Allahs Sache geschieht, so ist das besser, als wenn er 70 Jahre lang Allah diente.«[44]

Grundlegende Pflichten wie das Fasten im Ramadan-Monat werden durch den *djihad* außer Kraft gesetzt, teilweise gilt es als ausgesprochen verdienstvoll, das Fasten zugunsten des Kampfes zu unterlassen.[45] Der Wertvergleich des Glaubenskampfes mit den Riten bewirkte dabei eine frühe Einbindung der islamischen Asketen (*sufiya*) in das Kampfdenken an sich. Es ist beileibe kein Zufall, wenn einer der größten Mystiker des Islam, Djelal ad-Din Rumi, im Glaubenskampf und im Töten eine der höchsten Stufen muslimischen Glücks erkannte. Die Berichte über die aktive Beteiligung der Gottessucher an konkreten Kampfhandlungen sind Legion.[46]

Schon eine der frühen Urgestalten islamischer Mystik, Ibrahim Ibn Adham (gest. 776), wußte seine Ritenfrömmigkeit durchaus mit dem Kriegshandwerk zu verbinden. Immerhin kam er auf einem seiner zahlreichen Feldzüge gegen die Byzantiner ums Leben und erlangte den sicheren Märtyrerstatus, der durch bloße Ritenerfüllung zwar erfleht, jedoch nicht sicher erworben werden kann. Muhammad selbst bemühte sogar das – von ihm abgelehnte – christliche Mönchtum, um die besondere Glaubensqualität des *djihad* zu verdeutlichen:

> »In jeder Religionsgemeinschaft gibt es ein Mönchtum; das Mönchtum meiner Gemeinde ist der djihad.«[47]

Im sufischen Bereich ist häufig vom *djihad* als »Kampf gegen die Begierde«, d. h. gegen die weltliche Versuchung, die Rede. Fasten und *dhikr*, das unentwegte Gedenken oder Rezitieren des Gottesnamens, erscheinen vordergründig wesentlich erstrebenswerter als der Glaubensbeweis durch das Schwert. Bei näherem Hinsehen entpuppt sich indessen der sufische *djihad* nicht selten als stärkendes Argument für die Authentizität der mystischen Frömmigkeit. Es geht hier also nicht um die Alternative Ritus *statt* Kampf, sondern um die Legitimation des Ritus *durch* Kampf! »Die Herabwürdigung des *djihad* ist eine Einflüsterung des Satans« hieß die Parole schon im ersten Jahrhundert des Islam,[48] und der Mystikerbiograph Sulami (gest. 1022) zitiert den großen Asketen Ahmad Ibn Abi'l-Hawari (gest. 844):

> »Welche wunderbare Erholung ist es, auf Grenzposten *(ribat)* zu stehen und Feldzüge gegen die Heiden *(ghazat)* zu unternehmen. Wenn der Gottesdiener der Gottesverehrung müde ist, erholt er sich durch eine verdienstvolle Handlung – im *djihad.*«[49]

Der *djihad* zu religiösen Zwecken wurde also nicht dem militärischen *djihad* entgegengesetzt, sondern durch diesen unterstützt und bestätigt. Umgekehrt hat die Teilnahme der Mystiker an den Feldzügen der Muslime zur Sakralisierung des Kampfes beigetragen, wie ihre auffällig intensive Präsenz in den vorgeschobenen Grenzposten (*ribat*) im Niemandsland zwischen dem Land des Islam und dem Land des Unglaubens unterstreicht (s. u. S. 42). Glaubenskampf als Form des Gottesdienstes und innerer Läuterung sowie Glaubenskampf als Form des Tötens und Plünderns schlossen sich nicht aus, sondern legitimierten einander.

Dabei darf nicht übersehen werden, daß nicht alle, die den Ritus vollzogen, auch als vollwertige Muslime gelten konnten. Erst durch die »Auswanderung«, durch die *hidjra* aus dem traditionellen Stammesverband, konnte die genealogisch motivierte Kampfmentalität als vollwertige Kraft im Dienste des Islam gelten. Nur diese »Auswanderer« und ihre »Helfer« in den eroberten Gebieten, welche die Ausbreitung des Islam unterstützten und damit selbst ihre eigenen Traditionen abstreiften, waren die wahren Gläubigen des Islam. Die wahren Gläubigen des Islam sind somit diejenigen, die sich nicht an Traditionen klammern, sondern sich in kompromißloser Loyalität dem Gesetz des Islam unterwerfen, das sich aus zwei komplementären Aspekten zusammensetzt: *Ritus und Kampf.* In unserer Zeit kommt dieses Prinzip im Glaubenseinsatz der Muslimbrüder zum Ausdruck, nach dem »ein Muslim die Pflicht hat, den Ruhm des Islam neu zu beleben, indem er die Renaissance der Völker fördert und die islamische Gesetzgebung wiederherstellt«.[49a]

Schließlich hatte auch Muhammad selbst keinen Zweifel an der Priorität des *djihad* in einer Grundsatzformel gelassen, die den Islam als »Kopf«, den Ritus als »Säule« und den Kampf als »Gipfel« darstellte.[50] *Djihad* erscheint also als eine prinzipielle Pflicht, die ständig präsent ist, allerdings nur dann wirklich realisiert werden kann und soll, wenn sich – bei ausreichender Stärke der Muslime – eine insgesamt günstige Konstellation öffnet. Dies drückte sich im Aufruf zum *djihad* durch die Obrigkeit aus, der theoretisch einmal jährlich erfolgen sollte, tatsächlich jedoch nach den konkreten Umständen oder der Dringlichkeit des Finanzbedarfs erging. Der Aufruf konnte auch von lokal entstehenden Bewegungen ausgehen, die mit dem Plazet der Obrigkeit »auf dem Wege Allahs« zu religiösem oder weltlichem Gewinn – oder beidem – kommen wollten.

Auf diese Weise entstand eine – generell erkennbare – Dreiteilung von unterschiedlich engagierten Kämpfern. Solche, die mehrfach am *djihad* teilgenommen hatten, konnten sich – sozusagen als Berufssoldaten – fest verdingen und wurden vorzugsweise in den Heerlagern oder *ribat*, den Grenzwachen an den Rändern der eroberten Gebiete, stationiert. Den Hauptteil der kämpfenden Heere scheint die Masse der Muslime gebildet zu haben, die zu offiziell organisierten Eroberungsaktionen herangezogen wurden und im Maße der üblichen Beutezuteilung am Ergebnis des Feldzuges teilhatten. Darüber hinaus wird in der Literatur immer wieder die Kategorie der sogenannten »Freiwilligen« (*mutatawwi'a*) erwähnt, die anscheinend eine den Heeren gesondert angegliederte Formation bildeten. Sie fanden ebenso bevorzugten Einsatz in den *ribat* und scheinen den *djihad* ganz besonders engagiert betrieben zu haben. Dabei stellte dieser in ihrem jeweiligen Gebiet oft keine reale Verpflichtung dar, so daß die Freiwilligen gar keine Muslime zu sein brauchten.[51]

Auf eine erhebliche Wahrscheinlichkeit von Nichtmuslimen in Freiwilligenkontingenten deutet nicht nur die häufige Beteiligung von Beduinen hin, deren Disziplin und Glaubenstreue in permanentem Zweifel standen. Wiederholt wird auch auf die generellen Probleme hingewiesen, welche die Freiwilligen ganz besonders in schwierigen Situationen verursachten, in denen sie als Deserteure die Tugenden des muslimischen Glaubenskämpfers vermissen ließen: Loyalität zum Propheten und Mut zum Tod, der im Kampf ohnehin als die beste Form der Lebensbeendigung zu betrachten war.[52]

Der hohe Anteil glaubensferner oder gar nichtmuslimischer Kämpfer förderte – besonders in den Grenzgebieten – Elemente der Disziplinlosigkeit in Richtung unkontrollierter Massentötungen und Plünderungen, die zwar integrales Stilmittel des *djihad* waren, bei fehlender Überwachung jedoch das langfristige Tributinteresse der islamischen Obrigkeit empfindlich stören konnten. Indem sie die Grenzen der – nie ganz fest umrissenen – *djihad*-Regeln überschritten, beschleunigten die Freiwilligen ganz erheblich den Prozeß der Zerstörung und Auflösung in den jeweils überfallenen Regionen. Da die »Vagabunden« (*'ayyar*), wie diese Söldner bezeichnenderweise auch genannt wurden, sich häufig aus Einheimischen rekrutierten und wahllos jedem Kriegsfinanzier anboten, wurden sie zu einem historisch wichtigen Faktor, der ganz erheblich dazu beitrug, die Islamisierung des eigenen Landes voranzutreiben.

In moderner Zeit treten die *mutatawwi'a* u. a. als Islam-Kontrolleure im Revolutions-Iran sowie als Religionspolizei in Saudi-Arabien auf (s. u. S. 192), und im weiteren Verlauf unserer Betrachtungen werden wir sehen können, daß auch Teile derjenigen, die im Westen mit dem Islamdialog befaßt sind, ähnliche Eigenschaften von Kontrollorganen aufweisen, die sie zur beschleunigten Installation des Islam in Europa prädestinieren.

Wie mehrfach erkennbar, steht der erwähnte *ribat*-Posten in engem Zusammenhang mit dem *djihad*. Er fungiert gewissermaßen als »Vegetationspunkt« der islamischen Ausbreitung, indem »*ribat*« sowohl eine Tätigkeit als auch einen Ort bedeuten kann. Der »*murabit*« ist derjenige, der die Tätigkeit des *ribat* ausübt und sich dabei zugleich im *ribat* aufhält. *Ribat* als Tätigkeit ist mithin als Teilaktivität innerhalb des *djihad* als übergeordneter Verpflichtung zu betrachten. So sah es auch der Geograph Ibn Hauqal (gest. nach 973), der über Stationen an der byzantinischen Grenze berichtet, »wo die Muslime sich mit *ribat* und *djihad* beschäftigten und Beute machten.[53]

Da der *djihad* jedoch – zumindest in den ersten Jahrhunderten des Islam – eine Angelegenheit dynamischer Expansion war, behielten die *ribat* ihre Funktion als Grenzstation nur für eine vorübergehende Zeit. Je weiter sich das Islamland ausdehnte, desto weniger Grenz- bzw. Pioniercharakter hatten diese Stationen, so daß sie andere Funktionen übernehmen konnten – Raststätten für Reisende, Hospize für Kranke etc. Besonders häufig mutierten die *ribat* indes zu Konventen für Gläubige. Speziell die Sufis erklärten solche Orte rückwirkend zu Heiligtümern, indem man sie als über Grabstätten von Heiligen errichtet deklarierte. Posten des Krieges – *ribat* – konnten auf diese Weise zu Stätten des Heiligen (*mashhad*) werden, wobei sich umgekehrt das Wort *ribat* auch für echte Heiligtümer oder Konventgründungen im Islamland einbürgerte, die nie etwas mit *djihad* zu tun gehabt hatten.[54]

Auffallend oft suchten Muslime die *ribat* in der Zeit des Ramadan auf, ein Verhalten, das sich nicht nur auf religiöse Motivationen zurückführte. Da wie erwähnt der *djihad* eine höhere Priorität als das Fasten und sogar als die Wallfahrt einnehmen konnte, hatten die Akteure die Möglichkeit, die generelle Ambivalenz des *djihad* zwischen Allah und Welt zu nutzen und den Zwängen des Fastens zu entgehen. In diesen Kontext gehören auch Berichte, die den Gläubigen für einen Standard-*ribat* von magischen 40 Tagen besondere Verdienste in Aussicht stellen.[55] Hier wird nicht nur die Verbindung zwischen Glaubenskampf und esoterischem Asketentum, sondern auch die Janusköpfigkeit der *djihad*-Motivation insgesamt deutlich.

Die Vermischung von Tätigkeit und Ort sowie ihre Veränderung im Verlauf der Islamisierung bestätigt auch der renommierte Geograph Yaqut (gest. 1229), der in bezug auf 'Abbadan (nahe dem Persischen Golf) berichtet, daß sich dort *mashhad* und *ribat* befänden.[56] So kann uns nicht mehr erstaunen, daß der bekannte Chronist der Islamer-oberungen (*futuh*), Al-Baladhuri (gest. vor 892), schildert, wie gut drei Jahrhunderte zuvor mit Spenden der Einwohner von Basra die Ortschaft 'Abbadan zur Grenzstation ausgebaut wurde.[57]

Die *ribat* im vorwiegend *djihad*-orientierten Sinne waren also Stützpunkte mit doppelter Funktion: Basis für Angriffe gegen den Feind und Schutzpunkt gegen Angriffe des Feindes. Ganz in diesem Sinne wird der Begriff auch im Koran verwendet:

> »Haltet euch an den Grenzen auf, mit dort angebundenen Pferden, lauernd und vorbereitet darauf, (die Feinde) anzugreifen« (3/200).

Der islamische Angriffsstil wird in der spanischen Version des *ribat* mit dem Begriff »*ar-rebata*« wiedergegeben. Er bezeichnet einen plötzlichen, überfallartigen Angriff – exakt die gleiche Kampfesweise, welche die arabischen Nomaden schon lange vor dem Islam mit ihrem gefürchteten *karr wa farr* (Attacke und Verschwinden) praktiziert hatten. Wie gesehen, bestand die Besatzung derart genutzter Militärbasen mehrheitlich aus Berufskämpfern und aus verschieden motivierten *murabitun*, zu denen sowohl Freiwillige als auch immer wieder die eifrigen Mystiker zählten.[58] Um in einer solchen Station auf Dauer erfolgreich zu sein, mußten die *murabitun* ein erhebliches Maß an religiöser Motivation mitbringen, sicherlich mehr als die *mudjahidun* in den größer angelegten Feldzügen, die allemal wesentlich mehr Beute bei geringerem Risiko versprachen.

7. Das Kraftfeld des *Djihad*

Beide Kämpfertypen bewegen sich allerdings im Kraftfeld des *djihad*, das charismatisch wirkt und keine Institution braucht, um sich ins Werk zu setzen. Dieses Kraftfeld wird aktiv, wann und wo immer sich auf der Seite des Islam ausreichend starke Kräfte – ob religiös oder wirtschaftlich motiviert – zu einer Aktion gegen das Nichtislamische bilden. Derlei Aktionen können natürlich gleichermaßen auch erzeugt oder gefördert werden, wenn der Bereich des Nichtislam in eine Phase ausreichender Schwäche gerät. Eine Wesenheit, deren Existenzprinzip u. a. im Kampf zur Ausweitung seines Wirkungsgebietes besteht, wird überall dort expansiv aufleben, wo sich Schwächezonen öffnen und zur Annäherung einladen.

Wie geschildert, spiegelt der Koran die Entwicklung Muhammads vom machtlosen Führer einer bedrängten Minderheit zum machtvollen Feldherrn einer dominanten Mehrheit. Nach der *hidjra* wandelte sich die Position der Schwäche zu einer Position graduell wachsender Stärke, die vom Kampfgeist der arabischen Stammesehre und dem Rückgang der Stammesidentität profitierte. Denn die aufkommende neue Religion war in der Lage, alte, stammesgebundene Loyalitäten auf die Ebene des Glaubens zu heben und somit die Kampfmentalität für die Religion zu aktivieren. Die Nomaden kompensierten ihre Skepsis gegen den Glauben durch ihren Einsatz im *djihad* und als Schutzmacht der Städte, welche ihrerseits in Handel und Handwerk Vorteile aus dem Wohlstand zogen, der aus den gesteigerten Tributen der eroberten Gebiete floß.

Die alten Schutzsysteme der Stämme lösten sich teilweise auf; teilweise bündelten sie sich in den neuen Schutzfunktionen für die Stadt und – auf religiöser Ebene – im Schutzvertrag für die »Schriftbesitzer«. Nach innen egalisierte der Islam die Menschen durch den Ritus, nach außen schuf er eine kollektive Elite, die dem Rest der Welt mit der *djihad*-Lizenz zur Eroberung, Plünderung, Versklavung und Tötung gegenüberstand. Der Rest der Welt wird dieser Lizenz immer dort Tribut zollen, wo er zum gegebenen Zeitpunkt kein ausreichendes Gegengewicht bilden kann.

Der *djihad* ist ein charismatisches Konzept, das in unklarer Formulierung eine klare Richtung anvisiert: die Realisierung des Islam. Er fungiert wie ein Kraftfeld, dessen Pole immer wieder gleiche Impulse austauschen – die Ausbreitung des Gottesgesetzes und die Bekämpfung des Unglaubens, die Stärkung des Islam und die Schwächung des Nichtislam, Mehrung des Eigenvermögens und Minderung des Fremdvermögens. Im Zentrum der kollektiven, islamischen Existenz steht der reine, darwinistisch anmutende Kampf um die Macht. Kriterien der Koexistenz und Kooperation mit dem Nichtislam werden zu keiner Zeit gezielt entwickelt werden. Muhammad selbst setzte im Koran das grundlegende, komplementäre Ziel, das in der Tradition bestätigt wird: Verbot des Kampfes bei eigener Schwäche und fremder Stärke, Gebot des Kampfes bei eigener Stärke und fremder Schwäche:

> »Derjenige, der in einer Weise kämpft, daß Allahs Wort siegt, befindet sich auf dem Wege Allahs.«[59]

Während in koranischer Zeit Ansätze gegen die Anwendung von Gewalt, wenngleich vorwiegend aus pragmatischer Erwägung, erkennbar sind, kann im Verlauf der *hadith*-Entwicklung ihr gänzliches Verschwinden beobachtet werden. Die *hidjra* wird zur »Sollbruchstelle«, an der das System des Islam von reaktiver Passivität auf aktive Aggression umschaltet. Nach Ankunft in Medina ruft Muhammad den generellen *djihad* gegen die Ungläubigen aus.[60] Mekka steht für den Aufbau des Ritus und den Rahmen der Religion, Medina für den Aufbau des Gesetzes und den Rahmen des Kampfes. Die Blockade der Stammesfehde durch den Islam und die wirtschaftliche Not leiteten die Gewalt nach außen. Der Sieg von Badr, sein Ruhm und sein Ertrag, bildeten den Grundstein für das »Modell von Medina«, das bis heute gilt. Dieses Modell, die Urgemeinde des Verkünders, steht für das Vorbild in Ritenvollzug und Glaubenskampf sowie den militärischen Welterfolg des Islam.

Der Ritus sichert die Gemeinde nach innen, der Kampf nach außen; beide treten in optisch vergleichbaren Schlachtreihen an. Aus den vielen Stämmen Arabiens wird der »Superstamm« des Islam, für den alles Nichtislamische anders, fremd und ungläubig ist. Was sich dem Superstamm nicht anpassen oder einverleiben läßt, ist langfristig zu bekämpfen und zu vernichten. Die Grundlagen des Superstamms, das Gesetz Allahs,

Koran und Tradition des Propheten, sind unter allen Umständen zu bewahren, ihnen haben sich weltliche Obrigkeit und religiöse Gelehrsamkeit gemeinsam zu unterwerfen.

Ebenso sind die ideologische Einheit und biologische Basis des Superstamms zu bewahren durch Bekämpfung politischer Parteien, religiöser Fraktionen und der Freiheit der Frau. Gerade auch in der Zeugung größtmöglicher Nachkommenschaft verbinden sich das islamische Engagement für den Bestand der Gemeinschaft und das vorislamische Element einer sich genealogisch fortsetzenden Ehre.

So zieht das kommende Strafgesetz Allahs (*shari'a*) seine schützende Grenze (*hadd*) um die höchsten Rechtsgüter des Islam: Abstammung, Ehre, Vermögen, Leben und einen Verstand, der seinerseits die Ritenordnung schützt.[60a] Wer diese Wurzeln islamischer Existenz in Frage stellt oder ihre Funktion stört, ist der Feind des Islam in der feindlichen Welt des Unglaubens oder gehört innerhalb des Islam zu den »heuchlerischen« *munafiqun,* den glaubensfernen Dissidenten des Systems.

Der Erfolg des Superstamms beruht auf dem Maß islamischer Loyalität. Für deren Ermittlung gibt es keine Meßlatte und keine Institution. Eine solche ist nicht erforderlich, weil die Totalität des islamischen Herrschaftsanspruchs keine Abweichung vom Maximum islamischer Loyalität duldet. Die blutigen Machtwechsel in den islamischen Staaten zeigen, wie schwierig es für die jeweilige Obrigkeit ist, sich gegen die permanente Machtkonkurrenz zu schützen und zugleich mit den Vertretern des Allahgesetzes zu arrangieren. Die Massaker an den Juden und Christen zeigen, wie schwierig es für den Superstamm ist, den selbstverordneten Schutzvertrag mit dem Kampfzwang gegen den Unglauben in Einklang zu bringen. Die moderne Expansion in den Westen ist die Vorstufe zu einer neuen Phase des *djihad*, die dem Superstamm zu einer unverhofften Renaissance verhelfen wird. Umgeben von einer quantitativen, nicht qualitativen »Übermacht« des Unglaubens, ist der Superstamm im Begriff, mit Unterstützung des Unglaubens neue Strategien zu entwickeln, auf die wir im Fortgang unserer Betrachtungen eingehen werden.

Nachdem wir wissen, was *djihad* ist, wie er entstanden ist, aus welchen Elementen er sich zusammensetzt und welches seine wesentlichen Antriebsfaktoren sind, wollen wir herausfinden, ob seine Kriterien in der historischen Praxis systemgerecht eingesetzt worden sind. Wir wollen ermitteln, ob sich der *djihad* tatsächlich zu der fundamentalen Basis entfalten konnte, als die er in der formativen Phase des Islam erscheint. Oder anders gefragt: Wie haben sich die Muslime gegenüber dem Unglauben in der Geschichte verhalten, und inwieweit lassen sich aus diesem Verhalten Rückschlüsse auf die Gegenwart und die Expansion des Islam in Europa ziehen?

B
Die Praxis des *Djihad*

1. Beginn in Arabien

Muhammad hatte die dezentrale Regulierung der Macht durch eine islamisierte Stammestugend (*muruwwa*) und durch die Glaubenstugend des Islam (*din*) ersetzt und sich als dessen Prophet an die Spitze einer neuen Gemeinschaft gesetzt. Diese Gemeinschaft unterstand der zentralen Macht Allahs, dessen Vertreter zu seinen Lebzeiten das Gebet leitete, Recht sprach, Steuern eintrieb und den *djihad* führte. Letzterer war ganz besonders durch die vorislamische Kampfesehre geprägt, die religiöse Skrupel überwand und mit ihrer Durchsetzungskraft den Willen Allahs bestätigte. Ganz Arabien stand unter seiner Herrschaft, als Muhammad im Jahre 632 starb und die Frage seiner Nachfolge entstand.

Der Erfolg Muhammads basierte auf der geschickten Kombination der Potentiale seiner Zeit, der Verbindung von Geduld in Mekka und Gewalt in Medina, der Fusion aus alter Kampftugend und neuem Glaubensritus, die nun der Gemeinschaft zur weiteren Entwicklung zufiel. Muhammads Genossen hatten selbst miterlebt, wie überzeugend ihr Meister den Stammesfürsten die Führung mit dem Argument entwunden hatte, daß es für sie das beste war, sich dem Diktat Allahs zu unterwerfen und ihm Tribut zu zollen, anderenfalls sie und ihre Leute die Strafe Allahs zu spüren bekämen. Die Unterwerfung fiel nicht allzu schwer, weil die Stammesführung im Grunde in den gleichen Händen verblieb und sogar als Aufwertung verstanden werden konnte. Denn nun gehörte man einer neuen, elitären Glaubensgemeinschaft an, die in Konkurrenz zu den Glaubensformen der verhaßten Großmächte zu treten begann.

Niemand verstand daher Islam als »Friede«, wie im modernen Westen viele glauben möchten, sondern als Unterwerfung unter ein Prinzip der Macht, als bedingungslose Hinwendung zu Allah (*islam*), die – im Koran vielfach gefordert – von Muhammad mit überzeugendem Erfolg in die Tat umgesetzt worden war. Weder sein Leben, noch der Koran, noch die spätere Islamgeschichte, noch die Kriegszüge Konstantins im Namen Christi bestätigen die Vermutung des Schweizer Orientalisten J.C. Bürgel, der Verkünder könne die »Sünde der Welt« auf sich genommen haben, indem er der Gewalt »eine fest umrissene Gewalt gab«, um die spätere Gewalt »in ihre Schranken zu weisen«.[61] Diese Sicht verfehlt den charismatischen Charakter der Verbindung aus Ritus und Kampf, die in teilweise unklarer Formulierung eine klare Form, die Durchsetzung und Ausbreitung des Islam, vorgab. Dem Rezept des Verkünders war daher letztlich kompromißlos nachzueifern, im täglichen Vorleben des eigenen Glaubens und in seiner Vermittlung durch den *djihad*:

»Wünschen (die Gegner des Propheten) etwas anderes als den Gott gewidmeten, praktizierten Glauben? Ihm wenden alle (das Gesicht) zu, die in den Himmeln und auf der Erde sind, sei es freiwillig, sei es gezwungen, und zu Gott werden sie dereinst zurückgebracht … Wer etwas anders als den Islam, als den zu praktizierenden Glauben begehrt, dem läßt man dies nicht durchgehen, und im Jenseits wird er zu den Verlierern zählen« (3/83ff.).[62]

Dieses Erbe aus Riten- und Kampfglaube, das universal und ewig zu gelten hatte, war nun den Nachfolgern des Verkünders anvertraut. Der erste von vier Kalifen, die man später die »Rechtgeleiteten« nannte, hatte es in eine Form zu bringen, welche den Glauben der Menschen und damit die Macht des Herrschers sicherte. Diese Aufgabe erwies sich alles andere als leicht; im Islam war eine Herrschaft zu gewährleisten, welche die Einheit der *umma* gegen den Unglauben und innere Spaltungen wahrte und zugleich dafür sorgte, daß sich dieses Prinzip auch konkret ausbreitete, weil es von Allah selbst allgemeingültig konzipiert war.

Allah hatte seinem Gesandten Anweisungen offenbart, die keinen Zweifel offenließen: Islam bedeutete die unbedingte Hinwendung zu ihm, die Unterwerfung unter seine rituellen Gebote sowie unter das Meta-Gebot der weltweiten Ausbreitung dieser Unterwerfung, »sei es freiwillig, sei es gezwungen«. Allah hatte seinem Gesandten die Möglichkeit gegeben, dieses Erfolgskonzept am Beispiel Arabiens vorzustellen. Es hatte ihm dabei offenbar gefallen, die arabische Stammesloyalität zu unterdrücken, zugleich die Tugend der Kampfesehre in seinem Namen zu bewahren und letztlich zu einer generellen Kampflizenz für die Ausbreitung des Islam aufzuwerten.

Gerade von der allgemeinen Geltung dieser Lizenz mußten einige Stämme, die sich nach dem Tode Muhammads wieder ihren regionalen Interessen zugewandt hatten, erneut überzeugt werden. Sie fühlten sich nach dem Hinscheiden des Verkünders nicht mehr an ihre vertraglichen Vereinbarungen gebunden und ließen sich teilweise sogar durch alternative Propheten ablenken, die Muhammads »Modell von Medina« kopieren wollten, ein Vorgang, den die islamische Geschichtsschreibung *ridda* – Abfall vom Glauben – nennt. Daß mit dieser Absetzbewegung natürlich auch handfeste, politische und wirtschaftliche Interessen einhergingen, offenbart das entschlossene Vorgehen Abu Bakrs (gest. 634), des Schwiegervaters Muhammads und ersten Kalifen im Islam.

Er setzte keinen Geringeren als Khalid Ibn al-Walid, einen der talentiertesten Militärführer des frühen Islam, zur Korrektur der aus dem Ruder laufenden Verhältnisse ein. Es war unbedingt der Gefahr zu begegnen, daß sich der Gehorsam der Menschen wieder der Stammesloyalität zuwenden und damit das Wort Allahs dem Vergessen anheimgegeben würde. Zu den überkommenen Tugenden gehörte vor allem der Stolz, zu einem bestimmten Stamm zu gehören und sich im Kampf für ihn hierarchische Vorzüge erwerben zu können. Nicht jeder war bereit, den individuell erworbenen Stammesadel gegen die kollektive Gleichheit des Islam eintauschen zu müssen. Einer dieser Adligen, Dhurr Ibn Sadus, hatte sich schon zu Zeiten Muhammads der Huldigung mit den Worten entzogen:

»Ich sehe hier einen Menschen, der die Gewalt über alle Menschen an sich reißen will; über mich soll kein anderer herrschen als ich selbst.«[63]

Dhurr zog es vor, ins christliche Syrien auszuwandern, von dem er sich offenbar die Möglichkeit versprach, seine Angelegenheiten individueller regeln zu können. Allerdings sollte sich bald zeigen, daß er dem Zugriff des Islam nur kurzfristig ausgewichen war. Denn nun tauchte der erwähnte Khalid Ibn al-Walid auf, ein Angehöriger der Quraysh, der sich dem Islam angeschlossen hatte, weil er dessen unaufhaltsamen Erfolg im Vertragsabschluß von Hudaybiya und der Unterwerfung des einst mächtigen Mekkanerfürsten Abu Sufyan erkannte. Khalid stellte sein strategisches Militärtalent unter Beweis und empfahl sich für spätere, höhere Aufgaben in Syrien, als er in weniger als zwei Jahren alle Stämme Arabiens auf den »Pfad Allahs« zwang und dabei die Weichen konsequent auf Expansion stellte.

Die Perspektiven weiteten sich aus, weil sich dem neuen Tributsystem nun auch Stämme anzuschließen hatten, deren Einflußgebiete über Nordostarabien hinauswiesen. Sie erstreckten sich in die Herrschaftsbereiche der Byzantiner nach Syrien und Palästina sowie der Ghassaniden nach Westpersien. Auch Abu Bakr hatte dabei durchaus die Gefahr erkannt, die dem Kollektivismus des jungen Islam vom Individualismus des Christentums drohte. Nach der »Befriedung« der Stämme legte er darum die Bekämpfung der Mönche ans Herz:

»... ihr werdet auf Leute stoßen, die ihre Schädel geschoren haben, so daß nur noch ein Haarkranz übrig ist; schlagt sie mit dem Schwert.«[64]

Da Khalids enorme Gewaltbereitschaft ihm inzwischen den Ruf eingetragen hatte, »das Schwert Allahs« selbst zu sein, fiel ihm die Befolgung auch dieser Anweisung nicht allzu schwer, obwohl der Verkünder noch mit einer »kleinlauten Tributzahlung« zufrieden gewesen war.[65] Die *ridda*, der Abfall vom Glauben, begann somit schon zu früher Zeit, die Warnungen des Korans zu bestätigen, die Haltung zum Unglauben zu verhärten und zugleich auch auf das Verhältnis zur *dhimma*, zum Sonderstatus der Schriftbesitzer überzugreifen.

Die Rückführung der Stämme, der verirrten Schafe in die Herde Allahs, veränderte den Charakter der Obrigkeit grundlegend. Aus einer Stammesherrschaft, die zwar in adelsähnlichen Strukturen gewachsen war, aber immer wieder der gemeinschaftlichen Zustimmung bedurfte, war eine Obrigkeit entstanden, die sich auf eine göttliche Legitimation berief und daher auf menschliche Zustimmung nicht mehr angewiesen war. In der Gemeinschaft war aus einem zuvor aktiven Subjekt ein passives Objekt geworden, eine Entwicklung, die sich auch schon im Koran vorbereitet hatte:

»Und sag denen, die die Schrift erhielten, und auch den Heiden: ›Wendet auch ihr (euch) ganz (Gott zu)? Und wenn sie sich ganz wenden, dann haben sie den rechten Weg gefunden‹« (3/20).

Mit der freien Entscheidung für den Islam hört die Entscheidungsfreiheit des Muslim auf. Hier vollendet sich die koranische Versprechung, nach der es »keinen Zwang im Glauben« gibt (2/256), die im Vexierdenken des modernen »Dialogs mit dem Islam« das genaue Gegenteil, nämlich das »Argument« für eine unbeschränkbare Toleranz darstellt (s. u. S. 306). Natürlich wird die Autonomie des Menschen, seine Willens- und Glaubensfreiheit, durch das Gesetz Allahs und die Tradition seines Gesandten aufgehoben.[66] Abu Bakr erhob keinen Anspruch darauf, den »Systemgeist« dieses Gesandten, sein ganz spezifisches, religiöses Charisma und politisches Genie, kongenial fortzusetzen. Er erhob den Anspruch auf die Durchsetzung des göttlichen Gesetzes unter der notwendigen Voraussetzung, die Menschen im gleichen Ritus zu einigen und die Botschaft dieser religiös-politischen Einheit, die man alsbald »den Islam« nennen sollte, ihrerseits verbreiten zu lassen.

2. Erste Schritte der »Rechtleitung«

Indem der Kalif die Stämme unter diesem Vorzeichen zur arabischen *umma* zusammenfaßte, hatte er Anspruch auf ihren Gehorsam, der nun zunächst einmal durch den Einsatz Khalids sichergestellt war. Allerdings wurde in diesem Ablauf auch eine unwillkommene Nebenwirkung, der zunehmende Einfluß Ali Ibn Abi Talibs, eines Vetters des Propheten, spürbar. Dieser hatte sich durch multiple Einheirat die Solidarität einiger der gedemütigten Stämme gesichert und sollte mit der hier latent heranwachsenden Machtbasis wenig später großen Aufruhr in die junge Gemeinschaft tragen.

Hochbetagt und von den kommenden Herrschaftszwängen des Islam noch nicht wirklich bedrängt, konnte Abu Bakr im Jahre 634 – im Gegensatz zu seinen drei Nachfolgern – eines natürlichen Todes sterben. Ihm folgte 'Umar Ibn al-Khattab (gest. 644), ein energischer Kämpfer, der in der frühen Zeit mekkanischer Bedrängnis zusammen mit dem erwähnten Sa'd Ibn al-Waqqas und anderen, ähnlich tatkräftigen Führungsgestalten einen entscheidenden Beitrag dazu geleistet hatte, daß die kleine Schar Muhammads nicht vorzeitig auseinandergebrochen war[67] – möglicherweise Resultat seines richtungweisenden Credos, nach dem »religiöses Heil in politischer Ordnung« bestand.[68]

'Umar ist nun auch derjenige, der dem Schwungrad der historischen *djihad*-Maschine des Islam die ersten, im wahrsten Wortsinne gewaltigen Impulse verlieh. Er verstärkte zunächst die bereits in Gang gesetzten Eroberungszüge ins nordostarabische Grenzgebiet mit weit darüber hinausgreifenden Zielsetzungen, wobei er sich auf die drei großen Militärführer des frühen Islam stützen konnte: Khalid Ibn al-Walid für Irak, Syrien und Palästina, Sa'd Ibn al-Waqqas für Irak und Persien und 'Amr Ibn al-'As für Palästina, Ägypten und Nordafrika. Letzterer hatte sich als Karawanenführer beste Kenntnisse der Region angeeignet und rasch sein Talent als umsichtiger Organisator und Heerführer unter Beweis gestellt. Auch seine guten Verbindungen zu Mu'awiya, zum Sohn des Abu Sufyan und späteren Gründer der ersten islamischen Dynastie, sollten sich noch als durchaus hilfreich erweisen.

Unter diesen drei Talenten des *djihad* dehnte sich das »Haus des Islam« (*dar al-islam*) bis zum Tode 'Umars 644 explosionsartig aus. Nach müheloser Einnahme des christlichen Lakhmidenzentrums Al-Hira 634 wandte sich Khalid nach Westen und eroberte innerhalb von nur drei Jahren ganz Syrien. Nach sechsmonatiger Belagerung fiel Damaskus im September 635, ein Jahr später wurden die Byzantiner unter hohen Verlusten – die Quellen sprechen von 50.000 Mann – bei Adjnadayn (nahe Jerusalem) geschlagen. Sa'd ließ ähnliche Siege über die Perser bei Qadisiya und Ktesiphon sowie im Norden durch die Einnahme Mossuls 641 folgen. 'Amr hatte sich nach Eroberung wesentlicher Teile Palästinas inzwischen nach Ägypten gewandt und war über Babylon, in dessen Nähe er das Heerlager Fustat (das spätere Kairo) einrichtete, bis nach Alexandria vorgerückt.

Nachdem hier eine erste Belagerung erfolglos verlaufen und Kaiser Heraklius gestorben war, kam im Jahre 642 ein »Friedensvertrag« zustande, den der schwache Konstanz II. unter Aufgabe der Stadt ratifizierte. Überwältigt von den Dimensionen seines unverhofften Erfolgs, zu dem eigene Verdienste in diesem Falle kaum beigetragen hatten, schrieb 'Amr an 'Umar:

> »Ich habe eine Stadt erobert, die man nicht beschreiben kann; es genügt zu sagen, dass ich 4000 Villen mit 4000 Bädern konfisziert habe und 40 000 Juden den Tribut entrichten werden.«[69]

Sa'ds Leute waren gleichermaßen beeindruckt von den glänzenden Palästen Ktesiphons und den Reichtümern, die ihnen dort in die Hände fielen. Es war von nicht weniger als neun Milliarden Dirham die Rede, die den Weg in die Schatulle des Kalifen antraten.[70] Die Einnahmen des Staates hatten in kürzester Zeit Ausmaße angenommen, die jede Vorstellungskraft, vor allem die der arabischen Beduinen, überstiegen. Um das Erbe des Verkünders angemessen zu verwalten, richtete 'Umar ein Verzeichnis (*diwan*) zur Registration und Kontrolle der Vermögenswerte ein, die aus den eroberten Gebieten hereinströmten. Aus dieser ersten zentralen Finanzverwaltung des Islam erfolgten regelmäßige Dotationen an Bedürftige und privilegierte Berechtigte, vor allem diejenigen, die sich in Muhammads Urgemeinde allerlei Verdienste wie z. B. als Kämpfer in Badr oder Khaybar erworben hatten. Dabei schien 'Amr die Kornkammer Ägypten gerade zur rechten Zeit erobert zu haben, denn um 640 war es im arabischen Kernland durch ausgedehnte Dürreperioden zu erheblicher Hungersnot gekommen.[71]

Je höher die Einkünfte stiegen, desto drängender wurden die Forderungen derer, die aus den verschiedensten Gründen Ansprüche an die Staatskasse stellten. Sehr bald setzte sich hier eine Prioritätenliste durch, in der sich die Prestigeskala der Gesellschaft nach Muhammad abzubilden begann – mit den Quraysh und der Hashim-Sippe des Propheten an der Spitze.[72] Eine wichtige Privilegiengruppe bildeten ebenso die Prophetengenossen, die *muhadjirun* und *ansar*, insbesondere die Kampfteilnehmer von Badr. Hier ist von jährlichen Beträgen zwischen 4000 und 5000 Dirham für etwa 1500 Mann die Rede.[73] Auch Frauen sind erwähnt, vorzugsweise Muhammads Witwen, die mit nicht genau ermittelbaren Apanagen zwischen 4000 und 10 000 Dirham bedacht wurden.

Die von 'Umar eingerichtete Finanzkontrolle erschien umso sinnvoller, je astronomischer die von den Eroberern hereingepumpten Erträge wurden. Wie aus Berichten über die Einnahme Bahrains, das auch zum Heerlager umgewandelt wurde, hervorgeht, waren allein hier 800.000 Dirham angefallen,[74] die als Staatsfünftel auf einer Gesamtbeute von etwa 4 Millionen basierten. Die Chronik beschreibt 'Umar als korrekten Menschen, den Skrupel beschlichen, ob Beträge dieser Größenordnung überhaupt auf redliche Weise erworben worden sein konnten.[75]

Von einer »Rechtmäßigkeit« der von den Muslimen zusammengerafften Beute konnte natürlich keine Rede sein. Das Gewohnheitsrecht der Zeit, das elitäre Bewußtsein der neuen Religion, die koranische Erlaubnis zum Töten, die offensichtliche Schwäche der Ungläubigen und der für den Islam instrumentalisierte Kampfgeist der Araber verbanden sich zu einem enormen Gewaltpotential, dessen Logik sich in einer bis dahin nicht gekannten Eruption von Mord, Plünderung, Zerstörung und Versklavung entlud. Die hier skizzierte Expansionsphase während der ersten beiden Kalifate, bestimmt von herausragenden Militärführern des Islam, zieht denn auch drei breite Gewaltspuren in nördlicher Richtung über Damaskus nach Antiochia, westlich über Adjnadayn nach Alexandria und ostwärts über Qadisiya nach Nihawend.

Häufig ist über die Kollaboration der christlichen Monophysiten in Syrien und Ägypten sowie der Nestorianer in Persien mit den muslimischen Angreifern geschrieben worden, die zu einer friedlichen Übergabe der jeweiligen Gebiete an die Eroberer beigetragen haben soll. Weniger wird dabei über diejenigen berichtet, die sich nicht unterwerfen wollten und getötet bzw. zwangskonvertiert wurden.[76] Johannes, Bischof von Nikion, verfaßte eine Chronik über die Ereignisse in Ägypten. Nach seiner Schilderung wurde die gesamte Bevölkerung von Nikion umgebracht, die Einwohner zahlreicher weiterer Ortschaften ausgeraubt und massakriert, unbeschadet der Kämpfe, die bei dieser Gelegenheit auch direkt unter den verfeindeten monophysitischen Kopten und orthodoxen Griechen ausgetragen wurden. Der bekannte Chronist Michael von Syrien beschrieb ähnliche Abläufe für Syrien und Palästina.

Paritätisch zu den christlichen Berichten lassen sich auch aus den muslimischen Chroniken wie denjenigen des Tabari (*ta'rikh*) und Baladhuri (*futuh*) zahlreiche Zitate zusammenstellen, die keinen Zweifel daran aufkommen lassen, daß die Muslime ihren *djihad* schon in den ersten Eroberungswellen konsequent verwirklichten. Den größeren Städten wurden Schutzverträge angeboten, nachdem man dort die Menschen zunächst mit Mord- und Zerstörungsaktionen eingeschüchtert hatte. Für die kleineren Städte, Ortschaften und ländlichen Ansiedlungen waren vorläufig keine Verträge vorgesehen – sie wurden dem Erdboden gleichgemacht, die Ernten vernichtet, die Einwohner ausgeplündert, versklavt oder ganz einfach massakriert.

Mit beeindruckender Konsequenz entfaltete sich die Dynamik des *djihad* als ein Phänomen, das tötete, raubte, zerstörte und in den Opfern die Träger des Unglaubens beseitigte, die weder Anrecht auf Eigentum noch Leben hatten. Im Grunde konnte es überhaupt keine Opfer geben, weil diese durch ihren Unglauben und »zuvor begangenes Unrecht« eine Lebensform darstellten, die den Islam als überlegene Gemeinschaft in seiner

Ausbreitung behinderten und durch ihre Ausrottung das Ansehen der Muslime nur erhöhen konnten. Der große Ibn Taymiya (gest. 1228) sollte diese Praxis später in eine Doktrin fassen, die bis heute Bestand hat und von den modernen »Fundamentalisten« energisch wiederbelebt wird. Es ist die Doktrin vom *djihad* nicht nur gegen den Unglauben, sondern auch und ganz besonders gegen die islamischen Machthaber, die sich weigern, nach den Regeln der *shari'a* zu regieren.[77]

3. Eine westliche Sichtblende

Auch wenn der *dhimma*-Vertrag eine koranische Empfehlung für die Behandlung der Schriftbesitzer darstellt, so bildete er doch keine zwingende Vorschrift, so daß in der faktischen Praxis die Muslime zwischen den Heiden bzw. Juden und Christen kaum unterschieden. Es bedarf schon des gespaltenen Bewußtseins der Islaminterpretation im Westen, deren manierierte Dialogführung in der *dhimma* einen Beweis islamischer Toleranz erkennt. Die Muslime des 7. Jahrhunderts sind jedenfalls den Berichten ihrer eigenen Genossen zufolge nicht mit dem Koran unter dem Sattel ins Feld gezogen, um den christlichen Bewohnern der von ihnen eroberten Gebiete die Bedingungen ihrer Unterwerfung zu erläutern. Denn nur so wäre es möglich gewesen, ihnen lediglich, wie im Koran vorgesehen, die Kopf- und evtl. Landsteuer abzunehmen, statt sie zu berauben, zu verschleppen oder nicht selten auch zu töten.

Selbst ein so renommierter *djihad*-Experte wie der deutsche Orientalist A. Noth (gest. 2000) blieb vom Vereinfachungsdrang der westlichen Toleranzdoktrin nicht verschont. Anfang der 60er Jahre des letzten Jahrhunderts stellte er zunächst in einer vielzitierten Arbeit durch die Unterscheidung von individuellem Kampf und kollektivem Krieg das dynamische Element des *Kampfes* heraus. Dieser Kampf, der *djihad* des Islam, konnte sich spontan entwickeln, wobei sich die Motivationen der Teilnehmer zwischen den Polen der Religiosität und Profitorientierung bewegten. Ebenso wird die kaufmännische Vergangenheit des Verkünders hervorgehoben, der für die Teilnahme am *djihad* im Sinne eines einträglichen Handels warb (s. o. S. 37). Es wird im weiteren betont, daß solcherart angeworbene Söldner keinerlei staatlicher Kontrolle unterlagen und somit keinerlei Aufsichtsorganen »Rechenschaft über Ort, Zeit oder Art ihrer kämpferischen Betätigung schuldig waren«.[78]

Ebenso wird für die spätere Zeit der große Staatstheoretiker Al-Mawardi zitiert, dem zufolge die Absicht des Kämpfers darin bestehen müsse, »der Religion Gottes, des Erhabenen, zu helfen und die Religionen, die ihr Widerstand leisten, zu vernichten«.[79] Vor diesem Hintergrund erscheint die Einschätzung des Muhammad Ash-Shaybani (gest. 805) plausibel, des Mitbegründers der noch heute geltenden Rechtsschule des Abu Hanifa (gest. 767). Er meinte, »daß jemand, der sich kämpfend in den Besitz eines Priesterkopfes bringe, für den ein Preis ausgesetzt ist, diesen Preis zu Recht bekomme«, aber keinen Anspruch auf Dotierung habe, wenn er kampflos die geforderte Leistung erfülle. Demgemäß, so der bekannte Rechtsgelehrte Muhammad as-Sarakhsi (gest. ca.

1096), könne *djihad*, der keine Kampfhandlungen enthalte, nicht als solcher bezeichnet werden.

Noth stellt hier also wichtige Belege zusammen, die vor allem zwei wesentliche Aspekte verdeutlichen: die integrale Notwendigkeit des *Kampfes* im Geschehen des *djihad* und die Abwesenheit von Kontrolle, welche eine nach oben offene Gewaltskala legitimierte. Dieser Gewalt schienen die Christen in bemerkenswerter Weise ausgesetzt gewesen zu sein, wenn ein Priesterkopf als offenbar übliche Kampftrophäe in einer juristischen *djihad*-Diskussion Verwendung findet. 30 Jahre später spielen diese Zusammenhänge für Noth keine oder eine zumindest deutliche gewandelte Rolle, indem er stark veränderte Schlüsse aus einer unveränderten Quellenlage zieht. Nun »konnte eben auch sehr häufig auf den Einsatz kriegerischer Mittel verzichtet werden; dabei war nicht ausgeschlossen, daß es im Verlauf der *futuh* (Eroberungen) auch immer wieder zu Kämpfen mit der jeweils einheimischen Bevölkerung gekommen ist«.[80]

Wie konnte es zu einer derartigen Bewußtseins- und Urteilsveränderung kommen? Wie konnte aus einer unmißverständlichen »Vernichtung der Ungläubigen« ein verschwommener »Verzicht auf kriegerische Mittel« werden? Noths Nomen könnte zum Omen der deutschen Orientalistik geworden sein, die seit Jahren ihr Studienobjekt in einen zunehmend ideologischen Blick nimmt und an der Realität des Islam vorbeischreibt. Ihre Not besteht im Zwang, das Phänomen Gewalt im *djihad* zugunsten einer Toleranzfiktion auszublenden, die nicht nur in der Orientalistik, sondern in der westlichen Rezeption des Islam insgesamt zu einer Art Heilsziel und im »Dialog mit dem Islam« der Politik und Kirchen zu dessen Institution geworden ist. Bürgels Auffassung von Muhammad als Opfer, das Gewalt ausübt, um die »Sünde der Welt« auf sich zu nehmen (s. o. S. 46), offenbart in anschaulicher Weise eine ins Schizoide weisende Sicht des Islam als zunehmendes Problem des Westens.

Grundlegendes Stilmittel dieses gespaltenen »Dialogs«, von dem noch ausführlicher zu sprechen sein wird (s. u. S. 293ff.), ist eine mehrdeutige Darstellungsweise, die vor den Wahrheiten der Geschichte bewahren soll, indem Einzelaspekte zu positiven Strukturen ausgebaut werden, welche einer fiktiven Islamidee zuwiderlaufende Fakten hinter einem Grauschleier der Bedeutungslosigkeit verschwinden lassen. Noth wiederum zieht die Erfolge Bismarcks – »er wußte nicht, wohin erging, darum eben kam er am weitesten« – als Beispiel für die Erfolge der islamischen Eroberung heran:

> »Ihnen lagen weder ein festes Kriegsziel, noch ein strategisches, noch ausgeklügelte, militärtaktische Erwägungen zugrunde; und gerade im Fehlen von Organisationsweisen und Zielsetzungen, die sich mit der Begrifflichkeit der neuzeitlichen Militärwissenschaft erfassen und plausibel machen ließen, scheint ein *Geheimnis* der so eindrucksvollen Weiträumigkeit arabisch-islamischer Expansion zu liegen« (Bet.d.Verf.).[81]

Was Noth nun als »Geheimnis« erscheint, war ihm drei Jahrzehnte zuvor aufgrund zahlreicher Belege völlig klar, nämlich die Wirkungsweise *charismatischer* Ideologien, die fester Zielsetzungen nicht bedürfen, wenn sich religiöse und wirtschaftliche Motive in einem kontrollfreien Raum verbinden können. Im *djihad* des Islam sind es starke, *individuelle* Motivationen, die in ständiger Konkurrenz eine *kollektive* Zielvorstellung bewirken: die Ausbreitung einer staatsbildenden Religion, ausgestattet mit den enormen Triebfedern dies- und jenseitiger Belohnung, die individuellem Ehrgeiz die Aura kollektiver Verdienste verleihen. Da er den Stärksten begünstigt, wird der Kampf für den Islam zu einem darwinistischen, religiös legitimierten *Systemgeist*.

4. Von Rechtleitung zu Realpolitik

Wesentlichen Anteil an der Eroberung Syriens hatten die Brüder Mu'awiya und Yazid, Söhne des Altqurayshiten Abu Sufyan, die mit Unterstützung ihres fähigen Halbbruders Ziyad Ibn Abihi – »Sohn seines Vaters« [82] – zielstrebig an der Errichtung einer eigenen Machtbasis in Syrien arbeiteten. Eine gute Gelegenheit zur Verstärkung dieser Aktivitäten ergab sich im Jahre 644, als 'Umar Ibn al-Khattab während des Gebets von einem persischen Sklaven erstochen wurde.

Mit der Wahl 'Uthman Ibn 'Affans (gest. 656) kam ein wichtiges Element der Herrschaftslegitimation ins Spiel, das für stammesbewußte Araber selbstverständlich gewesen war: die Abstammung (*nasab*). 'Uthman gehörte zum Klan der Umayya, der führenden Abteilung im Stamm der Quraysh, während seine Vorgänger Abu Bakr und 'Umar sich auf ihre »Abstammung« von den *muhadjirun* berufen und vorrangige Rechte aus ihrer frühen Gefolgschaft (*sabiqa*) abgeleitet hatten. Mit 'Uthman, der zwar ebenfalls zu den Frühmuslimen zählte, wurde nun vor allem die alte Dominanz der Qurayshiten installiert, mit der allerdings auch traditionelle Gewohnheiten wie Nepotismus und Bereicherung zurückkehrten.

Mit dem Argument der Abstammung lebten indessen ebenso die alten Ansprüche 'Ali Ibn Abi Talibs auf, der in dieser Hinsicht die größte Nähe zum Verkünder aufweisen konnte. Als Sohn des Hashim-Führers und Schutzpatrons Muhammads Abu Talib (gest. 619) war er Vetter des Propheten, und nachdem er dessen Tochter Fatima geheiratet hatte, auch dessen Schwiegersohn. Die Zeit 'Uthmans und 'Alis ist die Zeit der Verselbständigung islamischer Macht. Während sie bei 'Umar noch an das Ideal der Gefolgschaft und der religiösen Eignung geknüpft war, steht sie nach 'Ali der Usurpation durch gewaltsamen Anspruch offen. Dazwischen steht die Zeit des Aufruhrs und Bürgerkriegs (*fitna*).

Eine wichtige Maßnahme 'Uthmans bestand in der Einsetzung seines Pflegebruders 'Abdallah Ibn Sa'd als Finanzberater in Ägypten, was den Eroberer 'Amr Ibn al-'As zu dem lakonischen, die Motive des *djihad* nicht minder bezeichnenden Kommentar veranlaßte:

> »Ich soll derjenige sein, der die Kuh an den Hörnern hält, während ein anderer sie melkt!«[83]

'Abdallah und Mu'awiya hegten ein für Araber ungewöhnliches Interesse: die Seefahrt. Während der Kalif 'Umar noch die Ansicht vertreten hatte, daß die Verbindung zwischen den Kämpfern und der Befehlszentrale über den Landweg herstellbar sein müsse, trieben diese beiden nun den Aufbau einer muslimischen Flotte voran, um den *djihad* ins Mittelmeer auszuweiten. Im Jahre 649 wurden Zypern, zwischen 651 und 654 Rhodos und Kreta angesteuert, 668 landeten erste Abteilungen auf Sizilien. In allen Fällen werden auch hier immer gleiche Muster des muslimischen Verhaltens beschrieben: Mord, Raub, Vergewaltigung und Verkauf in die Sklaverei, wobei erstmals auch über die Versklavung von Knaben berichtet wird.[84] Zur Beute in Rhodos gehörte u. a. der Koloß von Rhodos, eines der sieben Weltwunder, das nach Zerstörung durch ein Erdbeben 900 Jahre im Meer gelegen hatte. Die »Sarazenen«, wie die islamischen *mujahidun* bei den Ungläubigen hießen, waren sich nicht zu schade, die Bruchstücke des Kolosses auf 73 Schiffen nach Syrien zu verfrachten und sie dort gewinnbringend zu verschrotten.

In seinen Jugendjahren hatte der Seestratege Abdallah die unnachgiebige Härte des Verkünders Muhammad zu spüren bekommen. Er war als sein Sekretär Vorgänger des Koranredakteurs Zayd Ibn Thabit (gest. um 666) und hatte oft miterlebt, wie es Außenstehenden, nicht zuletzt ihm selbst, immer wieder gelang, eigene Aussagen in die von Muhammad verkündeten Offenbarungen einzufügen und somit am ewigen Wort Allahs teilzuhaben. Schon der spätere Kalif 'Umar hatte sich dreier Ratschläge an Muhammad gerühmt, die sich in späteren Anweisungen Allahs wiederfanden, und hinsichtlich eines bestimmten Problems offen zugegeben, daß »wäre der Prophet noch am Leben, dieser Punkt durch den Koran abgeklärt werden würde«.[85] Da Abdallah über eine solche Intimität mit dem Propheten des Islam nicht verfügte, war er klug genug – bevor seine profanen Beiträge die Originalität des Koran zu sehr verwässerten – sich durch Flucht den drohenden Strafmaßnahmen des Verkünders zu entziehen.[86]

Das Dreigespann 'Uthman-'Abdallah-Mu'awiya hatte sich nun allerdings mit neuen Hausmächten in Syrien und Ägypten und neuen Einkünften aus dem See-*djihad* zu einem bemerkenswerten Machtfaktor innerhalb des expandierenden Islamreiches entwickelt. 'Abdallah hatte darüber hinaus die Afrika-Eroberung durch 'Amr Ibn al-'As nicht nur westwärts über Tripolis hinaus, sondern 652 auch erstmals südwärts in Richtung Nubien vorangetrieben. 'Uthmans Nepotismus ging jedoch weiter. Seinen Halbbruder Al-Walid Ibn 'Uqba setzte er als Statthalter im Heerlager Kufa zur Kontrolle der dort konzentrierten 'Ali-Anhänger, seinen Vetter und späteren Kalifen Marwan Ibn al-Hakam als Finanzverwalter zur Kontrolle der Staatskasse ein. Al-Walid hatte einst Muhammad angespuckt und stand zusammen mit 'Abdallah auf dessen Todesliste bei der Einnahme Mekkas. Nur der pragmatischen Strategie des Verkünders, die nützlichen Quraysh eher zu Verbündeten als zu Feinden zu machen, verdankten sie ihr Leben. Sie alle – vornehmlich Mu'awiya – führten ein scheinbar neues, in jedem Falle richtungweisendes Element in die Herrschaftslegitimation des Islam ein: die *Realpolitik*.

Trotz seiner Verdienste um die Redaktion einer ersten, verbindlichen Koranversion [87] hatte sich 'Uthman durch die Schaffung seiner umayyadischen Postenclique mächtige

Gegner geschaffen, die sich im wesentlichen um zwei Ideen gruppierten: zum einen die alte Ratstradition (*shura*), die den Würdigsten zum Führer wählte, und zum anderen die Förderer 'Alis, des Prophetenvetters, der bereits zweimal in der Kalifennachfolge übergangen worden war und nun das Amt unmißverständlich anstrebte. Erstere wurde vertreten durch die geachteten Qurayshiten Talha Ibn 'Abdallah (gest. 656) und Az-Zubayr Ibn al-'Awwam (gest. 656). Sie hatten noch zu 'Umars Wahlgremium gehört und vertraten das Prinzip der *sabiqa*, das die Gefolgschaft des Propheten und Nähe zur wahren Lehre erhalten und fortsetzen sollte.

Vertreter der zweiten Linie, ein Kontingent alidischer Aufrührer, verstärkt durch ägyptische Gesinnungsgenossen, erschien 656 in Medina und drang in 'Uthmans Haus ein. Muhammad Ibn Abi Bakr, Sohn des ersten Kalifen, brachte dem regierenden Kalifen die erste und – niemand weiß es genau – vielleicht auch ausschlaggebende Wunde bei. Der Tod 'Uthmans durch die Hand eines Muslim setzte ein entscheidendes Signal für die weitere Entwicklung der islamischen Herrschaftsideologie. Die Gemeinschaft hatte sich von ihrem Führer befreit, der nach ihrer Meinung zur Führung nicht geeignet war, obwohl ihm die gleiche Gemeinschaft zuvor die legitime Stellvertretung Allahs in Form von Eignung durch Abstammung bestätigt hatte. Es war sichtbar geworden, daß keines der beiden Kriterien gegriffen hatte – weder seine Abstammung noch seine Persönlichkeit hatten 'Uthman zu einer anerkannten Führungseignung verhelfen können. Seine Nichteignung bestand in seiner *Realpolitik*, die sich Autonomie gegenüber der dominanten Orientierung an der Lehre des Verkünders angemaßt hatte.

Die Nähe zur Lehre und damit der Schutz des Glaubens wurde von den Aliden durch die verwandtschaftliche Nähe zum Verkünder, von den Vertretern der Gefolgschaft durch den »Adel der Treue« und die Loyalität zum »Modell von Medina« begründet. Als dritter Faktor in diesem Geschehen erschien der neue, umayyadische Machtblock, dessen Erfolgsgeschichte auf einer pragmatischen Verbindung aus politischen und finanziellen Kontrollsystemen beruhte. Unter Führung von Mu'awiya absorbierte dieses Erfolgsrezept schließlich auch die anderen beiden, ohnehin miteinander in ruinöser Weise konkurrierenden Parteien.

Nachdem 'Ali im Jahre 656 nun endlich das Kalifat – mit Sitz in Kufa – zugefallen war, entledigte er sich zunächst seiner traditionell orientierten Widersacher Talha und Zubayr in einer Auseinandersetzung, die zwar »Kamelschlacht« genannt wurde, weil 'A'isha, die Prophetenwitwe, auf einem Kamel reitend ebenfalls zugegen war, ansonsten jedoch für islamische Verhältnisse vergleichsweise friedlich verlief.

Im weiteren Fortgang besetzte 'Ali eine Reihe umayyadischer Schlüsselstellungen mit eigenen Leuten, eine Entwicklung, die der erfahrene Stratege Mu'awiya mit Argwohn beobachtete und auch nicht lange duldete. Er griff zu einer Maßnahme, die ihn zu einer Art »Macchiavelli des Islam« machte. In der Moschee von Damaskus stellte er das blutgetränkte Hemd 'Uthmans zur Schau und forderte 'Ali auf, die Mörder zur Verantwortung zu ziehen, ansonsten die Verantwortung für diese schändliche, gänzlich unislamische Tat auf ihn selbst übergehen müsse. Da ihm notwendigerweise die Rolle des ersten und wichtigsten Vorteilsnehmers des Kalifenmords zugefallen war, erschien Ali in zunehmend negativem, dubiosem Licht, zumal er zudem den Groll zahlreicher Quraysh auf sich gezogen hatte, die ihm das rüde Ausschalten von Talha und Zubayr nicht verziehen.

Während sich diese Konflikte in die Länge zogen, spalteten sich von der Partei 'Alis die sogenannten Kharidjiten ab (*kharaga*=hinausgehen), eine Richtung, die in einer Doktrin der »Verdienste um den Islam« die Linie der korrekten Gefolgschaft verfolgen und den jeweils »besten Muslim« zum Kalifen machen wollte. Da niemand wußte, wer der beste Muslim war, und an welchen Kriterien sich eine solche Entscheidungsfindung ausrichten sollte, setzte sich diese Gruppierung nicht durch, wenngleich ihre Methoden alles andere als friedfertig waren.

Anders Mu'awiya, der im Jahre 661 für viele die einzig plausible Alternative darstellte, als 'Ali – von einem Kharidjiten – ermordet wurde. Ihm fiel nun das Kalifat auf ganz »zwanglose« Weise zu, weil seine inzwischen angesammelte Machtfülle keine weitere Wahlmöglichkeit zuließ. Mu'awiya war Kalif des Islam geworden, nicht weil er das Wort Allahs in bestmöglicher Form vertrat, sondern weil er die Macht besaß, die Gemeinschaft *theoretisch* nach innen im Sinne des Gottesgesetzes zu führen und *praktisch* die Interessen des Islam nach außen bestmöglich zu vertreten. Da diese Herrschaftsform eher dem vorislamischen Stammesadel als dem Gleichheitsmodell der medinensischen Urgemeinde ähnelte, begannen Theorie und Praxis der islamischen Machtausübung mehr denn je auseinander zu driften. Islam war, was dem Herrscher nutzte, und diesem Nutzen, den der Herrscher mit dem »Willen Allahs« verbrämte, hatten die »Gläubigen« Gehorsam zu leisten.

5. Mu'awiya – ein islamischer Humanist?

Mit dem Hinscheiden 'Alis und der Machtübernahme Mu'awiyas endete die kurze Phase der »Rechtleitung«, welche die medinensische Modellgemeinde und die ersten vier Kalifen umfaßte sowie zum unübersteigbaren Fokus islamischer Frömmigkeit und Unterwerfung werden sollte. Wie gesehen, enthält diese »Rechtleitung« ebenso die Hinführung zum islamischen Nutzenprinzip, das endgültig die vorislamische Kampfmentalität installierte, indem Herrschaft *primär* durch faktische Macht begründet und *sekundär* durch das Gesetz Allahs legitimiert wurde. Damit wurde der *Kampf um die Macht* zum zentralen Antrieb, zum Systemgeist des Islam, der sich sakral im Ritus und profan – soweit möglich – im *djihad* ausdrückt.

Mu'awiya leitete die lange Epoche der islamischen Dynastien ein, der eigenen Umayyadendynastie ab 661, die um 750 von den Abbasiden mit einer Geltungsdauer bis 1258 abgelöst wurde. Mu'awiya ist derjenige, der seinen Nachfolgern demonstrierte, wie Islam als Herrschaftsbasis zu instrumentalisieren war. Die neue Dynastie der Umayyaden war eine selbsternannte Aristokratie, welche auf Basis der faktischen Macht den Anspruch erhob, auch genealogisch zu eben dieser Macht berufen zu sein, sie also in einer Art islamischen Königtums auch dynastisch vererben zu können.

Es war die bis heute geltende Endlosschleife der islamischen Herrschaftslegitimation entstanden, welche die *authentische* Macht beansprucht, weil sie die *faktische* Macht hat, diesen Anspruch, erweitert um den »Willen Allahs«, mit der Überzeugungskraft der Gewalt durchzusetzen. Damit war in diesem *circulus potestatis* der Mensch auf die Rolle des unausweichlich Unterworfenen festgelegt, der im Glauben an das »Gesetz Allahs« jeder Herrschaft Loyalität schuldete, solange diese die faktische Macht ausübte und in der Lage war, sie gegen jede Konkurrenz zu behaupten. Das koranische »kein Zwang im Glauben« verhärtete sich in diesem Kontext zu einem evolutionär verdrahteten Programm der sich selbst nährenden Macht, vergleichbar mit dem Koalabären, der keinen Zwang darin erkennen kann, sich ausschließlich von Eukalyptusblättern zu ernähren.

Der profane Charakter der Umayyaden provozierte erneut den sakralen Herrschaftsanspruch der Schiiten, der Partei 'Alis, der durch das Schicksal der 'Ali-Familie messianische Züge annehmen sollte. Das politische Genie Mu'awiyas erkannte die virtuelle Gefahr, die in den Söhnen des Märtyrers 'Ali, Hasan und Husain, lauerte. Er erstickte die Ambitionen des ersteren mit einer enormen Abfindung, die der leichtlebige Hasan in zahllosen Haremsaffären – zusammen mit seiner Gesundheit – vertändelte. Nicht nur seine Abstammung, sondern auch sein frühes Ableben im Jahre 669 paßten den Aliden ins Konzept, indem sie die Methode, die Mu'awiya zur Diffamierung 'Alis benutzt hatte, nun selbst übernahmen. Sie schoben den Umayyaden die Verantwortung für Hasans frühen Tod mit dem – durchaus zutreffenden – Argument zu, sie opferten die heiligen Grundlagen des Islam ihrer rein diesseitig orientierten Herrschaft. Diese Wahrnehmung bauten die späteren Abbasiden zum »satanischen Kalifat« der Umayyaden aus,[88] um ihren eigenen religiösen Anspruch zu untermauern.

Etwa zu dieser Zeit beteiligte sich Hasans Bruder Husain an einer groß angelegten Belagerung Konstantinopels, die den Muslimen das Zentrum der Christen sichern und damit die Basis für den Sprung nach Europa öffnen sollte. So erfolgreich der *djihad* bislang verlaufen war, so katastrophal gestaltete sich allerdings der Ausgang dieses Unterfangens. Nach mehrjähriger Belagerung, der die Stadt durch ihre strategisch günstige Lage und den Einsatz des äußerst wirksamen »Griechischen Feuers« nachhaltig widerstand, mußten sich die Muslime zunächst zurückziehen. Bei dem »Griechischen Feuer« handelte es sich um eine kaum löschbare Mischung aus Naphta und Schwefel, die aus Fässern auf die Angreifer gegossen oder aus Rohren auf ihre Schiffe geschossen wurde, und in jeder Situation verheerende Verluste verursachte. Die muslimische Restflotte segelte nach Syrien zurück und wurde in einem Sturm nahezu vollständig vernichtet. Die Resttruppe von etwa 30 000 Mann (nach etwa 100 000) mußte den Rückweg zu Lande antreten. Ständige Angriffe der Byzantiner schwächten auch sie so stark, daß Mu'awiya schließlich um Frieden bat. So erlebte Konstanz II., der die Schätze Alexandrias kampflos preisgegeben hatte, einen schwachen Trost, indem er im Austausch für die sarazenischen Gefangenen einen jährlichen Tribut aushandeln konnte.

Husain, der diesen Wirren mit heiler Haut entkommen war, lehnte im Jahre 680 Yazid ab, der nach dem Tode Mu'awiyas zum Nachfolger bestimmt wurde. Er gab dem Drängen der kufischen Schiiten nach, die in 'Ali bzw. seinem Sohn den wahren Imam sahen, ihren Anspruch kämpfend durchsetzen wollten und sich zu diesem Zweck in Kerbela, einem Ort nahe Kufa, sammelten. Yazid reagierte schnell und konsequent: Er ließ alle Aufrührer niedermachen und sich den Kopf Husains als Beweis für den Erfolg der Aktion bringen. Er handelte in dieser Form, weil er die Macht als Sohn eines Machthabers geerbt hatte, nicht weil er die Interessen des Islam im Sinne des Gottesgesetzes wahrnahm. Die Gelehrten bestätigten diese Macht und forderten Gehorsam, obwohl sie sich weder auf eine anerkannte Abstammung noch eine erkennbare Nähe zur Lehre stützten. So sollten denn auch die Umayyaden in den folgenden Jahrzehnten in zunehmende Bedrängnis geraten. Denn sowohl die Schiiten als auch die Kräfte, die auf die klassischen Wurzeln islamischer Legitimation pochten, brachten sich in der Folgezeit in für die Herrschenden beunruhigender Weise zu Gehör.

Mu'awiya, der Gründer der Dynastie, blieb unübertroffen als Politiker, Eroberer und Diplomat. Ohne je deutlicher zum Instrument der Ermächtigung durch Allah gegriffen zu haben, erscheint er als die herausragende Gestalt der Epoche. Wenn es in der frühislamischen Geschichte je Ansätze zu einer Säkularisierung gegeben hat, dann sind sie allenfalls in Mu'awiya und seiner Politik zu suchen. Er galt als Virtuose der Machtausübung unter Minimierung von Gewalt und entsprechender Maximierung der vorhandenen Kräfte. Als Merkmal seiner Persönlichkeit wird eine ungewöhnliche Selbstbeherrschung geschildert, in der sich die *hilm*-Tugend abzubilden schien (s. o. S. 26). Jene islamische Überwindung vorislamischer Disziplinlosigkeit, die Mu'awiya zum Vorbild pragmatischer Herrschaft machte, billigten ihm viele seiner eher zu unkontrollierter Emotionalität neigenden Zeitgenossen als im Islam oft vermißte Eigenschaft zu.

Die Tugend der kontrollierten Zurückhaltung, die als islamisch deklariert wurde, jedoch im Islam eigentümlicherweise bislang selten anzutreffen war, befähigte offenbar eher zu einer angemesseneren Machtausübung als die kurzfristig motivierte Machtorientierung, die man der vorislamischen »Unwissenheit« (*djahiliya*) ständig zum Vorwurf gemacht hatte. Umso weniger konnte erstaunen – und die frühislamischen Gelehrten erkannten das Problem sehr klar – daß sich die *fitna*, der islamische Bürgerkrieg, möglicherweise nicht als Ausnahme erwies, sondern als Regel zu etablieren drohte, welche die islamische Gemeinschaft einer permanenten Zerreißprobe aussetzen konnte. Mu'awiya war der erste, der die organisatorischen Vorteile der christlichen Staats- und Militärstrukturen erkannte und sie teilweise für den Aufbau des islamischen Staatswesens nutzte. Aus dem Chaos des alidischen Bürgerkriegs entstand eine neue Staatsordnung, die sich nicht nur nach innen normalisierte, sondern zugleich auch den *djihad* nach außen vorantrieb, weil mit dem Ordnungsprozeß der Finanzbedarf stieg.

'Uqba Ibn Nafi' (gest. 683), ein weiterer Exponent islamischer Kriegskunst, weitete die Westeroberung durch Gründung des Heerlagers Qayrawan (im heutigen Tunesien) aus, im Osten drangen die muslimischen Verbände über Khorasan hinaus bis zum sagenumwobenen Bukhara vor. Zwar wurde erneut geraubt und geplündert, doch fällt eindeutig auf, daß die Chronisten weitaus weniger über Massaker und unkontrollierte Gewaltakte zu berichten haben, solange Mu'awiya die Macht innehatte. Dieser unislamische Kalif hatte offenbar keine Probleme, die entscheidenden Schlüsselpositionen im politisch-militärischen Bereich mit fähigen Muslimen und im logistisch-organisatorischen Bereich mit ebenso fähigen Christen zu besetzen. Hier bahnte sich eine Kooperation an, die dem Herrscher gleichermaßen loyal zuarbeitete und Ansätze zu zwei fundamentalen Möglichkeiten schuf, welche sich im historischen Islam dann allerdings nicht weiter verwirklichen konnten: eine Trennung von Moschee und Staat sowie die Entwicklung eines leistungsfähigen Wirtschaftssystems.

Als Mu'awiya 680 starb, hinterließ er ein gewaltiges Reich, das sich vom Atlantik bis zum Hindukusch erstreckte und mit der Entwicklung von für die Zeit richtungweisender Einrichtungen wie Post- und Meldesystemen begonnen hatte. Mit ihm ging allerdings auch eine historische Chance dahin, die seine mehrheitlich mediokren Nachfolger folgerichtig verspielten, indem sie in die ausweglose Spirale eines Machttypus zurückkehrten, der sich als islamisch bezeichnete, weil sich sein Anspruch auf von Allah genehmigte Gewalt gründete. Dieser Machttypus wird sich im historischen Verlauf vielfach wiederholen und bis in unsere Zeit bestätigen, wobei er das »Humankapital«, das Denken der Menschen, nachhaltig ausgrenzt und somit auf eine konstruktive Staats- und Wirtschaftsgestaltung verzichtet. Staat und Wirtschaft werden dadurch exklusiv für diejenigen reserviert, die jeweils die Macht innehaben, und die Funktionalität dieses Systems wird durch den »Glauben an Allah« und ein »Gottesgesetz« gewährleistet, das den Gehorsam der gesamten Gesellschaft sicherstellt. Mu'awiyas Idee des *hilm*, die zum Wohle des islamischen »Superstamms« gezähmte arabische Stammesmentalität im Sinne einer prosperierenden Gemeinschaft, hat sich gegen die Ideologie eines sich selbst bespiegelnden, totalitären Islam nicht durchgesetzt.

Ganz im Gegenteil: Mu'awiyas Pragmatismus ist von den späteren Orthodoxen immer wieder harsch kritisiert worden als Königtum, das dem Anspruch des Propheten nicht entsprochen und die Einheit des Islam in Gefahr gebracht habe. Auch der große Ibn Khaldun kam zu dieser Erkenntnis, die nichts anderes bedeutete als die »Gefahr« einer Emanzipation des Menschen von einem blinden Gehorsam und einer Emanzipation der Herrschaft von einem blinden Gottesgesetz. Beide sind nach wie vor in einem geschlossenen Kreis der Gewalt aufeinander bezogen, dem Mu'awiya eine Perspektive der graduellen Öffnung geben wollte:

> »Auch die zarteste Verbindung zu meinen Landsleuten lasse ich nicht abreißen: Wenn sie ziehen, lasse ich nach, und wenn sie nachlassen, ziehe ich an.« Oder: »Wenn die Peitsche genügt, benutze ich nicht das Schwert, und wenn die Zunge genügt, benutze ich nicht die Peitsche.«[89]

In den Ohren eines schriftgläubigen Eiferers mußten solche Worte wie ein Sakrileg klingen, das die »Rechte des Propheten« mißachtete. Denn Muhammad hatte ein halbes Jahrhundert zuvor den Kampf gegen den Unglauben »auf dem Wege Allahs« begonnen, ohne solche autonomen Differenzierungen zuzulassen. So kehrte denn auch das unverkürzte Wort Allahs zurück, und die Nachfolger Mu'awiyas sahen sich mit neuen

Machtansprüchen konfrontiert, die sich auf eben dieses Wort und seinen Verkünder beriefen. Ihnen nützte es letztlich nichts, daß sie das Schwungrad des *djihad* noch einmal verstärkt in Bewegung setzten.

6. Eroberungen der Umayyaden

Die von den Umayyaden zunächst ausgelöste zweite Welle der Osteroberung ist mit dem Namen des Ibn Yusuf al-Thaqafi verbunden, eines weiteren Militärtalents von ungewöhnlicher Rücksichtslosigkeit und Energie. Yazid, Sohn und Nachfolger Mu'awiyas, zeigte sich von seinen Fähigkeiten so beeindruckt, daß er ihn zunächst als Ordnungskraft im Kernland einsetzte. Hier hatten sich inzwischen gemäß islamischer Machtdynamik erneut bürgerkriegsähnliche Zustände entwickelt. Abdallah Ibn Zubayr, Sohn des von Ali liquidierten Prophetengenossen (s. o. S. 56), residierte inzwischen als eine Art »Antikalif« in Medina, wo er mit einer erheblichen Anhängerschaft im Hidjaz und Jemen gegen den Anspruch der Umayyaden opponierte.

Thaqafi machte kurzen Prozeß mit ihm und seinen Gefolgsleuten und rückte als frischernannter Gouverneur des Irak nach Kufa und Basra vor, wo sich starke Kontingente der Schiiten und »*munafiqun*« versammelt hatten, jener als »Heuchler« geltenden Dissidenten, die ganz einfach den Islam insgesamt ablehnten. Hier war ein gefährliches Unruhepotential entstanden, das sich in unislamischen Abweichungen ausdrückte: in der Partei 'Alis und im Unglauben selbst, dem Anti-Islam schlechthin.

Wir wissen natürlich nicht, ob sich Thaqafi von der Entschlußkraft des Verkünders am Beispiel des Massenmords an den Juden inspirieren ließ, als er ein horrendes Exempel an diesem Unruheherd statuierte. Die Quellen schwanken in ihren Zahlenangaben, aber in der Größenordnung scheint es keine wirkliche Uneinigkeit zu geben. Weit über 100.000 Menschen ließ dieser Hüter der islamischen Ordnung töten, um der aktuellen Herrschaft und damit dem Gesetz Allahs Geltung zu verschaffen.[90]

Mit der Wiederherstellung der islamischen Ordnung, sozusagen dem *djihad* nach innen, konnte auch die Verbreitung der islamischen Ordnung, der *djihad* nach außen, wieder aufgegriffen werden. Der brillante Stratege Qutayba Ibn Muslim, von Thaqafi als Statthalter in Khorasan eingesetzt, rollte die zuvor – zwischen 707 und 710 – in einer Art Probelauf geplünderten transoxanischen Zentren erneut auf und nahm sie endgültig für den Islam ein. Der Impetus religiös motivierter Gewalt, der hier durch die Zerstörung der buddhistischen Heiligtümer gewonnen wurde, trug die muslimischen Kämpfer 715 tief hinein in turkmenisches, d. h. mongolisches und damit buddhistisches Land. In späteren Feldzügen wurden diese Eroberungen weitgehend abgesichert und durch die Einnahme von Taschkent 751 zunächst abgeschlossen.

Etwa um die gleiche Zeit breitete sich ein weiterer Zweig der Ostexpansion nach Indien aus. Unter Führung Muhammad Ibn al-Qasims, eines Schwiegersohns des Thaqafi, sicherten die Kämpfer das Gebiet westlich der Linie vom Indusdelta bis hinauf nach Multan. Was zuvor nur hastig geplündert und zerstört worden war, geriet nun gemäß islamischer Ordnungsvorstellung in eine sorgfältigere Phase der *djihad*-Dynamik. Insbesondere die zahlreichen Statuen des indischen Buddhismus fielen als Zeichen polytheistischen Heidentums der Zerstörungswut der muslimischen Eiferer zum Opfer, die sich in den Taliban der Gegenwart bekanntlich wiederholte. Um 750 war die Expansion des islamischen Imperiums nach Osten im wesentlichen beendet. China blieb mit Ausnahme des von ihm besetzten turkmenischen Kashgar in beiden *djihad*-Wellen ungeschoren; sein Kerngebiet haben die Muslime zu keiner Zeit dauerhaft besetzen können.

Während dieser umfangreichen Annexionstätigkeit breitete sich im Westen eine ähnlich erweiterte und erfolgreiche Expansion aus. Musa Ibn Nusayr (gest. 716), ein weiteres Exemplar aus dem unerschöpflichen Reservoir frühislamischer Heerführer, hatte die Einnahme der byzantinischen Besitzungen in Nordafrika bis zur Nordwestspitze des Kontinents vorangetrieben und stabilisiert. Unter »Stabilisierung« ist in aller Regel eine nachhaltige Ausdünnung der Bevölkerung durch Massaker und Versklavung zu verstehen, deren Schockwirkung sicherstellte, daß die anschließenden Plünderungen nur noch auf stark verminderten Widerstand stießen. Die somit erreichte, umfassende Einschüchterung der Menschen, die Basis des Terrors, ermöglichte dann Tributverhandlungen, die durchaus »friedlich« vonstatten gehen konnten, so wie sie immer wieder im westlichen Islamdialog als Zeichen islamischer Toleranz gerühmt werden.

Im Jahre 711 setzte ein überaus talentierter Leutnant Musas, Tariq Ibn Ziyad, ein islamisierter Berber, nach Spanien über und räumte bei Jerez geringfügigen Widerstand der Westgoten beiseite, der durch Verrat zusätzlich geschwächt war.[91] Die Hauptstadt Toledo folgte wenig später ähnlich mühelos. Musa selbst komplettierte die »Operation Spanien« ein Jahr darauf durch die Einnahme wichtiger Provinzzentren wie Sevilla, Merida, Malaga und Granada. Der Heerführer, unmutig über die spektakulären Erfolge seines Leutnants, soll diesen wegen seiner selbständigen Handlungsweise zur Rede gestellt haben. Die Antwort Tariqs war islamisch klug, brachte seinen Vorgesetzten zum Verstummen und hat bis heute ihre Geltung bewahrt: »Ich handelte im Dienste des Islam!«[92] Beide Heerführer ereilte allerdings ein ebenso ähnliches wie zugleich islamisches Schicksal: Nach Rückkehr ins Kernland fielen sie in die Ungnade des Kalifen, der sie in der Verbannung neutralisierte, weil ihr Ruhm geeignet war, die Ehre des Machthabers zu schmälern.

Bis auf die Nordwestprovinz Asturien befand sich ganz Spanien bereits 715 in muslimischer Hand. In der Folgezeit rückten nachdrängende Verbände aus Arabern und nordafrikanischen Berbern über die Pyrenäen vor. In zahlreichen Städten und Ortschaften Südfrankreichs richteten sie Blutbäder an, die offenbar über das »normale« *djihad*-Maß hinausgingen, weil sie immer wieder gesonderte Erwähnung finden.[93] Diesem Treiben setzte schließlich Karl Martell in der historischen Schlacht zwischen Tours und Poitiers im Jahre 732 das bekannte Ende.

Nach diesem Ereignis ließ die religiöse und militärische Stoßkraft der Muslime bei zugleich wachsendem Widerstand der Christen rasch nach. Wenig später als 750 war die Bedrohung durch den Islam nördlich der Pyrenäen beendet. So wie sich im Osten deutliche Widerstandszonen durch Indien und China aufbauten, so stellte sich dem Islam im Westen das unüberwindliche Bollwerk Frankreich entgegen, das nicht zufällig gut drei

Jahrhunderte später das Hauptkontingent der christlichen Kämpfer in der Reconquista und den Kreuzzügen stellen sollte.

Vom Kalifat war zwischenzeitlich eine nochmalige Belagerung Konstantinopels in Szene gesetzt worden, die sich über ein Jahr hinzog und mit einem weiteren Mißerfolg endete. Zwar erzielte man erhebliche Landgewinne in Cilicien, Cappadocien und Armenien, doch gelang weder ein entscheidender Vorstoß ins Kernland der Byzantiner, noch – vorläufig – die Einnahme Konstantinopels selbst. Mit der erneuten Abwehr des muslimischen Angriffs ist vor allem der Name des byzantinischen Kaisers Leo III. (717-41) verbunden, auch der »Isaurier« genannt. Leo, aus einfachen anatolischen Verhältnissen stammend, hatte die Bedeutung der Situation erkannt und nach einer Reihe unfähiger Vorgänger das Staatsruder übernommen – offensichtlich gerade rechtzeitig, denn Kalif Sulayman (gest. 717) hatte mit dieser Aktion seinen begabten Bruder Maslama beauftragt, dessen zweifellos gegebenes Talent jedoch gegen die Übersicht und Kampfkraft des Isauriers nicht ausreichte. Die Geschichte schien sich zu wiederholen: Wiederum geriet die zurücksegelnde Flotte in einen schweren Sturm, und wiederum fügten die Byzantiner den abziehenden Muslimen schwere Verluste zu. Es mußten weitere 700 Jahre vergehen, bis der Traum der Muslime, die Vollendung des *djihad*, die Einnahme Konstantinopels in Erfüllung ging.

Der Name des Isauriers steht auch für die Zeit des *Ikonoklasmus*, des Bildersturms in der orthodoxen Kirche. Unter dem nicht unwesentlichen Einfluß muslimischer und jüdischer Satire begann Leo die heidnischen Tendenzen, z.T. okkulten Auswüchse, die in der Anbetung von Bildern, Statuen und Reliquien erkennbar geworden waren, abzulehnen und erließ schließlich im Konzil von 726 ein Edikt zur Entfernung der Heiligenbilder aus allen Kirchen.[94] Diese Maßnahme steht in direktem zeitlichem Zusammenhang mit der Anweisung des Umayyadenkalifen Yazid II. aus dem Jahre 723, sämtliche Bilder in allen Tempeln, Kirchen und Häusern des gesamten Reiches zu vernichten. Nachdem alle Kreuze zerbrochen waren, sollten auch alle Schweine getötet werden, eine Vorstellung, die nicht nur der islamischen Tradition entsprach, sondern auch in die Nähe zum religiösen Reinheitswahn gerückt wird.[95]

Im Rahmen der immer wieder aufflackernden Grenzscharmützel zwischen Islam und Byzanz spielten die sogenannten Mardaiten (*djaradjima*) eine nicht unwesentliche Rolle. Als bunte Mischung aus diversen Christensekten, entlaufenen Sklaven und sonstigen Abenteurern bildeten die Mardaiten eine formidable Streitmacht, die sich im bergigen Küstenland des nordöstlichen Mittelmeers aufhielt, in der Piraterie engagierte und zuweilen zur Unterstützung der Byzantiner anwerben ließ. Ihre militärische Schlagkraft war sogar bei den Muslimen so gefürchtet, daß sowohl Mu'awiya als auch 'Abd al-Malik (gest. 705) erhebliche Zahlungen leisteten, um ihre Kriegsteilnahme zu verhindern. Ihre bemerkenswerte Sonderrolle drückte sich später auch darin aus, daß sie Christen blieben, ohne die Kopfsteuer (*djizya*) zu zahlen, muslimische Kleidung trugen und sogar an *djihad*-Razzien teilnahmen, ohne das Fünftel an die Obrigkeit abführen zu müssen.[96] Hier wurde auf mittlerer Ebene ein Fall pragmatischer Kollaboration zwischen »Christen« und »Muslimen« deutlich, wie er ansonsten nur auf der Ebene höchster Machtausübung – z. B. während der Kreuzzüge, der Kolonialzeit und in der gegenwärtigen Weltpolitik – praktiziert wurde bzw. wird.

Unsere bisherige Betrachtung hat mithin zwei Wellen des *djihad* geortet, die sich vom Tode des Verkünders 632 bis in die Zeit um 750 spannen: Die erste Welle wird von den Kalifen der »Rechtleitung« und Mu'awiya, dem ersten Umayyadenkalifen getragen und reicht bis ca. 680, wobei das eroberte Gebiet etwa zwei Drittel des Maximalimperiums umfaßt, das in der zweiten Welle bis 750 erreicht ist. Diese zweite Welle wird vom Rest der Umayyadendynastie betrieben, ganz besonders jedoch vom »Vater der Könige«, 'Abd al-Malik (685–705), und seinen vier Söhnen Walid (705-715), Sulayman (715-17), Yazid II. (720-24) und Hisham (714-43).

Welle 1 unterwarf in einer ersten, gewaltigen Expansion die größeren, hauptsächlich christlichen Städte, schüchterte die Bevölkerung durch extremen Terror ein, preßte ihr Vermögen ab und richtete erste Strukturen der Finanzverwaltung und Rechtsprechung ein. Welle 2 vollzog sich auf zwei Ebenen, auf denen sich zum einen der erreichte Status konsolidierte, indem nun auch die kleineren Ortschaften in Terror und Landnahme einbezogen wurden. Zum anderen setzte sich die Expansion über die bislang erreichten Grenzen hinaus fort bis an die um 750 registrierten Randzonen im Westen und im Osten, wobei nach Norden und Süden erste, sehr begrenzte Vorstöße erfolgten.

Natürlich verursachte die Ausbreitung des Islam Reaktionen der vereinnahmten Kulturen. Wichtiges Wissen der zuvor dominanten Großmächte begann sich graduell den kulturell unterlegenen Muslimen mitzuteilen. Besonders persisches Verwaltungs- und byzantinisches Militärwesen prägten sich den entstehenden Strukturen des islamischen Imperiums auf. Die Außenzonen des Reiches vereinnahmten im Osten Teile der indischen und mongolischen Völkerschaften und vermittelten Kontakte mit dem bis dahin unbekannten Buddhismus. Am westlichen Flügel übernahmen die nordafrikanischen, meist nichtchristlichen Berber rasch die arabische Sprache und stellten das Hauptreservoir der Kämpfer für den *djihad* in Spanien. Während die Ränder des Imperiums nie ganz zum Stillstand kamen, sich jedoch graduell verfestigen konnten, fuhren die inneren Strukturen fort, sich das Wissen und die Effizienz der Unterworfenen zunutze zu machen. Neben der wirtschaftlichen Ausbeutung hatten die Besatzer begonnen, die besetzten Kulturen auch mental und intellektuell »anzuzapfen« und sich ihr Wissen zunutze zu machen, soweit es dem Glauben – als Machtbasis – nicht zuwiderlief.

Riesige Vermögenswerte waren aus allen Teilen des Reiches zusammengeflossen, hatten teils den Eliten zu unermeßlichem Reichtum verholfen und standen teils zur weiteren Verteilung an; immense Menschenmassen waren durch Verkauf in die Sklaverei den Muslimen dienstbar und diese zu derjenigen Herrenklasse gemacht worden, die zu werden ihnen der Koran versprochen hatte; gewaltige Landmassen standen zur Besteuerung und Lehnsvergabe an; der *djihad* hatte eine Vielzahl von Ethnien und mit dem Christentum, Judentum und Manichäismus Weltreligionen mit hohem Bildungsstand unter die Herrschaft des Islam gezwungen. Nun ging es darum, das Erreichte nach außen zu sichern und nach innen weiterzuentwickeln. Wie war es dabei eigentlich um die islamische Herrschaft selbst bestellt?

C
Die Lizenz der Macht

1. Die Abbasiden und »innerer« *Djihad*

Der imposante Erfolg des *djihad* hatte nicht nur die Überlegenheit Allahs bewiesen; er hatte auch sehr nachdrücklich das Erfolgsmodell der vorarabischen Kampfmentalität bestätigt, die sich fest mit der Existenz des Islam verbunden und neben dem Ritenvollzug einen dominanten Platz eingenommen hatte. Diese Mentalität zollte Loyalität zuallererst der eigenen Kampfkraft und erst in zweiter Linie dem Kalifat, das man bald als notwendiges Übel wahrnahm und allenfalls als zentrale Zahlstelle akzeptierte. Die erwähnte Spaltung zwischen Nord- und Südarabern (Kalbiten/Qaysiten) trug zu diesem Absetzprozeß erheblich bei und brachte ihn verstärkt auch in Spanien hervor. Die Stammeslinie der Umayya hatte nur mühsam ihre genealogisch begründete Herrschaft wahren können, wobei in den wachsenden Massen nichtarabischer Neumuslime (*mawali*) neue Ungleichheiten und Unruheherde erkennbar wurden.

Schon seit Beginn des 8. Jahrhunderts hatte die Hashimiya eine direkt gegen die Umayyaden gerichtete Machtdoktrin entwickelt, deren Legitimation sich auf die Abstammung von den Hashim, der Familie des Propheten und dessen Onkel 'Abbas stützte. Diesem Anspruch, der sich vor allem gegen die verhaßten Qurayshiten abgrenzte, konnten sogar die wählerischen Schiiten in ihrem Kampf für die Rechte 'Alis nähertreten. Nicht zuletzt hatten sich die Umayyaden selbst durch ihre verschwenderische Hofführung nicht nur Freunde geschaffen, wobei auch und vor allem der von ihnen inszenierte und von Thaqafi durchgeführte Massenmord im Irak keineswegs vergessen war.

Die nordarabische Vetternwirtschaft der Umayyaden, die sich weit von dem universalen Denkstil ihres Gründers Mu'awiya entfernt hatte, verhinderte eine Weiterentwicklung des islamischen Gleichheitsprinzips und war ebenso wenig geeignet, ein Verwaltungsprinzip zu entwerfen, das dem Wachstumstempo und den enormen Dimensionen des Imperiums hätte gerecht werden können. Nach universalem Beginn waren die Maßstäbe der Umayyaden in die arabische Regionalität zurückgefallen, während ihr Reich Ausmaße angenommen hatte, die nach einem stabilen, umfassenden Herrschaftskonzept verlangten.

Diese Maßstäbe hatten auch den Anspruch zu erneuern, den die Umayyadenkalifen als »Vertreter Allahs« (*khalifat Allah*) mit der dynastischen Erbfolge verknüpft hatten. Die säkulare Aura, welche diese Dynastie von ihrem Gründer an umgeben hatte, war nicht geeignet gewesen, die wiederholte Kritik an ihrer Frömmigkeit hinreichend zu zerstreuen. So konnten sich denn die andauernd schwelenden Zweifel an der islamischen

Integrität der Umayyaden mit dem seit einem halben Jahrhundert verfolgten Herrschaftsanspruch der Hashimiya zu einer neuen, machtvollen Bewegung verbinden.

Wie es nun allerdings Abu Muslim (gest. 755) als erstem Vertreter derjenigen, die eine neue Dynastie aufrichteten und sich Abbasiden nannten, gelungen war, sich an die Spitze der Hashimiya in Irak und Khorasan zu setzen, bleibt letztlich im Dunkeln. Jedenfalls scheint er über außergewöhnliche politische und organisatorische Fähigkeiten verfügt zu haben, welche ihm die Loyalität der überaus kampfstarken, hashimitischen Kämpfer sicherten. Im Rahmen der abbasidischen Herrschaftsideologie begann hier ein Geist zu entstehen, der geeignet war, die Ungleichheiten zwischen Arabern und Nichtarabern, Nord- und Südarabern sowie Gläubigen der »Rechtleitung« und davon differierenden »Sektierern« abzuschwächen. Gefragt war ein einheitlicher Glaube der Masse, der dem Herrscher eine klare ideologische Basis schuf und dabei einen Handlungsspielraum beließ, der die religiösen Anforderungen der »Rechtleitung« nicht überlastete.

Um diese neue Legitimation durchzusetzen, mußte der »innere *djihad*« des Islam in gleicher Weise in Kraft treten, wie er bereits unter den Kalifen der Rechtleitung selbst aufgeräumt hatte. Abu Muslim brachte Marwan II., dem letzten Umayyadenkalifen, im Jahre 750 bei Mossul eine vernichtende Niederlage bei und besetzte Damaskus. Der Kalif flüchtete über Palästina nach Ägypten, wo er mitsamt seiner Familie umgebracht wurde. Abd ar-Rahman, ein Halbbruder und Sohn einer Berberin, entkam dem Blutbad und gründete nach mehrjähriger Odyssee durch Nordafrika im Jahre 756 das berühmte Kalifat von Cordoba.

Abu 'Abbas, der seinen Beinamen »der Blutvergießer« (*as-saffah*) u. a. diesem Geschehen verdankte, wurde so zum ersten Kalifen der Abbasiden, der größten und längstlebigen Dynastie des Islam, die ein halbes Jahrtausend lang – allerdings mit abnehmender Geltungsweite – das Imperium regierte. Da den Blutvergießer alsbald die Pocken dahinrafften, trat schon 754 sein Bruder Al-Mansur (der »Siegreiche«) an seine Stelle, der – weitsichtig und rücksichtslos zugleich – als der eigentliche Begründer der Abbasiden gelten muß, einer Dynastie von seltener genealogischer Geschlossenheit. Alle 35 kalifischen Nachfolger waren Abkömmlinge in direkter Linie.

Als erste und wichtigste Maßnahme des inneren *djihad* ließ Al-Mansur ein Jahr später keinen Geringeren als Abu Muslim selbst, den mächtigen Statthalter Khorasans und unangefochteten Heerführer, unter Bruch des Gastrechtes in seinem eigenen Privatzelt umbringen.[97] Denn hier mußte ein Rivale beseitigt werden, der ein für das Machtdenken des Islam gefährliches Prinzip vertrat und den Typ von Mensch erahnen ließ, »der in der Zukunft vor allen anderen gesucht sein wird: der Soldat und Bürokrat ohne Hausmacht, ohne Rückhalt in Stamm oder Sippe, daher vom Willen des Herrschers abhängig, jedoch mit diesem *in der Sache* verbunden ...« [98] Einige schiitische Erhebungen wurden ebenso unnachgiebig verfolgt, um den lästigen Dauerkonflikt mit den Aliden zu unterdrücken.

Wie sich die Umayyaden von Medina durch Niederlassung in Damaskus abgesetzt hatten, so distanzierten sich auch die Abbasiden von Damaskus durch die von Al-Mansur neu gegründete Hauptstadt Bagdad. Durch die Einführung der persischen Einrichtung des Wesirats nahm die abbasidische Herrschaft deutlich iranische Züge an, die sich unter dem berühmten Kalifen Harun ar-Rashid (786–809) und der von ihm geförderten Wesirsfamilie der Barmakiden weiter verstärkten. Der umfassenden Machtfülle des Wesirs oblag die Oberaufsicht über Kalifenkorrespondenz, Finanzverwaltung, Steuern, Heereskontrolle und Sicherheitsorgane.

Die sich hier abzeichnenden Strukturen begannen zwar, sich unter den ersten Kalifen allmählich herauszubilden, gelangten jedoch nicht zu einer konstruktiven, selbsttragenden Entwicklung und konnten sich daher auch nicht auf allgemeiner, imperialer Basis etablieren. Wie bei den Umayyaden, so fiel auch bei den Abbasiden eine pragmatische, auf die Gemeinschaft gerichtete Herrschaft den Intrigen der Hofkamarilla und den Machtkämpfen der regionalen Statthalter zum Opfer. Im Zentrum der Begehrlichkeit standen natürlich immer wieder die »Saugnäpfe« des *djihad*: die Potentiale regionaler Besteuerung, Plünderung und Versklavung sowie die zentrale Staatsschatulle, der *diwan*. Mit anderen Worten: Da die Vereinheitlichung durch eine imperiale Verwaltung, die nicht zuletzt auch eine zentrale Glaubenskontrolle hätte gewährleisten können, ausblieb, konnte sich der »innere *djihad*«, der islamtypische Machtkampf, weiter verselbständigen, wobei das Kalifat in zwangsläufig zunehmende Abhängigkeit vom Wohlwollen der Teilregenten geriet.

In einem derartigen Szenarium kam die Loyalität des Militärs einem Lotteriespiel gleich, das vom Herrscher auf Dauer nicht kontrolliert werden konnte. So mußten denn auch die frühen Abbasiden rasch feststellen, daß sie keineswegs auf die Unterstützung ihres – in großen Teilen hashimitischen – Heeres uneingeschränkt rechnen konnten, insbesondere nicht, nachdem sie die Führungsgestalt des Abu Muslim gemeuchelt hatten.

Sie hatten zwar die Legitimation ihrer Macht vom arabischen Stamm auf den islamischen »Superstamm« ausgeweitet, und die Iranisierung ihrer Verwaltungsstrukturen ließ darauf schließen, daß man in der Tat gewillt war, die universellen Wissensquellen der Gemeinschaft zu nutzen und somit einen generellen Prozeß der Universalisierung einzuleiten; der Prozeß der Machtübernahme hatte indessen deutlich gemacht, daß »der Islam« in diesem Punkt keine Kompromisse einging. Erneut hatte sich seine Funktion als *Kraftfeld der Macht* bestätigt, in dem sich die Potentiale ethnischer Tradition, politischer Willensbildung und religiöser Intensität laufend begegneten, anzogen, abstießen und Interessenfusionen bildeten, bis neue Machtkonzentrationen entstanden, welche stark genug waren, die alten zu überwinden. Das Regime dieses Prozesses beruht primär nicht auf ethischen Grundlagen, sondern auf der Präsenz und Dominanz real vorhandener Macht, die sich gegen jeweils existierende Widerstände konkret durchsetzt und aufgrund ihrer faktischen Stärke die Legitimation durch das Gesetz Allahs erlangt.

Dieses Gesetz erteilt somit dem jeweils Stärksten den Auftrag zur Führung der Gemeinschaft gemäß seinen rechtlichen Regeln, die sich selbst verabsolutieren, indem sie das Wissen der Menschen auf eben diese Regeln beschränken. Das Gesetz erteilt ebenso die Lizenz des *djihad*, der den inneren Machtkampf regelt und den Kampf gegen den Unglauben, den Nichtislam nach außen optimiert, weil die jeweils stärkstmögliche

Machtkonzentration gegen ihn aufgeboten wird. Die Festlegung des Gesetzes auf die Unveränderbarkeit des Koran erzeugt dabei einen Absolutheitsanspruch, der auf jede Veränderung überaus empfindlich reagiert, weil sie primär als Eingriff in die Legitimation der Herrschaft und nur sekundär als Modifikation der Theologie gelten muß.

Der *djihad* nach außen war zwischenzeitlich weitgehend zum Stillstand gekommen, so daß sich bei der enormen Weite des Reiches erste Verselbständigungen der Macht in Gang setzen und größere Teilreiche formieren konnten. Lediglich eine größere Aktion war Harun ar-Rashid gegen Byzanz gelungen, als er Kaiserin Irene 806 zu einer immensen Tributzahlung zwang. Ebenso trieb er die Byzantiner, welche die innerislamischen Wirren des großen Machtwechsels genutzt hatten, verlorenes Terrain zu besetzen, auf ihr Basisland zurück und erneuerte die inzwischen verfallenen oder zerstörten Grenzbefestigungen. Im ersten halben Jahrhundert der neuen Abbasidenherrschaft konzentrierte der *djihad* sich weniger auf die Ausweitung der Reichsgrenzen, sondern auf die Sicherung und Systematisierung der vorhandenen Potentiale. Wie stellten sich die Potentiale der islamischen Gesellschaften anfangs des 9. Jahrhunderts denn nun eigentlich dar? Wie hatte sich die extrem vielfältige und unterschiedliche Mischung aus einheimischen Kulturen und islamischen Kämpfern in der Eroberungsdynamik formiert?

2. *Dhimma* – Gewalt gegen die »Schriftbesitzer«

Sowohl im umayyadischen als auch – zunächst – im abbasidischen Herrschaftssystem nahm der Kalif mit seinem jeweiligen Hofstaat und den führenden Beamten den obersten Rang ein. Während allerdings bei den Umayyaden die Spitzenmilitärs und die Stammesnotabeln den Ton angaben, finden wir bei den Abbasiden an ihrer Stelle die Spitzenbeamten der Diwane und – noch zögerlich – die ersten Religionsgelehrten mit offizieller Bestallung. Während der erste Umayyade Mu'awiya noch eine Christin im Harem und mehrere Christen in hohen Ämtern zugelassen hatte, hat sich das Bild bei den Abbasiden zugunsten persischer Verwaltungsspezialisten gewandelt. Der Bedarf an Dienstfunktionen – und damit an Sklaven – war insgesamt gestiegen und das Budget des Militärs – bei gleichbleibendem Stellenwert – gesunken. Die unter den Umayyaden noch deutliche Unterscheidung zwischen arabischen Muslimen und Nichtmuslimen war unter den Abbasiden einem starken Stand gehobener Muslime gewichen, die als Kaufleute, Händler, Gewerbler, mittlere Beamte und Literaten teils Tuchfühlung mit dem Hof hielten, teils sich mit internationalen Geschäften befaßten.

Unterhalb dieser beiden Stände befand sich in beiden Dynastien unverändert der Stand der *Dhimmis*, jener Christen und Juden, die als »Schriftbesitzer« einen theoretischen Sonderstatus innehatten. Sie galten als »Schutzbefohlene« (*ahl al-dhimma*) des Islam, dem sie als Entgelt sowohl Kopf- als auch Landsteuer zu entrichten hatten. Sie bildeten ein erhebliches, wenn nicht zentrales Steueraufkommen und zusammen mit der weniger ertragreichen Almosensteuer (*zakat*) der Muslime die Masse der Staatseinkünfte. Als vierte und letzte Schicht schlossen sich unter den Dhimmis die Sklaven an, die zu den verschiedensten Diensten herangezogen wurden und vom *djihad* in enormen Mengen verfügbar gemacht worden waren.

Beiden Herrschaftssystemen lagen die Dhimmis und die Sklaven als unverzichtbare Basis der islamischen Gesellschaft zugrunde, die Dhimmis in der Landwirtschaft, in der Verwaltung und im Handwerk, die Sklaven in den niedrigen Dienstleistungen. Für längere Zeit waren die Dhimmis allerdings ähnlich rüden Methoden unterworfen wie die »Heiden«. Wie gesehen, konzentrierte sich die erste Welle des *djihad* auf die Städte, die nicht nur bei – in der Regel – geringem Aufwand sofortige Maximalbeute, sondern auch lukrative Tributverträge versprachen. Nur wer hier dem Terror der vorangegangenen Massaker und Versklavungen entgangen war, konnte nach erfolgtem Vertragsabschluß hoffen, von weiteren Repressalien zunächst verschont zu bleiben.

Für das Land traf dies in keiner Weise zu. Da die Stadtverträge weite Landstriche nicht mit einbezogen und die Razzien nahezu vollständig unkoordiniert und unkontrolliert verliefen, war die Landbevölkerung den muslimischen Beutetruppen schutzlos ausgeliefert. So erfahren wir aus den frühen Berichten des Michael von Syrien für die Zeit um die Einnahme von Damaskus und Antiochia:

> »Die Araber wurden reich, nahmen (an Zahl) zu und überrannten (das Land), das sie den Römern (Byzantinern) wegnahmen, der Plünderung freigegeben. 'Umar (Ibn al-Khattab) sandte Khalid (Ibn al-Walid) mit einer Armee in die Gegend von Aleppo und Antiochia. Dort ermordeten sie eine große Zahl von Menschen. Keiner entkam ihnen. Was immer über die Übel, die Syrien erlitt, gesagt werden mag, sie können nicht wiedergegeben werden, weil es zu viele sind; denn die Araber waren die große Rute der Rache Gottes.«[99]

Zwar schweigt der moderne Islamdialog darüber, doch wird Ähnliches über das gesamte Gebiet der frühen Eroberungen (*futuh*) berichtet. Ob Syrien, Palästina, Mesopotamien, Armenien und Persien oder ob Ägypten und Nordafrika – dem Beobachter der ersten *djihad*-Welle bieten sich prinzipiell vergleichbare Szenarien der Gewalt. In örtlichen Abstufungen lassen sich Mischungen aus Gewalttaten an Menschen einerseits – Massaker, Vergewaltigung und Versklavung – sowie an Sachen andererseits – Raub, Zerstörung und Niederbrennen – feststellen. Der *djihad* nährte und finanzierte sich selbst, indem er zum einen immer wieder neue Reiterhorden aus Innerarabien anlockte und eine sich selbst verstärkende Expansion aufbaute, die sich nahtlos in der zweiten *futuh*-Welle entlud. Dabei ist zum anderen nicht erkennbar, wie es in dieser zweiten Welle zu einer geordneten und konsequenten Anwendung der koranischen Vorschriften hinsichtlich der Dhimmi-Behandlung, geschweige einem toleranzähnlichen Verhalten hätte kommen sollen.

Während man das Islamland um neue Gebiete ausweitete und die beschriebene »Gewalt erster Ordnung« – den schrankenfreien Terror – zum Einsatz brachte, kam im bereits eroberten Land eine Art »Gewalt zweiter Ordnung« zur Anwendung. Diese Gewalt wiederholte die Muster der »ersten Gewalt« nur noch in abgeschwächter Form, in der die Vertreter des Islamdialogs möglicherweise die von ihnen behauptete »Toleranz« erkennen. Denn zwei Kriterien begannen die Eroberer allmählich zu mäßigen: die religiöse Komponente, die sich aus den einschlägigen Bestimmungen des Koran und der entstehenden Prophetentradition bildete, und die politisch-pragmatische Komponente, die selbst bei den gläubigsten Christenhassern die Einsicht dämmern ließ, daß sie sich mit ihrer Politik der verbrannten Erde und totalen Vernichtung letztlich selbst schadeten. Wie sich im weiteren Verlauf herausstellen sollte, waren ihnen allerdings nicht die Strukturen gegeben, die erforderlich gewesen wären, ein produktives, selbsttragendes Wirtschaftssystem zu entwickeln und somit auf das zwanghafte Gewaltsystem endloser Tributabpressung langfristig zu verzichten (s. u. S. 109f.).

Aber auch unter dieser Einsicht scheint der Prozeß der »Dhimmisierung« nur sehr zögerlich und unter großen innermuslimischen Widerständen und Kontroversen abgelaufen zu sein. Vor dem Hintergrund der generellen *djihad*-Ideologie gegen den Unglauben wurden die Dhimmis ganz offensichtlich als Fremdkörper empfunden, dem der koranische Sonderstatus – wenn überhaupt – nur widerstrebend und unter zahlreichen Erschwerungen eingeräumt wurde. Auf dem pauschalen Erfolgsweg des *djihad* stellten sie ein erhebliches ideologisches und organisatorisches Hindernis dar, dem sich die allmählich entstehende Rechtssystematik nur sehr zögerlich zuwandte. Es vergingen mindestens zwei Jahrhunderte, bis diese Regelungen effektiv zu wirken und die vor Ort handelnden Razzia-Gruppen zu disziplinieren begannen.

In keiner Phase ihrer Geschichte jedoch, und dies gilt es festzuhalten, waren die Muslime in der Lage, den Dominanzzwang des Islam zu durchbrechen und den Dhimmis Lebensbedingungen ohne Repressalien zuzugestehen.

Der Umayyade 'Umar II. war bereits anfangs des 8. Jahrhunderts als Vertreter der *sunna*, der prophetischen Praxis, zu einer Zeit aufgetreten, als diese noch nicht schriftlich fixiert war.[100] Mit seinem Dekret zu den Christen und Juden, das schwerwiegende Benachteiligungen und Diskriminierungen enthielt, hatte er zum Ausdruck gebracht, daß sich die Dhimmi-Praxis des Islam keineswegs mit der Dhimmi-Theorie des Koran abfinden wollte. Neben allerlei Herabwürdigungen des täglichen Lebens formulierte diese Verordnung vier einschneidende Klauseln: Christen waren von öffentlichen Ämtern ausgeschlossen, ihre Zeugenaussage gegen Muslime war nichtig, jeder Muslim konnte jeden Christen bei – in der Regel niedriger – Geldstrafe töten, der Bau von Kirchen wurde verboten.[101] Knapp ein Jahrhundert später wurden diese Regeln vom Abbasiden Harun im wesentlichen bestätigt, insbesondere durch die Zerstörung aller Kirchen in den Grenzländern, die dort seit Einführung des Islam »widerrechtlich« errichtet worden waren.

Auch die *djihad*-Praxis selbst konnte an zahlreichen Punkten deutlich machen, welch im Grunde inakzeptables Problem die Muslime in dem Sonderstatus der Dhimmis sahen, den ihnen der eigene Prophet zu akzeptieren aufgegeben hatte. Die Tatsache, daß sie historisch nicht fähig waren, die Dhimmi-Praxis von der Heidenpraxis klar abzugrenzen und damit die Praxis mit der Theorie zu harmonisieren, bestätigte die enorme Dominanz des pauschalen, ideologischen *djihad* gegen den Unglauben, dem die Religion des Islam eine politische Kampflizenz ohne ethische Skrupel erteilte. Innerhalb des *djihad* insgesamt wird diese Diskrepanz besonders augenfällig an der Sonderform des See-*djihad* in der Ägäis und in Süditalien, dessen »klassische« Ziele rein christlich waren und dennoch bis weit ins 9. Jahrhundert hinein immer wieder heimgesucht und nahezu entvölkert wurden.[102]

Es mag eingewendet werden, und der zeitgenössische Islamdialog wird nicht müde in der Wiederholung dieses »Arguments«, daß Mord, Raub, Versklavung und Tributabpressung zu den Gewohnheiten des Mittelalters gehörten – die islamische Version bildet hier allerdings eine singuläre Ausnahme. In keiner anderen Kultur geschweige denn Religion findet sich die Kodifizierung von Mord, Raub, Versklavung und Tributabpressung als religiöse Pflicht. In keiner anderen Religion findet sich die geheiligte Legitimation von Gewalt als Wille Gottes gegenüber Andersgläubigen, wie sie der Islam als integralen Bestandteil seiner Ideologie im Koran kodifiziert und in der historischen Praxis bestätigt hat. Nicht zuletzt findet sich kein Religionsstifter, dessen Vorbildwirkung sich wie bei Muhammad nicht nur auf die Kriegführung, sondern auch auf die Liquidierung von Gegnern durch Auftragsmord erstreckte. Sowohl koranische Erlaubnis als auch prophetisches Vorbild haben die Gewalt *tendenziell* im Islam verankert. Wir werden im Blick auf Europa sehen, daß sich hier eine deutlich unterschiedliche Tendenz entwickelte.

Die Gewalt an Unglaube und Nichtislam ist Ausdruck des Heiligen, an dem die Muslime im inneren und äußeren *djihad* unmittelbaren Anteil haben sollen, um die Entwicklung »des besten Volkes, das je unter Menschen entstand« (3/111), nach Kräften zu fördern. Diese Gewalt wirkte in gleicher Weise auf jene zurück, die im Inneren des Islam, im »besten Volk« selbst, Zeichen der Abweichung vom Gesetz Allahs aufwiesen. Mit der Machtübernahme der Abbasiden war nun der geistige Unterbau zur verstärkten Bewußtmachung dieses Gesetzes und seiner allgegenwärtigen Wirkmacht in der islamischen Gesellschaft spürbar vorangetrieben worden. Koraninterpretation, Prophetentradition und Rechtswissenschaft begannen das Gesetz Allahs in den Strukturen der *sharia* zu formulieren.

Diesem Gesetz war nach innen Genugtuung zu verschaffen, indem die islamische Herrschaft alle Abweichungen zügelte, und nach außen wachsende Geltung zu öffnen, sobald es die real existierenden Umstände zuließen. So kann nicht erstaunen, daß der *dhimma*-Schutzvertrag eben nicht in der Lage gewesen ist, den vom Propheten in Aussicht gestellten Sonderstatus zu gewährleisten. Wie ausgeführt, erwies sich das »Privileg« der Christen und Juden folgerichtig als Status, der in der gesellschaftlichen Skala nahe am Sklaventum rangierte und nur deshalb nicht mit ihm identisch war, weil man die »Schriftbesitzer« dringend brauchte. Für die islamischen Herrscher – zumeist ungebildete Stammesfürsten aus dem arabischen Kernland – ergab sich immer wieder der Zwang, Bildung und Ausbildung der Schriftbesitzer zu nutzen, um der unentwegten Unruhe der inneren *fitna* und des äußeren *djihad* zumindest einige organisatorische Basisstrukturen zu verleihen.[104]

Die uralten Differenzen zwischen griechischen Orthodoxen und monophysitischen bzw. nestorianischen »Häretikern« erleichterten den letzteren die Kollaboration mit den neuen Machthabern und verschaffte ihnen zunächst gewichtige Mitsprache in Teilen des entstehenden Reiches. Mit der nachrückenden arabischen Besiedlung ging dieser Einfluß graduell zurück, beschleunigt durch den wachsenden Zwang zur Anwendung der arabischen Sprache. Anhaltende »zweite Gewalt« durchlöcherte immer wieder die bestehenden Vertragssituationen und schwächte die Christen als kollektive Kraft im islamischen Staat, ein Trend, den die »islamischen« Abbasiden nach Kräften verstärkten.

Im direkten Vergleich zwischen Christen und Muslimen wurde immer wieder deutlich, daß die Religion des Jesus Christus den individuellen Fähigkeiten des Menschen freiere Entfaltungsräume beließ, als es der rituell geprägte Buchstabenglaube des Muhammad vermochte. Die Freiheitsräume, die der kasuistische Kult des Islam intellektuell einengte und frustrierte, mußten also über die Gewalt des djihadischen Kampfes kompensiert und abgeleitet werden. Innerhalb des Islamlandes war damit das Potential der Christen in einer generellen Schwebe zu halten, die – einer gigantischen Geiselnahme nicht unähnlich – auf der einen Seite die Steuern der Christen und die Dominanz der Muslime sicherte sowie auf der anderen Seite verhinderte, daß sich die überlegene Intellektualität der Christen und Juden dauerhaft durchsetzte.

Mit fortschreitender Zeit etablierte sich diese kollektive Geiselnahme als festes, institutionsartiges, nicht minder koranwidriges Verhaltensmuster. Hierfür sorgten vor allem die massiven Diskriminierungen im religiösen und rechtlichen Bereich, die eine konstruktive Entwicklung der Schriftbesitzer systematisch blockierten. Die vom Koran theoretisch eröffneten Möglichkeiten wurden somit in der Praxis zu Lasten der Dhimmis modifiziert und auch hier das »Gesetz Allahs« in eine Lizenz zur Verfolgung, Ausbeutung und Tötung umgewandelt. Die Geschichte des Islam bietet daher unzählige Beispiele für das enorme Spektrum der virtuellen und realen Gewalt, innerhalb dessen sich die Dhimmis zum klassischen Feindbild und Sündenbock entwickelten, die jede Ideologie, insbesondere der Islam, braucht, um soziale Frustrationen und/oder religiöse Animositäten abzuleiten. Diese Konstellation stellt sich als in sich so geschlossen dar, daß selbst ansonsten stringente Protagonisten des »Dialogs« wie der libanesische Priester A. Khoury die Toleranz des Islam gegenüber den Dhimmis als »Ausnahme« und deren Status als »Leidensgeschichte« bezeichnen.[105]

3. Ketzer, Christen und islamische Herrschaft

Der frühislamische Staatsrechtler Ibn al-Muqaffa' (gest. 756), von iranischer Herkunft und geschliffenem Geist, diente sowohl unter den Umayyaden als auch den Abbasiden und hatte die zwei wesentlichen Defizite seiner Zeit klar angesprochen: die unfähige Verwaltung und die ungeheure Rechtsunsicherheit.[106] Die Dhimmis waren als Quasi-Ungläubige dieser Situation in der Rechtslage teils passiv ausgeliefert, teils gestalteten sie sie – in der Verwaltung – aktiv mit. Ohne eine zweckgerichtete Gesetzgebung konnten indes weder für die Dhimmis, noch die muslimische Gesellschaft, noch die Herrschaft selbst Verhältnisse geschaffen werden, die eine langfristig tragfähige und für alle überschaubare Perspektive erzeugten und dabei die permanent gegenwärtige Gewalt der Machthaber ausschalteten:

»Wenn einer von ihnen für sich in Anspruch nimmt, der *sunna* zu folgen, so erklärt er manches, wofür es keine *sunna* gibt, für *sunna*, bis er auf diese Weise dahin gelangt, daß er Blut vergießt, ohne einen Beweis oder ein Argument für diesen Entscheid zu haben, den er als *sunna* ausgibt.«[107]

Es war derselbe Ibn al-Muqaffa', der ein solches, notwendigerweise säkularisiertes Gesetzeswerk vergeblich einforderte. Daß er sich dabei über die plumpen Beiträge der Theologen lustig machte, ist ihm nicht gut bekommen. Wie viele brillante Köpfe des Islam zuvor, so kostete auch ihn im Jahre 756 die Ironie das Leben. Das Problem, das er ansprach, haben weder seine Mörder beseitigt, noch kann es durch die modernen Terroristen weggebombt werden. Nach wie vor fehlt die Lösung für die Unfähigkeit, mit einem vorgegeben Regelsatz dem Geist des Menschen in einer sich wandelnden Zeit die Freiheit zu geben, die auf Gewalt verzichten kann.

Obwohl Ibn al Muqaffa' aus der Tradition der persischen Gnosis stammte, also der realen Welt skeptisch gegenüberstand (s. a. u. S. 321ff.), so hatte er sich doch der eher hellenistischen Linie angeschlossen, die sich mit einer rationalen Weltbewältigung abfand.[108] Er stand in einer Reihe prominenter »Ketzer«, deren Lehren der aufkommenden Orthodoxie im Wege standen und Grund genug waren, ihre Verkünder der Ehre Allahs zu opfern. Wenige Jahre vor ihm war bereits Dja'd Ibn Dirham (gest. um 742) hingerichtet worden, der den freien Willen des Menschen vertrat und bestritt, »daß Allah zu Moses gesprochen und Abraham zum Freund genommen habe«,[109] und wenige Jahre nach Ibn al Muqaffa' fand Ibn Abi'l-Audja (gest. 772) einen ebenso gewaltsamen Tod, weil er Traditionen fabriziert hatte, die verwirrende Fragen zur Theodizee, zur tatsächlichen Rolle Allahs im Leben der Menschen, stellten.[110]

Etwa ein Jahrhundert später starb Ibn al-Rawandi, der ketzerischste Gegner des Islam überhaupt. Er starb eines natürlichen Todes, weil er klug genug gewesen war, seine fundamentale Häresie hinter einer raffinierten Camouflage zu verstecken. In seinem »Buch des Smaragden« (*kitab az-zumurrudh*) leugnete er die Prophetenschaft im allgemeinen und diejenige Muhammads im besonderen.[111] Er verwarf Regeln des Koran, die nach seiner Auffassung gegen die Vernunft verstießen, und führte als Gewährsleute die indischen Brahmanen ins Feld. Deren Lehren, inzwischen durch die Eroberungen der Umayyaden zugänglich geworden, zogen offenbar der Prophetie den Verstand vor:

»Denn durch das, was in der Vernunft gegeben ist, können wir jenes entbehren, und in diesem Sinn ist die (prophetische) Sendung falsch. Steht aber (seine Sendung) im Widerspruch zu dem Urteil über Gut und Böse, der Erlaubnis und dem Verbot, wie sie in der Vernunft gegeben sind, so sind wir dessen ledig, an seine Prophetie zu glauben.«[112]

Die gesamte Elite der nachfolgenden islamischen Theologie schrieb von diesem »Ketzer« ab und schloß sich damit unfreiwillig einer Vorstellung an, in der sich spätere

Konzepte des Sittengesetzes vorbereiteten. Auch Al-Ghazali, der große Islamtheologe zwischen Philosophie und Sufismus (s. u. S. 90), konnte sich dem Wiederholungszwang des islamischen Systems nicht entziehen. Er übernahm ungeprüft die – von Ibn al-Rawandi erfundene – brahmanische Ablehnung des Prophetentums, hinter der dieser seine gefährlichen Thesen vertreten konnte, ohne sein Leben unmittelbar aufs Spiel zu setzen.[113]

Was immer auch die wenigen islamischen Abweichler, geschweige die Christen vortragen mochten – zum Überleben mußte auf ein zentrales, lebenswichtiges Moment der Abbasidendoktrin geachtet werden: Dem Herrscher, dessen Legitimation von Allah selbst gegeben war, stand die höchste Stufe der Gewalt offen. Da der Unglaube der Hauptfeind des Islam war, die Dhimmis nur eine unwesentliche Nuance zum Besseren repräsentierten, und die »zweite Gewalt« das Landvolk in die Städte trieb, da trotz gegenläufiger koranischer Vorschriften eine konsequente Entrechtung und schleichende Vernichtung der Dhimmis stattfand, schmolzen diese Gemeinschaften in einem stummen Drama über die Jahrhunderte dahin. Die Abbasiden waren diejenigen, welche die Weichen endgültig in diese Richtung gestellt hatten.

Abu Yusuf (gest. 798), Richter von Bagdad und Autor eines Werkes über die Landsteuer (*kitab al-kharadj*), zeichnete das klassische Bild korrekter Behandlung der Schriftbesitzer, während der monophysitische Mönch Dionysius aus praktischer Erfahrung zu ganz anderen Ergebnissen kam. Er schildert die Umstände, welche die Landflucht der Dhimmis sehr verständlich machen. Der Statthalter Mesopotamiens führte z. B. die Anweisung des Kalifen Mansur zur Zählung der steuerpflichtigen Dhimmis dergestalt aus, daß er den Betroffenen »wie dem Vieh« Brandzeichen auf Stirn, Hände, Brust und Rücken drücken ließ.[114]

Dabei schienen die Steuereintreiber selbst aktives Element der allgemeinen Rechtsunsicherheit zu sein. Sie preßten den Verpflichteten Geld mit Prügeln und Foltern ab und richteten sie hin, bevorzugt durch Kreuzigung, wenn diese Maßnahmen keinen zählbaren Erfolg gezeitigt hatten.[115] Die Landflucht nahm stellenweise so dramatische Formen an, daß die Muslime – sozusagen als Selbsthilfe – die Despoten vertrieben und den Nichtmuslimen Anreize boten, zur Bestellung des Landes zurückzukehren. Hier erzeugte das System selbst eine nur scheinbar paradoxe Maßnahme, die indessen alle Aussicht hatte, die Einnahmen des Staates zu stärken, indem fähige Landleute unfähige ersetzten.

Der Landbau, den schon Muhammad als eines Muslim für unwürdig erklärt hatte (s. o. S. 39), war exklusiv für Nichtmuslime, vornehmlich die Dhimmis, reserviert und zielte einzig und allein auf eines ab: *Steuern* – Landsteuern (*kharadj*) auf die zu bestellende Fläche und Kopfsteuer (*djizya*) auf die Menschen. Beide scheinen bis zum Exzeß abgepreßt worden zu sein. Wie Michael der Syrer berichtet, hatte schon 'Umar Ibn al-Khattab, der zweite, »rechtgeleitete« Kalif, die *djizya* auf das Vierfache der Satzes der persischen Sassaniden angehoben.[116] In ähnlichem Sinne werden die Umayyaden Hisham und Marwan erwähnt, die das Steueraufkommen durch methodische Verschärfungen zu verbessern suchten. Wenn Prügel und Folter nichts bewirkten, wurde dem Begehren des Staates Nachdruck verliehen, indem die Steuereintreiber die Frauen der Verpflichteten in deren Gegenwart vergewaltigten.

Spätestens hier wurde die großzügige Bandbreite deutlich, die Allah über Muhammad denjenigen eingeräumt hatte, die am Privileg des Islam teilhaben wollten. Denn im koranisch befohlenen Kampf gegen die »Schriftbesitzer« wird ausdrücklich auf die Demütigung hingewiesen, der Christen und Juden im Rahmen der Tributeintreibung zu unterziehen sind (9/29). Ein Aufstand der ägyptischen Kopten zur Zeit Hishams gegen diese Art absoluter Fron, die den Betroffenen nicht die geringste Perspektive einer eigenen Lebensgestaltung beließ, wurde folgerichtig niedergemetzelt. Ein kleiner Rest konnte sein Leben durch die Flucht über das Mittelmeer retten und auf einigen ägäischen Inseln einen neuen Anfang machen.

Der Ermessensspielraum der Eintreiber öffnete die totale Willkür, die den Druck auf die Tributpflichtigen beliebig variierte und somit das klassische Szenarium für den allgegenwärtigen Terror schuf. Unter diesen Bedingungen spielte es keine Rolle mehr, daß man auch Frauen, Kinder und Behinderte zur Besteuerung heranzog, obwohl sie der Koran ausdrücklich ausschließt. Dabei stand dieser Spielraum – und dies ist als Spezifikum islamischen Machtdenkens immer wieder hervorzuheben – nicht nur den offiziellen Eintreibern, sondern den Nomaden und Vagabunden offen, die in zahllosen Horden unter dem Signum des *djihad* weite Bereiche des Imperiums durchstreiften und sich vorzugsweise an den Dhimmis bereicherten. Plünderung und Geiselnahme gehörten zum Grundbestand der Einnahmequellen für all diejenigen, die im praktisch rechtsfreien Raum des islamischen Imperiums zu raschem und risikofreiem Wohlstand kommen wollten.

Diese »zweite Gewalt«, die Kombination aus physischer Willkür und koranischer Rechtsanmaßung, brachte neben der »offiziellen« Steuer eine weitere, inoffizielle Steuerform (*'awarid*) hervor,[117] die an die erratisch auftauchenden Anführer der herumvagabundierenden Razzia-Banden zu zahlen war. Häufig vertrauten die Christen ihre schwindenden Vermögenswerte den Mönchen ihrer Umgebung zur Aufbewahrung an, die ihrerseits die Klöster zu wahren Festungen ausbauen mußten, um sich gegen die dann vermehrt gegen sie vorgetragenen Angriffe und Plünderungsversuche zu wappnen.

Die Geschichte der Dhimmis im Imperium des Islam ist die Geschichte eines über tausendjährigen Wechselspiels zwischen Dominanz und Unterwerfung, in dem sich der durch ihre »Schrift« verursachte, theoretische Sonderstatus der »Schriftbesitzer« nicht verwirklichen konnte, sondern tendenziell fortlaufend abschwächte. Gewaltorientierte Auslegung des Koran, die permanente Rechtsunsicherheit im islamischen Staat, welche die ständige Praxis der »zweiten Gewalt«, der ständigen Übergriffe, begünstigte und – nicht zuletzt – die Kollaboration des Klerus und Adels mit der islamischen Führung verbanden sich zu einem Spektrum des latenten, nicht weniger allgegenwärtigen Terrors.

Der Wohlstand der führenden Christen und ihr Zusammenwirken mit den islamischen Potentaten wird in zahlreichen Darstellungen zu einem zynisch verfremdeten »Beweis« für islamische »Toleranz« umgewidmet. Hier erscheint generell nicht die real existierende, christliche Masse, die von ihren »Eliten« oft ganz einfach der Gewalt der islamischen Eroberer, Marodeure und Steuereintreiber überlassen wurde – als Preis für den Erhalt der eigenen, wie immer auch reduzierten Macht. Indem die »Hirten« nicht selten sogar direkt am Tribut partizipierten, entstanden laufend unchristliche Anreize, zur Förderung des eigenen Vorteils ihre »Herde« dem uneingeschränkten Druck des Terrors und der maßlosen Auspressung auszuliefern.

Der moderne, tendenziell antichristliche »Dialog« taucht diese Zusammenhänge in ein besonders gnädiges Dunkel, was wiederum den Protagonisten der Islamexpansion ihre Propaganda erheblich erleichtert. So können die Muslimbrüder in aller Ruhe ihr eigenes Recht beugen und der westlichen Öffentlichkeit eine – gern geglaubte – Legende von »Ethik und Menschenwürde« auftischen, die immer schon für Muslime und Nichtmuslime gegolten hätten.[118] Hier werden die historischen Fakten geschmeidig ausgeblendet und statt dessen Bilder präsentiert, die den Islam in Geschichte und Gegenwart als eine Art Vorreiter der Demokratie und Menschenrechte zeichnen,[119] eine Strategie, die auf eine erhebliche Erfolgsgeschichte der Täuschung nicht nur islamischer Regime, sondern insbesondere auch westlicher Dialogvertreter verweisen kann (s. u. S. 295).

Allerdings waren auch die historischen Muslime nicht auf sich allein gestellt. Die innerchristlichen Glaubensunterschiede haben die elitäre Kollaboration sowohl im arabischen als auch im osmanischen Islam deutlich gefördert. Den Monophysiten verschaffte es die gleiche Genugtuung, die Orthodoxen den arabischen Muslimen zur beliebigen Ausbeutung anheimzugeben, wie es den späteren Orthodoxen ausgesprochenes Vergnügen bereitete, mit den osmanischen Muslimen zu fraternisieren, um den verhaßten »Lateinern« der westlichen Kirche zu schaden.[120] Wenn also die westliche Islamlobby von islamischer »Toleranz« spricht, so handelt es sich hier zunächst um nichts anderes als die Aufteilung von Vermögen unter *kleptokratischen Eliten*, die nichts mit Glauben oder Ethik zu tun hatten, sondern sich untereinander über die Ausbeutung der Masse verständigten. Dieses historische und auch aktuell tätige Phänomen werden wir später als das sogenannte »Machtkartell« noch etwas detaillierter betrachten.

Die Unterdrückung durch die Araber und die Illoyalität so mancher »Hirten« ließ unter den Christen bereits um 690 Endzeitvorstellungen wach werden, in denen man durch die Wiederkunft eines römisch-byzantinischen Siegerkaisers das islamische Joch abzuschütteln hoffte.[121] Dieser Kaiser würde nach Überwindung der – islamisch beherrschten – Welt die Herrschaft an Jesus in Jerusalem zurückgeben. Mit dem Jahr 1000 der seleukidischen Zeitrechnung, dem Jahr 70 des Islam, das mit dem Jahr 70 der römischen Tempelzerstörung verknüpft werden konnte, und den verheerenden Angriffswellen der arabischen Eroberer hatte sich eine endzeitliche Verbindung von Furcht und Hoffnung verdichtet. Die Strafe Gottes, die in Gestalt der Muslime und ihrer harten Steuerlast über die Christen gekommen war,[122] sollte durch den Sieg über die zu jener Zeit besonders uneinigen »Hagariten« im Endgericht aufgehoben werden. Vor diesem Hintergrund erscheint der seinerzeitige Bau des Felsendoms durch den Kalifen Abd al-Malik als kollektives Symbol nicht nur der Umayyaden, sondern des Islam überhaupt, denn hier taucht zum ersten Mal der Begriff »Muslim« auf.[123]

In den ersten drei Jahrhunderten halbierte die »zweite Gewalt« des Islam die Christenheit und ebenso die Kirchen, die in Moscheen umgewandelt wurden.[124] Gleichermaßen sah sich die christliche Religionsausübung wachsenden Blockaden gegenüber. Verbote von Prozessionen und Zeremonien sowie des Kirchenbaus allgemein hatten unter den Umayyaden begonnen und wurden von den Abbasiden bis hin zu Harun fortgeführt und verschärft. Erst unter dessen Sohn und Nachfolger Al-Ma'mun (gest. 833) trat eine vorübergehende Entspannung ein. Er untersagte jede weitere Zerstörung von Kirchen ohne seine ausdrückliche Erlaubnis. Al-Ma'mun spielte nun allerdings eine herausragende Sonderrolle in der Geistesentwicklung des Islam, auf die wir kurz eingehen müssen, bevor wir mit der Chronik des *djihad* fortfahren.

Unter Harun hatte die bereits kurz angesprochene Wesirsfamilie der Barmakiden großen Einfluß gewonnnen, den sie nicht nur politisch als Hausmacht in Khorasan, sondern auch als Mäzen geistvoller Zirkel zur Geltung brachten, die sich mit Philosophie und den rationalen Aspekten der Religion beschäftigten. Haruns Sohn Ma'mun, in der Thronfolge zweiter hinter seinem Bruder Amin, stand von Jugend an unter diesem spezifischen Einfluß, der die menschliche Urteilskraft als von der Allmacht Allahs gänzlich getrennt sah und damit direkt das Dogma von der Unerschaffenheit des Koran in Zweifel zog, dessen Aussagen immerhin durch den Verstand des Menschen Muhammad gefiltert worden waren.

Die Geschichte dieser Denkrichtung, die unter dem Begriff der *mu'tazila* (*i'tizal* = Trennung) in die Geistesgeschichte des Islam eingegangen ist, reicht in die Frühzeit zurück und kann in ihrer komplexen Entwicklung als politisch-dogmatischer Spiegel des frühen Islam betrachtet werden. Ihre Skepsis gegen die Unerschaffenheit des Koran hat ihr einen unangemessen rationalen Anstrich verliehen, der ihre im Grunde streng monotheistische Linie verschleierte. Dies wird u. a. in ihrer Gegnerschaft zum »humanistischen« Pragmatismus der Ummayaden deutlich, wie sie ebenso die radikalen Schiiten und die Anhänger der Prophetentradition (*hadith*) als zu gegenständlich ablehnte. Die *mu'tazila* bildete eine Art »islamische Scholastik«, die den Koran auf intellektueller Basis vertrat und sie zur fast perfekten Herrschaftsideologie der Abbasiden machte.

Harun hatte die Thronfolge zwischen Amin und Ma'mun testamentarisch vertauscht, eine Maßnahme, die einen Bürgerkrieg als Bruderkrieg nach sich zog und – nach dem, was wir bis hierher über die Macht des Islam wissen – nach sich ziehen mußte. Als Ma'mun nach jahrelangen und einmal mehr blutigen Verwicklungen schließlich den Thron bestieg, brachte er als erster Kalif ein Manifest heraus, das seine Macht auf rationale Erkenntnis gründete: Alle Einsicht war von Allah gespendet, um seine Schöpfung erkennen und erschließen zu können. Wer sich dieser Erkenntnis und der Rechtleitung durch Muhammad unterstellte, d. h. der auf die Familie des Propheten gründenden Herrschaft der Abbasiden folgte, war Angehöriger der gottgewollten, islamischen Ordnung. Allahs Botschaft – die Schöpfung und das Wort des Propheten – lenkte das Gemeinwesen, die *umma*. Die Abbasiden waren die Vollstrecker dieser Botschaft und die Wächter des Glaubens und des Gesetzes.

Der hier dem menschlichen Verstand gewährte Freiraum – mochte er auch noch so schmal sein – stieß auf das Mißtrauen der sunnitischen Theologie, aber auch das der Bagdader Bevölkerung, die solche Spekulationen mit der negativen Erinnerung an die elitären Barmakiden verband. Die »Leute der Sunna« beriefen sich auf die Prophetentradition und ihre prominenten Überlieferer, die gewichtige Argumente für das Vorbild des Verkünders und seiner Genossen vortragen konnten. Oft genug war das Verhalten der irdischen Herrscher von diesen Vorgaben abgewichen. Nun wollten sie sich sogar die Möglichkeit reservieren, sich sowohl vom Koran als auch von der Schöpfung zu distanzieren und sich das letzte Urteil über die Qualität ihrer Rechtleitung auch noch selbst vorzubehalten!

Als Krönung dieser kalifischen Anmaßung erschien den kritischen Zeitgenossen Ma'muns Anweisung, 'Ali in der Skala der frühen Kalifen über Abu Bakr, 'Umar und 'Uthman zu stellen, und Mu'awiya, den ersten Umayyaden, aus dem Gedächtnis der *umma* gänzlich zu tilgen. Zwar konnte dieser, wie wir ausführlich geschildert haben, nicht gerade als Idealbild herkömmlicher Frömmigkeit gelten; doch war seine imposante Rolle als Gründer des islamischen Imperiums tief eingegraben in die kollektive Erinnerung, wobei der gewachsene, zeitliche Abstand ihn sogar näher an die »Rechtleitung« und deren erhabene Aura hatte heranrücken lassen.

Als eher noch unerträglicher erschien die Idealisierung 'Alis. In ihm konnten die Orthodoxen nur das Sinnbild aller unislamischen Gegensätze sehen, die sich in ihrer Zeit aus Schiiten, Hashimiten und den aufrührerischen Khorasanern zusammensetzten. Da konnte kaum noch erstaunen, daß Ma'mun gemäß der mu'tazilitischen Weltdeutung auch noch den Koran als erschaffen dekretierte. Der Kalif dagegen sah sich aus seiner Perspektive zu Unrecht isoliert; er erkannte in den Kritikern seines Verstandesdogmas nicht nur perfide Manipulateure der Massen, sondern sah sich von ihnen regelrecht verfolgt als »Häupter der Irrlehre … Gefäße der religiösen Unwissenheit … Standarten der Lüge … die redenden Zungen des Satans … ein Schrecknis seiner Feinde, der Bekenner der Religion Gottes …«[125]

In dem Maße nun, in dem auch die Nachfolger Ma'muns, Al-Mu'tasim (gest. 842) und Al-Wathiq (gest. 847), immer wieder versuchten, die abbasidische Herrschaftsdoktrin auf Basis eines vernunftgeleiteten Glaubens mit inquisitorischer Gewalt durchzusetzen, wuchs der Widerstand der Frommen, die in den sunnitischen Traditionsgelehrten, vor allem der medinensischen Modellgemeinde, Vorbilder des wahren Glaubens sahen. Die Zustände nahmen erneut bürgerkriegsähnliche Ausmaße an, zuweilen rotteten sich die Massen drohend gegen die Vertreter des Staatsdogmas zusammen. Es wurde erkennbar, daß sich das prophetische Ideal von Medina mit einem Koran als unerschaffenem Wort Allahs offenbar endgültig jedem Zugriff entzogen hatte, der es theologisch und rechtlich hätte modifizieren und strukturieren können, so wie es Ibn al-Muqaffa' einst vorgeschlagen hatte.

Hier war ein charismatischer Kern entstanden, der jedem als Quelle und Impuls der Machtaktivierung offenstand, ohne jedoch menschlicher Beeinflussung zugänglich zu sein. Was Ma'mun angestrebt hatte, trug den Keim der Machbarkeit von Gesetzen und der Gestaltung der Welt durch Menschen in sich. Um solches jedoch zu realisieren, hätte der Islam eine Historisierung des Koran und der Schöpfung zulassen müssen. Ebenso hätte sich ein hierarchischer Theologenstand zur Organisation des Glaubens bilden müssen. Wie wir wissen, blieb beides aus. Es siegte der Glaube, der sich selbst bestätigt, wobei Allah regelmäßig demjenigen Machthaber gnädig war, der sich die Gemeinschaft in diesem Sinne – mit gebotenem Nachdruck – unterwarf.

4. Machtwandel durch Söldner

Gelungenes Menschsein im Islam setzte also zumindest die Kopie des medinensischen Modells voraus, in dem sich eine fiktive Realität und eine ebenso fiktive Gleichheitsidee zu einer totalitären Ideologie zu verbinden begannen. Jede Herrschaft, die sich in Zukunft nicht auf diese Fiktion berief, mußte – wie Ma'mun selbst – scheitern. Ein weiterer Aspekt, der nicht nur Ma'mun, sondern auf Dauer der gesamten Dynastie zu schaffen machte, war der mangelnde Grad an Organisation auf imperialer Ebene, der in direkter Verbindung mit dem Ausschluß des Menschen von jeglicher, autonomer Gestaltung stand.

Weder auf methodischer, noch auf administrativer Basis bestanden Ansätze zu einer Wirtschaftsform, die über Schutzgelderpressung und Plünderung hätte nachhaltig hinausgehen können. Das Kalifat hatte sich daran gewöhnt, Unsummen für einen parasitären Hofstaat auszugeben, ohne für einen Mechanismus zu sorgen, der dem Imperium auf längere Sicht eine effiziente Bestandsperspektive und -kontrolle sicherte.

Der Bruderkrieg Ma'muns gegen Amin hatte Tahir Ibn al-Husain im Jahre 822 die Statthalterschaft über Khorasan und wenig später über den ganzen Osten gebracht – der Beginn eines unumkehrbaren Zerfalls des Imperiums in diverse Teilreiche unter Usurpatoren, die sich auf die jeweils gleiche, von Allah verliehene Macht berufen sollten. Ma'muns mu'tazilitisches Dogma und sein inquisitorischer Anspruch hatten die Rolle des Rationalismus in der islamischen Theologie und damit den Anspruch des Kalifen auf ein rechtgeleitetes Imamat weitgehend diskreditiert. Folgerichtig verbanden sich Prestigeverfall des Kalifen mit Loyalitätsverfall der Regionalfürsten zu einer verstärkten Fragmentierung des Reiches. Die ideologische Fiktion des medinensischen Ideals hatte zwar die Dynamik des islamischen Machterwerbs gestärkt, allerdings um den Preis der politischen und damit imperialen Einheit.

Bereits im 9. Jahrhundert setzte ein wachsender Zustrom von türkischen und sonstigen Sklaven aus Zentralasien ein, die bevorzugte Verwendung als Söldner fanden. Schon während des Bruderkriegs hatten viele von ihnen in Tahirs Streitmacht gedient, und auch Mu'tasim, Nachfolger Ma'muns, setzte sie vermehrt in seiner Leibgarde und auf Feldzügen in Ägypten und gegen Byzanz ein. Dieser Trend verstärkte sich, als offenbar wurde, daß Tahir seine Machtbasis im Osten vom Kalifat abkoppeln und eine eigene Dynastie aufrichten wollte – die erste der Kalifatsgeschichte. In dieser Phase des Übergangs stellte Khorasan allerdings noch immer seiner Tradition gemäß den Kern der kalifischen Armee und argwöhnte in den türkischen Söldnern mit Recht eine gefährliche Konkurrenz.

Diese Kämpfe nahm man so ernst, daß man sogar die Beseitigung des Mu'tasim plante, um ihre weitere Förderung zu verhindern. Die Verschwörung flog jedoch 837 auf,[126] eine Zeit, die mit hoher Wahrscheinlichkeit die systematische Trennung des Turko-Islam vom Arabo-Islam markiert. Denn nun brach Mu'tasim nicht nur mit den Tahiriden, sondern begann, höchste Ämter mit Türken zu besetzen. Schon 850 bzw. 855 waren die Statthalter Syriens und Ägyptens türkische Offiziere. Tausende zentralasiatischer Sklaven drängten nach und wurden zunehmend auch nach Westen, in den Irak und nach Ägypten, weitergeleitet. Durch die Masse und Schnelligkeit des Zustroms soll es dabei auch zu Konflikten zwischen den Immigranten und den Einheimischen im neuen Heerlager Samarra gekommen sein.

Ebenso zeigte sich, daß Fragmentierung und Turkisierung des Reiches sowie die Zerrüttung der Staatsfinanzen zu zwei Seiten derselben Medaille wurden. Denn mit den Tuluniden seit 888 in Ägypten, der ersten echt türkischen Militärdynastie des Islam, die später von den Ikhshididen ersetzt wurde, begann sich der Prozeß der Herausbildung autonomer Teilreiche irreversibel zu verselbständigen. Schon gegen Ende des 8. Jahrhunderts hatte sich die Westprovinz Ifriqiya (das heutige Tunesien) von der abbasidischen Kontrolle gelöst. Ihr westlicher Teil stand zwei Jahrhunderte lang unter der Herrschaft der schiitischen Idrisiden, bevor er unter Kontrolle des spanischen Kalifats von Cordoba geriet, von dem noch die Rede sein wird.

Der Ostteil stand über ein Jahrhundert lang (800–906) unter dem Regime der Aghlabiden, einer dynamischen Piratendynastie, die den *djihad* weit hinaus ins Mittelmeer trug und die immensen Einkünfte in die eigenen Kassen lenkte. Auch die Tuluniden waren eher auf den eigenen Luxus als die Alimentierung der Kalifenschatulle bedacht. Märchenhaftes wird von der Hofhaltung des Tulunidenfürsten Khumarawayh (gest. 895) berichtet. Nicht genug damit, daß er täglich enorme Mengen des verbotenen Weines genoß; auch gegen das Bilderverbot verstieß er flagrant, indem er sich und seine Frauen in goldenen Reliefs verewigen ließ. Daß die Finanzierung dieser Extravaganzen vermehrten Steuerdruck auf die Dhimmis bedingt hatte, kümmerte die Koranleser offenbar wenig, die nach dem Hinscheiden des gottlosen Lebemanns an dessen Grab die Höllenstrafe Allahs erflehten, jener Gottheit, die den Erwerb des frevelhaften Luxus selbst legitimiert hatte.[127]

Auch im Osten nahm der Zerfall seinen Lauf. Nach der Vorstufe der Tahiriden hatten 867 die Saffariden, benannt nach dem Bandenführer Ya'qub as-Saffar, und 874 die Samaniden den gesamten Osten übernommen, bevor gegen Ende des 9. Jahrhunderts die Samaniden die Oberhand erlangten, den Saffariden wiederum Khorasan abnahmen und ihr Gebiet weit nach Transoxanien und Sidjistan ausdehnten. Von den Zentren Bukhara und Samarkand nahm eine große persische Tradition der wissenschaftlichen und schöngeistigen Literatur ihren Ausgang. Köpfe wie Al-Razi (gest. 925), größter Arzt des Islam, Avicenna (Ibn Sina, gest. 1038), herausragender Arzt und Philosoph, und Firdausi (gest. 1020), berühmter Autor des persischen Nationalepos (*shahnameh*), markierten

Meilensteine dieser Entwicklung, die auch Europa stark beeinflußte. Dennoch war hier der Vormarsch des türkischen Einflusses nicht mehr aufzuhalten. Der Türke Alptigin wurde Statthalter von Khorasan, von wo er 962 die afghanische Stadt Ghazna als Basis der späteren Ghaznawiden-Dynastie vereinnahmte.

Es läßt sich feststellen, daß der Machtzerfall des Kalifats auf zwei Ebenen verlief: zum einen durch Herausbildung von Regionalreichen, deren Konturen bereits kurz nach Erreichen der Maximalausdehnung um 750 erkennbar wurden. Das noch zu betrachtende Emirat von Cordoba ist der erste, allerdings gesondert gelagerte Fall dieser Art; wenig später folgten die hier kurz skizzierten Usurpatoren im Westen und im Osten.

Innerhalb dieses Fragmentierungsprozesses zeichnete sich eine zweite Ebene des Machtverfalls ab. Unter den Teilregenten tauchten Türken auf, ehemalige Militärsklaven, die zu Offizieren aufstiegen, ohne daß die Kalifen diesem Vorgang wirksamen Widerstand hätten entgegensetzen können. Denn beide Zerfallsformen mündeten in die entscheidende Schwächung des Kalifats und islamischer Herrschaftsform an sich: die enorme und unaufhaltsame Aushöhlung des Wirtschaftspotentials. Wie wir ausgiebig haben verfolgen können, war islamisches Wirtschaften seit jeher konsumptiver Natur gewesen und hatte, ausgehend vom Propheten, klare Schwerpunkte auf Raub, Plünderung, Sklavenhandel etc. gelegt. Hauptantrieb islamischer »Wirtschaftskraft« war jedoch vor allem jene immer wieder angezogene Steuerschraube, welche das Dhimmi-Land auspreßte und die mit Abstand wichtigste Einnahmequelle des islamischen Reiches bildete.

Im Zuge der fortschreitenden Regionalisierung und Verselbständigung gingen diese Erträge rapide zurück, wobei die Turkisierung der Armee den Trend zur Illiquidität beschleunigte. Um die Scheinhoheit über die Teilfürsten aufrechterhalten und hin und wieder eine *djihad*-Aktion in eigener Regie zur Aufbesserung der Staatskasse unternehmen zu können, waren die Kalifen auf ein vorwiegend aus Türken bestehendes Söldnerheer angewiesen, dessen Finanzierung angesichts der austrocknenden Tributquellen auf wachsende Probleme stieß.

In zunehmendem Umfang wurden Staatsdomänen gegen die Zahlung des Zehnten (*'ushr*) und – als die Einkünfte nicht mehr ausreichten – auch *kharadj*-Land, also echtes Dhimmi-Land, an die Söldner als Lehen vergeben.[128] Auf letzteres war eine festgelegte, oft kaum erreichbare Jahrespacht zu zahlen, so daß sich die nach oben ohnehin offene Skala der Repressalien noch weiter öffnete, jene Skala der Gewalt, deren sich die – militärisch professionellen – Lehnsherren bedienten, um ihrem Land einen den Umständen nach optimierten Gewinn zu entlocken. Aus dem Interesse der Teilfürsten und Lehnssöldner an der Maximierung der Erträge nährte sich in ganz erheblichem Maße die »zweite Gewalt«, welche die Steuerpflichtigen inzwischen routinemäßig heimsuchte und in Gestalt der Lehnssoldaten eine weitere Verschärfung erfuhr, zumal deren Lehen nicht vererbbar waren.

Dieser Routinegewalt mußten zwangsläufig die Dhimmis in besonderem Maße ausgesetzt sein. Denn ihre Behandlung war vom Koran vorgegeben und dabei so ungenau formuliert, daß sich ein über zahllose Wiederholungen unverlierbares System der Tributabpressung einschleifen konnte, vom dem nicht selten sogar die Dhimmi-Kleriker selbst profitierten (s. o. S. 71f.). Eine in der Theorie gegen Zahlung geduldete Glaubensform mutierte in der Praxis zu einem komfortablen, risikofreien Raubreservoir. Von einem »Schutzvertrag« konnte ersichtlich keine Rede sein. Wie uns bereits die frühe Geschichte eindrucksvoll gezeigt hat, waren die Muslime noch nicht einmal in der Lage gewesen, sich vor sich selbst zu schützen.

Die Kette der blutigen Bürgerkriege von den Kalifen der »Rechtleitung« über die Umayyaden bis hin zu den Abbasiden, die wiederkehrende Gleichförmigkeit der Gewalt im *djihad* nach außen und im *djihad* nach innen, die Abwehr von Herrschaftsideen und Weltdeutungen, die sich sich nicht an der Rechtleitung des Medina-Modells orientierten, hatten das eine zentrale Problem des Islam unabweisbar zutage gefördert: die Ausgrenzung des menschlichen Denkens im Sinne einer konstruktiven Auslegung des »Gottesgesetzes«, die eine enorme Rechtsunsicherheit bewirkte, weil sie keine allgemein geltenden Institutionen zuließ.

Da sich im Modell von Medina alle Geist- und Weltdeutung bereits optimal vorgeprägt hatte, war auch das Menschsein aller Muslime im Nachleben dieses Modells optimiert. Jeder Beitrag aus Menschengeist und von Menschenhand mußte hinter diesem Optimum zurückbleiben. Somit mußte auch das in jedem Muslim verankerte Sittengesetz, sein von Allah gegebenes Potential zum Guten, ungenutzt bleiben. Die dem Muslim eingepflanzte Dreiheit aus Wissen, Werk und Absicht (*'ilm, 'amal wa niya*), die dem kasuistischen Buchstabenglauben einen lebendigen Kodex der Welt- und Glaubensdeutung hätte verleihen können, wurde nachhaltig unterdrückt.

Zuletzt und dies sehr deutlich war die Endlosschleife der islamischen Religionsideologie, die sich in Selbstbespiegelung und Blockade von Denkalternativen erschöpfte, bei Ma'mun und seinen Nachfolgern zutage getreten, welche – erneut mit Gewalt – den Glauben innerhalb einer Vernunftform durchsetzen wollten, die letztlich diesem Glauben ebenfalls verhaftet blieb. Auch hier fehlte die notwendige Voraussetzung zur angestrebten Emanzipation der Vernunft, das Vertrauen in den Menschen. In der Person des Kalifen Al-Mutawakkil (gest. 861), der den Kalifen der Inquisition nachfolgte, vereinigten sich denn auch diese zentralen Probleme des Islam.

Al-Mutawakkil hatte den gordischen Knoten einer Vernunft, die an den Glauben gekettet war und dennoch autonom sein wollte, ganz einfach durchschlagen und das rationalistische Staatsdogma beendet. Offenbar unter dem starken Eindruck seines Zeitgenossen Ahmad Ibn Hanbal (gest. 855), eines renommierten Traditionalisten und Gründers der hanbalitischen Rechtsschule, die noch heute in der Golfregion gilt, hatte er sich für das Sunnitentum entschieden. Allerdings fehlten ihm die Übersicht und die Köpfe, die in der Lage gewesen wären, die orthodoxe Alternative in einer staatsbildenden Doktrin zu verankern, welche auch die Herrschaft mit neuer Überzeugungskraft hätte ausstatten können. So mußte als inzwischen logische Konsequenz der islamische Reflex, der *djihad* gegen den Unglauben, in Kraft treten. Al-Mutawakkil entfesselte eine Welle der religiösen Verfolgung und Zwangskonversion und ordnete die reichsweite Zerstörung von Kirchen und Synagogen an.[129]

Auch die Turkisierung des Islam spiegelt sich in der Person dieses Kalifen beispielhaft wider. So wie die Türken bereits im Wahlgremium für seine Thronfolge den Ausschlag gegeben hatten, so sorgten sie auch für das Ende seiner Laufbahn. Al-Mutawakkil schien die türkische Dominanz seines Söldnerheeres unbehaglich geworden zu sein. Er veränderte die Zusammensetzung, indem er arabische und persische Truppenteile aufbaute und türkische Verbände in die Provinz verlegte. Außerdem stellte er Überlegungen an, in welche Stadt der Kalifensitz Samarra verlegt werden konnte. Die türkischen Offiziere sahen in diesen Vorgängen eine echte Gefahr für den Bestand ihrer Vorherrschaft und brachten ihren einstigen Gönner in einem nächtlichen Zechgelage um.[130]

Wir können also eine durchaus erstaunliche Feststellung treffen: Offenbar konnte kein Ereignis der Geschichte der Selbstdefinition des Islam etwas anhaben. Weder die Versuche, der Vernunft des Menschen, so begrenzt auch immer, Geltung zu verschaffen, noch die Wellen der Arabisierung und Turkisierung haben das Gesetz Allahs tangiert. Ganz im Gegenteil: je vielfältiger die Probleme wurden, gegen die sich der Islam zu behaupten hatte, desto klarer traten die Konturen des Gesetzes, Koran und Tradition, als Grundlagen allen Denkens und Handelns im islamischen Staat hervor. Im Zentrum dieses Gesetzes stehen der Kampf gegen den Unglauben und der Ritus in der *umma.*

5. Der totale Anspruch des Islam

Der Wille der Einzelnen, sich an Deutung und Gestaltung der Welt zu beteiligen, wird im täglichen Kult sublimiert und im Kampf gegen den Unglauben gebündelt, um verbleibende Gewaltpotentiale nach außen abzuleiten. Die Wahrheit des Islam liegt im Gesetz Allahs, das im Modell von Medina und dessen Schöpfer, im Propheten und seiner politischen Frömmigkeit, eine Form unübersteigbarer, »diesseitiger Transzendenz« gefunden hat. Diese Fiktion und ihre Vereinnahmung der Menschen erzeugen eine Dynamik, die nicht protoaktiv, vorwärtsgewandt, positiv und konstruktiv wirkt, sondern sich retroaktiv, rückwärtsgewandt, negativ und destruktiv auswirkt. Was an unbestreitbar positiven Aspekten im Islam erkennbar wird, erweist sich in der Regel – wie z. B. Dichtung und Mystik – als Ergebnis islamwidriger Strömungen oder auch als Ausdruck von Einflüssen, die von überwundenen Kulturen übernommen wurden und gegen Ende unserer Betrachtungen noch zur Sprache kommen.

Der Mensch im Islam wird nicht im Sinne seiner unverwechselbaren Individualität definiert und gefördert, sondern im Sinne des medinensischen Modellmuslim vereinheitlicht und manipuliert. Das Gesamte des Islam wird nicht im Sinne einer vom Glauben geförderten Vernunft aktiviert, sondern faßt sich als fundamentaler Gegensatz zum Unglauben auf, der mit einer umfassenden Gewaltlizenz ausgestattet ist. Das Gesetz rechtfertigt und aktiviert die Gewalt nach innen, sobald eine hinreichende Schwelle modellwidrigen Verhaltens überschritten wird; es rechtfertigt und aktiviert die Gewalt nach außen, sobald der kollektive Unglaube, das Unislamische an sich, durch hinreichende islamische Stärke überwunden werden kann. So wie Antikörper Krankheitskeime im Körper neutralisieren, so beseitigt das darwinistische Allahgesetz die Kräfte, die ihm in Staat und Welt entgegenstehen.

Das Sein des Islam besteht in der Negation des Friedens. So wie nach innen der Bürgerkrieg zum Wesenszustand der islamischen Gesellschaft wurde, so entwickelte sich nach außen der *djihad*, der Dauerkampf gegen den Unglauben, als Wesenszustand des Islam im Umgang mit dem Nichtislam. Die Dhimmis bilden hierbei den klarsten Index für die Intoleranz des islamischen Alleinanspruchs. Sie sind der Fremdkörper im Körper des Islam, sie sind zu bekämpfen, auszuplündern und zu töten, bis der Friede des Islam vollständig ist. Der Friede des Islam ist der »Friede« der Alleinexistenz. Die Welt des Nichtislamischen hat sich so lange zu wandeln, bis sie dem Gesetz Allahs entspricht, also selbst zum »Haus des Islam« geworden ist. Muslime, die – wie z. B. Averroes in Spanien – sich vorsichtig für eine Lösung des Staates aus der Religion ausgesprochen haben, gerieten zu allen Zeiten in akute Schwierigkeiten.

Wie dargestellt, hat sich das Drama der islamischen Expansion – sowohl gegen das »Andere« als auch gegen sich selbst – in zwei Wellen der Eroberung zwischen dem Medina-Modell 632 und dem Machtwechsel zu den Abbasiden 750 entfaltet und dabei zwei Stufen der Gewalt offenbart. Die primäre – oder auch akute – Gewalt des *djihad* äußerte sich nach innen in Bürgerkriegen und nach außen in stereotypen, anscheinend unwandelbaren Mustern der Massentötung, Plünderung, Versklavung etc. Eine sekundäre – oder auch latente – Stufe der Gewalt erlangte ihre Gestalt in Spektren permanenter Unruhe und Rechtsunsicherheit. Nach innen richtet sie sich in Form eines permanenten Kampfes der Stärksten um die Macht im Islam, die keine Ruhe findet, weil es immer wieder Stärkere gibt, die Allah mit der Wahrnehmung seiner Interessen beauftragen kann. Nach außen richtet sie sich im *djihad* gegen den Unglauben, der trotz längerer Ruhephasen, die vom westlichen Dialog als »Frieden« gedeutet werden, letztlich keine Ruhe findet, solange es im Land des Islam noch Nichtislamisches gibt und dieses Land nicht den Erdkreis umspannt.

Es handelt sich um ein Prinzip, das im Stile eines Kraftfelds fungiert und nicht unter Zeitdruck steht. Es reagiert auf Gegensätze, die immer dann konkret zu überwinden sind, wenn es die jeweilige Situation und eigene Stärke zulassen, ansonsten günstigere Konstellationen abzuwarten sind, die in Allahs Ermessen stehen, aber aus eschatologischer Perspektive mit Sicherheit eintreten werden. In sich statisch und unveränderbar, legitimierte das Gesetz Allahs jeden Machtanspruch in seinem Interesse und verähnlichte daher die verschiedensten Völkerschaften in relativ kurzer Zeit. Ob Araber, Perser, Türken – sie alle wurden zu Akteuren des immer gleichen Gesetzes. Vom genialen Strategen Mu'awiya bis hin zur absurden Gestalt des abessinischen Eunuchen Kafur (Ägypten 966-68), vom imperialen Kalifen bis zum mediokren Banditen ließen sich die Potentiale der Macht öffnen, wenn es darum ging, dem Gesetz Allahs Geltung zu verschaffen.

Voraussetzung für die Macht des Islam ist die Abwehr der menschlichen Vernunft im Sinne eines Sittengesetzes, das den Geist des Menschen zwischen Gott und Welt aktiviert. Als exklusiver Maßstab der Glaubens- und Weltgestaltung und damit als Grundlage der Macht gilt die fiktive Momentaufnahme des Medina-Modells, in der sich Prophet und Koran in einer überhöhten Heilsvorstellung kristallisieren. Wie die Geschichte offenbart, konnten schon die frühen Machtdoktrinen und die konkrete Machtausübung auf die Legitimation durch diese Fiktion und das Goldene Zeitalter des Propheten auf Dauer nicht verzichten. Auf der Gleichheit der Menschen in der Orientierung auf das Modell und in der Legitimation der Macht durch die Fiktion beruht das System des Islam, dessen Rationalität in diesem alles umfassenden, totalitären Anspruch besteht.

Der Totalitarismus des Islam gründet auf einen Glauben, der im Gegensatz zu allen anderen Religionen sein Feindbild mit dem Opfergedanken verknüpft (s. a. u. S. 299). Die mythische Spannung zwischen Opfer und Gewalt wird im *djihad* aufgelöst. Der ewige Kampf gegen den inneren und äußeren Feind, gegen unislamische Herrscher und unislamischen Glauben und ihre permanente Überwindung und Vernichtung sind das Opfer, das die Macht im Islam und das Gesetz Allahs nährt.

Somit ist irrelevant, wo und wie sich die Macht des Islam konstituiert, solange sie das Kriterium der Feindüberwindung erfüllt. Ob in primärer Gewalt gegen den externen Unglauben oder ob in sekundärer Gewalt gegen interne Abweichler und Dhimmis – in jedem Falle konnten sich die Akteure, mochten sie gläubige Idealisten oder opportunistische Profiteure sein, auf Allahs universale Kampflizenz berufen. So machte es letztlich keinen wirklichen Unterschied, ob das Imperium des Islam seinen Bestand wahrte oder in Teilreiche zerfiel. Die Macht des Islam und ihre gewaltsame Verwirklichung konnten von verschiedenen Einzelusurpatoren mindestens ebenso effizient wahrgenommen werden wie vom Kalifen des imperialen Reiches. Immerhin konnten sich nun Motivation und Effizienz primärer Gewalt erneuern, die regional überall dort zum Tragen kam, wo die Teilregenten das *djihad*-Privileg vom Kalifen übernahmen und die Maximierung der Einkünfte dezentral betrieben. Der Machtverfall des Kalifats wurde durch den Machtgewinn der Usurpatoren kompensiert. Auf die Herrschaftslegitimation durch Allah hatten diese Vorgänge keinen substantiellen Einfluß. Es war lediglich ein gradueller Unterschied entstanden, indem der Kalif, der die Lizenz zuvor selbst ungeteilt genutzt hatte, eine Scheinautorität dadurch bewahrte, daß er sie nun in Form von Unterlizenzen an die jeweils neuen Machthaber weiterreichte.

6. Der Kreislauf der Zerstörung

Mit der Ermordung Al-Mutawakkils begannen zwei Jahrhunderte des sich weiter intensivierenden, imperialen Verfalls. Die Kalifen sanken zu immer willfährigeren Marionetten der Generale herab, die Lehen gingen beschleunigt in die Hände der türkischen Söldner über. Um die ständig leeren Kassen aufzubessern und zumindest optisch gewisse Standards der Hofhaltung aufrecht zu erhalten, gingen die Kalifen zu nackter Willkür über. Al-Muqtadir (908-932) konfiszierte den auch für Hofverhältnisse enormen Betrag von 16 Millionen Dirham vom seinerzeit reichsten Mann der Welt, vom Bagdader Juwelier Al-Djassas, dem dieser Aderlaß dem Vernehmen nach indessen nur ein Lächeln abverlangte.[131]

Gemäß dem islamischen System bereicherte sich jeder nach Maßgabe seiner jeweiligen Machtmöglichkeiten. In dieser Zeit eines besonders ausgeprägten Kampfes eines jeden gegen jeden entstand in Bagdad eine Denunziationsbehörde, die Hinweisen nachging, denen zufolge es hier und dort noch Vermögenswerte gab, welche die Besitzer vor dem gierigen Zugriff des Kalifen verborgen hatten. Natürlich durfte die Folter nicht fehlen, unter der den Opfern die Information abgepreßt wurde, wo sie denn nun ihre letzten Schätze aufbewahrten.[132]

Bei Beginn des 10. Jahrhunderts war das Ansehen der Abbasiden so weit gesunken, daß zwei Parallelkalifate entstanden. Im Jahre 909 bildeten sich aus einer schiitischen Sekte in Tunesien die Fatimiden, die die erwähnten Aghlabiden in Nordafrika überwanden und ein halbes Jahrhundert später Ägypten von den Ikhshididen übernahmen (s. o. S. 80). Zwei Jahrzehnte nach den Fatimiden sah der Emir von Cordoba die Zeit gekommen, sich ebenfalls zum Kalifen auszurufen. Wenig später formierte sich im Osten mit Sitz in Shiraz die ebenfalls schiitische Militärdynastie der Buyiden, welche die Herrschaft für etwas über ein Jahrhundert innehatte. Wie unbeschränkt sich die Macht der Usurpatoren gegenüber dem Kalifat inzwischen darstellte, bewies der Buyide Mu'izz ad-Daula, der den Kalifen Al-Mustaqfi (gest. 946) ganz einfach blendete und gegen dessen Nachfolger Al-Mu'ti (gest. 974) austauschte, weil ersterer den Versuch gemacht hatte, die buyidischen Streitkräfte auf seine Seite zu ziehen.[133]

1055 war indes auch diese Militärherrschaft der Schiiten beendet, die bei den sunnitischen Bagdadern ohnehin nicht zu sonderlicher Beliebtheit gelangten. Ein halbes Jahrhundert lang hatten sie sich in einem schiitischen Bruderkampf um die Vormacht in Syrien gegen die Fatimiden aufgerieben. Letztere gingen von Ägypten aus nicht nur mit Waffengewalt gegen die Buyiden vor, sondern unterwanderten sie auch mit ihrer ismaelitischen Propaganda, die sie über ein überaus effizientes Agentennetz verbreiteten. Sowohl von der Erschöpfung der Buyiden als auch von Auflösungsserscheinungen bei den Samaniden (s. o. S. 80) profitierte der Türkensöldner Mahmud, der 999 erhebliche Teile beider Heere aufwiegelte, den Samaniden und Buyiden große Teile Khorasans und Persiens abnahm und sich vom geschickt manipulierten Kalifen Al-Qadir (991-1031) die Statthalterschaft übertragen ließ.

Mahmud gilt als der Gründer der Ghaznawiden mit Sitz im afghanischen Ghazna, die später ganz Nordwestindien besetzten. Im Rahmen dieser Entwicklung begannen sich diese Gebiete ebenfalls bald abzukoppeln und in die Moghulreiche Indiens zu integrieren, nachdem im Jahre 1041 der Seldjukenführer Toghrilbegh den Ghaznawiden die traditionell begehrte Provinz Khorasan entwunden hatte. Ein Nebenstamm dieser Seldjuken war etwa zur gleichen Zeit unter enormen Plünderungen und Verwüstungen über Westiran und Mesopotamien bis nach Armenien vorgedrungen. Hauptbetroffene dieses Zerstörungszuges waren einmal mehr die Dhimmis, denn diese Seldjuken waren vor allem gläubige Sunniten, die den »Schutzvertrag« vor allem mit Tributmaximierung identifizierten. Ihre Gewalt verbreitete zwar Angst und Schrecken, stieß bei den muslimischen Massen indes auch auf erhebliche Zustimmung, weil sich die religiöse Befindlichkeit inzwischen eindeutig dem orthodoxen Sunnitentum zugewandt hatte. Sogar der Kalif Al-Qadir selbst hatte 1071 ein orthodoxes Manifest veröffentlicht, das dieser Entwicklung offiziellen Nachdruck verlieh.

Die prosunnitische Tendenz und die daraus resultierende Verschiebung der Machtverhältnisse drückte sich natürlich wieder im »inneren *djihad*« aus. An verschiedenen Stellen des Kernlandes flammte der Bürgerkrieg zwischen Sunniten und Schiiten auf, in Bagdad schottete man sich durch Einrichtung getrennter Stadtviertel gegeneinander ab. Auch der strenge Sunnit Mahmud von Ghazna hatte schon zuvor klare Signale gegen die mißliebige Denkfreiheit der Mu'taziliten gesetzt. Er ließ sie außerhalb Khorasans verbannen und ihre Schriften verbrennen. Mit den Agenten der schiitischen Fatimiden machte er allerdings weniger Federlesens: sie schlug er ans Kreuz. Auch die Seldjuken verschrieben sich neben der Ausrottung der Christen ganz besonders dem Kampf gegen die fatimidische Häresie, deren Einfluß sie in ihrem Kernland, Syrien und Irak, spürbar schwächen konnten. Nach dem Motto »wer überleben will, muß töten« [134] setzten diese neuen Kämpfer die Tradition des Islam nicht nur im Sinne des *djihad*, sondern auch als Machthaber fort, welche »die von ihnen beherrschten Gebiete als Familienbesitz behandelten.« [135]

Das Chaos im Reich, zu dem sie selbst erheblich beigetragen hatten, benutzten die Seldjuken, sich dem Kalifen als neue Ordnungsmacht zu empfehlen. Sie waren seit 1055 ohnehin die Herrscher von Bagdad und hatten 1071 Jerusalem eingenommen. Im gleichen Jahr fügten sie darüber hinaus den Byzantinern so schwere Verluste zu, daß von dieser Aktion neuer Auftrieb für den *djihad* ins »Land der Rhomäer« (*dar ar-rum*), wie man das byzantinische Gebiet nannte, ausging. So konnte hier der Staat der Rum-Seldjuken mit Sitz im einstmals christlichen Nizäa und später Konya entstehen, der sich in die Kontrolle der Verbindungen nach Jerusalem einschaltete. Die Blockade der christlichen Pilgerfahrt wurde zum Mitauslöser der Kreuzzüge, denen wir uns über die Darstellung des spanischen Islam nähern werden. Den Rum-Seldjuken, die sich zwischen ca. 1100 und ca. 1300 immer wieder mit den christlichen Kreuzfahrern auseinandersetzten, folgten gegen Ende des 13. Jahrhunderts die Osmanen, die ihrerseits ganz im Zeichen des *djihad* standen und die Kernzelle des zweiten großen Islam-Imperiums bildeten.

Wie erwähnt, erhöhte die sunnitische Strenge der Seldjuken erneut den Druck auf die Christen. Die von Alp Arslan (gest. 1072) organisierten Massaker in Georgien und Armenien gingen als regelrechte Ausrottungsaktionen in die Geschichte ein, die über die sonstige Raubroutine weit hinausragten.[136] Selbst die Hamdaniden, die sich schon durch Sayf ad-Daula (gest. 967) als Feinde der Christen einen Namen gemacht hatten,[137] wurden im Wettbewerb um die begehrten Pfründe aus Plünderung und Versklavung deutlich zurückgedrängt.

7. Die Gewaltlizenz Allahs

Der halbanarchische Zustand des islamischen Imperiums und die Leichtigkeit, mit der die Seldjuken den Kalifen Al-Qa'im (gest. 1075) dazu gebracht hatten, ihre Machtübernahme zu bestätigen, bewog den zeitgenössischen Staatstheoretiker Al-Mawardi (gest. 1058), sich mit einer Überprüfung des abbasidischen Herrschaftsdogmas zu befassen. Er machte noch einmal deutlich, daß Herrschaft im Islam durch Ausübung purer Gewalt entstand, sich in der Aneignung bestimmter Gebiete ausdrückte und durch die förmliche Zustimmung des Kalifen die Eingliederung in die »göttliche Ordnung« erfuhr. Zentrale Funktionen wie Wesir, Statthalter, Richter und Finanzverwalter konnten daher nur als gültig, d. h. islamisch angesehen werden, wenn sie das Siegel des Kalifen oder Sultans, wie er nun hieß, trugen. Dahinter stand die Vorstellung des allumfassenden Imams, der wichtige Funktionen an fähige Amtsträger delegierte und mit diesem Akt – als Stellvertreter Allahs – den Gläubigen in den jeweiligen Gebieten ein heilswirksames Dasein sicherte.[138]

Natürlich war dies nicht viel mehr als die nachträgliche Präzisierung dessen, was die Muslime und ihre Herrscher nunmehr seit etlichen Jahrhunderten gehandhabt hatten. Nur wurde die Zentralgestalt des Imam, des Herrschers im Islam, in ihren wesentlichen Aspekten klar umrissen: Wahrung des sunnitischen Glaubens, Wahrung des Rechts und der öffentlichen Sicherheit, Aufrechterhaltung des *djihad* gegen den Unglauben und Befestigung der Grenzen gegen den Nichtislam, Einzug der Steuern und ihre Lenkung »in die richtigen Hände«.[139]

Was Mawardis Konzept beschrieb, war ein »Systemgeist«, eine ganz eigenständige Dynamik, die völlig unabhängig von denen war, die es zu vertreten vorgaben. Ob unter den frühen Kalifen, den Umayyaden, den Abbasiden, den diversen Machthabern der Teilreiche, oder ob in Vertretung des »Glaubens« oder der »Vernunft« – dieses System schien unterschiedslos seine Vertreter zu okkupieren, bevor diese in der Lage waren, es autonom zu steuern. Fest stand lediglich, daß Macht überall dort entstand, wo man sich erfolgreich auf das Gesetz Allahs berief.

Rechtssicherheit, *djihad* und gerechter Steuereinzug waren allerdings nur Postulate der frommen Theorie, wie die zynische Praxis der islamischen Geschichte immer wieder unterschiedslos belegte.

Allein die Existenz der Dhimmis begründete bereits eine wesentliche Unvereinbarkeit: Der Kampf des Islam gegen den christlichen Semi-Unglauben schloß Rechtssicherheit und Steuergerechtigkeit dauerhaft aus. Ebenso behinderte die Rechtssicherheit den *djihad*, und die Wahrung des sunnitischen Glaubens stand der Steuergerechtigkeit entgegen. Die zahllosen Situationen des praktischen *djihad* im Innen- und Außenbereich, die islamischen Bürgerkriege, die Dauergewalt gegen die Dhimmis, die in jeder Neueroberung durchbrechende Brachialität der »ersten Gewalt« hatten auf mehreren Ebenen umfassend bestätigt, daß sich Islam in allererster Linie aus dem Fluß der Macht definierte.

Die Macht im Islam ist in dem Sinne autonom, in dem sie vom Gesetz bestimmt wird, in dem Mensch und Sittengesetz eine sekundäre Rolle spielen. Mit anderen Worten: Das

Sittengesetz wird von der Macht bestimmt, es übt keinerlei Einfluß auf den Fluß der Macht aus. Die Theologie folgt somit der Politik, d. h. wer die Macht hat, ist Muslim, ein Sachverhalt, den der Schweizer Orientalist Bürgel mit der Formel »Teilhabe (an der Macht) durch Unterwerfung« umschrieb. Wer also die Macht für das Gesetz Allahs beansprucht, erzeugt Islam!

Insofern war und ist die Okkupation nichtislamischen Landes synonym mit der Möglichkeit, Unglauben zu bekämpfen und nichtislamische Erscheinungsformen zu beseitigen. So wie die *muhadjirun* in der *hidjra* der Gründerzeit hinausgingen und von Medina aus ein Weltreich aufrichteten, so erlangten in diesem Reich unterschiedlichste Gruppen immer wieder die Macht, die ihnen Allah zuwies, weil sie die jeweils Stärksten waren. In der gleichen Weise gehen die modernen Migranten hinaus in den Westen, wo sie auf den Moment der *hidjra* warten, den ihnen Allah weisen wird, wenn ihre Stärke ausreicht, um in seinem Auftrag die Macht zu ergreifen. Diese Macht ist in jedem Falle legitim, unabhängig davon, ob der Staat, in dem sie sich befinden, sicher ist oder die Steuer »in die richtigen Hände« gelangt. Ganz im Gegenteil: Je rechtsunsicherer der Staat, desto sicherer die islamische Machtnahme, weil sich islamische Macht umso komfortabler einrichtet, je geduldiger und gezielter sie auf ihren »*Kairos*«, den günstigen Augenblick ihres Einsatzes, warten kann. Sobald dieser Moment eintritt, entfaltet sich der Kampf um die Macht umso freier und ungehemmter, wie die Semi-Anarchie des Imperiums immer wieder bewies:

> »Ihr müßt euch von der Aufwiegelei fernhalten. Ihr dürft eure Waffen nicht gegen die Imame erheben, seien sie auch ungerecht ... Wenn er (der Herrscher) euch unterdrückt, übt Geduld; wenn er euch beraubt, übt Geduld.«[140]

Auf dieser Erkenntnis baute wenige Jahrzehnte später der Staatsrechtler Al-Djuwayni (gest. 1085) auf. Nach ihm hatte die Delegation der Macht an Teilregenten nachträglich einen Zustand legitimiert, der sich faktisch längst eingerichtet hatte: Die Macht gehörte dem, der sie ergriff; die Herrschaftsgewalt des Kalifats war eine Fiktion. Die Macht war nun als das erkannt – und anerkannt, – was sie im Grunde seit ihren Anfängen gewesen war: Eine Herrschaftsform, deren Aneignung und Ausübung auf der ausdrücklichen Basis von Gewalt durch Allah selbst sanktioniert wurde. Lange vor Darwin konnte somit im Islam die Vorstellung im wahren Wortsinne »hoffähig« werden, daß der jeweils Stärkste auch der Beste für die Erhaltung der Art, also den islamischen »Systemgeist« war, der sich auf einen intakten Ritus der islamischen Gemeinschaft stützte. Von der »Natur der Sache« her, zur Ermittlung und Bewahrung eines solchen Herrschers, ist die Gewalt nicht nur systemisch notwendig, sondern erlangt – auf Basis der Vollmacht Allahs – den Charakter eines allgemein akzeptierten, religiös-mythischen Systemopfers.[141]

Ein halbes Jahrhundert nach Al-Mawardi kam der geniale Seldjuken-Wesir Nizam al-Mulk (gest. 1092) diesem Sachverhalt zu nahe. In seinem »Buch von der Staatslenkung« steuerte er einen pragmatisch strukturierten Staatsapparat an. Nach ihm war die theologische Frage der Herrschaft *a priori* in den Gelehrten der Theologie selbst gelöst. Indem sie für die Ausrichtung des Staates nach dem Gesetz Allahs sorgten, war die gottgewollte Ordnung selbst ständig gegenwärtig und mußte nicht mehr in der Person des Kalifen symbolisiert werden.

Aus der Sicht eines realistischen Herrschers, dem es »nur« auf ein gesichertes Höchstmaß an Dominanz und Kontrolle im Staat ankam, war dieses Konzept konsequent. Nicht so aus der Sicht der ismaelitischen *shi'a*, die in der Sachwalterschaft für den »verborgenen Imam« den obersten Anspruch der Staatsführung sah. Nizams nüchternes Kalkül, unterstützt durch eine antischiitische Streitschrift des berühmten Mystikphilosophen Al-Ghazali (gest. 1111), kostete ihn das Leben. 1092 brachte ihn ein Selbstmord-Attentäter des berüchtigten ismaelitischen Assassinen-Ordens um, und wenig später starb auch Seldjukenkalif Malikshah.[142] Erneut hatte sich der erratische Fluß islamischer Macht zur Geltung gebracht, der ganz besonders dann spürbar wird, wenn in den Geschicken des Staates der Beitrag des Allahgesetzes in den Hintergrund treten soll.

Aus den gleichen Gründen hat das *futuwwa*-Konzept (*futuwwa*=Tugend) des Kalifen An-Nasir (gest. 1225) das Machtprivileg des Islam nicht überlebt. Auf der Basis hochgeschätzter Tugenden wie des sorgfältigen Ritenvollzugs und der Askese im Kampf für die *umma* – ob kriegerisch oder friedlich – bildeten sich kurzzeitig elitäre Bruderschaften, deren sittliche Ideale kein Gewicht gegen die Skrupellosigkeit herkömmlicher Machtaneignung entwickeln konnten. Wie erwähnt, geht im Islam die Macht *sui generis* dem Sittengesetz voraus und schließt daher den Geist des Menschen im Sinne seiner religiösen, sozialen und politischen Emanzipation aus. In Form von Interessengruppen, die sich auf die Optimierung polit-wirtschaftlicher Macht konzentrierten, kamen die Bruderschaften später zu vermehrtem Einfluß, besonders im osmanischen und indischen Raum.

Die Abbasiden gingen schließlich im Mongolensturm des Jahres 1258 unter Führung des Djingiz-Enkels Hulagu unter, und Bagdad erlebte mit Massakern und riesigen Feuersbrünsten eine der größten Katastrophen seiner ruhmreichen Geschichte. Das Gesetz Allahs hatte sich unter ihrer Ägide und der ihrer Teilregenten allerdings schon längst selbständig gemacht. Die *shari'a* benötigte für ihren Bestand keine zentralen Machthaber, sondern, wie die Geschichte und die Staatsrechtler Al-Mawardi und Al-Djuwayni bestätigt hatten, konnte die *shari'a* überall dort den Bestand des Islam und seines Imperiums sicherstellen, wo ein Machthaber seine jeweilige Herrschaft auf sie gründete.

Am Anfang und am Ende der Abbasidenzeit stehen nun indes diejenigen Abspaltungen, die Europa in die Zange nahmen – von Westen die spanischen Umayyaden des 8. Jahrhunderts und von Osten die Osmanen des ausgehenden 13. Jahrhunderts, denen die Rum-Seldjuken zuvor das kleinasiatische Terrain bereitet hatten (s.o.S. 115f). Es ist für unsere Betrachtungen von erheblichem Interesse, zu sehen, welche Entwicklung diese beiden großen historischen Bewegungen genommen und welche Schwerpunkte sie dabei gesetzt haben. Wie handhabten diese durch ein halbes Jahrtausend getrennten Muslime den *djihad* und das Gesetz Allahs in ihrer jeweiligen Zeit und welchen Einfluß hatten sie dabei auf den geschichtlichen Prozeß der Europäer und auf sich selbst?

Teil II

Der Islam in Europa

A
Der Beginn in Spanien

1. Das »tolerante« Kalifat in Cordoba

Wir greifen den *djihad* im Westen dort wieder auf, wo der letzte Umayyade Abd ar-Rahman, nachdem er den abbasidischen Häschern entkommen war, sich im Jahre 756 zum Emir von Cordoba hatte ausrufen lassen. Binnen weniger Jahre war mit Ausnahme des äußersten Nordwestens ganz Spanien unter die Herrschaft der Muslime geraten, ein Gebiet, das die muslimischen Okkupanten seit 716 *Al-Andalus* nannten.[142] Auch weite Teile Südfrankreichs waren von der Wucht dieser Bewegung in Mitleidenschaft gezogen worden, bevor ihr in der historischen Schlacht bei Tours und Poitiers 732 ein nachhaltiges Ende gesetzt wurde (s. o. S. 62).

In der Zeit zwischen diesem Ereignis und der Machtergreifung durch den neuen Emir hatte sich ein explosives Bevölkerungsgemisch entwickelt. In akuter Feindschaft standen sich nord- und südarabische Einwanderer gegenüber, die mit dem genealogischen Gegensatz auch die alte politische Feindschaft aus dem arabischen Kernland importierten. Dabei neigten die Nordaraber einer eher pro-umayyadischen Richtung zu, die sich antialidisch und sunnitisch gab, während die Südaraber mit einer pro-abbasidischen Linie sympathisierten, die auch schiitischen Tendenzen Raum gab. Mit den nordafrikanischen Berbern war rasch ein drittes Volkselement eingewandert, das religiös-politisch zur puristischen Kharidjiya neigte und sich entsprechend abgrenzte. Die Berber sahen sich generell benachteiligt, weil ihnen regelmäßig das trockene Hochland zugeteilt wurde, während sich die Araber in den fruchtbaren Flußtälern Andalusiens niederließen.

So brach folgerichtig ein Aufstand los, der unzählige Menschen das Leben kostete und in 20 Jahren nicht weniger als 23 Statthalter verbrauchte. Das Emirat bestand aus der »oberen Mark« mit Zaragoza, der mittleren mit Toledo und der unteren mit Merida als jeweiligem Zentrum. Gemäß islamischer Machtlogik versuchten die Regionalfürsten, sich bereits in der Anfangszeit von der Kontrolle des Emirs zu lösen, was ihnen zunächst nicht immer gut bekam. Emir Al-Hakam I. (796–822) soll im Jahre 797 etwa 5000 Höflinge aus Toledo zum Festmahl nach Cordoba gebeten und dort statt einem üppigen Gelage ihren Henkern zugeführt haben.[144] Widerstandsbewegungen von Notabeln in Cordoba selbst wurden 848 niedergeschlagen, die Aufrührer hingerichtet und Tausende vermeintlicher Anhänger nach Nordafrika vertrieben. Sie wurden schließlich weithin verstreut und errichteten neue Siedlungen in Fes, Alexandria und Kreta.

Um die hier aufkommenden Probleme zu bewältigen, leitete der Nachfolger, Abd al-Hakam II. (822–852), eine Orientalisierung der Führungsschicht ein, nachdem schon unter Abd ar-Rahman I. das Militär wesentlich aus Berbern bestanden hatte. Teile der

Christen begannen sich mit dem Islam zu arrangieren, weil sich der Steuerdruck auf die Dhimmis verstärkte.[145] Auch die Neumuslime (*mawali*) profitierten natürlich weniger vom wachsenden Wohlstand als die herrschende Klasse und sanken – parallel zur Entwicklung im Kernland – mit den Dhimmis zur Unterklasse der islamo-spanischen Gesellschaft ab.

Eine christliche Bewegung, welche die muslimische Dominanz als äußerst drückend empfand und mit Beschimpfungen des Propheten aufbegehrte, mußte für diese Anmaßung mit 45 Hinrichtungen büßen. Unter Führung der Priester Eulogius und Perfectus entstand um die Mitte des 9. Jahrhunderts ein tragischer Wettbewerb um eine möglichst treffende Kritik, die den Tötungsreflex des Islam durch das regelmäßig erfolgende Martyrium bloßstellte.[146] In der »islamisch korrekten«, zur Schizoidie neigenden Sicht der Orientalistik wird dieser Vorfall gern als Provokation des Islam und das Todesurteil des Qadis als Ergebnis islamischer Dominanz gewertet, die als eine Art »Verfolgung trotz Toleranz« zu werten ist:

> »Muslim domination was a ›persecution‹, because it was a domination, not because it was intolerant.«[147]

Mit anderen Worten: Weil der Islam einen totalitären Alleinanspruch erheben und jeden Unglauben ausmerzen *muß*, ist er zu Todesurteilen und zum »gerechten Krieg« *gezwungen*! Dieser Wahrnehmung kann auch der renommierte Orientalist M. Watt zustimmen, der *djihad* als beduinisch abgewandelte »Anstrengung« sieht, vor der zu fliehen »keine Schande« bedeutete.[148] In gleicher Weise wird auch das häufig praktizierte Banditentum als spanische Spezialität geschildert, obwohl sich die Razzia als unverzichtbares Gestaltungsmittel des *djihad* über Jahrhunderte generell herausgebildet und in zahllosen Beispielen immer wieder bestätigt hatte. Dabei verstärkte sich die Berberisierung der cordobesischen Armee ebenso, wie sich im abbasidischen Heer die Turkisierung vollzog. Es ist nicht erkennbar, daß die Grundmuster islamischen Verhaltens in Spanien sich von denen des Muttergebiets wesentlich abhoben, am wenigsten im Bereich der »Toleranz«, wie die weitere Geschichte des Kalifats enthüllte.

Abd ar-Rahman III. (912-961) schlug diverse Aufstände der *muwalladun* (*muwallad* = adoptiert) nieder, bei denen es sich um islamisierte, dennoch unterprivilegierte Christen handelte, und hielt die Könige der inzwischen rückeroberten Provinzen Navarra und Kastilien auf Distanz. Nach halbjahrhundertjähriger Herrschaft hinterließ er 961 ein gefestigtes Reich mit hohen Einkünften, die lebhafte, kulturelle Aktivitäten ermöglichten. Neben vielfältigen Kontakten zu Europa bestanden enge Verbindungen zu Byzanz, das dem Emir, ab 929 dem Kalifen von Cordoba, ein Mosaik für die Erweiterung der Hauptmoschee schenkte. Es sollen sogar Aktionen gegen den gemeinsamen Feind in Bagdad erwogen worden sein.

Das christliche Durchhaltevermögen gegen den muslimischen Dauerdruck, die »zweite Gewalt« der permanenten Ausbeutung, erschien in Spanien weniger ausgeprägt als im islamischen Hauptgebiet. Nicht nur war Spanien eines der letzten Länder in der Christianisierung Europas; auch der starke arianische Anteil am westgotischen Christentum (Arianismus=Leugnung der Göttlichkeit Christi) konnte im antitrinitarischen Islam durchaus eine gewisse Geistesverwandtschaft erkennen. Beides hat eine nicht unwesentliche Rolle in der Leichtigkeit gespielt, mit der sich zahlreiche Christen als die sogenannten »Mozaraber« an die muslimische Lebensart anglichen. Denn es war nicht nur das Dominanzdiktat des Islam, sondern die religiöse Konturlosigkeit dieser »christlichen« Muslimkopien, die Eulogius und seine Getreuen auf den Gedanken des provozierten Martyriums gebracht hatten.

Kaum war die Integrationsgestalt Abd ar-Rahmans III. verblichen, fiel das islamisch besetzte Spanien in den Status des permanenten Bürgerkriegs zurück. Unter den schwachen Nachfolgern verstärkten sich in der zweiten Hälfte des 10. Jahrhunderts erneut die Revolten der *muwalladun;* mehrere Provinzfürsten – arabisch und berberisch – sagten sich vom Zentrum in Cordoba los. Hierbei spielte die wichtigste Rolle 'Umar Ibn Hafsun (gest. 918), ein muslimischer Westgote, der in der Festung Bobastro eine schlagkräftige Truppe um sich scharte. Er hielt die Kalifen in Cordoba ständig in Atem und wurde zur Führungsfigur der Christen und vom Islam Enttäuschten in Südspanien. Zeitweilig verhandelte er sogar mit den Abbasiden um den Statthalterposten in Spanien, konvertierte schließlich zum Christentum und bereitete als »Samuel« dem cordobesischen Thron noch für etliche Jahre ganz erhebliche Schwierigkeiten.

Wie im historischen Islam immer wieder deutlich wurde, konnte nichts illusorischer sein als die Vorstellung, die Dhimmi-Bevölkerungen hätten den ihnen koranisch zugesagten Status als »Schutzbefohlene« auch in der Praxis faktisch in Anspruch nehmen können. Die Praxis der Steuereintreibung fluktuierte zwischen korrekter Einhaltung dieser Vorschrift und Versklavung bzw. Tötung des »Schutzbefohlenen«, begünstigte jedoch eine Tendenz zu genereller Willkür, unter der die Zahl der Dhimmis ständig abnahm. Die Kluft zwischen religiöser Theorie und politischer Praxis war offenbar nicht schließbar, zumal räuberisches Vagantentum, Raub und Tötung als religiöse Pflicht und ihre tägliche Umsetzung längst zur formativen Kraft des *djihad* geworden war.

In Spanien lagen die Dinge nicht viel anders. Aus den genannten Gründen hatten die spanischen Christen weniger Probleme als ihre abassidischen Glaubensgenossen, den Islam nachzuahmen, worin auch der Hauptgrund für ihre Bereitschaft zur Revoltenbeteiligung zu sehen ist. Wer nur oberflächlich den Islam angenommen hatte, war umso weniger bereit, die zahlreichen Einschränkungen des muslimischen Daseins zu akzeptieren. Die »Mozaraber« bilden so in gewisser Hinsicht die Vorläufer des *Chrislam*, jener christlich-islamischen Mischform, die sich im postmodernen Religionsdialog abzubilden beginnt und ihre islamische Loyalität noch unter Beweis zu stellen hat (s. u. S. 295f.) .

Auch waren christliche Länder von Spanien leichter als vom Kernland erreichbar, so daß sich viele dem Druck des Islam durch Flucht in den spanischen Norden oder über die Pyrenäen nach Frankreich entzogen. Diejenigen, die blieben, ihr Land bestellten und Steuern entrichteten, unterlagen den gleichen Repressalien wie ihre Leidensgenossen in Ägypten, Syrien und anderswo. Letztlich bewahrte auch die perfekteste Imitation des Muslimverhaltens nicht vor multipler Unterdrückung.[149] In den seltenen Fällen, in denen Christen in Verwaltungsämter berufen oder anderweitig bevorzugt wurden, sorgte »muslimische Korrektheit« rasch für die Wiederherstellung angemessener Repression.[150] Durch diese Zustände provozierte Revolten wurden mit besonderer Brachialität unter den Emiren Abd ar-Rahman II. (gest. 852) und Abdallah (gest. 912) niedergeschlagen.

Wie im Kernland, so trug auch in Spanien ein machtabhängiger Klerus zum Elend der Dhimmis aktiv bei. Priester agierten als gehobene Zwischenträger, die das Wohlverhalten ihrer Gemeinden gegenüber den islamischen Machthabern – gegen in der Regel fürstliche Entlohnung – sicherstellten (s. o. S. 75f.). Rabi', Kopf der christlichen Gemeinde Cordobas, führte die christliche Sklavenmiliz Al-Hakams I. gegen die steuerpflichtigen Glaubensbrüder. Unter dem Eindruck finanzieller Anreize von Abd ar-Rahman II. verhinderten bzw. unterwanderten der Metropolit von Sevilla und die Bischöfe der andalusischen Diözesen die Résistance der eigenen Gemeinschaft.[151] Häufig suchten die Prälaten ihre Kollaboration mit dem Hinweis zu verhüllen, nur auf diese Weise Schlimmeres verhüten zu können, ein »Argument«, das in diversen Varianten natürlich auch im modernen »Dialog« zur Anwendung kommt. Wie im Kernland, so formten auch die Christen zusammen mit den Juden Spaniens das intellektuelle und wirtschaftliche Grundgewebe, ohne das die Kalifen von Cordoba kaum hätten existieren können.[152]

Als Abd ar-Rahman III. im Jahre 912 den Thron bestieg, übersprang er die Nachfolge seines Vaters, den sein Großvater Muhammad hatte umbringen lassen. Das Reich war zu dieser Zeit durch Usurpation der Provinzen durch Teilfürsten auf die Stadt Cordoba und die Umgebung geschrumpft. Abd ar-Rahman war allerdings aus dem Holz geschnitzt, dessen es im Islam bedarf, um in einer Kombination aus unbeirrbarer Energie und skrupelloser Durchsetzungskraft die Macht an sich zu reißen und erfolgreich auszuüben. Wie erwähnt, verleibte er Provinz um Provinz dem Reich ein, so daß er sich zum Kalifen ausrufen lassen konnte, als es wieder seinen ursprünglichen Umfang erreicht hatte.

Diese Maßnahme bestätigte nicht nur die längst erfolgte Abgrenzung gegen das abbasidische Kalifat, sondern sollte vor allem ein Signal gegen die Bedrohung durch das fatimidische Kalifat setzen, das seit einiger Zeit von Nordafrika aus versuchte, in Spanien Fuß zu fassen. Das Problem Bobastro erledigte sich 918 durch den Tod »Samuel« Ibn Hafsuns, der nie gegen die Muslime unterlegen war und gerade deswegen Ziel ihres besonderen Hasses wurde. Da er zu allem Überfluß auch noch den Glauben verlassen hatte, erschienen die Exhumierung und Pfählung seiner Leiche als durchaus angemessene Strafe.[152a] Die schwelenden Streitigkeiten mit den christlichen Fürstentümern Navarra und Leon wurden beigelegt, nachdem der Kalif unter hohen Verlusten einer empfindlichen Niederlage bei Simancas im Jahre 939 mit knapper Not entkommen war. So konnte er sich schließlich der Stabilisierung und Ausformung seines Reiches widmen.

Der Kalif von Cordoba hatte in den 40er Jahren des 10. Jahrhunderts den Höhepunkt seiner Macht und seine Hofführung den Zenith kulturellen Glanzes erreicht. Die Stadt galt nach Konstantinopel und Bagdad als das drittwichtigste Zentrum der Welt. Frankreich, England und Deutschland unterhielten hier große Gesandtschaften. Die Leibgarde des Kalifen bestand größtenteils aus Europäern. Der Druck auf die Dhimmis ließ nach, so daß Landwirtschaft und Handel blühten – einer der seltenen Fälle, in denen ein islamisches Staatswesen profitabel wirtschaftete, ohne die Gewaltschraube in der üblichen Form anziehen zu müssen. Nachfolger Al-Hakam II. übernahm den bestorganisierten Staat Europas.

Durch das bibliophile Interesse Al-Hakams erfuhr die kulturelle Blüte Cordobas eine nochmalige, letzte Steigerung. Über 400 000 Bände soll seine Bibliothek umfaßt haben, die er aus den Beständen in Bagdad, Damaskus und Alexandria zusammengekauft hatte. Er sicherte sich u. a. die erste Kopie des *kitab al-aghani* (Buch der Gesänge) des Abu'l-Faradj al-Isfahani (gest. 967), eines der berühmtesten Werke der arabischen Bildungsliteratur (*adab*).

Mit dem Tode des Al-Hakam im Jahre 976 brach die kurze Phase der relativen Toleranz ab. Muhammad Ibn Abi 'Amir, ein Machttalent, das zudem in der Gunst des Harems stand, hatte seine Position als Palastverwalter geschickt ausgebaut und großen Einfluß gewonnen. Er nahm dem Thronfolger Hisham II. die Herrschaftszügel aus der Hand und überzog Spanien erneut mit umfassendem Krieg, drängte die christlichen Nordprovinzen zurück, verbrannte alle Bücher philosophischen Inhalts, deren er habhaft werden konnte und zerstörte Santiago de Compostela, die Stadt, die das zentrale Heiligtum Europas beherbergte. Tausende christlicher Gefangener traten einen langen Marsch an, einen Marsch in die Sklaverei, aber auch in die historische Demütigung, indem sie über 1000 Kilometer die Glocken von Compostela nach Cordoba trugen, wo sie als Lampen in der Moschee von Cordoba zweckentfremdete Verwendung fanden.

Als Ibn Abi 'Amir, der »Siegreiche« (*al-mansur*), wie er inzwischen hieß, 1002 starb, präsentierte sich das Reich mit nach außen scheinbar gesicherten Grenzen. Nach innen hatte sich allerdings ein Zerfall von kaum glaublicher Geschwindigkeit vorbereitet. Denn weder hatte der Usurpator für einen fähigen Nachfolger gesorgt, noch ließ sich die Umayyadenlinie fortsetzen. Nach weiteren Diadochenkämpfen verglühte dieses einst so stolze Staatswesen im Jahre 1031, weil es nicht in der Lage war, die Bedingungen für seinen Erfolg dauerhaft zu konservieren.

Innerhalb der nahezu 400jährigen Geschichte der Umayyaden von Cordoba war für ein knappes halbes Jahrhundert eine Hochblüte möglich geworden, die sich dem Zusammentreffen von im Islam seltenen Faktoren verdankte: ein maßvoll planender Herrscher, die Friedfertigkeit der christlichen Fürstentümer, die geringeren Druck auf die Dhimmis rechtfertigte und die Heereskosten senkte, und eine ungewöhnliche Folge ertragreicher Ernten, welche die Tributzahlungen und damit die Finanzierung einer beispiellos luxuriösen Hofführung erleichterten. Es bedurfte dieser außergewöhnlichen Konstellation, um durch extrem ansteigenden Wohlstand eine im Grunde unislamische, vorübergehende Toleranz gegenüber dem Unglauben zu bewirken.

2. Die Fortsetzung des *Djihad*

Wie die nachfolgenden Entwicklungen bestätigten, genügten geringe Wohlstandskorrekturen in den ungünstigeren Bereich, um das islamische System im besetzten Spanien wieder in den gewohnten Hauptstrom der Gewalt nach innen und des *djihad* nach außen einschwenken zu lassen. Auch hinsichtlich der wissenschaftlichen Befruchtung, die nach gängiger Islamwahrnehmung das wesentliche Ergebnis cordobesischer Toleranz gewesen sein soll, lassen sich skeptische Einschätzungen finden:

> »Sowohl die Übertragung arabischer Wissenschaft, die auf der Grundlage des griechischen Erbes geschrieben und ausgebaut worden war, als auch die Einflüsse arabischer Literatur auf das europäische Mittelalter vollzogen sich allein in Gebieten und an Orten, die der islamischen Herrschaft entrissen worden waren und christlichen Fürsten unterstanden. Nirgendwo konstatieren wir eine Weitergabe islamischer Gelehrsamkeit an Ungläubige auf muslimischem Territorium.«[153]

Die islamischen »Wissenschaften« zogen sich auf Inseln zurück, die sich allein der Ideologie des Glaubens widmeten. Eine systematische Nutzung des menschlichen Verstands für profane, d. h. außerislamische Zwecke wurde weiterhin verhindert und somit auch sowohl der äußere als auch der innere *djihad*, der Dauerkampf um die islamische Macht, konserviert. Wo die Wissenschaft das Wissen der Griechen aufgriff, beschränkte sie sich auf entsprechend unverfängliche Felder wie Mathematik und Astronomie, die den Machtanspruch des Glaubens nicht in Frage stellten. Einen ganz besonderen Beitrag leistete diese religionsfreie Wissenschaft auf dem Gebiet der Kartographie, deren Ergebnisse – ausgehend vom »Haus der Weisheit« des Abbasiden Al-Ma'mun – über Spanien nach Europa gelangten.[154] Die Betonung dieses Wissenszweigs illustriert in ganz besonders plastischer Weise zwei fundamentale Konzepte des Islam – seine weltweite Ausbreitung in einer netzartigen Gemeinschaft – die zum Erfolgsrezept der »postmodernen« Globalisierung werden können (s. u. S. 333).

Die Schwächung des spanischen Islam durch Zerfall in kleine und kleinste Königtümer blieb nicht ohne Folgen. In der zweiten Hälfte des 11. Jahrhunderts hatte sich die nordafrikanische Berberdynastie der Almoraviden (*murabitun*=Grenzkämpfer) in der südspanischen Provinz Sevilla festgesetzt. Als orthodoxe Puristen erneuerten sie den *djihad* gegen die Christen und Juden – mit jenem religiösen Eifer unfehlbarer Konvertiten, die von Allah mit umso größerem Machtzuwachs belohnt wurden, je höher die Zahl der getöteten Ungläubigen und ihrer geplünderten Ortschaften stieg.

Als ein für die Christen traumatisches Ereignis ging die Schlacht von Zallaqa bei Badajoz im Jahre 1086 in die Geschichte Spaniens ein. Provinzfürst Mu'tamid von Sevilla, der »lieber ein Kameltreiber in Afrika als ein Schweinehirt in Kastilien« sein wollte,[155] hatte den almoravidischen Heerführer Yusuf Ibn Tashfin (gest. 1106) gegen Alfons VI., König von Kastilien, zu Hilfe gerufen, der in der laufenden Reconquista unaufhaltsam nach Süden vorgerückt war und 1085 sogar das wichtige Toledo rückerobert hatte. Nun sollte er jedoch von Yusuf entscheidend geschlagen werden, denn den geschickten

Schlachtordnungen der Afrikaner aus Infanterie und Kavallerie hatten die Christen wenig entgegenzusetzen.

Im Triumph über die verhaßten Ungläubigen entwickelte Yusuf ungewöhnliche Phantasie in der Behandlung der 24.000 Gefallenen. Als guter Muslim nahm er den Koran wörtlich und befahl, ihnen allen die Köpfe abzuschlagen. In frommer Auslegung des koranischen Textes gab er des weiteren die Anweisung, diese Köpfe sorgfältig aufzuschichten, sozusagen als Baumaterial für einen neuen Typus von Minarett, von dessen Spitze zur Ehre Allahs und zum Dank für den glorreichen Sieg zum Gebet gerufen werden konnte. Indem er Wagenladungen der Christenköpfe auch nach Nordafrika und die Provinzzentren verfrachten und dort die gleichen »Minaretts« aufschichten und Dankgebete verrichten ließ, hatte Yusuf nicht nur seinen Ruhm als Diener Allahs und eiserner Feldherr des Islam enorm vermehrt, sondern auch – zunächst – die Landgewinne der anlaufenden Reconquista gestoppt.[156]

Alfons VI., der mit etwa 500 Mann dem Massaker knapp entronnen war, erinnerte sich in seiner Not des berühmtesten Kämpfers Spaniens überhaupt, des sagenhaften El Cid, den er selbst Jahre zuvor wegen einer Ehrensache verbannt hatte. Nun sollte dieser Spezialist des *djihad*, der als Söldner sowohl auf christlicher als auch muslimischer Seite gekämpft und sogar Yusuf Ibn Tashfin das Fürchten gelehrt hatte, das Blatt wenden. Im heroisch-historischen Kampf um Valencia brachte »El Campeador«, der spätere Nationalheld Spaniens, 1094 Yusuf und den Almoraviden eine vernichtende Niederlage bei, ihrerseits von traumatischer Wirkung auf die Muslime. Zwar sollte es letzteren später gelingen, Valencia doch noch einzunehmen; ihr Impetus war indessen gebrochen, die Gefahr für die nördlichen Königtümer gebannt, eine Entwicklung, die nicht ohne Folgen für die Almoraviden selbst blieb.

Indem ihr Einfluß in der ersten Hälfte des 12. Jahrhunderts fortlaufend sank, wurden sie sogar an der eigenen Basis im marokkanischen Marrakesch bedroht. Dort rückte ihnen mit den Almohaden (*muwahhidun*=Einheitsbekenner) eine weitere Berberdynastie unter Führung des juristisch geschulten Ibn Tumart (gest. 1130) zuleibe, der als »Herr der Zeit« und unbarmherziger Kämpfer für den islamischen Glauben mit messianischen Zügen galt.[157] Die Almohaden leiteten ihre Bezeichnung von einer strikten Einheitsidee her, die jeden Vergleich Allahs ausschloß. Dieser Vorstellung sowie der Tradition des stringenten Gründers gemäß genoß der *djihad* oberste Priorität. Nachdem 1147 die letzten Spuren der Almoraviden in Marrakesch getilgt worden waren, konnten die Almohaden dann dem *djihad* in Spanien eine erweiterte Gewaltdimension verleihen.

Die neue Dynastie entstammte entgegen den nomadischen Almoraviden den Viehzüchterstämmen des Atlasgebirges und vertrat ganz entschieden den Mord im Kampf um die Macht und den Massenmord im Kampf gegen den Unglauben – Prinzipien, die sich auf den Islam im allgemeinen und ihren schiitischen Glauben im besonderen stützten.[158] Almohadenführer wie 'Abd al-Mu'min (gest. 1163) und Al-Mansur (gest. 1199) stehen für ungezählte Massaker und Raubzüge, die allerdings unterschiedliche Akzente setzten. Während ersterer unter Einsatz multiplen Meuchelmords die Macht sicherte, die Almoraviden aus Spanien vertrieb und im Maghreb das Einflußgebiet bis nach Tripoli ausweitete, konzentrierte sich letzterer auf die Erneuerung des *djihad* in Spanien.[159]

In einer letzten »Anstrengung im Glauben«, als die der moderne Islamdialog besonders gern den muslimischen Glaubenskrieg in Spanien interpretiert, begab sich Al-Mansur auf den »Pfad Allahs«, auf den Weg der verbrannten Erde, gepflastert mit den Gebeinen unzähliger Ungläubiger. Als wenn er das nahende Ende der Muslim-Ära in Spanien gespürt hätte, zog Al-Mansur noch einmal alle Register des *djihad*-Instrumentariums und entfesselte ein letztes Crescendo beispielloser Gewalt.

Wie so oft in der endlosen Geschichte des Kampfes »im Namen Allahs« sind die Zahlen der Kriegsteilnehmer und Gefallenen auf beiden Seiten mit Vorsicht zu betrachten. Doch in der Schlacht von Alarcos gegen die Almohaden scheint unter dem kastilischen König, Alfons VIII., im Jahre 1195 die größte Christenarmee der gesamten spanischen Islamgeschichte aufgeboten worden zu sein. Von 300.000 Soldaten soll der weitaus überwiegende, zumindest ein so großer Teil getötet worden sein, »daß nur Gott, der sie schuf, ihre Zahl kannte«.[160] Immerhin schienen die Glorie dieses Sieges und ihre ungeheure Todesdimension selbst den hartgesottenen Al-Mansur so überwältigt zu haben, daß er 20 000 Gefangenen, die schon für den Abmarsch in die Sklaverei bereitstanden – für alle überraschend – die Freiheit gab.

3. Anfänge der Reconquista

Aber auch die Christen hinterließ dieses Ereignis nicht unbeeindruckt. Papst Celestin III. exkommunizierte Alfons IX., König von Leon, weil er Vorteile aus der Schwäche Alfons VIII. ziehen und – noch dazu unter Einsatz muslimischer Hilfstruppen – Kastilien besetzen wollte. Allen schien der Ernst der Lage und die Notwendigkeit christlicher Solidarität klar geworden zu sein. Portugal, Aragon und Kastilien disziplinierten Leon und schlossen sich zu einer antimuslimischen Front zusammen. Während Papst Innozenz III. zu einem neuen Kreuzzug aufrief, formierte sich 1212 die Allianz der spanischen Reconquista, der sich eine große Abteilung des berühmten Templerordens anschloß, bei Las Navas de Tolosa unter Führung des Bischofs von Toledo zum entscheidenden Gefecht gegen die Almohaden.

Die Parteien hatten viel zu verlieren. In jahrhundertelangem Kampf war die Nordhälfte Spaniens mit einer Grenzlinie südlich Toledo für die Christenheit zurückgewonnen worden. Niemand war bereit, dieses heilige Terrain ein weiteres Mal den Sarazenen zu überlassen. Diese waren der Führung Muhammads I., Sohn des Al-Mansur, unterstellt und ebenfalls zu allem entschlossen. Um diese Entschlußkraft nachhaltig sicherzustellen und ihre Flucht zu verhindern, hatte Muhammad sogar seine eigene Leibgarde für alle Fälle fesseln und für ihren etwaigen Einsatz bereitstellen lassen.

Der Kampf verlief fast wie eine Umkehrkopie von Alarcos. In einer umfassenden Zangenbewegung konnte die Allianz die Almohadenarmee überraschen, so daß die sonstige Garantin des Erfolgs, die muslimische Kavallerie, ihre Mobilität nicht auszuspielen vermochte. Nach langem Gefecht wandten sich die Muslime zur Flucht, verfolgt von den spanischen Kämpfern, die nun das Massaker von Alarcos erwiderten. Wie die Chronisten berichten, sollen auch hier mindestens 150 000 Muslime gefallen sein und das Ende ihrer Vorherrschaft besiegelt haben. Gewalt und Zersplitterung begleiteten den weiteren Niedergang der Almohaden, die wie ihre Vorgänger zwar mit einem starken, religiösen Impuls begannen, sich dann jedoch zu rein militärischen Machtblöcken ohne systematische Struktur wandelten. Etwa zeitgleich mit den Abbasiden im Osten gingen die Almohaden im Westen um die Mitte des 13. Jahrhunderts unter.

Weil große Philosophen wie Averroes (Ibn Rushd / gest. 1198) und Avempace (Ibn Badjdja / gest. 1139) in der Zeit der Almohaden lebten, wird letzteren eine besondere Geistesblüte unterstellt. Gern wird dabei von der westlichen Islamophilie außer Acht gelassen, unter welch schwierigen Umständen diese und andere große Köpfe ihr Leben fristen mußten. Die Vernichtung der Bücher des Averroes und sein Aufenthalt am Pranger vor der Moschee in Cordoba sind nur fragmentarische Beispiele für eine Vielzahl von Repressalien, denen kreatives, nichtorthodoxes Denken im Islam ausgesetzt war und ist.

Aus den Darstellungen und Details der Lehren und Viten vieler genialer Denker der islamischen Theologie und Philosophie – meist selbst gläubige Muslime – wird immer wieder die tragische Isolierung deutlich, in die sie durch die theologische Einfallslosigkeit und dumpfe Gewaltmechanik der zeitgenössischen Orthodoxie gebracht wurden. Avempace stellte nach zweimaliger Kerkerhaft in seiner exemplarischen Studie über die »Lebensweise des Einzelgängers« die Situation des philosophisch Entfremdeten dar, der in einer ihm islamisch-feindlich gesinnten Gesellschaft Techniken des geistigen und realen Überlebens entwickeln mußte. Der Granadenser Philosoph Ibn Tufayl (gest. 1185) schlug als Alternative eine Flucht in die kompensatorische Ironie vor, die sich u. a. mit hintergründigen Untersuchungen der *sharia*-Qualität beschäftigte. Ibn Tufayl meinte, diese spreche für sich, indem sie auf Menschen zugeschnitten sei, deren Geisteszustand vom Koran selbst als »verwirrter als das Vieh« (25/44) eingestuft würde.

Die Betrachtung des spanischen Islam und der Geschichte des dortigen *djihad* kann die Toleranz, die ihm von der westlichen Islamophilie für dieses Gebiet mit ganz besonderem Nachdruck zugeschrieben wird, nicht bestätigen. Was dieser Überblick viel eher zeigen kann, ist eine frappierende Ähnlichkeit der religiös-politischen Dynamik und ihrer strukturellen Abläufe mit denjenigen der großen Dynastien des Kernislam. Wir sehen die gleiche Fluktuation zwischen Aufbau größerer Reiche und Zerfall dieser Reiche in Teileinheiten, wobei in beiden Phasen die Dhimmis durch vermehrte Tributabpressung unter Druck gerieten.

Sowohl während der beiden Aufbauphasen unter Abd ar-Rahman I. und Abd ar-Rahman III. innerhalb Spaniens als auch der Expansionsphasen der Almoraviden und Almohaden von Nordafrika nach Andalusien sind deutlich erhöhte Repressalien gegenüber den Christen festzustellen, die sich – wenn überhaupt – nur temporär abschwächten. Ebenso wie die Türken sich graduell erst in Heeres- dann in Herrschaftsfunktionen der Abbasiden einschalteten, übernahmen in Spanien diese Rolle die Berber, die zunächst in das umayyadische Heer hineinwuchsen, bevor sie Teilreiche in Nordafrika bildeten, um von dort aus die Macht der Umayyaden auszuhöhlen und später ganz zu übernehmen. Wie im Kernland, so ist auch in Spanien das charakteristische Merkmal die Semi-Anarchie, das permanente Vagantentum, das sich einerseits von den Dhimmis die finanzielle Basis verschafft, um andererseits in passenden Konstellationen an der Bildung neuer Lokalherrschaft mitwirken bzw. sie selbst führend gestalten zu können.

Im Vordergrund steht zunächst immer wieder die Gewalt, mit der politische Macht ergriffen, gestaltet und nachträglich religiös legitimiert wird. Aufgrund der Pauschalvergabe von Macht durch Allah fehlt – wie im Kernland so auch in Spanien – eine gesetzliche Struktur, welche den Prozeß der Machtergreifung kanalisieren, strukturieren und letztlich zivilisieren könnte. Die pauschale Lizenz Allahs zur Bekämpfung des Unglaubens und Installation seines Gesetzes aktiviert im Normalfalle das Maximum an Gewalt, weil die Realisierung des Gottesgesetzes im Zentrum des Glaubens steht. Nicht das Bemühen um eine Realisierung des Sittengesetzes und seinen Beitrag zur Weltgestaltung steht im Vordergrund der islamischen Dynamik, sondern die darwinistische Ausmerzung alles Unislamischen im Namen Allahs.

Um die ohnehin kaum vermeidbare Semi-Anarchie nicht zu oft in Anarchie ausufern zu lassen, waren die »Gläubigen« auch den spanischen Umayyaden und besonders den Herrschern der nordafrikanischen Berberdynastien zu Loyalität verpflichtet. Dabei diente auch hier – wie überall im Islam – der tägliche Ritus der psychischen und physischen Kontrolle der Gemeinschaft. Ebenso war Gewalt primär – ohne Zügelung durch das menschliche Naturgesetz – von Allah nicht nur zugelassen, sondern koranisch geboten, so daß auch in Spanien Massaker, Plünderung und Versklavung zu Rechtfertigungsakten wurden – im Sinne »des besten Volkes, das je auf Erden entstand«.

Koran, Prophetentradition (*hadith*) und die Rechtsbestimmungen im Gottesgesetz (*sharia*) geben diesem universal geltenden, totalitären Existenzanspruch den juristisch-religiösen Kodex, der den Menschen jeden Skrupels entbindet. Die politische Macht des Menschen über den Menschen erhält durch das Gesetz Allahs die sakrale Weihe und erhebt das Darwin-Recht des Stärkeren auf die Ebene des Heiligen. Auch in Spanien werden »Bewegungen religiösen Ursprungs durch militärisch-politische Machtbestrebungen verformt«.[161] Hatte nicht schon Umar Ibn al-Khattab, der große Rechtgeleitete und Statthalter des Verkünders, das religiöse Heil von der politischen Ordnung abhängig gemacht? [162]

Ein auffallender, wenngleich zunächst nur virtueller Unterschied des Spanien-Islam zum Original-Islam besteht in der geographischen Nähe zum Christentum, zum Land des Unglaubens. Nach der pragmatischen Anweisung des Verkünders regelt sich der *djihad* nach den konkreten Kräfteverhältnissen zwischen den Anhängern des Islam und den Vertretern des Unglaubens. So ist die Wahrscheinlichkeit gegeben, daß im statistischen Mittel die Entscheidung für den *djihad* umso häufiger zurückgestellt wurde, je näher sich der Konfliktort am christlichen Kernland befand bzw. je weiter die christliche Reconquista nach Süden voranschritt. Die Plünderungspraxis gegen die Dhimmis blieb davon einmal mehr weitgehend unberührt, weil das jeweilige lokale Risiko für die Angreifer in der Regel begrenzt war.

»Am Ende erschöpften sich alle, ohne ihr Ziel zu erreichen« lautete ein bekanntes Fazit des Katalanen Raimundus Lullus (gest. 1316), des christlichen Mystikers und Bewunderers des Islam, über die Ausweglosigkeit der Konfrontation in Spanien. Als »Philosoph der Wahrheit« (*ars magna*) hatte er die Wesensgründe des Christentums und des Islam miteinander versöhnen und die Muslime Nordafrikas in den christlichen Glauben einführen wollen. Indem diese allerdings ihren eigenen Glauben nachdrücklich vorzogen und Lullus zu Tode steinigten, symbolisierte er in tragischer Weise die fundamentale Unvereinbarkeit der beiden Lebensformen.

Schon ein gutes Jahrhundert zuvor hatte der italienische Zisterzienserabt Joachim von Fiore (gest. 1202) den Keim zu einer fundamental unterschiedlichen Richtung des europäischen Geistes gelegt, welche den Gegensatz zum Islam im weiteren Verlauf auch politisch hervortreten ließ. Nach seiner mystisch geleiteten Weltvorstellung sollte ab dem Jahre 1260 nach den Reichen des Alten Testaments und der Kirche Christi ein »Drittes Reich« folgen, das dem »Heiligen Geist« des Menschen und der Erfüllung der Geschichte im Diesseits gewidmet war. Hier zeichnete sich ein grundlegendes, neues Prinzip ab, das einen wichtigen Eckstein zur säkularen Moderne setzte. Indem das Ende der Geschichte dem Jenseits entzogen wurde, kehrte sich die Richtung der europäischen Menschheitsentwicklung um. Die gottgelenkte, natürlichen Entfaltung in die Vielheit wandelte sich in eine menschengelenkte, künstliche Einfalt des Denkens und Handelns – nicht weniger als der mittelalterliche Impuls zur Emanzipation der Macht und zur postmodernen Netzwerkgesellschaft (s. u. S. 333f.).[162a]

Die wesentlichen Schnittstellen des arabischen Islam mit dem christlichen Europa, Spanien und die Kreuzzüge, auf die wir noch eingehen werden, lassen nun zunächst einen Blick auf Europa selbst und seinen Umgang mit der Eroberung empfehlenswert erscheinen. Welche grundsätzliche Methodik verwendeten eigentlich die Europäer, wenn sie ihre Religion verbreiten, Land erobern und dieses Land tributfähig machen wollten? Lassen sich Gemeinsamkeiten oder auch Unterschiede erkennen, die wesentliche Rückschlüsse auf Strukturen des Islam und die Qualität des *djihad* über das hinaus zulassen, was wir bis hierher festgestellt haben?

B
Europa und die Gewalt

1. Die europäische Expansion

a) Impulse der Rückeroberung

Zur Zeit Harun ar-Rashids, d. h. anfangs des 9. Jahrhunderts, war Europa praktisch deckungsgleich mit dem Reich Karls des Großen, das sich von Atlantik und Nordsee bis zum Mittelmeer erstreckte. Seine Kultur setzte sich aus christlichen, römischen und germanischen Elementen zusammen und wurde von einem kriegerischen Adel geführt. Dabei zog sich eine Zone hoher Bevölkerungskonzentration von Südengland über Nordfrankreich und Zentraldeutschland bis nach Norditalien.

Die Gleichzeitigkeit Haruns und Karls, der Druck des ersteren auf Byzanz, der Druck des *djihad* auf Europa, die weitgehende Besetzung des Mittelmeers durch die Sarazenen hatten Karl selbst in die Rolle des großen Integrators gedrängt. »Ohne Muhammad kein Karl der Große« lautet die in der Geschichtsschreibung viel diskutierte These des belgischen Historikers H. Pirenne (gest. 1935), der im *djihad* den wesentlichen Impuls für die spätere Identitätsbildung und Expansion Europas sieht.[163]

Allerdings erscheint B. Tibi dieser Impuls geradezu übermächtig, wenn er die Abgrenzung des Abendlands vom Islam – in Verbindung mit Karls Einigungsfunktion – als entscheidenden Anstoß für die gesamte europäische Entwicklungskraft interpretiert.[164] Daraus mag sich auch die Überbewertung erklären, die Tibi den sporadischen Kontakten zwischen Harun und Karl, den damaligen Weltherrschern, zukommen läßt, eine Wahrnehmung, deren Faszination nicht nur auf die berühmte »Elefantengeschichte« zurückzuführen ist.[165] Wie wir ausführen werden, stellt sich die weitere Entwicklung keinesfalls nur als die Geschichte eines reagierenden Europa dar, sondern als die Geschichte des Übergangs der Aktion vom Islam auf Europa, in der die Abtrennung des lateinischen Christentums von Byzanz eine wichtige Rolle spielt. Auch Pirenne schreibt hierzu:

> »Seit der Entstehung des Römischen Reiches war Westeuropa zum ersten Mal von dem Rest der Welt isoliert. Das Mittelmeer, das den Westen bisher mit der Kultur verbunden hatte, verschloß sich ihm jetzt. Das war vielleicht das bedeutendste weltgeschichtliche Ereignis der mohammedanischen Eroberungen; denn das christliche Abendland, dessen traditionellen Wege gesperrt waren, wurde nun eine abgesonderte Welt: es konnte nur auf sich selbst zählen und war daher genötigt, die eigenen Kräfte zu entwickeln. Zur Abwendung vom Mittelmeer gezwungen, richtete

> das christliche Abendland seine Aktivität auf die Länder der Barbaren jenseits des Rheins und im Nordseegebiet. Es war Westeuropa bestimmt, groß zu werden und schließlich sogar über die alten Grenzen des Römischen Reiches hinauszugelangen.«[166]

Die Ausbreitung des Christentums hatte bereits im 4. Jahrhundert begonnen und sich auf die früh entstehende Struktur der Diözese gestützt, dem »Kirchengut« mit Kirche, Schutzheiligem und Bischof. Die Kirche wurde als organisches Wesen aufgefaßt, dessen Zellen die Bistümer darstellten. Um 1200 gab es etwa 800 solcher Zellen, die einem einheitlichen Ritus und dem Papst folgten. Um 900 konzentrierte sich der kirchliche Organismus auf die Folgereiche Karls des Großen, Frankreich, Italien und – in geringerem Maße – auf Deutschland und England sowie die von den Muslimen zurückgedrängten Königtümer Nordspaniens. An deren Rückausweitung war wiederum Karl selbst schon in der Niederlage von Roncesvalles im Jahre 778 gescheitert.

Strategisch wies dieses Gebiet nach drei Seiten offene Flanken auf: von Osten über den Land- sowie von Norden und Süden über den Seeweg. Alle drei Wege waren bereits erprobt worden: der Norden von den Wikingern, der Osten von den Ungarn und der Süden – über Sizilien und Spanien – von den »Sarazenen«. Wenn es also früher oder später nicht weiteren, gravierenderen Angriffen zum Opfer fallen und der Impuls des *djihad* seine Wirkung verfehlen sollte, mußte Europa seinerseits expandieren.

Im 10. Jahrhundert vollzog sich eine erhebliche Ausweitung der Bistümer nach England und Skandinavien sowie östlich der Elbe nach Polen, Böhmen und Ungarn. Die dabei allgegenwärtige Gewalt hielt sich offenbar überall dort in Grenzen, wo sich das Christentum mit einem starken, prochristlichen Königtum verbinden konnte.[167] Diese Expansion schritt rasch und weiträumig voran, weil es zum einen wenige Städte mit nennenswertem Kulturniveau gab, in deren Nähe sich die Einrichtung eines Kirchenguts empfahl, und zum anderen ein weitmaschiges Diözesennetz die Landnahme optimierte.

Im Mittelmeerraum stellte sich die Lage ganz anders dar. Dort bestand eine hohe Konzentration von Städten mit hochkultureller Tradition. Hier galt das Kulturargument weit weniger als im Norden und Osten, zumal man ohnehin zuvor von den Sarazenen verdrängt worden war. Unter dem Schutz der Normannen richtete die Kirche hier Schritt für Schritt eine Reihe von Bistümern ein, während die verbliebenen Muslime (und Byzantiner) ihren Ritus im wesentlichen unbehelligt praktizieren konnten.

Etwa 200 Jahre lang hatten Sizilien und Süditalien unter muslimischer Herrschaft gestanden. Wie geschildert, hatte die Piratendynastie der Aghlabiden den *djihad* der »ersten Gewalt« mit fürchterlichen Massakern nach Syrakus, Palermo und Messina getragen. Vor ihren Vorstößen waren selbst Venedig und Rom nicht sicher gewesen, wo die Araber im Jahre 846 die Kathedralen von Petrus und Paulus plünderten und sogar dem Papst zeitweiligen Tribut abverlangten.[168] Die Muslime Siziliens hatten sich kurzzeitig von den Fatimiden losgesagt, nachdem diese die Aghlabiden ablösten, ein Grund für ständige Semi-Anarchie, weil die Fatimiden die Insel als Basis für ihre einträglichen Seerazzien in der Adria brauchten, die sie bis nach Genua führten.

Der permanente Unruhezustand, gefördert durch byzantinische Agenten, erleichterte den Normannen die Rückeroberung zwischen 1060 und 1090. Der Normanne Roger I. (gest. 1101) gliederte seinem Heer muslimische Infanteristen ein und förderte die Ausübung ihrer Religion.[169] Über ein Jahrhundert lang wurde hier ein christliches Königreich mit stark muslimischem Einschlag geführt. Rogers Sohn, Roger II. (gest. 1154), der als »halber Heide« galt, und schließlich sein Enkel Friedrich II. (gest. 1250), der berühmte Stauferkaiser, bauten diese Präferenz zur Tradition aus. Wenngleich er seinen muslimischen Untertanen die üblichen Tributzahlungen keineswegs erließ,[170] so führte er doch einen quasi-orientalischen Hof und unterhielt vielfältige Kontakte zur muslimischen Welt. Da Friedrich sich überdies für viele Sparten der Wissenschaft interessierte und in säkularem Gegensatz zum Papsttum setzte, gilt er überdies als wesentliches Bindeglied zur Renaissance.

Die Friedrich vielfach unterstellte Toleranz gegenüber den Muslimen können diese nur teilweise bestätigen. Während er im Orient Christen gegenüber zuweilen aggressiv auftrat und die Muslime bevorteilte,[171] konnte davon in seinem eigenen Herrschaftsbereich keine Rede sein.

In der Zeit zwischen 1223 und 1225 kam es – in der Hauptsache wegen hoher Tributlasten – zu wiederholten Unruhen und Aufständen der Sarazenen, die Friedrich mit harter Hand niederhielt und ihn fast dazu brachten, diese Untertanen aus Sizilien zu vertreiben. Ihren Anführern gewährte er jedenfalls kein Pardon – sie wurden erhängt. Dieses »intolerante« Verhalten wird mit Friedrichs politischen Prioritäten erklärt, in denen die noch verbliebene sarazenische Minderheit keine Rolle mehr spielte.[172]

In Spanien entwickelte sich der Prozeß der »Reconquista« deutlich anders und natürlich in weit größerem Maßstab. Im 11. Jahrhundert wurden hier, ausgehend von Kastilien und Navarra, erhebliche Rückgewinne verzeichnet, die zunächst 1085 in der Einnahme von Toledo gipfelten. Dabei grenzten sich die Spanier wesentlich klarer als ihre italienischen Glaubensbrüder von der Welt der Muslime ab. Alfons VI., dem das Debakel von Zallaqa ein Jahr später noch bevorstand, machte anläßlich der Erhebung Toledos zum Bischofssitz die zentralen Motive seiner Zeit deutlich:

> »Durch Gottes unerforschlichen Ratschluß befand sich diese Stadt 376 Jahre lang in der Hand der Mauren, die den Namen Christi gemeinsam lästerten … Nach vielen Schlachten und nach Tötung zahlloser Feinde habe ich ihnen mit Hilfe der Gnade Gottes bevölkerungsreiche Städte und starke Festungen entwunden. Dann führte ich, von Gottes Gnade inspiriert, ein Heer gegen diese Stadt, in der meine Vorfahren einst mit Macht und Reichtum regierten, weil ich es im Angesicht des Herrn für gerechtfertigt hielt, daß ich, der Herrscher Alfons, nunmehr, was die verfluchte Rasse unter ihrem Anführer Muhammad den Christen einst weggenommen hatte, im Bunde mit Christus als meinem Anführer wieder in den Besitz dieses Glaubens zurückführte.«[173]

Während Alfons in der Einnahme Toledos also den legitimen Anspruch auf Wiedererlangung unrechtmäßig besetzten Landes sah, blendete der bekannte arabische Geschichtsschreiber Ibn al-Athir (gest. 1233) die zuvor erfolgte Okkupation durch die Muslime aus und warf den Franken vor, »sie hätten sich zur Ausbreitung des Christentums auf Kosten des Islams verabredet«.[174]

In großen Schüben, jeweils etwa während der ersten Hälfte des 12. und 13. Jahrhunderts, geriet die iberische Halbinsel wieder – mit Ausnahme Granadas – unter christliche Herrschaft, wobei das rückeroberte Gebiet in neue Diözesen eingeteilt wurde. Mit dieser Bewegung ging auch die Entwicklung einer Sozialordnung einher, die sich schon im europäischen Zentralgebiet angekündigt hatte, und nun auch im Zuge der laufenden Ausweitung zunehmend etablierte. Die »Europäische Expansion« wurde zum Träger sowohl des lateinischen Christentums als auch einer neuen Gesellschaftsform.[175]

b) Sittengesetz versus Djihad

Es genügte nicht mehr, sich an die Liturgie und den Papst zu halten. Es war ein Bewußtsein erwacht für den Unterschied zwischen »zivilisiert« und »barbarisch«. Als Barbaren galten zum Beispiel die Waliser, die sich nur dem Namen nach zu Christus bekannten, ihn jedoch in ihrem Leben und ihren Sitten verleugneten«.[176] Unübersehbar schwang hier die religiöse Grundlage mit, die den Westeuropäern ein verpflichtendes Verhaltensgerüst und Sozialgefüge eingewoben hatte. Dieses Verhalten schrieb eindeutig Sitten vor, die sich zumindest tendenziell mit dem Geist des Kirchengründers vereinbaren ließen.

Die Iren, obwohl schon im 5. Jahrhundert christianisiert und eifrige Missionare der germanischen Stämme, genügten diesem Maßstab nicht. Noch im 12. Jahrhundert wurden ihre Verhaltensweisen – Ehebräuche, Lehnswesen und Klansystem – von Reisenden als »heidnisch« beschrieben. Über die Einhaltung des äußeren Ritus hinaus erging die Forderung an den westeuropäischen Christen, sich im täglichen Verhalten durchgehend an den ethischen Regeln des Kirchengründers messen zu lassen. Wer sich wie die englischen Invasoren zu irischen Lords aufschwang und dieser Forderung auf Dauer nicht genügte, hatte lediglich seine Gier nach Land und Geld offenbart und mit dem wohlfeilen Mäntelchen religiöser Heuchelei geschönt.

Es ging um nicht weniger als die bewußte Integration des Sittengesetzes, zu dessen aktiver Praxis man sich durch Christus aufgefordert sah. Christlicher Ritus und christliche Praxis wuchsen zu einem Sitten- und Sozialkodex zusammen, der zum kulturellen Markenzeichen Europas wurde. Dieser Kodex blieb ebenso wenig am äußeren Vollzug der Riten stehen, wie er die Heidentempel der Slaven duldete. Im Vordergrund stand dabei die Missionierung, nicht die Vernichtung der Heiden, ein Prinzip, das oft genug durch Tötung der Mönche und Plünderung der Kirchen und Klöster bestätigt wurde.

Gewalt stand immer weniger als primäres Handlungsgebot zur Debatte, sondern als sekundäre Alternative, z. B. in Form des Schutzes, der den jeweils erreichten Stand der Mission und kirchlichen Siedlungsaktivität absicherte. In der interaktiven Ergänzung von primärer, religiös-sittlicher Überzeugungsarbeit und sekundärem, militärischen Schutz gegen die heidnischen Übergriffe vollzog sich die europäische Expansion und Landkultivierung – zum einen nach Norden und Osten sowie zum anderen nach Süden und Südosten in Gestalt der Reconquista und zum Teil auch der Kreuzzüge. Die Ritterorden sollten zum lebendigen Ausdruck dieser Entwicklung werden.

Die Ausbreitung dieser neuen, europäischen Sozialordnung ging einerseits mit einer sich gleichermaßen ausweitenden und differenzierenden Struktur der Diözesen einher. Andererseits bot sie den zahlreichen Adligen, deren Domänen zu eng geworden waren, die Möglichkeit neuer Landnahme und Herrschaftsbereiche. Insbesondere diese Phase verstärkter Expansion verband sich mit dem Gedanken des Kreuzzugs. Der Wille zur Landnahme war oft – allerdings nicht notwendigerweise – mit dem Willen zur »Kreuznahme« verbunden. Zum Beispiel benötigte die Landnahme auf den Britischen Inseln und in Osteuropa selten die religiöse Camouflage des »Heiligen Krieges«.

Die adligen Emigranten investierten die Einkünfte aus der einheimischen Basis in die Vorfinanzierung ihrer jeweiligen Unternehmungen, vor allem natürlich der notwendigen Truppen und Vasallen. Diese Aufwendungen zielten sowohl auf kurzfristige Beute als auch langfristige Lehnserträge ab. Die Normannen in Sizilien sind eines der spektakulärsten Beispiele für dieses Muster, wie überhaupt die französische Ritterschaft sich ganz besonders intensiv in der Reconquista engagiert zu haben scheint.[177] Daß hier allerdings keineswegs eine religiöse Zwangsläufigkeit vorlag, zeigt die starke Beteiligung der Normannen an der Kultivation Englands.

So wie die Expansion in den Süden und in den Orient zur Domäne der Franzosen wurde, so breitete sich der deutsche Adel nach Osten aus. Die Geschichte dieser Kolonisierung beweist, daß ihre Landnahme – ob unter dem Kreuz oder nicht – häufig aggressive Elemente anzog und lange Zeit unter den Vorzeichen des Raubs und des Mords stand. Ebenso beweist sie auch, daß die Ritter und viele ihrer Gefolgsleute bereits unumkehrbar von dem Kodex des christlich geprägten, europäischen Ordnungsgefüges beeinflußt waren. So wie den Festlandeuropäern das Sozialgefüge der irischen Christen fremd erschien, so erschien ein »Ritter«, der unterschiedslos mordete und plünderte, der Masse seiner Standesgenossen ebenso fremd und abweichend vom zunehmend verpflichtenden Sittenkodex.[178]

Als dementsprechend ungewöhnliche Ausnahmen erscheinen denn auch die Massaker der »Kreuzfahrer« 1099 in Jerusalem und 1204 in Konstantinopel. Sie ragen heraus als Ereignisse, die nicht als kennzeichnend für die europäische Verhaltenstendenz des höheren Mittelalters gelten können. Sie lassen allerdings – insbesondere in Konstantinopel – die Handschrift der klerikalen Machtambitionen erkennen, die häufig genug die innerchristlichen Animositäten zwischen griechischen Orthodoxen und katholischen Lateinern zu unversöhnlicher Feindschaft anstachelten. Das sich historisch entfaltende Spektrum europäischen Verhaltens war jedoch bereits eindeutig auf die Disziplinierung der »Instinkte« und die Aktivierung des Sittengesetzes in jedem Einzelnen gerichtet, wie die nachfolgende »humanistische Emanzipation« der Renaissance eindrucksvoll dokumentierte.

Die Christenkritik der Moderne greift immer wieder stereotyp auf diese singulären Massaker und andere, vermeintlich vergleichbare Beispiele zurück, um die Gewaltorientierung des Christentums zu »beweisen«. Weder werden hierbei die Angebote der historischen Forschung, noch die klerikale Verfremdung des christlichen Gedankens berücksichtigt. Die hier geschilderten Zusammenhänge der mittelalterlichen Expansion, auch »erste Aufklärung« genannt, verdeutlichen eher das Gegenteil. Wiederum können die Normannen als zusätzliches Beispiel dienen. Während sie in Sizilien Toleranz bis zur freiwilligen Assimilation nach Art der spanischen Mozaraber übten, legten sie in Wales ein gänzlich konträres Verhalten an den Tag:

> »Dieser kriegerische Markgraf kämpfte oft gegen jenes unruhige Volk und vergoß bei seinen Kämpfen viel Blut ... Fünfzehn Jahre lang rang er die Waliser unerbittlich nieder und drang in das Land dieser Männer ein, die zuvor die Freiheit genossen hatten, und die den Normannen nichts schuldeten ... Stolz und Habgier, die in dieser Welt der Sterblichen die Herzen aller regieren, trieben den Markgrafen Robert zu diesen hemmungslosen Plünderungs- und Tötungsorgien.«[179]

Der Chronist hebt eindeutig Gier und Gewalt als primäre Impulse der Kolonisierung hervor und beklagt – gerade deswegen – zugleich die Abwesenheit disziplinierender Sitten, die ihm durchaus geläufig waren und anderswo der Gewalt offenbar auf Basis einer anderen Ethik die Zügel angelegt zu haben schienen.

Im europäischen Kodex nimmt das nur von Gewalt bestimmte Denken und Verhalten graduell den Tonus einer fremdartigen Abweichung an. Es widerspricht diametral der Forderung an den Menschen, über den Ritus hinaus dem verpflichtenden Geist Christi gerecht zu werden. Dieser Geist aktiviert die dem Einzelnen von Gott gegebene Vernunft und das in ihm verankerte Naturgesetz, um sie eigenverantwortlich in der diesseitigen Ordnung zwischen den Menschen wirksam werden zu lassen – eine dynamische Öffnung, die als Spezialität des trinitarischen Gottesgedankens in Erscheinung tritt. Die Ritter rücken von purer Gewalt zu Systemen beginnender Tugend »zwischen den Polen der Tapferkeit und der Weisheit« vor.[180] Was immer auch an berechtigter Kritik an christlicher Gewalt vorgetragen werden mag – sie hat Europa nicht daran hindern können, diametral zum Islam ein Konzept zu entwickeln, das dem Menschen die Entscheidung für oder gegen die Gewalt und – für oder gegen den Glauben öffnete.

Obwohl die Kolonisatoren im Norden und Osten sowie die Rückeroberer im spanischen Süden bzw. Kreuzfahrer im Orient über feudale Militärstrukturen verfügten, die ihnen nahezu unbeschränkte Willkür ermöglichten, waren sie gehalten, dieses Potential zu zügeln und in einen der wachsenden Ordnung entsprechenden Kompromiß zu lenken. Gewalt und Willkür waren somit möglich und kamen auch immer wieder zur Anwendung, doch wirkte der europäische Kodex wie eine kollektive Kontrolle, der sich niemand auf Dauer entziehen konnte. Keinem Kolonisator oder Eroberer war es erlaubt, sich ständig über diese Kontrollinstanz hinwegzusetzen, wenn er nicht die Loyalität sowohl der Privilegierten als auch der Untertanen verlieren wollte. So bereitete sich – bei allem Fortdauern individueller Gewalt – unmerklich die westliche Dynamik vor, die reale Gewalt in virtuelle umwandelte und dabei die Vernunft des Menschen auf Distanz zum Glauben brachte.

Die sich hier entfaltende Kontrollfunktion wurde vielerorts allein schon dadurch konkretisiert, daß sich Besiedlung und Bekehrung praktisch gleichzeitig vollzogen und somit die Interessen der Landnehmer und der Missionare pragmatisch aufeinander abstimmen ließen. Die Askanier, Markgrafen von Brandenburg, schienen ein gutes Beispiel für diesen Ablauf zu liefern, wobei sich ein mystisch-sakral überhöhtes Rittertum in einen wesentlich pragmatischer gestimmten Stand zu wandeln begann:

> »Indem sie so die Wildnis in kultiviertes Land umwandelten, hatten sie Güter jeglicher Art im Überfluß. Auch unterstützten sie gewissenhaft Gottesdienst und Religion, hatten viele Priester und siedelten in ihren Gebieten Dominikaner, Franziskaner und Zisterzienser an.«[181]

Der kollektive Wille der europäischen Expansion zielte klar erkennbar auf eine konstruktive Besiedlung des Landes und seine systematische Nutzung. Dieses Bestreben erfuhr fortlaufende positive Verstärkungen, indem man Vasallen anwarb, sie das Land kultivieren ließ und graduell am Ertrag beteiligte. Unter diesen Randbedingungen nahm die Besiedlung ganz spezifische Konturen an. Mit zunehmender Dichte wuchs die Notwendigkeit von Knotenpunkten. Man brauchte Städte als Verteilungszentren für diverse Güter, Ansiedlungspunkte für Handel und Handwerk und nicht zuletzt Zentren für die Entwicklung von Kultur und Religion. Die Gewinnchancen, die sich hier für die Stadtgemeinschaften abzeichneten, ließen sich die Gründer und Lehnsherren mit jährlichen Abgaben entgelten.

Wir können unschwer erkennen, welch diametrale Gegensätze die europäische Gesellschaft zur islamischen schon zur Zeit der Kreuzzüge und Reconquista entwickelt hat. Das westliche Ordnungssystem verkapselt – gegen allen klerikalen Widerstand – den Menschen nicht in der Religion, sondern erlaubt graduell die Öffnung zur Ethik des Kirchengründers, der ganz ausdrücklich die Emanzipation des Menschen zur Gestaltung des Diesseits fordert: »Macht euch die Welt untertan!«

In diesem System ist eine grundsätzliche Gewaltblockade ermöglicht, weil die Gewalt nicht nur in der Liturgie sublimiert, sondern auch in einer Art öffentlichen Kodex' tendenziell verpönt wird. Im Islam spielt sie dagegen in der Definition und Abgrenzung gegen alles Nichtislamische eine konstitutive und existenznotwendige Rolle. Der europäische Kodex formuliert positiv, indem er die Gesellschaft auf Offenheit gegenüber der Welt und der Zukunft einstellt; das islamische Gesetz formuliert negativ, indem es die Gesellschaft gegen den Unglauben definiert und auf ein Vergangenheitsideal festlegt, das jede Entwicklung verhindert. Das »humanistische Prinzip« des Sittengesetzes bewirkte die europäische Entwicklung mit Renaissance, Reformation und Aufklärung, während sich der Islam dem philosophischen Denken und damit der Loslösung einer autonomen Vernunft von einem totalitären Glauben verschloß.

Mit »Eurozentrismus«, wie es in diesem Zusammenhang oft heißt, hat die Wertung einer solchen Entwicklung wenig, mit »Islamozentrismus« umso mehr zu tun.

So konnten denn dort vergleichbare Institutionen wie der europäische »Gottesfrieden« bzw. »Landfrieden« nicht entstehen. Ersterer breitete sich – ausgehend von Frankreich – schon eingangs des 11. Jahrhunderts als generelle Einsicht aus, in der sich Ritter und Bauern als potentielle Täter und Opfer zu einer Art Eidgenossenschaft zusammenschlossen. Um der ausufernden Rechtsunsicherheit zu begegnen, verpflichtete man sich zum gemeinsamen Schutz von Personen, Sachen und Orten und schloß diejenigen, die sich dieser Verpflichtungen nachhaltig entziehen wollten, aus der Gemeinschaft der Gläubigen aus. Die Obrigkeit, der »weltliche Arm«, griff im 12. Jahrhundert dieses Konzept als »Landfrieden« auf, der den Beginn eines Gewaltmonopols markierte, und ganze Regionen unter den garantierten Schutz des Herrschers stellte. Diese Entwicklung wirkte sich regelnd auf die Gewohnheit der Selbstjustiz innerhalb der Stände sowie besonders dämpfend auf das Dauerproblem des fehdeführenden Adels aus.[182] Hier gingen zentrale Machtbefugnisse auf rechtssichernde Einrichtungen über, die sich im Islam strukturell bis heute nicht haben etablieren können.

c) Nutzenprinzip statt Ausbeutung

In der Dynamik des Mittelalters schlug sich die unterschiedliche Polung der beiden Systeme vor allem auch wirtschaftlich nieder. Wie gesehen, zielt das Lehnswesen des Islam auf eine maximierte Ausbeutung des Landes, in Europa auf dessen kontinuierliche Entwicklung. Die Maximierung des Ertrages auf Basis eines repressiven Verhältnisses zum Bebauer erzeugte tendenziell in allen islamischen Gesellschaften wirtschaftlichen Stillstand oder eher beschleunigten Niedergang, während das europäische Konzept der Landkultivation, kombiniert mit einer Beteiligung der Vasallen, eine Perspektive der Entwicklung und des wirtschaftlichen Aufstiegs begünstigte. Vereinfacht ausgedrückt, bedeutete dieser Gegensatz entsprechende Schwerpunktbildungen: Das islamische System konsumiert, das europäische produziert.

Auch in den Begünstigten des Lehnswesens spiegelt sich der unterschiedliche Umgang mit Vernunft und Gewalt. Im Islam sind es Herrschaft und Militär, die in dieser Reihenfolge die Ausbeutung der Lehen anordnen und die Anwendung von Gewalt praktizieren. Wie sich in allen islamischen Gesellschaftsordnungen bestätigte, erlangte das Militär immer wieder ein allmähliches Übergewicht, das die Dominanz und Unverzichtbarkeit der Gewalt im islamischen Staat zusätzlich bekräftigte. Gleiches trifft zu auf die Gründung der Städte. Während in Europa die Städte primär zur Unterstützung der Landentwicklung entstehen, werden im Islam neue Städte primär für die Herrschaft – Bagdad, Samarra etc. – und für das Militär – Kufa, Basra, Fustat, Qayrawan – gegründet. Die kulturelle Rolle der Stadt im Islam ist unbestritten, blieb jedoch eindeutig im sekundären Bereich, so daß es »in paradoxer Mißachtung der städtischen Ordnung« zu keiner Zeit eine gezielte Stadtentwicklung gegeben hat.[183]

Die Konditionen des europäischen Lehnswesens richteten sich immer klarer auf zwei wesentliche Erfordernisse: das Anlocken von Siedlern und die Sicherung von Existenzen. So konnte durchaus in den ersten Jahren auf den Zehnten verzichtet werden, um den Neuankömmlingen einen erfolgversprechenden Start zu ermöglichen. Das vorrangige Interesse lag in einer soliden, langfristig orientierten Landentwicklung mit gesichertem Ertrag. Daher war neben Erbpacht auch Besitz mit Vererbung möglich, nicht jedoch der Verkauf an Ritter, Mönche, Juden oder Mauren, der oft Spekulation und Ertragsminderung nach sich zog!

Die generelle Perspektive, in die alle Aspekte des Landwesens wiesen, war Freiheit. Allein die rechtliche Privilegierung des Siedlers, der dem Großbesitzer direkt unterstellt war, bedeutete eine große Neuerung für die christlichen Einwanderer im wiedereroberten Ebro-Tal, denn sie galten als »frei und freigeboren«. Sie profitierten von einer Errungenschaft, die der Reconquista erhebliche Stabilität verlieh. Im europäischen Kernland war dies allerdings schon weitgehend zur Gewohnheit geworden, so daß sogar die Rolle des Militärs als bestimmender Faktor an Bedeutung zu verlieren begann.[184]

Hier hatten sich freie Dörfer und Städte entwickelt, die den »Bürger« hervorbrachten, das Mitglied einer Gemeinde mit Stadtrechten. Dieser Status breitete sich als typisch europäische Erscheinung in alle Randgebiete aus, während dieses Konzept im Islam unbekannt war und blieb. Der Export des Stadtmodells und die Expansion von »Bürgern« war hinwiederum eng verbunden mit einer intensiven Entwicklung des Handels. Die Sprachen der Kernländer wurden in diesem Kontext zu Kolonialsprachen an der Peripherie – Deutsch im Baltikum, Französisch in Syrien, Englisch in Wales. Zugleich entstand allerdings auch eine – zumindest vorübergehende – Rechtsungleichheit, indem deutsches Recht slawisches, englisches Recht irisches und christliches Recht muslimisches dominierte. Europas Rechtsverständnis wandelte sich von der Personalität zur Universalität, von der Pluralität zur Uniformität.

In der Befriedung entstanden trotz Christianisierung Rassengegensätze, z. B. im deutschen Osten und auf den britischen Inseln. In der Kirche konnten diese Gegensätze scharfe Formen in der Auseinandersetzung über den Ritus oder im Wettbewerb um Ämter annehmen. Kirchenämter waren wie Landlehen einträgliche Pfründe, um die verbissen gekämpft wurde. Die Universalität des Christentums erlaubte dabei in der Regel einen raschen Aufstieg neukolonisierter Fremder, solange dies dem Papst und der Missionierung diente. Auch die Fürstenhöfe erschienen oft als provokante Zentren des Fremden, des Nepotismus und der Verschwendung, die Anlaß zu nationalem oder antidynastischem Widerstand waren, sowohl aus dem Volk als auch aus der Kirche. Im Spätmittelalter begannen sich Fremde und Einheimische zu trennen – Fremde mehrheitlich in der Stadt, Einheimische auf dem Land – wobei die sprachlichen Unterschiede zur Verschärfung der Gegensätze beitrugen. Im Osten war Deutsch die Sprache der Städte und Fürstenhöfe, Polnisch, Tschechisch etc. diejenige der einheimischen Landbevölkerung. In Krakau forderten die Bürger z. B. einen deutschen König, was die Verfolgung von Deutschen durch die Polen verstärkte und sich bis heute in einem deutlichen Nationalismus erhielt (s. u. S. 236):

> »... die Bürger Krakaus, von deutscher Tollheit besessen, als Freunde des Betrugs und heimliche Feinde des Friedens, die Sicherheit einer Eidesleistung anboten, so

> wie Judas Jesus einen Kuß gab, doch dann die Gottesfurcht vergaßen und sich Wladyslaw, den Herzog von Krakau, und Sandomirz und Herrn des ganzen Polnischen Reiches, widersetzten.«[185]

Auch die Tschechen entwickelten verschärfte Ressentiments gegen die Deutschen, die sich zur Pogromstimmung steigerten und ihrerseits vielleicht verständlich machen, warum es den modernen Tschechen so schwer fällt, sich von den Benesch-Dekreten zu trennen:

> »... schließlich werden sie in den Rat gewählt, berauben das Gemeinwesen durch gründliche Besteuerung und senden Geld, Silber und andere wertvolle Güter aus den Ländern, in denen sie Fremdlinge sind, diebsheimlich nach ihrem eigenen Land, so plündern und verwüsten sie alle Länder.«[186]

Trotz solcher und anderer Rückschläge hatte sich jedoch die inzwischen jahrhundertelange Erfahrung der tatsächlichen Expansion Europas, seiner erfolgreichen Kolonisation der Nord- und Ostregionen bzw. der Rückeroberung zuvor von den Sarazenen besetzter Gebiete im Bewußtsein der Fürsten und Kleriker eingeprägt. Eine Zukunft, die immer neue Landnahmen, Tributpotentiale und Herrschaftsbereiche versprach, weitete sich als kollektive Vision aus. Im Vertrauen auf die Fortsetzung der bisher erlebten Expansion und ihrer Erfolge wurden immer neue Wechsel auf die Zukunft gezogen.

Verleihungen, Urkunden und Stiftungen wurden verfaßt, die zukünftige Eroberungen voraussetzten. Die Ritterorden waren besonders häufige Empfänger dieser Stiftungen, weil ihnen am ehesten die Realisierung der Zukunftsvisionen zuzutrauen war. Die Templer waren zu mächtigen Finanziers der Fürstenhäuser aufgestiegen und hatten ein eigenes Nachrichtenwesen aufgebaut, um die Risiken ihrer weitläufigen Engagements überschau- und kontrollierbar zu machen. Die Urkunde, aber auch einheitlicher werdendes Münzwesen und vor allem die neue Institution des 14. Jahrhunderts, die Universität, trieben die Bildung und Objektivierung der sozialen und rechtlichen Beziehungen voran und förderten eine ganz erhebliche Versachlichung des öffentlichen Lebens und damit auch eine fortschreitende Dämpfung der Gewalt.

Ähnlich der formativen *hadith*-Zeit des Islam wurde auch im Mittelalter Europas – vornehmlich von Geistlichen – hemmungslos gefälscht, um die jeweiligen Interessen und praktischen Erfordernisse durchzusetzen. Das Ausmaß dieser Fälschungsaktivität war so gewaltig, daß die Forschung sie nicht mehr im Bereich der Moral ansiedelt, sondern als integralen Bestandteil der Geistes- und Rechtsentwicklung der Zeit selbst sieht. Indem diese allerdings ihrerseits in den unausweichlichen Prozeß einer pragmatischen, »sittlichen Billigkeit« eingetreten war, geriet sogar die Fälschung zu einem pragmatischen, »gerechten Mittel«. Die Moderne hat sich selbst natürlich andere Maßstäbe gesetzt, so daß die Kirche in der Frage steht, warum sie selbst auf fingierte Grundlagen zurückgriff, um das 2. Vatikanische Konzil einzuberufen. Thomas Mann sah in solchen Fälschungen, die zur Basis der Wirklichkeit wurden, eine »Poesie der Gewalt, denn alles Wahrwerden des Unwahren ist letzten Endes Gewalt.[186a]

Die Menschen des Mittelalters stellten die geistige Gewalt des Unwahren in den Dienst der Befreiung von physischer Gewalt, die in einem solchen Kontext ihren alten Wert *sui generis* zu verlieren begann. Je etablierter ein Lehnsherr und Belehnter war, desto höhere Chancen auf Erfolg hatte eine vorgesehene Stiftung und desto weniger Gewalt mußte zu ihrer Realisierung eingesetzt werden. So konnte für den erfolgreichen Eroberer die eigene Eroberung die Rolle eines Gründungsmythos übernehmen, wobei Gewaltanwendung schon fast den Anstrich des Mißerfolgs in sich trug. Termini wie Landnutzung, Landreform etc. bürgerten sich ein, die auf perspektivische und konstruktive Planung hindeuteten:

> »Wir betrachten es nämlich für besser und nützlicher, daß dort Siedler eingesetzt werden und aus ihrer Arbeit Ertrag erwächst, als daß (das Land) unbebaut und fast nutzlos liegen bleibt.«[187]

Wie erwähnt, setzte sich bald das Konzept des »freien Dorfes« durch, das Freigelassenen die Möglichkeit gab, erobertes Land zu kultivieren. Kolonisten waren knapp, und ihr Mangel zwang zu Anreizen, die in erträglichen Abgaben und späterer Untervergabe bestanden. Dabei gingen auch hier Christentum und wirtschaftliche Entwicklung nicht selten eine Symbiose ein, die für Europas Entwicklung bis in unsere globalisierte Zeit so kennzeichnend geworden ist:

> »... ist es Unser brennender Wunsch, aus Liebe zur Christenheit, Schutz und Wohlfahrt all derer, die in diese Landschaft gekommen sind und noch kommen wollen, mit nicht geringerem Eifer zu fördern als den Ertrag zu Unserem eigenen Nutzen.«[188]

Hier konnte sich eine Ahnung von der fundamentalen Gegensätzlichkeit zwischen einem solchen Nutzenprinzip und der stereotypen »Methode« islamischer Landausbeutung und militärischer Lehnsvergabe anbahnen. Die spanische Reconquista lieferte den Rahmen für einen unmittelbaren Vergleich zwischen den Systemen. Sozusagen am Vorabend der Kreuzzüge hatte sie sich in Gang und mit der Einnahme von Toledo im Jahre 1085 ein gewaltiges Signal gesetzt, das den Muslimen die ganz andere Macht der Franken deutlich machte.[189] Denn die Franken eroberten nicht nur, sondern im Rahmen der Europäischen Expansion siedelten sie auch, und zudem kultivierten sie das Land längst nach Konzepten, die nicht bei der reinen Ausbeutung stehenblieben, sondern ganze Regionen konstruktiv entwickelten.

Die Königshäuser, die in unserem Betrachtungszeitraum vom 9. bis 13. Jahrhundert entstanden – Kastilien, Portugal, Böhmen und Sizilien – konnten zwar nicht ohne Gewalt entstehen, sie konnten allerdings ebenso wenig mit Gewalt bestehen. Der Macht ohne ein Wechselspiel mit der Kirche und ohne eine tendenzielle Übereinstimmung mit dem europäischen Kodex sowie mit dem Konzept der Landentwicklung war keine Dauer beschieden. Militärische Gefolgschaft war notwendig für die Aufrichtung eines Reiches, aber sie erschöpfte sich nicht darin. Immer stand am Ende die Frage nach dem Lehen und den Vasallen als Basis für eine konstruktive Entwicklung. Den Zeitgenossen war klar geworden, daß wer den herkömmlichen Kreislauf aus Gewalt und Plünderung nicht durchbrach, weder ethisches Prestige noch wirtschaftlichen Erfolg errang.

Die sich hier abzeichnende Lehnshierarchie mußte zwangsläufig zu Engpässen in der Versorgung mit Land führen. Die Erstgeburtsregelung, welche die Nachgeborenen landlos beließ und sich besonders gravierend in Frankreich auswirkte, verschärfte den Mangel erheblich. Die europäische Expansion des 12. und 13. Jahrhunderts legt von dieser Entwicklung beredtes Zeugnis ab, zu der Reconquista und Kreuzzüge integrale Elemente bilden. Im weiteren Verlauf entfalteten sich beide allerdings zu lokalen Spezialitäten. Die Reconquista wurde zunehmend zur Angelegenheit des spanischen, der Kreuzzug zu derjenigen des französischen Adels.

Die Muslime hatten getreu ihrer Verachtung für die Landwirtschaft weite Landstriche unbesiedelt gelassen, so daß die »Reconquista« nicht nur Land einnahm, auf das die früheren Besatzer keinen Wert gelegt hatten, sondern auch innerhalb von etwa 150 Jahren zwischen Algarve und Andalusien eine umfassende Neuverteilung in Gang setzte. Die Besiedlung des deutschen Ostens fand in ähnlicher Form und gleichzeitig statt, und auch bei den Kreuzfahrerstaaten kann von kolonieartigen Siedlungen gesprochen werden, die eher dem Muster der europäischen Expansion als einer klassischen Eroberung entsprachen.

Charakteristisch für alle Bewegungen ist das gemeinsame, zentrifugale Kraftfeld, in dem die großen, gestaltenden Völker – Franzosen, Deutsche, Engländer – vom Zentrum an die Ränder drängten und, während sie das Land kultivierten, ihre neue Ordnung unaufhaltsam ausbreiteten.

Die Pilotfunktion für diese Expansion hatte einmal mehr das Christentum inne. Die spirituellen Zentren der Christenheit hatten allerdings im Verlauf ihre Lage im Ausbreitungsgebiet verändert. Rom und Santiago de Compostela lagen nicht mehr am Rande, sondern waren tief ins Innere und damit auch näher an das wirtschaftlich-gesellschaftliche Geschehen gerückt. Dabei war der Nordosten mit Polytheisten und der Südwesten mit Muslimen konfrontiert. Die Reaktionen des westlichen Systems fielen sehr unterschiedlich aus: Die Polytheisten mußten ihren Glauben aufgeben und wurden mit politischen Vorteilen, Lehen und Freiheit kompensiert; die Muslime konnten ihren Glauben oft behalten und hatten dadurch nicht die Möglichkeit, die Erfahrung dieser Vorteile zu machen, denn man

> »... konnte in Valencia, diesem christlichen Land, weit mehr Muezzins von den Minaretten zum Gebet rufen hören als Glocken in den Kirchtürmen.«[190]

Indem die Muslime am europäischen Kulturmodell nicht teilnahmen – ihre Konversion blieb die Ausnahme, weil mit der Todesstrafe bedroht – wurden sie zum untergeordneten Kolonialvolk, das mangels eines eigenen Wirtschaftskonzepts zunehmend sogar hinter die ehemaligen Polytheisten Osteuropas zurückfiel. Wichtig erschien den Muslimen natürlich vor allem die Beibehaltung ihres Rechts, die in weiten Teilen der Reconquista gewährleistet war, »ihr eigenes Recht zu bewahren, ohne das unsrige zu verunglimpfen«, wie es Alfons VI. formulierte.

Während sich der europäische Kodex im Kernland weiter zu einer kollektiven Identität ausprägte, stellten sich die Randländer als Konfliktzonen aus Sprachen, Kulturen und Religionen dar. Litauer, Iren und Mudéjares (spanische Muslime) erlebten somit die europäische Expansion lange Zeit als Polarisierung zwischen Dominanz und Unterordnung. Während die beiden erstgenannten sich letztlich europäisierten, verblieben die Muslime im systemischen Konfliktstatus, aus dem sie sich in einem langgezogenen Massenexodus bis Ende des 15. Jahrhunderts zurückzogen, obwohl sie vielerorts nicht geltendes, sondern eigenes, schariatisches Recht anwenden konnten.

Im weiteren Verlauf kamen antisemitische Tendenzen auf, die sich gegen Ende des 13. Jahrhunderts in Zwangskonversionen, Vertreibungsaktionen und 1291 in regelrechten Pogromen ausdrückten. Auch für die Mudéjares, die spanischen Muslime, ging damit eine eindeutige Verschlechterung der Bedingungen einher. Ab dem 14. Jahrhundert setzte eine Erosion ihrer rechtlichen Autonomie ein. Entgegen seit über 200 Jahren geübten Praktiken wurden nun in wachsendem Maße Zeugenaussagen von Christen gegen Muslime und Juden akzeptiert und Verbrechen von Muslimen gegen Christen nicht mehr von Qadis, sondern von christlichen Richtern verhandelt.

Eine Bastion der Araber nach der anderen fiel, »bis das Kreuz in das eine Thor von Granada einzog, während der Alkoran aus dem andern hinausgedrängt wurde und das Te-Deum dort ertönte, wo vorher das Allah akbar erklungen war«.[191] Mit dem Fall Granadas, mit dem »letzten Seufzer des Mauren«, und der Entdeckung Amerikas war im Jahre 1492 der Islam in Westeuropa nach 780 Jahren beendet. Nach einer langen Phase der rechtlichen Toleranz schlossen sich Zwangskonversionen und Vertreibungen von Muslimen und Juden an – 1499 in Granada, 1502 in Kastilien und 1526 in Aragon – die u. a. 1568 den Aufstand der Moriscos (konvertierte Juden) auslösten.

Wenige Jahrzehnte vor Granada, mit der Eroberung von Konstantinopel 1453, hatten die Muslime allerdings unübersehbar signalisiert, daß sie keineswegs gewillt waren, ihre Pläne zur Eroberung Europas zu den Akten zu legen. Nahtlos sollte sich der *djihad* im Südosten Europas anschließen und den Kontinent für weitere viereinhalb Jahrhunderte in Atem halten. Bevor wir uns diesem Geschehen zuwenden, ist jedoch zunächst noch ein Blick auf den Umgang der Europäer mit der Idee vom »Heiligen Krieg« und ihr Verständnis von religiöser Gewalt zu werfen.

2. Kampf unter dem Kreuz

a) Die Franken und Saladin

Es war zuvor erkennbar geworden, wie die Seldjuken als erste wirklich machtvolle Militärdynastie den Abbasiden die Macht abgenommen und sich im gesamten Osten und Kernland des islamischen Imperiums ausgebreitet hatten. Um die Mitte des 11. Jahrhunderts lag ihr westlicher Zweig in verbissenen Kämpfen um die Vorherrschaft in Syrien, in denen wichtige Städte wie Jerusalem, Askalon, Akkon und Tyros mehrfach den

Besitzer wechselten. Raubzüge lokaler Usurpatoren vervollständigten ein Bild des Chaos, in dem ein geordneter Pilgerverkehr zu den heiligen Stätten der Christen kaum gewährleistet war. Auch Konstantinopel geriet durch das Vordringen der Rum-Seldjuken (Rum = Land der Byzantiner) in zunehmende Bedrängnis.

So verbanden sich die Europäische Expansion und der besondere Emigrationsdruck des französischen Adels mit der Blockade der Pilgerfahrt zu einer Dynamik, in der sich die für christliche Verhältnisse ungewöhnliche Kreuzzugsidee entfalten konnte. Die Kirche steuerte ihrerseits zur weiteren Motivation der Gläubigen wichtige Aspekte bei: Schuldablaß, die Verdienste durch die Befreiung des Heiligen Grabes und die Erinnerung an die zahllosen Grausamkeiten muslimischer Eroberungen in Spanien und Sizilien bildeten eine ausreichend explosive Mischung, der Papst Urban II. in seiner historischen Rede von 1095 einen zweifelhaften Zündfunken gab.

Bei denen, die nun in den Orient zogen, handelte es sich mehrheitlich um eine besonders motivierte Kaste normannischer und fränkischer Ritter, die im heimischen Landmangel nichts zu verlieren hatten und ihr Glück im Kampf gegen die Sarazenen suchten. Die hier entstandene »Auslese« wurde von Zeitgenossen – Franken wie Sarazenen – nicht unbedingt positiv beurteilt:

> »Menschen aus Gallien, die im Gebrauch der Waffen mächtiger als jedes andere Volk … eine wilde, barbarische und schreckliche Rasse, die zu Unmenschlichkeit neigt …«

meinte Wilhelm von Apulien, dessen Auffassung vom berühmten arabischen Chronisten Usama Ibn Munqidh geteilt wurde. Usama muß allerdings als ein Musterbeispiel des politisch inspirierten Literaten gelten, der als Angehöriger eines wichtigen Stammes sich selbst an Konspirationen beteiligte und nicht zuletzt – zumindest zeitweilig – in der Gunst des Frankenschrecks Saladin stand:[192]

> »Die Franken … haben keinen von den Vorzügen der Männer, ausgenommen die Tapferkeit … Bestien, die sich auszeichnen durch Mut und Tapferkeit im Kampf, aber durch nichts weiter.«[193]

Auch die Franken selbst konnten sich durchaus als Leute sehen, »denen Gott den Sieg zu Lehen gegeben hat«, eine elitäre Wahrnehmung, deren Gegenstück bei den *mudjahidun* des Islam festzustellen ist. Wie wir wissen, waren es dort die mutigen Auswanderer, denen Allah das Recht gegeben hat, die Ungläubigen von der Erde zu vertilgen und sich ihr Vermögen anzueignen.

Schon 1099 waren durch Einnahme von Ramla, Antiochia, Jerusalem, Tripoli und Askalon die Kreuzfahrerstaaten entstanden, wobei es nicht erstaunt, daß die Chronisten Bilder enormer Gewalt ausbreiten. Ein Jahr später wurde die Versorgung dieser Gebiete durch die Eroberung diverser Seestädte wie Jaffa, Akkon, Hayfa und Nablus – mit Flottenhilfe aus Venedig und Pisa – abgesichert. Ein Blick auf die Karte offenbart indes, wie klein und unbedeutend, bei aller religiöser Relevanz, sich die hier entstandenen, christlichen »Inseln« gegenüber dem islamischen »Festland« ausnahmen. Die Muslime, in ihre ständigen Diadochenkämpfe verstrickt, waren seit Jahrhunderten ohnehin mit dem Unglauben im eigenen Lande vertraut und konnten in den Kreuzfahrern und ihren bescheidenen Landgewinnen nur eine begrenzte Bedrohung erkennen.

Ebenso schien das Engagement der Christen rasch abzuebben. Die Mehrzahl von ihnen machte sich auf den langen Rückweg in die Heimat, nachdem sich die ersten Kreuzfahrerstaaten gebildet hatten. Diejenigen, die blieben, entwickelten eine eher friedliche Koexistenz, einen offenbar für viele gangbaren *modus vivendi* mit den Einheimischen. Dabei nahmen die Eliten indes nicht selten die auf hoher Machtebene übliche gegenseitige Unterstützung in Anspruch, wie sie zur Bewältigung von Konflikten und Ausschaltung gemeinsamer Widersacher immer wieder opportun erscheint. Von diesem Wechselspiel der Macht profitierten vor allem auch die etablierten Seemächte. Das Königreich Jerusalem bot den Venezianern Handelsrechte für alle Städte seines Gebiets mit Nachlässen bei Steuern und Zöllen, worauf Kreta zur venezianischen Kolonie ausgebaut wurde. Rivale Genua zog nach und richtete ein ganzes Netz von Stützpunkten in Sizilien, Nordafrika, Alexandria und Konstantinopel ein, das bald auch einen schwunghaften Sklavenhandel mit Außenposten in Caffa am Schwarzen Meer einschloß (s. u. S. 139).

Wenngleich auch die Muslime aus dieser Entwicklung ihre Vorteile zogen, reagierten sie mit steigendem Druck auf die Eindringlinge, die zudem das Land des Islam in mehreren Wellen heimsuchten. Dieser Druck fand seinen stärksten Vertreter in Salah ad-Din bzw. Saladin (gest. 1193), im berühmten Ayyubidenfürsten, dem die westliche Islamophilie ein Höchstmaß an Toleranz gegenüber Andersgläubigen zumißt und in Lessings Ringparabel ein literarisches Denkmal setzt.

Die Geschichte beschränkt sich auf deutlich realistischere Maßstäbe. Die Chronisten werden nicht müde, Saladins Vorzüge als *mudjahid* zu preisen, dem traditionsgemäß das Kriegshandwerk wichtiger als das Fasten und die Wallfahrt war.[194] Ebenso wird seine Herrschaft gelobt, die sich nach islamischer Praxis als erratische Mischung aus Bedrohung und Güte darstellte. So lebten selbst seine Emire vor der Unberechenbarkeit des Despoten in ständiger Furcht, die sich indes in dankbare Verehrung auflöste, wann immer der Kelch des Zorns an ihnen vorübergegangen war.[195] Da dieser vorbildliche Herrscher und Kämpfer des Islam am allerwenigsten die fränkischen Eindringlinge auf eigenem Boden dulden konnte, plante er, »die Franken bis in ihre fernen Länder zu verfolgen, um keinen auf der Oberfläche der Erde leben zu lassen, der nicht an Gott (Allah) glaubt, oder zu sterben.«[196]

Auf dem Wege dorthin hatte er Gelegenheit, ein Exempel zu statuieren, als er im Jahre 1187 die Stadt Tiberias rückeroberte und Befehl erteilte, ihm möglichst viele Gefangene vorzuführen. Sein Sekretär 'Imad ad-Din, bekannt für genaue Schilderungen, berichtet uns:

> »Montagmorgen, den 17. Rabi' II (islamischer Monat), zwei Tage nach dem Sieg, ließ der Sultan (Saladin) die gefangenen Templer und Hospitaliter suchen und sagte: ›Ich will die Erde von den beiden Geschlechtern säubern.‹ Er setzte 50 Dinar aus für jeden, der einen Gefangenen bringe, und sofort brachte das Heer sie zu

> Hunderten. Er befahl, sie zu enthaupten, denn er zog es vor, sie zu töten und nicht zu Sklaven zu machen. Eine ganze Schar Gelehrter und Sufis (islamische Mystiker) und eine gewisse Zahl Frommer und Asketen befanden sich bei ihm; jeder bat, ob er nicht einen von ihnen umbringen dürfe, zog das Schwert und krempelte die Ärmel auf. Der Sultan saß mit frohem Gesicht dabei, während die Ungläubigen finster blickten. – Es gab solche (Muslime) ... die laut lachten und mordeten; wie viel Lob ernteten sie, ewigen Lohn sicherten sie sich mit dem vergossenen Blut, wie viele fromme Werke vollbrachten sie mit den Hälsen, die sie durchhieben! – Wie viele Ungläubige töteten sie, um dem Islam Leben zu geben ... wie viel Vielgötterei rissen sie nieder, um den Eingottglauben zu bauen ...«[197]

Was uns schon zahlreiche Fallbeispiele des *djihad* demonstriert hatten, wird hier noch einmal exemplarisch zusammengefaßt. Das islamische System sieht in der Verbindung aus Ritus und Gewalt gegen den Unglauben die Basis seiner Existenz. Nicht mit dem Einbau von Hemmschwellen durch Belohnung des Sittengesetzes wird die Ordnung der Gesellschaft angestrebt, sondern mit dem Ausbau der Hemmschwellen durch Belohnung religiös überhöhter Gewalt.

Der Legende vom toleranten Saladin ist auch der Soziologe B. Tibi erlegen, der das muslimische Selbstverständnis der »Lebensspende« durch die Tötung der Ungläubigen nicht zur Kenntnis nimmt, sondern im Vorgehen Saladins die »Ansätze heutiger, völkerrechtlicher Vorschriften« zu erkennen glaubt.[198] Sein Buch über »Kreuzzüge und Djihad«, das den Anspruch erhebt, einen Basisbeitrag zu einem »geschichtsbewußten Dialog« zu leisten, verharrt denn auch – neben einigen positiven Ansätzen – in einer Aufstellung von Einzelereignissen. Der Autor erscheint eher als wertender Muslim, der vorgibt, den Sinn des Humanismus erfaßt zu haben, denn als systematisch sichtender Wissenschaftler, dem daran liegt, die beiden Weltbilder auf einen analytisch brauchbaren Nenner zu bringen.

Saladins Vorgehen spiegelt dagegen die Zwangsspirale islamischer Machtdynamik wider: den »inneren *djihad*« als permanenten Bürgerkrieg und den »äußeren djihad« als Dauerkampf gegen den Unglauben. Die Gewalt wird ständig erneuert, weil nach dem Gesetz des Stärksten die Macht in laufend wechselnden Situationen immer wieder neu ergriffen und mit der Gewaltlizenz des »Gottesgesetzes« legitimiert und ausgeübt werden kann. Diese Gewaltlizenz tendiert zum Metaphysischen, indem unter dem Signum des Monotheismus das Töten des Unglaubens das »Leben des Glaubens« sichert – die klassische Endlosschleife des mythischen Opfers.[199]

Saladin hatte natürlich zunächst die Interessen des Islam im Auge und zur Beeinflussung seiner Untertanen kalkulierte Freude daran, das Massaker an den Ungläubigen als Volksspektakel zu inszenieren und dabei an der Tötungsaktion teilzuhaben. Auf dieses ganz persönliche Engagement weist auch das Massaker von Hittin hin, das Saladin wenige Monate später im Rahmen der Rückeroberung von Jerusalem veranstaltete und mit dem traumatischen Aderlaß von etwa 20000 Opfern den Wendepunkt der Kreuzzugsgeschichte bildet.

'Imad ad-Din berichtet in plastischer Ausführlichkeit über das grausige Bild der über das Schlachtfeld verstreuten, zerfetzten Leichen, in deren Blut sich »das Antlitz des reinen Glaubens frei von jenem dunklen Schmutz enthüllte«, und über die Demütigung der Gefangenen, »der versklavten Könige, entweihten Entweiher, verstümmelten Zerstörer ... der Anhänger der Lüge in der Hand der Anhänger der Wahrheit«.[200] Fürst Renaud, Herr der Festung Karak am Toten Meer, der in Hittin ebenfalls in Gefangenschaft geriet, war schon zuvor in Saladins Ungnade gefallen. Während eines Waffenstillstands hatte er Karawanen überfallen, Muslime eingekerkert, gefoltert und ihnen höhnisch empfohlen, »ihrem Propheten Bescheid zu sagen«, wenn sie denn gerettet werden wollten.[201] Er konnte sich wahrscheinlich nicht beklagen, als ihm der Sultan persönlich den Kopf abschlug.

Saladin entstammte der Zandjidenlinie des Nur ad-Din (gest. 1211), einer Familie mit gewisser Militärtradition. Sein Onkel Shirkuh, ehedem Kommandeur des Nur ad-Din, diente im Wesirat des letzten Fatimiden in Kairo. Somit in einflußreicher Umgebung aufwachsend, beschäftigte er sich zunächst mit orthodox-sunnitischer Theologie – insbesondere mit den Vorschriften des *djihad* – bevor er seinen Ehrgeiz daransetzte, das Kairoer Schiitentum durch die reine Sunna der orthodoxen Theologie zu ersetzen.

Nach dem Tode Nur ad-Dins usurpierte Saladin 1174 die Herrschaft Ägyptens, die sich traditionell mit der Wächterschaft über die Heiligtümer von Mekka und Medina verband und vom Kalifen 1175 bestätigt wurde. Wenngleich offenbar nicht alle mit dieser Entwicklung einverstanden waren, konnte sich Saladin auf ihn angesetzte Auftragsmörder der berüchtigten Assassinen durch eine generöse Abfindung an ihren Führer Sinan, den »Alten Mann vom Berge«, für die Zukunft vom Halse halten.

Damit war der Weg frei für die »Reconquista« des Salah ad-Din gegen die Kreuzritter. Nach den traumatischen Massakern von Tiberias und Hittin 1187 fiel Jerusalem noch im gleichen Jahr, wobei den »Franken« Antiochia, Tripoli und Tyros vorläufig verblieben. Der Verlust Jerusalems brachte indessen die Mächtigsten Europas auf den Plan: Richard Löwenherz von England, Friedrich Barbarossa von Deutschland und Philip von Frankreich schlossen sich 1189 zusammen und »nahmen das Kreuz«. Unterwegs ertrank Barbarossa auf dem Marsch durch Cilicien, während Richard die Gelegenheit nutzte, sich Zypern anzueignen. Die anschließende Belagerung Akkons führte 1192 zur Einnahme der Stadt und einem Friedensvertrag mit Saladin, der den Christen den Küstenstreifen am Mittelmeer und freie Zuwege zum Heiligen Grab sicherte. Daß diese Vereinbarung eine logistische Basis für weitere Unruheherde bilden konnte, war dem erfahrenen Kriegsstrategen des Islam völlig klar:

> »Solange das Meer dem Feind Verstärkung bringt ... leiden unsere Länder ständig unter ihm.«[202]

Saladin starb wenige Monate später in den ersten Märztagen des Jahres 1193. Der Toleranzeuphorie des Westens können die Muslime nicht folgen. Sie schmückten seine Grabstätte in Damaskus u. a. mit einer noch heute durchaus lesbaren Inschrift, die ihn als »Befreier vom Schmutz der Ungläubigen« preist. Nicht anders, nämlich als »Verfolger der Christen«,[203] sah ihn Joachim von Fiore (gest. 1202), der Vordenker der modernen Denkautonomie (s. o. S. 102).

In der Folge neigte sich die Waage des – häufig unterbrochenen – Kriegsgeschehens wechselnden Seiten zu, wobei über die zwei Jahrhunderte der Kreuzzugsgeschichte ein konsequentes Interesse Europas am Heiligen Land nicht erkennbar wurde. Die Nachfolger Saladins waren allerdings ihrerseits eher an einer Ausweitung der Handelsbeziehungen zu den Kreuzfahrern und den venezianischen Kaufleuten interessiert. Enkel Kamil (gest. 1238) unterhielt besonders freundschaftliche Verbindung zum Stauferkaiser Friedrich II. (gest. 1250), der für seine orientalische Hofhaltung bekannt war (s. o. S. 105), wenngleich etliche seiner muslimischen Freunde seiner Loyalität mißtrauten und ihn als »ungläubigen Materialisten« betrachteten.[204] Im Jahre 1224 übereignete Kamil dem Staufer Jerusalem mit einem Zugang nach Akkon in einem bemerkenswerten Privatvertrag, der allerdings von seinem Nachfolger Ayyub annulliert wurde.

Nachdem Jerusalem zwei Jahrzehnte später den Christen endgültig entrissen war, ging aus den Wirren nach dem Tode Ayyubs der frühere Militärsklave Aybak als Gründer der Mamlukendynastie hervor, die sich nun nach der Linie Saladins als neue Herrscher in Ägypten etablierten und nach dem Mongolensturm 1258 den letzten Abbasiden aufnahmen.

Es blieb den Mamluken Baybars (gest. 1279) und Qalawin (gest. 1290) vorbehalten, die Zeit der Kreuzfahrer im Land des Islam zu beenden. Baybars tötete 16 000 Christen in Antiochia, Qalawin mehrere Tausend Tempelritter, die Verteidiger der letzten Bastion Akkon. Im Jahre 1291 endete der Orientzweig der europäischen Expansion, der nach anfänglichem, kurzlebigem Enthusiasmus zu keiner Zeit eine tragfähige Impulskraft entwickeln konnte.

Trotz – oder vielleicht wegen – der uferlosen Literatur über diese faszinierende Phase gemeinsamer, europäisch-islamischer Geschichte ist nicht nachweisbar, daß die »Kreuzzüge eine gemeinsame Sache aller Christen« war.[205] Zu umfassend waren die vorangegangenen Expansionsbewegungen, zu auffallend die Impulse, die sie gleichzeitig auf den deutschen Osten, den britischen Norden, die spanische Reconquista und den Zug in den Orient ausübten. Die Gelegenheit, in das Land der Sarazenen zu ziehen und ihnen im Namen des Kreuzes das geraubte Land Christi wieder abzunehmen, war zwar für viele ein hinreichender Anlaß, »das Kreuz zu nehmen«, jedoch offenbar zu schwach, die Stellung im Heiligen Land zu behaupten, bzw. die Rolle eines kollektiven, geschweige denn »heiligen« Prinzips zu übernehmen.

b) Kreuzzug und »Heiliger Krieg«

Insbesondere die Päpste sahen es nicht ungern, ihren Einfluß auf diesem ideologisch attraktiven Nebenschauplatz zu testen. Ebenso klar war indes auch, daß ihr Hauptaugenmerk auf dem kunstvollen Geflecht von Allianzen lag, auf das sie den europäischen Hochadel hinsteuerten, um die absolute Macht für das Papsttum zu sichern. Diese »Reformpäpste« bliesen nicht zum eschatologischen Endkampf gegen den islamischen Feind; sie stimmten sich mit den maßgeblichen Herrscherhäusern Frankreichs, Italiens und Deutschlands über das Verhältnis geistlicher und weltlicher Macht, die Forderungen der Kirche und die Bedingungen des »Heiligen Krieges« pragmatisch ab.

Der europäische Sittenkodex und der christlich-trinitarische Gedanke hatten in gegenseitiger Beeinflussung schon im 11. Jahrhundert eine klare Tendenz zu kultureller Einheitlichkeit und einer übergeordneten, sozialen Ordnungsvorstellung auf den Weg gebracht. Aus verschiedenen Völkerschaften hatte dieser Prozeß eine prägnante, europäische Identität geformt, die »im christlichen Namen« neue Gebiete besiedelte und alte, z.B. von den Sarazenen besetzte zurückholte. Im christlichen Namen wurden Machtallianzen zwischen Kirche und Adel sowie Handelsallianzen mit Partnern geschmiedet, welche beiden nützlich waren. Im gleichen Namen wurde indes auch gegen jene zu Felde gezogen, welche diesen Allianzen Schaden zufügten oder sich sogar zu ihren Feinden erklärt hatten.

Die Front der Reconquista in Spanien galt als die »Grenze des christlichen Glaubens«,[206] welche die Gegensätze zu den Muslimen verdeutlichte, allerdings nicht die Gefahr heraufbeschwor, die Welt zum Schauplatz einer religiös aufgeladenen Ausbreitungsbewegung zu machen. Ein »Heiliger Krieg« war diese Bewegung der Wiedereinnahme muslimisch besetzten Landes nicht. Sittenkodex und Nützlichkeit hatten sich bereits zu lange und zu pragmatisch mit dem Glauben verbunden, als daß sich ein manichäisches Gut/Böse-Denken nach Art der islamischen *djihad*-Definition gegen den Unglauben hätte dominant durchsetzen können.

Europa war schon ausgangs des Mittelalters räumlich auf Expansion und zeitlich auf Vorwegnahme der Zukunft geschaltet. Die Hauptmotive dieser raumzeitlichen Ausbreitung waren wissenschaftliche Entwicklung und wirtschaftlicher Erfolg. Eine stringente Glaubensdoktrin fand in einem solchen Denken nur insoweit Platz, als sie der Ausbreitung dieses europäischen Prinzips dienen konnte, das zunehmend wirtschaftlich orientiert war. So wie im Islam die Macht *sui generis* sich permanent durch das Gottesgesetz legitimierte, so setzte sich die Macht der Nützlichkeit gegen den ausufernden Klerikalismus, den illegitimen Machtanspruch einer *klerotischen* Kirche durch. Die sklerotische Verhärtung des Amts als Glaubensziel wachte mit aller gebotener, hierarchischer Strenge darüber, daß sich das geistige Leben des Kirchengründers in den Menschen nicht zur Wirkung brachte.

Während hier die Inquisition den Machtzynismus eines terrorfähigen Klerus zu enthüllen begann, stellten die Kreuzzüge einen komplexen Aktionsrahmen dar, der mit den Floskeln vom »Heiligen Krieg« oder auch der »christlichen Gewalt« nicht hinreichend erfaßt wird. Im Christentum suchen wir vergebens nach einer Definition des Glaubens gegen den Unglauben bzw. der Verpflichtung der Gläubigen auf die Tötung der Ungläubigen um des Evangeliums willen. Wir suchen im Christentum also vergeblich nach genau der Definition, welche die unverzichtbare Existenzgrundlage des Islam bildet.

Etwas anderes ist die Frage, ob die kriegerische Betätigung unter bestimmten Voraussetzungen als religiös verdienstvoll propagiert werden konnte, insbesondere wenn, wie wir gesehen haben, wichtige Zusatzbedingungen eine solche Propaganda begünstigten. Der Schwung der europäischen Expansion, die Verdienste der Wallfahrt, das spezifische Lehnsinteresse des französischen Rittertums, die Aussicht auf Beute und – nicht zuletzt – der allgegenwärtige Ablaß von Schuld formierten sich zu einem Faktorenbündel von enormer historischer Bedeutung. Diese Faktoren machten zwar zu einem gewissen Zeitpunkt für einen gewissen Zeitraum den Kreuzzug zum weltgeschichtlichen Phänomen; zu einer religiösen Pflicht, geschweige denn zu einer Glaubensnorm machten sie ihn nicht, obwohl die Behinderung der Pilgerfahrt und vor allem der schleichende Massenmord an den Christen manche Zeitgenossen veranlaßten, hierüber ernsthaft nachzudenken. Daß in der Praxis letztlich keine konsequente Institution eines »Heiligen Krieges« zustande kam, zeigt u. a. die Teilnahme von Mönchen, Frauen, Alten und Kindern, deren militärischer Nutzen großem Zweifel unterliegt.

Parallelen zur Konstellation des Kreuzzugs lassen sich auch hinsichtlich der spanischen Reconquista, der »Grenze des Glaubens«, feststellen, die nicht nur vom Impuls der europäischen Expansion profitierte, sondern sich ebenfalls eher politisch als religiös motiviert darstellt. Ein wichtiges Beispiel ist der Barbastrozug von 1064, dessen Dokumentation die Eroberung der Festung fast als Nebenprodukt erscheinen läßt. Aus den Briefen Papst Alexanders II. an den spanischen Klerus geht hervor, daß ein solches Unternehmen natürlich den Ablaß bewirken würde, in der Hauptsache jedoch zur Korrektur des korrupten Klerus und vor allem zum Schutz der Juden gegen die dann befreiten Christen genutzt werden sollte.[207]

Weder für die Reconquista noch für die Kreuzzüge läßt sich eine systematische Einschaltung oder Mitwirkung der Päpste nachweisen, die teilweise sogar eher mäßigend bzw. korrigierend auf das Geschehen, z. B. hinsichtlich des Kriegsmartyriums, einwirkten. Hier versuchten z. B. die Lehnsherren ihren Rittern und Vasallen eine neue Treuequalität abzuverlangen, indem sie die Lehnstreue mit der Treue zu Gott, also mit dem Glauben selbst, gleichsetzten. Auch diese Tendenz versandete schnell, weil ihr jede christliche Grundlage fehlte. Die Kreuznahme war primär eine Willensbildung der Laien, aufgrund der geschilderten, überaus komplexen Faktorenkombination, die indes keinen religiösen Kriegsstatus begründete, sondern eher säkular geprägt war. Ganz im Gegenteil: Da der *djihad* dem Kreuzzug zeitlich vorangeht, lassen sich aus christlichen Reaktionen auf Aussagen des Korans wichtige Schlüsse auf die politische Rolle des Klerus und seine Neigung zur religiösen Manipulation ziehen, von denen in Kürze die Rede sein wird.

Bevor sich die profane Tendenz allerdings gegen den Machtanspruch der Kirche durchzusetzen begann und als Prozeß des Humanismus etablierte, war es für die Päpste nur natürlich, den Orient als Experimentierfeld ihrer Macht zu nutzen. Es war für sie aufschlußreich und befriedigend, zu beobachten, wie Angehörige der verschiedensten Adelshäuser »das Kreuz nahmen« und »den Krieg Gottes« führten, um das Heilige Grab für die Christenheit zurückzugewinnen. Abt Guibert von Nogent faßte diese Linie zweckgerichtet zusammen:

»Aber weil diese fromme Absicht (für das Gemeinwohl und die Kirche zu kämpfen) allenthalben nachläßt … hat Gott in unserer Zeit die heiligen Kämpfe eingerichtet, damit der Ritterstand und das fehlsame einfache Volk, die nach alter heidnischer Art mit gegenseitigen Metzeleien beschäftigt waren, eine neue Art fänden, das Heil zu erwerben.«[208]

Dieses Geschehen als »allumfassendes Konzept« des Krieges für den Glauben zu sehen,[209] wird von der Realität nicht bestätigt. Weder war die Mehrheit der Kreuzfahrer bereit, sich auf Dauer im Orient zu engagieren, noch machte die Kirche die geringsten Anstalten, den Kreuzzug als »allumfassendes Konzept« institutionell und logistisch zu unterstützen.

Die einzelnen Kreuzzugsabschnitte – je nach Betrachtungsweise zwischen sechs und acht an der Zahl – verloren rasch an Schwung, erhielten nicht den erforderlichen Nachschub aus Europa und erlangten allenfalls bei der französischen Ritterschaft nachhaltige Beliebtheit. Die Päpste nutzten die kurzfristig aufkommende Begeisterung und drückten bei passender Gelegenheit auch einigen Osteroberungen das Siegel des Kreuzzugsprivilegs auf, das vor allem mit dem begehrten Sündenablaß verbunden war. Als besonderes Ergebnis dieser Fusion aus Religiosität und Pragmatismus entstanden die Ritterorden. Templer, Johanniter, der Deutsche Orden etc. verkörperten eine effiziente Kreuzung aus der Habgier des Adels und der Ethik der Mönche – dynamische Institutionen der europäischen Expansion, denen das statische Gesetz des Islam auf Dauer nicht gewachsen war.

Von besonderer Bedeutung waren die Templer, benannt nach ihrer Residenz im Tempelbezirk Jerusalems, die aufgrund ihrer fraglosen Hingabe und Disziplin zu austauschbaren und damit gefürchteten Kämpfern wurden. Sowohl Saladin, der sie in Hittin zur Neutralisierung ihrer Kampfkraft in großen Mengen massakrierte, als auch die Assassinen, die Aufträge zur Tötung von Templern als aussichtslos ablehnten, brachten diesen Ausnahmegestalten größten Respekt entgegen. Da der Kreuzzugsgedanke zwar kein umfassendes Konzept war, jedoch die kulturelle Expansion Europas umfassend beeinflußte, entwickelten sich die Ritterorden und insbesondere die Templer zu tiefgestaffelten, bankähnlichen Organisationen, die wichtigste Aufgaben der Information und Finanzierung auf internationaler Basis übernahmen.

Sowohl Kirche als auch Adel waren gleichermaßen in den Orden engagiert und profitierten von ihnen. Die beiden Führungsebenen kooperierten seit langem in der Motivation der Masse und waren eindeutig am Erhalt einer Macht interessiert, die auf die Gestaltung des Glaubens und nicht auf den Krieg als Selbstzweck abzielte. Wenn eine interessante Vermutung des Historikers A. Noth (gest. 2000) zutreffen sollte, dann ließen sich aus der zeitlichen Priorität des *djihad* zum Kreuzzug, verbunden mit der ersten Koranübersetzung, sogar Schlüsse ziehen, welche den manipulativen Machtwillen in Kirche und Adel unterstreichen.

Bernhard von Clairveaux (gest. 1153) galt als besonderer Förderer der Templer, die er als »Ritter Christi« und Vorbilder des Krieges gegen die Ungläubigen ansah. Nun verweist A. Noth hier auf die auffallenden Parallelen der Kreuzzugspropaganda des Bernhard von Clairveaux zur *djihad*-Doktrin des Koran. Diese Propaganda gewinnt eine ganz besondere Bedeutung, wenn sie vor der »Folie« der von seinem Ordensbruder Petrus Venerabilis kurz zuvor erstellten Koranübersetzung gesehen wird. Diese mußte als erste ihrer Art große Relevanz für die christliche Theologie haben – insbesondere vor dem Hintergrund der laufenden Kreuzzugsaktivität. Überdies hatte Petrus dem Abt von Cluny die *»risala«* des christlich beeinflussten Philosophen Al-Kindi (gest. 873) übersandt, die lateinische Übersetzung einer Streitschrift gegen den dumpfen Buchstabenglauben des Islam, die sich auch und ganz betont gegen den antichristlichen Kampf der Orthodoxie wandte.

Das gänzlich Ungewöhnliche an Bernhards Propaganda sind zwei Aspekte, die in den Evangelien nirgends vorkommen, dafür allerdings im Koran mehrfache Anwendung finden. Es handelt sich zum einen um Muhammads kaufmännisch inspirierte Idee von einem »Handel mit Gott«, der mit geringem Einsatz großen Gewinn verspricht (s. o. S. 37), und zum anderen um die Handlungsfreiheit, die der Gesandte Allahs sich einräumte, als er den Kampf gegen den Unglauben zur Sache der Menschen machte. Wie Muhammad meinte, habe Allah den Menschen diesen Kampf als »Prüfung« überlassen, obwohl es für ihn natürlich ein Leichtes sei, die Übermacht der Heiden zu brechen. Diese Gedanken, die zwar völlig unchristlich sind, weil sie mit der Macht Gottes spekulieren, damit allerdings durchaus auch klerikalem Machtdenken nahe kommen, nimmt Bernhard in seine Argumentation auf:

> *Bernhard:* »Könnte er (Gott) nicht mehr als 12 Legionen Engel senden (Matth. 26, 53) oder ein Wort sagen (Matth. 8/8) und das Land (Palästina) würde frei werden? Ihm steht durchaus, so oft er will, auch das Können zu Gebote (Sap. 12, 18). Aber ich sage euch, der Herr euer Gott stellt euch auf die Probe … Der Herr nämlich hat Erbarmen mit seinem Volk, und den schwer Gefallenen bietet er eine heilsame Arznei (die Sündenvergebung).«
> *Koran* (Sure 47, 5-7): »Und hätte Gott gewollt, wahrlich, er hätte selber Rache an ihnen genommen (an den Gegnern der Muslime in der Schlacht bei Badr); aber er wollte die einen von euch (die Muslims) durch die anderen (die Ungläubigen) prüfen. Und diejenigen, die für seine Sache getötet werden, niemals leitet er ihre Wege irre. Er wird sie rechtleiten und ihren Herzen Frieden geben. Und er wird sie in das Paradies eintreten lassen, von dem er ihnen Kenntnis gegeben hat.«
> *Bernhard:* Wenn du ein weiser Kaufmann bist … ich kündige dir einen vorteilhaften Handel an. Sorge dafür, daß er dir nicht entgeht. Nimm das Kreuzeszeichen, und du wirst die Vergebung aller (Sünden), die du zerknirschten Herzens bekennst, in gleicher Weise erlangen. Der Stoff (für das Kreuz) selbst kostet wenig, wenn man ihn kauft; heftet man ihn mit Demut an die Schulter, so ist er ohne Zweifel das Reich Gottes wert.
> *Koran* (61, 10-12): »O ihr Gläubigen, soll ich euch auf einen Handel hinweisen, der euch vor schwerer Strafe bewahren wird? Ihr glaubt an Gott und seinen Propheten

und kämpft unter Einsatz von Gut und Leben für Gottes Sache; das ist das Beste für euch, wüßtet ihr es doch! Er vergibt euch (dafür) eure Sünden und führt euch in Gärten, in denen Bäche fließen und gute Wohnungen in Gärten Eden; das ist große Glückseligkeit«.[210]

Die beiden Argumente, die sich Bernhard hier zueigen gemacht hat, erscheinen zu unchristlich, als daß ihre Parallelität mit dem Koran zufällig sein könnte. Gerade weil jedoch kirchliche Machtsystematik – wie wir noch beleuchten werden – häufig auf Unchristlichkeit beruht, steht die Nutzung der Ideen Muhammads durchaus in der klerikalen Tradition des Zwecks, der die Mittel heiligt. Insoweit könnten Bernhard diese Gedanken geradezu als Geschenke (des Himmels?) erschienen sein, als ihm Mitbruder Petrus die Schrift der Sarazenen zugänglich machte. Wenn Bernhard also dem Kreuzzug pflichtartige Züge verleihen wollte, hatte er sich mit Muhammad, dem Schöpfer des *djihad*, des bestmöglichen Spezialisten auf diesem Gebiet bedient. Sein bekanntes Motto »Taufe oder Tod« läßt sich durchaus mit dem Geist dieser Quelle in Einklang bringen, wenngleich ihm andererseits freilich auch ausgleichende Maßnahmen wie der Schutz der Würzburger Juden zugute zu halten sind.[211] Auch die Geschichtsphilosophie wertet Bernhard schließlich als bemerkenswert unabhängigen Geist:

»St. Bernhard begehrt nicht einmal Bischof geschweige denn Papst zu sein, regiert aber von draußen umso ungescheuter in Kirche und Staat hinein.«[212]

Die Nähe des klerikalen Heilsmonopols zum islamischen Machtmonopol bleibt unverkennbar (s. u. S. ••). Sie hat sich in vielen historischen Situationen bestätigt, in denen sich »christliche« Geistliche mit den muslimischen Besatzern solidarisierten und an der Plünderung ihrer Gemeinden bereicherten, und auch im modernen »Islamdialog« lassen sich Strukturen ähnlicher Kollaboration erkennen. Die Anlehnung des Bernhard von Clairveaux an den Gesandten Allahs beleuchtet die prinzipielle Austauschbarkeit der Machtstrategien in beiden »Religionen«, auf die wir im dritten Abschnitt über die modernen Korruptionsformen ausführlich zu sprechen kommen. An dieser Stelle scheint es allerdings angezeigt, bereits einige Schlaglichter auf klerikales Machtmonopol und Gewaltpotential jener Zeit zu werfen, die im Übergang von Mittelalter zu Renaissance den Machtmißbrauch in der Kirche zu einer Institution des Terrors machten.

c) Heilsmonopol und Inquisition

In der Kirche herrschte inzwischen strenge Einheitlichkeit von Ritus, Liturgie und Gehorsam gegenüber dem Papst. Ein einziger Bischof, der von Rom, stand über allen, eine einzige Ordnung war verbindlich für alle.

»Rom ist Haupt und Summe der Christenheit« hieß es, und die römische Kirche hatte »die oberste Autorität, der gesamten Christenheit den Weg zu weisen«.[213] Aus dieser Position im Grunde unangefochtener Stärke arrangierte man sich mit den führenden

Adelshäusern Europas – Italien, Frankreich und Deutschland – über die wichtigen Fragen übergeordneter Machtpolitik, die sich weit häufiger pragmatisch als religiös regeln ließen. Dabei konnte man eine dem Papsttum genehme Regelung mit Leichtigkeit auch religiös absichern.

Gregor VII., wichtige Gestalt des Dreipäpstejahres 1414,[214] widmete sich in etwa 80% seiner Korrespondenz den Machtebenen des Militär- und Wirtschaftsadels, um die Interessen der Kirche als globalen Machtfaktors zu wahren. Er schrieb an Herzog Rudolf von Schwaben:

> »... sei ständig bemüht, in der Treue zum heiligen Petrus zu wachsen, und laß es Dich nicht reuen, seine Schwelle zu besuchen, sei es um des Gebetes, sei es um der Nützlichkeit willen.«[215]

Um die Wende zum 15. Jahrhundert befanden sich große Teile der christlichen Welt im Eigentum der Kirche – eine überzeugende Legitimation zur Wächterschaft über nützliche Maßnahmen zur Pflege und Weiterentwicklung dieses Portefeuilles. Über die Kontrolle des einheitlichen Ritus und Kultus hinaus mischten sich die Päpste in alle Belange der Politik und des Sozialen ein und ließen bei der Entsendung ihrer Legaten in die Diözesen keinen Zweifel daran, daß die Bischöfe »zu spüren bekommen sollten, wie groß die Macht dieses Stuhles ist«.[216]

Wie gesehen, war im Zuge der Europäischen Expansion und ihres vereinheitlichenden Sittenkodex' eine Art übergreifender Identität entstanden. In diesem Rahmen bedeutete Christsein über Taufe und Ritus hinaus nicht nur die Existenz in einem Glauben, sondern auch die Zugehörigkeit zu diesem ganz spezifischen, europäischen Ordnungsgefüge, das schon etwa ab dem 11. Jahrhundert Züge eines Volkes oder gar einer Rasse anzunehmen begann. Chronisten sprachen von einer »christlichen« oder »heiligen Rasse der Christen«,[217] in der sich der Begriff vom »Heiligen Römischen Reich Deutscher Nation« spiegelte. Von hier war es nicht weit zur Herstellung territorialer Bezüge, welche die Christenheit als Gesamtheit Europas verstand und sich, wie in der kolonisierenden Expansion und auch im Kreuzzugsrahmen erkennbar, durchaus konkret auf Kosten anderer ausdehnte.

Im Verlauf dieser Fusion aus Glaube und politisch-wirtschaftlichem Pragmatismus, religiösem Ritus und sozialer Identität wurden die Konturen der Kirche immer lateinischer und westlicher und grenzten sich zunehmend scharf gegen die griechisch-östlich geprägten Konturen der orthodoxen Kirche ab. Ausgetragen im Mittelmeerraum und Nordost-Europa, waren zwischen Konstantinopel bis Nowgorod feindselige Gegensätze – mit tragischem Höhepunkt 1204 in Konstantinopel – entstanden, in denen es zentral um das Verständnis weltlicher Macht ging. Die griechischen Christen stellten primär den orthodoxen Glauben in den Vordergrund, während der lateinische Klerus, angetrieben vom Gehorsamszwang des Papsttums, mit der politischen Macht verschmolz und die amtsmäßig verfremdeten Regeln des Glaubens für die Manipulation der gläubigen Massen reservierte.

Komplementär zum spirituellen Glaubensverlust, der mit der politischen Steuerung der Menschen einherging, traten um die Wende zum 13. Jahrhundert die großen, internationalen Orden hervor, allen voran die Dominikaner und Franziskaner, die in dezentralen Organisationen missionierten und als zentrales Informationsorgan dem Papsttum zuarbeiteten. Vor dieser Zeit hatten sich die im 5. Jahrhundert gegründeten Benediktiner und ihre Reformversionen der Zisterzienser und Cluniazenser zu beherrschenden Organisationen des Glaubens und der Bildung, ebenso auch zu den mit Abstand reichsten Körperschaften Europas entwickelt. Während die Benediktiner ein System unabhängiger Klöster betrieben, führten die Zisterzienser eine Filialstruktur ein, die eine straffe Führung und einen zentralisierten Informationsfluß sicherstellte.

Die großen Nachfolgeorden der Dominikaner und Franziskaner waren zunächst als besitzlose Bettelorden entstanden, die das aufblühende »Ketzertum« durch erneuerte Predigt der christlichen Botschaft zu bekämpfen suchten. Im Gefolge der Politisierung und Verweltlichung waren Korruption und Sittenverfall des Klerus so weit fortgeschritten, daß selbst die Päpste Zweifel ob der eingeschlagenen Richtung beschlichen. Im Lateranskonzil von 1204 fand Innozenz III. klare Worte zum Dilemma der selbstverschuldeten Fehlschaltung:

> »Die Verderbnis des Volkes hat ihre Hauptquelle in dem Klerus. Hieraus entspringen die Übel des Christentums: der Glaube schwindet, die Religion nimmt ab, die Freiheit ist in Fesseln gelegt, die Gerechtigkeit mit Füßen getreten, die Ketzer vermehren sich, die Schismatiker werden kühn, die Ungläubigen stark, die Sarazenen siegreich.«[218]

Dieser offenbar umfassende Verfall hatte die neuen Orden genau dort entstehen lassen, wo der Niedergang besonders ins Auge stach: in Norditalien, Südfrankreich und Nordspanien. Dabei konzentrierten sie sich im Gegensatz zu den alten Orden weniger auf Landbau und Lehnswesen, sondern auf die Missionierung der Städte. Vom kontemplativen Einzelkloster ging der Trend zur internationalen Ordensgemeinschaft, der im Falle der Franziskaner innerhalb des ersten Jahrhunderts 1400 Klöster entstehen ließ. Hier machten sich Muster geltend, die von der kulturellen Expansion Europas erfaßt waren und mit identischen Ordensstatuten und hoher Mobilität der Ordensbrüder der Dynamik dieser Ausbreitung selbst eine neue Dimension verliehen. Wie oft berichtet, hatten Franziskaner 1234 keine Probleme, am Hofe des mongolischen Großkhans – mit der Madonna in der linken und der Bibel in der rechten Hand – den Religionsdialog mit Muslimen, Buddhisten und Heiden zu führen.

Die Vereinheitlichung und Beschleunigung der Ausbreitung von nutzenorientierten Vertrags- und Organisationsmustern erzeugten letztlich neue Macht und verstärkten die Ausübung vorhandener Macht. Diese Muster waren ursprünglich mehrheitlich im kommerziellen Bereich entstanden und führten hier ebenso zu enormer Weiterentwicklung der Handelsnetze. Hamburg und Lübeck z. B. hatten sich innerhalb von 200 Jahren von Angriffszielen der Slawen zu autonomen Drehscheiben machtvollen Handels zwischen London und Nowgorod gewandelt. Pisa entwickelte sich vom Angriffsziel der Muslime zum effizienten Piloten militärgestützten Handels nach Afrika und Asien.

Ähnliches traf auch auf Barcelona und natürlich Genua und Venedig zu. Wachstum und Technisierung der Flotten sowie eine dynamische Entwicklung der Waffentechnologie sicherten die Vorherrschaft Europas zur See und begründeten die kommerzielle nach der kulturellen Expansion.

Diese universale Ausbreitung bildete sich gleichermaßen in einer Expansion der neuen Ordensformen durch Internationalisierung und Zentralisierung ihrer Organisation ab. Sie sollten zur universalen Informations- und Kontrollebene des Papsttums heranreifen, das einen ebenso universalen Anspruch auf kirchliche und weltliche Herrschaft erhob. Als Ausführungsorgane der Kurie entwickelten sie im Verlauf eine weit höhere Wirkung, als sie es als Erneuerer der christlichen Botschaft vermochten, als die sie zunächst angetreten waren. Die Renaissance der Predigt war durch Erneuerungsbewegungen der Laien provoziert worden, die logischerweise als »Ketzer« galten, weil sie gegen das Papstsystem gerichtete Forderungen erhoben. Diese »Forderungen« zielten auf Selbstverständlichkeiten, nämlich auf die Grundbegriffe des Christentums: Durchführung des apostolischen Auftrags, Gehorsam gegenüber Gott, die Legitimation des Priesters durch gelebten Glauben und die Verwerfung des Ablasses.

Die Unterdrückung des individuellen Glaubens und der Mißbrauch der Beichte als Finanzquelle hatten den Klerus zu einer Art umfassenden Gewissenswächters degenerieren lassen, der kraft Mißbrauch des Amtes – in Umkehrung der christlichen Botschaft – die Menschen einem zynischen Tributsystem unterwarf. Zur Absolution von der »Sünde« wurde der Ablaß abgepreßt, eine Einladung zu schrankenloser Bereicherung, die rasch jeden religiösen Skrupel verschwinden ließ. Die klerikale Phantasie ersann nahezu täglich neue Formen tributpflichtiger Sünden, welche eine Spirale der schrankenlosen Korruption in Bewegung setzten. Je höher die Einkünfte stiegen, desto aufwendiger und sittenloser der Lebenswandel der Prälaten, desto chronischer ihr Geldmangel und desto dringlicher die Erfindung neuer Sünden:

> »Es gibt keinen einzigen Priester, der würdig wäre, sich zum Mittler zwischen Gott und den Menschen zu machen und dem göttlichen Throne mit dem Rufe nach Gnade zu nähern.«[219]

Es baute sich ein drückendes Gebührensystem für selbstverständliche Kirchenleistungen und banalste »Schuld« auf, dessen horrende Kostensätze keiner Kontrolle unterlagen. Da auch die Kirchengerichte an diesem System partizipierten, und die lebensfrohen Prälaten weitgehende Immunität genossen, waren die Zahlungsverpflichteten rechtlos. Wer Widerspruch erhob, wurde mit der Exkommunikation bedroht, einer existenzvernichtenden Maßnahme, da gleichbedeutend mit dem Ausschluß aus der mittelalterlichen Gesellschaft. Natürlich waren nicht alle Priester schlechte Priester, aber die guten waren nicht zahlreich genug, die glaubenszerstörende Wirkung der schlechten zu kompensieren. So trat immer schonungsloser die Erkenntnis zutage, daß die christliche Vollmacht nicht zur religiösen Emanzipation des Menschen, sondern zu ihrer vollständigen Entmündigung und zur perfiden Bereicherung der Vollmachtsträger mißbraucht wurde.

Je krasser die Prälaten im Glauben versagten, desto fester konnten sie im Schutz ihrer Immunität die Gebührenschraube anziehen, womit sich allerdings auch das Dilemma der Kirche verschärfte. Fortwährend gebar ihr Schoß einen Klerus, dessen finanzielle Einkünfte mit seinem religiösen Defizit anstiegen. Bernhard von Clairveaux beklagte diesen Zustand in einer Basiskritik, wobei wir allerdings seine unchristliche Anwendung islamischer *djihad*-Regeln im Aufruf zum »Heiligen Krieg« im Auge behalten müssen (s. o. S. 124f.):

> »Die Kirchen sind ohne Volk, das Volk ohne Priester, die Priester ohne die ihnen gebührende Ehrfurcht und die Christen ohne Christus.«[220]

Die Katharer in Frankreich und Italien sowie die Waldenser in ganz Europa waren bedeutende Ketzerbewegungen des 13. Jahrhunderts, die aufgrund ihrer Ernsthaftigkeit breiten Zuspruch in der Bevölkerung erfuhren und damit eine große Gefahr für Machtklerus und Papsttum darstellten. Für die Kleriker bestand hinsichtlich dieser Abweichler kein Zweifel, daß sie kein Mitglied der Gesellschaft, geschweige der Kirche sein konnten. Wenn der Ketzer nicht abschwor und – kostspielige – Buße tat, blieben nur Exkommunikation, Einzug des Besitzes und in letzter Konsequenz der Tod durch Verbrennung.

Graduell begann der Terror einer als »Glaube« maskierten Ideologie, alle Bereiche des menschlichen Lebens bis hin in die letzten Winkel des Bewußtseins mit der alles durchdringenden Furcht des Ketzerverdachts zu besetzen. Thomas von Aquin, ansonsten genialer Philosoph und Theologe, versagte sich in dieser Frage jede Abweichung vom Diktat des lückenlosen Konformismus:

> »Ketzer dürfen nicht geduldet werden. Die liebevolle Barmherzigkeit der Kirche gestattet ihnen zwei Warnungen, worauf sie im Falle der Hartnäckigkeit dem weltlichen Arm überlassen werden müssen, um durch den Tod aus der Welt geschafft zu werden.«[221]

Hier wurde pure Machtdialektik formuliert, die umso mehr Gewalt aufwenden mußte, je mehr Christentum die »Ketzer« forderten. Die Priester der Inquisition waren in den Pfad des *djihad* eingeschwenkt, in den Kampf gegen alles, was ihre unchristliche Macht in Frage stellte, wobei sie sich natürlich – wie ihre islamischen »Kollegen« – unentwegt auf die Vollmacht Gottes stützten. Mit dem Papst an der Spitze gab dieser Klerus vor, im Namen Jesu zu handeln, war jedoch im Mißbrauch dieser Vollmacht gezwungen, nicht im Interesse der Glaubenswahrung, sondern des Machterhalts aufzutreten.

Im Verlauf entstand eine historisch vernetzte Interessengemeinschaft aus macht- und profitorientierten Vertretern der Kirche, des Adels und sonstiger Systemprofiteure wie insbesondere des Handels- und Bankbereichs. Der »mystische Leib Christi« konnte dieser monströsen Gemeinschaft des organisierten Mißbrauchs als ein umfassender Rauchvorhang, als größtmögliche Camouflage für die Verwaltung und Vermehrung gigantischer Vermögen dienen, die durch den Ablaß, eine der produktivsten Geldmaschinen der Weltgeschichte, fortlaufend erhöht und durch den Terror der Inquisition optimiert und abgesichert wurden.

Zentralisierung und Expansion der neuen Ordensformen kam nicht nur dem Papsttum zugute, sondern konnte sich auch mit den entstehenden Strukturen der Politik und Wirtschaft kongenial verbinden. Ein frühes Beispiel für diesen epochalen, europäischen Machtprozeß ist der Templerorden. Dem universalen Machtanspruch des Papsttums auf ebenso universale Kontrolle sowohl der kirchlichen als auch weltlichen Herrschaft waren die neuen Ordensformen geradezu auf den Leib geschnitten. Denn für den Zweck der Machterhaltung auf höchster Ebene konnten diese weiterentwickelten Orden ihre bestmögliche Wirkung als Nachrichtendienste und Ausführungsorgane des Papstwillens entfalten.

Was die Orden zunächst bewirkt hatten, nämlich die Notwendigkeit einer erneuerten, christlichen Botschaft, mußte in diesem Kontext eher sekundär, wenn nicht kontraproduktiv erscheinen. Denn die neue, kommerzialisierte Dynamik nutzenorientierter Kooperationsformen zwischen Kirche, Adel und Wirtschaft vertiefte die Spaltung der zuvor beschworenen Einheit des »mystischen Leibes« aus »Hirten und Herde«. Notwendigerweise entstand nun eine Zweiklassengesellschaft, die in eine winzige Klasse elitärer Nutzer und eine riesige Klasse genutzter »Gläubiger« zerfiel, und einer neuen Form »konstruktiver Kontrolle«, der umfassenden Überwachung und laufenden Manipulation großer Menschenmassen, bedurfte.

Die Orden neuen, expansiven Zuschnitts entwickelten sich zum optimalen Instrument päpstlicher Machtstrategie. Sie erstellten laufende Lageberichte über religiöse Stimmungsschwankungen und politische Entwicklungen bzw. Widerstände in den Diözesen und faßten sie zu Entscheidungsprofilen für den Pontifex und betroffene Dikasterien zusammen. Auf Kosten der Gläubigen – und der Bischöfe – wuchs hier den Päpsten ein ergebener, von jeder Gerichtsbarkeit befreiter Leibkader heran, dessen Einsatz und Loyalität kaum zu übertreffen waren.

Die Vollmachten dieses Kaders wuchsen allmählich zur inquisitorischen Institution eines europaweiten Kontrollnetzes, das den Terror der Ketzerideologie bis in die entferntesten Winkel des *Imperium Ecclesiae* trug. Dabei begannen die Herausbildung geheimer Sektoren und Einbindung in politische Spezialaufträge den Charakter der Orden erheblich zu verändern und mit neuen Machtpotentialen auszustatten, die sie – fast zwangsläufig – zur konkreten Gefahr für den eigenen Auftraggeber, den Papst selbst, werden ließ. Keine Organisation eignete sich für den Kampf um die Macht gegen die Christen in der eigenen Kirche besser als diese z.T. zu Geheimgesellschaften mutierenden Orden, die sich ihrerseits längst die Standardmuster erfolgreicher Kirchenführung angeeignet hatten: Machtgier, Korruption und Sittenlosigkeit. Diese Eigenschaften, gepaart mit ihrer internationalen Organisation, machten sie zum perfekten Organ zur Überwachung, Informationsbeschaffung, Lageauswertung und nicht zuletzt zur Ausrottung des »Unglaubens«, d. h. zur Vernichtung all dessen, was der Papstmacht – ob in der Phantasie oder Realität – entgegenstand.

Die Verhärtung zu manichäischen Denkweisen, die Ausmerzung jeglicher Gegensätze, die Ausbreitung totalitären Terrors zur Durchsetzung eines Machtanspruchs, der im Namen Gottes nicht nur »Ketzer«, sondern auch Christen tötete, wobei beide oft identisch waren, rückt das klerikale »Heilsmonopol« inquisitorischer Prägung in die Nähe der *djihad*-Gewalt islamischer Machtdialektik. So scheint es kein Zufall, daß Stauferkaiser Friedrich II., erklärter Freund des Islam, die weltliche Gesetzgebung mit dem kanonischen Recht zu einem »Antiketzergesetz« zusammenfaßte und der Inquisition eine systematische Grundlage gab.

Die Armutsorden waren entstanden, um die christliche Lehre – durch das eigene Vorbild erneuert – zu verkünden. Nun waren sie – entscheidend geprägt durch die Nutzenorientierung der europäischen Expansion – zum Kern einer wirkungsvollen Organisation geworden, die als interne Reaktion auf das klerikale Versagen die Ketzerei als externe Reaktion auf dieses Versagen ausmerzte. Das Papsttum als höchste Instanz dieses kirchlich legitimierten Vollmachtsmißbrauchs, des Bruchs der spirituellen Garantenfunktion, hatte die innere Erneuerung usurpiert und umgeformt, um die äußere Reaktion in Gestalt der »Ketzer« auszurotten. Es hatte mit der Inquisition eine Stufe neuer, systematischer Gewalt erklommen, um die reine Macht, das System der gänzlich unchristlichen Macht des Menschen über den Menschen, zu konservieren.

Im Papsttum begegnet uns eine tragische Instanz, die in permanenter Ambivalenz eine fundamentale Doppelstrategie betreibt. Zum einen vertritt es die unverzichtbare Tradition des christlichen Lehramtes gegenüber den Gläubigen, zum anderen zwingt der Machterhalt um der Macht willen zum Kampf gegen eben diese geistigen Prinzipien, die seine Existenz begründen. Nicht die Förderung der christlichen Tugenden als ethische Eigenwirkung war die Triebfeder päpstlichen Handelns, sondern der Erhalt der Macht mit dem Gehorsamsdruck nach innen und dem inquisitorischen Terrordruck nach außen, legitimiert durch die unangreifbare Weihe des Priesteramtes, das den Prälaten ersparte, sich ihren Aufgaben als verantwortliche Menschen zu stellen:

> »An ihrem ... Andenken rächt sich zunächst die falsche Aufgabe: ihr Reich zu einem Reiche von dieser Welt zu machen. Aber auch wenn dies auf sich beruhen bliebe, bleiben doch die Männer nicht groß. Sie frappieren zwar durch die enorme Keckheit, womit sie der profanen Welt entgegentreten und ihre Herrschaft zumuten, aber Herrschergröße zu entwickeln, fehlt ihnen schon Gelegenheit, weil sie nicht direkt, sondern unter anderem durch vorher gemißhandelte und erniedrigte weltliche Gewalten herrschen, sich also mit gar keinem Volkstum wirklich identifizieren und in die Kultur nur mit Verboten und polizeilich eingreifen ... Diese Hierarchen brauchen sich sogar nicht einmal als wahre, ganze Menschen zu entwickeln, da jeder Mangel der Person, jede Einseitigkeit und Unvollständigkeit durch die Weihe gedeckt wird. Ebenso sind sie im Konflikt mit den weltlichen Gewalten gedeckt und bevorzugt durch die Anwendung der geistlichen Gewaltmittel ... Einen Vorteil haben sie: im Leiden groß scheinen zu können und in der Niederlage nicht eo ipso Unrecht zu behalten wie die weltlichen Größen«.[222]

Im Namen Christi, des Symbols der Gewaltlosigkeit, hatte das Papsttum eine der größten und bestorganisierten Gewaltorganisationen der Weltgeschichte geschaffen. Dieser Maschinerie konnte nur der entgehen, der sich ihr vollständig unterwarf, denn entkommen konnte er ihr in einer Umgebung allgegenwärtiger Angst und Denunziation nicht. Die Ähnlichkeit der Inquisition mit der Gewalt des *djihad* ist unverkennbar und nicht ganz zufällig. Beide Systeme verfolgen ein überhöhtes Machtprinzip, die Macht des Papstes und die Macht desjenigen, der das Gesetz Allahs optimal vertritt. In der Praxis vertreten beide letztendlich die absolute Macht des Menschen über den Menschen, die im Koran vielfach zur Durchsetzung des Islam gefordert ist, im Evangelium dagegen vehement abgelehnt wird. Im Zentrum steht erneut das trinitarische Gottesprinzip, das den Menschen im Glauben von Herrschaft befreien sollte, im Koran als »Verfälschung« gilt und im Sittenkodex der Europäischen Expansion seine Spuren der Emanzipation hinterließ.

Die Abwesenheit dieses Gedankens in der *djihad*-Praxis und in der Machtpraxis des Papsttums erzeugt Gemeinsamkeiten und Parallelen, die in Geschichte und Gegenwart zu multiplen Kooperationsformen zwischen den Machtebenen des Islam und des Westens geführt haben. Eine jüngere Variante dieser Kooperation war der Gedanke des 2. Vatikanischen Konzils von 1962-65, »mit dem Islam den einen Gott anzubeten«, welche erneut die päpstliche Doppelstrategie deutlich machte: 1. die Angleichung des trinitarischen Christengottes an den antitrinitarischen Allah als Grundlage einer elitären, globalistischen Machtstrategie unter Einschluß der islamischen Führungsebenen sowie 2. mit dem »Dialog« ein neuer Mischglauben für die Masse, der den in der Kirche verbliebenen »Gläubigen« suggerieren soll, daß es nach 2000 Jahren für sie nun das beste ist, sich der Führung einer globalen Weltgesellschaft anzuvertrauen, in der die bekannten Führungsebenen der Politik (ehemals des Adels), der Kirche (unverändert) und der Konzerne (ehemals des Handels) in einem interkulturellen Reigen für endlosen Frieden und Wohlstand sowie für ebenso endlose Freiheit und Gerechtigkeit sorgen.

Wir werden im dritten Teil des Buches die Unterschiede zwischen Wunsch und Wirklichkeit, die ideologischen, psychologischen und kognitiven Elemente dieser Vorstellungen untersuchen und daraus die Perspektiven entwickeln, die sich aus realitätsfernen Vorstellungen notwendigerweise auch politisch ergeben. Dabei werden uns die bisher erlangten Ergebnisse, insbesondere die autonome, weltliche Gewalt des *djihad* und die autonome, geistige Gewalt des Papsttums, erheblichen Aufschluß über den Fortgang der Korruption und Islamisierung im Westen vermitteln. Wo, wie im modernen Islamdialog, *djihad* primär als »Anstrengung im Glauben« verstanden und seine historische Funktion als gewaltbesetzte Landnahme und konsumptive Wirtschaftsform nicht gewürdigt wird, kann auch kein realistisches Verständnis für den real existierenden Islam aufkommen. Bevor wir uns dessen Verhalten in der Moderne zuwenden, müssen wir uns einen ergänzenden Eindruck vom *djihad* auf dem Balkan verschaffen.

C
Der Marsch der Osmanen

1. Aufbruch nach Europa

a) Auftakt auf dem Amselfeld

Wir haben die Kräfte beobachtet, die in Europa, obwohl sich die klerikale Herrschaft verstärkte, die weltliche Gewalt eindeutig zurückdrängen und auf gesellschaftlicher Ebene mit der »ersten Aufklärung« eine sozial-kulturelle Expansion vorbereiten konnten. Während somit Grundlagen für die Renaissance, die Befreiung des Denkens, entstanden, kehren wir noch einmal ins Kernland des Islam zurück. Hier hatte um die Wende zum 14. Jahrhundert in einem Machtkampf diverser Seldjukenzweige die kleine, aber überaus effiziente Dynastie der Osmanen obsiegt. Auch im Kampf gegen die Byzantiner hatten die Osmanen ihr Profil geschärft. Während ihr Gründer Osman I. (gest. 1326) eher blaß blieb, setzte sein Sohn und Nachfolger Orhan I. (gest. 1360) klare Zeichen für eine machtvolle Erneuerung des *djihad*.

Als erster Türke wagte Orhan den Sprung über die Dardanellen und setzte 1345 den Fuß auf europäischen Boden. Johannes IV. hatte im Kampf um den Patriarchenthron einen Hilferuf an Orhan gerichtet, dem dieser nur zu gern Folge leistete, zumal er seine Position durch Verheiratung mit der Patriarchentochter Theodora zusätzlich festigen konnte. Diese Kollaboration vertiefte sich 1349 durch die Einschaltung der Osmanen gegen die Bulgaren, die eine wachsende Präsenz der Türken in Europa einleitete. Mit den Janitscharen, der sogenannten »Knabenspende«, schuf Orhan zudem die entscheidende militärische Basis für den kommenden *djihad* der Osmanen.

Schon im Jugendalter wurden Kämpfer aus christlichen Familien rekrutiert, zwangskonvertiert, im islamischen Glauben indoktriniert und – kompromißlos eingeschworen auf die Loyalität zum Sultan – zu einer schlagkräftigen Truppe geformt, die unter den Völkerschaften des Balkan Angst und Schrecken verbreitete. Mit einer auf die Tugenden des *djihad* – Massaker, Plünderung, Versklavung – gerichteten Disziplin wurden die Janitscharen zu einer elitären Kampfmaschine, die über mehr als drei Jahrhunderte dem Terror des Islam in Europa zu neuem Nachdruck verhalf. Die Osmanen selbst verstanden diese Ausrichtung dagegen als legitimen Glaubenskampf, der ihnen die aus islamischer Sicht natürliche Pflicht zur »Bekehrung« der Christen auferlegte.[223]

Im Balkan hatte man die osmanische Bedrohung offenbar kaum bemerkt, indem Ungarn sich im Krieg zwischen Genua und Venedig engagierte und außerdem versuchte, Dominanz über Serbien und Moldavien zu erlangen. Da zudem Rußland im Norden mit dem Einfall der Mongolen beschäftigt war, stieß der Nachfolger Orhans, Murad I., auf eine ausgesprochen günstige, weil verunsicherte Situation, die dem *djihad* weite Gebiete zur Eroberung und Ausbeutung öffnete.

Im Jahre 1389 kam es im Kosovo zum historischen Kampf auf dem Amselfeld, zu dem sich Ungarn, Serben, Bosniaken, Bulgaren und Albaner in später Einsicht zusammengeschlossen hatten. Für die Osmanen ging es um die Sicherung der neugewonnenen Basis, die sich im Südosten Europas bereits von der Ägäis bis zum Schwarzen Meer erstreckte; für die Europäer ging es um eine nachhaltige Abwehr der osmanischen Aggression, die eine beängstigende Perspektive öffnete. Denn der Durchbruch der Osmanen auf den Kontinent hatte nun die seit Jahrhunderten befürchtete, strategische Zange des Islam aktiviert.

Im Westen hatte sich zwar die Reconquista auf der iberischen Halbinsel in Bewegung gesetzt, doch war der schreckenerregende Impetus der Muslime, der sie über die Pyrenäen hinweg nach Frankreich getragen hatte, keineswegs vergessen. Nun lag die Ostflanke Europas offen, um die islamische Zange um das Mittelmeer zu schließen und damit auch Rom, das Zentrum der Christenheit, in Angriff zu nehmen. Was die arabischen Nomaden im Kernland und Nordafrika und die berberischen Nomaden in Nordafrika und Spanien begonnen hatten, setzten die türkischen Nomaden in Kleinasien und nun auch in Südosteuropa fort: die systematische Ausplünderung des Vermögens, die systematische Zerstörung des Kulturlandes und die systematische Vertreibung, Versklavung und Vernichtung der christlichen Bevölkerung.

Aber wie in der gesamten Geschichte der Dhimmi-Ausrottung zuvor, so bestätigte sich auch in der türkischen Variante des Kampfes gegen die »Rayas«, wie die »Schutzbefohlenen« hier hießen, eine gleichermaßen systematische Bereitschaft des »christlichen« Klerus zur Kollaboration mit den muslimischen Unterdrückern. Die Rivalitäten zwischen Serben, Bulgaren und Griechen, die alte Feindschaft zwischen der Orthodoxen und Römischen Kirche hatten es den Osmanen besonders leicht gemacht, Keile zwischen die Parteien zu treiben und christliche Renegaten auf ihre Seite zu ziehen.[224]

Von einer geschlossenen Front auf dem Amselfeld konnte somit keine Rede sein. Im Gegenteil: Die osmanischen Reihen ließen sich durch griechische, slawische und armenische Söldner leicht verstärken. Nach langem Kampf konnte Sultan Bayezid (gest. 1403), der seinen Vater Murad während der Schlacht ersetzte, Serbenkönig Lazarus schlagen. Eine zahlenmäßig deutlich unterlegene Muslimtruppe besiegte die Christen in den Bergen des Kosovo in einer historischen Auseinandersetzung, die bis heute im kollektiven Gedächtnis des Balkan nachwirkt. Sieben Jahre später befand sich ganz Bulgarien in der Hand Bayezids. Immer mehr Christen gerieten unter die Tributpflicht des *kharadj* und der *djizya*, die klassischen Mittel der finanziellen Ausbeutung und ethnischen Dezimierung, die für das kommende halbe Jahrtausend zum Markenzeichen osmanischer Präsenz auf dem Balkan werden sollten.

Seinen Bruder Yaqub hatte Bayezid vorsichtshalber umbringen lassen, um den unerwünschten Wettbewerb um die Macht zu vermeiden. Getreu der islamischen Devise, daß Despotie besser ist als Anarchie, hatte er mit dem unmittelbaren Konkurrenten einen wichtigen Unruheherd beseitigt und damit eine Praxis bestätigt, die in der Thronfolge der Osmanen zur unverzichtbaren Routine wurde. Mit wachsender Größe des Harems und damit Anzahl von Brüdern und Halbbrüdern konnte sich diese Praxis der Konkurrenzausschaltung in der Thronfolge durchaus zu kleineren Massenmorden ausweiten. So mußten z.B. im Jahre 1595 nicht weniger als 19 Brüder Mehmets III. ihr Leben lassen (s. u. S. 144).

Um den Sieg auf dem Amselfeld abzurunden, aber auch bestürzt über die eigenen, hohen Verluste, folgte Bayezid guter *djihad*-Tradition und ordnete die Enthauptung aller Gefangenen an. Wie so oft in der Dynamik islamischer Gewaltentwicklung, wandelte sich das Schlachtfeld in ein Schlachthaus, das allerdings nicht selten die Möglichkeiten der Henker überforderte. Angesichts der vielen tausend Delinquenten baten die Exekutoren den Sultan, die aufwendige Methode des Enthauptens durch die kraftsparendere des Kehledurchschneidens ersetzen zu dürfen.[225]

Das Amselfeld im Kosovo ist ein ebenso großartiges Symbol des Triumphes für die Türken, wie es für die Serben ein Menetekel nicht endender Trauer darstellt. Diese Schlacht und ihre Opfer bilden eines der großen Mahnmale der historischen Auseinandersetzung zwischen dem Islam und dem Westen, vergleichbar mit Las Navas de Tolosa, dem Schauplatz der großen spanischen Tragödie und Massengrab vieler Muslime, oder auch mit Zallaqa, jenem Ort, an dem Christenköpfe den Baustoff für Minarette lieferten. Und es waren wiederum Pyramiden aus den abgeschlagenen Köpfen getöteter christlicher Feinde, die auch die Türken auf dem Amselfeld aufschichteten, um ihrer Verachtung für den Unglauben und dem Ruhm Allahs einen angemessenen Ausdruck zu verleihen.

b) Ungarn und Konstantinopel

Nach diesem Trauma schreckte die Drohung Bayezids, der Besetzung Bulgariens auch Ungarn folgen zu lassen, die Europäer deutlich auf. Ein unter französischer Führung gebildetes Heer, das man zur Entlastung in Richtung Konstantinopel entsandte, bestätigte indessen nur, was sich seit einiger Zeit abgezeichnet hatte: die wachsende Überlegenheit der Osmanen. Westliche Disziplinlosigkeit und militärische Desorganisation führten 1396 zu einem ähnlichen Desaster wie im Kosovo. Tausende fielen in einem völlig nutzlosen Kampf, der von Beginn an ohne verbindendes Ziel und damit verloren war.

Weder verband die »christlichen« Parteien ein hinreichend ausgeprägtes, gemeinsames Interesse, noch hatte sich im Balkan eine Kreuzzugsidee nach europäischem Muster bilden können, noch ließ sich in dem Gebiet eine wirtschaftlich ergiebige Herrschaft aufrichten. Viel eher hatte auf osmanischer Seite die Dynamik des *djihad* neuen, unwiderstehlichen Schwung aufgenommen. Bayezid, trunken vom Sieg und vom Wein, zwang die westlichen Heerführer, zuzuschauen, wie Tausende ihrer Soldaten, Mann für Mann, korangemäß enthauptet wurden. Chronisten vermuten, daß es Desponia, die Tochter des Serbenkönigs Lazarus war, die ihren Vater systematisch rächte. Nachdem man sie in den Harem des Sultans gezwungen hatte, lehrte sie ihren Gebieter das Weintrinken offensichtlich so gründlich, daß dieser sich im Laufe der Jahre zu einem hoffnungslosen Trunkenbold entwickelte.

Seine eindrucksvolle Siegeskette und offenbar unumschränkte Macht hatten Bayezid ein trügerisches Bild der eigenen Unbesiegbarkeit vermittelt, eine folgenreiche Fehleinschätzung, die ihm schließlich zum Verhängnis werden und Desponias Rache erfüllen sollte. Timur Lenk, der mongolische Eroberer, der zwischenzeitlich eine Allianz mit den von Bayezid unterworfenen Schwarzmeerfürsten gebildet hatte, brachte dem Osmanen 1402 bei Ankara eine empfindliche Niederlage bei. Bayezid geriet in die Gefangenschaft des Mongolen, der ihm an Grausamkeit in nichts nachstand. Timur hatte u. a. in Sivas 4000 Armenier lebendig begraben lassen[226] und unterzog nun seinen Gefangenen einer Reihe bizarrer Demütigungen. Zur Belustigung des Hofes soll der Sultan der Osmanen in einem Eisenkäfig zur Schau gestellt und immer wieder gezwungen worden sein, den Boden vor den Füßen seines Peinigers zu küssen. Für den Spott brauchte er in dieser Situation nicht zu sorgen:

> »Hättest du deinen Verstand betätigt und dich durch das Beispiel anderer ermahnen lassen, wäre das doch besser gewesen, als daß nun andere sich durch dein Beispiel mahnen lassen!« [227]

Selbst oder vielleicht gerade für den hartgesottenen Massenmörder Bayezid blieb diese Erfahrung nicht folgenlos. Ein Jahr vor Timur, den die Pest dahinraffte, verfiel er in tiefe geistige Umnachtung und starb im Jahre 1403. Unter seinen vier Söhnen brach ein Nachfolgekrieg aus, der den *djihad* islamgerecht zunächst nach innen wendete und Europa eine kurze Atempause verschaffte. Wie in Herrschaftskämpfen zu Ehren Allahs üblich, entschied der Stärkste und Rücksichtsloseste, vorliegend zunächst Musa, das Rennen für sich. Serbien, das seinen Bruder Sulayman unterstützte, mußte diese unüberlegte Ḥilfestellung bitter büßen. Weite Teile des Landes wurden verwüstet, drei Festungen geschleift, ihre Besatzungen getötet.

Die Janitscharen hatten sich diesem Bruderkampf verweigert, um nicht gegeneinander antreten zu müssen, was Musa schließlich das Leben kostete. Als einziger blieb Mehmet I. (gest. 1421) übrig, der sich zunächst der Wiederherstellung der Ordnung im Imperium widmete, bevor sich sein Sohn Murad II. (gest. 1451) dem Hauptziel der Osmanen, dem *djihad* gegen Europa, zuwandte. Diesem stemmte sich nun allerdings eine Ausnahmegestalt des Türkenkampfs, der ungarische General Janos Hunyadi, entgegen, ein »El Cid des Balkans«, der zum unversöhnlichen Feind des *djihad* wurde und einen kaum zu überschätzenden Beitrag zur nationalen Einheit Ungarns leistete.

Zwischen 1442 und 1444 brachte Hunyadi den Truppen Murads II. an verschiedenen Schauplätzen verheerende Niederlagen bei, die Zehntausende an Opfern forderten und dem Ungarn eine historische Chance öffneten. Er hätte nun nach Edirne (Adrianopel), dem Zentrum des Osmanenreiches, marschieren und die erschöpften Türken endgültig besiegen können, aber erneut machten interne Händel Weltgeschichte. König Ladislaus, neidisch auf die Erfolge seines Generals, kam dem Endschlag zuvor und schloß einen völlig unnötigen Separatfrieden mit Murad, der den Osmanen vor der Kapitulation rettete.

Bei Varna sammelte Hunyadi seine Truppen erneut, ermutigt durch eine venezianisch geführte Hilfsflotte, die allerdings ihren Zielort nicht erreichte. Die folgende Schlacht nahm dennoch zunächst einen günstigen Verlauf, wurde jedoch entschieden durch den Tod des Königs, dessen Kopf nach alter Tradition auf eine Lanze gespießt die ungarischen Kämpfer demoralisierte und das Blatt gegenteilig wendete. Die Türken siegten auf der ganzen Linie. Im Jahre 1444 war die Kraft des osmanischen *djihad* wiederhergestellt, und die Janitscharen wandten sich erneut gen Konstantinopel, das Ziel unzähliger Belagerungen seit 800 Jahren.

Die orthodoxen Christen riefen Europa – mit Ausnahme einer kleinen Abordnung aus Genua – vergeblich um Hilfe. Hunyadi, dessen katholische Feindschaft gegen die Griechen – ganz nach Art der Zeit – sogar diejenige gegen die Muslime überstieg, stellte letzteren einen Artillerieexperten zur Verfügung, um den Beschuß der Stadtmauern zu verstärken. Auch viele Orthodoxe lehnten ihrerseits westliche bzw. »lateinische« Hilfe ab, wenn sie denn gewährt worden wäre. Römische Christen erschienen auch ihnen schrecklicher als Muslime: »besser den Turban als die lateinische Mitra« soll das Motto des Großherzogs Notaras gewesen sein, des orthodoxen Laienführers in der Verteidigung der Stadt.[228]

Nach eineinhalbjähriger Belagerung durch 100 000 Janitscharen und einfache Soldaten sowie aufopferungsvoller Verteidigung durch ebenfalls etwa 100 000 Einwohner fiel die Stadt am 29. September 1453. Etwa 5000 von ihnen wurden im Rahmen der nachfolgenden Plünderung getötet, 50 000 in die Sklaverei verkauft. Diese Zahl belastete den Sklavenmarkt so stark, daß die Preise für lange Zeit auf den niedrigsten Stand seit Muslimgedenken fielen. Der Kopf des Patriarchen von Konstantinopel wurde einbalsamiert und zur Erbauung der Bevölkerung in allen großen Städten zur Schau gestellt. Die Vorliebe des Großherzogs für den Turban des Sultans kam ihn teuer zu stehen. Mehmed zwang ihn, alle Namen der führenden Notabeln preiszugeben, und ließ diese alsbald vorführen und enthaupten, als letzte in der Reihe seine eigene Familie. Die Frage ist müßig, inwieweit ihn der abgelehnte Bischof der Kirche hätte noch schlechter behandeln können. Immerhin hätte die eigene Hinrichtung Notaras vor einer solchen Erfahrung bewahrt, wenngleich wir nicht wissen, was diesem Zyniker des Profits die Familie wert war.

Denn Notaras hatte vordergründig finanzielle Interessen im Auge. Er betrieb umfangreiche Handels- und Bankgeschäfte und stand sowohl mit den italienischen Großunternehmern als auch mit den Spitzenbeamten des Sultans in Verbindung. Zwischen den Fronten taktierend, verfolgte er die pragmatische Politik des profitorientierten Opportunisten, die sich indes im islamischen Kontext oft als Illusion erweist. Wie wir wissen, wird hier früher oder später die totale Subordination erforderlich, der auch die Floskel »lieber Turban als Mitra« letztlich nicht genügt. Mit anderen Worten: Auch wirtschaftliche Nützlichkeit schützt den Ungläubigen auf Dauer nicht vor der Verfolgung durch den Islam.[229]

Der Sultan war nun auch Schutzpatron der Dhimmis von Konstantinopel bzw. Istanbul, wie man die Stadt fürderhin nannte. Der neue Patriarch war reduziert auf das übliche Format der Kollaboration und Anpassung an die Forderungen der muslimischen Herrscher. Mit dem Fall des Symbols christlicher Kraft hatten sich die osmanische Bedrohung für Europa und der Druck auf den Balkan schlagartig verstärkt. Die nächste Welle des *djihad* ließ nicht lange auf sich warten.

c) Djihad *und Erpressung*

Innerhalb der nächsten zwei Jahre wurden der gesamte Peloponnes, Serbien und Bosnien dem Imperium einverleibt. Der Fall Moreas, wie man den Peloponnes auch nannte, bestätigte politisch und kollektiv, was der Fall des Großherzogs Notaras individuell demonstriert hatte, nämlich die Aussichtslosigkeit opportunistischen Lavierens gegenüber den Kräften des Islam. Die Herrscher Moreas, Demetrios und Thomas, zwei verfeindete Brüder, deren Richtungen den türkisch-westlichen Antagonismus repräsentierten, hofften auf Unterstützung von der jeweils bevorzugten Seite. Während der Papst und die vorsichtigen Venezianer zögerten, schlug Mehmed zu und löste das »Problem« auf die Weise des *djihad*. Seine Anweisung, der zufolge »kein Lebewesen dem Tod entrinnen sollte«, entfesselte 1460 den totalen Terror in der gesamten Region. In zahllosen Ortschaften wurden die Einwohner mitsamt dem Vieh niedergemacht, auch Demetrios schützte der turkophile Schmeichelkurs nicht vor Folter und Hinrichtung.[230]

Mehmed marschierte gegen Belgrad, um den Sieg zu vervollständigen. Einmal mehr stellte sich hier der balkanische El Cid Hunyadi den Türken entgegen, verstärkt durch Kreuzfahrer, die Papst Calixt III. (gest. 1458) und der Inquisitor Capistrano zu den Waffen gerufen hatten. Die Schlacht endete mit einem kaum noch erwarteten Sieg über die Türken. 25 000 Janitscharen sollen gefallen sein, denen Hunyadi allerdings selbst drei Wochen später folgte – nicht im Kampf, sondern als Opfer der Pest. So wie Karl Martell als Symbol des Widerstands gegen den Islam im Westen Europas gilt, so kann mit einiger Sicherheit gut 700 Jahre später Hunyadi als sein Gegenstück im Osten angesehen werden.

Nach Notaras und Demetrios, die – jeder auf seine Weise – einem türkisch orientierten Nützlichkeitsdenken zum Opfer gefallen waren, gerieten die Venezianer selbst, die Exponenten des geschmeidigen Opportunismus gegenüber den Herrschern des Islam, in den Würgegriff Allahs. Nachdem sich Mehmed für die Schmach bei Belgrad durch die Niederwerfung Albaniens schadlos gehalten hatte, griff er 1463 Venedig an und brachte die Seerepublik in langwierigen und kostspieligen Operationen an den Rand des Ruins. Niemand war zur Unterstützung der verhaßten Venezianer bereit, die sich schon seit der Kreuzzugsepoche in skrupellosen Strategien immer wieder gegen die genuesische und pisanische Konkurrenz im Orienthandel durchgesetzt hatten. Auch die zahlreichen Mahnungen der Kurie gegen den Verkauf von Kriegsgütern an muslimische Machthaber hatten diese erfolgreichen Kaufleute gewohnheitsmäßig mißachtet.

Nun gerieten sie durch den Teilverlust ihrer Stützpunkte und Handelsverbindungen in eine vorübergehende Schwächephase, welche die Mitbewerber konsequent nutzten.

Genua kaufte Korfu und andere ägäische Inseln, um das eigene Handelsnetz zu stabilisieren und den Weg nach Caffa auf der Krim zu sichern, wo man einen Stützpunkt für den lukrativen Sklavenhandel unterhielt. Die Osmanen selbst besetzten Rhodos und landeten in Otranto, eine Aktion, die den langgehegten Plänen Mehmeds zugeschrieben wird, ganz Italien dem Osmanenreich einzuverleiben.[231] Nach 16jährigem Krieg erkaufte sich Venedig das Wohlverhalten des Sultans und die Normalisierung des Geschäfts schließlich mit der gewaltigen Abschlagzahlung von 100 000 Dukaten und einem jährlichen Tribut von weiteren 10 000 Dukaten.

Der Sultan hatte ein System aktiviert, das seit Jahrhunderten bestens funktionierte. Die muslimischen Machtebenen unterhielten seit jeher gute Verbindungen zu den europäischen, zumeist italienischen Magnaten der Handels- und Banktransaktionen im Orientgeschäft und hatten sich ihre Kooperationsbereitschaft ebenso gut bezahlen lassen.[232] Mit der akuten Bedrohung Venedigs initiierte der Sultan eine gigantische Erpressung, die schon vor dem Friedensschluß erhebliche Zahlungen nicht nur der Venezianer in die osmanischen Kassen spülte. Auch die Florentiner besserten die Liquidität deutlich auf, indem ihnen der Sultan einen mit Venedig konkurrierenden alternativen Handelsvertrag gewährte. Auch Genua war zu Zahlungen bereit, um seine Schwarzmeerinteressen zu wahren.[233]

Wenngleich überaus lukrativ, sah diese Konstellation die »Hohe Pforte«, den Amtssitz des Großwesirs und Sultanswillens, kurioserweise als schwächstes Glied. Die ständigen Raubzüge der türkischen Nomaden hatten die Landwirtschaft und damit das Tributwesen weitgehend zum Erliegen gebracht. Mit dem Fall Konstantinopels war den Osmanen über die unmittelbare Beute hinaus kein blühendes Staatswesen in die Hände gefallen. So ließ die ausgezehrte Finanzlage den Sultan auf geeignete Wege sinnen, die noch verbliebene Machtposition zur Ausweitung der Handelstribute zu nutzen.

Durch die erneuerten Abmachungen mit den Italienern konnte sich der Handel graduell erholen und sogar veränderte Strukturen erzeugen. Während sich die Genueser eher nach Europa orientierten, hinderte die Venezianer die Erfahrung mit der osmanischen Erpressung nicht daran, ihre Orientinteressen weiter gezielt zu verfolgen. Dieses Geschäft war zu ergiebig, als daß man es mißliebigen Konkurrenten überlassen und sich durch gelegentliche Sonderzahlungen von einem Engagement mit sehr attraktiven Gewinnaussichten abschrecken lassen durfte. Hier konnten im wesentlichen drei wichtige Knotenpunkte überdauern: Chios für den Weg nach Anatolien, Kreta als Verbindung nach Beirut und Alexandria sowie Zypern als Standorte einer reichen Landwirtschaft.

d) Der Reigen der Despoten

Mehmed II. hat die Chronisten wiederholt durch die Widersprüchlichkeit seiner Psyche verblüfft. Auf der einen Seite erfreute er sich am Zersägen von Christen und Kriegsgefangenen, auf der anderen Seite an den Schönheiten der islamischen Wissenschaften und Theologie. Andere fragten sich, ob das eine vielleicht das andere zur Bedingung haben könnte.[234] Wieder andere, einmal mehr natürlich die Islamophilie der modernen Orientalistik und Geschichtsforschung, sehen in diesem menschenverachtenden Machtpolitiker mit sadistischen Zügen einen richtungweisenden, humanistischen Renaissancefürsten.[235]

Mehmeds Sohn Bayezid II. (gest. 1512) verdrängte – gegen den Willen des Vaters – seinen Bruder Cem und zwang ihn ins Exil nach Zypern, wo letzterer hoffte, sich mit den dort regierenden Johannitern gegen Bayezid verbinden zu können. Die Ritter nutzten die Lage jedoch ganz anders, indem sie sich mit Bayezid arrangierten und den unbequemen Cem gegen eine angemessene Zahlung in Südfrankreich internierten. Von dort wechselte der Sultansbruder alsbald in die Hände Papst Alexanders VI. (gest. 1503), des unwürdigsten Pontifex der Kirchengeschichte, dessen Absetzung zu jener Zeit von Karl VIII., König von Frankreich, betrieben wurde. Unter einem Vorwand wandte sich Alexander an Bayezid, der ihm Hilfe unter der Bedingung versprach, den unglücklichen Cem zu vergiften. So soll es zu Beginn des Jahres 1495 geschehen sein, allerdings ohne daß Bayezid sein Versprechen eingehalten hätte.[236]

Während letzterer seine Amtszeit mit »normalem« *djihad* gegen Polen und Bosnien verbrachte und durch sein Engagement im Flottenbau auffiel, betrieb sein Sohn und Nachfolger Selim I. (gest. 1520) den inneren *djihad*, die Beseitigung jeglicher Konkurrenz, mit besonderer Verve. Er brachte sich vorzeitig an die Macht, indem er seinen Vater zum Rücktritt zwang, ihn sicherheitshalber vergiftete und wenig später seinen Bruder Ahmed tötete. Auch im äußeren *djihad* errang er ganz erhebliche Geländegewinne, vor allem in Persien und Ägypten, wo er im Jahre 1517 die Militärdynastie der Mamluken unterwarf. Da sich hiermit sowohl die Wächterschaft über die heiligen Stätten als auch der Titel des Kalifen verband, den er vom letzten in Kairo verbliebenen Abbasiden übernahm, waren die Osmanenherrscher nunmehr nicht nur Sultane eines Imperiums, sondern auch die religiöse Autorität über die gesamte muslimische Welt. Inzwischen hatten die Portugiesen eine bedrohliche Präsenz im Roten Meer aufgebaut, so daß die osmanische Schutzmacht umso notwendiger erschien.[237]

Diese Aufwertung mag Selim die Rechtfertigung zur absoluten Despotie vermittelt haben. Noch in Kairo ordnete er die Hinrichtung von 50 000 Einwohnern an, nachdem zuvor etwa die gleiche Anzahl Schiiten von Todesschwadronen getötet worden war, die er ins gesamte Reich hatte ausschwärmen lassen. Nicht genug damit, sollten auch alle im Reiche lebenden Christen liquidiert werden, eine Maßnahme, deren Undurchführbarkeit der agierende Wesir ihm nur mit äußerster Mühe – und natürlich unter Einsatz seines eigenen Lebens – verdeutlichen konnte. Der Wahn islamischer Macht, der durch einen jeglichen Skrupel beseitigenden »Glauben« eine sakralisierende Weihe erhält, hatte in Selim eine bemerkenswerte Personifizierung erfahren. Die Gewalt und das Heilige waren in ihm für alle erkennbar zu einer idealislamischen Einheit verschmolzen.

Mit Sulayman I. (gest. 1566) folgte ein Herrscher, dessen Politik wieder etwas mehr Rationalität zuließ und das Imperium der Osmanen zum historischen Höhepunkt seiner Macht führte. Fast ein halbes Jahrhundert lang engagierte sich Sulayman in einem umfassenden *djihad*, der seit langem angestrebte Ziele realisierte. Nach der Eroberung von Belgrad 1521 realisierte der Sultan ein Jahr später den Wunschtraum seines Vaters, die Einnahme von Rhodos. Nach langer, verlustreicher Belagerung übergaben die Johanniter die Festung und Insel und zogen unter freiem Geleit – mehrheitlich nach Malta – ab. Nach verwickelten Kämpfen mit den Habsburgern gelang Sulayman 1526 in der Schlacht von Mohacs auch, was Janos Hunyadi ein Leben lang verhindert hatte: die Niederwerfung Ungarns.

Unter Führung ihres unfähigen Königs, Ludwig II., hatten die Ungarn keine Chance gegen die routinierten Osmanen, die ihren Sieg zum Ausgangspunkt eines systematischen Völkermords machten. Über die folgenden 150 Jahre wurde die ungarische Bevölkerung durch Mord und Verschleppung halbiert. Schon Sulayman selbst führte die ersten 100 000 in die Sklaverei. Die Franzosen hatten gegen diesen Verlauf nichts einzuwenden. Alles was die Habsburger schwächte, war in ihrem Sinne und brachte sie in eine tendenzielle Allianz mit den Osmanen, die sich in den diversen Konstellationen der historischen Entwicklung immer wieder in stiller Solidarität oder auch aktiver Hilfestellung niederschlug.

In den Ungarnfeldzug fiel die erste historische Belagerung Wiens von 1529. Mit einer für die Zeit gewaltigen Streitmacht von einer Viertelmillion Soldaten zog der Sultan vor die Habsburger Metropole, auf dem Wege dorthin eine breite Spur des Mords, Raubs und der Zerstörung hinter sich lassend. Die Aktion scheiterte rasch an schweren, logistischen Fehlern. Weder hatte man Proviant für die Versorgung vieler Tausender Kriegsgefangener vorgesehen, noch verfügte man über die militärischen Mittel, den sich passiv verhaltenden Feind zu aggressiven Handlungen zu provozieren. So zog man unverrichteter Dinge ab, nicht ohne die Gefangenen an Ort und Stelle zu liquidieren. Auf dem Rückzug entlud sich die Frustration der vorenthaltenen Eroberung in unsagbaren Grausamkeiten, die für Jahrhunderte das kollektive Gedächtnis Südosteuropas beschäftigten,[238] für das »Gedächtnis« der modernen Islamlobby indessen keine nennenswerte Größe bilden.

Die Türken von heute sind nicht verantwortlich für die Untaten ihrer Vorfahren, aber die Europäer von heute sind verantwortlich für ihre Unfähigkeit, die Bedeutung des *djihad* für die Existenz des Islam zur Kenntnis zu nehmen. Kult, Kampf und Kapital war die Dreiheit, die die Weltdeutung der Muslime auf einen für alle leicht verständlichen und attraktiven Punkt brachte. Ob in arabischer, persischer, berberischer oder türkischer Version – in allen Fällen hatte Allah den Gläubigen die Lizenz erteilt, in seinem Namen das Land des Unglaubens zu erobern und seine Bewohner zu unterjochen, auszubeuten und zu töten. Dabei ist unerheblich, ob die westliche Islamophilie hiervon Kenntnis nimmt oder nicht – im muslimischen Traditionsgedächtnis wirkt die Glorie der Vorfahren und ihres Kampfesmutes ungebrochen nach.

2. Balkanische Reconquista

a) Wien, Malta, Lepanto

Eineinhalb Jahrhunderte und einen Genozid – in Ungarn – später marschierte erneut ein osmanisches Heer in einer Stärke von abermals 250 000 Soldaten gen Wien. Die Franzosen hielten sich strikt zurück; sie hatten sich inzwischen längst mit der Pforte arrangiert und überließen den unerwünschten Machtkonkurrenten Habsburg den Angriffen der Türken. Ludwig XIV. hatte einen unfreiwilligen Beitrag zur späteren Rettung Belgrads (s. u. S. 142) geleistet, als er dem Prinzen Eugen von Savoyen, den er für das Kriegshandwerk nicht geeignet hielt, als Betätigungsort die Mönchszelle empfohlen hatte. Der Prinz hatte sich daraufhin in den Dienst des Herzogs von Lothringen begeben, viele Schlachten gegen die Franzosen geschlagen und sich schließlich für den Kampf gegen die Türken zur Verfügung gestellt.

Johannes III., König von Polen, mehrfach siegreich gegen die Osmanen und von diesen überaus gefürchtet, marschierte mit einem Entsatzheer von 60 000 Polen und Deutschen nach Wien. Gleich nach Ankunft erkannte der Pole, daß die Türken schlecht geführt waren und ihre Überzahl durch die Disziplin seiner Truppen, ermutigt durch die aufrüttelnden Predigten des berühmten Kapuzinerpaters Marco d'Aviano (gest. 1699), ausgeglichen werden konnte. Die vereinten Militärgenies des Polenkönigs und des Prinzen Eugen brachen den Willen der Osmanen und zwangen das weitaus größere Heer zu heilloser Flucht.

Kara Mustapha, ihrem unglückseligen Führer, nützte es nichts, die Generale, die seine mediokren Befehle kritisierten, standrechtlich zu liquidieren. Die Massenflucht des osmanischen Heeres beendete praktisch den aktiven *djihad* in Europa in seiner originär-aggressiven Form. Kara Mustapha selbst ging den Weg der Verlierer im Machtspiel des Islam. Nachdem er auf Befehl des Sultans das Siegel des Großwesirs zurückgegeben hatte, wurde er erdrosselt, enthauptet und sein Kopf an eines der Stadttore Istanbuls genagelt. Die Muslime sollten wissen und sehen, wie wichtig es im Islam war und ist, im Kampf um die Macht und vor allem gegen den Unglauben nicht zu versagen.

Zwei weitere spektakuläre Ereignisse des *djihad* werden durch eine ganz besondere Persönlichkeit miteinander verknüpft: Juan de Austria. Dieser war das uneheliche Kind Kaiser Karls V. mit einer Regensburger Bürgerstochter und wuchs bei seinem älteren Halbbruder Philipp II., König von Spanien, auf. Er wollte sich auf einen privaten, vom König untersagten Kreuzzug nach Malta begeben, wo 1565 eine winzige Minderheit von 1000 Rittern einer gewaltigen Übermacht von 40 000 türkischen Kämpfern hartnäckigen Widerstand leistete. Dieser heroische Kampf war inzwischen zum Symbol für die Zukunft Europas geworden, denn die strategischen Konsequenzen für den Fall Maltas waren erkennbar weitreichend. Es war nicht entlegen, zu vermuten, daß Malta als Sprungbrett der Osmanen eine neue Dimension der Bedrohung für Europa öffnen würde.

Natürlich ging es hierbei nicht nur um die Vorherrschaft der Religionen, sondern auch um die politische Dominanz in der gesamten Großregion, die im wesentlichen die Aktivierung von Kapital bedeutete. Europa strebte die Entwicklung von Wohlstand über die Ausdehnung seines Einflußgebietes im Handel an; der Islam sah neue Möglichkeiten des *djihad* und der Ausbeutung immenser Vermögen in Europa. Erstmals zeichnete sich auch in der konkreten Praxis das gegensätzliche Konzept von Kapitalismus ab: Europa als Produzent, Islam als Konsument.

Der vergebliche Kampf der Osmanen um Malta steht beispielhaft für das letztliche Scheitern der islamischen Expansion ins Kernland Europas. In einer monatelangen Belagerung spitzte sich dieser Kampf immer mehr auf religiöse Parolen wie »Evangelium gegen Koran« und natürlich die Freuden des Paradieses zu, die den Muslimen umso verlockender winkten, je todesmutiger sie ihr Leben zum Ruhme Allahs einsetzten. Der Vizekönig von Sizilien entsandte schließlich eine Entsatztruppe von 10000 Mann, welche die Verteidiger Maltas aus verzweifelter Lage befreiten und die Belagerung beendeten.

Den fliehenden Türken wurde der Weg abgeschnitten und Tausende von ihnen umgebracht. Gott war in diesem »Heiligen Krieg« abwesend, während Allah für die direkte Aufnahme seiner Märtyrer ins Paradies sorgte. Es ist die Rede von 30000 Türken und spanischen Mauren, die in diesem historischen Kampf fielen. Nachdem Sultan Sulayman, »der Prächtige«, ein Jahr später starb, war der Stern der Osmanen bereits im Sinken begriffen. Auch ein nochmaliger Sieg über die Ungarn bei Sziget im gleichen Jahr 1566 konnte über den Verfall der Macht nicht mehr hinwegtäuschen.[239]

Die ständigen Razzien auf Ungarn und die erlahmende Widerstandskraft des Landes gegen die osmanische Aggression erregten nun – nach 150 Jahren des Genozids – die »Sorge« Papst Pius V. (gest. 1565). Dieser hatte kurz vor seinem Tod die »Heilige Liga« zusammengestellt, eine schlagkräftige Flotte aus Venezianern, Genuesern und Spaniern, die unter das Oberkommando von Juan de Austria gestellt wurden. Dieser hatte sich bekanntlich schon – vergeblich – in den Kriegsdienst für Malta stellen wollen und erhielt nun die heißbegehrte Gelegenheit zum Einsatz für das Kreuz.

Zur Besatzung gehörten ebenso französische und englische Ritter sowie eine starke Abordnung der Johanniter, die bereits am heroischen Kampf auf Malta teilgenommen hatten. Sie alle segelten gen Morea, einem Teil des Peloponnes westlich von Athen, wo sich die osmanische Flotte unter dem Kommando des Ali Pasha verschanzt hatte. Im Golf von Lepanto fand 1572 eine der größten Seeschlachten aller Zeiten statt. Etwaiges Zögern oder Zweifeln bei den Kämpfern wurde endgültig beseitigt durch die fürchterliche Nachricht aus Zypern, nach der die Osmanen den dortigen Gouverneur Bragandino wenige Monate zuvor bei lebendigem Leibe gehäutet und mit Stroh und Federn gespickt durch die Straßen geführt hatten.[240]

Ein frenetischer Geist der Rache breitete sich aus, der in nur drei Stunden zwei Drittel Muslime und ein Drittel Christen der jeweils etwa 30000 Kämpfer vom Leben zum Tode beförderte. Über die Hälfte der ca. 25000 christlichen Galeerensklaven konnte aus den sinkenden Osmanenschiffen gerettet werden. Don Juan, der spektakuläre Sieger von

Lepanto, nahm allerdings ein weit weniger spektakuläres, frühes Ende. 1578 kam er in Belgien – wahrscheinlich durch Gift – auf ebenso profane Weise um, wie Sultan Selim sich vier Jahre zuvor zu Tode getrunken hatte. Papst Paul VI. gab in einem feierlichen Akt 400 Jahre später den Türken ihre in Lepanto verlorene Fahne zurück. Ob damit auch gewachsene Gegensätze überwunden wurden, blieb abzuwarten.

Neben dem schleichenden Genozid in Ungarn, der die Bevölkerung zwischen den Wiener Belagerungen von 1529 und 1683 um mindestens zwei Millionen Menschen dezimierte, richtete sich der *djihad* zunächst eher nach innen oder stellte sich in den Dienst innereuropäischer Machtkämpfe. Murad III. (gest. 1595) räumte als Nachfolger seines Vaters Selim fünf konkurrierende Brüder aus dem Weg und widmete sich seinem Harem sowie einer umfangreichen Nachkommenschaft, bevor ihn Elisabeth I. von England als mögliche Hilfe gegen die Armada Philipps II. von Spanien ausmachte. Die Angst um die Macht in Europa und der Haß auf den Papst verdrängten die religiösen Skrupel, die – theoretisch – einer Allianz mit dem Islam hätten entgegenstehen können.

b) Niedergang des Imperiums

Murads gering ausgeprägtes Interesse am *djihad* schwächte die Kampfkraft der Janitscharen, die sich nun allerlei Nebenaktivitäten zuwandten, um ihre durch Beutemangel leeren Kassen aufzufüllen. Auch sein Sohn Mehmed III. (gest. 1603) widmete sich weniger dem *djihad* in Europa, sondern dem *djihad* gegen die ebenso verhaßten, schiitischen Häretiker in Persien, die zu jener Zeit sogar »gefährlicher als Christen« erschienen.[241] Zuvor hatte er 1595 jedoch ein Problem zu erledigen, das ihm sein zeugungsfreudiger Vater hinterlassen hatte. Nicht nur waren 19 Brüder – in der Regel mit der Drosselschnur – zu exekutieren, sondern auch 7 schwangere Konkubinen zu beseitigen, die mitsamt ihrer riskanten Leibesfrucht durch Ertränken unschädlich gemacht wurden.

Der eindeutige Verfall von Staatsführung und Moral setzte sich über Mustafa I. (gest. 1639), Ahmed I. (gest. 1617) und Osman II. (gest. 1622) – alle weitgehend geistesgestörte Imbezile – konsequent auf Murad IV. (gest. 1640) fort, als dessen wesentliches Merkmal eine an Selim den Schrecklichen erinnernde Mordlust hervortrat. Ihm werden über 60 000 Hinrichtungen zugeschrieben, und viele Unglückliche, die den Weg des Despoten kreuzten, verloren ihr Leben, weil der Zufall ihres simplen Erscheinens zur falschen Zeit am falschen Ort den Zorn des Psychopathen erregte. Ebenso verschwanden zahlreiche Wesire, Muftis und hohe Beamte, die sich durch abweichende Meinungen unliebsam gemacht hatten, in den Fängen dieses Terrors. Nicht weniger als 30 000 Besatzer der Garnison Bagdad, die Murad 1638 in einem Feldzug gegen Persien eingenommen hatte, fielen der Willkür des Tyrannen zum Opfer, der sich indes jederzeit auf die Zustimmung Allahs berufen konnte.[242]

Der unaufhaltsame Niedergang verstärkte sich über Ibrahim (gest. 1648), den Sohn Murads, begleitet von einem ebenso verstärkten Verfall von Disziplin und Loyalität unter den Janitscharen. Diesen ehemals so konsequent gedrillten Kämpfern blieb es vorbehalten, ihre Aggression nun gegen die eigene Führung zu wenden und den Sultan selbst zu erwürgen. Erst dessen Sohn Mehmed IV. (gest. 1692) gelang es, ein Mindestmaß an Ordnung im anarchischen Staat wiederherzustellen, allerdings wiederum nur durch den *djihad* nach innen, der im Rahmen landesweiter Exekutionen 36 000 korrupte und/oder unfähige Beamte aus dem Leben und aus den Gehaltslisten entfernte.[243]

Der *djihad* nach außen hatte dagegen seine Durchsetzungskraft weitgehend verloren, wie nicht nur in der Niederlage von Wien 1683 deutlich geworden war. Auch der ungarischen Tragödie wurde ein nachhaltiges Ende gesetzt. Der Habsburger General Montecuccoli, erfahren in zahlreichen Gefechten gegen Frankreich und Schweden, brachte seinem Gegenspieler, Großwesir Muhammad Kiuprili, in der historischen Schlacht von St. Gottard, südlich von Budapest, im Jahre 1664 eine Niederlage bei, die für den Rückzug des äußeren *djihad* von gleichermaßen entscheidender Bedeutung war. Im Mittelmeer blieb den Osmanen unter dem Sohn des Großwesirs, Ahmed Kiuprili, das *djihad*-Glück für etwas längere Zeit treu. In einer erbitterten Belagerung Kretas zwangen sie die venezianischen Verteidiger nach 20jährigem Kampf 1669 zur Kapitulation. Wenngleich nach insgesamt etwa 50 000 Toten die Übergabe relativ friedlich verlief, zogen es viele der Bewohner vor, nach Korsika zu fliehen, wo einige ihrer Nachkommen noch heute Griechisch sprechen.

Immer wieder offenbarte das zwanghafte Streben der Muslime nach Landgewinn, daß es sich beim *djihad* weniger um »heiligen Krieg« und noch weniger um eine »Anstrengung im Glauben« handelte, wie es die Propaganda der modernen Islamlobby glauben machen will. Wie uns dagegen unzählige Beispiele der Geschichte zeigen, ist *djihad* in allererster Linie eine permanente Anstrengung um territoriale Ausweitung, wirtschaftliche Bereicherung, Schutzgelderpressung und Plünderung sowie als Endziel die Vernichtung des Unglaubens. Wiederholt ist darauf zu verweisen, daß im Rahmen der Feldzüge der muslimischen Eroberer – ob Araber, Berber oder Türken – gegen die einheimischen Landinhaber der Klein-*djihad,* die permanente Ausraubung durch herumstreifende Verbände von Vaganten und Banditen, zu allen Zeiten und in allen Regionen weitergeführt wurde.

Auch im Osmanenreich entspann sich ein dynamisches Wechselspiel zwischen offiziellen Kämpfern und inoffiziellen Marodeuren, das in Kriegen und Razzien ein Netzwerk permanenten Terrors über das Land zwischen Adria und Schwarzem Meer legte, um überall dort, wo früherer Raub und Mord etwas übrig gelassen hatten, sich auch noch den letzten Rest zu holen.[244] So stellt sich *djihad* als imperialistisches System dar, das in seiner osmanischen Form besonders klar hervortrat und sich als ein reines Gewaltsystem selbst genügte, das somit auch immer weniger auf die *shari'a* als Legitimation angewiesen war.

Über diese Existenzform ging die Zeit graduell hinweg. In Europa waren Militärtechnik, -drill und -organisation inzwischen weit fortgeschritten. Geordnete Verbände, die auf geplante Versorgung und Logistik zurückgriffen, standen disziplinlosen Janitscharen und ungeordneten Haufen von Banditen gegenüber, eine Konstellation, die den Europäern ab etwa Mitte des 17. Jahrhunderts zu einer schrittweise wachsenden Überlegenheit verhalf. So konnte militärisch-logistisches Wissen in Verbindung mit militärisch-logistischem Unwissen 1683 vor Wien zu einer Situation führen, die einem an Zahl weit unterlegenen Heer die Vertreibung eines weit überlegenen Heeres ermöglichte. Die Osmanen selbst zeigten sich nicht nur von der Schlachtordnung der westlichen »Giauren« beeindruckt,[245] sondern begannen durchaus auch die tieferen Wesensgründe für die permanente Unordnung der eigenen Verbände zu erkennen.[246]

c) Erstarkung des Westens

Die Siege des Generals Montecuccoli von St. Gottard und des Generals Sobietzki (Johann III.) von Wien lösten die Rückeroberung Ungarns und eine umfassende balkanische Reconquista aus. Nach Einnahme von Budapest 1685 und einem »zweitem Mohacs« 1687 fiel 1697 auch Belgrad wieder in christliche Hand. Erneut hatte hier Prinz Eugen von sich reden gemacht, der den Türken große Verluste zufügte und damit die Wende zugunsten Europas entscheidend vorantrieb.

Die mit dieser Entwicklung einhergehende Erstarkung Habsburgs stieß auf das wachsende Mißtrauen Frankreichs und Deutschlands. Dieser Machtzuwachs irritierte ganz besonders die Bourbonen, denen die Habsburger nun als der wesentlich gefährlichere Konkurrent um die Vorherrschaft in Europa erschien im Vergleich zur rasch schwindenden Macht der Osmanen, »des kranken Mannes am Bosporus«.

Der Machtverfall der Pforte brachte eine neue Bewegung in die europäische Politik, der sich die Großmächte umso weniger entziehen konnten, je größer das Vakuum wurde, das der Rückzug des *djihad* hinterließ. Der Frieden von Karlowitz 1699 markierte eine weitere, wichtige Wende im Verhältnis Westen-Islam, denn nun hatte ersterer begonnen, letzterem auch vertraglich Bedingungen zu diktieren, die den Muslimen keine Alternative ließen. Von jahrhundertelanger Expansion war der *djihad* in eine Bewegung der Kontraktion übergegangen, welche die Osmanen von einer Position des aktiv und souverän Handelnden in die Lage desjenigen zwang, der nur noch kurzfristig reagieren konnte. Das sich nun entfaltende Geschehen wurde von anderen diktiert, mit schwindenden Möglichkeiten für die Osmanen, es noch wesentlich und aktiv in ihrem Sinne beeinflussen zu können.

Da sich Islam als weltgeschichtlicher Gegensatz zum Unglauben und, wie unsere Betrachtungen vielfach illustriert haben, den *djihad* als Programm zur Verwirklichung dieses Auftrags, d. h. zur Vernichtung des Unglaubens, versteht, sind alle Muslime aufgerufen, diesem Programm gemäß ihren jeweiligen Möglichkeiten zu entsprechen. Denn der *djihad* dient letztlich der Ausweitung des Geltungsgebietes des Allahgesetzes, des islamischen Friedens, der nur dann vollständig sein kann, wenn es keinen Unglauben mehr gibt. Mit den schwindenden Möglichkeiten der Osmanen zog sich denn auch ihr *djihad* nicht abrupt, sondern allmählich zurück. Immer wieder flackerten Rückzugsgefechte auf, die ab dem 18. Jahrhundert in wachsendem Maße von der Reaktion auf geschaffene Verhältnisse, also von der europäischen Politik bestimmt war. Der Islam bestätigte in immer ungeschminkterer Form, was er längst gewesen war, jedoch historisch in den verschiedensten Verkleidungen vorgetragen hatte: eine Ideologie, die Machtpolitik mit Gewalt betrieb und mit Religion begründete.

Im Rückzug zeichnete sich ein besonderes Aufbäumen zu Anfang des 18. Jahrhunderts ab, als die Osmanen ein Heer von 100 000 Mann nach Belgrad marschieren ließen und eine Hilfsflotte in die Adria entsandten. Erneut trat der zum »El Cid Europas« heranreifende, bereits mehrfach bewährte Prinz Eugen auf den Plan. 1716 schlug er die Muslime wiederum entscheidend und nutzte die Verwirrung zur Rückeroberung Rumäniens. Etwa um diese Zeit griff von Norden auch Rußland ins Geschehen ein und nahm den Osmanen bis 1771 Asow, Moldawien und die Walachei ab; 1794 unterwarf sich Katharina II. die Tataren, die auf der Krim einen eigenen muslimischen Staat gebildet hatten.

Der große Aufklärer Montesqieu hatte die wirtschaftlichen Rücksichten erkannt, die die europäischen Mächte im Konflikt mit den Muslimen – auch und gerade in der Schwäche – immer wieder nehmen mußten:

> »Wenn irgendein Machthaber dieses Reich durch Eroberungen in Gefahr brächte, wüßten die Handelsnationen Europas zu gut um ihr Geschäft, um nicht sofort zu seiner Verteidigung zu schreiten.«[247]

So unterstützten England und Frankreich die Osmanen gegen Rußland und Österreich. Die Russen kämpften an vier Fronten gegen das Imperium: Donaufront (Polen und Balkan), Schwarzes Meer, Mittelmeer und Kaukasus. Besonders unversöhnlich standen den Russen die Tataren gegenüber, Abkömmlinge der Goldenen Horde des Dschingis Khan und Muslime seit 400 Jahren. Sie stachelten den *djihad* an mit erneuter Ausstrahlung auf die eben abfallenden Gebiete der Polen, Moldawen und Walachen, wo man nun »alle Christen« töten wollte. Zumindest das Polenproblem nahmen Preußen, Rußland und Österreich den Osmanen gemeinsam ab: Sie teilten das Land unter sich auf.

Wechselnde Macht- und Wirtschaftsallianzen retteten das schwindende Imperium immer wieder aus zunehmend bedrohlichen Situationen und verlangsamten den Prozeß seiner Auflösung. In gegenseitiger Kontrolle verhinderten die Großmächte, daß eine von ihnen sich zu schnell ein zu großes Stück des kränkelnden Reiches einverleibte. Dennoch gelang es Rußland, 1783 die Krim und 1792 die Ukraine zu besetzen. Österreich und Deutschland strebten in dieser Dynamik des osmanischen Verfalls ebenfalls vorteilhafte Positionen an, während Frankreich, der historische Verbündete der Türken, eine möglichst dominante Funktion zur Kontrolle des gesamten Ablaufs zu übernehmen suchte.

3. Formation der Moderne

a) Toleranz und Krieg

Die Französische Revolution und ihre Vordenker wie Friedrich der Große und Voltaire hatten als wichtige Errungenschaft des Humanismus die Toleranz ausgemacht, die gegenüber allen Andersgläubigen und hier insbesondere gegenüber dem Islam als prominentestem Ziel dieser Geistesübung zu praktizieren war. Friedrich konnte sich vorstellen, ganz Preußen mit Muslimen zu »peupliren«, und in seiner Gegnerschaft zum Christentum erkannte Voltaire im Islam den einen wahren Glauben, den »schlichten Theismus«, der seiner freimaurerischen Idee vom »Höchsten Wesen« so nahe zu kommen schien.

Nach ihm war die von Muhammad gestiftete Religion »weise, streng, keusch und menschlich«. Weisheit enthielt diese Religion, weil sie Gott keine Gefährten beigesellte; sie war streng, weil sie Wein und Glücksspiel verbot; sie war keusch, weil sie »nur« vier Frauen zuließ; sie war menschlich, weil sie das Almosengeben höher einstufte als die Wallfahrt.[247a] Als alle anderen Merkmale überstrahlend wies Voltaire jedoch dem Islam die Eigenschaft der Toleranz zu. Der *djihad* und seine über ein Jahrtausend praktizierte Vernichtungsstrategie fanden in dieser Wahrnehmung keinen Platz.

Die Ablehnung des Christentums und die »Religion der Vernunft« als Ersatz für die verdrängte Transzendenz der Offenbarung installierten eine neue Wahrnehmungsform, in der alles Christliche eine tendenzielle Polung ins Negative und Böse erfuhr, und alles Nichtchristliche beginnen konnte, sich zu Heilszielen des Positiven und Guten zu entwickeln, in dem der Islam einen zentralen Platz einnahm. Auf dieser neuen Wahrnehmungsebene umfassender Toleranz konnte Goethe die endlose Unterdrückung der Christen durch die Muslime als integralen Teil einer positiv übersteigerten Kultur empfinden und Lessing die Massenmorde Saladins an den Kreuzfahrern (s. o. S. 117f.) zum Toleranzvorbild der Moderne umformen. Lessing hatte den »Nathan« als Symbol der Toleranz, des »einigenden Bandes« der Freimaurerei verfaßt, der er sich in der Ablehnung von jeglicher Offenbarung verbunden fühlte. Goethe sah im Islam die ahistorische, kultlose Religion, der sich das Selbst des Menschen *intuitiv* anvertraut: [248]

> »Nord und West und Süd zersplittern, Throne bersten, Reiche zittern, flüchte du, im *reinen* Osten, Patriarchenluft zu kosten, unter Lieben, Trinken, Singen, soll dich Chisers Quell verjüngen« (Hervorh. d. Verf.)

Dennoch spricht tiefe Verunsicherung aus diesen einleitenden Versen Goethes zum »Diwan«, in dem sich die Verherrlichung des islamischen Ostens durch die masonische Aufklärung in einen unüberbrückbaren Widerspruch zwischen ihrer Toleranztheorie und der Gewaltpraxis in den Napoleonischen Kriegen verlor. Napoleon, Priester der Vernunftreligion, hatte seine »humanistische Mission« dort begonnen, wo man das Zentrum der östlichen Kultur wähnte, in Ägypten. Mit seiner Landung 1798 in Abukir leitete der Imperator der Aufklärung die Phase der westlichen Kolonisation im Land des Islam ein.

Obwohl sich Napoleon zuweilen in der *djallabiya*, der muslimischen Gewandung zeigte, ließen sich die Ägypter nicht täuschen. Für sie waren die Franzosen Besatzer, schlichte Ungläubige, die konsequent zu bekämpfen und zu vertreiben waren. Dies umso mehr, als Napoleon sehr bald alle Spiegelfechtereien der vorgeschobenen Toleranz aufgab und die Azhar-Universität, Zentrum islamischer Gelehrsamkeit, mit Kanonen beschießen ließ, nachdem seine rohen Reiter die geheiligten Mosaiken der Moschee entweiht hatten.[249]

Nicht nur angesichts dieser ernüchternden Entwicklung entpuppte sich das Argument der Toleranz, mit dem man die Ankunft in Ägypten begründete, als hohler Vorwand. Als wahrer Grund schälten sich rasch die wachsenden Pressionen heraus, welche die französischen Kaufleute in ihren ägyptischen Geschäften behindert, entgegen den vertraglichen Abmachungen ihren Handel praktisch zum Erliegen gebracht und damit ihren konkreten, finanziellen Interessen arg zugesetzt hatten.

Ähnlich profan lagen die Dinge im syrischen Akkon, wo Napoleon in einer Aktion aufklärerischer Toleranz zweitausend muslimische Gefangene bayonettieren ließ.[250] Der Ertrag des islamischen Abenteuers des Napoleon Bonaparte bestand außer einigen kleinen Eroberungen vor allem in der Erkenntnis, daß auch aus westlicher Sicht der *djihad* umso erfolgreicher werden konnte, je »natürlicher« die Religion wurde, mit der die Europäer die Muslime zu beeindrucken suchten. Der ursprüngliche Traum Napoleons, nach Eroberung Akkons und in Anlehnung an masonische Ideale ein Orientreich aufzurichten, war damit indessen ausgeträumt:

> »Das Schicksal des Orients liegt in der Festung Akkon. Dann werde ich das Türkische Reich niederwerfen und ein neues großes Reich im Orient gründen, das meinen Platz in der Nachwelt bewahren wird.«[251]

Die eigentümliche Religion der Toleranz stellte sich den Muslimen zunehmend als einfache Machtpolitik dar, die in direkten Wettbewerb zum muslimischen *djihad* trat, und der schwindenden Osmanenmacht klarmachte, wer nicht nur in Europa, sondern in wachsendem Umfang nun auch im Lande des Islam selbst das Sagen hatte. Ein erster, spektakulärer Erfolgsfall dieser Entwicklung war die sogenannte Tripelalliance, in der Frankreich, England und Rußland im Jahre 1827 Sultan Mahmud II. zur Freigabe Griechenlands zwangen.

Diesem Akt war eine der grausamsten Phasen sowohl des *djihad* als auch der Balkan-Reconquista vorausgegangen. Die Serben hatten 1804 mit einem Befreiungskampf ungeahnter Härte den Anfang gemacht, bevor die Griechen sich 1821 gegen die Osmanen, Unterdrücker seit Jahrhunderten, erhoben. In Morea, auf dem blutgetränkten Boden des chronischen *djihad*, begann ein jahrelanges Morden, das sich in einer Art wechselseitigen Totentanzes ausdrückte. Eine konsequente Ausrottung der Muslime auf griechischem Boden wurde beantwortet durch eine ebenso konsequente Ausrottung zunächst des orthodoxen Klerus und dann der Bewohner der griechischen Viertel in

Istanbul und Thessaloniki sowie auf Kos, Rhodos und Zypern. Das Crescendo dieses Mordreigens bildete das Massaker von Chios, dessen Einwohnerschaft von etwa 100 000 Menschen glatt halbiert wurde.

Auch auf diesen »Höhepunkt« ließ die Antwort nicht lange auf sich warten. Unter dem Schutz der auf Navarino gerichteten Kanonen der Allianzflotte machten die Griechen Tausende von Muslimen nieder, eine Mordaktion, die sich ihrerseits erneut verselbständigte, ins Landesinnere fortsetzte und weitere Zehntausende das Leben kostete. Kleinere Abordnungen aus ganz Europa – Frankreich, Italien, Deutschland – unterstützten diesen Kampf, wandten sich jedoch zum Teil sowohl von Euro- als auch Islamophilie ab, als die blutrünstige Diskrepanz zwischen dem Anspruch des Freiheitskampfes und der Wirklichkeit entfesselter Gewalt erkennbar wurde.

Während die Russen dem osmanischen Imperium noch ein bestimmtes Maß äußerer Kompetenz zubilligten, indem sie 1812 in Bukarest einem Waffenstillstand zustimmten, waren die Weichen der Reichsentwicklung nach innen auf Schwächung und Auflösung gestellt. Die Janitscharen, die seit langem eher ein Sicherheitsrisiko denn einen Stabilitätsfaktor dargestellt hatten, wurden nun einer grundsätzlichen »Heeresreform« islamischer Art geopfert. In einem tagelangen Massaker gingen die Janitscharen, einst ruhmreiche Kämpfer für den *djihad*, nun selbst im inneren *djihad* des endlosen Gewaltzyklus' Allahs unter.

Zwischen 5000 und 10 000 von ihnen wurden gnadenlos von der eigenen Artillerie zusammengeschossen. Im Jahre 1826 wurde diese Elitetruppe des *djihad*, seit fast 400 Jahren den Christen abgepreßt und für den Islam umgeformt, aus der Geschichte des osmanischen Imperiums getilgt. Einmal mehr hatte sich der innere Opferzwang der islamischen Selbstvernichtung durchgesetzt. An ihre Stelle trat eine neue Truppe für die »Sache der Religion«, die »Siegreiche Muhammadanische Armee« mit einer Anfangsstärke von 40 000 Mann.

b) Das Ende des Imperiums

Die europäische Machtentwicklung rollte auch über diese »Reform« hinweg. Nach der Vernichtung der osmanischen Flotte in der Schlacht von Navarino durch die Allianz blieb dem Sultan 1827 nur noch, dem Vertrag zur Befreiung Griechenlands zuzustimmen. Seine Flotte hatte unter dem Kommando des Ibrahim Ibn Muhammad gestanden, eines Sohnes des Statthalters von Ägypten, Muhammad Ali (gest. 1848), der mit Geschick und Gewalt zunächst die Mamluken ausgeschaltet und dann das Land in klassischen *djihad*-Mustern seiner nahezu unumschränkten Herrschaft unterworfen hatte. Unter der Führung Ibrahims gelang auch die Unterwerfung Syriens, seit Jahrhunderten Pflichtübung der ägyptischen Machthaber. Muhammad Ali scheute nicht davor zurück, den eigenen Eroberungsschwung auch zu Kämpfen gegen die Sultanstruppen selbst zu nutzen, die sich ihm mehrfach erfolglos entgegenstellten. So nutzte man erneut Rußlands Hilfe, die den nun offenen Weg nach Istanbul blockierte und den Ägypter 1832 – stellvertretend für den Sultan – in die Schranken wies.

Eine weitere Aktion breitete sich – ebenfalls auf Basis ägyptischer Tradition – nach Arabien aus, um sich die heiligen Stätten anzueignen. Hier hatte sich indessen die islamisch-konservative Bewegung der Wahhabiten etabliert, die sich in verwickelten, fast vier Jahrzehnte währenden Auseinandersetzungen der ägyptischen Herrschaft schließlich erfolgreich widersetzten und 1849 den letzten fremden Statthalter aus Mekka nach Kairo vertrieben.

Der zugleich zunehmende Druck der europäischen Okkupation hatte weitere Traditionalisten auf den Plan gerufen, die eine Bekräftigung des überkommenen Glaubensgutes einforderten. Theologen wie der Syrer Ibn Abidin (gest. 1836) und der Nordafrikaner As-Sanusi (gest. 1859) bestätigten noch einmal die doktrinäre Regel, daß das Glaubenserbe des Islam mit Koran, Prophetentradition und schariatischer Exegese von unübersteigbarer Geltung war. Glaube und Vernunft, innerer Ritus und äußerer Kampf befanden sich in definitorischer Übereinstimmung, die das religiöse Wissen des Islam als unveränderbare Wahrheit und ehernen Maßstab für alle Zeit festgelegt hatte. Unübersehbar begann sich hier eine »reformerische« Bewegung abzuzeichnen, welche die unangreifbaren Wurzeln des Islam gegen die herannahenden Wellen des westlichen Unglaubens wappnen wollte.

In einer Zeit schwindender Gewaltpotentiale schienen die Muslime auf die andere Seite des islamischen Doppelbildes, die Glaubenstheorie, umzuschwenken. Ritus und Glaubenstheorie hatten seit prophetischem Beginn, seit dem medinensischen Modell, ihrem existentiellen Pendant, *djihad* und Gewaltpraxis, gegenübergestanden und sich mit diesem in der Geschichte der islamischen Expansion in einer vexierbildhaften Fluktuation fortlaufend abgewechselt und komplementär ergänzt. In einer unendlichen Vielfalt raumzeitlicher *hidjra*-Realisierungen des Islam in zahlreichen Teilepochen und Regionen hatte zumeist der *djihad* obsiegt.

Während in Phasen der Stärke das Land des Islam gegen das Land des Unglaubens ausgeweitet und die Glaubenstheorie tendenziell zurückgedrängt wurde, wandelte sich nun, in der Zeit der erfolglos werdenden *hidjra*, der dominante *djihad* in ein rezessives Verhalten und trat zugunsten einer dominanten Glaubenstheorie in den Hintergrund.

Die westlichen Großmächte waren seit dem Mittelalter – bei abnehmender Bedeutung ihrer Glaubenstheorie – auf eine zunehmend dominante Profitpraxis ausgerichtet, der sie ihre gesamte Macht- und damit auch Islampolitik unterstellten. Sie zwangen 1840 Muhammad Ali zur Rückgabe Syriens mitsamt der Flotte an die Hohe Pforte, zudem zur strikten Einhaltung aller laufenden Verträge und zur Zahlung eines jährlichen Tributs von 30 Millionen Piaster.[252] Nachdem Frankreich sich im Jahre 1830 Algerien einverleibt hatte, war Ägypten zum faktischen Protektorat Englands geworden. Die Muslime durchliefen einen schmerzhaften Prozeß der Ausweitung des Unglaubens auf das Land des Islam, insbesondere auch in Rußland, wo die Tataren 1856 die russische Besetzung der Krim hinnehmen mußten. Eine weitere Ausweitung verhinderten wiederum Frankreich und England, nicht nur im machtpolitischen Interesse, sondern auch für die Gegenleistung des Sultans, nun eine konkrete Reform des traditionell hart bedrängten Christenstatus im Imperium in Angriff zu nehmen.

Diese Art der unislamischen Infiltration und wachsenden Bevormundung erzeugte Haß, der sich systematisch an Stellen des geringsten Widerstandes grausame Bahn brach. In Syrien und im Libanon wurden über 40 000 Christen in massenhaften Pogromen niedergemacht, deren man durch gemeinsames Einschreiten osmanischer und französischer Truppen Herr werden konnte. Niemanden wunderte, daß trotz der eindeutigen Politisierung des Verhältnisses zum Westen die islamische Welt Europa immer noch mit dem »Christentum« gleichsetzte, obwohl dessen Rolle in der modernen Machtpolitik längst zurückgedrängt war.

Dort, wo starke anti-islamische Kräfte wirkten, nahm die Sache der Christen einen aus ihrer Sicht positiven Verlauf. So kamen z. B. Moldawien und Wallachien im Windschatten Rußlands der Freiheit ein gutes Stück näher, und sogar Bosnien und Albanien – beide fast rein muslimisch – begannen sich von der osmanischen Herrschaft loszusagen. Stellenweise machte sich der *djihad* jedoch immer noch in zum Teil wilden Rückzugsgefechten bemerkbar. So zum Beispiel 1875 in der bulgarischen Stadt Batak, wo sich Gouverneur Ahmed Agha hohe Verdienste und Beförderung durch das Abschlachten von mehreren Tausend Frauen und Kindern erwarb.[253]

Solche Reflexe gehörten jedoch inzwischen zu den selteneren Ausnahmen. Der Berliner Kongreß von1878 besiegelte den faktischen Rückzug der Türken vom Balkan. Serbien, Rumänien, Bulgarien, Montenegro, Bosnien und Herzegowina erhielten die Freiheit bzw. schlossen sich, wie die zwei letzteren, dem Habsburger Reich an. Zypern fiel an England, das aufgrund seiner freimaurerischen Tradition und habituellen Distanz zum *djihad* schon immer eine überaus positive Sicht vom Islam als einer toleranten Religion vertreten hatte. So könnte denn auch der Kommentar der britischen Presse zur Friedensfähigkeit der Muslime in Indien 1877 dem interreligiösen Dialog von heute als Kopievorlage gedient haben:

> »... die Tatsache, dass der Name unseres allergnädigsten Souveräns in die Freitagspredigt in ganz Indien aufgenommen wird, ist Beweis genug dafür, daß sich der Islam weder gegen religiöse noch politische Toleranz stellt und daß die Doktrin des Djihad – oder heiligen Krieges – nicht so gefährlich oder barbarisch ist wie allgemein angenommen.«[254]

70 Jahre später wurden die Vertreter dieser optimistischen Richtung auf den Boden der Tatsachen zurückgeholt. Pakistan und Indien spalteten sich in einem Bürgerkrieg, in dem sich über eine Million Menschen gegenseitig umbrachten. Um solche Massen zu liquidieren, bedarf es allerdings, wie der westliche »Dialog« nicht müde wird zu wiederholen, einer gewaltigen »Anstrengung im Glauben«. Es ist dies die Art von Glaube, die sich aus allem Nichtislamischem definiert und somit das Heilige dort sieht, wo die Macht ist, die vom Stärksten besetzt und von Allah legitimiert wird.

Die Befreiung des Balkan von osmanischer Herrschaft hatte eine neue Ordnung, aber auch eine andere Qualität von Unruhe durch neue, gegenseitige Gebietsansprüche geschaffen. Den stärksten Nachdruck übte Serbien in seinem Anspruch auf Bosnien aus, dem Thronfolger Franz Ferdinand von Österreich im Attentat von Sarajewo 1914 zum Opfer fiel. Nach einer Kette von Kriegserklärungen verbanden sich die Türken, Österreich und Deutschland gegen Rußland, Frankreich und England. Als Kalif erklärte der Sultan den »Heiligen Krieg« gegen die Allierten, die nun zu ebenso heiligen Kriegern gegen die beiden deutschen, nicht weniger westlichen Mächte geworden waren. Der deutsche Kaiser hatte einiges zu dieser Absurdität beigetragen, indem er »die gesamte muslimische Welt gegen Britannien« aufrief und sich selbst zum »Protektor des Islam« erklärte.

Diese »Armee des Islam« war dafür vorgesehen, die Allierten durch Sabotage in Indien gegen die Engländer, in Nordafrika gegen die Franzosen und auf der Krim gegen die Russen aufzureiben, ein Plan, der zwar in der Theorie heftig diskutiert, in der Praxis jedoch nicht durchgeführt wurde. Sehr erfolgreich war diese Armee allerdings in Gestalt der Türken, die in den Jahren 1915-16 über eine Million Armenier folterten, vergewaltigten, massakrierten oder ganz einfach verhungern ließen. Die Türken bestreiten bis heute jede Schuld an diesem Genozid, womit sie aus ihrer Sicht recht haben. Sie erfüllten nicht mehr als ihre Pflicht, den *djihad*, denn alle Opfer waren Christen, Menschen nahe dem Unglauben.

In der Folge des Ersten Weltkrieges wurde der Nahe Osten neu geordnet. 1926 übernahm die wahhabitische Familie Saud das Königreich Hidjaz und Nadjd, das spätere Saudi-Arabien; aus Transjordanien gingen das neue Jordanien und der alte Irak hervor. Aus dem Rumpfreich der Osmanen entstand 1923 die Republik Türkei unter Führung des Kemal Atatürk (gest. 1935), der als Freimaurer und – aus Sicht eines Biographen »hochtrabender Neurotiker« – sich ungewöhnlich aggressiv zum Islam äußerte:

> »Islam, diese absurde Theologie eines unmoralischen Beduinen, ist eine verwesende Leiche, die unser Leben vergiftet ...«[255]

Die Kolonisation hatte die Länder des Islam aus einer über mehr als ein halbes Jahrtausend währenden Selbstbespiegelung aufgeschreckt. Ihre Führer, welche die Sprache der Macht besser verstanden als so mancher europäische Machthaber, sahen sich mit einem komplexen Problem konfrontiert. Sie und ihre Religionsgelehrten hatten zu erklären, wieso diese westliche Zivilisation dem Islam offensichtlich so überlegen war und »das beste Volk« derart in die Defensive drängte. Überdies hatten sie Strategien zu entwickeln, mit denen sich der Islam langfristig gegen diese Zivilisation durchsetzen, doch noch der ehernen Pflicht zum *djihad*, zum Kampf gegen den Unglauben gerecht werden und schließlich der Macht des Islam zum Durchbruch verhelfen konnte.

c) Die »fundamentalen Reformer«

Sowohl aus Sicht des islamischen Machtdenkens als auch des orthodoxen Elitarismus war letztlich keine Kultur zu Eigenleistungen fähig, weil alles Wissen und damit alle

Macht präexistent im Islam vorgeformt und im Lauf der Geschichte vermittels des *djihad* zu realisieren waren. Wenn sich also eine Kultur als überlegen erwies, konnte sie ihre Erkenntnisse nur über eine Art *unfreiwilligen Plagiats* erworben haben, welches das umfassende Islamwissen nicht weniger illegitim angezapft hatte. So wie der spätere Organismus genetisch im befruchteten Ei präexistiert, so ist die Entwicklung der gesamten Welt von Adam bis zum Endgericht im Genom des Islam angelegt. So verstanden, verstärkt sich kurioserweise über das Medium des »Wissens« die biologische Dimension des *djihad*.

Der bekannteste Reformer der islamischen Moderne, der Ägypter Muhammad 'Abduh (gest. 1905), hat diese Sicht aufgegriffen und weiterentwickelt. Da der Verstand mit dem Glauben übereinstimme und letzterer sich auf den unermeßlichen Wissensgrund des Islam stütze, seien dem Verstand letztendlich keine Grenzen gesetzt. Tradition und Gottesgesetz auf der Grundlage des Koran seien eindrucksvolle Ergebnisse dieser dynamischen Geistesaktivität, deren Qualität auch durch die spekulative westliche Philosophie nicht übertroffen werden könne. Schon der große Al-Ghazali habe die Beschäftigung mit der Logik zur Glaubenspflicht gemacht. Gerade in einer Zeit intensivierter Kontakte mit anderen Religionen und Kulturen erlangten die »nützlichen Wissenschaften« ähnliche Bedeutung, denn die unter ihrer Anwendung möglichen Waffensysteme könnten ebenso zum Schutz des Islam herangezogen werden wie die Argumente der Logik.

Diese Rabulistik leitet 'Abduh von der Quelle alles Wissens, von Allah selbst ab, der den Menschen im Koran die höchstmögliche Wissensfülle übermittelte. Während der Verstand die unbekannten Grenzen dieser Fülle nicht zu übersteigen vermag, so kann er in Einzelfragen wie in der Interpretation der koranischen Bestimmungen oder der Tradition die ihm von Allah verliehenen Verstandeskräfte im Sinne des Islam einsetzen, womit dieser sich unausweichlich als »das richtige Wissen von allem Wißbaren« bestätigt.[256] Die Botschaft des Islam als identisch mit Erkenntnis an sich erklärt sich selbst, der Verstand als ihr zugeordnetes Element kann ihr erkenntnismäßig nichts mehr hinzufügen, da sie bereits die Vollendung der Menschheitsgeschichte darstellt.

Die rationale Verstandeskraft des Menschen konnte daher eigentlich erst mit dem Islam existent werden, nämlich in der Beschäftigung mit dem Wissen von Allah und dem Gesetz, das nur im Studium der koranischen Offenbarung gewonnen werden kann, und das in seiner umfassenden Klarheit den fehlerhaften Weltbildern der Juden und Christen unendlich überlegen ist. Während das islamische Wissen zu jedem Zeitpunkt in sich vollendet sei und das potentielle Wissen bereits virtuell umschlösse, so führt 'Abduh weiter aus, brauchten die westlichen Wissenschaften den »Fortschritt« auf einem Weg, an dessen Ende sie aufgrund der ihnen eigenen Neigung zur Fehlerhaftigkeit im Gegensatz zur Vollkommenheit des Islam immer wieder nur Verfälschungen hervorbringen müßten. Dennoch schien sich 'Abduh zu Anfang des 20. Jahrhunderts seiner Sache nicht mehr ganz so sicher zu sein:

> »In einer Zeit, in der der ganze Erdball von der Wissenschaft umgestaltet wird, ist es unerträglich, daß die Muslime in Unwissenheit dahindämmern ... wie können

wir die Bürde der Unwissenheit abwerfen? … Nur die Söhne dieses Standes (der Gelehrten) können uns dazu anleiten, denn sie sind unser Geist, die Lenker unserer Körper.«[257]

Gerade weil 'Abduh die enorme wissenschaftliche Kluft zwischen dem Islam und dem Westen erkannte, wies er den Religionsgelehrten die große Aufgabe zu, den Widerstand gegen das Neue zu brechen und sich den nichtislamischen Wissenschaften zuzuwenden, die nach seiner Auffassung ohnehin im Islam wesenhaft begründet lagen und nur aktiviert zu werden brauchten. Insoweit hatte nach seiner Auffassung der Wissensstand der westlichen Zivilisation seinen Ursprung dem islamischen Wissensgrund zu verdanken.

Dabei blieb er allerdings die Erklärung dafür schuldig, warum sich die islamische Orthodoxie jahrhundertelang mit der Wiederholung und Bestätigung seit langem bekannter Texte und Kommentare begnügte, obwohl zur gleichen Zeit das gesamte Menschheitswissen der Offenlegung harrte. Dieser Entdeckungsaufgabe hatte sich inzwischen auf geheimnisvolle Weise die westliche Wissenschaft bemächtigt, eine Disziplin, die sich angeblich im Status der Fehlerhaftigkeit und des unfreiwilligen Plagiats befand.

Einen wesentlichen Anteil an der strukturellen Unterlegenheit des Westens gegenüber dem Islam weist 'Abduh dem Christentum zu, das die reine Eingottidee durch die »Verähnlichung« mit Jesus Christus verwässert habe und überdies einer Priesterherrschaft bedürfe, die den Menschen auf unvollkommene Weise das Heil zu vermitteln suche, während der Koran die Muslime auffordere, auf direktem Verstandeswege zu Allah vorzudringen.[258] Dementsprechend seien im Christentum die Machtverhältnisse geregelt, die vom einzelnen unbedingten Gehorsam verlangten, während dem Islam das göttliche *shari'a*-Gesetz zugrunde liege, dem sich auch die Machthaber zu unterwerfen hätten.

'Abduh fordert eine Selbstverantwortung der Muslime, die in der *shari'a* begründet sein soll und leitet aus ihr im Zusammenwirken mit den im Islamwissen vorgeformten »nützlichen Wissenschaften« die Teilhabe der Gläubigen an einer neuen Rationalität her, die einer verstärkten Suche nach den Glaubensquellen der Altvorderen zugrunde zu legen ist. Er formulierte damit eine altbekannte Forderung, die bereits 700 Jahre zuvor zum Verschwinden der Philosophie geführt hatte. Die Aneignung westlicher Erkenntnismethoden sollte offensichtlich über Wege erfolgen, die sich trotz – oder wegen – aller Rabulistik letztlich kein Jota von der orthodoxen Fixierung auf das Medina-Modell entfernten.

Trotz ihrer mangelnden theologischen Geschlossenheit waren die Gedanken Muhammad 'Abduhs von grundlegender Bedeutung für die ideologischen Denkwege des modernen Islam im 20. Jahrhundert. Ihre bleibende Bindung an das medinensische Ursprungsideal und die Betonung der existentiellen Seinsfülle islamischen Wissens ermöglichten eine graduelle Erholung von der kulturellen Frustration und lieferten vielfältig nutzbaren Gestaltungsraum für eine sich gegenüber dem Westen allmählich formierende, autonome Ideologie.

Abduh hatte in Paris zusammen mit seinem masonisch orientierten Lehrer Djamal ad-Din Al-Afghani (gest. 1897)[258a] über mehrere Jahre die politische Zeitschrift »Das unzerbrechliche Band« herausgegeben. In dieser Publikation hatte letzterer aus seinem Hauptwerk (»Kampf für die religiöse Botschaft«) Thesen für eine breitere Öffentlichkeit entwickelt, die auch für die heutige islamische Erneuerung große Bedeutung haben. Im Gegensatz zu 'Abduh stellte Al-Afghani die Position des Islam zum Kolonialismus weniger auf die Ideologie des überlegenen Wissens, sondern auf den erneuerten *djihad* ab, den Kampf als eine der unverzichtbaren Glaubenspflichten des Islam. Mit der drückenden Präsenz der europäischen Besatzer hatte das klassisch-dualistische Konzept vom Islamland (*dar al-islam*) gegenüber dem nichtislamischen »Kriegsland« (*dar al-harb*) verstärkte Bedeutung gewonnen, der nun eine erweiterte Geltung zu verschaffen war.

Dem regierenden Sultan Abd Al-Hamid II. (gest 1918) warf Al-Afghani in klassischer Mawardi-Tradition vor, seiner vornehmlichen Imam-Pflicht als Wahrer islamischer Interessen nicht nachgekommen zu sein und rief zu einer panislamischen Bewegung gegen den Kolonialismus auf. Al-Afghani hatte die Abhängigkeit seiner Religion von der konsumptiven Nutzung fremder Ressourcen und das Fehlen einer selbsttragenden Systemidee erspürt, wenn er die Rückgewinnung ihrer Dominanz forderte, weil diese für den Islam »wie die Nahrung für das menschliche Leben« erschien.[259]

Der Aufruf Al-Afghanis zum panislamischen *djihad* sollte dem Islam zumindest im eigenen Land die alte, angestammte Dominanz zurückgeben, aber auch im *dar al-harb*, im Lande des Nichtislam, die Botschaft des islamischen Friedens verbreiten. Damit war der modernen Ideologie des heutigen Islam, die unter dem Begriff des »Fundamentalismus« bzw. »Islamismus« bekannt wurde, ein weites Feld der ambivalenten Argumentation geöffnet. Hier wurden Konzepte entwickelt, die mit den Aspekten des allumfassenden »Wissens« und »Glaubens« die faktische Überlegenheit des Westens durch sein Schulddenken neutralisieren und dem Islam das Gesetz des Handelns durch seine reaktivierte *djihad*-Lehre zurückgeben konnten.

Dabei bewies Al-Afghani bemerkenswerte Klarsichtigkeit hinsichtlich seiner Einschätzung der beiden Antagonisten:

> »Die Kolonialmächte richten ihre Blicke nur auf die Länder, die reich an Bodenschätzen und fruchtbarem Boden sind, deren Bevölkerung sich aber auf der höchsten Stufe der Ignoranz befindet und so faul geworden ist, daß sie keinen Handstreich mehr tut und keinen Konflikt mehr wagt ... Kurzum, der Kolonialismus bedeutet ... die Dominanz von starken, mit Wissen ausgestatteten Völkern und Staaten über ignorante und schwache Völker.«[260]

Sein Schüler 'Abduh hatte in seiner hybriden Ideologie den Aspekt des materiell überlegenen Wissens der westlichen Eroberer weitgehend aufgelöst. Das im Islam vorgeformte, die gesamte Menschheit von der Schöpfung bis zum Endgericht umfassende Wissen konnte die unübersehbare Kulturkluft angemessen, d. h. islamisch rationalisieren. Die europäischen Großmächte hinwiederum hatten ihrer Glaubwürdigkeit inzwischen keinen Gefallen getan, indem im Verlauf ihrer Präsenz – zumindest im arabischen Raum – ihre dominant wirtschaftliche Stoßrichtung immer unverblümter in Erscheinung getreten war und das anfänglich vorgetragene Motiv der Befreiung von der osmanischen Vorherrschaft als vordergründiges Gerede enttarnt hatte.

'Abduhs wichtigster Schüler, der als Lehrer des Sayyed Qutb auch heute noch weithin beachtete Rashid Rida (gest. 1935), verband den *djihad*-Gedanken des Al-Afghani und die Allwissen-Ideologie 'Abduhs mit einem reaktivierten *umma*-Konzept, das die Muslime der Stammländer und der Diaspora zu einer weltumspannenden Gemeinschaft verbinden sollte. Mit dem Gedanken einer »islamischen Nation«, die den europäischen, ethnischen Nationalstaat durch das »einigende Band« des schariatischen Einheitsglaubens überwand und sozusagen eine »Säkularisierung des Superstamms« schuf, sollte das ständige Wirken für die übergeordneten Interessen des Islam erneuert werden:

> »Der Moslem darf nie vergessen, daß der Islam ihn geehrt hat, indem er ihn zum Bruder von vielen Millionen Moslems in der ganzen Welt macht. Er ist Glied eines Körpers, der größer als der Lebensbereich seines Volkes ist. Sein Heimatland ist nur ein Teil seines religiösen Heimatlandes. Er muß daher darauf bedacht sein, den Fortschritt für den einzelnen Teil zum Fortschritt des Ganzen beitragen zu lassen.«[261]

Das Bewußtsein als weltweit verbreitete Gemeinschaft, die mit dem umfassenden Wissen der Botschaft Allahs und dem darauf aufbauenden Auftrag zum *djihad* – zur Erneuerung des Glaubensideals nach innen und nach außen sowie zur Islamverkündung in der Diaspora – ausgestattet ist, bildete Grundlage und Ziel einer intensivierten Religionsideologie. Dieser Denkweg etablierte sich als maßgebliche Hauptrichtung des zeitgenössischen Gegenwartsislam und als »Fundamentalismus« in der politisch-gesellschaftlichen Diskussion des sich fortschreitend liberalisierenden Westens. Der zitierte Rashid Rida hatte die massiv ökonomische Motivation der Kolonisation klar erkannt und der Idee einer auf Glaubenswahrheit und Allwissen beruhenden, langfristig auf weitweite Expansion geschalteten *umma* eine moralische Komponente hinzugefügt:

> »... Hier glaubt den Europäern niemand mehr, niemand vertraut ihnen mehr, niemand hält sie für tugendhaft und gerecht. Vielmehr sind sich die Masse und die Führer darin einig, daß die europäische Zivilisation einen rein materialistischen Charakter trägt, daß die Europäer allein auf das Ausleben ihrer Begierden und auf willkürliche Knechtung der Schwachen aus sind ... daß die ganze Propaganda für Gerechtigkeit, Gleichheit, Freiheit und Menschlichkeit Lug und Trug ist ...«[262]

Erneut hatte sich die Systematik des islamischen Selbstbezugs bewährt. Statt sich analytisch und inhaltlich mit dem unübersehbaren Phänomen der Kulturkluft auseinanderzusetzen, war wiederum die automatische Dominanz des orthodoxen Glaubensreflexes hervorgetreten. Der Kampf gegen die philosophische Vernunft hatte sich noch auf der Ebene der Ausschaltung von Geist und Personen austragen lassen; die »Auseinandersetzung« mit einer ganzen Kultur, die auf rational-profanem Denken beruhte, erzeugte in ihrem direktem Kontakt fortlaufend ehrverletzende Realitäten. Hier half nur noch eine Ideologie des apodiktischen Allwissens und Allglaubens, die auf Basis absoluter Universalgeltung jeden analytischen Dialog ausschlossen.

Aus der Abwehr der Philosophie war der Islam als ein zirkelschließender Glaube hervorgegangen, der a priori sowohl Grundlage als auch Ziel des Verstandes, jeder Form rationaler Denkaktivität war. Nach der Begegnung mit der rentabilistischen Kultur des Westens als praktischen Ausdrucks des Rationalismus mußte die islamische Glaubensgrundlage nun alles Wissen, sämtliche zukünftigen Erkenntnismöglichkeiten aller Wissenschaften enthalten. Der orthodoxen Gelehrsamkeit oblag es, jede neue Entdeckung, jede Erkenntnis der westlichen Naturwissenschaften, jedes Produkt der daraus resultierenden Technik, die als »dem Islam nützlich« erkannt waren, als schon im Koran vorgeformt und mit den geltenden Lehren vereinbar zu interpretieren. Dieses Vorgehen zwang seine Vertreter zwar zu immer absurderen Auslegungen koranischer Inhalte, erfreut sich jedoch bis heute – wenngleich mehrheitlich stillschweigend *ad acta* gelegt – in obskur-islamischen Missionszirkeln weiterhin eines gewissen Eigenlebens.

Es blieb die strukturelle Sackgasse, in der sich eine Religion ohne selbständigen Verstand befand, die alles Wissen umfaßte, ohne es selbst aktivieren zu können, die die Führung von Staat und Gesellschaft beanspruchte, ohne eine sich am Vorbild des Medina-Modells messende Wirklichkeit objektiv berücksichtigen zu können, und die Nationalstaaten nach westlichem Muster herausbilden sollte, ein Gesellungsprinzip, das der *shari'a* als dem »einigenden Band« der *umma* als bestmöglicher Gesellschaftsform konträr entgegenstand. Schon seit dem unislamischen Regime der Mongolen mußte sich jeder, der sich Gesetze von Ungläubigen aufzwingen ließ, den Vorwurf gefallen lassen, selbst ein Ungläubiger zu sein.[263]

Mit der irrationalen Reaktion auf die – scheinbar – rational geprägte Kultur des Westens, mit dem absoluten Wahrheits- und Wissensanspruch seines Glaubensgutes hatte sich der Islam in einen Erfolgsdruck hineinmanövriert, dem er bereits nach Vernichtung der Philosophie nicht gerecht geworden war, und dem er noch weit weniger in seiner weiteren Gegenwartsentwicklung gerecht werden konnte. Mit den Glaubenskriterien des Islam war die sich ständig weiter öffnende Schere zwischen Anspruch und Wirklichkeit in Wirtschaft, Gesellschaft und Technologie jedenfalls nicht zu schließen.

Ein weiteres Mitglied des fruchtbaren Kreises um Muhammad 'Abduh, der Syrer 'Abdarrahman Al-Kawakibi (gest. 1903), schien die Funktionshemmnisse zwischen islamischer Gesellschaft und Herrschaft erkannt zu haben, die Tyrannei erzeugten, obwohl im Islam Herrschaft und Gesetzgebung Allah vorbehalten und damit den persönlichen Interessen einzelner Machthaber entzogen sein sollten. Al-Mawardis Machtprivileg legitimierte jeden Machthaber, der islamische Interessen vertrat, ohne dabei konkretere Kontrollmechanismen eingebaut zu haben, die eine Gleichsetzung persönlicher Interessen mit denen des Islam verhinderten.

Al-Kawakibi, der in der *shari'a* ebenfalls die unverzichtbare Grundlage alles islamischen Handelns sah, wollte sie unter dem Eindruck republikanischer Gepflogenheiten mit dem Konzept einer auf Zeit verliehenen Herrschaftslegitimation verknüpfen, mit einer Machtbefugnis, die als Sachwalterschaft vergeben wurde und bei unverkennbaren Anzeichen der Despotie zurückzureichen war. Wie aktuell die Reformideen Al-Kawakibis, die sich seinerzeit vor allem aus dem fragwürdigen Herrschaftsstil des Osmanensultans Abd al-Hamid II. ableiteten, auch heute noch oder wieder sind, zeigt die Kerkerhaft für einen Damaszener Journalisten, der sich in einem obrigkeitskritischen Artikel auf Al-Kawakibi bezog.[264]

Während Rashid Rida und Kawakibi eine graduelle Säkularisierung von Herrschaft und Gemeinschaft angestrebt hatten, zielte der ägyptische Richter 'Ali 'Abdarraziq (gest. 1966), seinerseits Schüler Abduhs, mitten ins Herz des Islam. Für ihn stand fest, daß schon das Leben und Schaffen Muhammads eine fundamentale Trennung der politischen Herrschaft von der religiösen Botschaft vorgegeben hatte.[265] Die prophetische Sendung sei von der Idee des Kalifats beherrscht und daher unangemessen politisiert und schließlich andauernd diffamiert und mißbraucht worden. Insofern habe sich die profane Herrschaft von Anbeginn des Islam von den sakralen Geboten der Religion getrennt. Hierin sei kein grundsätzlicher Gegensatz zum Westen zu sehen, sondern eine qualitative Unterscheidung, welche die Muslime in die Lage versetze, ihre Wirklichkeit nach ihrer eigenen Vernunft und überlegenen Glaubenswahrheit zu nutzen.

Diese sensationelle Sicht, mit der Abdarraziq 1925 an die Öffentlichkeit getreten war, kostete ihn prompt das Amt. Islam hieß Religion und Staat als unteilbare und autonome Einheit. So ist es kein Zufall, daß sich die überkommene Vorstellung von einem universalen Glauben, der sich durch Nutzung des islamischen Wissens langfristig im *djihad* gegen die Welt realisiert, erneut durchsetzte. Diese Erneuerung drückte sich wenig später in der Ideologie der Muslimbruderschaft aus. Gegründet 1928 von dem Ägypter Hasan Al-Banna' (gest. 1949), war diese Gemeinschaft von Anbeginn als Bewegung gegen die wissenschaftlich-wirtschaftliche Dominanz des Westens konzipiert, indem sie, gewissermaßen an 'Abduh anschließend, eine wissenschaftliche Auslegung des Koran propagierte, um den Angriffen westlicher Kritiker besser begegnen zu können.

Ihre latent gegenwärtige Kritik an »unislamischer«, weil mit dem Westen kollaborierender Herrschaft hat den Muslimbrüdern immer wieder erhebliche Schwierigkeiten mit den Machthabern, aber auch Sympathien bei der Bevölkerung eingetragen. Einsetzend mit dem Tode Djamal Abd an-Nasirs, der die Muslim-Bruderschaft verboten und ihre führenden Köpfe in Haft gehalten hatte, wurde diese Organisation zu einem der wichtigsten Faktoren islamischer Identität. Durch ihre Rückorientierung auf die *shari'a* als universale Basis trieb sie die Aushöhlung der islamischen Scheindemokratien und deren akklamatorischen Pseudo-Parlamentarismus' entscheidend voran.

Ihre Anschubfinanzierung aus britischen Quellen, u. a. der Suez-Company [266], und immer wieder aufscheinende Beeinflussung durch westliche Institutionen verleihen der Muslim-Bruderschaft allerdings ein durchaus janusköpfiges Profil, vor dem das von ihr seit den 70er Jahren immer klarer vertretene, orthodoxe Glaubens- und Staatsideal zu relativieren ist.[267] Trotz stereotyp-traditioneller Abgrenzungsformeln gegen rationales Denken und die Ausdrucksformen westlichen Lebens werden innerhalb ihrer klandestinen Organisation in Europa immer wieder konkrete Kooperationsformen mit wichtigen westlichen Stellen, u. a. in Deutschland, erkennbar, die auf gewachsene Verbindungen zu den Weltordnungsgremien hindeuten.[268]

Die Muslimbruder-Kritik an den gesellschaftlichen Institutionen, gemeinschaftsfeindlichem Materialismus, religiöser Indifferenz und systematischer Amoralität des Westens könnte daher zu einem überaus wichtigen Feld komplexer Ambivalenz werden. Auf diesem Feld lassen sich die geistig-politischen Konflikte der Islamexpansion – sowohl die Irreführung der europäischen Eliten im Sinne ihrer sublimierten Islamisierung als auch die Irreführung der *umma* in Europa im Sinne ihrer sublimierten Verwestlichung – ganz nach Maßgabe des globalen Machtkartells austragen. Das Vorgehen des »Zentralrats der Muslime in Deutschland« ist ein Paradefall einer solchen Strategie, die Strukturen des Islam in einer westlichen Gesellschaft installiert, ohne ihre infiltrativen Methoden frühzeitig erkennbar werden zu lassen. Wir werden auf diese schwierige Thematik im dritten und letzten Teil erneut eingehen.

Teil III

Wege zum Terror

A
Version Islam

1. Das Recht des Stärkeren

a) Die Macht des Mißtrauens

Der Absolutismus der Papstmacht und seine Verirrungen in die Gewalt der Inquisition erinnerten an die unabhängige Gewalt im Islam, die sich überall dort Geltung verschafft, wo ausreichend skrupellose und entschlossene Menschen bereitstehen, sie zu ergreifen. Kehren wir also noch einmal zu unserem Ausgangspunkt zurück, zu jener arabischen Stammesehre, die Führerschaft durch Machtsinn, Ehrstreben und Gewalt errang und in den islamischen »Superstamm« mündete, als Muhammad diese Führerschaft durch Allah legitimieren ließ.

Nun war derjenige der Herrscher, der sich nicht nur als der Stärkste erwies, sondern auch als derjenige, der kraft seiner Stärke dem Gesetz Allahs und den Interessen des Islam zum Durchbruch verhalf. Er blieb der Herrscher, solange er in der Lage war, Konkurrenten um die Macht abzuwehren. Solche Wettbewerber waren ihrerseits fortlaufend zur Anwendung von Gewalt gezwungen, um überhaupt den »Aufstieg« in die Situation zu bewerkstelligen, die zur Herausforderung des Machthabers befähigte. Diese Machtdialektik nährt sich in einer Art Endlosschleife selbst, indem sie durch Gewalt Macht erzeugt und zur Erhaltung der Macht Gewalt erzeugt. Da der Islam diesen Kreislauf durch eine unübersteigbare, als göttlich ausgewiesene Lizenz rechtfertigt, gibt es in seinem System keine Möglichkeit, die Gewalt durch Menschen, z. B. durch demokratische Gesetze, abzuleiten und zu neutralisieren.

In allen islamischen Ländern haben sich daher Herrschaftsformen erhalten, die sich auf absolutistische, mehr oder minder despotische Praktiken stützen. Als soziologische Träger dieses Systems hat der Islam Familie und Stamm erhalten, die er zwar als Herkunftsprinzip überwand, jedoch zur praktischen Umsetzung seines Machtprinzips benötigte. Im Zentrum dieser überkommenen Praxis steht eine »Ehre«, die sich aus dem Gewinn von Prestige und Macht speist und alle menschlichen Ideale von Gleichheit und Gerechtigkeit dem Gesetz Allahs unterstellt:

> »... es gibt nichts als die souveräne Macht, welcher der Mensch vollständigen und ungeteilten Gehorsam als eine religiöse Pflicht schuldet, die ihm vom Gottesgesetz auferlegt ist ...«[269]

Das islamische System konservierte die arabische Stammesmentalität als »Betriebssystem«, das Macht erzeugt und erhält, um Islam zu erzeugen und zu erhalten. Da dieses

System Erfolge direkt belohnt, Mißerfolge entsprechend bestraft und auch auf gesellschaftlicher Basis aktiv ist, entwickelt es selbstähnliche Strukturen, die es in allen Bereichen des religiösen, sozialen und politischen Lebens einrichtet. So gehört zu den unverzichtbaren Voraussetzungen des individuellen Verhaltens ein fundamentales *Mißtrauen*, das im Sinne fortlaufend anzustrebender Machtgewinne zwischen allen Gruppen innerhalb dieser Bereiche und zwischen ihnen waltet.

Abhängig von der Skala konkreter Macht, die dem Einzelnen oder seiner Gruppe zu Gebote steht, rangiert dieses Mißtrauen zwischen Unterdrückung und Unterwerfung. Mit anderen Worten: Wer stark ist, unterdrückt, wer schwach ist, unterwirft sich; die Zwischennuancen werden von einer Palette mißtrauischer Vorsicht bestimmt, die alle Optionen offenhält, um in einem Spektrum möglicher Vor- oder Nachteile das jeweilige Optimum zu realisieren. So mancher westliche Dialogdiener weist solche Wertungen gern entrüstet zurück, hat sich indessen nach längeren Aufenthalten vor Ort durchaus auch davon überzeugen lassen, daß das Netz islamischen Zusammenlebens spezifischen Regeln unterliegt, die Institutionen ersetzen müssen.

Im Vordergrund steht hier die Wirkungsweise eines Kraftfelds, welches das individuelle und kollektive Verhalten im Sinne absoluter Loyalität zum Stamm bzw. zur Religion bestimmt und den Araber und Muslim zur Annahme des Eigenen und Gleichen bzw. zur Abwehr des Fremden und Ungleichen verpflichtet. Der islamische Mensch agiert also in einem Koordinatensystem, das ihm bei hinreichendem Mißtrauen die täglichen Vor/Nachteil-Optionen öffnet und damit im Maße des hier erzielten Nutzens sein entsprechendes Ehr/Unehr-Konto erkennt bzw. belastet.[269a]

Wie werden uns in der weiteren Darstellung dieser netzwerkähnlichen Zusammenhänge der Terminologie der Finanzwelt bedienen, weil sie geeignet ist, die hier angesprochenen Vorgänge plastisch zu kennzeichnen. Auch kein Geringerer als der Verkünder des Islam selbst hat bereits bei der Formulierung der *djihad*-Doktrin und vieler anderer Vorschriften die Vorteile der Buchhaltersprache erkannt.

Für den westlichen Menschen ist es zunächst schwierig, bei näherem Hinsehen jedoch durchgängig verstehbar, daß der Muslim sich in einem Nützlichkeitsspektrum bewegt, das die Erfolgsbilanz der Vor/Nachteil-Option unmittelbar belohnt bzw. bestraft. Die entscheidenden Codes, die seinem Verhalten eingeschrieben sind, bestehen in Ehre und Unehre, Respekt und Schande, die über die Familie, Gruppe, Sippe, Stamm etc. gebracht werden, wenn es zu Diskrepanzen zwischen dem Einzelnen und den Interessen des Stammes bzw. dem Stamm und den Interessen des Superstammes Islam kommt. Nicht umsonst ist die Ehre vom Strafrecht der *shari'a* ausdrücklich geschützt (s. o. S. 45). Frömmigkeit im Sinne ritueller Korrektheit, sozialer Fürsorge und sexueller Männlichkeit sind wichtige Bereiche der Ehr/Unehr-Realisierung, die charismatischen Charakter annehmen, sobald sich durch Differenzen zwischen kanonischer Theorie und täglicher Praxis Vorteile erreichen lassen. Die spezifische Rationalität dieser Sozialmechanismen und ihre zwar machtbildende, aber zugleich egalitäre Systematik läßt den Philosophen E. Gellner mit Recht vermuten, daß der Islam sich in großer Nähe zur Moderne befindet.[270] Dies allerdings in einem Sinne, der über den Aspekt der herkömmlichen Gleichheit weit hinausgeht und auf das postmoderne Ideal der technischen Netzwerkgesellschaft verweist (s. u. S. 330f.).

b) Eine Sache der Ehre

Jegliche Abweichung von der Verhaltenserwartung, d. h. eine unzureichende Vor/Nachteil-Bilanz belastet das individuelle Ehr/Unehr-Konto und damit die Ehre des Stammes, evtl. sogar die des Islam. Die Korrekturen erfolgen unmittelbar und in der Abweichung entsprechenden Härtegraden. Vorsicht und Mißtrauen gegenüber der räumlich-persönlichen Umgebung sowie Abwarten und Taktieren gegenüber der zeitlich-persönlichen Situation sind die ständigen Bestimmungsfaktoren des muslimischen Verhaltens. Mechanismen der Angst, ein »Wetteifer im Schmeichlertum«, Taktiken der ungewissen Unter- und Überordnung [271] münden in ein im Grunde bürokratisches Vorgehen, das die konkrete Entscheidung zuweilen extrem verzögern oder ganz verhindern kann, und dem Islam – je nach Sichtweise – den Vorwurf oder das Lob eingetragen haben, eine »profane Religion« zu sein:

> »Von der Religion, welche Mohammed predigte, jenem einfachen Monotheismus ... läßt sich nicht leugnen, daß sie unter allen positiven Religionen die einfachste ist und am meisten aller Mysterien bar; diejenigen, welche das Uebernatuerliche so viel als möglich ausschließen und vom Gottesdienste alle äußerlichen Zeichen und die plastischen Künste fern halten wollen, würden sie die vernünftigste und geläutertste nennen.«[272]

Immerhin wird diese Scheu vor personaler Perspektive, die auch Risiko bedeuten kann, von Allah selbst entscheidend verstärkt. Der Muslim steht seinem Gott in einer zwar abstrakten, jedoch personal gedachten Konstellation gegenüber, wobei dieser Gott dem Glauben seines menschlichen Gegenübers freilich in keiner Weise verpflichtet ist. Allah stehen vom Glauben völlig losgelöste Optionen offen, die von absoluter Allmacht bis zur Irreführung des Gläubigen reichen (13/27: »Allah führt in die Irre, wen er will«)[272a]. Die Täuschung, auch von höchster Instanz als Mittel der Daseinsgestaltung sanktioniert, installiert umso fester das Mißtrauen und die Vorsicht als Begleiter des täglichen Lebens, um dem Risiko einer Ehr/Unehr-Belastung, noch dazu im übergeordneten, religiösen Bereich, aus dem Wege zu gehen.

Etwas anderes ist es, wenn auf dem Ehrkonto ohne Risiko eine Gutschrift erfolgen kann. Ein Mann, der seine Tochter tötet, weil sie vom islamischen Ehrenkodex abgewichen ist und damit Unehre über die Familie gebracht hat, geht gern ins Gefängnis – wenn überhaupt – weil er der Anerkennung seiner Umgebung sicher sein kann. Im Jahre 1964 amnestierte Irak-Präsident Arif 43 Männer, die ihre Schwestern aus Gründen der vermeintlichen Unehrenhaftigkeit umgebracht hatten.

Es liegt auf der Hand, daß das Prinzip der machterzeugenden Ehre sich in unmittelbaren Gegensatz zum Prinzip des humanistischen Werts setzt, das Toleranz ermöglicht, weil es den Machterwerb vom Einzelnen auf Institutionen überträgt. Im Islam fehlen eben diese Institutionen, welche das Verhaltenssystem aus Vor/Nachteil-Aspekten und ihren Ehr/Unehr-Folgen in den Bereich des Anonymen verlagern und den Einzelnen von der Angst vor vermeintlicher Frustration entlasten könnten. Somit bleibt der islamische Mensch unmittelbar mit dem Zugzwang der Ehre konfrontiert, der seine Stellung in Familie und Stamm bestimmt und über die Meta-Ehre des Superstamms Islam ins Transzendente verstärkt wird. So wird nicht ganz zufällig vom Verkünder selbst berichtet:

> »Ein Fehler, der geheim gehalten wird, schadet nur der Person, die ihn begangen hat; wenn er aber bekannt und nicht denunziert wird, schadet er der Gemeinschaft.«[273]

Im Rahmen strikter Beobachtung erzeugen islamische Gesellschaften eine Hierarchie relativer Superiorität bzw. Inferiorität, in der sich die wechselnden Ehr/Unehr-Konten und entsprechenden Machtpegel ausdrücken. Abweichungen vom erwarteten Verhalten verletzen den Ehrenkodex, verursachen eine unmittelbare Abbuchung vom Prestigekonto und damit einen Abstieg in der gesellschaftlichen Machtskala. Da es sich bei diesem Prozeß um ein Nullsummenspiel handelt, ist jeder Ehrverlust mit einem woanders auftretenden Ehrgewinn verbunden. Schon Ibn Khaldun wies auf den Kampf der Araber um die Führerschaft hin, der durch das religiöse Gesetz »befestigt« sei.[274]

Jede islamische Umgebung ist auf diesen Sachverhalt programmiert und nimmt jede Veränderung in einer Art seismographischer Sensibilität wahr. Je deutlicher die Abweichung, desto empfindlicher fallen der individuelle Ehrverlust, der nachfolgende Prestigetransfer und der machtmindernde Inferioritätseffekt für die Familie oder Gruppe aus. In jedem Falle finden Korrekturen, d. h. zumeist Bestrafungen der Delinquenten statt, die noch stärker »disziplinieren« und die Entscheidungskraft weiter schwächen. Gerade auch in Kunst und Literatur findet die Scheu vor persönlichem Profil ihren besonders kennzeichnenden Ausdruck, in dem wiederum auch der moderne Netzwerkcharakter der fehlenden Tiefe aufscheint:

> »Die arabischen Dichter beschreiben, was sie sehen und empfinden; aber sie erfinden nichts, und sollten sie sich's einfallen lassen, es einmal zu thun, so würden ihre Landsleute sie ganz einfach als Lügner behandeln … und das was schon seit den entlegensten Zeiten in ihren Augen am meisten galt, ist Genauigkeit und Eleganz des Ausdrucks und die technische Seite der Dichtkunst.«[275]

In einem solchen Kontext, der besondere Sorgfalt auf die Gestaltung der Fassade verwendet, und alle Verantwortung an die nächstobere Ebene abtritt, entsteht das Handlungsspektrum des Islam, das rationale Machtinteressen mit emotionalen Motiven verkleidet. So wie im Innenverhältnis ein Tochtermörder zur Ehre seiner Familie und des Islam beiträgt, so trägt im Außenverhältnis ein Ungläubiger, der diesen Vorgang kritisiert, zur Unehre des Islam bei. Im Westen hat sich die für diese Situation charakteristische Floskel eingebürgert, der zufolge immer dann »die Gefühle der Muslime verletzt«

werden, wenn Aspekte betroffen sind, welche die Unvereinbarkeit muslimischer Kriterien mit westlichen Anforderungen deutlich machen. Daß der damit verbundene Rückzug auf die Oberfläche, die Vermeidung der Analyse, ein wesentliches Element der westlichen Toleranzdoktrin selbst darstellt, wird uns im letzten Kapitel dieses Abschnitts beschäftigen.

In der Beschränkung des personalen Profils bildet der Islam ein beliebig differenzierbares Kraftnetz religiös-sozial-politischer Beziehungen, das in fortwährender Korrekturaktion eine scheinbar paradoxe Dynamik erzeugt. Auf der einen Seite kann die sensible Ehr/Unehr-Reaktion einen deutlichen Prestigetransfer verhindern und die bestehenden Verhältnisse konservieren, auf der anderen Seite aktiviert sie eine wichtige Systemfunktion, nämlich die Möglichkeit der positiven Rückkopplung. Diese hat die Eigenschaft, einmal in Gang gesetzte Trends in Richtung Machtbildung eigendynamisch zu verstärken, weil sie nicht nur den Ablauf selbst nährt, sondern auch in der Phase der Trendverstärkung übergeordnete Randbedingungen schafft, die in die gleiche Richtung wirken. An solchen Meta-Regeln ist im Islam kein Mangel, wie denn auch der Verkünder neben die Anleitung zur Denunziation eine Ermächtigung zum Töten stellte, die den *djihad* nach innen rechtfertigte:

> »Meine Gemeinschaft wird in zwei Parteien zerfallen. Aus der einen entstehen die Ketzer und die andere ist berechtigt, sie zu töten.«[276]

Auf dieser Basis werden religiös überhöhte Verstärkungseffekte erzeugt, die die lineare Vorstellungskraft immer wieder übersteigen. Den zuweilen brachialen Hausse- oder Baissephasen der Finanzmärkte entsprechen im gesellschaftlichen Bereich die Phasen sozialer Unruhe oder Revolutionen, die sich gleichermaßen unauffällig vorbereiten und in nicht vorhersagbarer Form ausbrechen sowie zumeist zeitweise völlig unkontrollierbar ablaufen.[277] Im Islam finden wir die Entsprechung in Form von Machtverschiebungen, die durch laufende Prestigetransfers zustande kommen. Da Institutionen weitgehend fehlen, kann bei Durchbrechen bestimmter Schwellenwerte eine hinreichend günstige Machtakkumulation eine verstärkte Instrumentalisierung von Gewalt rechtfertigen, nach islamischer Vorstellung sogar fordern, weil nach dem Gesetz des Stärksten dort die optimale Macht gewährleistet ist, wo der latente Bürgerkrieg verhindert und das Gesetz Allahs gewahrt wird.

Was sich in der *hidjra* des Propheten kollektiv abzeichnete, nämlich die Durchsetzung islamischer Interessen bei hinreichendem Gewaltpotential, bereitet sich auf Familien- und Gruppenebene im ständigen Austesten der bestehenden Machtverhältnisse vor. Die endlose Kette von Umstürzen, Despotenmorden und Bürgerkriegen, der »innere *djihad*« im islamischen Raum, beruht vor allem auf diesem selbstverstärkenden Machterwerb, der auf Basis überkommener Stammesmentalität die Gewalt zur Existenzgrundlage erhebt. Im Laufe der Geschichte hat sich dieser Anspruch auf eine Reihe von Herrschaftsideologien gestützt, die sich durchgehend auf das allgegenwärtige »Gesetz Allahs« berufen, und auch aus Sicht des Ibn Khaldun »entsteht Führerschaft durch Übermacht und Übermacht durch Gemeinschaftsgeist«.[278]

c) Djihad – *das Recht auf Unrecht*

Es scheint einsehbar, daß die Unmittelbarkeit des islamischen Machterwerbs mit der Mittelbarkeit demokratischer Institutionen nicht in Einklang zu bringen ist. Nach allen hier vorgetragenen Gesichtspunkten muß derjenige, der eine solche Vereinbarkeit behauptet, die Legitimation durch das Allahgesetz beseitigen oder die Demokratie außer Kraft setzen. Da der gewaltsame Machterwerb im Islam religiös legitimiert ist und die Förderung »islamischer Interessen« auf die Ebene existentieller Rechtfertigung hebt, erlangt er religionsdarwinistische Züge, welche der Gewalt des Stärksten sakrale Weihen verleiht und die *umma* zur Elite der Welt weiht. So wurde der *djihad*, der Kampf gegen die innere Abweichung und den äußeren Unglauben, zum prägnantesten Ausdruck islamischer Existenz, dessen wesentliche Konturen wir in den ersten zwei Teilen der Untersuchung nachgezeichnet haben.

Nach koranischer Vorschrift und historischer Erfahrung macht sich der äußere *djihad*, der Kampf gegen den Unglauben, in Form von Mord, Raub, Verschleppung und Zerstörung geltend, solange Überlegenheit und physische Stärke gewährleistet sind. In Phasen der Unterlegenheit und physischen Schwäche, z. B. in der Diaspora, geht der *djihad* in die Form des Wortes über, vorzugsweise in die Gestaltungsmittel der Täuschung, wie sie bereits von Allah und seinem Propheten vorexerziert wurden. Auf diese Weise wird der Betrug zum metaphysisch begründeten Handlungsimperativ, der den Kampf gegen das Feindbild des Unglaubens mit dem Wort, dem Symbol wie dem Kopftuch oder – wenn möglich – auch mit dem Bau von Moscheen und »Kulturzentren« fortsetzt, bis wiederum eine hinreichende Überlegenheit und physische Stärke erreicht ist, welche die erneute *hidjra* und die Wiederaufnahme des Kampfes mit allen Begleiterscheinungen ermöglicht.

Während dieser Warteschleife ist in der Begegnung mit dem Westen die innerislamische Spaltung hilfreich, die einen »modernistischen« Zweig als eine Art »westlichen Islam« für die Elite und die »fundamentalistische« Variante als »islamischen Islam« für die Masse pflegt.[279] Hier scheint auf universaler Basis erneut die Strategie der Muslimbrüder auf, die zwischen »gemäßigt« und »extrem« taktierend ihrem Ziel des islamischen Sieges insgesamt näherkommen will. *Djihad* definiert sich dabei nach Maßgabe des Chefideologen S. Qutb im Grunde unverändert als Mittel zur letztlichen Durchsetzung des Allahgesetzes, das einen völlig anderen Friedensbegriff beinhaltet:

> »Wenn der Islam Frieden anstrebt, will er keinen billigen Frieden, einen Frieden, der nicht mehr als ein sicheres Leben in einem islamischen Gebiet bedeutet. Nein, er (der Islam) will einen Frieden, in dem alle Religion Gott (Allah) gehört. Dies bedeutet, daß alle Menschen allein Gott (Allah) anbeten und daß sie sich nicht selbst als Objekte der Anbetung ansehen, um Gott (Allah) auszuschließen.«[280]

Im Rahmen dieses »Friedensprozesses« kann es dem Muslim und seiner Religion zur Ehre gereichen, die fiktiven Islamideen der westlichen Dialogvertreter zur Wahrnehmung der islamischen Interessen zu nutzen. Indem man sie z. B. nach Kräften in der Illusion unterstützt, daß der Islam »tolerant« ist und daher »nicht das Problem«, sondern der »Frieden« selbst ist, fördern seine Vertreter in der Diaspora die Interessen ihrer Religion so nachhaltig, daß ihr Ehrkonto eine entsprechende Aufbesserung erfährt. Dieser Prestigetransfer kann so attraktive Formen annehmen, daß sich auch übergeordnete Gremien des Islam zur Verstärkung solcher Trends einschalten. So steht z. B. der »Zentralrat der Muslime« in Deutschland dem Vernehmen nach in der finanziellen Gunst der *rabita* (Islamische Weltliga), einer finanzstarken Lobby des wahhabitischen Islam am Golf, welche die Invasion des Islam in Europa mit erheblichen Zuwendungen unterstützt. Die sogenannte »Charta« des Zentralrats, die im Frühjahr 2002 als Grundlage der »Integration« der Muslime in Deutschland veröffentlicht wurde, spiegelt in klassischer Weise die Formung der *umma* nach Maßgabe des islamischen »Friedensprozesses«. Hier wird z. B. den politisch Verantwortlichen in Deutschland ein rabulistisch formulierter Regelsatz eingetrichtert, mit dem unter der Tarnung eines nichtssagenden »Säkularismus« die Substanz der *sharia* gewahrt bleiben kann (s. u. S. 275).

Da der Kampf gegen den Unglauben die höchste Form islamischer Verwirklichung darstellt, bildet für den gläubigen Muslim, der immer auch ein politischer Muslim ist, die Mitwirkung am *djihad* des Worts, an der Verbreitung islamischer Propaganda in Europa, eine vornehme Pflicht. Hierzu gehören vor allem die Teilnahme an oder Unterstützung von Veranstaltungen des »Dialogs« und die Förderung des Baus von »Kulturzentren«, die wiederum »islamisches Wissen« vermitteln, d. h. neue Kämpfer für den Islam ausbilden, und damit wichtige Gestaltungsmittel der muslimischen Existenz fördern. Damit ist sowohl individueller als auch gruppendynamischer Ehrzuwachs verbunden, der sich allerdings bei wachsenden Investitionen mit einem konkreten Risiko verknüpft.

Mit steigendem Erfolg der islamischen Ausbreitung wächst die Möglichkeit empfindlicher Rückschläge, gegen die sich umso stärker abzusichern ist, je umfangreicher die politische Position und das finanzielle Investment werden. Mit anderen Worten: Je erfolgreicher sich der Islam in Europa ausbreitet, desto wahrscheinlicher wird der *djihad* der Tat, die Anwendung von Gewalt, die sich aus zwei Schutzgründen rechtfertigt – Schutz der Investition und des Ehrgewinns, denn hier handelt es sich nicht mehr um das innerislamische Nullsummenspiel, sondern um eine konkrete Expansion mit koranischer Rechtfertigung.

Dies bedeutet natürlich, und die Europäer werden sich hierauf konkret einstellen müssen, daß mit wachsendem islamischem Engagement auch die überwunden geglaubte Gewalt in Europa Einzug hält. Je klarer die Führungsebenen des Islam die Interessen ihrer Religion fördern und ihre weiteren Erfolgschancen hervortreten, desto selbstverständlicher wird ihr Recht zur Anwendung von Gewalt, sei es in der Ausschaltung innerer Konkurrenz oder in der Beseitigung der Vertreter des Unglaubens, die sich ihrer Ausbreitung entgegenstellen. Je weiter diese Ausbreitung fortschreitet, desto zwanghafter werden sich Machterwerb und –erhalt verstärken und desto unverständlicher wird aus muslimischer Sicht die Rücksichtnahme auf Menschenleben. Die Spirale islamischer Gewalt ist traditionell nach oben offen und erzeugt umso mehr Ehre und Macht, je mehr Opfer sie – ob inner- oder außerislamisch – produziert.

Die Machtdynamik begünstigt das Recht des Stärkeren, also eher darwinistische als ethische Maximen, und damit dünne »Eliten«, welche die Länder des Islam in einem traditionellen Verdrängungswettbewerb um die Macht beherrschen. Eine Handvoll Familien regiert jeweils Völker von z.T. vielen Millionen, deren Loyalität durch Polizei, Gefängnis, Folter und das Gesetz Allahs sichergestellt wird. Da an diesen Regimes zudem ein parasitärer Troß von Gefolgsleuten und Gefolgsleuten dieser Gefolgsleute hängt, zeichnen sich ihre Machtapparate durch ein ausgeprägtes Beharrungsvermögen aus, das u. a. erhebliche Gewaltpotentiale zur Verteidigung der erreichten Position freisetzt.

Da sich zudem die Ehre der Gruppe bzw. des Islam nur als solche erkennbar macht, wenn sie öffentlich angestrebt bzw. verteidigt wird, befinden sich alle Beteiligten unter extremem Erfolgsdruck. Ob es um die Unterbringung eines unfähigen Familienangehörigen oder die Übernahme eines Regierungsamtes geht – Erfolg oder Mißerfolg, Ehre oder Unehre sind Gegenstand öffentlicher Wahrnehmung. Um diese permanente Polarität, das schwierige Fahrwasser zwischen der Scylla des Respekts und der Charybdis der Schande ehrenhaft für die Gruppe meistern zu können, kommt auf ganz pragmatische Weise das Konzept des bekannten Mittels ins Spiel, das durch den Zweck geheiligt wird.

Die Ziele der Ehre können in der islamischen Gesellschaft rasch sakrale Züge annehmen, indem sie sich vom Einzelnen über die Gruppe bis zur Religion ausweiten. In diesem Kontext erlangen die Mittel der Täuschung und des Betrugs sowohl praktischen als auch moralischen Wert, der ihre Verwendung umso eher zur Pflicht macht, je höher der jeweilige Zweck rangiert. Mit anderen Worten: Gewalt wird umso legitimer, je größer die Ehrsubstanz ist, die durch einen laufenden Machtprozeß für die Gruppe bzw. den Islam gewonnen – allerdings auch verloren – werden kann.

Nach dem gleichen Muster fungiert die positive, gewaltlose Variante islamischen Verhaltens. In diesem System der berechnenden Vor/Nachteil-Bilanz erlangt auch die tugendhafte Behandlung des anderen, das Erweisen einer Wohltat, den Wert eines Bausteins im Respektsgebäude, an dessen Entwicklung alle Angehörigen einer Interessengemeinschaft nach Maßgabe ihrer jeweiligen Möglichkeiten mitarbeiten. Da im Islam gilt, daß »keiner des anderen Last trage«, gerät das gute Werk zur gezielten Inszenierung, die auf der Habenseite des Ehrkontos zu Buche schlägt. Erst wenn sich die sprichwörtliche Gastfreundschaft auf die ganz persönliche Basis ohne Öffentlichkeit zurückzieht, kann der Weg frei werden für echte Freundschaft, die dann indes dem Fremden im Orient weit eher zuteil wird als dem im Westen, was hinwiederum auch deutlich macht, wie wenig hilfreich es offenbar ist, das Feld des »Dialogs« ideologisierten Funktionären zu überlassen.

Da das Denken in Vor/Nachteils- bzw. Ehr/Unehr-Bilanzen die gesamte Gesellschaft des Islam beherrscht, bestimmt es ganz entscheidend auch die Sozialstrukturen, die extreme Abgrenzungs- und Verachtungswerte entwickeln und kleine Unterschiede zu großen Differenzen verschärfen. Um in diesem Rahmen ein Eigenbild intakter Ehre bewahren zu können, folgen die Inferioren einem strengen Kodex von Ehrerbietungs- und Unterwerfungsritualen, die in eingeschliffenem Rollenspiel ablaufen. Hier scheinen Reflexionen arabischen Verhaltens auf, die die Menschen dazu zwingen, im Interesse des Systems nicht sie selbst zu sein, und daher einen Charakter vorzutäuschen, der dem System entspricht:

> »Wie immer auch ein Mensch sich bemühen mag, seine wahre Natur zu verbergen, sie wird bekannt werden; den Charakter zu ändern, verbietet des Menschen Natur.«[281]

In einer Gesellschaft, in der das soziale Gleichheitsideal des Islam zur absurden Illusion verkommen ist, dominieren unterdrückter Neid und Haß auf die Superioren, die sich im Zwang zu devoter Verstellung in geeigneten Konstellationen beliebig verstärken und zu Explosionen der Gewalt führen können und immer wieder führen. Mehrheitlich wird die soziale Unterlegenheit indessen religiös sublimiert und durch Weiterreichen jeglicher Verantwortung an die nächsthöhere Stufe bewältigt. Alle mit Verantwortung befaßten Stufen delegieren nach oben weiter oder schieben Entscheidungen auf, bis sie ohne Risiko und Gesichtsverlust erledigt werden können, oder aber unter Ehrverlust weitergereicht werden müssen.

Jahrhundertelanges, schon vom Verkünder gefordertes Abschleifen von Differenz und Anspruch hat eine andere Qualität von Gleichheit hervorgebracht: den Verzicht auf Individualität zugunsten einer netzwerkähnlichen Gemeinschaft. Da Allah alles schöpft und steuert, erscheint weder die Kausalität von Ereignissen noch die Entwicklung eines Charakters wichtig.[282] Im Vordergrund steht die konsequente Wahrnehmung von Interessen, die Ethik in den eher theoretischen Bereich verweist. Wo diese allerdings, wie z. B. in Philosophie, Mystik und Dichtung, vom Machtkalkül weitgehend oder zumindest zeitweise unbehindert blieb, konnte sie zu beeindruckenden Ausformungen gelangen, die sich in einer reichen Literatur niedergeschlagen haben.

d) Die Ehre und der Westen

Das System der ehrbewahrenden Verantwortungsabwehr erzeugt die bekannte Ineffizienz, wie sie aus westlicher Sicht seit langem zum Markenzeichen des Orients, aus einheimischer Sicht zur bewährten Praxis des hinhaltenden Umgangs miteinander geworden ist. Je weniger Ehre des anderen vor einer Entscheidung öffentlich verspielt wird, desto länger halten die Beteiligten alle Optionen offen und reservieren das Gesetz des Handelns auf unbestimmte Zeit. Auf die Frage, ob er eine Islamische Republik im Libanon befürworte, antwortete der schiitische Islamistenführer Fadlallah in klassisch ehrkonservierender Manier, die auch die bewährte Kaufmannstradition des Verkünders aufgriff:

»Menschen, die an Allah glauben und die Dinge in der langfristigen Perspektive sehen, werden gewinnen; Menschen, die nicht über die nächste Stunde ihrer unmittelbaren Umgebung hinaussehen, werden nicht gewinnen.«[283]

Das größte Risiko des kollektiven Gesichtsverlustes beinhaltet die Begegnung mit der westlichen Zivilisation. Um den technologischen Rückstand zu kompensieren, wird ein moralischer Vorsprung gegenüber dem Verfall des Westens beschworen. Dabei gehört das Verschweigen des Alkoholismus' und Sexkonsums der Eliten zu den wichtigsten Pflichten einer selbstbetrügenden Ehrbewahrung. Die Vielzahl westlich geprägter Einrichtungen und Verhaltensweisen, die Luxushotels, Bars, Kasinos und Nachtklubs in den verschiedensten Metropolen des Nahen Ostens verfehlen indes den originären Willen der islamischen Masse. Diese hat oft genug zu Brandstiftung und Zerstörung gegriffen, um zum Ausdruck zu bringen, daß die Symbole des westlichen »Systemfeinds« islamischer Tradition diametral entgegenstehen, und ihre Nachahmung eine tiefgreifende Entehrung bedeutet.

Denn nur wenige Schritte vom Zentrum mit den glitzernden Vitrinen der internationalen Luxushersteller entfernt, beginnen die Viertel der Inferioren, endlose Ansammlungen schäbiger Behausungen und Wellblechhütten, bei 50° im Schatten ohne Klimatisierung und ohne Müllabfuhr. Alle arabischen Großstädte sind bedrückende Beweise fehlender Planung und Symbole ungleicher Wohlstandsverteilung. Kairo, das wahrhaft ehrwürdige Zentrum islamischer Geschichte, wuchs in 100 Jahren von 400 000 Einwohnern (1900) auf 15 Millionen im Jahre 2000. Über zwei Drittel der Araber leben in Städten, die in keiner Weise geeignet sind, solchen und ähnlichen Massenzuzug menschenwürdig zu beherbergen. Die Modernisierung bedeutet eine ständige Verschärfung der sozialen Gegensätze und der kollektiven Entwürdigung, die dem Westen angelastet wird, während die islamischen Offiziellen sachliche Problemlösungen und wissenschaftliche Analysen häufig als »Angriff auf den Glauben« verhindern.

Projekte im Nahen Osten werden vom lokalen Machthaber gefördert, wenn sie ein ausreichend attraktives Bestechungspotential enthalten. So können die entlegensten Technologien installiert werden, die mit dem echten Bedarf nichts zu tun haben, solange sie der Schatulle der örtlichen Macht zugute kommen. Nicht ihr Wert für die Gemeinschaft entscheidet über die Investition, sondern ihr – natürlich auch zählbarer – Ehrfaktor für die lokale Autorität. Die Mißerfolge, die sich häufig aus der Sinnlosigkeit solcher Projekte ergeben, werden natürlich nicht dem Entscheidungsträger, sondern dem westlichen Lieferanten angelastet. Ein klassisches Beispiel dieser Art ist der Assuan-Staudamm, dessen Bau mit Nassers Prestige fest verknüpft war und gebaut werden mußte, obwohl Experten negative Langzeitfolgen wie die Versalzung des Bodens und die Ausbreitung von Bilharziose vorausgesagt hatten.

Eine noch weit größere Entehrung als die Nachahmung westlicher Zivilisation ist die Übernahme westlicher Erziehungs- und Bildungskriterien. Kinder, die westliches Wissen erworben haben, sind von der Welt des Unglaubens erfaßt, entgleiten der Kontrolle der Eltern und entehren sie, indem sie ihnen – in Entfremdung von islamischen Traditionen – den gebührenden Respekt vorenthalten. Ähnliches trifft auf das Kollektiv zu. Der islamische Machthaber kann kein westliches Erziehungswesen in großem Stil zulassen, weil es auf Dauer die generelle Kritikfähigkeit anhebt, seine Autorität und Prestigebilanz schwächt und damit die Machtkonkurrenz zum Umsturz geradezu einlädt. Daß der enorme Analphabetismus und die Unterdrückung der Frau unverzichtbare Grundlagen eines solchen Systems sind, versteht sich von selbst. Westliche Bildung unterhöhlt das religiöse Gesetz und damit die praktische Basis islamischer Macht: das *Monopol auf das Unrecht.*[284]

Die europäische Kultur ist auf der Grundlage des christlichen Freiheitsgedankens im wesentlichen das Werk von einzelnen Menschen, deren Genius die Entwicklungen in Wissenschaft, Gesellschaft, Kunst etc. jeweils entscheidend anschob. Im Islam wurden solche Köpfe unterdrückt und natürlich oft gewaltsam beseitigt, weil sie die Dominanz des Schriftglaubens und damit oft die traditionelle Herrschaftsbasis gefährdeten. Kontakte mit dem Nichtislam wurden vorwiegend in den Dimensionen des Kampfes, der Ausbeutung und der Vernichtung wahrgenommen, weil die manichäische Universalität des Islam sich selbst absolut setzt. Nichtmuslime sind weder vollwertige Menschen noch Rechtssubjekte;[285] lernen kann somit die bestmögliche aller Gemeinschaften nach ihrer Auffassung vom Westen überhaupt nichts.

Logischerweise betraf der einzige, wirklich relevante Wissenstransfer zwischen Westen und Islam die einsame, erste Priorität der Muslime: das Militär. Ob die Osmanen des 19. Jahrhunderts oder ihre Teilregenten im Irak und Algerien, sie bezogen die modernen Waffen von den Ungläubigen und ließen ihre Truppen nach ihren Maßstäben der Strategie, Taktik und Disziplin ausbilden. Alle anderen westlichen Errungenschaften der Kultur und Technik waren zunächst mit einem strikten Tabu belegt. So wurde z. B. eine Dame der ägyptischen Gesellschaft nach dem Abzug Napoleons hingerichtet, weil sie sich europäisch gekleidet hatte.[286]

Im Ehr/Unehr-Kontext hatte Napoleon natürlich nicht nur ein erhebliches Loch auf der Habenseite verursacht, sondern auch ein entsprechendes Machtvakuum hinterlassen. Muhammad Ali, der mazedonische Brigadenführer, nutzte die Chance, allerdings nicht ohne den obligaten inneren *djihad.* Im Jahre 1811 lud er 500 Angehörige der führenden Mamlukenkaste zum Festmahl nach Kairo, das zur Henkersmahlzeit geriet. Islamischer Machtlogik folgend ließ Muhammad Ali sie alle umbringen, womit nicht nur sein Machtziel, sondern auch die Wiederherstellung der zuvor verletzten Ehre erreicht war. Ob er hier das spanische Vorbild des Al-Hakam von 797 im Auge hatte, ist nicht bekannt (s. o. S. 92). Das Credo des neuen Machthabers stand jedenfalls beispielhaft für die universale Herrschaftsdoktrin des Islam:

> »Ich bin unentbehrlich für das Wohl der Gemeinschaft, ob die Gemeinschaft dies erkennt oder nicht!«[287]

Diese aus islamdarwinistischer Sicht gesunde Auffassung führte zu einem Machttest mit dem Sultan selbst, der vielleicht sogar einen Wechsel der Dynastie hätte bewirken können, wenn nicht Rußland eingegriffen und den Aufstieg des Muhammad Ali gebremst hätte. Das Sultanat hatte den Erfolg Muhammad Alis in der Gefährdung der eigenen Macht zu spüren bekommen und leitete nun ebenfalls Reformen des Militärs und der gesellschaftlichen Strukturen nach westlichem Muster ein (*tanzimat*). Das paradoxe Ergebnis dieser Maßnahmen war, daß die Neuerungen der Ungläubigen die Despotie des Sultans verstärkten, indem gewachsene Kontrollmechanismen wie z. B. im alten Minoritäten-System (*millet*) ausgebaut wurden. Da zugleich die zentrale Kontrolle – z. B. durch die Einführung der Telegraphie – zunahm, stieg der Haß auf die Ungläubigen doppelt, weil die technischen Errungenschaften den Druck der Herrschaft auf das Volk erhöhten und die Einrichtungen der Tradition zurückdrängten. Hier hatte der Unglaube in den innerislamischen Machtzyklus eingegriffen und das kollektive Ehrkonto belastet. Auch Metternich, der große Politstratege, hatte diese Gefahr erkannt und riet dem Sultan:

> »Übernehmen Sie keine Institutionen der europäischen Zivilisation, die nicht mit der Ihren korrespondieren, denn die westlichen Institutionen basieren auf Prinzipien, die sich von denen, die Ihrem Imperium zugrunde liegen, unterscheiden«[288]

Das klarste Beispiel für die Wirkung der innerislamischen Machtdialektik bildete der Libanon, wo sie erneut religiöse Unterschiede überwand. Hier konkurrierte eine Vielzahl islamischer und christlicher Sekten, die sich in zeitweiligen Kontroversen oder Allianzen in der Herrschaft ablösten. Die Reformen des Sultanats, die die Autonomie der Millets (religiöse bzw. nationale Minderheiten) begünstigten, schwächten die Pforte, in diese Machtkämpfe kontrollierend einzugreifen. Als im Jahre 1860 jeweils etwa 5000 Christen im Libanon und in Damaskus massakriert wurden, schritten die Franzosen ein und installierten einen Kontrollrat der wichtigen Minderheiten, der dem Sultan berichtspflichtig war.

Eine wirksame Kontrolle der öffentlichen Sicherheit war damit allerdings nicht gegeben, weil die Institutionalisierung des Machtbildungsprozesses nach wie vor fehlte. Der Keim neuer Gewalt war bereits angelegt, indem die islamischen Minderheiten die westliche Intervention und die Mitsprache der Christen als Demütigung empfanden. Wie die Erfahrung des 20. Jahrhunderts gezeigt hat, sollte sich dieser Eingriff als Bumerang erweisen. Als fundamentale Belastung des Ehrkontos bildete er den fatalen Impuls für eine Kette von Gewaltaktionen, die schließlich zum vollständigen Chaos, faktischen Zusammenbruch des Staates und seine partielle Beaufsichtigung durch Syrien und Israel führten.

Die Militärreformen in Tunesien und Ägypten – ohne begleitende, staatliche Kontrollfunktionen – verursachten in beiden Fällen den Staatsbankrott und die Protektorate Frankreichs 1881 bzw. Englands 1882. Diese »Reformen« hatten die Wiederherstellung der islamischen Glorie auf militärischem Wege zum Ziel und zogen statt dessen die Dominanz des verhaßten Unglaubens nach sich. Ein krasseres Paradox der Ehrlogik war bis zu diesem Zeitpunkt noch nicht bekannt geworden, war allerdings erneut von den Muslimen selbst erzeugt, deren Drang zur Waffe jedes andere Motiv deutlich dominiert.

Der finanzielle Zusammenbruch Ägyptens 1876 und des osmanischen Imperiums 1878 hatte die europäischen Finanziers vorangegangener Waffenlieferungen und Heeresreformen auf den Plan gerufen. Sie sicherten ihre Interessen durch die Installation von Kontrolleuren, die eine Konsolidierung der Staatsfinanzen und damit die Rückzahlbarkeit der laufenden Kredite und Anleihen gewährleisteten. Mit dieser Maßnahme war nicht nur eine weitere Dimension islamischer Unfähigkeit und folgerichtiger Ehrbelastung durch europäische Überlegenheit sichtbar geworden; ebenso und noch viel klarer hatte sich die ruinöse Rolle des Militärs für den islamischen Staat insgesamt bestätigt.

Die institutionslose Machtdynamik des Islam, die dem jeweils Stärksten das Recht zur Herrschaft und die göttliche Gewaltlizenz zugänglich machte, legte ihren anarchischen, selbstzerstörerischen Mechanismus offen, indem sie die Grundlagen der eigenen Ideologie anzugreifen begann. Gebilde wie das osmanische Reich und seine Teilstaaten entwickelten eine zunehmende, militärische Abhängigkeit von der Technologie der Ungläubigen, deren Ausrottung allerdings nach wie vor ihr primäres Heilsziel darstellte. Eine neue Spitze der selbstverschuldeten Demütigung war erklommen, indem man, um den Zwängen der Gewaltobsession genügen zu können, die Hilfe des Erzfeinds in Anspruch nehmen mußte. Umgekehrt wurde hier natürlich ebenso erkennbar, wie konsequent die Profitobsession die Europäer dazu zwang, die Waffen zu ihrer eigenen, potentiellen Vernichtung zur Verfügung zu stellen.

Die Unfähigkeit der Ehrlogik zu distanzierter Selbstkritik und die Bindung des Verstandes an die Regeln des Allahgesetzes lähmten die Muslime für lange Zeit in ihren Möglichkeiten, die Gründe für die – zumindest materielle – Dominanz des Unglaubens zu analysieren. Wir werden sehen, daß ihnen dies auch bis heute nicht in ausreichendem Maße gelungen ist. Im Vordergrund stand und steht die Bewahrung der Grundlagen islamischer Existenz: der unveränderbaren, koranischen Glaubensbasis, der ebenso unveränderbaren Glaubenspraxis in Ritus und Kampf, der Herrschaft der physisch Stärksten und ethisch Schwächsten sowie der weitgehenden Unterdrückung der Frau.

Zögernd wurden diplomatische Kontakte geknüpft, und interessierte Muslime begannen, die westliche Welt zu bereisen. Berühmt geworden ist der Bericht des Ägypters Rifa' al-Tahtawi über seinen Aufenthalt in Frankreich, der 1834 in Kairo erschien. Neben vielen, wohl zu enthusiastischen Sichtweisen der europäischen Zivilisation vermittelte indessen dieser wache Geist eine grundlegende Erkenntnis, aus der die Muslime bis heute keinerlei Konsequenz gezogen haben: die Unfähigkeit, die Gewaltzwänge der innerislamischen Machtdynamik zu durchbrechen und damit die Schutzlosigkeit der Menschen vor den Regeln eines »Gottesgesetzes« aufzuheben, das diese Gewalt sakral legitimiert und den Machthabern das »Recht auf Unrecht« erteilt.

Auf europäische Gemüter konnte die Übernahme westlicher Usancen durch islamische Machthaber wie eine »Liberalisierung« des Islam wirken, weil man dessen verborgenen Herrschaftsmechanismus damals wie heute nicht verstand. Ein zur Macht strebender Usurpator hatte sich immer schon sämtlicher Mittel – mit religiös legitimierter Gewalt – bedient, um das Herrschaftsrecht des Stärkeren durchzusetzen. Wenn ihm hierbei die Camouflage westlich-progressiven Gehabes dienlich sein konnte, so hätte es nicht nur der Machtlogik, sondern auch der Ehrlogik diametral widersprochen, das subtile Geschenk westlich-arroganter Gutgläubigkeit nicht anzunehmen.

Was sich in der folgenden Entwicklung des westlichen Wunschdenkens als Kampf »progressiver« Kräfte gegen »reaktionären« Traditionalismus im orthodoxen Islam darstellte, war nichts anderes als die geschmeidige Instrumentalisierung europäischer Sprachregelungen durch die Muslime. Wer im islamischen Staat sich dieser Sprache bediente, konnte nicht nur Wohlverhalten und Finanzierung durch die Europäer sicherstellen; er konnte ebenso seine Macht optimal in einem Umfeld einrichten, das nach wie vor traditionell strukturiert sowie religiös legitimiert war, und dabei sogar noch die diversen Strömungen unter den Religionsgelehrten gegeneinander ausspielen.

Je weiter die islamischen Machthaber auf diesem Wege voranschritten, je versierter sie den Westen in ihre Machtstrategien einbanden, desto gefestigter wurden die Eliten im traditionellen Absolutismus und desto virtuoser in der Manipulation ihrer westlichen Gesprächs- und Geschäftspartner. So konnten sie im Prinzip in jede Hülle schlüpfen, die vom Westen gewünscht und bezahlt wurde, ohne dabei die langfristigen Interessen des Islam, dem sie immerhin die Legitimierung ihrer Macht seit Muhammad verdanken, aus dem Auge zu verlieren.

Die schillernde Gestalt des Al-Afghani (gest. 1897), Urgestein des Fundamentalismus und Spezialist islamischer Täuschungsstrategien (s. o. S. 156), vereinigte auf beispielhafte Weise so gegensätzliche Aspekte wie eine – angeblich – sunnitische Herkunft aus Afghanistan mit einer schiitischen Religionsausbildung in Iran und Irak sowie eine Gegnerschaft gegen die britischen Okkupanten mit einer britisch geförderten Mitgliedschaft in einer Kairoer Freimaurerloge.[288a] Ähnlich setzte sich Abd al-Qadir, algerisches Freiheitsvorbild gegen die Franzosen, als Vorkämpfer für die Freimaurerei im Islam ein, indem er sich gegen das Massaker an den Christen in Damaskus engagierte.

Letztlich blieb es indes den masonisch finanzierten Muslimbrüdern vorbehalten, Schritt für Schritt ein fundamentales Mißverhältnis in sein Gegenteil zu verkehren. Für lange Zeit wurde die europäische Ignoranz von der islamischen Kultur nur noch übertroffen durch die islamische Ignoranz von der europäischen Kultur. Mit ihrem langen Marsch durch die »Islamisierung von unten«, die Überwindung der islamischen »Ismen« – Nationalismus, Sozialismus, Arabismus – und die Verknüpfung mit der »Islamisierung von oben« in Gestalt des finanzstarken Petro-Islam wurden die Muslimbrüder zur zentralen Kraft des Islam in der Auseinandersetzung mit dem Westen.

Wie wir in der Untersuchung der islamischen Ausbreitung in Europa sehen werden, haben das Beharrungsvermögen der islamischen Machtmechanismen und die Zerfallsdynamik der westlichen Institutionen zu einer Umkehrung der strategischen Konstellation geführt. Das islamische Unwissen von der europäischen »Kultur« ist weitgehend beseitigt und nun im Begriff, seinerseits vom europäischen Unwissen übertroffen zu werden, das kaum willens oder imstande scheint, die historischen Dimensionen der islamischen Expansionsstrategie und ihrer fest verankerten Handlungszwänge analytisch in den Griff zu nehmen.

2. Verwestlichung islamischer Macht

a) Herrschaft und Korruption

Im Zuge unserer Betrachtungen konnte deutlich werden, daß ein System wie der Islam nur weiterhin ohne Institutionen auskommt, wenn es wie bisher nicht von Menschen manipuliert wird, sondern seinerseits die Menschen fundamental ergreift, steuert und seine Machthaber mit der Lizenz Allahs ausstattet. Im Gegensatz zum Westen, wo man sich auf gemeinsam geltende Regeln und Gesetze geeinigt hat, die von Institutionen repräsentiert und durchgesetzt werden, lebt ein Großteil der Muslime nach einem universalen Gottesgesetz, das den Makrobereich der gesamten Gesellschaft umfassend regelt. Da zudem die soziologische Ehrdynamik in den Mikrobereich jeder menschlichen Einzelsituation eingreift, haben wir es mit einem stochastischen, d. h. teilweise zufallsabhängigen, teilweise bestimmten Geschehen zu tun. Wie wir sahen, bilden in diesem Kraftfeld die Faktoren kurzfristiger Bedrohung und Bestrafung entscheidende Bedingungen, welche das System langfristig auf erratische Gewaltausbrüche schalten. Die sofortige Verfügbarkeit jeglicher Information in der modernen Telekommunikation, die das globale Stimmungsbild ständig verändert, trägt in diesem Umfeld ganz entscheidend zu einer Verstärkung sowohl der Erratik als auch des Gewaltpotentials bei.

Da sich in diesem Umfeld niemand und zu keiner Zeit seiner Lebenslage auf Dauer sicher sein kann, befindet sich jeder im Status virtueller Bedrohung, die sich vor allem in einem umfassenden Zwang zur gegenseitigen Beobachtung, einer alles und jeden konformierenden Überwachung niederschlägt. Vom Ritenvollzug bis zur Jobvermittlung, vom subalternen Verhalten gegenüber den Superioren bis hin zur Unterdrückung der Frau spannt sich ein Spektrum, das jeden Menschen in der Familie, jede Familie in der Sippe und jede Sippe in der Gesellschaft der ständigen Kontrolle unterwirft. Da alle Ebenen von den Vorschriften des Islam erfaßt werden, erzwingt Menschsein im Islam habituelle Denunziation, ebenso wie die Machtlogik habituelle Gewalt erzwingt – im Dienste einer »Gerechtigkeit«, die das pluralistische Kräftespiel ausschließt.[289] Das Stadtleben hat diese Bedingungen zwar abgeschwächt, aber keineswegs aufgehoben.

Korruption und Nepotismus sind integrale Elemente dieses Systems, weil sie Stärke erzeugen und den Kurswert im islamischen Prestigebarometer erhöhen, zugleich allerdings auch den Kontrollzwang verstärken. Denn ebenso wie auf diese Weise Überlegenheit demonstriert werden kann, wird Konkurrenz herausgefordert, gegen deren latente, mit eigener Stärke steigenden Bedrohung angemessene Kontrollmechanismen einzurichten sind. Mit wachsendem Einfluß steigt nicht nur das Risiko empfindlichen Ehrverlusts, sondern auch das Risiko, einem mächtigeren Konkurrenten im Wege zu stehen.

Optimierte Verbindungen von Heuchelei, Intrige und Bestechung erleichtern die Aufweichung von Hindernissen und Abwehr von Gefahren und werden zu umso kunstvolleren Konfigurationen ausgebaut, je höher der Betroffene in der Hierarchie der Ehrbilanzen aufsteigt. Geduld im Einsatz von Beziehungen und Geschick im Einsatz von Gewalt sind das entscheidende, den Propheten kopierende Begriffspaar im Umgang mit Karriere und Macht in der islamischen Gesellschaft. Korruption ist das für einen störungsfreien Betrieb dieser Maschinerie unverzichtbare Schmiermaterial, nichts anderes als die Vorstufe zu organisiertem Verbrechen.

Für den westlichen Beobachter – und Praktiker – ist dieses System der endlosen Belauerung und finanziellen Beeinflussung relativ schnell zu durchschauen. Sobald er sich an den Gedanken gewöhnt hat, daß alles, was im Westen durch die Dokumentation und Institution geregelt wird, im Islam durch Korruption erreichbar ist, kann er diese Alternative in durchaus effizienter Weise für die Wahrung seiner Interessen nutzbar machen. In der Regel geschieht dies über einen »Experten«, dessen Expertise in einer bestimmten Kenntnis der maßgeblichen Funktionen und Entscheidungsebenen besteht. Je sicherer er (nie sie) sich im System etabliert hat und den Mechanismus der Korruptionshierarchien beherrscht, desto effizienter und teurer sind seine Dienste. Der Erfolg eines Marktteilnehmers in der islamischen Region ist sehr häufig mit seiner Bereitschaft verbunden, sich diese ganz anders geartete, unethische Vorgehensweise anzueignen, um überhaupt Teilnehmer des »Marktes« sein zu können.

Da zu dem System auch die gesamte Bürokratie mitsamt Geheimdienst, Richterschaft, Militär und Polizei gehört, kann im Prinzip jeder, der die Klaviatur der Manipulation korrekt bedient, erhebliche Teile ganzer Staaten in die Realisierung seiner Interessen einspannen. Wichtig ist wiederum vor allem die Beachtung der Ehrlogik, die hier gleichzusetzen ist mit einer einfühlsamen Berücksichtigung von Vorteilsnehmern, die sich umso vielfältiger verästeln, je höher die Entscheidungsträger, deren Einfluß benutzt werden soll, in der Prestigeskala geklettert sind. Mit dem Kurswert der Betroffenen steigt häufig auch die Wahrscheinlichkeit der Beteiligung der höchsten Machtebene selbst, des jeweiligen Königs oder Staatspräsidenten, am Fluß »nützlicher Abgaben«. Es liegt auf der Hand, daß hier überhaupt keine Fehler mehr gemacht werden dürfen, weil sie den höchstmöglichen Ehrverlust verursachen und damit härteste Folgen nach sich ziehen, von denen der Verlust des jeweiligen Geschäfts die geringste ist. So mancher »Experte«, dem in der Beratung westlicher Partner systemwidrige Fehler unterliefen, hat seinen Irrtum durch empfindliche Verluste bezahlt, des Vermögens und/oder der Freiheit, immer aber der »Ehre«.

Wenngleich durch die Funktionalität krimineller Seilschaften eine bemerkenswerte Effizienz und Geschwindigkeit – gerade auch in der Realisierung komplexer Transaktionen – erreicht werden kann, so täuscht sie doch nicht darüber hinweg, daß sie das ohnehin schwache Rechtswesen hoffnungslos aushöhlen, die Volkswirtschaft mit astronomischen Zusatzkosten belasten und die sozialen Gegensätze enorm verschärfen. Die Verteilungslogik der Korruption kann ihre Segnungen nur dort plazieren, wo bereits die Macht ist und bildet daher den sichersten Indikator für die Abwesenheit von Demokratie und Rechtssicherheit. In Saudi-Arabien ist es inzwischen Routine, daß ein Produkt oder Projekt das Doppelte des Originalpreises erreichen muß, um überhaupt die Genehmigungsstempel in Bewegung zu setzen – mit anderen Worten: Die Korruption verschlingt die Hälfte der Investitionen.

Die mit Abstand größte Kapitalkonzentation des Islam liegt in der Ölförderung der Golfstaaten und ihren inzwischen akkumulierten, astronomischen Investmentportfolien bei – mehrheitlich – westlichen Banken. Die damit gegebene Machtkonzentration verknüpft sich nicht nur mit den Ölinteressen der Weltmacht USA und ihrer Waffentechnik, sondern auch mit deren Einfluß auf den Vasallen Europa und dessen Gebühreninteresse am islamischen Portfolio. Aus diesem interaktiven Bündel dynamischer Interessenorientierungen schnüren die Golfstaaten ein brisantes Paket. Sie unterstützen die USA-Interessen in ihrer Region als Gegenleistung für die reziproke Sponsorenschaft der USA für das Expansionsinteresse des Islam in Europa, flankiert durch die Hilfe europäischer Banken, deren Wohlverhalten durch Investmentaufträge und Portfolio-Management auf hohem Niveau sichergestellt wird.

Die Ansiedlung von Muslimen und die Verbreitung des Islam saudisch-wahhabitischer Prägung in Europa wird somit zu einem amerikanischen Projekt mit europäischem Juniorpartner, das gleiche Priorität mit den Rohstoffinteressen am Golf genießt. Die Organisation, welche dieses Projekt islamischerseits realisiert, ist die Muslimbruderschaft, gestützt durch die Finanzmittel der erwähnten *rabita* (Islamische Weltliga). Die Muslimbrüder arbeiten ihrer masonischen Tradition gemäß in einer gespaltenen Organisation zwischen offener Sozialarbeit, geheimer Subversion und gelegentlichem Terror. Sie stehen seit langem in Verbindung mit freimaurerischen Gesellschaften und nehmen sowohl islamische als auch westliche, insonderheit anglo-amerikanische Interessen wahr.

Auch die deutschen Führungsebenen haben sich dieser verdeckten Kooperation angeschlossen. Die islamische Zuwanderung ist jeglicher Mitsprache seitens der deutschen Bevölkerung entzogen. Förderung und Gestaltung des Islam in Deutschland und Europa liegen weitgehend in der Hand der Muslimbruderschaft. Der »Zentralrat der Muslime in Deutschland«, dem Verbindungen zu dieser Organisation nachgesagt werden, konnte diese Behauptungen bisher nicht überzeugend entkräften, wie auch seine finanzielle Unterstützung durch die *rabita* (Islamische Weltliga), die sich mit Teilen der saudischen Machtstrukturen deckt, hartnäckig im Gespräch bleibt.[289a] Die deutschen »Deutungseliten« haben sich nach der New Yorker Septemberkatastrophe in seltener Einmütigkeit dem Führungsanspruch des Zentralrats unterworfen, obwohl er die türkische Mehrheit der deutschen Muslime nicht vertritt.

Wir haben über die gesamte Geschichte des *djihad* hinweg verfolgen können, daß sich Macht im Islam sowohl nach innen als auch nach außen bis in die Gegenwart hinein häufig unter Anwendung von Gewalt durchsetzt. Ebenso konnten wir die Mechanismen der Ehr/Unehrbilanz nachzeichnen, die den Muslimen vorislamische Muster eines zwanghaften Ehrenkodex aufprägt. Diese Muster verdrängen in darwinistischen Mechanismen immer wieder den Menschen und seine Potentiale konstruktiven und produktiven Denkens und Handelns. Das islamische System, das bereits »von Hause aus« Bedrohung und Strafe begünstigt, belohnt denjenigen, der aus dem Spektrum fortlaufender Risiken und Chancen das von Ethik unbehelligte Optimum zieht: den Stärksten. Vertreter des »Dialogs« wenden zwar immer wieder ein, »daß die meisten Muslime gemäßigt sind«, können oder wollen allerdings nicht erklären, wieso sich diese Gemäßigten zu keiner Zeit der islamischen Geschichte staatsbildend etabliert haben.

Integrale Randbedingungen eines solchen Systems sind nicht nur Skrupellosigkeit und Gewalt, sondern auch Manipulation, Geheimhaltung und Verschwörung. Indem jede inferiore Ebene der jeweils superioren umso heuchlerische Referenz erweist, je höher sie über ihr rangiert, gewinnt sie den Freiraum, den sie zur Planung des eigenen Aufstiegs benötigt. Was nach außen wie platte Unterwerfung wirkt, schafft die Plattform für die Umschmeichelung des (noch) Überlegenen und die Verschleierung der eigenen Absichten. Gewiefte Teilnehmer an diesem Spiel nutzen die Intensität der Heuchelei als Gradmesser für aufkommende Gefahren und verstärken gegebenenfalls die Kontrollen, die jeder zum Schutz der eigenen Position aufgebaut hat.

Ein wesentlicher Ausdruck dieser Interaktion ist die *taqiya* (arab.: Vorsicht, Verstellung), eine Überlebensstrategie, die zunächst von den Schiiten als Schutz vor den überlegenen Sunniten eingesetzt wurde. Die Schiiten galten als Ketzer, die vor den dominant-aggressiven Sunniten ihren Glauben verleugneten, um das nackte Leben zu retten. In der Auseinandersetzung mit dem Westen übernahmen die Sunniten später diese Praxis, um durch Glaubensverleugnung bzw. -verwässerung den Eindruck der Liberalisierung und Verwestlichung zu erzeugen. Unter dem Schutzschirm dieser Verschleierungstaktik ließ sich umso ungestörter die Strategie der schleichenden Islamisierung verfolgen, wie sie in den letzten zwei Jahrzehnten zum Markenzeichen der islamischen Organisationen wurde, die – fast schon zwangsläufig – allesamt islamistisch sind. Wie sich schon andeutete, spielt der schariatistische Hilfskader des westlichen »Islamdialogs« hier eine wichtige Propagandarolle, die der Öffentlichkeit die Gewaltideologie des Islam als nahezu unübersteigbare Form irdischen Friedens suggeriert.

Schon ausgangs der Osmanenherrschaft bildeten England, Frankreich, Österreich, Deutschland und Rußland wechselnde Allianzen miteinander und mit den Türken, um die jeweils vermeintlich zu stark werdende Fraktion niederzuhalten. Es entstand die Frage, inwieweit dadurch der wirtschaftliche Niedergang der Osmanen und die Agonie des Imperiums verlängert wurden, indem die Allierten dem Sultan immer wieder zu attraktiven Abmachungen verhalfen, mit denen die jeweilige europäische Konkurrenz ausgeschaltet werden sollte.

In Europa hat man sich bis heute weniger Gedanken über die Wurzeln islamischer Machtdekadenz, sondern eher über die Stützung des islamischen Systems zur weiteren wirtschaftlichen und politischen Instrumentalisierung gemacht. So wurden die verschiedentlich von islamischen Potentaten eingerichteten Scheinparlamente euphorisch als »Schritte zur Demokratisierung« begrüßt und das westlich gefärbte Politvokabular der Despoten als Beweis für ihren irreversiblen Weg ins europäische Wertesystem aufgefaßt.

Daß sie dabei selbst zum Spielmaterial islamischer Machtdialektik wurden, dürfte bis heute nur wenigen Politikern und Kirchenleuten bewußt geworden sein. Immer wieder erscheinen sie im Nutzendenken der Ehrlogik als Marionetten ihrer muslimischen Manipulateure, die ihnen im Drama der islamischen Interessenwahrung immer gleiche

Rollen als willige Vollstrecker der islamischen Interessen zuweisen. Ein vorläufiger Höhepunkt in dieser Dramaturgie war nach dem 11. September 2001 erreicht, als eine blockartige Führungsphalanx aus Politikern, Klerikern, Intellektuellen und Journalisten in Deutschland – in einer dem Chor bei Euripides nicht unähnlichen Formation – auf die Bühne der TV-Schirme trat und das vielstimmige, nicht minder doktrinäre Loblied auf die Toleranz des Islam sang. »Damit eines ganz klar ist«, lautete der drohende Tenor, »der Islam ist eine von Grund auf tolerante Religion«.[289b]

Nunmehr seit etwa zwei Jahrhunderten nehmen Europäer die Aussagen der Muslime zum Nominalwert und verfehlen mit hoher Treffsicherheit den islamischen Handlungsimperativ, der unentwegt zu heuchelnder und schmeichelnder Irreführung gezwungen ist, um die Entwicklung und Festigung der eigenen Einflußsphäre voranzutreiben. Eine optimale Ergänzung zu diesem Prozeß steuert die erwähnte Formation bei, die sich »Dialog mit dem Islam« nennt. In vollständiger Abwehr historischer Fakten und der aktuellen Realität des Islam verbreitet diese Formation eine Ideologie, die mit ausgereiften, stringenten Heils- und Feindbildern sowie charismatischer Energie die Doktrin islamischer Toleranz vertritt und – wie noch zu zeigen sein wird – alle Chancen besitzt, an faschistische und antisemitische Traditionen anzuschließen (s. u. S. 296).

b) Macht und Verschwörung

Die gemeinsamen Wurzeln islamischer Machtlogik und europäischer Kollaboration lassen sich besonders auch in den Partnern der Ideologie, im Obskurantismus und Verschwörungsdenken finden. In der zweiten Hälfte des 19. Jahrhunderts formierten sich mit den Jungtürken in der Türkei, der Arabischen Gesellschaft im Libanon, der Persischen Gesellschaft in Teheran und der Vaterländischen Partei in Ägypten geheime Vereinigungen, die sich an europäisch-aufklärerischen Gedanken orientierten und ihre konspirativen Initiationsriten von den Freimaurern kopierten.[290] Bald schlich sich hier die ambivalente Forderung nach der »Erneuerung des Islam« ein, verfolgt insbesondere vom syrischen Ur-Fundamentalisten Al-Kawakibi (s. o. S. 158f.), der die ideologische Grundlage für eine verschwörerische Islamisierung schuf. Unter diesem Vorzeichen bildeten sich erste Gründungen in Paris mit den »Jungarabern« und in Kairo mit der militärisch orientierten »Vertragsgesellschaft« (*al-'ahd*).

Während sich diese und alle weiteren Gründungen graduell islamisierten, versuchten sie – als eine Art neuen Tributs – die ihnen inzwischen geläufigen Rivalitäten zwischen den europäischen Parteien auszunutzen, so wie es ihnen die Großmächte am Beispiel des »kranken Mannes am Bosporus« vorexerziert hatten. Wo der häufig sehr ergiebige englisch-französische Gegensatz nicht direkt auszubeuten war, halfen die jeweiligen Nachrichtendienste aus, die in den Geheimgesellschaften der Muslime vielversprechende Unruheherde zu erkennen glaubten, die zu gegebener Zeit je nach politischer Bedarfslage in konspirativer Manier zur Destabilisierung ihres Landes genutzt werden konnten. Diese Entwicklung erhielt eine stark antijüdische Komponente, als die Briten mit der Balfour-Deklaration von 1917 die Möglichkeit eines Staatsgebiets für die Juden in Palästina in den Raum stellten.

Die erste und bislang einzige wirksame Geheimgesellschaft des Islam war und ist die erwähnte Muslimbruderschaft, die 1928 von Hasan al-Banna (gest. 1949), einem theologisch geschulten Lehrer, in Kairo gegründet wurde. Von Beginn bis heute bildet diese Gesellschaft ein Musterbeispiel kreativer Ambivalenz, mit der die Ziele sowohl der Oberflächen- als auch der Untergrundaktivitäten erfolgreich verschleiert wurden und werden. Massiv finanziert von der Suez-Company und dem britischen Geheimdienst, definierte sich die Bruderschaft antibritisch und proislamisch, ohne auch nur ansatzweise ein klares Programm anzubieten (s. o. S. 274). Die Organisation gliedert sich in erkennbare Einheiten, die als proislamische »Pioniere« im Westen operieren, und in tiefgeheime Zellen, die Sabotage betreiben und Mordaufträge gegen Islamgegner durchführen. Ihre Struktur ist wiederholt mit den Formen kommunistischer Organisationen in Europa verglichen worden [291] und rückt sie verstärkt in den Einflußbereich masonischer Führungskreise, wie auch ihre nach dem 11. September schlagartig gestiegene Bedeutung in Deutschland und Europa anzeigen mag.

König Faruq von Ägypten war der rasch wachsende Einfluß Al-Bannas unbehaglich geworden, so daß er dem Geheimdienst 1949 offenbar Anweisung gab, den lästigen Widersacher auf offener Straße in Kairo zu liquidieren.[292] Dieser Mord konnte – dank guter Kontakte zum Secret Service – weder den Erfolg der Bruderschaft im Nahen Osten und später in Westeuropa, noch wenige Jahre danach die Vertreibung Faruqs selbst verhindern. In der eindrucksvollen Kette islamischer Machtwechsel, Umstürze und Politmorde bildet sich mithin teilweise auch die Handschrift der Muslimbrüder ab. Gewaltsam vertrieben oder ermordet wurden zwischen 1951 und 1981 u. a.: König Feisal II. von Irak und sein Premierminister, der Sultan von Oman, König Idris von Libyen, König Abdallah von Jordanien, König Feisal von Saudi-Arabien, Präsident des Irak Kasim, Präsident des Nordjemen Ibrahim Hamdi, Präsident Syriens Shishakhi, Premierminister des Libanon Riad as-Sulh, Schah von Persien Muhammad Reza Pahlawi, Präsident Ägyptens Anwar as-Sadat, die Präsidentschaftskandidaten Marokkos, Oufkir und Ben Barka, etc.

»Innerer *djihad*« und Gewalt im Kampf um die Macht in Islam, die zwischen Marokko und Iran gleichmäßig verteilt sind, bestätigen die Allgemeingültigkeit des Gesetzes des Stärksten und der systemischen Rechtsunsicherheit, die sich im Islam immer wieder – unter Allahs Schirmherrschaft – zur Geltung bringen. Es sollte dabei festgehalten werden, daß innerhalb des gleichen Zeitraums in Europa kein einziger Machthaber durch Umsturz oder Mord beseitigt wurde, was indessen nichts an der dort grassierenden Entdemokratisierung ändert.

Alle diese Machtwechsel wurden im beschriebenen Kraftfeld der Herrschaftsaneignung zwischen Korruption, Verschwörung und Gewalt vorbereitet und durchgeführt. Die offene Diskussion von Gegensätzen und Herausarbeitung von Kompromissen ist in diesem Spektrum der Ehrbilanzen, die im Kampf um die Spitze in einem mörderischen Alles oder Nichts kulminieren, nahezu unbekannt. Die Religion des Islam liefert im politischen Bereich keinen ethischen Beitrag von erkennbarem Wert, sondern rechtfertigt im Gegenteil jede auch noch so absurde Form der Gewalt. Jeder neue Regent ist natürlich von Allah eingesetzt, unabhängig davon, zu welchen Mitteln er zuvor auf dem Weg an die Spitze gegriffen hat. Da jeder Aspirant den Machtkampf jeweils auf seine ganz spezifische Art führt, nimmt er Allah sozusagen die Entscheidung über die Wahl der Waffen ab. Er wird also für eine beschränkte Phase gewissermaßen rückwirkend zu Allah selbst, indem er auf Basis der Generalvollmacht handelt und sich in seinem Erfolg zeigt, daß er richtig, also allahgerecht entschieden hat.

Mit dieser alles übersteigenden Legitimation wurden in der politisch-ideologischen Entwicklung des Islam nach dem zweiten Weltkrieg die verschiedensten Politschablonen propagiert: Revolution, Nationalismus, Sozialismus, Demokratie und ab Anfang der 70er Jahre natürlich immer häufiger Islam. Da der neue Machthaber selbst am besten weiß, mit wie vielen Leichen sein Weg an die Spitze mit dem Plazet Allahs gepflastert war, steht ihm nun mit dem gleichen Freibrief die brutalstmögliche Absicherung der Macht zu. Hierzu gehört vor allem, bevor überhaupt die Regierungsgeschäfte aufgenommen werden, die vollständige Beseitigung der Entourage des Vorgängers, sofern sie sich nicht bereits der drohenden Liquidation entzogen und ein sicheres Exil aufgesucht hat. Die Logik dieses gänzlich selbstzentrierten, pathologischen Machtverständnisses muß ebenso zwangsläufig jeden vernichten, der den neuen Herrscher im Kampf um die Macht unterstützt und ihm auf seinem Weg geholfen hat, Hindernisse und Widersacher zu beseitigen.

Je deutlicher die Abgrenzung zum Gegner, desto gefährlicher für den Ausgegrenzten, weil mit steigendem Ehrabstand zwischen den Konkurrenten auch die Rechtfertigung für die physische Liquidierung des Schwächeren wächst. Es kann nicht verwundern, daß sich in einem solchen Kraftfeld bevorzugt immer wieder Konstellationen von Machtkonkurrenten, Gerüchtehändlern, Verschwörungsspezialisten, Informanten, Spionen, Doppelagenten und vielen anderen dubiosen Existenzen ergeben, deren konzertierte Optimierung den wahren Machtvirtuosen auszeichnet. Mit Religion hat dies erkennbar nichts zu tun, während der europäische Islamdialog in solchen Akteuren oft fromme Muslime erkennt, die zum Wohle ihrer Gemeinschaft korangerechte Politik betreiben. Ein Beispiel dieser Art ist Azhar-Scheich S. Tantawi, der in einer Aussage zur Israel-Frage »zu den Lehren des Islam zurückkehren … um den Feind Allahs zu bekämpfen … und die heilige Erde von den Juden reinigen« wollte, während er sich freilich von Papst und »Dialog« als Friedensfürst hofieren ließ.[292a]

Westlichem Kurzzeitdenken fällt es schwer, Langzeitkonzepte wie den Islam und die Lizenz Allahs als das zu nehmen, was sie sind: der Freibrief zur Macht, der die Sicherheit Europas gefährdet, wenn die islamischen *muhadjirun* hinreichende Stärke für die *hidjra* schaffen können, jenen Impuls, der den Kampf gegen den Unglauben aktiviert. Es ist diese fundamentale Diskrepanz zwischen dem jeweiligen Verständnis der Rollenverteilung, welche die Expansion des Islam in Europa für dessen Vertreter zum Kinderspiel macht. Was für die Muslime *djihad* ist, die – noch – mit dem Wort geführte Ausbreitung zur Überwindung des Nichtislam, erscheint den Vertretern des Dialogs als Glauben, der vom Grundrecht der Religionsfreiheit zu schützen ist.

Der Stress der permanenten Kontrolle und gegenseitigen Belauerung, die fortlaufende Bedrohung durch virtuelle Gewalt, unter der islamische Machthaber ihr »Amt« ausüben, erfordert ein ungewöhnliches Maß an Skrupellosigkeit und krimineller Energie, die im wahren Wortsinne »über Leichen gehen« muß. Hier geht es allerdings um einen religiös legitimierten Handlungszwang, der, wie Geschichte und Gegenwart gleichermaßen eindrucksvoll belegen, oft in Bereiche der soziopathisch-sadistischen Unterdrückung auf der einen und der masochistischen Unterwerfung auf der anderen Seite, in jedem Falle des psychisch Abnormen, abgleitet. Somit ist es kein Zufall, daß gerade die repressivsten, mörderischsten Tyrannen von ihren Untertanen den größten Respekt erfahren und Gestalten wie der irakische Präsident Saddam Husain – nicht zu Unrecht – in die Nähe zum islamischen Verkünder Muhammad gerückt wird. Wie jener die Liquidierung von Gegnern seinen Genossen in Auftrag gab, so krempelt dieser »Politiker« selbst die Ärmel auf und tritt in die Fußstapfen seines Propheten, indem er mißliebige Akteure beseitigen oder dem Vernehmen nach sogar am Kabinettstisch erschießen läßt, um etwaige Irrtümer über die gegebenen Machtverhältnisse auszuräumen.[293]

Das Gewohnheitsrecht der Ehrlogik im Verbund mit der Vollmacht des Allahgesetzes erzeugt eine maximale Gewaltrechtfertigung, die dem brutalsten Tyrannen oft die höchste Anerkennung des Volkes sichert. Die stereotyp wiederkehrenden Vergleiche der Despoten mit Muhammad bestätigen den *djihad* als unverlierbar eingeschliffenen Aktionsreflex, der nach innen den politischen Gegner beseitigt und nach außen den Unglauben bekämpft und dort, wo die Muslimbrüder Erfolg haben, sogar zuweilen das schariatische Islamland ausweitet.

Die überkommene Stammesmentalität des Ehrerwerbs für die Sippe gibt dem Superstamm Islam die soziologische Textur für das Gesetz des Stärksten, das durch das Gesetz Allahs schließlich zur unübersteigbaren Vollmacht geadelt wird. Dabei entstehen immer wieder auch zusätzliche Komplikationen durch die gewaltsamen, innerislamischen Gegensätze zwischen städtischem Schriftglauben und ländlichem Aberglauben, dessen Lokalheilige mitunter eine für die Machthaber gefährliche Beliebtheit erlangen.[294]

Der irakische Historiker M. Khadduri bezeichnet den Umsturz von 1937, der durch Ermordung des Verteidigungsministers Askari bewirkt wurde, als »Meisterleistung«, die eine Regierung von »beispielloser Popularität und Prestige«(!) an die Macht gebracht habe, und bestätigt, daß »Araber sich nach starken, politischen Führern sehnen, die ihr Schicksal bestimmen«.[295] Ein Führerprinzip, in dem sich die Allmacht Allahs selbst abzeichnet, kann kaum vermeiden, daß die Machthaber göttliche Züge annehmen. So erscheint logisch, daß der frühere, tunesische Präsident Habib Bourguiba – nach westlichem Verständnis einer der liberalsten und progressivsten Führer des Islam – die Frage nach Tunesiens System mit der kürzestmöglichen Definition, nämlich der Feststellung beantwortete, »das System selbst« zu sein.[296]

Die islamische Machtpsyche hat den sogenannten Imperialismus der Europäer sehr gut überstanden. Mit Skepsis ist dieser »Imperialismus« insofern zu betrachten, als er bestenfalls eineinhalb Jahrhunderte, von 1798, der Landung Napoleons in Ägypten, bis 1956, der Suezkrise und dem Abzug der Engländer aus der Kanalzone, dauerte. Während dieser Zeit haben die Wertvorstellungen und Institutionen der Okkupanten keine wirklich nachhaltigen Spuren in den Wertideen und Einrichtungen der Muslime hinterlassen.

Dies kann indes nicht verwundern: Die Zeit des islamischen Imperialismus hatte im Vergleich zur kurzlebigen Gegenwart der Europäer wahrhaft imperiale Ausmaße. Über ein Jahrtausend lang, von der Zeit der größten Ausdehnung um 750 bis Napoleon herrschte der Islam uneingeschränkt über den Westen bis Marokko und über den Osten bis Indien und später sogar bis Indonesien. Bis auf Spanien und Teile des Balkans entglitt dem imperialen Griff des Islam kein Territorium, das einmal für den »Glauben« eingenommen und besetzt worden war. Die Wirkmacht dieses Imperiums ist so imposant, daß den Vertretern des »Dialogs« sogar die Reconquista des islamisch besetzten Spanien als unrechtmäßige Okkupation durch die Europäer erscheint.

Das bereits von Muhammad praktizierte Darwingesetz, das dem Stärksten die Macht des Islam sichert, offenbart eine weit härtere Resistenz gegen den Zeitprozeß als das Vernunftgesetz der westlichen Kultur, das keine dauerhaften Wahrheiten duldet und die eigenen Grundlagen des Glaubens, der Demokratie und des rationalen Denkens aufzulösen beginnt. Unbeeindruckt vom westlichen »Imperialismus« setzte sich der islamische Imperialismus in Christenverfolgungen in seinen Ländern fort, derzeit besonders Sudan, Indonesien und Nigeria. Er nahm auch ganz unmißverständliche, vertraute Gestalt in seiner zeitgenössischen Form an, die sich in der modernen Invasion nach Europa – auch »Zuwanderung« genannt – mit einem unaufhaltsamen Wachstum von Bevölkerung, Moscheen und »Kulturzentren« sowie ständig steigenden Ansprüchen an den Unglauben, d. h. gegen die demokratische Grundordnung, zum Ausdruck bringt.

c) 1960–1980: Der erste Kreis der Gewalt

Der radikale Pragmatismus des islamischen »Führerwillens« belohnt vor allem die Fähigkeit, um der Macht willen mit jedem zu kollaborieren, der ihr dienlich sein kann. Sowohl Geschichte als auch Zeitgeschichte des Islam liefern eine lückenlose Kette von Praxisexempeln, welche das hier wirksame, reine Nützlichkeitsdenken verdeutlichen. Ein Schulbeispiel für die quecksilberartige Flexibilität des islamischen Machtinstinkts war das große Manöver Nassers, der England und Frankreich herausforderte und die Suezkrise von 1956 heraufbeschwor.

Das Risiko war gering, denn die USA zwangen die Europäer zum Rückzug, und die Sowjets hatten zuvor grünes Licht für den Assuan-Staudamm und die größten Waffenlieferungen aller Zeiten gegeben. Zwischen 1956 und 1970 erhielten Ägypten sowie die Baath-Regimes Syriens und des Irak mehr als die Hälfte der gesamten sowjetischen Waffenhilfe weltweit. Dabei konnte es zu einer Transformation dieser Staaten in Satelliten nach Ostblockart natürlich nicht kommen. Abgesehen von den eindeutigen Reviermarken, welche die Amerikaner in Israel und mit der 6. Flotte im Mittelmeer gesetzt hatten, bekamen die Sowjets zu keiner Zeit den islamischen Machtopportunismus in den Griff. Immer wieder entglitt dem plumpen Kaderdenken marxistisch-leninistischer Prägung die flexible Machtpraxis islamischer Prägung, die gleichermaßen totalitär agiert, jedoch Konspiration, Mord, Krieg und Religion frei von jeder ideologischen Bindung als Selbstzwecke einsetzt.

Was sich aus westlicher Sicht als progressiv oder reaktionär, gemäßigt oder extremistisch bzw. pro-amerikanisch oder pro-sowjetisch gepoltes System darstellte, war aus islamischer Sicht natürlich immer das gleiche, eben islamische System, das die zum gegebenen Zeitpunkt jeweils nützlichste Mittelkombination zusammenstellte, um eine Maximierung der Macht bzw. Optimierung des Ehrkontos zu realisieren. Es sollte sich dabei allerdings zeigen, daß der amerikanische Geheimdienst mit dieser Art politischen Chamäleons wesentlich geschickter umzugehen verstand als der sowjetische, was sich ohnehin schon im dominanten Einfluß auf die Ölressourcen angedeutet hatte.

Die Baath-Parteien in Syrien und Irak (s. u. S. 188f.), deren Gründer Aflaq und Bitar noch unter starkem Einfluß des Nationalsozialismus gestanden hatten, übernahmen zeitweilig den nasseristischen Pro-Sowjetismus, um an den horrenden Waffenlieferungen partizipieren zu können. Ebenso entfaltete sich in beiden Ländern wie in Ägypten eine ideologische Terminologie, welche die sowjetische Propaganda perfekt kopierte, jedoch zu keiner Zeit irgendeine Bindung erzeugte. Die wohlfeilen Worthülsen vom Islam als dem ultimativen Sozialismus und von Ägypten als der Kernzelle arabischer Einheit mußten wie alles andere bereits vom System her hohle Phrasen bleiben. Denn jeder Gedanke, der auch nur den Anflug einer positiven Wirkung für das Gemeinwohl erlangen könnte, ist strikt zu vermeiden, weil er die Freiheit des islamischen Despotismus mindert.

Nasser stampfte eine sowjetisch geprägte Industrialisierung aus dem Boden, ohne die noch immer wirksamen, osmanischen Strukturen zu modernisieren. Nach wie vor dominierte im Militär-, Wirtschafts- und Verwaltungsbereich das heuchlerische Lakaiendenken, das traditionell unfähige Karrieristen und Protegés in die Schlüsselpositionen brachte, anstatt dem Leistungsprinzip den Vorzug zu geben und ausgebildete Spezialisten dort einzusetzen, wo sie gebraucht wurden. Wer die Register dieser Struktur nicht nach den Spielregeln der Macht- und Ehrlogik zu ziehen verstand, verfing sich unweigerlich im Terrorsystem der *mukhabarat*, des berüchtigten, ägyptischen Geheimdienstes.

Diesem Druck entgingen auch die islamischen Religionsgelehrten nicht. Die Azhar-Moschee, oberste Autorität des Islam, beeilte sich, die vollständige Übereinstimmung von Islam und Sozialismus zu bestätigen, ja sogar letzteren zur Grundlage des politischen Islam zu erklären, die bereits dem Propheten Muhammad vorgeschwebt habe. Die Muslimbrüder hatten trotz aller Zweideutigkeit unter dieser Rabulistik besonders zu leiden, weil sie immerhin dafür bekannt waren, die *sharia*, das Gesetz Allahs, zu vertreten. Dieser Richtung fiel ihr Chefideologe Sayyed Qutb 1966 durch Hinrichtung zum Opfer. In den 20 Jahren zwischen 1952 und 1972 sollen um die 15 000 »Dissidenten«, zumeist Muslimbrüder, liquidiert sowie zwischen 20 000 und 30 000 inhaftiert worden sein, von denen eine unbekannte Zahl durch Folter umkam.

Als ausgewiesenem Könner des pragmatischen Machtspiels bereitete es Nasser keine Mühe, sich zuweilen von den Worthülsen des Sozialismus zu lösen und durch solche der anti-israelischen Haßpropaganda zu ersetzen, in der seine frühere Mitgliedschaft bei den faschistischen »Grünhemden« indirekt mitzuschwingen schien. 1963 schrieb er an den damaligen deutschen Bundeskanzler L. Erhard (gest. 1977):

> »Der zionistische Rassismus beutete das Leiden der Juden unter dem Hitler-Regime aus, um eine furchtbare Verschwörung gegen die arabische Nation in Szene zu setzen, ihr einen Teil ihres Landes zu entreißen und einen Staat in Palästina aufzurichten.«[297]

Im Vorfeld des Israel-Krieges von 1967 hatten Nassers unentwegte Beschwörungen einer bombastischen Militärstärke die perfekte Illusion einer unübersteigbaren, arabischen Ehre geschaffen. Riesige Waffenlieferungen der Sowjets, gewaltige Finanzleistungen aus fast allen europäischen Ländern hatten Ägypten bis an die Zähne aufgerüstet, schienen jedoch geradezu wirkungslos zu verpuffen, als die Israelis die Helden des arabischen Sozialismus in wenigen Tagen in die Flucht schlugen und damit allerdings auch Nassers Ehrkonto auf Null brachten.

Dieser verlor sich in den üblichen Reflexen islamischen Schattenboxens. Mehr als 1,5 Milliarden US-Dollar hatte seine Illusion an unmittelbaren Kriegskosten verursacht und zog in der Folge das Mehrfache nach sich. Der Suezkanal mußte geschlossen bleiben und die Ölförderung am Roten Meer gestoppt werden. Jede Artilleriesalve, die Nasser zur Wiederherstellung der »Ehre« über den Kanal feuern ließ, beantworteten die Israelis mit präzisen Luftangriffen auf Militär- und Industrieanlagen in Kairo und Umgebung, deren Ausfall die Kosten und den Bankrott der Macht ins Monströse steigen ließ.

Ein besonders beeindruckendes Beispiel der nutzenorientierten Ausbeutungsstrategie islamischer Machthaber war Anwar as-Sadat (gest. 1981), der Nachfolger Nassers als Präsident Ägyptens. Er war der glühendste Feind der Juden und forderte noch bis 1977 deren vollständige Vernichtung mit einem Nachdruck, der dem des Nazi-Chefideologen Rosenberg in nichts nachstand und somit auch seinem Ehrkonto erhebliche Kreditbuchungen gutbrachte. Sadat, dem zeitlebens die Mitarbeit im Geheimdienst der Deutschen nachgesagt wurde, gehörte als junger Offizier einer der insgesamt acht ägyptischen Geheimgesellschaften an, die – Muslimbrüder eingeschlossen – große Sympathien für die Nazis hegten. Nach der Machtübernahme Nassers im Jahre 1953 schwärmte Sadat von Hitlers unübertrefflichen Tugenden:

> »You are forgiven on account of your faith in your country and people. That you have become immortal in Germany is reason enough for pride. And we should not be surprised to see you again in Germany, or a new Hitler in your place".[298]

Während er diese und ähnliche Elogen nie wirklich widerrief, zeigte er sich als wahrer Meister der islamischen Machtklaviatur. Mit sicherem Sensorium witterte Sadat jede Erzader möglicher Stärke, so tief sie auch verborgen sein mochte, und aktivierte sie in klassischer Manier, die sich vor allem aus den frei manipulierbaren Kontrasten der Ehrbilanz bedient. So erschien Nasser zunächst als ein Wesen, das mit überirdischen Eigenschaften ausgestattet und daher jeder Kritik entzogen war:

> »O Gott, Djamal ('Abd an-Nasir) ist deine großartige Schöpfung, dein Eroberergenius, dein wahrer Diener, zuverlässig und inspiriert, der Überbringer der Botschaft von Gerechtigkeit, Würde und Frieden an Volk und Nation.«[299]

Kaum hatte Sadat die Macht übernommen, wurde aus diesem Halbgott eine häßliche Kreatur, ein ekelhafter Tyrann, der eine »Bahn des Hasses« hinter sich herzog, Ägypten in das mittelalterliche Dunkel von Folter und Strafe getaucht hatte und zudem mit der Niederlage gegen Israel von 1967 größtmögliche Schmach auf das Land und – natürlich – den ganzen Islam geladen hatte. Je öfter und lauter allerdings diese letzte Fehlleistung betont wurde, desto dringlicher und unausweichlicher trat die Notwendigkeit in den Vordergrund, dieses fundamentale Ehrmanko zu einem gloriosen Ausgleich zu bringen. Wer dies bewerkstelligte, hatte zudem die Gelegenheit, den schon 1971 begonnenen Umschwung von sowjetischer zu amerikanischer Unterstützung zu vollenden.

So genügte das kurze Kriegstheater vom Oktober 1973, um die verletzte Volksseele zu besänftigen und die Ehre des Machthabers triumphal zu bestätigen. Daß der Angriff auf Israel, von Syrien unterstützt und von Saudi-Arabien finanziert, militärischem Selbstmord gleichkam, war allen Informierten klar, so daß der Schein eines ägyptischen Erfolges erzeugt werden mußte, um optisch das Racheversprechen Sadats für 1967 einzulösen, zugleich indessen auch einen jederzeit möglichen Einmarsch Israels in Kairo zu vermeiden. Mit amerikanischer Hilfe fielen die Ehrenwürfel zugunsten Sadats, zumal sich für die Beteiligten ein phantastisches Geschäftsfeld öffnete. Denn nun war der Weg endgültig frei für den Austausch des sowjetischen Sozialismus gegen den amerikanischen Kapitalismus, unterlegt durch den Friedensschluß mit Israel 1977, der bis dahin im erratischen Reflexbetrieb des islamischen Ehrbewußtseins unvorstellbar gewesen war.

Der Frieden mit dem ideologischen und eschatologischen Erzfeind war das ultimative Siegel auf die absolute Priorität der Macht im Islam, die persönlich erworben wird und jedes Mittel rechtfertigt, insbesondere die vollständige Diffamierung der islamischen Religion und ihrer Vertreter, die sich im Verlauf des historischen Prozesses mit einem immer wieder erneuerten Bankrott ihrer theologischen Grundsätze abzufinden hatten. Die Logik der Ehre und die Logik eines Allah, der sich grundsätzlich auf die Seite des Siegers stellt, liefern jene universale Flexibilität, welche das System braucht, um diametrale Gegensätze mit despotischer Willkür auf ganz natürliche Weise zu verknüpfen und die »Interessen des Islam« auf Dauer zu gewährleisten.

Denn dem Selbstzweck der Macht kann jeder, angeblich auch noch so fundamentale Glaubensgrundsatz kurzfristig geopfert werden, weil jedes Opfer dem Islam langfristig dient, solange seine Randbedingungen unbeschädigt bleiben: Ritus als Herrschaft nach innen und *djihad* als Ausweitung der Herrschaft nach außen. Der vom westlichen »Dialog« immer wieder beschworene, »eigentliche« Islam, die Frömmigkeit der Muslime, ist Bestandteil dieses Systems, weil islamische Frömmigkeit auch den despotischen Machthaber als von Allah gewollt einschließt.[300]

Auf beispielhafte Weise dokumentiert die Vita Sadats eine solche ethikfreie Gleichung, welche die ideale Macht mit vollständiger Gewissenlosigkeit identifiziert. Er vereinigte in nur 30 Jahren so bemerkenswerte Gegensätze wie Pro-Nazi/Pro-Sowjet, Sozialist/Kapitalist und Judenfeind/Judenfreund auf überaus harmonische, d. h. islamische Weise, scheiterte jedoch letztendlich an der undurchdringlichen Ambivalenz der Muslimbrüder.

Die enorme Bandbreite des Sadatschen Opportunismus schien gegen Ende der 70er Jahre die Machtdialektik auch nach islamischen Maßstäben so stark ausgereizt zu haben, daß außer der Superlizenz selbst kaum noch »glaubwürdige« Argumente zur Rechtfertigung der weiteren Entwicklung übrig blieben. Dies sollte sich rächen, denn die Reichen Ägyptens hatten sich in auch für islamische Verhältnisse so unverfrorener Form an den Unterstützungszahlungen Amerikas bereichert, daß die Massenbasis der Muslimbrüder vermehrten Zulauf erhielt. Schon in seiner Frühzeit hatte sich Sadat, selbst Angehöriger einer Offiziersverschwörung, von den diffus-antiwestlichen Plänen des Al-Banna und seinen obskuren Initiationsriten beeindruckt gezeigt.[301]

Gleich nach seiner Machtübernahme ließ er die von Nasser inhaftierten Muslimbrüder frei und förderte ihren Wiederaufbau in Ägypten, der sich wiederum in die bewährte Zweiteilung zur offenen Sozialeinrichtung und geheimen Terrorstruktur gliederte. Als sich anfangs der 80er Jahre der Widerstand gegen die korrupten Eliten verstärkte, ließ Sadat über tausend Oppositionelle verhaften, unter denen sich erneut zahlreiche Muslimbrüder, die einst so respektierten Gesinnungsgenossen, befanden. Einen geheimen Gewaltarm, die *djihad*-Gemeinschaft, hatte er fatalerweise unterschätzt. Bislang ist die Bruderschaft immer wieder in den Verdacht geraten, daß Terrorkader dieser oder ähnlicher Art integraler Bestandteil ihrer Struktur sind, wo immer sie auch tätig sein mag. Die *djihad*-Truppe tötete Sadat im Rahmen einer Militärparade, die sinnigerweise anläßlich des »Sieges über Israel« von 1973 stattfand. Sein Führer war Khalid al-Islambuli, von dem – vielleicht nicht ganz zufällig – ebenso wie von Gulbudin Hekmatyar (s. u. S. 207) Spuren zu Angehörigen der Muslimbruderschaft in der Bilal-Moschee zu Aachen führen.[302]

Kennzeichnende Ergebnisse islamischer Machtpolitik liefert auch ein Vergleich der Ideologien und Politpraktiken in Syrien und Irak. In beiden Ländern gelangten Versionen der sogenannten Baath-Partei (arab.: *ba'th*=Sendung, Erweckung) an die Macht, die einen diffusen Sozialismus, verbrämt mit den üblichen Leerparolen von Freiheit und Einheit, propagierte. Die offiziell 1947 gegründete Baath redete damit einem säkularen Gesellschaftskonzept das Wort, das allerdings durchaus auch den Islam aktivierte, wann immer religiöse Propaganda ihrer Ideologie nützlich sein konnte. Schon die Gründer Michel Aflaq (gest. 1989), von christlicher Herkunft, und Salah ad-Din Bitar, ein sunnitischer Muslim, priesen den Islam als metaphysische Form des Sozialismus und sein Konzept von Freiheit und Einheit, das aus ihrer Sicht jede westliche Aufklärung überstieg.

In der konkreten Machtpraxis spielte die Religion einmal mehr nur die Rolle des theoretischen Überbaus. Der Putsch von 1963 brachte in Syrien schiitisch-alewitische Kräfte an die Macht, die sich durch die Machtübernahme des Alewiten Assad im Jahre 1971 weiter verstärkten. Nach klassischem Machtmuster wurden zunächst Assads Mitstreiter Muhammad Imran und Salah Djadid exekutiert bzw. inhaftiert. In der Folge verhärtete sich die Haltung auch gegenüber den Muslimbrüdern, die – nach ihrer eher bedeutungslosen Mitwirkung im syrischen Scheinparlament in den 50er Jahren – nun zur konkreten Gefahr wurden. Ihre effizienten und beliebten Sozialorganisationen begannen den weniger leistungsfähigen Baath-Kadern im Bauern-, Arbeiter-, Studenten- und Frauenbereich das Wasser abzugraben.

Der Konflikt konnte nicht ausbleiben und wurde wie üblich mit Gewalt »gelöst«. Per Gesetz wurde die Mitgliedschaft in der Muslimbruderschaft unter Todesstrafe gestellt und dann postwendend das erste Tausend von ihnen im Gefängnis von Palmyra an einem Tag hingerichtet. Wenig später machte man in der Stadt Hama zwischen 20 000 und 30 000 sunnitische Aufständische nieder, die sich gegen die aus ihrer Sicht häretische Überfremdung durch alewitische Schiiten auflehnten.

Wie – nicht nur – im arabischen Stammeswesen üblich, verteilt der Machthaber die Schlüsselpositionen an nahe Verwandte und willfährige Mitglieder der Sippe. So auch im Syrien Assads, der seinem Bruder Rifaat zentrale Funktionen wie den Geheimdienst und vor allem die Verwaltung der gewaltigen Zusatzverdienste übergab, welche die Familie aus ihrem Drogengeschäft im Libanon bezog. Kritiker, insbesondere die Parteigründer selbst, gewärtigten härteste Folgen. Bitar wurde hingerichtet, Aflaq entkam mit knapper Not zum Systemfeind nach Europa.

Im Hinblick auf religiös garnierte Gewalt, korrupten Nepotismus und ethische Prinzipienlosigkeit bildet der irakische Baathismus ein erstaunliches Pendant zu Syrien. Mit der gleichen Ideologie des panarabischen Sozialismus und den Phrasen von Freiheit und Einheit konnte hier allerdings – im gleichen Interesse der Macht – eine dem syrischen Konzept durchaus gegenläufige Richtung entwickelt werden. In Syrien kämpfte die Baath für die alewitische Schia und damit gegen die Vertreter der Sunna. Im Irak wandte man sich nach dem Putsch von 1968 auf Basis prosunnitischer Propaganda gegen die schiitische Mehrheit des Landes. Geradezu mathematisch anmutende Parallelen hatte zuvor die natürlich in beiden Ländern gleichermaßen wirksame Machtpraxis verursacht. In den syrischen Vorgängen sehr ähnlichen Reflexen zwang die islamische Mordmaschinerie im Irak den Putschisten Qasim, im Jahre 1958 König Feisal umzubringen; 1963 fiel er selbst seinem Nachfolger Salah Arif zum Opfer, den hinwiederum 1968 sein Konkurrent Hasan al-Bakr umbringen ließ.

Letzterer überlebte die Machtübernahme durch Saddam Husain im Jahre 1979 nur als eine Art Feigenblatt, mit dem sich Saddam dem Westen gegenüber schmückte, als er Dutzende der Anhänger Hasans mit dem Standardvorwurf der »Verschwörung« vor ein Tribunal stellen, aburteilen und liquidieren ließ. Ebenfalls parallel zu Syrien erlebte der Irak in den 50er Jahren eine Reihe regionaler Machtkämpfe, in denen in beiden Ländern so verbissen um die Vorherrschaft gerungen wurde, daß zu fast 50% die jeweiligen Vorgänger im »Amt« ihr Leben ließen.

In virtuoser Weise manipulierten Syrien und Irak die Sowjetunion, die sich deren sozialistische Lippenbekenntnisse bis weit in die 80er Jahre hinein mindestens 1 Milliarde US-Dollar pro Land und Jahr an Waffenlieferungen und sonstigen Zuwendungen kosten ließ. Dabei gelang es dem besonders talentierten Assad, der nicht wie sein Amtskollege Saddam auf komfortable Öleinkünfte zurückgreifen konnte, auch den Amerikanern hohe Zuwendungen zu entlocken. Diese zogen sozusagen Wechsel auf die Aussicht, die Sowjets zukünftig aus einem Einflußgebiet verdrängen zu können, das diesen selbst außer leeren Versprechungen und hohen Kosten nichts eingebracht hatte.

Entsprechend ihrer Bedeutung als Gefahr für die Stabilität seiner Herrschaft brachte Saddam in den 80er Jahren die Maschinerie der Gewalt und und des Terrors auf erhöhte Touren. Er setzte sowohl die schiitische Mehrheit als auch die nach Unabhängigkeit strebenden Kurden unter einen Druck, der sich vom »normalen« Massaker in eine genozidale Größenordnung verschob. In regelrechten Pogromen, z.T. unter Einsatz von Giftgas, wurden beide Gruppen deutlich geschwächt und – als Hauptzweck – ihre kollektive Psyche nachhaltig traumatisiert.

In die gleiche Zeit fiel der Krieg gegen den Iran, der auf beiden Seiten eine Million Opfer, darunter unzählige Kinder, forderte. Als Ouverture zu diesem Totentanz wurde schon 1980 die gesamte geistliche Führung der irakischen Schiiten liquidiert. Zur Absicherung dieser Operationen installierten Saddam wie auch Assad nahe Verwandte in wichtigen Funktionen, allen voran Geheimdienst und Verteidigung. Wer sich allerdings ohne Genehmigung bestechen ließ, offenbarte eigene Machtambitionen und wurde ohne viel Federlesens beseitigt.

Einen schiitischen Sonderfall bildet in der Welt des Islam bekanntlich Persien, das sich seit dem 16. Jahrhundert mit der Dynastie der Safawiden zunehmend gegen die Osmanen abgegrenzt und aus der Majorität der Sunniten herausentwickelt hat. Der schiitische Klerus agiert als Sachwalter eines verborgenen Imam, dessen messianische Wiederkunft das Weltende einleiten soll. Dieser Verborgene ist der letzte in einer Reihe von zwölfen, deren erster als Träger göttlicher Eigenschaften gilt, welche von Muhammad über dessen Schwiegersohn Ali auf ihn und seine elf Nachfolger übergingen. Der endzeitbezogene Messianismus fördert eine in der Tradition Persiens stehende Weltsicht, die das Diesseits in manichäischer Striktheit abwertet und den schiitischen Islam für ein entsprechendes, gnostisch-esoterisches Denken aufgeschlossen hat.

Wie im arabischen Raum, so bildeten sich auch in Persien Geheimgesellschaften, die politischen Einfluß zu gewinnen suchten, indem sie sich die Grundlagen westlicher Propaganda aneigneten. Die Briten gründeten u. a. Gesellschaften zum Betrieb von Minen, der Eisenbahn, der Telegraphie und des Tabakanbaus und verstärkten die Möglichkeiten einheimischer Machtaspiranten, ihre Konkurrenzlage zu optimieren. Teils über geheime, teils öffentliche Kanäle konnten nun die lokalen Politinteressen auf die Ebene der internationalen Westinteressen gehoben und mit einer völlig neuen Bedeutung ausgestattet werden. Im religiösen Bereich rief dies die progressive Sekte der Bahai hervor, die sich jedoch vor dem brachialen Druck des orthodoxen Mollah-Klerus, der im westlich modifizierten Kampf um die Macht neue Positionen suchte, ins Ausland zurückziehen mußte.

1921 riß der Kosakenbrigadier Reza Khan die Macht an sich, nahm den altpersischen Namen Pahlawi an und erklärte sich zum Schah von Persien. Ähnlich wie Kemal Atatürk in der Türkei plante Reza westlich orientierte Reformen, denen sich die Mollahs allerdings nicht beugen wollten. Diesen Gesichtsverlust verstärkten die Briten, denen Rezas ausgeprägte Sympathie für Hitler nicht gefiel, zum effektiven Verlust der Macht. 1941 tauschten sie ihn durch seinen Sohn Muhammad Reza aus.

Unter rigorosem Einsatz des berüchtigten Savak, des persischen Geheimdienstes, herrschte der neue Schah bis 1979 im Sinne der westlichen Interessen. Sowohl Premier Mossadegh, der in den 50er Jahren die Macht anstrebte und die Ölförderung verstaatlichen wollte, als auch die kommunistische Tudeh-Partei wurden nachhaltig ausgeschaltet. Die Anpassung an westliche Erfordernisse nahm so offensichtliche Formen an, daß sich die Religionsgelehrten gegen die drohende Entfremdung vom Islam aufzulehnen und systematischen Protest zu formieren begannen.

Als Sprachrohr dieses Protests trat ab 1961 Ayatollah Khomeini hervor. Geprägt durch den Reformer und Freimaurer Al-Afghani, entwickelte er die dualistische Ideologie einer Renaissance des Islam, in deren Zentrum der Kampf gegen den Westen, das absolute Böse, stand. Innerhalb des manichäisch zu bekämpfenden Westens nahmen die USA die nochmals negativ zugespitzte Position des »großen Satans« ein, der dem »kleinen Satan« Israel zur Seite stand. Ein weiteres Vorbild Khomeinis war Ayatollah Kashani, ein Vertrauter des abgesetzten Schahs, den die Briten 1943 aus den gleichen Gründen inhaftiert hatten, aus denen sie den Schah aus dem Rennen genommen hatten: eine glühende Verehrung Hitlers und der Nazis.

Aus seinem Exil in Frankreich, in das er sich vor dem Druck des regierenden Schahs zurückgezogen hatte, konnte der geschickte Manipulateur Khomeini den Klerus und große Teile der Bevölkerung auf seine Seite ziehen. Im Februar 1979 kehrte er so triumphal nach Persien zurück, daß die Basispflicht des Machtanwärters auch für ihn zu einer Sache der Ehre wurde. Wie die Politiker Sadat, wie Assad und Saddam, so erledigte auch der Ayatollah Khomeini überaus gewissenhaft die obligatorischen Hausaufgaben des islamischen Herrschers.

Der Premierminister, der Chef des Savak und das halbe Parlament wurden sofort erschossen. In einer sich daran anschließenden »Selektion« wurden nahezu 600 Personen aus den verschiedensten Ämtern und Funktionen entfernt und ebenfalls liquidiert, die wichtigsten Schlüsselpositionen – gemäß dem Ritus islamischer Machtergreifung – natürlich mit Verwandten Khomeinis besetzt. Über eine Million Perser flohen ins Ausland. Ihr Vermögen wurde eingezogen und unter der neuen Herrenklasse der Mollahs verteilt.

Ethnische und religiöse Minderheiten wie Kurden, Aserbeidjaner, Juden, Christen, Zoroastrier und Bahais wurden von den fanatisierten Terrorkadern des Ayatollah Khomeini im gesamten Land gejagt und zu Tausenden niedergemacht. Binnen weniger Jahre hatten die Mollahs im Namen Allahs ein System errichtet, das den Terror des Islam in seiner bisher effizientesten Form installierte. Das Evin-Gefängnis in Teheran wurde zur Ljubljanka Persiens, in dem Zehntausende gequält, gefoltert und häufig für so banale

»Verbrechen« wie den Besitz von westlichen Videos und Musikkassetten hingerichtet wurden. Jugendliche Kontrolltruppen, Nachfahren der Freiwilligen (*mutatawwi'a*) des *djihad* (s. o. S. 41f.), durchstreiften die Straßen, um nach »unislamischen Elementen« zu fahnden. Jeder auch noch so triviale Einfluß konnte den islamischen Menschen nur beschmutzen, der somit in die Gefahr der »Vertierung« geriet, wenn man ihn vom Schmutz des Westens nicht für alle Zukunft befreite.[303] Nur der schiitische Islam als einzig denkbare Lebensform konnte dieser Welt des absoluten Bösen Einhalt gebieten – die ideologische Basis für den inneren Terror und die Finanzierung des weltweiten Terrorismus.

Bereits zehn Jahre zuvor hatte M. Qadhafi die Möglichkeiten imternationaler Terrorfinanzierung erkannt und sich weltweit in der Unterstützung oppositioneller Gewaltgruppen engagiert. Im Ensemble der Darsteller auf der islamischen Machtbühne spielt der libysche Präsident eine eigentümliche, wenngleich nicht minder systemgerechte Rolle. Immer wieder verkündete er sein bekanntes Credo, dem zufolge es »für sein Volk legitim sei, seine Feinde im Ausland zu töten«. Den Umsturz, dem er die Macht verdankte, hatte er 1969 im Verein mit einigen Offizierskameraden bewerkstelligt und nach Verstaatlichung der Ölgesellschaften die Bereinigung der Machtverhältnisse in Angriff genommen. 1973 lichteten sich die Reihen der Muslimbrüder, in den Jahren 1975 bis 1980 die der religiösen Gelehrten. Als Experten der Macht mißtrauten auch Qadhafis engste Mitrevolutionäre dem deutlich härter gewordenen Klima und wichen der möglichen Liquidation durch Flucht nach Marokko aus. Hunderte von Militärs wurden verhaftet, viele von ihnen exekutiert. 1985 befand ein Tribunal 85 Offiziere der bewährten »Verschwörung« für schuldig und richtete sie ebenfalls hin.

Innerhalb von 16 Jahren hatte Qadhafi seine Macht nach islamischer Art systematisch ausgebaut und dabei – ähnlich seinen Kollegen in Syrien und Irak – vier Legitimationen verbraucht: Islam, Sozialismus, arabische Einheit und Stammesherkunft. Presse, Rundfunk und Fernsehen dienten hierbei in Libyen wie im gesamten islamischen Raum als gehorsame Papageien der Macht. Regelmäßig wird aus dem »Grünen Buch« des Despoten gelesen, einem Dokument simpler, antiwestlicher Propaganda. Die Idylle der kollektiven, durch die Medien verstärkten Heuchelei wurde allerdings empfindlich gestört, als die Amerikaner 1986 einen Warnangriff auf Libyen inszenierten, weil libysche Terroristen einen amerikanischen Staatsbürger in Berlin getötet hatten. Dieser Vorgang bedeutete natürlich ein ernstes Debet auf dem Ehrkonto des Präsidenten, das nur durch prompte und möglichst pompöse Drohungen aufzufüllen war:

> »If you continue your tyranny, insolence, madness and foolishness against the international community and world peace, then I, Mu'ammar al-Qadhafi, want to state that I can form an international army consisting of fighters against imperialism and against the USA personally. I can form an army outside Libya, and this army will spread to all corners of the globe to destroy the American presence everywhere."[304]

Für diese Ankündigung von globaler Bedeutung wurden nach Art der Sportpalastrede Tausende als Publikum herangekarrt, das wie in vielen Ländern des Islam – vor allem auch im Iran – seinen Einsatz genau kennt und auf bestimmte Kommandos und Handzeichen vereinbarte Texte skandiert oder Drohgebärden zur Darstellung bringt, insbesondere dann, wenn es die Kameras des Präsidenten-TV auf sich gerichtet sieht. Die Manipulation der Medien durch die Macht und der Öffentlichkeit durch die Medien hat sich im islamischen Raum inzwischen zu einem ebenso perfekten Wechselspiel entwickelt, wie es in den vergangenen Gewaltsystemen und auch in den gegenwärtigen Demokratien Europas zu beobachten war und ist.

Wie die Menschen zu jener Zeit in jenen Gesellschaften, so sind die Menschen auch in der modernen Variante des Islam von einer konstruktiven Entwicklung ausgeschlossen. Der Wohlstand des Islam, das Einkommen aus dem Öl, kommt nur in geringem Umfang ihnen zugute. Mehrheitlich fließt es zum einen in die enormen Waffendepots der Region und zum anderen in die Taschen einer von Allah eingesetzten Elite sowie von dort teilweise in die Finanzierung des internationalen Terrors. Von diesem Terror, ob islamischer oder westlicher Natur, wird als Gegenleistung vor allem erwartet, daß er im Lande des Unglaubens Angst und Schrecken verbreitet, seine Gesellschaften destabilisiert und sie somit angemessen für die Invasion der modernen *mudjahidun* vorbereitet, die das *dar al-islam,* das »Friedenshaus des Islam« aufrichten sollen.

d) PLO, Hizbollah und Israel – Modellkreis des Terrors

Die Führungsebenen und »Deutungseliten« im Westen unterstützen die islamische Expansionsstrategie durch ein umfassendes Wohlverhalten, das die Invasion des Islam, Moscheenbau und desintegrierenden Islamunterricht mit der Toleranzpropaganda der Islamlobby und mit konkreter Finanzhilfe trägt. Immer wieder erscheint hier der Islam als Institution des Friedens, die besondere Zuwendung von den Kirchen erfährt. Im Rahmen einer ambivalenten Dialogführung, die unentwegt Christliches mit Islamischem vermischte, dabei sich jedoch tendenziell islamisierte, zeigte der Papst eine erkennbare Faszination durch die Gewalt und ein besonderes Faible für die Zweideutigkeit im Umgang mit dem Konflikt zwischen Islam und Israel. So hatten seine zahlreichen islampositiven Aussagen den syrischen Präsidenten B. Assad anläßlich seines Besuches in Damaskus am 5. Mai 2001 zu der Bemerkung ermuntert:

> »Sie (die Juden) versuchen, das Prinzip der Religionen mit derselben Mentalität zu töten, mit der sie Jesus Christus verraten haben, und auf dieselbe Weise versuchten sie auch, den Propheten Mohammed zu verraten und zu töten.«[305]

Kaum ein Politiker erhielt häufiger die Ehre einer persönlichen Audienz beim Pontifex als Yassir Arafat, der Führer der Palestine Liberation Organization (PLO), der bekannten anti-israelischen Terrororganisation. Arafat steht in verwandtschaftlicher Verbindung mit dem Hitler-Protegé Hadj Amin und damit in direkter Nähe zur Muslimbruderschaft. Dementsprechend früh setzte auch die Unterstützung Arafats durch den Golf ein, kurioserweise geknüpft an die Forderung, daß der künftige Staat Palästina »säkular und demokratisch« sein müsse.[306]

Trotz fortlaufender Terroraktionen wuchsen Sympathie und Solidarität des Westens mit dieser Gruppierung, die sich teilweise sogar in regelrechter Euphorie äußerte, wie z. B. den stehenden Ovationen, die man Terroristenführer Arafat zollte, als er – bewaffnet – im Jahre 1974 zur ersten Ansprache vor der UNO-Versammlung in New York erschien. Mit ständigen Attentaten und Flugzeugentführungen hatte sich die PLO mit einer Aura der Dauerbedrohung umgeben, die sie durch hinreichendes Wohlverhalten in Belohnung umwandeln konnte. Von der Gründung der Organisation 1964 bis Anfang der 90er Jahre richtete sich allerdings die Gewalt, die man zur Stabilisierung der Macht ausübte, fast ausschließlich gegen die eigenen Leute: Von den rund 36 000 Opfern der Arafat-Schergen waren nicht weniger als 98% Palästinenser und nur 2% Israelis, der nominelle Hauptfeind.[307]

Je stabiler sich die Terrorsöldner Arafats im internationalen Kontext etablierten, desto selbstverständlicher wuchs ihnen die ideologische Unterstützung der westlichen Islamlobby sowie die finanzielle Hilfe der saudischen Potentaten zu, wobei die multiplen Audienzen beim Papst das global wachsende Ansehen abrundeten. Islamischer Machtpraxis entsprechend war es für Arafat an der Zeit, dieses nun erreichte Prestige zu nutzen und seinen Einflußbereich auszuweiten. Schwache Staaten wie Jordanien und Libanon schienen geeignet, seiner Organisation nicht nur als Operationsbasis zu dienen, sondern vielleicht sogar Kernzellen zu einem PLO-Staat zu liefern. Sie beherbergten große palästinensische Minderheiten und waren politisch formbar. König Husain von Jordanien war allerdings ein Regent, der das Spiel um die Macht im Islam selbst perfekt beherrschte. Nach einigem Hin und Her beendete er die PLO-Präsenz im Land in einer Machtdemonstration, die jeden Zweifel daran beseitigte, wer Herr im Hause war.

Mehr Erfolg hatte die PLO im Libanon. In einer klassischen Kombination des innerislamischen Machtkampfes mit außerislamischem *djihad* gegen die Christen bombten und mordeten Arafats »Freiheitskämpfer« tiefe Schneisen in die Gesellschaft des Libanon, deren Multikulturalität sie unfähig machte, sich gegen diesen massiven Angriff zur Wehr zu setzen. Während in Jordanien der despotische Herrschaftsanspruch des Königs einen paradoxen Schutz für das Land bedeutete, offenbarte die religiös-kulturelle Vielfalt des Libanon und ihre in sich verfeindete, dezentrale Identität eine weniger überraschende Schutzlosigkeit vor Gewalt. So wie christliche Maroniten den Massakern der PLO ebenso zum Opfer fielen wie schiitische Volksgruppen, so wurden auch die Führer aller wichtiger Gruppierungen – Sunna, Schia, Drusen und Maroniten – ausnahmslos zu Opfern der PLO-Attentäter.

1982 wurde diesem Treiben ein Ende gesetzt. Syrien vertrieb die PLO aus Tripoli und dem Norden des Landes, und Israel aus Beirut und dem Süden. Arafat und seine Leute, die ihr Hauptquartier vorübergehend nach Tunis verlegen mußten, hatten der Welt demonstriert, wie einfach es für ein paar tausend Kämpfer war, unter der Führung eines erfahrenen Islamstrategen ein ganzes Land zu destabilisieren. Pure Gewalt hatte den einst blühenden Libanon in ein Schlachtfeld zwischen der PLO und den libanesischen

Gruppen einerseits sowie andererseits auch zwischen den letzteren untereinander verwandelt. Jeder kämpfte gegen jeden, das klassische Szenarium des islamischen Machtchaos, in dem allerdings die PLO die Richtung angab. Plünderung, Erpressung, Wegelagerung, Verschleppung, Attentat, Massenmord waren die wohlbekannten, in langer Historie »bewährten« Instrumente, mit denen Arafats Kämpfer die Praxis des Islam – niemand wußte, zum wievielten Male – nachvollzogen.

Allerdings bedeutete die Intervention Syriens und Israels nicht, daß hier etwa zwei Ordnungskräfte eingriffen, die den Libanon auf einen Weg der politischen Stabilisierung und Gesundung hätten zurückführen können. Sie wurden selbst zu Bestandteilen und Mitspielern innerhalb der fundamentalen, kulturellen Gegensätze. Indem die Syrer sich in Kämpfe mit den Sunniten und Maroniten des Nordens und die Israelis sich in solche mit den Schiiten des Südens verstrickten, wandelten sie sich von möglichen Ordnungsfaktoren zu Kräften des lokalen Geschehens, deren faktische Macht die historisch gewachsenen Gegensätze fortlaufend vertieften, bis das Land schließlich politisch, wirtschaftlich und ethnisch zusammenbrach.

Der totale Terror, den Arafat und seine Leute verbreiteten, konnte seinem Renommee inzwischen kaum mehr schaden, zumal sein Ehrkonto im Westen ohnehin sakrosankt schien. Schon seit 1974 war er sowohl durch die Arabische Liga als auch die UNO als »Oberhaupt der palästinensischen Nation« anerkannt, dessen Terror in der westlichen, also »zivilisierten« Welt auf zunehmenden Respekt stieß. Im Islam hegte man traditionelle Achtung für machterzeugende Skrupellosigkeit, und auch im Westen begann das ideologische Toleranzdenken zunehmendes »Verständnis« für den palästinensischen »Befreiungskampf« und seine Gewalt zu entwickeln. Im Mikrokosmos kirchlicher, mehrheitlich evangelischer Identität begannen Reisen nach Israel einen festen Posten zu bilden, der ohne enge Kontakte zu palästinensischen Gruppen keine wirkliche Geltung erlangen konnte.

Diese Stimmungslage baute Arafat geschickt weiter aus durch die Einbindung der Sowjetunion, die ab 1979 mit erheblicher Waffen- und Finanzhilfe im direkten Wettbewerb mit dem Westen dessen Einfluß zu übertreffen suchte. Die internationale Konkurrenz, die sowohl in den West-Ost-Konflikt, als auch in die innerislamische Situation hineinwirkte, wertete Arafats Truppe zu einem ebenso internationalen Faktor auf, der sich ungestört zu einem enormen Netzwerk organisierter Kriminalität entwickelte. Unter der Oberfläche der »Freiheitskämpfer« wuchs hier eine verborgene Organisation heran, die einen hochprofessionellen Handel mit Drogen, Waffen und Pharmazeutika mit allen notwendigen Strukturen wie Schutzgelderpressung und Geldwäsche betrieb, und auch so gefährliche interne Konkurrenz wie den Oberanarchisten Abu Nidal, der von Syrien und Irak finanziert wurde, erfolgreich auf Distanz hielt.

Den größten »Erfolg« im Kampf gegen Israel erzielten die PLO-Agenten in der Errichtung eines Palästina-internen Terrornetzes, das sich gegen jede Kooperation der Palästinenser mit dem israelischen Staat richtete. Wiederum zeichnete sich die islamtypische Bedrohungsroutine ab, die Gewalt auslöst, sobald ein Macht- und/oder Prestigeanspruch verletzt ist. Mit Druck und Gewalt gegen Versöhnungsbereitschaft und Belohnung für besondere Aggression hat es die PLO verstanden, aus den im Grunde zu Kooperation fähigen und bereiten Palästinensern eine Volksgruppe zu schmieden, die dem israelischen Staat völlig isoliert und destruktiv gegenübersteht. Für die Nobelpreiskommission war dies Grund genug, Arafat mit dem Friedenspreis zu ehren.

Da die Reproduktionsrate und damit der Jugendanteil enorm hoch ist, besteht diese Bevölkerung inzwischen mehrheitlich aus Menschen, deren Welt von Anbeginn aus Gewalt und Terror bestanden hat und zunächst weiter bestehen wird. Dieser Entwicklung können die Israelis wenig Vernunft entgegensetzen, weil ihnen die PLO mitsamt dem sie umgebenden Islam das Gesetz des Terrors aufzwingt, für das auch der Westen zunehmendes »Verständnis« entwickelt. Daß letztlich der private Machtehrgeiz Arafats ein ganzes Volk einer Katastrophe entgegenführt, kann in der Prioritätenliste islamischer Machtdialektik keine Rolle spielen. Das Gemeinwohl hat hinter einem Anspruch des Machthabers zurückzustehen, der in Europa, insbesondere auch in der deutschen Parteienlandschaft, auf zunehmend fruchtbaren Boden fiel.

So erstarrte die palästinensische Szene zu einem zwanghaften Gewaltkarussell, das immer mehr Opfer forderte und Israel keine Alternative dazu ließ, sich ebenfalls unausweichlich in diesen Mahlstrom des endlosen Terrors ziehen zu lassen. In den von den Amerikanern angemahnten »Friedensprozeß« schalteten sich immer wieder auch europäische Politiker sämtlicher Couleur in einer Art institutioneller Pflichtübung ein und erschienen auf Dauer als sinnlose Camouflage für ein grundlegendes Versäumnis, das die Vereinten Nationen schon bei Gründung Israels einbauten – es fehlt der institutionelle Modus für die Konfliktlösung. Arafat selbst ließ keinen Zweifel an seiner Langfrist-Strategie, die beispielhaft für die islamische Expansion nach Europa überhaupt steht:

> »Da es uns nicht möglich ist, Israel (Europa) mit kriegerischen Mitteln zu besiegen, tun wir das schrittweise. Jedes Stückchen palästinensisches (europäisches) Land, das wir kriegen können, nehmen wir, etablieren dort unsere Souveränität und benutzen es als Sprungbrett, um mehr zu bekommen. Wenn die Zeit gekommen ist, werden wir die arabischen (islamischen) Nationen an unsere Seite ziehen können, um gemeinsam Israel (Europa) den letzten Schlag zu versetzen« (Zus. v. Verf).[308]

Der Israel/Palästina-Terror liefert somit ideales Anschauungsmaterial für die islamische Sprungbrett-Stategie, welche für Europa und besonders Deutschland bereits erkennbar wird und weiter zu erwarten ist. So wie die Einwanderung von Juden nach Palästina einen unlösbaren Konflikt mit endlosem Leid für die Menschen erzeugte, indem sich die islamischen Staaten der Integration der Palästinenser verweigerten, so wird der Import von Muslimen nach Europa einen gleichermaßen unlösbaren Konflikt mit ebenso großem Leid für die Menschen produzieren, indem eine undemokratisch agierende Islamlobby die absehbaren Probleme verschleiert. Wer mit der Erfahrung des Palästinaproblems und der tausendjährigen Geschichte des *djihad* die ungehemmte Islamisierung Europas vertritt, muß ein vitales Interesse an einem solchen, noch wesentlich umfangreicheren Konflikt und der Destabilisierung des Kontinents, zumindest Deutschlands haben, das etwa zwei Drittel aller Zuwanderer im EU-Rahmen aufnimmt.

Im gleichen Jahr 1964, in dem Arafat seine PLO gründete, hatte sich im Libanon eine schiitische Gruppe um den charismatischen Führer Musa Sadr gebildet, aus der nach vielfältigen Umformierungen im Jahre 1975 die sogenannte Amal-Miliz hervorging. Nachdem drei Jahre später Musa Sadr auf mysteriöse Weise auf einer Libyen-Reise verschwand, übernahm Husain Fadlallah das Ruder einer zunächst noch losen Formation. Der Kampf der Schiiten um eine angemessene Rolle im libanesischen Chaos führte 1982 zur Herausbildung der »Partei Allahs«, der *hizb Allah*, die nach dem iranischen Vorbild die Islamische Republik im Libanon mit Sitz in Baalbek ausrief. Während sich die Amal-Miliz säkular an Syrien ausrichtete, verschrieb sich die Hizbollah ganz dem Gottesstaat Khomeinis und seinen radikalen Lehren, die im persischen Ghum und irakischen Nadjaf gelehrt wurden. Massive finanzielle Unterstützung aus Teheran und praktische Anleitung durch die *pasdaran*, die iranischen Revolutionsgardisten, formten die Hizbollah rasch zu einer brutalen Truppe, die in Kooperation mit der PLO neue Maßstäbe des Terrors setzte.

Im September 1982 verübte die Hizbollah ein Massaker unter den palästinensischen Flüchtlingen, das die Entsendung einer internationalen Friedenstruppe bewirkte. Diese wurde im Folgejahr selbst zum Ziel von Selbstmordattentaten, denen fast 300 Amerikaner und Franzosen zum Opfer fielen. Es folgten im weiteren Verlauf der 80er Jahre spektakuläre Geiselnahmen und Flugzeugentführungen, die das Weltinteresse endgültig auf die Hizbollah, aber auch auf den Iran als Sponsor des Terrors lenkten, der zu Lebzeiten Khomeinis um die 100 Millionen US-Dollar jährlich allein an die Hizbollah überwies. Diese Finanzkraft in Verbindung mit den Einkünften aus den Aktionen und vor allem aus dem enormen Drogenanbau in der Bekaa-Ebene verstärkte die für alle »erfolgreichen« Terrorgruppen irreführende Illusion der Allmacht, den Eindruck, eine utopische Ideologie auf direktem Wege realisieren zu können.

Im Zentrum dieser Ideologie stand der iranische »Gottesstaat«, dessen Ableger im Libanon aufgrund des Zusammenbruchs aller staatlichen Ordnung trügerisch leicht zu errichten ~~errichten~~ gewesen war. Zudem waren dem Westen, der »Partei Satans«, mit den Attentaten schwere Schläge zugefügt worden, die das Konzept des Ayatollah Khomeini zu bestätigen schienen. Nach ihm war letztlich jeder Aspekt der satanischen Gegenwart zu entfernen, um die Gesellschaft Allahs aufrichten zu können. Die Hizbollah bildete traditionell schiitische Muster nach, indem sie sich in geheimen, oft nach Familien gegliederten Zellen organisierte und nach den Prinzipien zentraler Führerschaft und kompromißlosen Martyriums motivierte.

Wesentlich für diese Führerschaft ist ihr *charismatischer*, d. h. unbestimmter und dennoch zielgerichteter Charakter. Als Vertreter Allahs brauchte Khomeini seine Befehle nicht klar über ausgeprägte Hierarchien zu vermitteln; es genügte, seinen »Führerwillen« in Andeutungen auszudrücken, die dann von den geheimen Zellen begierig aufgegriffen und in die Tat umgesetzt wurden. Dabei spielte das Martyrium, die Bereitschaft, das eigene Leben für den höheren Zweck des Gottesreiches zu opfern, eine ganz wesentliche Rolle. Man hielt besonders nach Jugendlichen in kinderreichen Familien Ausschau, weil nach des Führers Verständnis alle Menschen über Zwanzig schon von der

»Korruption satanischer Kultur« infiziert waren.[309] Auf diese Weise ließen sich binnen kurzem Tausende von Eltern, ermuntert durch Geld oder auch nur einen Kühlschrank oder Fernseher – immerhin Produkte der »satanischen Kultur« – davon überzeugen, ihr Kind dem *djihad* gegen das Böse zur Verfügung zu stellen. Eine Generation später hatte diese Methode auch bei den Palästinensern des Yassir Arafat – bei gestiegenen Preisen – ihre Anhänger gefunden. Im Rahmen der Gewalteskalation des Jahres 2002 wurden bis zu 25 000 US-Dollar für einen Selbstmordattentäter gegen Israel geboten.

Die Verbindungen der Hizbollah zur PLO rissen auch im profaneren Bereich keineswegs ab. Nicht nur stammten ihre Waffen teilweise aus deren Beständen, sondern auch die militärisch-subversive Ausbildung wurde nicht selten von PLO-Spezialisten durchgeführt, insbesondere die Vorbereitung des Hizbollah-Kommandos, das im November 1979 die amerikanische Botschaft in Teheran besetzte und dort 144 Menschen als Geiseln nahm. Ausgehend von diesem spektakulären Akt, der die Welt über ein Jahr in Atem hielt, allerdings auch der US-Führung interessante Optionen öffnete (s. u. S. 217f.), begründete die Hizbollah ihren »Ruf« als äußerst effizientes Instrument des iranischen *djihad*. Der Anschlag auf die US-Friedenstruppe vier Jahre später galt den amerikanischen Experten als »weltweit größte nichtnukleare Detonation seit dem Zweiten Weltkrieg«.[310]

Eine Sonderfigur im Terrorbild der Hizbollah stellt Imad Mughniyeh dar, ein Naturtalent der verdeckten Operation, das sich nach Ausbildung in Arafats *fatah*, Anschlägen in Kuwait und diversen Entführungen in den Dienst der iranischen »Revolutionswächter« (*pasdaran*) stellte und in dieser Eigenschaft 1992 eine Kooperation mit der Organisation Usama bin Ladins abschloß.[311] Die Mughniyeh-Gruppe ist ultra-klandestin tätig und unterhält – soweit bislang erkennbar – Agenten in Europa und Afrika, deren erhebliche Expertise sich Usama mit hoher Wahrscheinlichkeit zugänglich gemacht hat. Zumindest tauchte recht bald in Usamas Attentaten die »Sprengstoffhandschrift« des Mughniyeh-Spezialisten und –Schwagers Mustafa Badruddin auf, der nach dem Kuwait-Anschlag verhaftet und zum Tode verurteilt wurde.[312] Wesentlich wertvoller dürfte allerdings sein Wissen sein, das Usamas Gruppierung befähigte, sich im Verlauf der 90er Jahre zu einer globalen Geheimorganisation zu formieren (s. u. S. 220).

So wie die Hizbollah zu einem wichtigen Terrorarm des Iran wurde, so erzeugte die PLO zwei radikale Abspaltungen, die ihre Interessen mit Gewaltaktionen beschleunigen sollten. Puren Terror verbreitet der *djihad islami* (Islamischer Heiliger Krieg), der im Zentrum der seit über zwei Jahrzehnten andauernden Aktionen in Israel mit Heckenschützen, Sprengstoffanschlägen und Selbstmordattentaten, bevorzugt im öffentlichen Busverkehr, von sich reden gemacht hat. Sein Manifest ist eine Tirade der Gewalt, die in der Aufforderung zu einer erneuten Shoa gipfelt:

> »Es wird mehr Kämpfe und mehr Opfer geben und mehr Tote und mehr Angriffe auf die Juden. Es ist das Los der Juden, von uns geschlachtet zu werden; denn: Gott hat geschworen, sie zu unterdrücken bis zum Tag des Jüngsten Gerichts, an dem sie schmerzvolle Marter ertragen müssen. Jetzt, nachdem Amerika und Europa die Juden gemartert haben, haben wir es übernommen, sie zu martern. Denn es ist das Los der Juden zu leiden! Kein Jude ist unschuldig! Alle Juden müssen getötet wer-

> den. Sie unterdrücken nicht nur das palästinensische Volk, sondern haben der Menschheit in ihrer langen Geschichte nur Unglück gebracht. Und unser Heiliger Krieg, den wir gegen sie und ihre Verbündeten führen, wird diese Rasse endgültig ausrotten!«[313]

Der *djihad islami* unterhält ständige Kontakte sowohl zur Hizbollah als auch zum zweiten Terrorzweig, der *hamas,* mit der sie die ideologische Nabelschnur zur *fatah* teilt, dem inneren Gründungskreis um Arafat. Bei dem Begriff der *hamas* handelt es sich um ein Akronym, das sowohl »Kampfgeist« oder »Elan« bedeutet, als sich auch aus der Bezeichnung selbst bildet – *harakat al-muqawamat al-islamiya* – Bewegung des islamischen Widerstands. Die *hamas* sieht sich als eigentlichen Motor der Intifada, der palästinensischen Volkserhebung, und entlehnt ihre ideologischen Prinzipien von der Muslimbruderschaft. Getreu der Banna-Devise, nach der Israel durch den Islam auszulöschen ist, und den »Wegmarken« des Sayyed Qutb, welche die Souveränität des Allahgesetzes über jedes andere Herrschaftsprinzip stellen, formierte sich die *hamas* zu einer konsequenten Organisation, deren Gewalt diejenige des historischen *djihad* in moderner Form nachvollzieht.

In den Moscheen, den bevorzugten Propagandastätten der Muslimbrüder, werden die »Gläubigen« systematisch indoktriniert und diejenigen, die dem Haßprofil nicht hinreichend entsprechen, ihrerseits verfolgt und im Zweifel exekutiert. Unter der hintersinnigen Bezeichnung *madjd* = »Ehre« gründete der *hamas*-Mentor Ahmad Yasin einen Ultrakader, der als eine Art Todesschwadron ausschwärmte, »Dissidenten« bzw. »Kollaborateure« ausspähte, deren Verhalten – ob real oder irreal – dem islamischen Ehrkonto schaden konnte, und viele von ihnen ganz einfach liquidierte. Und innerhalb des Konflikts mit Israel begann sich immer deutlicher ein palästinensischer Kampf um die Priorität zwischen der Einschränkung auf den nationalen bzw. der Ausweitung auf den universalen, islamischen Anspruch abzuzeichnen.

3. Die Globalisierung des Terrors

a) Aufbruch ab 1980: Der zweite Kreis der Gewalt

Die *djama'a islamiya* (Islamische Gemeinschaft), die als Ableger der Muslimbrüder in Ägypten gilt, bildet den Prototyp für die Strategie des machtbildenden Verwirrspiels zwischen »gemäßigt« und »extrem«. Präsident Sadat hatte den Muslimbrüdern erhebliche Entwicklungsräume geöffnet, indem er sie zur Führungskraft eines gemäßigt islamischen Bürgertums als Bollwerk gegen radikale Strömungen aufbaute. Die wirtschaftliche Öffnung 1975 und die zinsgünstige Liquidität der saudisch-wahhabitischen Banken sollte die Herausbildung eines frommen Mittelstands fördern, der geeignet war, sowohl die linken als auch islamistischen Tendenzen zurückzudrängen und langfristig letztlich aufzusaugen.

Im Zuge der Annäherung an Israel 1977 und der Friedensvereinbarung 1979 schlug dieses Projekt vollständig fehl. Sadat hatte die tendenziell islamistische Zielsetzung der Muslimbrüder unterschätzt, von denen sich nun nach bewährtem Konzept – zunächst in den Universitäten – eine »extreme« Variante abzuspalten begann, mit der die »gemäßigten« Brüder natürlich nichts zu tun hatten. 1981 war es dann soweit: Sadat wurde von den Extremen ermordet, die allerdings nichts anderes vertraten als die »reine Lehre« des Sayyed Qutb, nach der jeder Machthaber, der unislamisch regiert, zu beseitigen ist. Die mit Abstand unislamischste Verhaltensform, die man sich überhaupt vorstellen konnte, war ein Friede mit Israel, dem Hauptfeind des Islam.

Mit einem Szenarium der Kollaboration mit Israel und dem westlichen Systemfeind, das in Sadat erste, erschreckende Ausmaße angenommen hatte, entwickelten die Muslimbrüder in den 80er Jahren eine überaus erfolgreiche Propaganda der gesellschaftlichen Unterwanderung (*da'wa*). Mit tiefen Einbrüchen in den gesamten Mittelstand sowie die Berufsverbände – mit Schwerpunkt auf die Rechtsausübung – bis hin zum Parlament selbst wurde es graduell möglich, Elemente der *sharia* einzuführen, wobei sich besonders Ayman al-Zawahiri profilierte. Er verfolgte allerdings ein Konzept der beschleunigten Indoktrination mit dem erklärten Ziel des Umsturzes (*thawra*) und mußte deswegen 1985 das Land verlassen. Er setzte sich nach Afghanistan ab, wo er sich der Gruppe Usama bin Ladins anschloß und zu einer ihrer wichtigsten Impulsgeber wurde.[314]

Nach dem Einmarsch der Sowjets in Afghanistan im Jahre 1979 hatte sich hier eine neue Spezies islamischer Kämpfer (*mudjahidun*) herausgebildet, die nicht nur aus allen Islamländern herbeigeeilt waren, sondern auch unter massiver Finanzhilfe Saudi-Arabiens und der USA militärisch ausgebildet und wahhabitisch indoktriniert wurden. In diese Aufgaben schaltete sich betont Pakistan ein, das bereits nach dem Staatsstreich des Zia ul-Haqq 1977 die *sharia* eingeführt und 1979 – nach Hinrichtung des früheren Präsidenten Bhutto sowie unter dem Eindruck des sowjetischen Einmarsches – zur alleinigen Grundlage des Staates gemacht hatte. Chefideologe dieser Entwicklung war der Rechtsphilosoph Al-Maududi (gest. 1979), dessen *djama'a islamiya* die internationale Muslimbruderschaft stark beeinflußt hat und mit dem Konzept der Souveränität Allahs Ideengeber für Sayyed Qutb war.[315]

Nachdem Zia die *zakat*, die islamische Armensteuer, wieder eingeführt hatte, flossen dem religiösen Bildungswesen erhebliche Beträge zu, die mehrheitlich zur Ausbildung der Jugend aus armen Verhältnissen eingesetzt wurden. Im Rahmen der gewaltigen Bevölkerungszunahme entstand hier ein ebenso starkes Wachstum des Netzwerks aus Koranschulen (*madrasa*), das eine rasch wachsende Masse potentieller Islamkämpfer hervorbrachte, die vom »gemäßigten« Maududi-Komplex nicht mehr absorbiert werden konnten. Im Verein mit dem Zustrom internationaler Freiwilliger füllten sich die *mudjahid*-Ausbildungscamps im pakistanisch-afghanischen Grenzgebiet mit Zentrum in Peschawar, die unter dem dominierenden Einfluß des Abdallah Azzam (gest. 1989) standen. Hierbei handelte es sich um einen Muslimbruder und ehemaligen Universitätsprofessor für islamisches Recht, der nach seiner Relegation von der

Ammaner Universität in Djidda lehrte, wo zu seinen Studenten Usama bin Ladin gehörte.[316]

Azzam war für die Finanziers vom Golf von unschätzbarem Wert, weil er die uneinheitliche Masse der *muhadjidun* unter eine vereinheitlichende, islamistische Doktrin brachte, die vor allem die orthodoxen Interessen des Wahhabismus wahrnahm – mit dem Schwerpunkt des Exports der saudischen Vorherrschaft nach Afghanistan. Mit dem »*Djihad*«, einer islamweit verbreiteten Publikation, und der zunehmenden Nutzung des Internets führte Azzam in den Globalismus weisende Elemente in den islamischen Kampf ein, der sich in den Folgejahren entscheidend universalisierte. In ganz revolutionärer Weise hatte Azzam außerdem begonnen, zum Aufbau terroristischer Netzwerke die perfekte Tarnung islamisch-»humanitärer« Hilfswerke zu nutzen. So konnten zunächst der saudische und kuwaitische Rote Halbmond sowie später der Islamic Relief (IIRO, s. u. S . 222) nicht nur Islamkämpfer in alle Himmelsrichtungen verteilen, sondern auch als Drehscheibe für internationale Zahlungen wie u. a. die 600 Millionen US-Dollar fungieren, die seinerzeit jährlich den Kämpfern zuflossen.

Usama bin Ladin, der sich von 1979 bis 1989 in Afghanistan aufhielt, hat nicht nur aus diesen innovativen Ideen des Abdullah Azzam geschöpft, sondern auch aus seiner modifizierten *djihad*-Doktrin, die sich ebenfalls islamweit ausgewirkt hat. Danach war es Pflicht eines jeden Muslim (*fard 'ayn*), das Land der Muslime zu verteidigen sowie moralische (*bi'n-nafs*) und finanzielle (*bi'l-mal*) Hilfe zu leisten, insbesondere dann, wenn der Feind auf Muslimland vordrang. Die Neuerung Azzams bestand in der individuellen Verbindlichkeit dieser Pflicht, in die sich auch kein Machthaber einmischen konnte, am allerwenigsten derjenige, der sich dem Westen unterworfen hatte:

> »Diese Pflicht erlischt nicht in Afghanistan, und dieser djihad bleibt eine individuelle Verpflichtung, bis jedes andere Land, das muslimisch war, an uns zurückfällt, damit dort wieder der Islam regiert ... Unsere jetzige Präsenz in Afghanistan, mit der wir ein Gebot des djihad erfüllen und unserer Pflicht zum Kampf nachkommen, bedeutet nicht, daß wir Palästina vergessen haben ...«[317]

Hiermit war ein Passepartout der Gewalt entstanden, das selbst über die orthodoxen Regeln eines Ibn Taymiya hinausging, weil nun der *djihad* nicht nur von der Gemeinschaft auf jedes Individuum, sondern auch auf jedes Land, das jemals kollektiv oder individuell muslimisch war, ausgedehnt wurde. Damit war also sowohl altes, ehedem besetztes Land wie Eritrea, Taschkent, Andalusien etc. als auch neues Land, z. B. in der westlichen Diaspora, von der *djihad*-Pflicht betroffen. In den Aussagen Usamas fand dieses Denken seinen Niederschlag bis hin zu einem globalen *djihad*-Konzept, wie es in den neueren Publikationen zum Ausdruck kommt (s. u. S. 211). Einen ersten Lackmus-Test bestand die Azzam-Doktrin im Israel/Palästina-Konflikt, indem die Intifada von 1987 mit einer deutlich islamisierten Propaganda auf den Plan trat.

In Afghanistan selbst hatte die sowjetische Besatzung das ab April 1979 ausgebrochene Chaos zunächst beendet und die islamische Welt in einen Zustand der Unentschlossenheit versetzt. Die Zeit für ein globales *djihad*-Konzept war noch nicht reif, und der Gegner stellte natürlich eine Macht dar, deren Bekämpfung aus pragmatischen Gründen für etliche Mitspieler wie z. B. Syrien und Algerien nicht sinnvoll erschien. So kam es zu einem begrenzten *djihad* der speziellen Interessen, in denen sich vor allem der bis zu dieser Zeit vollzogene Fortschritt in den überstaatlichen Organisationen im Finanz- und Humanitärbereich, die Akzeptanz der wahhabitischen Rechtsgutachten durch die Nichtgolfstaaten und die wesentlichen, politischen Konstellationen der Zeit widerspiegelten. Dies bedeutete z. B. für die Islamische Weltliga (*rabita*), eine so fragile Koalition wie die der Kämpfer in Afghanistan, den schon im Jahre 1980 zusätzlich beginnenden Iran/Irak-Krieg und die schwierige Allianz mit den USA in einer Balance zu halten, die sich letztendlich positiv auf die langfristigen Hegemonie-Interessen des Petro-Islam, d. h. vor allem der Muslimbrüder, auswirkte.

Letztere bildeten sich in der Bevorzugung der *hizb-e-islami* (Islamische Partei) des Gulbuddin Hekmatyar ab, eines studierten Ingenieurs, der einen orthodoxen Islam nach dem Muster der *djama'a islamiya* des Maududi vertrat und damit politische, prosäkulare Kompromisse ablehnte, wie sie der afghanische Polit-Theologe Rabbani und sein talentierter Militärführer Mas'ud propagierten. Da sich die afghanischen Stämme und ein enormer Drogenhandel verselbständigten, entstand eher eine Art zweiseitige Patt-Situation. Weder griff das im Grenzgebiet anwachsende Reservoir an Islamkämpfern in nennenswertem Umfang ins Kriegsgeschehen ein, noch konnte sich eine der afghanischen Parteien nachhaltig durchsetzen. Dank immenser Finanz- und Waffenhilfe von saudisch-amerikanischer Seite war man zwar in der Lage, den ohnehin schwächelnden, sowjetischen Feind zu vertreiben, nicht jedoch, eine konstruktive Regierung zu installieren.

So wie sich schon in Pakistan Waffenhandel und Korruption – insbesondere im Geheimdienst und in der Verwaltung – ausgebreitet hatten, so richteten sich die afghanischen Warlords, die führenden Stämme, ebenso im Waffen- und Drogenhandel ein und verfielen im Kampf um die extrem einträglichen Pfründe immer mehr der *fitna*, dem Bürgerkrieg. Dieser war zwar – wie wir inzwischen sattsam wissen – theoretisch unislamisch, jedoch ein historisch gewachsener und offenbar machtgerechter Systemzustand, der sich sowohl nach dem Abzug der Sowjets 1989 als auch nach der US-Intervention 2001 in Afghanistan ausbreitete.

Seitens der USA wurde nach Abzug der Sowjets nicht der geringste Versuch unternommen, die Situation auf ihre politischen, d. h. demokratischen Perspektiven hin wirklich zu überprüfen, die sich im Gespann Rabbani/Mas'ud zunächst abzuzeichnen schienen. Denn letztlich ging es wie so oft weniger um die Wahrung sozialer Ordnung, sondern kommerzieller Interessen, die sich seit einiger Zeit mit wachsender Stärke auf den kaspischen Raum richten:

»Vergessen Sie Mutual Funds, Warentermingeschäfte und Unternehmensfusionen. Vergessen Sie südamerikanische Diamanten, europäische Währungen und thailändische Aktien. Die konzentrierteste Masse unberührter Reichtümer, von der man überhaupt weiß, liegt in den Öl- und Gasvorkommen unter dem Kaspischen Meer und den Ländern darum herum ... Die strategischen, mit dieser Goldgrube verbundenen Aspekte hypnotisieren westliche Sicherheitsexperten ebenso, wie die Manager der Ölgesellschaften auf die finanziellen Chancen starren, die sich ihnen damit eröffnen.«[318]

Während sich die westliche, in diesem Fall auschließlich amerikanische Machtelite auf den ultimativen Coup vorbereitet, entwickelt sich in den verschiedenen Ländern des Islam als Kennzeichen eines wachsenden Islamismus das Wechselspiel zwischen »gemäßigt« und »extrem«. Dieses Wechselspiel kann einen, wenngleich in der Regel schwachen Mittelstand zur internen Stabilisierung herausbilden und zugleich den Machthabern die Handlungsfreiheit geben, die ihnen den Zugang zu den begehrten – in der Regel natürlich weniger spektakulären – westlichen Geldquellen verschafft. Solange ein solcher, halbwegs frommer Kernbestand vorhanden ist, läßt sich zwischen den Interessenvertretern dieser »moderaten Mitte«, als die sich in der Regel die Muslimbrüder präsentieren, und den Machthabern, die als in der Regel westlich irregeleitet angesehen werden, ein fragiler Konsens herstellen.

Es ist festzustellen, daß die Muslimbrüder diesen Konsens ebenso regelmäßig mißbrauchten, indem sie die Strukturen der Staaten, insbesondere die des Rechts, absprachewidrig unterwanderten. Gleichzeitig begünstigten sie das Entstehen extremer Abspaltungen, die sie selbst als »gemäßigt« und den Regierungen als wünschenswerte Partner erscheinen ließen. In allen Ländern mit dieser Konstellation – Ägypten, Algerien, Pakistan etc. – ergab sich eine Tendenz zur Destabilisierung, zur schariatischen Verhinderung rechtsstaatlich-demokratischer Einrichtungen, die aus Sicht der Muslimbrüder natürlich die Wiederherstellung des islamischen Normalzustands bedeutet. Die »extremen« Pilotbewegungen fußen wesentlich auf der armen, einseitig orthodox indoktrinierten Jugend, die zahlenmäßig einen in den nächsten Jahren dynamisch steigenden Anteil an der islamischen Bevölkerung ausmachen und damit die Destabilisierung weiter vorantreiben wird.

Dieser Trend wird sich zusätzlich verstärken, weil der »gemäßigte« Kern der Bevölkerung in schwindendem Umfang an dem Wohlstand partizipieren kann, der im Rahmen der wirtschaftlichen Globalisierung im Verbund mit den positiven Effekten des islamischen Kreditwesens entstanden ist. Im globalen Maßstab sinkende Produktivität und zugleich abnehmende Wettbewerbsfähigkeit werden Teile dieses Mittelstands freisetzen und gleichermaßen radikalisieren. Die Basis der islamischen Gesellschaften, die überhaupt für eine wie immer geartete, moderate Politik aktivierbar ist, wird somit insgesamt abnehmen.

In Afghanistan konnte sich dieser Prozeß nicht oder kaum vollziehen, weil die soziologischen und ethischen Voraussetzungen fehlten. Hier setzte sich die gewachsene Stammesstruktur unter Nutzung der Potentiale organisierter Kriminalität ungeschmälert durch. Dabei stellte sich heraus, daß die stumpfsinnige Gewaltideologie der Taliban, in der sich jeder Rest islamischer Ethik verflüchtigt hatte, mit diesen mafiosen Strukturen und der CIA eine bemerkenswerte Symbiose eingehen konnte.[319] Vergleichbare Abläufe hatten sich auch im Verhalten der »klassischen« Terrororganisationen wie der PLO und Hizbollah gezeigt, die unter dem Eindruck großer externer Zuwendungen und krimineller Potentiale an keine gesellschaftliche Realität gebunden sind und daher ein umso ungebundeneres Verhältnis zur Gewalt als Gestaltungsmittel der Politik aufweisen.

In ähnlicher, wenngleich abgeschwächter Form vollzog sich der Radikalisierungsprozeß im Sudan. Nach einer bereits in den 60er Jahren begonnenen, sehr wechselhaften politischen Karriere hatte der charismatische Muslimbruder Hasan al-Turabi eine elitäre Ideologie der »erleuchteten Erkenntnis« entwickelt, mit der die Gesellschaft von oben islamisiert werden sollte. Somit konnte man sich unter Übergehen des ohnehin nur schwach ausgebildeten Mittelstands auf die oberen Ebenen der Universität und Verwaltung beschränken, die im Verlauf der 80er Jahre konsequent mit den eigenen Leuten besetzt wurden. Im Zuge dieser Strategie ließ Turabi keineswegs die z.T. lukrativen Positionen außer Acht, die sich im Rahmen der auch im Sudan erfolgenden Etablierung des saudischen Kreditwesens boten.[320]

Auf diese Weise konnte man sich auf die verachteten, gewerblichen Bereiche und damit auch auf Ebenen ausdehnen, welche die Verbindungen zwischen Kommerz und wahhabitischem Glaubensbetrieb aktivierten. Während Turabi die obersten Machtsektoren des Numeiri-Regimes unangetastet ließ, drängte er die Strukturen des traditionellen Handels und Volksglaubens zurück, ersetzte sie zunehmend durch islamistische Führungsstrukturen saudischer Prägung und führte schließlich 1983 die *sharia* ein. Dieser Maßnahme fiel 1985 Mahmud Taha zum Opfer, ein Philosoph, der sich öffentlich Gedanken über eine historische Betrachtung des Koran sowie die unislamische Verbindung von Mystizismus und Modernismus gemacht hatte.[321]

Umso härter mußte der islamisierende Umbauprozeß die Christen als die Exponenten des unwillig geduldeten Unglaubens treffen. Ein »Heiliger Krieg« konnte hier die Vorwände liefern, nicht nur gegen den christlichen Süden vorzugehen, sondern auch zuvor die Befehlsränge der Armee mit hinreichend Gesinnungstreuen zu besetzen. Ende Juni 1989 war die Basis für den Umsturz perfekt. Der talentierte Machtregisseur Turabi hob General Bashir als neuen Machthaber in den Sattel, ohne die Masse hinter sich gebracht zu haben. Dementsprechend brutal mußte er gegen die dissidenten Führungskräfte bzw. die säkulare Intelligenz vorgehen, die scharenweise ins Exil flüchtete.

Der Sudan bildete neben den »Extremen« der PLO und Afghanistans ein »gemäßigtes« Beispiel für einen islamischen Machterwerb, der durch schwache gesellschaftliche Strukturen nur unwesentlich gebremst wurde und dann wie die anderen zu Repression und Gewalt griff, um die – islamisch erworbene – Macht zu wahren. Mit dem Tod Zias und dem Ende des Iran/Irak-Krieges im Jahre 1988 sowie dem Tod Khomeinis, dem Machtwechsel im Sudan und dem Abzug der Sowjets aus Afghanistan 1989 war die Bühne für das große Schauspiel der Jahre 1990/91 bereitet, den Golfkrieg, der ganz erhebliche Auswirkungen auf die Dynamik des Islamismus haben sollte.

b) Zwischen Politik und Terror – Die Muslimbrüder

Mit der Verlegung einer halben Million Soldaten in die Golfregion wurde ein neues Kapitel westlicher Präsenz in der islamischen Welt eingeläutet, das weniger mit Krieg, sondern mit langfristiger Kontrolle der Ölpolitik zu tun hatte. Wie erörtert, hatte schon die Installation Khomeinis im Jahre 1979 einen verbesserten Einfluß auf die Ölpreisgestaltung und damit einen Machtschub zugunsten des amerikanischen »Rockmob«-Bereichs gegenüber der Konkurrenz des europäischen Rothschild-Kreises bewirkt (s. u. S. 252). Politisch sichtbare Konsequenzen hatte dieser Schub auf Frankreich und Israel, deren Einflußmöglichkeiten spürbar zurückgingen. Als deutlichsten Niederschlag dieser Entwicklung mußten die Israelis den Beschuß durch Scud-Raketen hinnehmen, welche in der bizarren *dhimmi*-Fixierung vieler Muslime als langersehnter Angriff auf das Christentum gewertet werden konnte:

> »Oh, Saddam, lieber Saddam, greife Tel-Aviv an! Oh Saddam, lieber Saddam, greife das Kreuz an!«[322]

Während nun die »Verbündeten« die Kosten eines Unternehmens trugen, das nicht unwesentlich von den Amerikanern ausgelöst und als Aktion für die »Neue Weltordnung« propagiert wurde, machte die neue, massive Gegenwart des US-Militärs den Saudis deutlich, daß jedwede Entwicklung von Eigeninitiativen in der Region zwecklos war. Hiervon ausgenommen war allerdings die Fortsetzung und Verstärkung eines islamweiten Bank- und Kreditwesens, das geeignet war, einen zwar frommen, aber abhängigen Mittelstand als Gegenpol zu den jeweiligen lokalen Islamisten aufzubauen. Hierbei spielen die *rabita,* die islamische Weltliga, und die Muslimbruderschaft eine nach außen »vermittelnde«, faktisch allerdings gestaltende Rolle, indem sie sich seit Jahren federführend in Ausbildung und Organisation des islamischen Terrors einschalten.[323] In dieser Kooperation haben sie sich inzwischen auch auf Europa und Deutschland ausgeweitet, wo sie u. a. in der Gewandung des sogenannten »Zentralrats« – unter Mithilfe zahlreicher Lobbyisten – eine geschmeidige Täuschungspolitik betreiben, der die Mediokrität der Politik nicht gewachsen ist (s. u. S. 303).

In der jüngeren Nahost-Geschichte hat dieses Prinzip in den verschiedensten Situationen, u. a. besonders gut in Pakistan funktioniert, wo sich der kontrollierte Islamismus unter Zia ul-Haqq gegen den Kommunismus bewährt hatte und in Verbindung mit saudisch-amerikanisch finanzierten Kräften wie Hekmatiyar, Azzam und Usama zu einem neuen Prinzip islamischer Kämpfer heranreifte. Diese *mudjahidun* kamen aus allen Ländern des Islam, teilweise sogar aus dem Westen, und ließen sich nicht nur gezielt in einzelnen dieser Länder, sondern nach übergeordneten Gesichtspunkten auch und gerade in einer globalisierten Organisation einsetzen.

Dabei spielte, wie sich im Verlauf herausstellte, auch Europa eine wichtige Rolle, indem es besonders in England und Deutschland den neuen Netzen des Islamkampfes erweiterte Entwicklungsmöglichkeiten öffnete. Während im Rahmen der laufenden Zuwanderung ein massives Moscheebauprogramm anlief, konnten sich die Impulsgeber des Terrors wie der Algerier Kabir, der Türke Kaplan und verdeckte Islamradikale wie solche in der arabischen Bilal-Moschee zu Aachen sowie der türkische Kampfkader Milli Görüsh etablieren und seit langem völlig ungestörte, durch den »Zentralrat« verfeinerte Kreise ziehen. Dabei trug nicht selten auch die deutsche Sozialhilfe zur Finanzierung bei, allerdings in relativ bescheidenem Umfang, gemessen an den Einkünften aus Schutzgelderpressung, sonstigem organisierten Verbrechen und den Golfzahlungen. Schauprozesse wie derjenige gegen den »Kalifen von Köln« vermittelten der Öffentlichkeit den Eindruck juristischer und politischer Handlungsfähigkeit, während die eigentlichen Motoren des Islamismus in Deutschland – Zentralrat und Milli Görüsh – ihre Aktivitäten mit offizieller Unterstützung fortsetzten, wenngleich die letztere Gruppe seit Jahren als »offizielles« Sicherheitsrisiko gilt.

Der Tod Khomeinis und der Abzug der Sowjets aus Afghanistan im Jahre 1989 sowie der im gleichen Jahre beginnende Prozeß der deutsch-deutschen Wiedervereinigung hatte die russische Bedrohung – sowohl in Europa als auch im islamischen Raum – entspannt und in beiden Räumen neue Konstellationen ermöglicht. In Europa nahm die Bedeutung der Achse Paris-Bonn zugunsten einer Achse Moskau-Berlin ab, im Nahen Osten ließen sich gleich zwei sehr wichtige Perspektiven öffnen. Neben der amerikanischen Militärpräsenz in der Region konnte ein prowestliches Afghanistan die Ölalternativen im Kaukasus aktivieren und Saudi-Arabien zu westkonformem Verhalten ermuntern. Als Gegenleistung war dem Petroislam allerdings das Zugeständnis eines erleichterten Zugangs nach Europa zu machen. Vor diesem Hintergrund konnte die Muslimbruderschaft (MB) als Hauptvorteilsnehmer dieses Trends ihren Einfluß in beiden Regionen enorm verstärken.

Eine der zentralen Gestalten des Afghanistan-Krieges, der Muslimbruder Gulbuddin Hekmatyar, unterhielt enge Kontakte zu Usama bin Ladin, der von dieser Verbindung vor allem dadurch profitierte, daß er sein Wissen in den Bereichen des Terrortrainings und der Drogenfinanzierung entwickeln und ausbauen konnte.[324] Über den MB-gesteuerten ISI, den pakistanischen Geheimdienst, erhielt Hekmatyar erhebliche Anteile der jährlichen Unterstützungszahlungen der CIA und Saudi-Arabiens, wobei auch Turki al-Faysal, der Leiter der saudischen Geheimdienstes, eine wesentliche Rolle spielte. Hekmatyar wird immer wieder vorgeworfen, weniger den afghanischen Freiheitskampf, sondern eher die Vorherrschaft seiner islamistischen Ideologie- und paschtunischen Stammesinteressen verfolgt und dabei auch zahlreiche, anders orientierte Afghanen beseitigt zu haben, nicht unähnlich den Praktiken des »Freiheitskämpfers« Arafat gegenüber seinen palästinensischen Landsleuten.

Diese Ausrichtung kam Usama eher entgegen, wie auch Hekmatyars Expertise im Drogengeschäft offenbar überaus willkommen war, weil Usama in zeitweilige Engpässe der laufenden Finanzierung geriet. Hekmatyar und Usama ergänzten sich in einer universalen Islamsicht, die sich von zu engen ideologischen Festlegungen fernhielt, um aktuelle, konkrete Interessen unter einem generellen, islamischen Deckmantel verfolgen zu können. Hekmatyar hatte Usamas Sympathie, nicht nur weil er strategisches Wissen vermittelten konnte, sondern vor allem weil er den Amerikanern eher feindselig gegenüberstand. Es entzieht sich näherer Kenntnis, ob es dieses Wissen oder die Nähe zu Usama oder beides war, was dem Muslimbruder Hekmatyar ähnliche Sympathien und Einladungen zu Vorträgen bei seinen Brüdern in der Aachener Bilal-Moschee eintrug.[324a]

In gleicher Weise ergänzten sich Hasan al-Turabi und Usama, als letzterer sich 1991 im Sudan niederließ. Turabi hatte nach der Machtübernahme 1989 nacheinander die Führungsebenen in Religion, Politik, Wirtschaft und Militär gleichgeschaltet und konnte damit Usamas Gruppe ideale Entwicklungsmöglichkeiten bieten, zumal er sich im Golfkrieg auf die Seite Saddams und gegen die von Usama kritisierten Saudis gestellt hatte.[325] Auf Basis eines wachsenden Firmenverbunds konnte der Kampfkader der Al-Qai'da nun systematisch internationalisiert und ein entsprechendes Netzwerk von Bankkontakten aufgebaut werden, das nicht nur die Terrorkämpfer und -ausbilder, sondern auch diejenigen unterstützte, die sich mit Aktivitäten der organisierten Kriminalität und Geldwäsche beschäftigten.

Ebenso bot ihm Turabi 1995 ein Forum zum Informationsaustausch mit potentiellen Partnern, als er den Islamischen Volkskongreß einberief, zu dem sich die islamistische Terror-Creme inklusive Hizbollah und Hamas traf. Durch Vereinbarungen über Lieferungen und Ausbildung waren bereits engere Kontakte mit den Radikalen in Ägypten, Algerien, Syrien, Jemen und den Philippinen zustandegekommen. Der Iran war als Sprengstofflieferant in Erscheinung getreten. Das mit Abstand größte Kontingent der Kämpfer für den Islam in Bosnien stellte die Al-Qa'ida. 1996 wies der Sudan – ohnehin schon als »Schurkenstaat« auf der Negativliste – Usama aus, um – offiziell – größeren Differenzen mit den USA aus dem Wege zu gehen. Zuvor waren Verbindungen der Al-Qa'ida zu diversen Gewaltaktionen und Attentaten sichtbar geworden, u. a. zum Anschlag auf das World Trade Center 1993, einer geplanten Aktion gegen die US-Botschaft in Nairobi und dem Attentat auf die Nationalgarde in Riad 1995.

So wie die Muslimbrüder vor Nassers Repression nach Saudi-Arabien geflohen waren, so hatte sich auch ein erheblicher Teil von ihnen nach Algerien zurückgezogen, wo sich ihr Gedankengut eine Generation später prägend auf die Lehrerschaft und die Universitäten auswirkte. In den Kommunalwahlen von 1989 erzielte die Islamische Heilsfront FIS gegen die abgewirtschaftete Einheitspartei einen überragenden Erfolg, den sie allerdings 1991 in den erstmals nach der Unabhängigkeit durchgeführten Parlamentswahlen nicht mehr ganz bestätigen konnte. Denn inzwischen hatte die Jugend der FIS erhebliche Tendenzen zu Gewalt und Terror offenbart, welche die Bevölkerung verschreckten und das Militär auf den Plan riefen. Als die klaren Siegeschancen der FIS erkennbar geworden waren, wurde sie vom Militär zerschlagen und mit ihren Resten als GIA (Groupe Islamique Armée) in den Untergrund gezwungen. Weder die Armee noch ein großer Teil des eher säkular gestimmten Mittelstands war dem Umschwung gefolgt.[326]

Statt dessen entfachte die radikale Jugend eine beispiellose Barbarei im ganzen Land, die sich über das gesamte Jahrzehnt erstreckte und, ausgehend von Massakern an Ausländern und christlichen Geistlichen, insgesamt über 100 000 Algerier, inklusive Frauen, Greise und Kinder, das Leben kostete. Wie üblich richtete sich die Gewalt in diversen Flügelkämpfen auch nach innen zwischen »klassischen« Muslimbrüdern, Afghanistankämpfern, die der *salafiya* (Medinamodell) anhingen, intellektuellen Islamideologen und den Absolutisten, die alle anderen für unfromm hielten. Nachdem die Führer Benhadj und Madani bereits zuvor festgesetzt worden waren, trug die Führungslosigkeit der islamistischen Parteien zum Chaos im Lande bei, das weiterhin latent fortdauert. Wie in der gesamten Region, so konzentrierte sich auch in Algerien der Hauptterror um die Mitte des Jahrzehnts.

Mit zunehmendem Chaos kehrte auch die »bewährte« Schutzgeldpraxis zurück, mit der die herumstreifenden Terrorgruppen die Bevölkerung erpreßten, allerdings auch graduell das Bürgertum in die Arme der ehedem verhaßten Regierung zurücktrieben. Je konsequenter die GIA ihren *djihad* gegen den »Unglauben« führte, desto mehr Rückhalt verlor sie in der Bevölkerung, die sich der *hamas* zuzuwenden begann, einer »gemäßigteren« Alternative, welche vorgab, zur Kooperation mit der Regierung bereit zu sein. Unter ihrem Führer Zaytuni liquidierte die GIA eine immer länger werdende Reihe von Köpfen konkurrierender Strömungen und verstärkte ihre Isolation zusätzlich, als sie im März 1996 sieben Trappistenmönche aus dem Kloster entführte und enthauptete, eine Tat, die Zaytuni im gleichen Jahr mit dem Leben bezahlte, als ihn Angehörige der zuvor bekämpften Djazaristen, der islamistischen Intellektuellen, ihrerseits umbrachten, wie es eherne Sitte des Islam, nicht nur des Islamismus, ist.

Bei jedem Schlag der GIA, ob in Algerien oder in Frankreich, präsentierten sich die Vertreter der FIS als die »gemäßigten« bzw. »legitimen« Vertreter nicht nur des Islam, sondern einer sozialen Ordnung und der Marktwirtschaft überhaupt, eine Strategie, der man in Deutschland bemerkenswerterweise einen deutlich stetigeren Glauben schenkte als anderswo, indem man ihrem Führer Kabir Asyl gewährte.[327] Im September 1997 zog sich die GIA zunächst aus der Szene zurück und überließ anderen Gruppen das Feld, die jedoch außer sinnloser Gewalt kein einheitliches Profil mehr zustande brachten, so daß die Regierung 1999 regionale Wahlen ausschrieb, in denen man graduell zur – islamischen – Normalität zurückkehren konnte. Ohne die Gründe für seinen Optimismus zu nennen, hält es der französische Politologe G. Kepel für die Zukunft für wenig wahrscheinlich, daß sich jemals wieder ein umsturzfähiger Islamismus in Algerien bilden könnte.[328]

Auch für Ägypten sieht er ein ähnliches Szenarium, wenngleich unter anderen, landesbedingten Voraussetzungen, die auf eine längere Geschichte islamischer Ideologie zurückgreifen. Hier hatten sich die Muslimbrüder zunächst durch Unterwanderung der maßgeblichen Entscheidungsebenen etabliert und durch Terrorakte der *djama'a islamiya*, der wie ein verlängerter, militärischer Arm wirkt, ihren »moderaten« Status unterstrichen. Während sich in den 90er Jahren, eingeleitet durch die Ermordung des Parlamentspräsidenten Mahdjub, eine Eskalation der Gewalt aufbaute, die sich vornehmlich auf Touristen ausdehnte, um den Staat zu schwächen, führten die immer stärker werdenden Muslimbrüder mit eben diesem Staat einen »diskreten Dialog«, der ihre Rolle in der frommen Mittelschicht weiter stärkte. Die zunehmende Kontrolle der Berufsverbände, die wachsende Unterstützung durch die saudisch finanzierten Islambanken, die Infiltration der großen Hilfsorganisationen und – vor allem – die Konkurrenz um die religiöse Meinung der Azhar-Moschee brachten die Muslimbruderschaft gegenüber dem Staat in eine Position kontinuierlich wachsender Stärke.

Gleichzeitig setzte sich das Kontrastprogramm der Radikalen fort, unterstützt durch afghanische, djihadistische Rückkehrer, die das Gerede von einem koptischen »Kreuzritterstaat auf ägyptischem Boden« anheizten. In diesem Trend wurden nicht nur Schläge gegen die mehrheitlich in Oberägypten ansässigen Christen, sondern auch gegen Exponenten des ägyptischen Laizismus geführt. Der Journalist Farag Foda wurde 1994 erschossen, weil er sich kritisch-analytisch gegen die Fehlleistungen schariatischen Denkens und für die Rechte der Frau eingesetzt hatte, und der Rechtsgelehrte Abu Zayd mußte nach Zwangsscheidung das Land verlassen, weil er in einer ganz ähnlichen Denkrichtung u. a. die quellenkritische Analyse des Koran forderte.

Die radikalen Gruppen der *djama'a islamiya* und des *djihad islami* hatten in ihrer Auseinandersetzung mit dem »gottlosen Regime« über lange Zeit erheblichen Rückhalt in der arbeitslosen Bevölkerung und in den einheimischen Klanstrukturen Oberägyptens, die sich ebenfalls in den »Kampf für das Gute«, d. h. gegen die Kopten, einschalteten. Im Verlauf siebte der kontinuierliche Widerstand der Regierung jedoch die erfahrensten und effizientesten Kräfte heraus und dezimierte die Reihen der *mudjahidun* in einer systematischen Abnutzungsstrategie. Eine der wesentlichen Führungsgestalten, Omar Abdurrahman, der das Land im Schlüsseljahr 1989 verlassen hatte und nach dem New Yorker Attentat 1993 zu lebenslänglicher Haft verurteilt wurde, war damit ausgefallen.

Auch die Muslimbrüder gerieten unter Druck. Ihre Schaukelstrategie der Abwiegelung und vermeintlichen Vermittlung zwischen »moderat« und »extrem« wurde immer durchsichtiger. Ihr »Bedauern« bei Anschlägen gegen Touristen zielte eigentlich gegen die westlich orientierten Laizisten im eigenen Land, und ihr »Verständnis« bei Anschlägen gegen Polizisten gegen die »gottlose«, weil ebenso westlich orientierte Regierung klang immer hohler, sehr ähnlich den späteren Westkommentaren, die den wachsenden palästinensischen Terror der Jahre 2001/2 als »Reaktion auf israelischen Terror« interpretierten. Versuche der Muslimbrüder, in der Gründung der »Zentrumspartei« (*hizb al-wast al-islami*) 1996 dem Druck des Staates entgegenzuwirken, schlugen ebenso fehl, zumal ihre *taqiya*-Täuschungstaktik offensichtlich ein wenig zu weit gegangen war, indem sie ihre eigene schariatische Grundlage in Frage stellte. Hier offenbarte sich eine kuriose Situation: Der als repressiv bekämpfte Staat mußte gegen die Muslimbrüder, die sich hinter den Menschenrechten versteckten, mit deren ureigenem Ziel, der *sharia*, argumentieren, ein Paradox, das in Zukunft auch in der europäischen Konfrontation mit der islamischen Diaspora aktuell werden könnte.

Was allerdings in dieser Auseinandersetzung noch einmal in aller Klarheit deutlich wurde, war die »kreative Ambivalenz« der Muslimbrüder. Deren Strategie war in zahllosen, historisch praktizierten Variationen immer wieder auf zwei Aktionsebenen – Mäßigung und Extrem – zum Vorschein gekommen, indem man sie ständig kombinierte, um die Macht durch die Verschleierung der eigenen Absichten zu übernehmen oder zumindest die bestehende Macht zu destabilisieren. Immer wieder fielen die Beteiligten auf diese im Grunde simple Taktik herein, weil es in der jeweiligen, aktuellen Situation nicht immer ganz einfach war, Mäßigung und Gewalt »aus einer Hand« zu erkennen. In der Freude über die Überwindung des Extremen war oft untergegangen, daß es der »Mäßige« gewesen war, der das Extreme vorgeschickt hatte, weil er es brauchte, um überhaupt als gemäßigt erscheinen zu können. Während der »Feind in der Ferne« den Juden und den Westen enthält und in der islamistischen Propaganda das Ziel nicht endenwollender Haßtiraden darstellt, ist der »Feind in der Nähe« umso mehr ein Regime, das Elemente der »westlich-zionistischen« Beeinflussung aufweist.

Anwar as-Sadat war ein Exponent derartiger Einflüsse und mußte sterben, aber auch sein Nachfolger Mubarak war alles andere als frei von ihnen und entging – obwohl selbst keineswegs als Judenfreund bekannt – nur knapp einem Anschlag im Jahre 1995. »Der Islam ist die Lösung« lautete die Parole, die allerdings immer weniger zündete, je mehr sich die westlichen Regierungen und die Touristen zurückhielten. Die Attraktivität dieser Devise nahm weiter ab, als erkennbar geworden war, daß sich unter die glorreichen Kämpfer für den Ruhm Allahs immer mehr Kriminelle gemischt hatten, die unter dem Schutzschirm des zunehmenden Chaos ganz einfach jeden, der noch etwas besaß, zum »Ungläubigen« erklärten, um ihn in aller Ruhe ausplündern zu können.

Die Unterstützung der USA durch Ägypten im Golfkrieg verschaffte dem hochverschuldeten Land etwas Spielraum durch Teilerlaß von Altlasten und die Verlegung hoher Bankeinlagen von Kuwait nach Kairo. Man scheint offiziell zu hoffen, diese Impulse verstärken und einen soliden, säkularen Mittelstand schaffen zu können, der den Islamismus endgültig verdrängt. Dieser hat sich um die Jahrhunderwende abgeschwächt, was jedoch keineswegs Anlaß zu Optimismus gibt. Der Terror im Islam ist der Ausdruck pilotartiger Ausbrüche aus einem größeren Trend, dem breiten Vormarsch der schariatistischen Erneuerung. Diese speist sich aus dem Prozeß der Modernisierung und dem enormen Wachstum des jungen Bevölkerungsanteils, der nahezu zur Hälfte ohne Arbeit ist.

Ein konstruktiver Impuls zugunsten des Gemeinwohls setzt eine solide Wirtschaftsentwicklung und den Willen zur Demokratie voraus, der sich zunächst vor allem bei den Regimen selbst bilden muß. Bislang haben die Machthaber indessen die immer wieder erkennbar werdende Chance der Spaltung des Islamismus nicht zur eigenen Demokratisierung genutzt. Ob in Ägypten oder Algerien, ob im Libanon oder in Jordanien – immer wurde getreu islamischer Tradition die Schwäche des Gegners ausnahmslos – unter tatkräftiger Unterstützung westlicher Regierungen – in die Festigung der eigenen Macht umgesetzt. Bis heute hat sich an der Despotie als dominanter, islamischer Herrschaftsform nichts geändert.

Ungeachtet aller temporärer Rückschläge und ständigen Schattenboxens mit den Regierungen bleibt das Ziel der Muslimbrüder dabei unverändert. Mit unerschütterlicher Geduld wird die Präsenz in allen staatstragenden Bereichen angestrebt, um schließlich die *sharia* ungeschmälert durchsetzen zu können: Berufsverbände, Rechtswesen, karitative Einrichtungen und Vereine, Moscheezentren, Bankensystem, Schulen und Universitäten, Medien und Parlament sind wichtige Ziele der *da'wa*, der »Einladung« zum

Islam, was im profan-säkularen Bereich nichts anderes als die politische Unterwanderung und Umwandlung der Gesellschaft bedeutet. Dabei zeichnet sich häufig eine Lagerbildung ab zwischen »Tauben«, welche eine Kooperation mit der Macht vertreten, und den »Falken«, welche die Konfrontation nach der Qutb-Doktrin befürworten. In dieser Hinsicht ist man auch mit Usamas Al-Qa'ida verbunden, die 1998 mit dem *djihad* »praktisch verschmolz« [329] und der Muslimbruderschaft globale Terrorpotentiale öffnet.

Im Zentrum dieser Strategie steht nach wie vor das bewährte Konzept der Zweideutigkeit, das mit offenen Sozial- und geheimen Terror-Organisationen operiert und die Staaten mit einem verunsichernden Wechselspiel zwischen »extrem« und »moderat« zu spalten sucht. Als grundlegender Impuls dieses Vorgehens erscheint die *shari'a*-Doktrin des Ibn Taymiya (gest. 1228), der Allahs Gesetz zur Richtschnur des islamischen Machthabers und des islamischen Glaubenskämpfers machte, wo immer er sich auch – mit dem Wort oder der Tat – im Einsatz für den Islam befand. Wer sich dieser Strategie widersetzt, ist früher oder später zu töten.[329a] Der Muslimbruder M. Sabuni, seinerzeit Professor der *shari'a*-Fakultät an der Universität Mekka, stellte 1984 sicher, daß das Fernziel des islamischen »Friedens« nicht aus dem Visier geriet:

> »Wenn jemand sich der Propaganda des Islam in den Weg stellt und versucht, den Islam an seinem Vormarsch zu hindern, wird es notwendig, ihn zu zertrümmern und die Erde von seinem Schmutz zu reinigen, damit die Rechtleitung Allahs die Menschen erreicht und damit jeder Mensch in aller Sicherheit seine religiöse Freiheit genießt.«[329b]

Mit dieser *ultima ratio* eines bis heute geltenden Konzepts, das sich natürlich auch im Koran findet (9/28, 47/4), hat sich die Muslimbruderschaft als die größte Einzelorganisation islamischer Interessen etabliert. Sie ist gegenwärtig in allen islamischen Ländern mit Sozialeinrichtungen, Studenten- und Arbeitervertretungen sowie politischen Bildungsinstituten mit einer strikt orthodoxen Propaganda präsent, die sich gegen alles Westliche richtet und den Islam als den wahren Glauben sowie die *umma* als die einzig mögliche Form menschlichen Zusammenlebens verkündet.

Die »Wegmarken« des Chefdenkers S. Qutb, die sich auf Ibn Taymiya, die Krone der Orthodoxie, ausdrücklich beziehen, kanalisieren den *djihad,* indem sie einen geistigen Strom, eine gerichtete Bewegung organisieren, die diverse Zustände und Methoden annehmen kann – Geduld, Propaganda und Kampf – und ein Ziel im Auge hat: die Aufrichtung des islamischen Staates unter der *sharia*. Um realisiert werden zu können, erlaubt dieses Konzept weitgehende Flexibilität bis hin zu teilweiser Verleugnung islamischer Prinzipien, insbesondere gegenüber noch nicht islamisch geregeltem Unglauben, also in der Diapora.[330] Lange *fatwa*-Repliken (Rechtsgutachten) der Azhar zeigen, wie lebendig nach wie vor die Idee des *djihad* ist, und welch wichtige Rolle die darauf fußende Ideologie der Muslimbrüder im islamischen und westlichen Raum spielt. Mit der in diesem Sinne betriebenen Strategie des »Zentralrats der Muslime« bildet Deutschland ein wichtiges Diaspora-Experiment im Rahmen der laufenden Islam-Renaissance.

c) *Zwischen Islam und Europa – Kartellmodell Türkei*

Etwa um die Zeit, als der Terror in Ägypten und Algerien kulminierte, die Taliban in Kabul einmarschierten und Usama seine Kriegserklärung gegen Amerika veröffentlichte, gelangte 1996 in der laizistischen Türkei des Kemal Atatürk die islamistische Refah-Partei (türk.: *refah*=Wohlfahrt) des Necmettin Erbakan an die Macht. Bei der islamweiten Bedeutung der Muslimbruderschaft kann nicht verwundern, daß auch diese Partei auf der gleichen Doktrin fußt. Wie im arabischen Raum hatte sich auch in der Türkei etwa von Beginn der 70er Jahre ein Niedergang des Nationalismus unter gleichzeitigem Aufstieg des Islamismus in Gang gesetzt, der dort vorwiegend mit der Person Erbakans verknüpft war.

Unter stetigem Gegendruck des türkischen Laizismus, vertreten durch das Militär, und zuweilen wechselnden Parteinamen unterwanderten Erbakans Leute Mittelstand, Jugend und Teile der Intelligenz mit einfachen Parolen gegen den Westen, der nach ihrer Auffassung eine »Koalition aus Freimaurern, Juden und Zionisten« darstellte.[331] Ein wesentliches Instrument dieser Infiltration war das eigene, religiös-politische *imam hatip*-Bildungswesen, das dem öffentlichen Schulwesen gleichgestellt wurde und eine neue, islamistische Elite hervorbrachte.

Im Zuge aufkommender Gewalt zwischen dem rechten und linken Lager und den Einflüssen der iranischen Revolution radikalisierten sich auch die Islamisten Erbakans, so daß ihre Partei nach dem dritten Militärputsch von 1980 (nach 1960 und 1971) – nur wenige Monate nach dem Umsturz in Teheran – verboten und aufgelöst wurde. Bei zunächst wenig Rückhalt in der Bevölkerung suchte die 1983 neugegründete Refah-Partei Anhänger in den Universitäten und konnte später Vorteile aus dem Niedergang der Mitte-Rechts-Partei (ANAP) unter T. Özal ziehen, die einen liberaldemokratischen Kurs mit Europa-Orientierung steuerte. Inflation und Korruption trieben den Islamisten in den 90er Jahren eine steigende Wählerklientel zu, wenngleich sich zugleich der laizistische Druck auf die religiöse Ideologie erhöhte.

Dennoch profitierte auch die Refah von der zunehmenden Aktivität der Islambanken und Kooperation mit den Golfstaaten, die sie finanziell und den Mittelstand islamisch stärkte und 1996 mit 21% als stärkste Kraft ins Parlament brachte. Die Herausbildung des islamischen Mittelstandes spiegelte sich ebenso im *Müsiad* wider, einem neuen, islamischen Unternehmerverband, der dem *Tüsiad*, dem etablierten Verband der Großunternehmer, gegenüberstand. Eine Elite islamisch geprägter »Progressiver«, deren Frauen Kopftuch trugen, profilierte sich gegen die »laizistische Bourgoisie«: man konnte reich und Vertreter der *sharia* sein.

Auch wenn die Mehrheit der Türken an diesem Trend natürlich weniger teilhatte, so trug doch der saudisch inspirierte Wirtschaftserfolg der Islamisten und ihrer Muslimbruder-Ideologie ganz wesentlich zu ihrem Vorrücken in der Gesellschaft bei. Umso wichtiger wurde es für die laizistischen Kräfte, Einfluß auf den öffentlich-sozialen Bereich zu nehmen. So wurde das Kopftuch zu einem der umstrittensten Aspekte, vor allem an den Universitäten, wo man es zum Diffamierungssymbol der Frau erklärte.

Aber auch politisch geriet die Refah in der Koalition mit der Partei des »Rechten Weges« (DYP – *Doghru Yol Partisi*) unter Druck.

Auf Reisen Erbakans 1996 wurde die ganze Gegensätzlichkeit der Türkei zum Raum des arabischen Islam am Ende des 20. Jahrhunderts deutlich. Vor allem das Militärbündnis mit dem Erzfeind Israel wurde ihm, der sich zum Inspirator eines neuen islamischen Geistes machen wollte, überall vorgehalten. Seine Nähe zu den Muslimbrüdern und Lobreden auf ihre ideologischen Ziele verschafften ihm im Ägypten Mubaraks, der zu jener Zeit besonders unter der MB-Infiltration zu leiden hatte, nur wenige Freunde. Und selbst Qadhafi, *enfant terrible* der islamischen Politszene, fand einen weiteren Problemwinkel, aus dem heraus harsche Kritik geübt werden konnte: die türkische Unterdrückung der Kurden. Die Basiskritik aus dem eigenen Lager verband sich mit den Konflikten, die sich bald zwischen dem islamistisch-schariatischen Ideal und der vom Militär und Establishment vertretenen Westbindung offenbarten. Es öffnete sich eine scheinbar unüberbrückbare Kluft, die sich auch innenpolitisch, besonders durch Diskrepanzen in den Auffassungen vom Recht und sozialen Leben, laufend verstärkte.

Offenbar war dem Wirken Erbakans auch das ganz persönliche Image seiner Koalitionspartnerin, der früheren Ministerpräsidentin Tansu Ciller, nicht unbedingt zuträglich. Sie wird – bisher unwidersprochen – als Politikerin bezeichnet, die einen wesentlichen Teil der türkischen Mafia repräsentierte und für zahlreiche Auftragsmorde verantwortlich war.[332] In Deutschland wurde sie über das Frankfurter Landgericht immerhin als Person bekannt, die »Drogengeschäfte unterstützte«.[333] Ciller verschaffte zudem Mehmet Agar, einem organisierten Verbrecher, über ihre Partei des »Rechten Weges« (!) Zugang zum Parlament und machte ihn schließlich zum Justiz- und Innenminister. Bei Agar handelte es sich um einen Oberpaten der türkischen Mafia, der die florierenden Bereiche des Drogenhandels und der Geldwäsche über zahlreiche Mordaktionen kontrollierte. Als Mitglied der Regierung in Schlüsselstellungen des Rechts und der Staatssicherheit repräsentierte er zusammen mit seiner Gönnerin in idealer Weise die Fusion des Staats mit dem organisierten Verbrechen – ein im Islam historisch geübter und offenbar auch in Europa wieder an Bedeutung zunehmender Brauch.

Wenngleich Agar zunächst aus dem Rampenlicht zurücktrat, so wird ihm doch zugetraut, im Rahmen einer möglichen Verstärkung der türkischen Kriminalisierung die Führung der MHP (*Milliyetci Hareket Partisi* – Partei der Nationalistischen Bewegung) zu übernehmen. Diese Gruppierung entstand während des Zweiten Weltkriegs und entwickelte sich nach dem Muster des NATO-Geheimdienstes Gladio (s. u. S. 255) unter der Ägide der CIA als Multiorganisation, welche die wichtigen Strömungen im Staate beobachtet und steuert. Ihre Entwicklung ist mit dem Namen des Alparslan Türkesh verbunden, der nach einer Pentagon-Schulung 1958 am Militärputsch 1960 mitwirkte,[334] 1965 eine rechtsradikale Jugendorganisation gründete, aus der die bekannten »Grauen Wölfe« hervorgingen, und 1997 als Vorsitzender der MHP starb.

Die gesamte Nachkriegsgeschichte der Türkei, ihre Steuerung durch das Militär und die graduelle Fusion der politischen Kräfte mit der Mafia gehen auf die MHP sowie ihre Verbindung mit Kräften des Geheimdienstes MIT und vor allem auf das ÖHD (*Özel*

Harp Dairesi – Amt für Spezielle Kriegsführung) zurück, seit 1990 umbenannt in die »Kommandantur der Streitkräfte«. Das ÖHD, dessen Entstehen ebenfalls durch die Gladio-Strukturen beeinflußt wurde, betätigt sich als Nachrichtendienst in Politik und Wirtschaft und verfügt über ungewöhnliche Kompetenzen, die auch – nicht selten in der Handschrift der CIA – in die Grundrechte eingreifen, um die Geschicke des Staates in gewünschter Weise zu steuern.

> »Zur erfolgreichen Propaganda werden oft Komplotts in die Praxis umgesetzt, darunter Vergewaltigungen, Plünderungen und Morde. Es wird der Eindruck erweckt, daß diese Verbrechen von linken Rebellen begangen worden sind ... Um das Volk von der Widerstandsbewegung zu trennen, müssen die Streitkräfte im Namen der Widerstandsbewegung Aktionen unternehmen, die die Grenzen der Brutalität überschreiten.«[335]

Die in einer derart brisanten Mischung immer wieder aufflammende Konkurrenz um Macht und Pfründe wurde besonders deutlich im Jahre 1995, als der MHP-Auftragsmörder Argansoy – wiederum im Auftrage des MIT – erschossen wurde. Dabei kam auch ein Sicherheitsbeamter Cillers ums Leben, der sich mit Argansoy getroffen hatte, um die nicht ganz alltäglichen Schulden des Özal-Sohnes Ahmet in Höhe von 25 Millionen US-Dollar zu diskutieren.[336]

Eine zentrale Gestalt der MHP-Gewalt war der Türkesh-Anhänger Abdullah Catli, der 1996 in einem mysteriösen Autounfall bei Susurluk auf der Landstraße von Izmir nach Bursa ums Leben kam. Catli war ein begabter Spezialist für Mordaktionen gegen Linke, Kurden und andere Mißliebige, dessen Qualitäten auch dem mit der MHP kooperierenden MIT aufgefallen waren und u. a. zur Beobachtung der PKK in Deutschland eingesetzt wurden. Zuvor war er allerdings für eine Aktion besonderer Art benötigt worden. Nach vorbereitenden Treffen in Zürich und Wien Ende 1980 bzw. Frühjahr 1981, während derer sich Catli unter Beisein zweier Mitarbeiter mit Ali Agca traf, unternahm letzterer im Mai 1981 das bekannte Attentat auf Papst Johannes Paul II. Am Rande dieses Vorgangs war später auch M. Serdar Celebi verwickelt, dessen Gruppe ATIB (Türk.-Islam. Föderation in Europa) heute zum »Zentralrat der Muslime« in Deutschland gehört.

Danach verließ Catli Wien, ließ sich in Zürich nieder, wurde mit falschen Papieren aufgegriffen und bemerkenswerterweise von den Schweizer Behörden mit echtem Paß ausgestattet, um das Land korrekt in Richtung Frankreich verlassen zu können. Dort widmete er sich über etliche Jahre dem Untergrundkampf gegen Armenier und Kurden, bevor er 1988 wegen Drogenhandels an die Schweiz ausgeliefert und unter Mithilfe der CIA aus dem Basler Gefängnis befreit wurde, um ein Konterguerilla-Training in den USA zu durchlaufen.[337] Nach Rückkehr in die Türkei nahm er 1990 seine alte Tätigkeit im Bereich multipler Mordaktionen und Schutzgelderpressung unter Führung des inzwischen zum Klanführer aufgestiegenen Mehmet Agar wieder auf. So konnte nicht verwundern, daß die Mafiapatin Ciller den Mordtaten Catlis nach seiner Beisetzung ein ehrendes Gedenken widmete.

»Eine Minute Dunkelheit für dauerhafte Erleuchtung« lautete das Motto einer wochenlangen Kampagne der türkischen Bevölkerung für etwas Licht in die finsteren Machenschaften des mafiosen Machtkartells, das durch den Susurluk-Unfall zum Vorschein gekommen war. Weniger als Opposition gegen den Islamismus der zu der Zeit mit Ciller regierenden Refah-Partei, wie G. Kepel vermutet,[338] sondern als Widerstand gegen die enorme Staatsfeindlichkeit der regierenden Mafia war diese Massenaktion zu verstehen, die auch große Unterstützung aus dem Ausland erfuhr, jedoch langfristig nichts bewirken konnte. Ganz im Gegenteil: Die Vernetzung von Politik, Wirtschaft und Mafia, die vom Militär konservierte, faschistische Strukturen begünstigt, scheint sich in den Folgejahren weiter stabilisiert zu haben. Berichte des Enthüllungsjournalisten Ughur Mumcu belegten schon 1984 die klaren Zusammenhänge zwischen CIA, rechter Politik und Mafia und wurden 1987 um die masonischen, staatsverändernden Perspektiven erweitert, welche die Muslimbruderschaft und Machtebenen des Islam mit denen Europas ideologisch über alle Differenzen hinweg verbinden.[339] Es konnte wenig überraschen, daß Mumcu ein Jahr später ermordet wurde.

In der Türkei ist eine weit fortgeschrittene Vernetzung zwischen Politik, Wirtschaft und Mafia festzustellen, die durch erheblichen Einfluß des Militärs einerseits und der USA andererseits geprägt wird. Immer wieder auftretende Reibungsverluste zwischen den staatsbildenden Kräften werden über den Sicherheitsrat geregelt, der sich aus Militär, Politik und Geheimdiensten zusammensetzt und über das jeweils zulässige, d. h. kemalistisch mögliche Ausmaß der Demokratisierung abstimmt. Das landesinterne Szenarium läßt durchaus eine Vielzahl politisch-sozialer Strömungen von Ultrarechten bis Maoisten zu, die jedoch klar von zwei Konflikten dominiert werden: dem Gegensatz zwischen Säkularismus und Islamismus sowie dem Kampf gegen die kurdische Minderheit.

Da eine halbe Million Kurden in Deutschland Asyl erhielten, wurde dieser Kampf auch dorthin exportiert. Die Auseinandersetzung in der Türkei wurde äußerst repressiv geführt und von Menschenrechtsorganisationen wiederholt kritisiert. Da zugleich auch über zwei Millionen Muslime nach Deutschland emigrierten, hat sich dort – türkischem Sprachgebrauch zufolge – eine Art »Westtürkei« gebildet, deren politische Entwicklung vom Mutterland aus mit größter Aufmerksamkeit verfolgt wird. Hierbei bildet einen ganz wesentlichen Aspekt die Islamisierung der türkischen Minderheit, vorangetrieben durch die »Milli Görüsh« (Nationale Weltsicht), den Europa-Arm der Refah- bzw. Fazilet-Partei und eine Formation, die seit Jahren durch staatsfeindliche Propaganda in Deutschland auffällt.[340]

Aus westlicher, vornehmlich amerikanischer Sicht hat Deutschland den Tribut des Imports türkischen Konfliktpotentials zu leisten, nicht nur weil es im Europa-Rahmen ohnehin keine Politik des Eigeninteresses betreiben kann, sondern weil die Türkei als strategischer Puffer an der Ostflanke der NATO eine weiterhin sehr wichtige Rolle spielt. Während Europa in den 90er Jahren die Verteidigungsetats mehrheitlich senkte, rüstete die Türkei im Südosten mit westlichen Mitteln gewaltig auf, in einem Gebiet, das nicht nur an den arabischen Islamblock angrenzt, sondern nicht ganz zufällig auch mit der kurdischen Krisenregion zusammenfällt. Dabei führte die wachsende türkische Stärke nicht nur zur Ausweitung des Kurdenkampfes auf nordirakisches Gebiet, sondern auch zu einer Destabilisierung des historisch gespannten Verhältnisses zum NATO-Partner Griechenland, das sich im Dauerkonflikt um Zypern und territoriale Rivalitäten in der Ägäis ausdrückt.

Mit der militärischen Entwicklung wuchs auch – mit mehr als 50% des Exports – die wirtschaftliche Abhängigkeit der Türkei von Europa und Deutschland, das neben den USA als wichtigster Waffenlieferant und mit über 50% des Europa-Exports auch als stärkster Handelspartner auftritt. Im Zuge der unter der Regierung Özal eingeleiteten Liberalisierung der Wirtschaft entstand neuer Wohlstand, der allerdings mit einer zweischneidigen Entwicklung einherging. Zum einen konnte zwar die Islamisierung kurzfristig durch eine fortschreitende »Verwestlichung« zurückgedrängt werden, zum anderen trat ein Verwilderungseffekt ein, der üblicherweise mit Freihandel einhergeht. Auf Kosten des gewerblichen Mittelstandes profitierten vom weitgehend ungeschützten Wettbewerb die ohnehin privilegierten Großunternehmen und – nicht zuletzt – Politik und Mafia, ein Trend, der eine hohe Inflation und abnehmende Staatsfinanzierung förderte.

Wie überall sonst auch verschärfte sich der Gegensatz zwischen Arm und Reich, der langfristig dem Islamismus und der Linken zugute kommen sollte. Der unpolitische Mittelstand und die unteren Schichten werden sich über die Hebel der wachsenden Armut und benachteiligten Wirtschaftssektoren den Versprechungen radikaler Propaganda vermehrt öffnen lassen. Auch die Kurden, die nach der Zerschlagung der PKK in Massen in die Städte gedrängt wurden, könnten erneut zu einem unberechenbaren Konfliktpotential heranreifen. Insgesamt bietet somit die türkische Gesellschaft ein ergiebiges Gestaltungsfeld, in dem die bewährten Mechanismen der amerikanischen Machtpolitik weiterhin zum Zuge kommen können, wobei Deutschland die Rolle eines politisch-demographischen Sicherheitsventils übernommen hat.

Ein illustres Beispiel dieser eingespielten Manipulationstechnik wurde im Jahre 2001 sichtbar, als ein russisch-türkisches Öllieferungsabkommen getroffen wurde, das weit über sonst, z. B. in Turkmenien, erzielbaren Marktpreisen getroffen wurde. Der voraussichtliche Schaden für den türkischen Staat, das persönliche Interesse der Verantwortlichen – des russischen Staatspräsidenten Putin und des früheren Ministerpräsidenten Yilmaz – und die Teilnahme von Paten der russischen Tombay-Mafia (s. u. S. 268) an den Verhandlungen riefen die türkische Presse auf den Plan. In die hier sichtbar werdende Problematik schaltete sich der Sicherheitsrat mit einschlägigen Ermittlungen ein, in denen sich ganz besonders der zuständige Innenminister Tantan engagierte. Dabei traten in dieser Phase die enormen Einflußmöglichkeiten der US-Politik in der türkischen Politik unmittelbar zutage. Der amerikanische Botschafter intervenierte bei Staatspräsident Ecevit, die kritischen Journalisten wurden aus ihren Redaktionen entfernt und der Innenminister zum Rücktritt gezwungen, allerdings nicht ohne einen vielsagenden, in der Öffentlichkeit mehrfach wiederholten Kommentar abzugeben: »Die Tempelwächter (*tapinak muhafizlari*) wollten uns nicht arbeiten lassen«.

In einem solchen Herrschaftssystem der sehr wenigen über die sehr vielen bleibt das Gesetz des gestaltenden Handelns und der Manipulation der Masse nicht allein bei den unmittelbar Herrschenden, sondern letztlich bei denjenigen, die in der Lage sind, ihrerseits *Kleptokraten* hervorzubringen und zu beherrschen. Besonders in der kleptokratisch orientierten, d. h. auf Profit, Korruption und Manipulation ausgerichteten Macht, sind maximierter Einfluß und dosierte Gewalt nicht nur möglich, sondern die Regel. Indem den herrschenden »Deutungseliten«, z. B. türkischen und deutschen Regierungen, Parteien, Universitäten etc., ihre Nützlichkeit angemessen entgolten wird, können ihre Einflußsphären – Politik-, Wirtschafts-, Steuer-, Wissenspotentiale – optimal gestaltet und einer dominanten Machtebene nutzbar gemacht werden.

d) Al-Qa'ida, Bush und die islamische Mafia

Diverse russische und kaukasische Mafiagruppen unterhalten florierende Vertriebsstellen in Deutschland, die konventionelle Waffen und Nuklearmaterial vornehmlich in Länder des Nahen Ostens verschieben. Als Hauptabsatzgebiet erscheint die Achse Algerien, Libyen, Irak, Iran und Pakistan – also Länder, die mit Irak und Iran (zuzüglich Nordkorea) die sogenannte »Achse des Bösen« enthält, welche seit der September- Katastrophe und der Afghanistan-Razzia im Jahre 2001 in den besonderen Fokus der USA geriet.

Nun waren es allerdings zunächst die Amerikaner selbst gewesen, die Saddam Husain überhaupt zum Einmarsch in Kuwait und zum Krieg am Golf ermuntert hatten, dann jedoch General Schwarzkopf abrupt stoppten, als dieser in Bagdad einmarschieren und das Saddam-System beenden wollte. Wie es hieß, brauchte man ein Gegengewicht zum »Terrorstaat Iran«, der die ganze Welt mit von ihm finanzierten Radikalmuslimen verunsichere. Man vergaß indessen zu erwähnen, daß die iranischen Staatsterroristen, mit Ministerpräsident Rafsandjani an der Spitze, dem Golfkriegsherrn George Bush 10 Jahre zuvor einen großen Gefallen getan hatten.

Die Iraner hatten 1980 in einer Folge komplizierter Verhandlungen einer Vereinbarung zugestimmt, die später unter der Bezeichnung »Irangate« bekannt wurde. Bush und Rafsandjani einigten sich darauf, die seinerzeitige Besetzung der amerikanischen Botschaft in Teheran und damit verbundene Geiselnahme von 144 Personen gegen umfangreiche Waffenlieferungen aus amerikanischen Beständen zu beenden. Wichtigste Bedingungen dieses Handels, der am 21. Oktober 1980 abgeschlossen wurde, war die Durchführung der Aktion *nach* den amerikanischen Wahlen im Dezember des gleichen Jahres sowie die Absetzung des – gewählten – Präsidenten Bani-Sadr.[342]

Dabei zielte man in der Hauptsache auf Amtsinhaber Carter ab, der als praktizierender Menschenrechtler sowohl den iranischen Gottesrechtlern als auch den Weltordnern unter Führung der Rockefeller-Gruppe seit Jahren auf die Nerven gegangen war. Zudem hatte Carter die Stirn besessen, die »covert action«-Abteilung der CIA, gewissermaßen den »weltlichen Arm« der US-Elite, von 1300 auf 500 Mitarbeiter zu reduzieren. Diese

Maßnahme hatte ihm den besonderen Zorn des George W. Bush zugezogen, eines erfahrenen Geheimdienstlers, der das Gut/Böse-Weltbild der CIA zur Grundlage amerikanischer Politik gemacht hatte.

Indem die Irangate-Aktion nach den Wahlen stattfand und Carter eben nicht die ungemein stimmträchtige Freilassung der Teheraner Geiseln auf seinem »Ehrkonto« verbuchen konnte, war seine Niederlage gegen das Konkurrenzteam Reagan/Bush besiegelt. Dieses konnte anschließend sein bekanntes Programm eines wirtschaftlichen Super-Liberalismus, verbunden mit einem Super-Militarismus, in Gang setzen, der schließlich in einem beispiellosen Rüstungswettlauf den Kollaps der Sowjetunion beschleunigte.

Nachdem Vize Bush mit der Wahlmanipulation von 1980 die eigene Verfassung ausgehebelt hatte, ließ er als Präsident zehn Jahre später Diktator Saddam über Botschafterin A. Glaspie eine kryptische Mitteilung überbringen:

> »Wir haben zu innerarabischen Differenzen wie auch zu Ihren Auseinandersetzungen mit Kuwait nicht viel zu sagen. Wir alle sind davon überzeugt, daß Sie dieses Problem bald lösen werden.«[343]

Da Saddam zu diesem Zeitpunkt bereits große Truppenverbände an der kuwaitischen Grenze zusammengezogen hatte, war diese Aussage als klare Neutralitätsadresse der USA zu verstehen, die den Diktator zur Invasion ermunterte und in die offene Falle des »Rockmob« tappen ließ.

Alle Geheimdienste, mit CIA, KGB und Mossad auch die fähigsten unter ihnen, sollen von dieser Entwicklung völlig überrascht gewesen sein. Die professionellsten Nachrichtenspezialisten sollen exakt am Vorabend dieser Invasion in ihrer Aufklärungsarbeit innegehalten haben, um dann nach Saddams Einmarsch in Kuwait umso überraschter sein zu können. Diese ihrerseits mehr als überraschende Einlassung wird uns allerdings fast deckungsgleich noch einmal begegnen. Auch die Katastrophe vom 11. September in New York sah weitere 11 Jahre später wiederum alle Geheimdienste »völlig überrascht«, wobei andererseits kaum noch überraschen kann, daß CIA und NSA (National Security Agency) rechtzeitig vor dem Attentat ihre Überwachungstätigkeit hinsichtlich der islamischen Terrornetze in den USA auffallend reduziert hatten.[344]

Der enorme Einfluß der Bush-Familie, welche in der Lage war, den »Gottesstaat« Iran und die US-Verfassung zu manipulieren und in zwei Jahrzehnten zwei Präsidenten hervorzubringen, verdient es, zusammen mit den wesentlichen Kräften im Nahen Osten selbst in den Blick genommen zu werden. Ein Mitglied des Middle East Policy Council brachte den Kern des Bush-Engagements auf den Punkt:

> »Das Einzige, was Amerika groß gemacht hat, war das Erdöl, stabile Ölpreise und eine ständige Ölförderung. Und wir (die USA) werden nicht dulden, daß uns Israel dabei im Wege steht«.[345]

Bei diesem Gremium handelt es sich um eine Unterformation des erwähnten Council on Foreign Relations (s. u. S. 235), das globale Kapital- und Politnormen für die Regierungen der Welt setzt und von Bush sen. schon im Golfkrieg als »Neue Weltordnung« ausgerufen wurde.

Über die Investment-Gesellschaft Carlyle Group und die Ölgesellschaft Harken Energy ist die Familie Bush mit der saudischen Bankiersfamilie bin Mahfuz verbunden, die sich in Gestalt des Khalid bin Mahfuz stark im internationalen Bankgeschäft mit Schwerpunkt auf Geldwäsche engagierte. Zu diesem Kreis gehörte auch Salim bin Ladin, Bruder des Usama bin Ladin, der als Begründer des Islamterrors mit globalem Zuschnitt gelten kann, wobei letzterer ohne die Unterstützung der israelfeindlichen Ölkreise in Texas und der saudischen Eliten eine solche Rolle kaum hätte spielen können. Nicht nur hatte Khalid über lange Zeit Zugang zur BCCI (Bank of Commerce and Credit International) und deren weltweiten, teilweise kriminellen Transferkanälen, von denen noch zu sprechen ist, sondern er finanzierte Usama auch direkt.[346]

Wer von den Qualitäten des CFR nicht überzeugt war, konnte sich im Jahre 1996 eines besseren belehren lassen, als dieses sehr potente Gremium die Taliban zu Exponenten des »pazifistischen Islam« erklärte.[347] Indem man einer asozialen Gruppierung den Weg nach Afghanistan und an die dortige Macht ebnete, die – von Saudis finanziert – binnen kurzem das soziale Leben Kabuls zerstörte, wurde erkennbar, daß Förderung oder Ablehnung des Gewaltislam auch eine Sache amerikanischer Wirtschaftsinteressen war. Wie erläutert, hing die Entstehung der Taliban nicht unwesentlich mit der Entwicklung Usama bin Ladins zusammen, dessen Ideologie einen starken Beitrag zum Djihadismus geleistet hat. Diese abstrakte Form des Islamterrors, die von Usamas Al-Qa'ida zur globalen Norm geformt wird, ist weder willens noch imstande, ein islamisches Staatswesen zu führen, wie die auf Zerstörung fixierten Protagonisten – z. B. die Taliban und die algerische GIA – schlagkräftig unter Beweis stellten.

Wer ist nun eigentlich dieser Usama, der zur Ikone des Islamterrors wurde, und dessen Name in aller Munde war, als in der größten Katastrophe der Terrorgeschichte überhaupt die Türme des World Trade Center zusammenstürzten und Tausende unter sich begruben? Wie stellen sich sein Werdegang sowie seine familiären und wirtschaftlichen Hintergründe dar, um ein Potential von derartiger Destruktivität erzeugen zu können? Wir fassen die wesentlichen Zusammenhänge, deren wichtigste Knotenpunkte wir bereits gestreift haben, kurz zusammen, um ihre Rolle in der zeitgenössischen Islamentwicklung und ihre Relevanz für die Globalisierung des Terrors besser verstehen zu können.

Er wurde 1957 als 17. von 54 Kindern in Djidda geboren. Der Vater, Muhammad bin Ladin, stammte aus dem Dorf Ribat in Hadramaut, ein Name, der sinnigerweise für die Grenzfestung im *djihad* steht (s. o. S. 39ff.). Nach einem Ingenieursstudium verließ Usama 1979 Saudi-Arabien, um sich den *muhadjidun* in Afghanistan, den Freiheitskämpfern gegen die sowjetischen Besatzer, anzuschließen. Er beteiligte sich maßgeblich an der Systematisierung und Finanzierung des islamischen Widerstands, gründete mit dieser Erfahrung 1988 die eigene Organisation Al-Qai'da und kehrte 1989 nach Saudi-Arabien zurück. Im Zusammenhang mit dem Golfkrieg und der US-Präsenz im Lande soll es zu Differenzen mit der Familie und der Regierung gekommen sein. Er verließ das

Land erneut und ließ sich in Khartum nieder, von wo er sich – nach Aufbau diverser Aktivitäten und Kontakte – u. a. mit dem einflußreichen Turabi – auf amerikanischen Druck hin 1996 erneut nach Afghanistan zurückzog.

Von 1992 an wurde die Al-Qa'ida zunehmend mit Anschlägen und Terrorakten in Verbindung gebracht, insbesondere mit dem Anschlag auf das World Trade Center von 1993, auf eine US-Einrichtung in Dhahran 1996, die US-Botschaften in Nairobi und Daressalam 1998 sowie den US-Zerstörer *Cole* vor Aden im Jahre 2000. Usama erklärte den Krieg gegen die USA 1995, Präsident Clinton beauftragte 1996 die CIA, die Al-Qa'ida zu vernichten, und 1998 erneuerte Usama seine Kriegserklärung mit der Aufforderung, alle Amerikaner zu töten. Zuvor hatten seine Kämpfer zwei deutsche Geheimdienstleute in Libyen umgebracht, was das Land veranlaßte, bei der Interpol einen internationalen Haftbefehl gegen Usama zu erwirken.[348] In der modernen Terrorentwicklung war es ein Novum, daß eine Einzelperson in so kurzer Zeit eine so umfassende Wirkung erzielte, die mit Kontakten, Aktionen und Ausbildungslagern in praktisch allen wichtigen Weltzonen – die USA eingeschlossen – ein Netz hochmotivierter Kämpfer um den gesamten Globus legte.

Die Struktur der Al-Qa'ida ist der eines Konzerns nicht unähnlich. Die Familie Usamas gehört zu den reichsten der Welt. Grundlage für diesen Reichtum war die Einbindung in zahlreiche Ausschreibungen für öffentliche Bauprojekte in Saudi-Arabien, bei denen sich Firmengründer Muhammad als zeitweiliger Bauminister des Landes federführend einschalten konnte. Die Firma ist weit darüber hinaus in ungewöhnlicher Weise privilegiert. Sie ist von der Veröffentlichung von Bilanzen befreit und als einziges Privatunternehmen des Landes zur Emission von Obligationen berechtigt. Im Verlauf diversifizierte man in Immobilien, Kommunikation und Medien und wurde 1995 auf einen Weltumsatz von 36 Mrd. US-Dollar geschätzt.[349] Unter den zahlreichen internationalen Beteiligungen befindet sich allerdings wiederum jene Carlyle Group, über die eine ganz wesentliche Verbindung zur Bankfamilie Bin Mahfuz und zur Ölfamilie Bush herzustellen ist.

Verbindungen der Ladin zu den Mahfuz bestehen über eine ganze Reihe gemeinsamer Investments. Eine wichtige Rolle spielt die amerikanische Pharmafirma Hybridon Inc., die im November 1997 etwa 1 Mio US-Dollar an die Düsseldorfer Bank für Vermögensanlagen und Handel (BVH) überwies, kurz bevor gegen die BVH Ermittlungen wegen Geldwäsche und betrügerischen Bankrotts aufgenommen wurden. Eine weitere, überaus relevante Ladin/Mahfuz-Connection bestand über die erwähnte BCCI, eine Bank, die sich auf betrügerische Devisengeschäfte und Geldwäsche spezialisierte. Khalid Bin Mahfuz und sein Bruder Muhammad hatten jeweils 20% der Bankanteile von einem gewissen Ghayth Pharao übernommen, der in illegale Kaufaktionen von US-Banken (Bank of Georgia und Financial General Bankshares) und Schutzgelderpressung verwickelt war und noch heute vom FBI per Haftbefehl – mit wenig Nachdruck – gesucht wird.[350] Ebenso arbeiten die beiden Familien über die Inter Maritime Bank zusammen, die sich nicht nur an BCCI-»Geschäften« beteiligte, sondern auch in den bereits geschilderten Irangate-Deal einschaltete, der bekanntlich Bush sen. sehr dienlich war.

Ein weiterer Übernahmeversuch, die Bank Financial G. Bankshares betreffend, war über die Banque Arabe et International d'Investissement (BAII) unter Einbindung Kamal Adhams gestartet worden, des Leiters des Saudi-Geheimdienstes und Freundes Pharaos. Als diese Verbindung durch Ermittlungen des FBI zutage gefördert wurde, übernahm Turki al-Faysal den Geheimdienst, Sohn des früheren Königs und Freund Usama Bin Ladins. Ebenso kooperieren Ladin und Mahfuz in Beteiligungen der SEDCO (Saudi Economic and Development Co.), über deren Töchter mehrere Schenkungen an Usama erfolgt sein sollen.[351] Ein Aktionär, Salim bin Mahfuz, ist Mitgründer der International Development Foundation (IDF) in Oxford, England, die wiederum enge Verbindungen zur »humanitären« Einrichtung des Islamic Relief (IIRO) unterhält. Nicht zuletzt kreuzen sich die Wege der Ladin und Mahfuz in der First Arabian Management Co. (FAMCO), die nicht nur in den BCCI-Skandal verwickelt war, sondern sich auch unter Einschaltung von Kamal Adham, Ghayth Pharao und Khalid bin Mahfuz in zahlreiche, anderweitige Investments verzweigte.

Kennzeichnend für diese Art der Firmen- und Personenverflechtung ist – dem Vatikangeschäft nicht unähnlich – die Mischung aus angesehenen Persönlichkeiten und Finanzverbrechern, deren Spezialität mehrheitlich im Bereich der Geldwäsche angesiedelt ist und somit auf systematische Vernetzungen mit der organisierten Kriminalität hindeutet. Weitere Verbindungen werden häufig zu Geheimdienstorganen hergestellt und ein dritter Zweig geht zu den Exponenten des Terrors. Das FBI geht im Falle der BCCI von gesicherten, illegalen Transfers in Höhe von etwa 12 Milliarden US-Dollar aus, zu de-nen Gelder kolumbianischer Drogenbarone, des panamesischen Diktators Noriega und des Sonder-Terroristen Abu Nidal gehörten. Ebenso tauchten in diesen Vorgängen Bestechungsgelder für die peruanische Regierung sowie Finanzierungen für iranische Waffengeschäfte des Adnan Khashoggi auf, seinerseits ein Freund des Kamal Adham.

Sinn der BCCI war nicht nur, das internationale Verbrechen und den islamistischen Terror zu finanzieren, sondern deren Geld zu waschen. Dabei machte man sich wesentliche Potentiale und Usancen des internationalen Bankensystems zunutze. Die Aktionäre der BCCI erhielten Kredite, die weit über ihre Anteile hinausgingen. Die Bank hatte zunächst ganz erheblich von der Liquidität der Ölpreiserhöhung profitiert und durch ein weitläufiges Filialnetz internationales Vertrauen aufbauen können, das die Aufnahme erheblicher Interbankkredite ermöglichte. Die Struktur der BCCI-Geschäfte wiederum deckt sich nach der Analyse des französischen Geheimdienstes mit dem Finanznetz der Al-Qa'ida.[352]

Im Verein mit den hohen Margen im Mafia- und Terrorgeschäft sowie stillen Zuschüssen von potenten Sympathisanten konnte die BCCI über lange Zeit ein eindrucksvolles Schneeballsystem aufrechterhalten, das schließlich die »Banking Community« einen Betrag von etwa 6 Mrd. US-Dollar gekostet hat.[353] Der tatsächliche Schaden ist unbekannt, weil viele kreditgebende Bankinstitute darauf verzichteten, ihre Ansprüche offiziell anhängig zu machen – die einen, um ihren Ruf zu wahren, die anderen, um nicht erpreßt zu werden, und wieder andere, die sich die Option auf zukünftige Geschäfte in diesem enormen Wachstumssektor nicht verschließen wollten.

Natürlich war den Beteiligten klar, daß eine zu weitgehende Öffentlichkeit ihrer Aktivitäten dem »Menschheitsprojekt« des globalen Machtkartells auf Dauer schaden würde. Ein Banksystem, dessen Mitwirkung im internationalen Mafia-Geschehen zu offensichtlich wurde, mußte – zumindest solange die allgemeine Moral noch nicht hinreichend aufgelöst war – befürchten, daß sein offizielles Geschäft Schaden nehmen könnte. Somit erlebte das uralte *hawala*-System einen fulminanten Aufschwung. Hierbei handelt es sich um eine belegfreie Transfermethode beliebiger Beträge von jedem an jeden Ort. Bargeld, das am Ort X eingezahlt wird, kann unter Vorlage einer Chiffre am Ort Y anonym und zu Konditionen in Empfang genommen werden, welche die Bankgebühren deutlich unterschreiten. Nach den Erkenntnissen der OECD mauserte sich das *hawala*-System zu einer der wichtigsten Geldwäsche-Methoden überhaupt. Für die Al-Qa'ida erlangte es Bedeutung, weil Usamas Bankkontakte unter strikter Beobachtung standen und über die *hawala*-Wege Gelder aus dem von Hekmatyar geerbten Drogenhandel diskret verteilt und über die Ladin/Mahfuz-Connection konkret gewaschen werden konnten.[354]

Khalid Bin Mahfuz hatte im Zentrum der BCCI-Verzweigungen und ihrer Berührungen mit Usamas Organisation gestanden, und er wirkte ebenso federführend bei der Finanzierung diverser Einrichtungen mit, die sich mit »karitativen« oder »humanitären« Aufgaben beschäftigen. Über die National Commercial Bank, das Herzstück des Mahfuz-Konzerns, gingen dem Vernehmen nach »astronomische Beträge« [355] an solche Gründungen, in der Hauptsache an die erwähnte IIRO (International Islamic Relief Organization), die Muwaffaq Foundation in Saudi-Arabien und die ebenfalls erwähnte IDF (International Development Foundation). Dabei führte letztere mehrere Schenkungen an Usama über die Agentur Khalidjiya durch, wie auch direkte Übertragungen von Depositen bei der National Commercial Bank in der Größenordnung von 2 Mrd. US-Dollar an Usama stattgefunden haben sollen.[356]

Die IIRO bildet seit den Gründertagen des *djihad* in Afghanistan das mit Abstand ergiebigste Kämpfer-Reservoir für den Islamterror im allgemeinen sowie die Aktivitäten Usamas und seine Al-Qa'ida im besonderen. Die IIRO ist an gleicher Adresse in London mit dem Oxford Trust for Islamic Studies registriert, dem die Bin Ladin-Familie jährlich hohe Beträge überweist, welche wiederum zum Teil der Oxford-Universität zugute kommen. Diese ehrwürdige Institution konnte damit ein ganzes Spektrum islamfreundlicher Richtungen fördern, das sich vom bekannten Historiker und Mossad-Agenten B. Lewis [357] bis zum Columbia-Professor und antisemitischen Scharfmacher J. Massad spannt, der Israel als »rassistischen Staat, der kein Recht auf Existenz hat«, interpretiert.[358]

Das Merkmal des gemeinsamen Sitzes verbindet ebenso die IDF mit der Bin Mahfuz-Holding SEDCO. Einer ihrer Geschäftsführer ist früherer Direktor der BCCI-Filiale Pakistan, ein anderes gleichzeitiges Vorstandsmitglied des Hybridon-Pharmakonzerns. Nach den Erfahrungen mit der Khartumer Pharmafirma Ash-Shifa werden die Aktivitäten dieser Firma ohnehin aufmerksam zu verfolgen sein, wenn es in Zukunft vermehrt um die Herstellung und terroristische Anwendung von Massenvernichtungsmitteln gehen sollte. Ein Direktor der Muwaffaq Foundation ist auch als Sponsor der Terror-Gruppe Hamas und als Co-Direktor einer pakistanischen Hospitalholding ermittelt worden, die gleichfalls unter dem Namen Ash-Shifa firmiert. Der Leiter der gleichnamigen Pharmafirma in Khartum, Salah Idris, sitzt nicht nur mit Khalid bin Mahfuz im Direktorium der Saudi Sudanese Bank, sondern steht auch in Verbindung mit der Tadamon Islamic Bank, die ihrerseits Aktionärin der Shamal Islamic Bank ist, einer Gründung des Usama bin Ladin und zentralen Finanziers der Al-Qa'ida.[359]

Ein wichtiger Strang zum Interesse des amerikanischen Machtkartells führt über Sami Baarma, dem Leiter der Prime Commercial Bank und Auslandsleiter der National Commercial Bank, zur erwähnten Carlyle Group, deren Vorstandsmitglied er zusammen mit anderen ist, z. B. Mitgliedern der Bush-Familie, dem ehemaligen Außenminister Baker und dem ehemaligen Sicherheitsberater Carlucci. Die Carlyle Group bildet eine der zentralen Schnittstellen zwischen den amerikanischen Öl- und Regierungsinteressen und den saudischen Öl- und Terrorinteressen. Ihre Mitglieder stehen – wie alle Akteure des Machtkartells – über dem Gesetz, u. a. auch Bush sen., der mit dem Kauf von Anteilen an der Harken Ölgesellschaft flagrant gegen das Insidergesetz verstieß, gegen Ermittlungen jedoch immun blieb.[360]

Die enge Verzahnung von Wirtschaft und Politik zeigt sich darüber hinaus in der Funktion des britischen Ex-Premierministers J. Major als Leiter der Carlyle Europa und des Ex-Bundesbankpräsidenten O. Pöhl als Beiratsmitglied.[361] In diesem US/Saudi-Kontext wirkt umso interessanter ein Joint Venture, das die Bin Mahfuz-Ölcompany Nimir Petroleum mit dem amerikanischen Ölriesen Unocal einging, um eine Pipeline durch Afganistan zum Transport kasachischen Öls zu realisieren. Die durch den New Yorker Anschlag ermöglichte Befriedungsaktion könnte die Voraussetzung für den Bau und störungsfreien Betrieb einer solchen Anlage – immerhin im Wert von 5 Mrd. US-Dollar – geschaffen haben. Auch der Umstand, daß internationale Akteure – möglicherweise amerikanischer und saudischer Provenienz – wenige Tage vor der Katastrophe an den Weltbörsen hohe Leerverkäufe und gleichgerichtete Optionen tätigten, verweist auf die enger werdende Verquickung von offizieller und krimineller Wirtschaft einerseits sowie Politik und Terror andererseits.

Ein Portfolio von ähnlicher Größenordnung hat ein Konsortium zu verwalten, das sich unter der Bezeichnung Investcorp Holdings auf den Cayman Islands formierte und dem u. a. die früheren Erdölminister von Saudi-Arabien und Kuwait, Yamani und Atiqi, angehören. Dabei weist die Investcorp internationale Parallelen zur BCCI auf. Beide wurden von ähnlichen Saudi-Konsortien unter identischer Mitwirkung renommierter Banken gegründet, der Bank of America (BCCI), an der auch Khalid bin Mahfuz mit 20% beteiligt ist, und der Chasebank (Investcorp), die dem Rockefeller-Klan zugerechnet wird.[362]

Mindestens vier Vorstandsmitglieder haben für beide Gründungen eine wesentliche Rolle gespielt: Taha Bakhsh, der BL-Vertreter in den USA war und BM-Repräsentant im

Nahen Osten ist, wobei er über einen Mittelsmann 25% der Investcorp-Anteile für seinen Auftraggeber hält; Abdullah Zamil kontrolliert über die Bahrain Islamic Bank die erwähnte Tadamon Bank und damit auch die Shamal Islamic Bank, Hauptfinanzier des Usama; Bakr Muh. bin Ladin ist ein Halbbruder Usamas und leitet über die BL-Firmenholding einige Gesellschaften mit BM-Beteiligung, die wie die Saudi Investment Co. (SICO) im Zentrum gesellschaftsrechtlicher Verschleierungen und Rauchvorhänge um die kriminellen Geschäfte der BCCI standen; Omar Ayyad, einer der wenigen, die zum Absitzen einer Gefängnisstrafe antreten mußten, lenkte die »Welfare Association« zusammen mit einem Abdul Madjid Shu'man. Dieser war vormals Vorstand des Gokal-Klans, eines der Hauptprofiteure der betrügerischen BCCI-Kredite, denen schließlich Anfang Juni 1991 ein Ende gesetzt worden war.[363]

Investcorp und BCCI, Bank of America und Chasebank, Bin Ladin und Bin Mahfuz, Carlyle und Unocal, Council of Foreign Relations und Middle East Policy Council, Hybridon und Tadamon, Muslimbrüder und Usama bin Ladin, Hizbollah und Hamas, Rockmob und Euromob, Cayman Islands und Luxemburg, IDF und IIRO, Oxford und Azhar, Geldwäsche und Drogenhandel, George Bush sen. und George W. Bush jun., Pakistan/Afghanistan und Israel/PLO, FDP/Proislamismus und CDU/Milli Görüsh, SPD/Multikulturalismus und Grüne/Proterrorismus, England und Deutschland, Bosnien und Kosovo, Papst und Mafia, Politik und Korruption, Kirche und Wirtschaft, Recht und Terror – sie alle bilden Knotenpunkte in einem vieldimensionalen Kraftnetz, das tendenziell die Herrschaft der Wenigen über die Vielen begünstigt. Dieses Kraftnetz bringt seit langem ein Machtkartell neo-absolutistischen Ausmaßes hervor, in dem sich auf Kosten ethischer, demokratischer und rechtlicher Substanz die Führungsinteressen der Wirtschaft, Politik, Kirchen und des dominanten Petro-Islam zusammenschließen.

In ihren Spitzen erzeugt die Verbindung amerikanischer und saudischer Interessen eine beispielhafte Usurpation des Staates durch die Akteure der Wirtschaft, die – nicht nur durch die Nähe zum saudischen Partner – die Grenzen zum organisierten Verbrechen und zum Terrorismus verschwimmen lassen. Diese fatale Nähe, die durch Korruption und Lähmung von Recht und Gesetz systematisch gefördert wird, hat in nicht geringem Umfang das kaum faßbare Ausmaß mitbestimmt, in dem die USA die Herausbildung gewaltiger Netzwerke von Islamisten und terrorfähigen Kampfgruppen mit Tausenden ausgebildeter Aktivisten im eigenen Lande zugelassen haben.[364] Es ist die gleiche Nähe der Politklasse und Islamlobby, verstärkt durch die Vasallenfunktion Europas in der US-Geopolitik, welche Deutschland nicht nur zum Schutzraum des Islamterrors, sondern zum Aufmarschgebiet der Islamexpansion nach Europa überhaupt macht.

Im Rahmen wachsender Globalisierung ist Usama bin Ladin nur ein Name, ein Symbol für ein weltumspannendes Phänomen, den globalen Terror, der zum zentralen Instrument einer ebenso globalen Oligarchie werden kann. Denn dieser Terror folgt unmittelbar aus der Identitätskrise des Islam und muß zwei Aufgaben erfüllen: die Ableitung der wachsenden, paranoiden Frustration vieler Muslime und die sich darauf gründende Verschärfung gesellschaftlicher Kontrolle im Westen. In der Art des hier geführten »Dialogs« wird nicht nur Inkompetenz, sondern eine schizoide Geistesverfassung sichtbar, die im Islamterror keine Bedrohung, sondern Ansporn für die eigene Islamisierung sieht. Wie noch auszuführen sein wird, führt der zugleich aufkommende Effekt der geistigen Verflachung und Biologisierung im Westen zu einem enormen Verfall von Glaube und Bildung, der aufklärerische Prinzipien verdrängt und vorhumanistische Gewaltstrukturen erneuert.

Die Gewalt wird somit zum Problem für beide Kulturen, die sich in einer historischen Völkerwanderung nach Europa zu vermischen beginnen. Die zwischen den gesellschaftlichen Polen aktive Dynamik wird von der mit Abstand wichtigsten Islamvereinigung gesteuert, den Muslimbrüdern. Hier stehen die Gesellschaften Europas einer Kraft gegenüber, die sich nicht nur auf immense Finanzmittel, sondern auch auf eine seit Jahrzehnten eingespielte Strategie stützen kann – das Zusammenspiel offener Sozialvereine und geheimer Terrororganisationen. Diese Strategie nützt indes nur der islamischen Expansion und damit einer demokratiefeindlichen Machtoligarchie, weil sie ganz besonders jene Gesellschaften verunsichert und spaltet, denen unentwegt »Toleranz« abverlangt wird.

Ein solches Spektrum der diffusen Kollaboration, welche in idealer Weise geeignet ist, die Institutionen der Demokratie graduell und damit eher unauffällig auszuhebeln, bildet die Grundlage für jenen

> »gesetzwidrigen – oder angedrohten – Gebrauch von Zwang oder Gewalt gegen Personen oder Eigentum, um Regierungen oder Gesellschaften zu nötigen oder einzuschüchtern, oftmals um politische, religiöse oder ideologische Ziele zu erreichen«.[365]

Bei dieser Formulierung geht es um die Definition für »*Terrorismus*« durch das US-Verteidigungsministerium, die der amerikanische Terror-Spezialist B. Hoffman für die plausibelste hält. Wenngleich die Vielschichtigkeit der Ursprünge, Motive, Interessen und Ziele dieses Begriffes eine solche Definition zu einem schwierigen Unterfangen macht, so läßt sich doch mit einiger Berechtigung feststellen, daß die wachsende Globalität des Terrorismus seine Charakterisierung durch die immer allgemeiner werdende Bedrohung wiederum zu vereinfachen beginnt. Oberhalb der 50%-Marke in 101 Definitionen von »Terrorismus« werden als entscheidende Merkmale Gewalt und Zwang (85%) sowie Furcht und Bedrohung (~ 50%) erkannt, die zur Erreichung *politischer Ziele* (65%) erzeugt werden müssen. Immerhin etwa ein Drittel der Untersuchungen sieht als kennzeichnende Aspekte zudem eine deutliche Umkehrung akzeptierter Regeln: Täter, die als Opfer suggeriert werden, Erpressung, die als Publizitätsmittel eingesetzt wird, und Gewalt, die durch als humanitär deklarierte Ziele gerechtfertigt wird.[366]

Mit zunehmender Globalität nähern wir uns unausweichlich auch der Definition des modernen Terrors, welche die Loslösung der Gewalt von der Norm des Verbotenen zugrunde legt (s. u. S. 296), d. h. die Gewalt in das Ermessen desjenigen legt, der stark genug ist, über Gut und Böse zu entscheiden. Die postmodernen Gesellschaften laufen Gefahr, diese Funktion nicht mehr den demokratischen Institutionen, geschweige denn den Kirchen oder einem verbindlichen Sinn, sondern einer organisierten Oligarchie anzuvertrauen, die an einem umfassenden Rechts- und Rechteverzicht der Masse interessiert ist (s. u. S. 312f.).

Wie unsere Betrachtungen im weiteren Fortgang verdeutlichen, wachsen die Terroristen der Zukunft in die Rolle globaler Akteure, vergleichbar mit den Protagonisten der wirtschaftlichen, religiösen und rechtlichen Deregulierung, die sich ihrerseits – ob sie wollen oder nicht –Korruption und organisiertem Verbrechen öffnen. Hierauf verweisen die »Symbiosen« aus Wirtschaft und Mafia, Mafia und Terror sowie Terror und Medien. Ein lebendiges Beispiel für diese Entwicklung ist das Vakuum der globalen Berichterstattung, das mit laufenden Kameras und Hekatomben von Journalisten darauf wartet, durch medienerfahrene Terroristen gefüllt zu werden. Die Katastrophe von New York war Spektakel und Menetekel zugleich. Als Spektakel erfüllte sie die Vision der vollkommenen, medialen Konkurrenz, als Menetekel signalisierte sie eine weltweite Dimension der Bedrohung, die mit der Globalität des Terrors eine neue, umfassende Kontrolle der globalen Gesellschaft möglich macht.

Die Faszination der Gewalt, die Medien und »Dialog« gleichermaßen erfaßt, läßt diese ebenso ehrfürchtig wie eintönig über »Toleranz« und »Kultur« des Islam berichten, wie sie über dessen enorme Rückständigkeit schweigen. Frauenunterdrückung, Analphabetismus, Wirtschaftsschwäche, Waffenkonsum sind Themen, die in den Publikationen, Fernseh-Produktionen und Veranstaltungen der Islamlobby zu den sehr seltenen Ausnahmen gehören. Bekannt ist, daß der islamische Raum – während viele westliche Länder abrüsten – jährlich mehr als die Hälfte der globalen Waffenproduktion aufnimmt. Das bedeutet, daß bei etwa 1 Milliarde Muslime im Vergleich zur Masse der anderen Weltbürger jeder Muslim statistisch über mindestens das *zehnfache* Waffenpotential verfügt. Zur weiteren Verdeutlichung genügt ein häufig gebrauchter Vergleich mit Spanien. Das Bruttosozialprodukt des gesamten arabischen Raums war 1999 niedriger als dasjenige dieses Landes, das nicht zur EU-Spitzengruppe gehört, und in den rund 12 Jahrhunderten seit dem Kalifen Al-Ma'mun (s. o. S. 77) wurden mit etwa 100 000 Exemplaren von den Arabern weniger Bücher übersetzt als von den Spaniern in einem einzigen Jahr.[366a]

Es ist diese mehr als eigentümliche Zurückhaltung der offiziellen »Deutungseliten« gegenüber den Realitäten des Islam, der wir uns in einer Betrachtung der europäischen Realitäten widmen müssen. Welche Strukturen begünstigen hier eigentlich den klaren Hang zur *kleptokratischen* Kollaboration mit den Kräften des Islam, d. h. welche Voraussetzungen müssen die europäischen Führungsebenen und ihre Gesellschaften erfüllen, um auf Kosten eben dieser Gesellschaften das offensichtliche *Terrorpotential* des Islam ungestört importieren und damit im eigenen Raum ein sich zugleich verstärkendes *Kontrollpotential* aufbauen zu können?

B
Version Europa

1. Politik und Islam

a) Juden, Nazis und Muslime

Das Verhältnis der Muslime zu den Juden ist ein ganz besonderes, weil bereits der Gesandte Allahs mit dem Massenmord an den Juden von Medina die Richtung unmißverständlich vorgegeben hatte. Sie erregten dort seinen Unwillen, weil sie seine religiösen Annäherungen ironisch zurückwiesen und überdies Kontakte zu den bekämpften Machthabern in Mekka unterhielten. Sie hatten damit ihren zukünftigen Status auf eine Form ewiger Unterdrückung programmiert, die sich – wenngleich kaum vorstellbar – noch existenzbedrohender und entwürdigender als die der Christen gestalten sollte. Wie die Christen, so gehören auch die Juden zur Spezies der »Schriftbesitzer«, denen im Islam ein theoretischer Sonderstatus zugewiesen ist, doch sahen die Muslime in den Juden ganz offensichtlich eher eine Art Sklavenrasse von biologisch bedingter Unterlegenheit, die sich natürlich auch religiös begründen ließ:

> »Die Muslime unserer Tage werden sich zeit ihres Lebens (von der Arbeit) dieser Leute ernähren, und nach unserem und ihrem Tod wird für unsere Söhne das gleiche getan von ihren Söhnen und so fort, denn sie sind Sklaven des Volkes der Gläubigen, solange die Religion des Islam vorherrschen wird.«[367]

Auch die größten Anstrengungen der Juden zur Anpassung an islamische Verhaltensweisen haben diese Einschätzung nicht ändern können. Alle Verähnlichung mit Muslimpraktiken nützte ihnen nichts, auch die Übernahme der *taqiya*-Mimikry (s. u. S. ••), welche die Scheinkonversion zum Islam und zum Christentum, den Marranismus in Portugal und Spanien, bewirkte, bewahrte viele Tausende von ihnen nicht vor dem Massaker von Granada im Jahre 1066.[368]

Maimonides (gest. 1204), Philosoph, renommiertester Jude der islamischen Geschichte, zeitweilig Leibarzt des Sultans Saladin in Kairo, versuchte zu erklären, warum nicht auch die Juden außerhalb des Islam der *taqiya*-Praxis folgten, sondern in der Not am Glauben festhielten und das Märtyrertum auf sich nahmen. Danach bestand am islamischen Monotheismus weniger Zweifel als am christlichen, so daß der Tod jedem christlichen Bekenntnis vorgehen und demgemäß das Scheinbekenntnis zum Islam erlaubt sein müsse – mit anderen Worten: Muhammad könne der Prophet Allahs, nicht aber Christus der Sohn Gottes sein. Dennoch schien Maimonides seiner Sache nicht so sicher zu sein, als er wenig später den real existierenden Islam offenlegte:

»Ihr wißt, meine Brüder, daß Gott uns um unserer Sünden willen mitten unter dieses Volk zerstreut hat, das Volk des Ismail, das uns unnachsichtig verfolgt und auf Wege sinnt, uns zu schaden und zu entwürdigen ... Kein Volk hat jemals Israel mehr Leid zugefügt. Keines hat es ihm je gleichgetan, uns zu erniedrigen und zu demütigen. Keines hat es je vermocht, uns zu unterjochen, wie sie es getan haben.«[369]

Zu allen Zeiten, sowohl im schiitischen Persien als auch im sunnitischen Nordafrika als den Zentren jüdischer Präsenz, waren die Juden mehr noch als die Christen unerträglicher Ausbeutung und Entwürdigung, verschärft durch gelegentliche Pogrome, ausgesetzt. Die Christen, ihrerseits Daueropfer des Islam, trugen nicht selten zu dieser Misere bei, z. B. im Rahmen der Reconquista, als sogar die Päpste sich schützend vor die Juden stellen mußten (s. o. S. 122). Die Vertreibungen von 1492 verschlugen viele Juden ins Reich der Osmanen, wo ihre höhere Bildung allerdings ebenfalls nur vorübergehend willkommen war, weil mit dem veraltenden Wissen der zugewanderten Juden und dem Niedergang der Osmanen auch deren Toleranz abnahm.

Mit dem gleichermaßen zunehmenden Einfluß der Europäer wuchs der Schutz für die Christen und sank zugleich das islamische Einkommen aus der *dhimma*-Ausbeutung. Die Juden traf nun doppelter Haß. Ab Mitte des 19. Jahrhunderts häuften sich Ritualmorde und kleinere Massenhinrichtungen im gesamten islamischen Raum. Die »Protokolle der Weisen von Zion« wurden zum Standardwerk arabischer Verschwörungstheorien, weiter verstärkt durch die Balfour-Deklaration von 1917, welche die Gründung des Staates Israel im Jahre 1947 einleitete.[370]

Dieses Ereignis hatte T. Herzl (gest. 1902), Gründer der zionistischen Bewegung, in einem 1896 erschienenen Buch auf ein Jahr genau vorausgesagt. Ebenso prophezeite der erwähnte Rashid Rida (gest. 1935), Lehrer des MB-Chefideologen Qutb sowie des Hitlerfreunds und Mufti von Jerusalem, Hadj Amin, daß die Juden ihren gesamten Einfluß aufbieten würden, einen solchen Staat aufzurichten.[371] Die tatsächliche Gründung wurde immer wahrscheinlicher, als die Einwandererzahlen nach Palästina mit der Machtergreifung Hitlers und den Nürnberger Rassegesetzen sprunghaft in die Höhe schnellten. Hadj Amin übermittelte Hitler seine Glückwünsche zum Judenboykott und bat ihn um Unterstützung für ähnliche Maßnahmen im arabischen Raum.[372]

Im Kontext islamischen Machtdenkens erschienen die Nazis als Rächer der Schmach des 1. Weltkrieges. Die Vertreibung und Tötung von Gegnern war eine im Islam von Anbeginn geübte Praxis, die nicht nur vom Koran vorgegeben war, sondern auch als zum Erwerb und Erhalt der Herrschaft unverzichtbar galt. Nicht nur die Vertreibung der Juden, sondern auch die Kette politischer Ohrfeigen, die Hitler den verhaßten Engländern und Franzosen verabfolgte, besserten seine Ehrbilanz im arabischen Gebiet gewaltig auf. Sati' Husri (gest. 1968), Schüler Rashid Ridas, Mitgründer der syrischen Baath und glühender Verehrer der Nationalphilosophie Fichtes, sah im Faschismus die größere Hoffnung für die arabische Zukunft als im Bolschewismus und plädierte für eine entsprechende Realpolitik, welche die Religion überwinden sollte.[373] Auch der irakische

Minister Sami Shaukat, der Verbindung hielt zwischen Hadj Amin und der deutschen Diplomatie, sowie Baath-Mitgründer Aflaq waren Bewunderer Hitlers, Rosenbergs und der nationalsozialistischen Ideologie.[374]

Die spektakulären Erfolge Hitlers in den ersten Kriegsjahren steigerten den arabischen Enthusiasmus in eine Größenordnung des Hymnischen, in der sogar der Verkünder des Islam selbst in den Hintergrund gerückt zu werden drohte. Im Kampf gegen die europäischen Kolonialmächte begannen die Deutschen die seit langem aufgestauten Frustrationen der Muslime islamweit abzubauen. Nachdem sich Mussolini zuvor selbst zum »Schwert des Islam« ernannt hatte, erhielt Hitler den Ehrennamen »Haidar«, was so viel wie »Löwe« bedeutet und häufig als Ehrenname für Angehörige esoterisch-gnostischer Geheimgesellschaften auftaucht.[375] Die Muslimbrüder setzten sich an die Spitze der Euphorie:

> »Wenn das Deutsche Reich sich zum Beschützer aller macht, die deutsches Blut in ihren Adern haben, dann macht es der Glaube eines jeden Muslim, dessen Seele in den Doktrinen des Koran getränkt ist, zur klaren Pflicht, sich selbst als Beschützer eines jeden anderen Muslim zu betrachten, dessen Seele ebenfalls getränkt ist ... im Islam.«[376]

Antun Sa'da in Syrien und Pierre Gemayel im Libanon gründeten faschistische Parteien, Sami Shaukal nazistische Jugendorganisationen im Irak, König Faruq von Ägypten sympathisierte trotz Neutralität mit Nazi-Außenminister von Ribbentrop, und der ägyptische Literat Mahmud al-Aqqad verglich Hitlers militärischen Genius mit dem Napoleons und sogar Muhammads. Ali al-Masri, erprobter Verschwörer der *Al-Ahd*, gründete die pronazistische Geheimgesellschaft der »Free Officers«, der sich auch Anwar as-Sadat, späterer Präsident Ägyptens und Machtvirtuose des Islam, angeschlossen hatte.[377]

Hadj Amin mußte 1941 vor den Briten im Irak fliehen, traf auf seinem Weg nach Deutschland Mussolini in Rom und schließlich Hitler in Berlin, wo er die Arabische Legion gründete, Kernzelle für eine spätere SS-Einheit. »Tötet die Juden, wo ihr sie trefft – dies gefällt Gott, der Geschichte und der Religion«, lautete sein unbeirrbares und offenbar vom Koran inspiriertes Motto. Hitler selbst bedauerte gegen Ende des Krieges, den begeisterten Judenhaß Amins und die »arabische Karte« nicht konsequenter eingesetzt und möglicherweise den Kriegsverlauf aus seiner Sicht positiver beeinflußt zu haben:

> »Wenn wir Mohammedaner geworden wären, würden wir heute die Welt besitzen.«[378]

Selbst seine eher neutrale Einstellung zur Religion schien durch den Kontakt mit dem Islam nicht unberührt, indem er durchblicken ließ, daß wenn es überhaupt in dieser Richtung irgend einen Einfluß gab, ihn »der Mohammedanismus für den Himmel begeistern konnte«.[379]

Auch nach dem Krieg wirkte der Arabofaschismus vielfältig nach, wobei ideologische Gegensätze nach wie vor keine Rolle spielten. Nasser setzte Ali al-Masri, den faschistischen Geheimbündler, als Botschafter in der Sowjetunion ein. Muhammad Said, Kommandeur im algerischen Unabhängigkeitskrieg, war zuvor Kämpfer in Hadj Amins SS-Truppe und verkündete noch immer die Devise, daß »Hitler die französische Tyrannei zerstören und die Welt befreien« würde. Ma'ruf al-Dawalibi, SS-Obergruppenführer a.D. und Premierminister Syriens im Jahre 1950, brachte die islamische Machtdialektik, in der nichts niemanden überraschen kann, auf einen weiteren prägnanten Punkt. Für ihn stand fest, daß »die Araber tausendmal lieber eine Sowjetrepublik als ein Opfer Israels würden«.[380]

Daß die Gründung Israels von Anbeginn auf eine Destabilisierung und Spaltung der Region, wenn nicht der Weltpolitik insgesamt angelegt war, zeigt die UNO-Resolution von 1947, die zwar die Staatsgründung beschloß, aber keine Institutionen zu ihrer friedlichen Durchführung und dauerhaften Absicherung entwickelte. Vor dem Hintergrund der Ehrdynamik im allgemeinen und dem durchaus gegenwärtigen Arabofaschismus im besonderen war hier bewußt eine zwiespältige, politisch überaus brisante Situation mit hohem Konfliktpotential geschaffen worden. Dieses Potential öffnete einer globalen Oligarchie in dem Maße neue Gestaltungsräume, in dem sie den Palästinensern – späterhin allerdings auch Israel selbst – verschlossen wurden. Allein im Frühjahr 1948 verließen 30.000 Palästinenser die großen, nun israelischen Städte Jerusalem, Haifa und Jaffa, in den Jahren darauf gefolgt von Hunderttausenden, die sich mehrheitlich am Golf niederließen. Neugebildete, israelische Terrorgruppen, u. a. geführt vom späteren Ministerpräsidenten und Friedenspreisträger M. Begin, beschleunigten diesen Exodus zur »Befriedung« der neuen Gebiete durch kleinere Massaker und Säuberungsaktionen, die allerdings auch den Arabern und der »zweiten Gewalt« ihres *djihad* nicht unbekannt waren.

Im Zuge dieser Entwicklung zogen sich die Engländer graduell aus ihrem früheren Einflußgebiet zurück und hinterließen ein Betätigungsfeld, in dem sich auch Stalin als flexibler Meister des globalen Machtspiels auswies. Während er im eigenen Land die Juden unter systematischen Druck setzte und ihre Intelligenz zu inhaftieren und liquidieren begann,[381] versorgte er den Staat der Juden mit enormen Waffenlieferungen. Auch der Druck auf die islamischen Juden wuchs, so daß in wenigen Jahren die wenigen, z. B. noch in Persien und Nordafrika verbliebenen *dhimma*-Gemeinschaften ebenfalls nach Israel auswanderten.

Die Gründung des Judenstaates bedeutete eine Herausforderung der Machtpsyche des Islam und seiner kollektiven Ehrbilanz, für die sich kein Muslim eine noch umfassendere und tiefgreifendere Demütigung vorstellen konnte. Der Weltkonflikt war langfristig vorprogrammiert. Im Bewußtsein der Muslime und ihrer Orientierung auf das zeitlose Modell von Medina richtete man sich allmählich auf eine Erfolgsstrategie ein, die ähnlich langfristig angelegt war. Gut 50 Jahre später zog man in Syrien eine gelassene Zwischenbilanz im islamischen Machthandel, in dem Israel langfristig eine zu vernachlässigende Größe darstellt:

> »Jeder, der auch nur einen Zoll arabischen Landes (Jerusalem) hergibt, ist ein Verräter, und wir alle wissen, wie man in der arabischen Welt mit Verrätern umgeht …

Wir Araber haben 200 Jahre gewartet, um die Kreuzritter aus dem Heiligen Land zu vertreiben. Die Israelis sind erst 50 Jahre hier. So können wir getrost noch einmal 150 Jahre warten.«[382]

In einem zunächst antijüdischen Machtpoker, der unter dem Einfluß des europäischen Nationalismus zu einem antisemitischen wurde, durfte natürlich der Klassiker der Weltverschwörung, die »Protokolle der Weisen von Zion«, nicht fehlen. Ein längst als Fälschung enttarntes Papier, das auf der Drohung der Juden gegen die Christen aufbaute und die russische Revolution als jüdische Verschwörung gegen den Zaren darstellte, wandelte sich zu einer Art Manifest der Kommunisten, die im Juden den Großmeister des internationalen Kapitals erkannten.

Natürlich griffen auch die Nazis die Gelegenheit bereitwillig auf, dem fehlenden Unterbau ihrer Rassenideologie nun das zusätzliche Feindbild des Juden hinzufügen zu können, der nicht nur rassisch minderwertig, sondern auch mit dem Kennzeichen des perfiden Ausbeuters und Spekulanten ausgestattet war. Die Ausrottung dieses »Schädlings« war logische Pflicht eines jeden rassebewußten Ariers. Sowohl in Hitlers »Mein Kampf« als auch in Rosenbergs »Mythos des 20. Jahrhunderts« sind die Protokolle verarbeitet. Todfeinde wie Bolschewisten und Nationalsozialisten konnten sich leicht in gemeinsamer, ideologischer Feindschaft verbinden gegen die »zionistische Weltverschwörung«, die nun allerdings auch zum unverzichtbaren Instrument der islamischen Machtpropaganda werden mußte.[383] Islamweit bilden die Protokolle ein Standardwerk antijüdischer Propaganda, das ideale Passepartout zur Entlastung der islamischen Gesellschaften von jeglicher Verpflichtung, sich mit ihrer Unfähigkeit zur Bewältigung der gewalttätigen Gegenwart sowie zur Aufarbeitung der gewalttätigen Vergangenheit zu befassen. Somit liefern die Protokolle die ideale Grundlage zur komfortablen Erklärung all dessen, was den Islam in Erklärungsnot bringt.

In der wirtschaftlichen Unterlegenheit des Islam, in der westlichen Dominanz im Bank- und Medienwesen, und vor allem in der schamlosen Ausbeutung der weltweiten Ölreserven, an der die islamischen Eliten immerhin in nicht unerheblichem Umfang mitwirken, offenbaren sich nach dieser Deutung besonders überzeugende »Beweise« jüdischer Machtgier. Die Echtheit der Protokolle wird allein dadurch als gegeben angenommen, daß sie die Strategien, mit denen sich diese Weltverschwörung vollziehe, genau beschrieben. Ein perfektes Beispiel für die Nutzung dieser Propaganda als Schutz gegen unliebsame Debetbuchungen auf dem Ehrkonto des Islam lieferte 1997 der malaysische Ministerpräsident Mahathir Muhammad.

Binnen weniger Monate war der Ringgit, die malaysische Währung, gegenüber dem Dollar um fast 20% gesunken, eine Entwicklung, die Experten nicht erstaunte, weil sie sich durch eine unsolide staatliche Finanzpolitik und staatlich geduldete Devisenspekulationen nahezu zwangsläufig vorbereitet hatte. Da im Denkraster der Ehrdynamik die Kategorien des Eigenverschuldens und der Selbstkritik fehlen, konnten hinter dieser Entwicklung eigentlich nur die Juden stehen:

> »Zufällig sind wir Moslems, und diese Leute sind nicht glücklich, wenn Moslems Fortschritte machen. Sie brauchen keine Pistolen oder Messer, sie nutzen den Währungsmarkt, um Malaysia auszurauben.«[384]

Nach erheblichen internationalen Protesten gegen diese Deutung trat der Präsident wenige Tage später mit einer »Richtigstellung« an die Öffentlichkeit, die eine Meisterleistung der Sündenbockstrategie im islamischen Machtpoker darstellt und die eigene Unfähigkeit virtuos verschleiert:

> »Ich wage es nicht, die Juden anzuklagen, die die stärkste Rasse der Welt sind. Wir können nicht solch zügellose Anschuldigungen vom Stapel lassen. Dann renken sie uns die Arme aus. Ich hoffe, niemand wird versuchen, mich in eine Konfrontation mit den Juden zu treiben. Machen Sie (die Presse) bitte keine Schwierigkeiten. Mir macht das nichts aus, aber die werden weitere Angriffe starten, damit unsere Währung noch mehr fällt.«[385]

So kann nicht verwundern, daß die Protokolle zum Bestseller in der gesamten islamischen Welt wurden, wobei ihr Druck und Vertrieb in ganz besonderer Weise vom Terrorstaat Iran und vom Staat des verdeckten Terrors, Saudi-Arabien, finanziert und vermarktet wurden.[386]

Die palästinensische Terrortruppe der Hamas, die auf Muhammads koranischer Tötungslizenz fußt und seit langem Deutschland als bevorzugten Ruheraum nutzt,[387] rechtfertigte schon 1988 Mord und Attentat auf der Basis der Zion-Protokolle. In der Hamas-Propaganda spielen sie die Rolle einer Universalanweisung, nach der Freimaurer, Kommunisten, Kapitalisten, Zionisten, Rotary- und Lyons-Klubs, die Bnai-Brith-Loge und viele andere Bewegungen immer mehr Kriege und Revolutionen provozierten und die Strategien dazu lieferten, wie denn auch die Juden selbst alle Wirtschaftszweige nacheinander an sich brächten, um schließlich die gesamte menschliche Gesellschaft zu unterwerfen und zu zerstören. Auch der *djihad islami* (Islamischer Krieg), die den Muslimbrüdern nahestehende Radikalgruppe, deren Aktionen bis nach Argentinien reichen, basiert auf den Empfehlungen der Protokolle und erkennt in Israel, »Nazi-USA«, Großbritannien, Frankreich und anderen Staaten »Krebsgeschwüre, die ausgetilgt werden müssen«.[388]

Der Erfolg der »Protokolle der Weisen von Zion« liegt in der universalen Geltung und allgemeinen Formulierung ihrer Inhalte. Sie greifen auf ein Werk des französischen Rosenkreuzers Maurice Joly zurück, das seinerseits schon von einem J. Venedy abgeschrieben worden sein soll.[389] Es gibt einen fiktiven Dialog zwischen Macchiavelli und dem Aufklärer Montesquieu wieder und enthält Gebrauchsanweisungen für Despoten, für Theorien und Strategien, mit denen die Herrschaft der Wenigen über die Vielen erlangt und gesichert werden soll.[390]

Die Kirche, die Bolschewisten, die Nationalsozialisten und der Islam konnten sich gleichermaßen auf diese Gebrauchsanweisung beziehen, weil sie deren Geist selbst repräsentierten bzw. längst verinnerlicht hatten, so daß mit der gleichen Berechtigung angenommen werden konnte, daß die Protokolle zunächst nur den gemeinsamen Geist von Kirche und Islam zusammengefaßt und später Bolschewismus und Nationalsozialismus inspiriert hatten. Die Familienähnlichkeit dieser Systeme besteht in der Verabsolutierung der Macht, der Manipulation der Masse und ihrer latenten Terrorfähigkeit, die akut durchbricht, wenn Machtwirkung und Manipulation zur Durchsetzung jeweiliger Ansprüche nicht mehr ausreichen. Mit anderen Worten: Da die »Protokolle« die Universalität übergeordneter Macht hinreichend allgemein beschreiben, taugen sie zwar nicht zur speziellen Verdammung einzelner Gruppen wie der Juden; aufgrund ihrer Zweideutigkeit eignen sie sich jedoch bestens zur Täuschung etwaiger Machtkonkurrenten oder auch zur Ausarbeitung jeder gewünschten »Verschwörungstheorie«.[391]

Die Jesuiten, neben dem Opus Dei einer der beiden großen Orden, die mit einem »inneren Orden« kirchliche Geheimdiplomatie betrieben, und dabei in einer nach außen erkennbaren Ordenshülle operierten, drückten ganz den Geist ihrer Zeit aus:

> »Die jüdische Gefahr bedroht die ganze Welt durch verderbliche jüdische Einflüsse oder verabscheuungswürdige Einmischungen, besonders bei den christlichen Völkern, und mehr noch bei den katholischen und lateinischen, wo die Blindheit des alten Liberalismus die Juden begünstigt hat, während sie die Katholiken und die Orden verfolgte. Die Gefahr wird von Tag zu Tag größer.«[392]

Nicht zufällig orientierten sich die Nazis bei der Entwicklung ihrer SS-Strukturen am Vorbild des Jesuiten-Ordens. Hitler selbst bestätigte die machttechnische Austauschbarkeit der großen welt- und zeithistorischen Gewaltsysteme:

> »Ich habe die revolutionäre Technik bei Lenin und Trotzki und anderen Marxisten studiert. Ich habe bei der katholischen Kirche wie bei den Freimaurern Einsichten gewonnen, die ich nirgendwo anders hätte erfahren können ... Vor allem habe ich von den Jesuiten gelernt. Übrigens hat das Lenin auch, wie ich mich erinnere. Etwas Großartigeres als die hierarchische Ordnung der katholischen Kirche hat es bisher auf der Welt noch nicht gegeben. Ich habe vieles unmittelbar auf die Ordnung meiner Partei übertragen.«[393]

Von den Freimaurern war Hitler ähnlich beeindruckt; allerdings trat hier neben den Aspekt der hierarchisch geordneten Disziplin die zusätzliche Dimension der esoterischen Bewußtseinsmanipulation, die für totalitäre Systeme unverzichtbar ist:

> »Ich habe mir sehr genau Bericht erstatten lassen. Nun, was da von angeblichen Greueln zutage kam, von Skeletten und Totenköpfen, Särgen und geheimnisvollen Zeremonien, das ist alles Kinderschreck. Aber eins ist das Gefährliche, und das ist auch dasjenige, was ich von den Freimaurern übernommen habe: Sie bilden eine Art Priesteradel. Sie schließen sich durch besondere Bräuche ab. Sie haben eine Geheimnislehre entwickelt, die keine einfach formulierte Lehre ist, sondern in Symbolen und geheimnisvollen Riten stufenweise höhere Einsicht gewährt. Der hierarchische Aufbau und die Erziehung durch Symbole und Riten, das heißt ohne

> den Verstand zu behelligen, sondern durch Befruchtung der Phantasie, durch magische Einwirkung von kultischen Symbolen: das ist das Gefährliche und Große und von mir Übernommene. Sehen Sie nicht, daß unsere Partei etwas ganz Ähnliches sein muß? Ein Orden, die hierarchische Ordnung eines weltlichen Priestertums …«[394]

Die gemeinsame Zielrichtung dieser zum Selbstzweck degenerierenden Geheimbünde und Priesterkasten führt sie auf der Ebene der totalitären Machtausübung zusammen, wo sie die Herrschaft der Wenigen über die Vielen realisieren. Die nationalsozialistische Esoterik bringt diese staatszersetzende Absicht unmißverständlich zum Ausdruck:

> »Ob es sich um Gewerkschaften, um die Jesuiten, um die Freimaurer oder um die (studentischen) Corps handelt, immer gilt der Geist des Bundes als höchster Wert und nicht der Vorteil des Bürgers … Hier liegt der Segen des Streiks bei den Gewerkschaften, des Ordensgehorsams bei den Jesuiten, des Kultes bei den Freimaurern … Wer streikt, wer dem Orden gehorcht, wer durch den Ritus verpflichtet wird, setzt eben damit das Gesetz des Staates, den die Bürger errichtet haben, außer Kraft … indem er das Gesetz des Bundes einhält, dem er verpflichtet ist und höher und tiefer verpflichtet ist als dem bürgerlichen Zweckverbande.«[395]

Was sich im weiteren Verlauf unserer Untersuchungen bestätigen wird, kommt hier bereits überdeutlich zum Vorschein. In Aufgabe seines rationalen Urteils und seiner selbst wird sich der Mensch auch heute wieder Strukturen unterwerfen müssen, deren Zielrichtung sich von der oben zitierten kaum unterscheidet. Erneut scheint das Verlangen an ihn gerichtet zu werden, die wesentlichen Grundlagen seiner Existenz an die entstehenden Machtebenen in Kirche, Islam, Geheimbünde bzw. Gewaltsysteme jeglicher Art zu übergeben. Indem sich eine neue Kontrollebene von politischen Machthabern, Priesterkasten, Politbüros, Parteizentralen, Konzernführungen, Deutungseliten und sonstigem »Führerwillen« herausbildet, könnte ein globales Kartell entstehen, das eher eine private, kleptokratische und damit totalitäre Machtqualität als die Interessen des »bürgerlichen Zweckverbands« verfolgt.

Ideen der Demokratie und alle Formen solidarischen Gemeinwohls müßten von diesem Kartell systematisch und zwanghaft zerstört werden, weil sie seine Grundlage, die reine, totale Macht, in Frage stellen. Die Wahrung gemeinschaftlicher Interessen beruht auf einer systematischen Aktivierung des Sittengesetzes, des humanistischen Prinzips, das hinwiederum die Freiheit des Verstandes, des individuellen Urteils und des von Fremdinteressen unbedrängten Gewissens voraussetzt. Kirche, Islam und Politsysteme vergleichbarer Totalität lassen das humanistische Prinzip gleichermaßen nicht zu. Ihnen hat sich spätestens seit Ende des 2. Weltkriegs eine vierte Kraft hinzugesellt, die seit langem aktiv war, nun aber eine institutionelle Form erhalten sollte: die totalitäre Vision des liberalistischen Kapitals, die sich gegen Ende des Jahrtausends unter dem Begriff der »Neuen Weltordnung« herausbildete.

Die »Neue Weltordnung« erhält ihre entscheidenden Denkanstöße und Personalausstattungen im wesentlichen von drei zentralen Gremien:

1. Der »Council of Foreign Relations«, gegründet u. a. vom Öl- und Bank-Trust Rockefeller sowie Automobilhersteller und Judenfeind H. Ford;
2. Die »Trilaterale Kommission«, Denkfabrik des Council, gegründet in den 70er Jahren unter der Ägide des Präsidentenberaters Brzezinski;
3. Die »Bilderberger«, eine handverlesene, globale Führungselite.[396]

Gemeinsam bilden die drei Gremien, die unter der Konsortialführung der USA stehen, einen interaktiven Verbund aus Wirtschaft, Politik, Kirchen und Wissenschaft, der die globalen Megatrends in diesen Bereichen vorgibt, ausarbeitet, installiert, steuert, kontrolliert und korrigiert. Trends in Wirtschaft, Politik und Kultur sollen auf eine Weise zusammengeführt werden, die möglichst große Bevölkerungsgruppen zu optimierten Einheiten verbindet. Die Realisierung erfolgt durch eine Kombination geeigneter Persönlichkeiten, die aus den Gremien zu gegebener Zeit zum Einsatz kommen bzw. ihnen aus leitenden Funktionen zuarbeiten. Hier geht es einmal mehr nicht um »Verschwörung«, sondern um das Management realer Macht, das sogar auch im kommerziellen Sektor quasi-religiöse, mystische Ersatzfunktionen übernehmen kann.[397]

Es entsteht auf diese Weise die neue »Priesterkaste« einer sich globalisierenden Gesellschaft, die im Sinne des hier erläuterten, global übergreifenden Machtkartells zu sehen ist. Ihr Credo – ebenso wie das seiner historischen Vorgänger – weist Parallelen zu den Protokollen auf. Der trilaterale Brzezinski gab den künftigen Handlungsrahmen unverblümt vor: Ungehindert von traditionellen Werten wird die Gesellschaft von einer Elite beherrscht werden, die nicht zögern darf, ihre politischen Ziele unter Einsatz der allermodernsten Techniken zu verwirklichen, mit denen sich das Volksverhalten beeinflussen und überwachen läßt.

Der institutionelle Rahmen für die globale Durchsetzung liegt mit UNO, NATO, Weltbank, Weltwährungsfonds, WTO, GATT u. a.m. bereits seit langem vor. Dieser Rahmen erzwingt die »Globalisierung«, d. h. ein Weltsystem finanzieller und politischer Kontrolle auf der Basis einer privaten Feudalelite. Deren überlegener Intellekt führt die Masse, denn »die blinde Kraft des Volkes muß wirtschaftlich genutzt und kontrolliert werden«.[398] Brzezinski teilt die Geschichte in vier Phasen:

1. Die primitive Phase der Religion;
2. Die aufgeklärte Phase des Nationalismus;
3. Die Reifephase des Marxismus, Sieg des Denkens über den Glauben;
4. Die universale Menschheitsphase unter der »Neuen Weltordnung«.[399]

Abgesehen davon, daß innerhalb dieses Ordnungsgeschehens auch eine Neuordnung des Nahen Ostens im Sinne amerikanischer Politik einhergehen muß,[400] sind sich der

Pole Brzezinski und der Pole Wojtyla im Diktat des elitären Intellekts über den dumpfen Willen der Masse einig. Letzterer hatte etwa zeitgleich mit der Schaffung der Trilateralen Kommission zunächst den Primat des Trinitarischen Gottes abgeschafft und durch den Intellekt des elitären Menschen ersetzt sowie dann in einer über zwei Jahrzehnte währenden, intensiven Anstrengung die Vermassung und Islamisierung der Kirche vorangetrieben (s. u. S. 318f.).

Dabei sollte sich allerdings zeigen, daß bei allem Intellekt auch Kartell-Piloten wie der Papst zuweilen in weniger souveränes Fahrwasser, in die Untiefen des überwunden geglaubten Nationalismus, wenn nicht sogar Chauvinismus, geraten. Bei seinem ersten Besuch als Papst in Polen im Juni 1979 kam die geliebte Nation zu ihrem Recht, als Wojtyla inmitten seiner Landsleute mit vollen Lungen in jenes Pogromlied (Rota) einstimmte, in dem das Mittelalter wieder aufstehen durfte (s. o. S. 111f.) – allerdings in einer Form, in der sich eher der *djihad* als der europäische, geschweige denn christliche Sittenkodex abbildete:

> »Brüder, Sensen in die Hände! Auf zum Kampfe laßt uns eilen! Polens Knechtschaft hat ein Ende. Länger wollen wir nicht weilen. Sammelt Scharen um euch alle. Unser Feind, der Deutsche, falle! Plündert, raubet, senget, brennet! Laßt die Feinde qualvoll sterben! Wer die deutschen Hunde hänget, wird sich Gottes Lohn erwerben … Jede Sünd' wird euch vergeben, selbst der wohlbedachte Mord, dem der Polen freies Leben unterstützt von Ort zu Ort! Aber Fluch dem Bösewicht, der vor uns von Deutschland spricht. Polen soll und muß besteh'n! Papst und Gott versprich es mir. Rußland, Preußen muß vergeh'n. Heil dem polnischen Panier! …«[401]

b) Kirche und masonische Mafia

Auch die katholische Kirche blieb nicht verschont von der »liberalen Erosion«, jener Tendenz zur Auflösung von Ethik und Tradition, die alle Institutionen Europas erfaßte und sich in der Globalisierung enorm verstärkte. Im Zweiten Vatikanischen Konzil von 1962-65, das immerhin eine Fälschung benötigte, um zustande kommen zu können (s. o. S. 112), hatte man sich eine erneuerte, auf den Weltprozeß und den Islam zugeschnittene Verfassung gegeben. Hier verließ man sich ab 1965 nicht mehr auf den eigenen, trinitarischen Gottesbegriff, sondern setzte mit der Anweisung an alle Gläubigen, »mit den Muslimen den einen Gott anzubeten«, eine Bewegung der Verähnlichung mit dem Islam in Gang. Diese Anweisung erhielt dogmatischen Charakter, indem sie mit dem ebenso strikten Gebot verknüpft wurde, »nicht mehr hinter das Konzil zurückzufallen«, also sich nicht mehr auf rein christliche Glaubenswerte zu berufen. Tatsächlich hat sich dann als Folge dieses Dogmas die stereotype, islamähnliche Glaubensform des »Islamdialogs« entwickelt, die authentisches Christentum ablehnt, ständig nach »Gemeinsamkeiten mit dem Islam« sucht und zu einer Religionsmischung vordringt, die den Namen *Chrislam* verdient.

Eine zweite Ähnlichkeit mit islamischer Machtdialektik hatte die Kirche schon über die Jahrhunderte währende Inquisition in der zynischen Instrumentalisierung von Gewalt unter Beweis gestellt. Aber auch in der Moderne setzte sie diese Tradition fort, indem die Konzilspäpste die Kooperation mit dem Kommunismus forderten und damit eine ebenso weitgehende Flexibilität in der Auswahl ihrer Aktionsfelder unter Beweis stellten. Johannes XXIII. untersagte – trotz zahlreicher, im Ostblock inhaftierter Priester – jede Kritik an der Sowjetunion und sanktionierte somit die vorherige Handlungsweise Pauls VI., seines Nachfolgers. Dieser hatte als Substitut Montini bei Pius XII. und Kollaborateur der CIA eine Liste von etwa 1500 geheim geweihten Priestern an den KGB übermittelt und damit deren Leben verwirkt. Ihre sofortige Hinrichtung bzw. langsamere Vernichtung durch Folter und Tod im Gulag besserte Montinis Ehrbilanz in der kurialen Machtdialektik offenbar so stark auf, daß er nach Beförderung zum Bischof von Mailand und dem Tod Johannes XXIII. 1964 zum Papst gewählt werden konnte.[402]

Die dritte »Familienähnlichkeit« der neuen Kirche mit ihrem islamischen Heilsobjekt bestand in ihrem Eifer zur Bildung freimaurerischer Geheimgesellschaften, die in Umfang und Erfolg denen des Islam keineswegs nachstanden. Schon während des Konzils soll ein Drittel der »Konzilsväter« Freimaurer gewesen sein,[403] ohne die der Umschwung von Tradition zu Moderne wohl auch kaum möglich gewesen wäre. Nicht zuletzt hatten die Päpste selbst die Masonisierung der Kirche vorangetrieben. Johannes XXIII. hatte Priesterschaft und Loge als miteinander vereinbar erklärt, Paul VI. war schon von Studienzeiten an Mitglied der Loge [404] und Johannes Paul II. wurde von den Mafia-Freimaurern in Palermo als ihr »Bruder« (*fratello*) begrüßt.[405]

Die Mafiakontakte des Papstes wurzeln in einer langen Tradition wirtschaftskrimineller Verquickung des Vatikans mit dem organisierten Verbrechen und den Geheimdiensten, von der noch zu sprechen sein wird. Diese Tradition reicht weit in die Geschichte zurück und beruht auf der elitären Machtbasis, auf der sich Klerus, Adel, Handel und Islam schon im Mittelalter kooperativ begegneten (s. o. S. 132).

Im 1978 gewählten Papst vereinigt sich diese Tradition auf exemplarische Weise. Er verdankte seine Wahl zum Papst dem amerikanischen Geheimdienst CIA, der sie ab 1976 vorbereitete und zusammen mit den deutschen Bischöfen inszenierte.[406] Als Gegenleistung propagierte der neue Pontifex nicht nur eine extrem islamfreundliche Glaubenslinie, sondern investierte das gesamte Gewicht der Kirche in die Destabilisierung Polens. Hierzu aktivierte er die Finanzierung der polnischen »Solidarität« über die gewachsenen Verbindungen zur masonischen Mafia. Letztere hätten zwar auch von der CIA direkt genutzt werden können, zumal sie mit der P2 teilweise ihre eigene Schöpfung waren (s. u. S. 255), doch hätte dies ohne die unverzichtbare Glaubensmanipulation der Masse geschehen müssen, die nur dem Spitzenklerus möglich ist.

Das Engagement des Vatikans für und gegen den Kommunismus hat sein Pendant in seinem Engagement für und gegen den Faschismus bzw. Nationalsozialismus. Er beteiligte sich an Schleuserorganisationen für den Transfer prominenter Nazis nach Südamerika, den sogenannten »Ratlines«, sowie an der Umwandlung von SS-Verbänden in diversen Ostblockstaaten zu Untergrundkämpfern gegen die lokalen Regimes. Nicht zuletzt hatte die Kirche Mussolini einen kräftigen Beitrag zu ihrem ohnehin phantastischen Vermögen zu verdanken, das über die Jahrhunderte angehäuft worden war. Neben einer Sonderzahlung von einer halben Milliarde US-Dollar räumte der »Duce« 1929 der Kirche eine Reihe wichtiger, geldwerter Vorteile wie staatliche Souveränität sowie die Befreiung von Steuern und Zöllen ein, die der Vatikan in der Folge zur Vermehrung des Vermögens und zur Vernetzung mit dem organisiertem Verbrechen nutzen konnte.[407]

Die ambivalente Haltung zu Kommunismus und Nationalsozialismus wirkt nur vordergründig widersprüchlich. Ihr liegt die seit eineinhalb Jahrtausenden gehandhabte Praxis der Glaubensspaltung zugrunde. Spätesten seit Augustinus, dem großen Kirchentheoretiker der Spätantike, gilt die Priesterkaste als sakrosankt und auch bei krassem Fehlverhalten jeglicher Kritik enthoben, wie sich im Terror der Inquisition eindrucksvoll bestätigte. Dieses ungewöhnliche Privileg gilt besonders für die Auslegung und Gestaltung des Glaubens, die über ein als unfehlbar geltendes Papsttum und eine Priesterhierarchie abgesichert werden, welche ihrerseits in absolutem Gehorsam auf den Papst zugeordnet ist. In der Praxis bedeutete dies die Usurpation der spirituellen Lehramtsvollmacht und ihre Umwandlung in eine profanisierte Machtbasis, die wir »Heilsmonopol« nennen. Wie die Geschichte dokumentiert, war dieses Heilsmonopol geeignet, die ethische Eigenwirkung des Kirchengründers graduell zu überwuchern und phasenweise zu einer profanen, völlig unethischen Glaubensdiktatur zu degenerieren.

Die ethische Eigenwirkung im Sittengesetz wurde in ein »Sündengesetz« umgewandelt, dessen fatale Folgen nur durch einen festen Glauben an die Amtsträger zu beheben waren. Der entscheidende Mechanismus in dieser Dialektik schaltet das durch Christus befreite Gewissen wieder aus und reduziert es auf einen dem Amt verpflichteten Gehorsam, der alles als Christentum wahrnimmt und zur Grundlage seines »Glaubens« macht, was ihm die Amtsinhaber »vermitteln«. Als Ergebnis dieses »Amtsterrors« [408] entsteht sowohl ein militärisch organisierter Klerus, als auch eine Glaubensgemeinschaft von hoher, kritikloser Loyalität. In einer tiefgreifenden, pathologischen Infantilisierung läßt sich die Mehrheit in eine umfassende Entmündigung führen, die von der »heiligen Vaterschaft« des Papsttums ausgeht und sich über die Stufen der klerikalen Gehorsamshierarchie bis in die Pfarreien fortsetzt – nach E. Drewermann »eine verzweifelte Reduktion der Wahrheitsfrage auf die Dezision der Macht«.[409]

Der Machtklerus hatte mit der Inquisition nicht nur die größte Gewaltmaschine des Mittelalters und Kopievorlage für die Terrorsysteme Europas, sondern mit dem Ablaßhandel auch eine der größten Geldmaschinen der Weltgeschichte geschaffen. Gewalt und Geld waren und sind die Säulen der vom Klerus usurpierten Macht, die sich jedoch weniger nach außen zur Bekämpfung etwaigen »Unglaubens«, sondern mehrheitlich nach innen richtet, um eine Dominanz der christlichen Eigenwirkung und eine damit verbundene Gefährdung der unchristlich besetzten Machtbasis zu verhindern. Die Macht der Kirche ist traditionell die Macht eines Klerus, der sich über die Vollmacht des Stifters hinwegsetzt und eine religiöse Legitimation profan mißbraucht. Dieser Mißbrauch wurde historisch institutionalisiert und hat ganz wesentlich zur Diffamierung des Christentums beigetragen, in der bezüglich Inquisition und Kreuzzügen dem

Christentum endlos vorgeworfen wird, was ein glaubensferner Machtklerus zu verantworten hat.

Auf einer solchen Basis konnte im Grunde jeder Inhalt als Christentum propagiert werden, der die Position des Vatikans in den historisch wechselnden Herrschaftskonstellationen aus Kirche, Politik und Handel förderte. Die Machtverfestigung der »Reformpäpste« und ihr enormes Willkürpotential bis hin zur Tötung alles Abweichenden dokumentierte die konkrete Terrorfähigkeit dieser Organisationsform. In der Gegenwart wiederholt sich dieses Potential in einer geistigen Gewaltform, die einen veränderten, dem Islam angeglichenen, »neuen Gott« und zugleich die Abwendung von der Tradition, also vom »alten Gott«, diktiert. Wie geschildert, hatten in dieser Organisation gerade diejenigen Glaubensformen, die wie die großen Orden in ihren Frühphasen dem Geist des Christentums sehr nahekamen, keine langfristige Überlebenschance, sondern wurden sehr bald vom Papsttum vereinnahmt und zu Zwecken der profanen Machtpraxis umgeformt.

Daß sich der Impuls des christlichen Ereignisses dennoch deutlich verwirklicht und in der europäischen Kultur verankert hat, ist wesentlich den zahllosen Prälaten und Laien zu verdanken, die das trinitarische Prinzip, die Emanzipation des Menschen vor Gott im Glauben, gedacht und gelebt haben. Sie begründeten und begründen weiterhin die fundamentale Spaltung zwischen einer Kirche, die ihrem Stifter folgt und einem tragisch verfremdeten Klerus, dessen Machtzwang den Geist Christi als existentielle Bedrohung verdrängen und bekämpfen muß.

Hier schließt sich der Kreis zwischen dem Machtzwang des Klerus und der Machtpraxis des Islam, deren Zwecke die Mittel heiligen. Solange das neue Glaubensdiktat vom gemeinsamen Gott gilt, kann sich die Konvergenz der beiden Glaubensformen fortsetzen, wobei es sich allerdings um eine Einbahnstraße handelt. Die Konvergenz vollzieht sich unter massiven Veränderungen der Kirche bei gleichbleibendem Islam. Es sind Kirchen, in denen Korane ausgelegt werden, und nicht Moscheen, in denen Bibeln liegen. Es sind Christen, die den Bau von Moscheen in Europa fördern, und nicht Muslime, die den Kirchenbau im Orient unterstützen. Es sind »Christen«, die in europäischen Moscheen »beten« und Muslime, die in ihren Ländern Christen töten.

Die Machtebene des Klerus ist außerhalb eines Glaubens angesiedelt, der zur Manipulation der Masse umgestaltet wird. Seine Aufgabe besteht in der ideologischen Fusion mit der Machtpraxis des Islam. So erweist der Papst dort, wo die Christentötungen besonders grassieren, seine besondere Referenz. Er verehrt und umarmt die Protagonisten des Massenmords, Khomeini und Turabi,[410] er beschwört christliche Heilige zum Schutz des Islam,[411] er stimmt der vom Koran propagierten Prophetenfunktion Jesu zu,[412] er verweigert die Frauenpriesterschaft zum Schutz der islamischen Frauenunterdrückung,[413] er fordert generellen »Respekt« für den »authentischen« Islam und kann letztlich überhaupt keinen Unterschied zwischen Christen und Mohammedanern erkennen.[414]

Diese massive Interessenwahrung für den Islam verbindet sich mit der Nähe zur masonischen Mafia, die der Vatikan im allgemeinen und der Papst im besonderen pflegen, zu einer wichtigen Rolle in der globalen Oligarchie. Auf einer reinem Macht- und Profitinteresse verpflichteten Ebene nehmen polit-kommerzielle Lenkungsgremien spirituelle Züge an. So weist der Papst der UNO die Fähigkeit zu höchstentwickeltem Gewissen und den Rotariern die Funktion als Boten des Evangeliums zu und hebt Trilaterale Kommission und wirtschaftliche Globalisierung auf Niveaus absoluter Wertprioritäten, innerhalb deren der Profit zur Basis der Menschenwürde und des Seins an sich wird.[415]

Hier zeichnen sich masonisch geprägte Konturen einer Herrschaftsclique aus Kirche, Politik und Kommerz ab, die durch ihre Nähe zur organisierten Kriminalität eine eindeutig personale Tendenz aufweist. Mit anderen Worten: Der geschichtliche Weltprozeß folgt einer Logik, welche auf Kosten des Gemeinwohls dünne Eliten in den betroffenen Bereichen begünstigt und ihre Machtbasis – als systemimmanente Konsequenz – fortlaufend stärkt. Da diese Oligarchie außerhalb des Gesetzes und jeder Norm steht, die für die Masse gilt, eignet sie sich außerhalb stehende Strukturen an, die – wie Korruption und Terror – zu selbsterzeugten Normen werden.

Diese Logik der exklusiven Gesetzlosigkeit ist von entscheidender Bedeutung für das Verständnis der Hebelwirkung, die sich aus dem vom Kartell einer zunehmend entmachteten Masse aufgezwungenen Verzicht auf ihre individuellen Rechte ergibt. Der Klerus zwang den Christen ihr sündenbesetztes Heilsmonopol auf – eine Umkehrung der Erlösung, die ihnen die Emanzipation von menschlicher Macht im Glauben an den dreieinigen Gott gesichert hatte. In der Moderne setzte sich mit dem konziliaren Gott, der gemeinsam mit dem Islam anzubeten war, dieses Glaubensdiktat rigoros fort, das erneut das trinitarische Prinzip fernhielt, weil es systemisch die eigene Machtbasis bedrohte und zudem die Kollaboration mit dem Islam behinderte.

Aus ähnlichen Gründen schloß sich die westliche Politik an, welche die Masse graduell aus ihren demokratischen Mitspracherechten über Zuwanderung und Islamansiedlung herausdrängte und zudem begann, Verfassung und Grundrechte in islamischem Sinne auszulegen.[416] In der Wirtschaft setzten sich im Rahmen weltweiter Rationalisierung und damit sich globalisierender Arbeit und Produktivität zunehmend stringente Verfahrensweisen durch, welche die Arbeitnehmer ebenfalls aus ihren Mitspracherechten über Verteilung von Arbeit und Unternehmensgewinn verdrängten. Zu ihren Lasten gingen die Basisfolgen der Globalisierung, sinkende verfügbare Einkommen und steigende Steuerbelastungen, die vermehrt auch im Rahmen der Zuwanderung verursacht werden.

Dabei liegt den modernen Verzichtsbereichen in Glaube, Demokratie und Wohlstand eine gemeinsame Forderung an die Masse zugrunde: *Toleranz*. Sie bildet den zentralen Tugendfokus der gesellschaftlichen Orientierung, der inzwischen die Rolle eines identitätsstiftenden Fetischs übernommen hat. Wer nicht »tolerant« ist, kann kaum ein vollwertiges Mitglied der modernen, besser postmodernen Gesellschaft sein. Wer nicht bereit oder in der Lage ist, auf seine unveräußerlichen Rechte zu verzichten, offenbart ein fundamentales Defizit und bekommt den Beißreflex der Tugendwächter zu spüren. Diese Wächter bilden den Kern des »interkulturellen Dialogs«, der die unveräußerlichen

Rechte aller ethnischen und religiösen Minderheiten vertritt, und bezüglich des Islam sogar begonnen hat, sich als dessen Interessenvertretung mit deutlich schariatistischem Einschlag zu betätigen.

Im Klerus stehen wir einem bemerkenswerten Phänomen gegenüber, das es seinerseits schon vor langer Zeit verstanden hat, hinter der Camouflage der authentischen Botschaft Jesu Christi die vollständige Umkehrung dieser Botschaft zur authentischen Grundlage seines Machtanspruchs zu machen. So konnte dem »Gottesvolk«, einer Glaubensgemeinschaft universalen Zuschnitts, die Notwendigkeit suggeriert werden, diesem antichristlichen, amtszentrierten Gegenbild unter der Bezeichnung »Christentum« uneingeschränkten Gehorsam zollen zu müssen. Dabei läßt sich in Geschichte wie Moderne die unterschiedslose Bereitschaft feststellen, im Papsttum den unfehlbaren Garanten für die Authentizität des jeweils verkündeten »Glaubens« zu erkennen.

Das Amtsdiktat des glaubensfernen Klerus und das Machtdiktat des Islam stehen in enger Verwandtschaft, weil sie nicht an ethische Prinzipien gebunden sind. Beide können in voller Rechtfertigung Gott bzw. Allah jeweils dort sehen, wo ihre Macht gesichert und gefördert wird. So gegensätzlich ihre Lehren waren und sind, so ähnlich zeigte sich das Verhalten der »Eliten«. In beiden Weltdeutungen überließ man die Interpretation und Befolgung ihrer Religionen der Masse und setzte sich stets über alle Gegensätze hinweg, um sich im Interesse des Machterhalts zu einigen.

So wie der Vatikan problemlos mit Kommunisten und Nationalsozialisten kollaborierte, so harmonisch bauten die islamischen Machthaber diese Ideologien in ihre jeweilige Propaganda ein, solange sie dem Erhalt der Herrschaft und der Täuschung des westlichen Systemfeinds dienlich sein konnte. So wie im Islam das Allahgesetz die Gewaltherrschaft einschließt, so bildet ein mißbrauchtes Papsttum das Maß aller Glaubensdinge. So wie im Islam alle Vernunft in der gewaltsam abgesicherten Machtausübung endet, so endet sie im Christentum am päpstlich zentrierten Gehorsamszwang. Beide, Allahgesetz und fehlinterpretiertes Lehramt, sichern elitäre Macht über entmündigte Massen und finden hier ihre historische und aktuelle Gemeinsamkeit.

Der Prozeß der zunehmenden Stärke und der Annäherung an die Sollbruchstelle der *hidjra* ist ein innerislamischer, eigendynamischer Vorgang, der sich in ständigem Abgleich mit der Umgebung abspult. Stark ausgeprägter Unglaube wird eine solche Entwicklung eher hemmen als die synkretistische Mischlage in Europa, die eine formidable Islamlobby mit proislamischen Mechanismen auf allen gesellschaftlichen Ebenen hervorgebracht hat. Wer eine knapp 2000jährige Gottesidee und die daraus mühsam entwickelte Vorstellung der Menschenrechte auf den Müll der (Heils-)Geschichte wirft, ist weit offen für die Vereinnahmung durch manipulative Konzepte, welche geeignet sind, die »Tradition« europäischer Gewaltsysteme fortzusetzen.

Mit einer weltweit auf diese Mechanismen getrimmten Organisation konnte die Kirche problemlos zum Erfüllungsgehilfen der globalen Profitpropaganda der Konzerne wie auch der lokalen Islampropaganda des kleptokratischen Machtkartells werden, dem sie selbst angehört. Ihre pseudochristlichen Begleitformeln, die vom Papst in werbewirksamen Massenmessen vermarktet werden, können dort ihren spirituellen Effekt erzielen, wo die Ausbeutung der Arbeitskräfte und widerspenstige Regierungen auf produktivitätskonforme Linie zu bringen sind. Befreiungstheologische Bewegungen, welche die neoliberalistische Auspressung der Wirtschaftspotentiale behindern und totalitäre Regime gefährden, werden ebenso kirchenintern diszipliniert. Diözesen erfolgreicher Bischöfe wie Sao Paulo wurden nachhaltig zerschlagen, um die Attraktivität unklerotischen Christentums für die Masse zu zerstreuen, während Wojtylas Mafiabank Kredite an die Terror-Regime Libyens und Südafrikas zur Zeit der Apartheid vergab.[417]

So erwies sich Karol Wojtyla, päpstlicher Virtuose des kollektiven Bewußtseinszwangs, als besonders wertvolles Zugpferd für die Interessen der globalen Oligarchie. Wir haben gesehen, daß seine Energien in noch ganz andere Bereiche vorstießen, die allerdings jeder Wertung entzogen sind, weil das Machtkartell ersichtlich über jedem Gesetz steht. Mit seinen gezielten Sentenzen für die Entkräftung des trinitarischen Glaubens und die nahezu sakrale Rolle des globalen Profits hatte Wojtyla wichtige Schritte unternommen, die Kirche mit der Zivilreligion seiner masonischen Brüder zu verähnlichen. Dabei offenbarten Kontakte zu sizilianischen Masonisten und ihre Formen internationaler Kriminalität einmal mehr den Charakter des Vatikans als absolutistische Organisation.

Als ein Machtfaktor, der historisch außerhalb des Christentums und des Rechts gewachsen ist, trat und tritt der Vatikan nicht nur als weltweit operierender Unternehmer und Investor auf, sondern vor allem auch als erfahrener Manipulator, der einen ganz erheblichen Einfluß auf das Bewußtsein von über einer Milliarde Menschen ausübt. Deren Glaubensloyalität konnte – wie die aktuelle Dialogentwicklung zeigt – sehr leicht in den Dienst einer gezielten, globalpolitischen Steuerung gestellt werden, die keineswegs nur platt antichristlich agierte, sondern auch einen geschmeidigen »Dialog mit den Freimaurern« pflegte, um die Anpassung der Kirche symbolgerecht durchführen zu können.[418]

In der Linie des Wiener Kardinals König, der diesen Dialog konkret verfolgte, steht sein indirekter Nachfolger Schönborn, der über seinen Vater in Verbindung zum Masonismus geriet. In einer auffallenden Affinität zum iranischen Staatspräsidenten und schiitischen Esoteriker Khatami treten – der Spitze des Eisbergs nicht unähnlich – Zeichen tiefgreifender Gemeinsamkeiten zutage.[419] Seit langer Zeit gepflegte, historisch gewachsene Traditionen und Profitinteressen befreien die Eliten von vordergründigen Bindungen wie Demokratie, Religion, Kultur etc. und können in gnostischer Ausformung zu besonders ausgeprägten Kooperationsformen führen, auf die wir noch spezifisch zu sprechen kommen (s. u. S. 323). Diese Priorität spielte Schönborn z. B. gegenüber seinem Vorgänger aus, den er mit den Plazets des Papstes und des Präfekten aus dem Amt drängte, weil dieser es gewagt hatte, die im EU-Prozeß wirksamen, undemokratischen – und unchristlichen – Kräfte skeptisch zu bewerten.

Die Annäherung des Klerus an kirchenferne, noch dazu gewaltgeleitete Führungsstrukturen vollzieht sich also nach einer permanent wirksamen Logik, die der jeweils dominanten Machttendenz folgt. Ein Heilsmonopol, das sein Mandat nicht spirituell, sondern politisch ausübt, lebt von der Beteiligung an sich aktuell durchsetzenden Machtkonzentrationen. Es vollführt eine Art permanenten Gaukelspiels, in dem der Masse sich jeweils verändernde Glaubensmixturen verabfolgt werden – Christentum mit Sozialismus, Christentum mir Nationalsozialismus, Christentum mit Islam etc. Die Nähe zum islamischen Machtspiel – Sozialismus mit Islam, Nationalismus mit Islam, Vatikan mit Islam – ist unverkennbar.

Die Entwicklung von Wirtschaft und Wissenschaft brachte in der Nachkriegszeit enorme technologische und gesellschaftliche Veränderungen hervor, die eine neue, normsetzende Führungsrolle übernahmen und die Kirche in eine weitere Anpassungsrolle drängten. Zunehmend schoben sich zentrale Fragen der Arbeit und die Folgen ihrer Rationalisierung und Globalisierung sowie ihre wichtigste Konsequenz, die globale Migration, in den Vordergrund. Das antichristliche Prinzip des Islam, das in dieser Migration mit nahezu 50% vertreten ist, importierte ein historisch verankertes Aggressionspotential, das man durch geeignet erscheinende Maßnahmen aufzufangen hoffte.

Insbesondere entwickelte man den mehrfach angesprochenen »Dialog«, der allerdings nicht an den Strukturen des Islam selbst ansetzte, sondern in der geschilderten Form wichtige Aspekte der eigenen Grundlagen auflöste, um den zuwandernden Muslimen Veränderungen ihrer Glaubensstruktur und damit Verzichtsleistungen zur Anpassung an westliche Strukturen zu ersparen. Aus dieser Polung ergab sich im Verlauf eine konsequente Verstärkung islamischer Zuwanderung und Islamisierung der gesamten, interkulturellen Diskussion. Hier begannen sich allmählich auch die Abhängigkeit des Westens von islamischem Rohöl, die geopolitische Führerschaft der USA und ihre Verknüpfungen mit dem Golfislam abzubilden, die wiederum arabisch geführte Islamvertretungen in Europa, insbesondere die von der *rabita* geführte Muslimbruderschaft, begünstigten. So konnte nicht verwundern, daß der »Dialog« zu einer deutlich islamistisch orientierten »Islamlobby« wurde, die zum einen das pseudoreligiöse »Gespräch« mit einem Islam führte, der dazu keine Beiträge leisten konnte und wollte, und zum anderen das Forum für Unternehmen bildete, die ihr kommerzielles Engagement in der Region durch Veranstaltungen im »Dialog« werbewirksam unterstützen.

Die historisch gewachsenen Verbindungen der amerikanischen Geopolitik und Nachrichtendienste mit Kirche und Papsttum fanden ihren vorläufigen Höhepunkt in der Vorbereitung des Pontifikats für Karol Wojtyla, das ohne die massive Intervention der CIA kaum zustande gekommen wäre (s. o. S. 237). Wojtyla zahlte diese Vorleistung nicht nur loyal zurück, sondern ging zuweilen über das unmittelbar verständliche Maß hinaus. Kein Papst, kein Kardinal, kein Politiker ist so umfassend für die Interessen des Islam, des Wirtschaftsliberalismus, der Mafia und der Freimaurerei eingetreten, wie Papst Johannes Paul II., der esoterisch geschulte Karol Wojtyla:

> »Das Pontifikat Johannes Paul II. hat sich als Glücksfall für Geldjongleure und Krämerseelen, für Kriecher und Lumpen, für internationale Finanzgangster wie Calvi, Gelli und Sindona erwiesen ...«[420]

c) Islamisierung der Politik

Wie alle Kartellfigurationen im historischen Verlauf, so benötigte auch ihre moderne Variante eine Legitimation, die eine übergreifende, für alle Beteiligten gleichermaßen vorteilhafte Machtbasis sicherte. Nachdem Klerus und Adel die Massen jahrhundertelang mit der Behauptung beherrscht und unterdrückt hatten, hierzu von Christus legitimiert gewesen zu sein, machten ihnen die Aufklärer diese Lizenz mit der Behauptung streitig, dieselbe durch fundamentale Intoleranz und Machtanmaßung gegenüber den Menschen mißbraucht zu haben.

Die neue Lizenz setzte sich aus Toleranz für alle Minderheiten und Freiheit von allen Traditionen und Autoritäten, vor allem von der Religion, zusammen und erwies sich als ideales Passepartout zur Aushöhlung aller Ansprüche auf Wahrung kollektiver Interessen und damit des gesellschaftlichen Zusammenhalts überhaupt. Unter dem Druck universaler »Liberalität«, die sich durch die aufkommende Dynamik der Wissenschafts-, Wirtschafts- und Arbeitsentwicklung ständig verstärkte und verselbständigte, entstand die postmoderne »liberale Erosion«, die auf Dauer keinerlei gewachsene Wahrheit, Erkenntnis oder Tradition duldete. Unter der Ägide einer im Grunde gleichbleibenden Machtelite wurden lediglich die Karten der universalen Machtverteilung neu gemischt. Gerade auch nach den Erfahrungen der Kolonisierung und der zwei Weltkriege war die Gelegenheit günstig, neue Qualitäten der gesellschaftlichen Vereinheitlichung und Identitätsdemontage zu entwickeln.

Die erwähnte Fusion des christlichen mit dem muslimischen Gott leitete die theologische und kultische Konvergenz mit dem statischen Islam ein. Der daraus resultierende »Dialog« setzte die Kirche einem Prozeß umfassender Annäherung an und Verähnlichung mit dem Islam aus, der – seinerseits konstant bleibend – durch konstant steigende Forderungen an die Toleranz der »Christen« diese in eine Spirale zwanghafter Entgrenzung trieb. Das hier entstehende Bewußtsein fand es ganz natürlich, »erst Muslim zu sein, um Christ sein zu können«,[421] deklarierte folgerichtig die ehedem christliche Wahrheit als »unbrauchbar« [422] und begab sich schließlich in eine »psychische Regression«, in der sich die religiöse »Identität« fortan multipel aufspaltete.[422a] Eine solche Verfaßtheit konnte sich in der Folge problemlos den absurdesten Forderungen unterwerfen, wie z. B. der Idee des deutschen Bundespräsidenten aus dem Jahr 2001, den »Moscheenbau zur Grundpflicht aller Deutschen« zu machen.

Im politischen Bereich mündete diese Entwicklung in unzählige Beweise der »Toleranz« gegenüber den muslimischen Forderungen nach raschen Baugenehmigungen für Moscheen und »Kulturzentren«, Zulassung des Kopftuchs, Befreiung von unislamischen Gewohnheiten im Schulbetrieb, ideologisch orientiertem Islamunterricht, »islambedingt« abgeurteilten Straftätern, Konservierung der Frauenunterdrückung etc. In diesen neuen Hauptstrom einer islamischen Interessenvertretung schwenkten ebenso auch die Universitäten und einschlägigen Fachschaften mit fundamentalen Konzessionen an die wissenschaftliche Objektivität und rationale Vernunft ein, die den Islam von jedem Aspekt theologisch begründeter und historisch praktizierter Gewalt befreiten und zu einem Modell ausgreifender Toleranz und universalen Friedens umwandelten.

Das gemeinsame Kennzeichen dieser umfassenden Islamtendenz ist die Ausschaltung des legitimen Interesses der lokalen Bevölkerung. Wer die Logik des »Dialogs« anzweifelt, wer also die Rechte der christlichen und politischen Menschen einfordert, macht sich nach herrschender Dialog-Regelung des »christlichen« und »säkularen Fundamentalismus« schuldig.

Wer die Anwendung der geltenden Rechtsordnung und Grundrechte anmahnt, wird im wahrsten Wortsinne zum »Rechts-Radikalen«, zum Verteidiger des etablierten Rechts, eine Wortschöpfung, welche die Islamlobbyisten ihren Kritikern – unfreiwillig korrekt – immer wieder entgegenhalten.

Im Westen wird die Masse durch eine fortgesetzte Einschränkung ihrer Rechte, die man Toleranz nennt, in Schach gehalten; im Islam konnte man – mit Ausnahme einiger Intellektueller, die im Gefängnis oder vorzeitigen Grab landeten – noch kein Alternativdenken entwickeln. Die Vernichtung des individuellen Geistes zugunsten des darwinistischen Allahgesetzes und der endlosen Ehrdialektik der Machtkonkurrenz konserviert ein im Grunde immer wieder aggressionsbereites Kollektiv.

Während die westlichen Kräfte unter dem Diktat der Wirtschaft sich zum »Dialog mit dem Islam« zusammenschließen, sich dabei islamisieren und die Trennung von Kirche und Staat graduell aufheben, konnte die Trennung von Moschee und Staat zu keiner Zeit zustande kommen. Im Ergebnis vollzieht sich eine tendenzielle Vermischung beider, die unter islamischem Vorzeichen verläuft, weil der islamische Pol konstant bleibt, während der westliche schwindet. Was sich in westlichen Augen als die Verwirklichung einer überhöhten Toleranzfiktion darstellt, ist in islamischen Augen nichts anderes als die moderne Form des *djihad*, der Ausweitung des Islamlandes und Überwindung des Unglaubens. Nach eherner, tausendfach bewährter Regel rückt mit wachsender Stärke der *umma* auch der Moment ihrer *hidjra* näher, jener Durchbruch zur Gewalt, der das Schicksal aller Ungläubigen, früher oder später, besiegelt, so wie es der Prophet befahl.

Die Wirkmacht des Verkünders rückt denn auch, verstärkt durch »nützliche Abgaben«, nicht nur in Gestalt der Muslimbrüder auf Europa und Deutschland zu. So erhalten zahlreiche islamistische Gruppen Hilfestellungen in vielfältiger Form. Seit Jahren befindet sich *Milli Görüsh,* der radikale Kampfkader des türkischen Islam in Deutschland, obwohl laufend vom Verfassungsschutz observiert, in der intensiven Förderung durch die deutschen Leitebenen. Auch der 11. September, dessen Auswirkungen den »Zentralrat« an die Spitze hievten, hat an diesem Szenarium wenig geändert. Neben Vertretern der CDU setzt sich das bundesfinanzierte Orient-Institut, Hamburg, traditionell für *Milli Görüsh* und die Belange des türkischen Islamismus ein, indem U. Steinbach, Leiter des Instituts, u. a. dafür warb, die laufende Überwachung de Kaderaktivitäten aufzuheben.

Jahre zuvor war Steinbach in seinem Engagement offenbar über das hinausgegangen, was der türkische Kemalismus als tolerabel ansieht, indem er nach Sondergesprächen mit Kurdenführer Öcalan im Jahre 1996 prompt ein zweijähriges Einreiseverbot erhielt.

Präsident Ecevit bat den Bundeskanzler im Februar 2000 um Schließung des Instituts, weil es »den Islamismus in der Türkei fördere«. Ähnliche Vorwürfe machte sogar der Generalanwalt der Staatsicherheitsbehörden einigen deutschen Stiftungen in der Türkei, allen voran der CDU-nahen Konrad-Adenauer-Stiftung.[423] Letztere war daher offenbar besonders geeignet, an alle deutschen Parlamentarier eine proislamisch desinformierende Schrift zu verteilen, welche die Deutsche Bischofskonferenz im Oktober 2001 über »Gewalt und Islam« verfassen ließ.

Auf ihre Weise unterstützten die Briten z. B. den Algerier R. Ghannoushi, Führer der »Erneuerung« (*nahda*), die den Muslimbrüdern nahesteht, den Gottesstaat in ganz Nordafrika nach iranischem Vorbild anstrebt und sich der Gunst des sudanesischen Scharfmachers Turabi erfreut.[424] Die *nahda* befindet sich in hartem Wettbewerb mit der erwähnten GIA (Groupe Islamique Armée), die alle Ausländer töten will und für die seit Jahren in Algerien verübten Massaker verantwortlich ist. Ihre dabei entwickelte Ideologie ist aus jahrhundertelanger *djihad*-Erfahrung durchaus vertraut:

> »Um dieses Ziel (den Sieg des Islam) zu erreichen, kann der Jihad Babys, Kinder und Arme nicht ausklammern, denn die Erhaltung der Religion ist wichtiger als Menschenleben.«[425]

Diese GIA und vor allem der Iran genießen wiederum den Schutz der Deutschen, die den Rauchvorhang des »kritischen Dialogs« aufbauten und die Ayatollahs vor unangenehmer Kritik bewahrten, sowie der FIS, der Schwestergruppe der GIA, auf deutschem Boden Unterschlupf gewährten.[426] Nicht zuletzt befindet sich in Deutschland das europäische Zentrum des iranischen Geheimdienstes,[427] der schon vor vielen Jahren der Muslimgemeinschaft in Hamburg empfahl, in der Diskussion über die Demokratie die deutschen Dialogfreunde ganz einfach mit dem Begriff der *shura* zu täuschen.

Bei der *shura* handelt es sich um ein aus der vorislamischen Stammespraxis übernommenes Ratssystem, das auch den islamischen Despoten in der Durchführung ihrer Anweisungen unterstützt. Ausgerechnet diese Einrichtung soll nun der Beweis für die von Anbeginn im Islam angelegte Demokratiefähigkeit sein – eine besonders gut gelungene Variante muslimischer Täuschungsstrategie. Inflationäre Anwendung findet dieser Begriff in der Dialogpropaganda der evangelischen Kirche und hier wiederum in den Elogen der Hamburger Landesbischöfin. Kaum eine ihrer stereotyp proislamischen Publikationen verzichtet auf diesen völlig abwegigen Begriff, so daß keine Überraschung aufkommt, wenn sie die islamische Polygamie über die Hintertür vorbereitet, indem auf das Fehlen von konträren Argumenten im Evangelium hingewiesen wird.[428]

Die Bischöfin steht beispielhaft für die grassierende Faktenresistenz des deutsch-islamischen Dialogbetriebs und seine ideologische Disposition, die begonnen hat, sich konsequenterweise auch die antijüdische Haltung des Islam anzueignen. So wie es inzwischen zum Alltag gehört, daß islamische Haßprediger in den »Kulturzentren« ihre Parolen verbreiten, so durfte auch im ökumenischen »Kulturbereich« der Bischöfin ein Taliban-Minister die unkontrollierte Kunde vermitteln, daß Usama bin Ladin »die Ehre der Afghanen gerettet« habe.[429] Eine schizoide Projektion des Vertrauens in ein Gegenüber, das paranoiden Mißbrauch dieses Vertrauens zur Grundlage des eigenen Verhaltens macht (s. u. S. 278ff.), bläht »Toleranz« zu einem inflationären Unwert auf. Hier werden der Gemeinschaft in dem Maße wachsende Lasten aufgebürdet, in dem die Islamlobby – nicht selten durch lukrative Anreize angespornt – nach ständiger Intensivierung des »Dialogs« verlangt.

So wie sich die Kirchen – wie geschildert, bei weitem nicht nur die evangelische – einen proislamischen Mischglauben unter Abbau des Christentums aneigneten, so bauten die Parteien ihr Machtkartell durch die Erzwingung einer proislamischen Toleranzideologie aus, und so förderte allerdings auch die Wirtschaft einen gezielt proislamischen Orientierungszwang, indem ihr finanzielles Engagement den Tenor des Dialogs und die Argumentation einschlägiger Einrichtungen vorgab.

Diese Strategie kann sich universal – und latent totalitär – so lange durchsetzen, wie ihre fiktive Wirklichkeit kollektiv akzeptiert wird. Solange konkrete Gewalt unwidersprochen als konkreter Frieden durchgesetzt werden und die Vertreter dieser Ideologie sich kritikfrei als – teilweise gut bezahlte – Apostel des Friedens darstellen können, ist das »Betriebssystem« der Oligarchie intakt: die Sicherung einer Macht, die umso weniger Schranken zu fürchten hat, je weiter Rechtsverzicht und Gemeinschaftslasten gehen, welche sich die Gesellschaft – bei weiter wachsender Korruptionsneigung der »Eliten« – aufbürden läßt.

Wirtschaftlicher Nutzen spielte hier wie überall sonst auch eine durchaus konkrete Rolle. So nähern sich von westlichen Akademikern verfaßte Publikationen über islamische Problempunkte wie etwa die Stellung der Frau – ob gewollt oder ungewollt – in ihrer Argumentation Interessen des orthodoxen Islam zuweilen in einer Weise an, die von Muslimen selbst kaum besser formuliert werden könnte.[430] Je proislamischer eine Stellungnahme oder Veröffentlichung ausfällt, desto stärker steht sie also – noch dazu im Zeitalter der Globalisierung – in der Gefahr oder Chance, vom Islam finanziert zu sein oder zu werden. Indem auch die großen Unternehmen Deutschlands und Europas an diesem Sponsoring lebhaft teilnehmen, wie z. B. zahlreiche Bertelsmann-Publikationen signalisieren, verdeutlichen sie ihre lenkende Präsenz im Kartell übergreifender Macht.

d) Ideologisierung der Wirtschaft

Um überhaupt die Konvergenz eher kontroverser Bereiche wie Kirche und Wirtschaft zu erreichen, bedurfte es einer »Familienähnlichkeit«, einer gemeinsamen Plattform, welche die Durchsetzung der Kartellinteressen attraktiv erscheinen ließ. Diese Plattform mußte in einer Weise präsentiert werden, die einer geeigneten Elite Macht und Profit sicherte und zugleich die Rechte und Einkünfte der Masse beschnitt. Es waren also Glaube, Menschenrechte, Arbeit und Wohlfahrt in einer Weise zu beeinflussen, welche den Abbau von Rechten und Einkünften der Masse direkt und systematisch in den Aufbau von Macht und Profit einer Elite umwandelte.

Um die Jahrtausendwende hatten sich Politik, Kirchen, Wissenschaft und Medien hinter der Führung transnationaler Unternehmen versammelt. Die Propaganda vom Markt, der alle Ungleichheit auf ganz natürliche Art, z.B. durch die berühmte, »unsichtbare Hand« des Adam Smith (gest. 1790) regulieren sollte, setzte sich machtvoll durch und erfaßte alle gesellschaftlichen Ebenen inkl. die Religion. Alle Parteien unterwarfen ihre Politik dem Diktat der Arbeitsproduktivität, zu dem auch das Diktat der Migrationsfinanzierung gehört. Wenn der Papst selbst zum »Bruder« der sizilianischen Mafia wird, die Heiligen um Schutz des Islam anfleht, die Rotarier zu »Boten des Evangeliums« und die Globalisierung zum Sakrament seines neuen Mischglaubens erhebt, dann wird die Universalität dieser gemeinsamen Plattform erkennbar.

Auch die »Wissenschaften« stehen hier natürlich nicht zurück. So unterschiedliche Disziplinen wie die Orientalistik und die Ökonomie ziehen durchaus am gleichen Strang. Orientalisten – aber auch Theologen und Politiker – werden nicht müde, ihre Publikationen sorgfältig von jedem Hinweis auf habituelle Leistungsschwäche und potentielle Gewalt im Islam zu reinigen und somit die Zuwanderung der Muslime zu einem Import der Toleranz, Effizienz und »Bereicherung« zu machen. Die Ökonomen arbeiten an der These, daß Lohnsenkung durch Zuwanderung kurzfristig die »Verschlankung« der Lohnstruktur und damit die Produktivität der Unternehmen fördere sowie langfristig eine Fülle neuer Arbeitsplätze, neuen Wohlstand und neue Leistungskraft der Solidarsysteme schaffe. Hinzu komme, daß ein dadurch ermöglichter, nahezu garantierter Börsenboom die Einkommen der Masse erhöhe, ihre Altersversorgung stärke und damit die Solidarsysteme entlaste.

Beide Argumentationsstränge folgen sowohl im kulturellen als auch im wirtschaftlichen Bereich ersichtlich eher utopischen Vorstellungen, die die Realität des Islam und die Realität der Produktivität ausblenden.

Sie dienen allerdings einem übergeordneten Interesse, nämlich dem umfassenden, gesellschaftlichen Verzicht auf Mitsprache über die unmittelbare, wirtschaftliche Gegenwart und die mittelbare, kulturelle Zukunft. Während die Unternehmen durch globale Ausdehnung die Arbeit verbilligen, und der Staat durch Steuererhöhungen und Leistungskürzungen die Zuwanderung finanziert, bewirkt die Islamlobby durch Beschwörung der kollektiven »Toleranz« die Verstetigung der Verzichtsbereitschaft, die mit Blick auf die zukünftige Zuwanderung fortlaufend zu verstärken und zu verinnerlichen ist.

Um den mehrheitlichen Generalverzicht auf Rechte und Einkünfte nachhaltig zu bewirken und sozusagen als Institution zu verankern, bedurfte es zunächst einer Sprache, welche das Denken und Handeln gegen die eigenen Interessen als Gewinn erscheinen ließ. Toleranz, Freiheit, Frieden, Wohlstand waren die zweifelhaften Wortmünzen, die man der Masse als verbale Gegenleistung für einen realen Verzicht über die Tische des »Strukturwandels« und des »gesamtgesellschaftllichen Ausgleichs« schob. In wachsendem Maße hatte die Gesellschaft den Forderungen des Marktes zu gehorchen und nicht umgekehrt die Wirtschaft den Erfordernissen der Gesellschaft, auf der sie beruht.

Ökonomische Effizienz dominierte zunehmend soziale Ausgewogenheit. Unternehmen, die von Steuern, Sozial- und Umweltkosten befreit waren, konkurrierten im globalen Wettbewerb besser als solche, die zu sozialen Leistungen herangezogen wurden, um die Sprengwirkung von Migration und Massenarbeitslosigkeit zu beseitigen. Konzern und Staat konnten sich so zu einem dynamischen Getriebe der Wohlstandsverteilung von unten nach oben verbinden, in der um die Jahrtausendwende etwa 300 weltweit verstreute Einzelpersonen mehr Einkommen als die Hälfte der Weltbevölkerung, immerhin drei Milliarden Menschen, auf sich vereinigten.[431]

Da jedoch die Prinzipien ungehinderter Arbeitsproduktivität und ebenso schrankenlosen Freihandels nicht nur die Sozialstrukturen, sondern in vielen Ländern deutlich erkennbar auch Infra- und Umweltstrukturen verwüsteten, bestätigte sich die »real existierende« Utopie des freien Marktes, welche das Betriebssystem einer kleptokratischen Elite ermöglicht. Selbst wenn niemand dies wirklich bewußt anstrebte, so ist unter den aktuell obwaltenden Bedingungen der Globalisierung nicht zu verhindern, daß sich eine Oligarchie neuer Qualität durchsetzt. Nur wenige leugnen, daß sich eine Tendenz ausbreitet, welche im Maße des Möglichen die Rechte der Masse aushöhlt, die Potentiale im Finanz- und Steuerbereich auspreßt, politische Macht von den demokratischen Institutionen löst und auf breiter Front die Korruption antreibt.

Etwa ab Mitte der 90er Jahre des abgelaufenen Jahrhunderts traten in der gesamten westlichen Welt die Reallöhne auf breiter Front einen ausgeprägten Sinkflug an, denen als proportionaler Spiegeleffekt zu gleicher Zeit ein entsprechender Höhenflug der internationalen Börsen gegenüberstand. Immer größer wurde der Einfluß der Investmentbanker auf das Kostenmanagement der Unternehmen, immer heilsträchtiger ihre Kommentare zu den Fluktuationen der Aktienkurse. Nur ein gutes »Rating«, das Wohlwollen der Unternehmensanalysten, konnte an diesem Altar des reinen Marktes vom Verdacht des sozialen Management befreien, sozusagen die Absolution von der Sünde zu hoher Kosten, vor allem zu hoher Arbeitskosten, erteilen. Da dieses Urteil aufgrund immer kürzerfristiger Kriterien laufend revidiert werden mußte, gerieten auch Informationen über Kreditbonität und Börsenkurs, der sogenannte »Shareholder Value«, in eine Spirale abnehmender Überschaubarkeit, die ein seriöses Management unmöglich machte.

Der permanente ideologische Druck zu ständig neuen, immer günstigeren Gewinnperspektiven zwang die Unternehmen zur Befreiung von allen sozialen Kosten, d. h. zu »Deregulierung« und Globalisierung, und ermunterte die Manager im Rahmen gewinnabhängiger Verträge zu extremen Entlassungs- und damit Bereicherungsaktionen – ihrerseits ein Schulbeispiel für das Prinzip des elitären Profits auf Kosten der Masse. Im Ergebnis entfaltete sich ein ultra-liberalistisches Wirtschaftssystem, das auf absolute Mobilität in Richtung der kostengünstigsten Arbeit und Infrastruktur und damit klar auf Zivilisationsfeindlichkeit geschaltet war. Die Propaganda für dieses System überließen die Konzernführer weitgehend ihren Vasallen in den Parteien und Kirchen, welche die Loyalität ihrer jeweiligen Klientel mit den üblichen Floskeln von »Solidarität«, »Eigenverantwortung« und von der allgegenwärtigen »Toleranz« bis zur Grenze der Zumutbarkeit in Anspruch nahmen.

Unter den zahlreichen Seifenblasen der liberalen Utopie vom ewigen Wohlstand in einer toleranten, multikulturellen, friedlichen und freien Gesellschaft platzte als erste diejenige von den neuen Technologien des Informations- und Internetsektors, die für eine Fülle neuer Arbeitsplätze und eine Welt völlig neuer Lebensqualität sorgen sollten. Wie so oft, holten die knappen Fakten der Realität die Gebetsmühle der Utopie rasch ein: Der »Neue Markt«, die Börse dieser Unternehmen, verlor zwischen 2000 und 2002 über 90% ihres Wertes, während sich die Basisbörse etwa halbierte.

Das hierbei vernichtete Vermögen verteilt sich wiederum zu Lasten der Masse. Da die Elite besten und schnellsten Zugang zu allen relevanten Informationen hat, reguliert und kontrolliert sie nicht nur diesen, sondern alle Märkte, die im Grunde nicht anderes als die manipulierte Masse abbilden. Mit anderen Worten: während große Trends vom Masseninvestor unter Mitnahme großer Verlustanteile getragen werden, realisiert die Elite – oder auch das Kartell – das sich aus Spitzen der Wirtschaft, der Politik, der Mafia und nicht zuletzt auch Vatikan und Islam zusammensetzt, die Hauptprofite aus ihnen.

Offene Volkswirtschaften und die globale Mobilität von Arbeit, Kapital und Produktion erzwingen in der Ersten Welt eine systemimmanente Massenarbeitslosigkeit und in der Dritten Welt eine systemimmanente Massenmigration. Zur Prävention bzw. Verzögerung sozialer Konflikte haben das Kartell und seine Hilfstruppe des »Dialogs« – teilweise auch die sogenannten »NGO's« (Non-Government Organizations) – Techniken entwickelt, die der Bevölkerung die Zuwanderung im allgemeinen als überlebenswichtige Notwendigkeit und den Islam im besonderen als Garanten des Friedens in einer zukünftigen Gesellschaft des toleranten Multikulturalismus suggerieren.

Im ökonomischen Bereich war z. B. der Goldstandard, der die Geldwertstabilität langfristig absicherte, durch die kurzfristige Instabilität von Rentenpapieren abgelöst worden, deren Sicherheitseffekt noch abzuwarten bleibt. In ganz ähnlicher Weise war nun im kulturellen Bereich die wissenschaftliche Langzeitanalyse, die historisch verankerte Risiko-Merkmale des Islam offenlegte, einer kurzfristig orientierten Islampropaganda gewichen, die sich auf doktrinär verordnete Einzelpunkte wie Toleranz und Frieden stützte. Sie fungierte als wirksamer Schutz wirtschaftlicher Interessen, indem sie die aktuelle Negativität des Islam mit der – historisch überwundenen – Negativität der Eigenkultur zu verschleiern hatte. Mit zunehmender Bestimmtheit, geradezu physikalischer Einheitlichkeit, richten sich diese Interessen auf das enorme Konsumpotential des islamischen Raums, in dem um 2020 jeder dritte Weltbürger leben wird.

Diese zielgerichtete Tendenz verband die Markt- und Rohstoffinteressen des Westens mit den Interessen des Islam an einer systematischen Ausbreitung in Europa. Es ergab sich eine logische Plattform gemeinsamen Planens und Handelns, die sich seit langem hinter einer doppelten Sichtblende vorbereiten und entwickeln konnte: hinter den Schutzschirmen der Verschwörungstheorie und des Geheimbunds.

2. Politik und Mafia

a) Politisierung der Freimaurer

Wie wir in zahlreichen Situationen verfolgen konnten, hatte sowohl die wirtschaftlich-politische Seite in Gestalt der Freimaurer als auch die islamisch-ideologische in Gestalt der Muslimbrüder ihre Interessen in der Form klandestiner Vereinigungen verfolgt, die unter Nutzung ihrer unklar formulierten Absichten in wechselnden Situationen und Korrelationen auch immer wieder wechselnde Allianzen eingehen konnten. Schon die Gründung der Muslimbruderschaft selbst hatte sich unter westlicher Beteiligung vollzogen und damit ein Beispiel für viele andere Bünde geliefert, die sich vorher und nachher in ähnlicher Weise gründeten.

Wenngleich sich auch im Vatikan freimaurerische Strömungen bildeten, so brauchte der Klerus der Kirche das Mittel des Geheimbunds nicht, wenn man von der modernen Glaubenswende des Konzils absieht. Ihm war durch Amtsbonus und pathologischen Gehorsam eine Machtfülle zugewachsen, die in Geschichte und Gegenwart den »Gläubigen« ein breites Spektrum von unchristlichen Glaubensformen bis hin zu kriminellen Handlungen als mit dem Glauben vereinbar oder zumindest für diesen irrelevant suggerieren konnte. Alle, Klerus, Muslimbrüder und Freimaurer, waren und sind allerdings Spezialisten des Machterwerbs, wobei die Gewalt als integrales Element ohne ethische Bedeutung gilt, weil der Machterwerb einen Wert *sui generis* darstellt.

Die Freimaurer hatten im Zuge ihres ideologischen Kampfes gegen Klerus und Adel wirksame Argumentationen gegen Tradition und Autorität entwickelt, die einen irreversiblen Transfer der Macht von traditionellen Autoritäten zum »dritten Stand«, dem gehobenen Bürgertum aus Beamten, Kaufleuten und Bankiers, in Gang hielten. Freiheit und Toleranz waren die zentralen Begriffe, mit denen Wissenschaft, Wirtschaft und politische Institutionen die Gesellschaften Europas einer epochalen Umformung aussetzten. Wenngleich die Freimaurer zum Schutz ihrer Interessen den eigenen Einfluß immer wieder herunterspielten, so muß doch eingeräumt werden, daß sie diesen Prozeß mit bis heute steigendem Erfolg ganz wesentlich beeinflußten.

Der Antiklerikalismus der Freimaurerei und ihre Kritik am illegitim weltlichen Machterwerb des Kirchenamtes brachten die Masonisten allerdings selbst in ideologische Verlegenheit. Wer den Klerus nach außen als diktatorisch bekämpfte, konnte kaum sich nach innen der gleichen usurpatorischen Praktiken bedienen, wie sie sich in die Riten und Strukturen der Logen allmählich eingeschlichen hatten. Gegen Ende des 19. Jahrhunderts entwickelte sich daher – zunächst in der europäischen Freimaurerei – eine sozusagen »laisierte« Abspaltung, welche die Existenz Gottes gänzlich leugnete, ihren Ritus entsprechend änderte und sich ganz der Gestaltung des Profanen, der Politik und der Wirtschaft verschrieb.

Ihr heute oft vorgetragener Einwand, »es läge nicht an der Loge, wenn man sie zu Geschäftsabschlüssen mißbrauchte«,[432] erledigt sich durch den eigenen, inneren Zusammenhang. Wenn die Loge attraktiv auf geschäftlich interessierte Menschen wirkt, dann klingt dieser Euphemismus ebenso hohl wie jene Euphorie, in der sich arabische und israelische Freimaurer bei ihrem Jahrestag zehn Tage nach dem Sechstagekrieg von 1967 gegenseitig zur »Überwindung von Religions- und Nationalitätsschranken« gratulierten.[433] Die Frage, warum bei so viel Übereinstimmung der Krieg nicht von vornherein verhindert wurde, blieb hier unbeantwortet.

Diese nutzenorientierte Richtung, die der humanistischen Freimaurerei immer wieder atmosphärisch geschadet hat, formierte sich zuerst in Frankreich, im Grand Orient de France,[434] erfaßte bald Teile Belgiens, Italiens und weiterer Länder in Europa und breitete sich schließlich auch auf die Freimaurer der USA aus. Hier etablierten sich extrem utilitaristisch-kapitalistische Varianten, die von den eher ethisch orientierten Logen, besonders in England, als irregulär abgelehnt wurden, allerdings dennoch während des 20. Jahrhunderts rasant wachsenden Einfluß gewannen.

Aus einer Bewegung, die ursprünglich ein Fortschrittskonzept im Auge hatte, das sich am Sittengesetz orientierte und einen Staat anstrebte, der sich entsprechend auf das Gemeinwohl konzentrierte, wurden nun Formationen des Karrierismus und der opportunistischen Begünstigung, die den Staat und seine Institutionen besetzten, für ihre Machtzwecke mißbrauchten und noch dazu oft auch das Recht in ihrem Sinne manipulierten.[435] Aus diesem Ablauf erwuchs ein neuer Stand von herrschenden Personen, die ihre wachsende Immunität gegen öffentliche Kontrolle mit der nach wie vor gegebenen Geheimhaltung zu einer neuen Herrschaftsform verbanden, welche – von der Öffentlichkeit weitgehend unerkannt – die Geschicke des Staates wesentlich und dauerhaft beeinflussen konnte.

Ursprünglich hatte sich der Masonismus die Aufgabe gestellt, die absolutistische Vorherrschaft des Klerus und des Adels zu brechen und den Menschen nicht nur von der Despotie, sondern insbesondere auch von der geistigen Unterdrückung und den Einschränkungen durch Vorurteile und Doktrinen zu befreien. Indem die laizistisch-unethischen Freimaurer allerdings das Profane, Politik und Profit, zum Selbstzweck erhoben, landeten sie nun selbst bei der einst abgelehnten Fixierung auf eine Herrschaftsdoktrin, vorliegend auf eine machtvolle Kapitalideologie.

Schon im 19. Jahrhundert und besonders nach dem 1. Weltkrieg formierten sich in Amerika unter Führung der Rockefeller-Familie und in Europa unter Führung der Rothschild-Familie einflußreiche Strukturen, die sich dem Stil ihres Entstehens gemäß diskret in die Planung, Gestaltung und Finanzierung übergeordneter Ordnungssysteme einschalteten, ohne dabei exklusiv der Freimaurerei verbunden zu sein. Motiv und Zweck dieser Strategie war die gezielte Erweiterung der Macht unter Nutzung und Ausbau der bisherigen Erfolgskriterien: Immunität gegen öffentliche Kontrolle und strikte Geheimhaltung, denen das schützende Denkverbot der Verschwörungstheorie nur von zusätzlichem Nutzen sein konnte.[436]

Beispiele solcher Ordnungssysteme waren so unterschiedliche Projekte wie die Förderung, Installation und Finanzierung von Lenin und Hitler sowie der Gestaltung und Propagierung ihrer Ideologien, die geeignet waren, große Gesellschaften zu destabilisieren und den Einfluß Dritter zu stärken, wie auch die Mitwirkung an der Errichtung Israels eine Sphäre langfristig ausgelegter Unsicherheit und damit Einflußnahme erzeugte. In eine ähnliche Richtung weisen die Inszenierung des Kalten Krieges sowie Kollaps des Warschauer Paktes und Golfkrieg, die einen graduellen Übergang von europäischer zu amerikanischer Dominanz widerspiegeln.[437] In Fortführung des historischen Kartells war hier eine übergreifende Polit- und Wirtschaftsnorm entstanden, deren Macht bestimmend für die Regierungen der einzelnen Länder wurde und sich unter dem Begriff der »Neuen Weltordnung« etabliert hat.

Mit wachsender Technik und Telekommunikation wuchsen auch die Möglichkeiten der Nachrichtendienste und die Qualität ihres Zugriffs auf laufende Entwicklungen. Sie wurden zum integralen Gestaltungsmittel dieser Politmacht, die sich auf strukturell verwandten Sektoren wie der Steuerung großer Gesellschaften leicht mit den historisch gewachsenen, nun indessen eher zu Juniorpartnern verkleinerten Partnern wie Vatikan und Islam vernetzen konnte. Die Kirche hatte immer schon globale Machtpolitik betrieben und dabei oft keineswegs zimperliche Methoden angewandt. So wie man zur Machtsicherung flexiblen Umgang mit Kommunismus und Faschismus pflegte, so gelang es auch, mit dem amerikanischen Rockefeller-Machtclan – bezeichnenderweise auch »Rockmob« genannt –, wie die Kooperation zwischen den nachkonziliaren Päpsten und der CIA zeigte, zu beiderseitig durchaus auskömmlichen Verständigungsformen zu kommen (s. o. S. 237).

Der Umgang mit Macht und Geld, um den es in dieser Verständigung primär geht, lockert die Bindungen an das Recht, wenn er sich außerhalb öffentlicher Kontrolle abspielt. So wie Logenbruder Montini nichts dabei fand, 1500 Priester zu opfern, um seine OSS-Freunde (früherer CIA) gewogen zu halten, so fand Logen-»Bruder« Woityla nichts dabei, den Mafioso Calvi aus dem Gefängnis zu holen und in die Finanzverwaltung des Vatikan einzusetzen. Ebenso schützte er den Logenbruder und Kardinalvikar U. Poletti, der des Steuerbetrugs verdächtigt wurde.[437a]

Die Betrügereien des Vatikan im internationalen Devisenhandel und seine Beteiligung an Geldwäsche für die Mafia in großem Stil zeigen die routinierte Leichtigkeit, mit der hier zwei Machtpole zusammenarbeiten, die daran gewöhnt sind, von Zwängen des Rechts nicht eingeengt zu sein – Machtklerus und organisiertes Verbrechen. Von mindestens gleichem, eher größerem Kaliber ist der Machtpol Rockmob, der über seinen Geheimdienst CIA viele überstaatliche Aktionen durchgeführt und vom Sturz Allendes bis zur Installation Khomeinis an komplexen Transaktionen mitgewirkt hat. Derlei Einflußnahmen ähneln durchaus dem Prinzip des Islam, das darin bestand und besteht, den Machtbereich kurzfristig zu sichern, um ihn langfristig auszuweiten. Auch dessen Vertreter setzten sich nicht nur im historischen *djihad* durch, sondern bringen sich aktuell über das Mittel der Loge im Vatikan erneut in Position, wo sie im Verein mit ihren dortigen Brüdern die proislamische Propaganda der Kirche formulieren.[437b]

Es ist unerheblich, ob das europäische Gegenstück des Rockmob, wie immer wieder zu lesen ist, aus dem Konkurrenzklan um Rothschild hervorgegangen ist. Es läßt sich allerdings eine Gruppierung feststellen, die wir »Euromob« nennen wollen, und die auf erstklassige Kontakte zur Mafia, diverse Geheimdienste und in wachsender Unverfrorenheit auf generös sprudelnde Geldquellen zurückgreift: die Pfründe der Europäischen Union. Ein Zeitgenosse moniert den aus seiner Sicht grassierenden Ethikmangel der irregulären Freimaurerei, die ihren Ausgang vom Frankreich nahm und inzwischen den Rahmen der Rothschilds längst überschritten hat. Faktische Macht erübrigt jede Verschwörung und überläßt dieses Feld unbelehrbaren Obskurantisten:

> »... Durch eine allmähliche und unmerkliche Verschiebung ist er (der Grand Orient de France) von einer esoterischen Emanzipationsformel mit dem Endziel geistiger Freiheit zu Postulaten des Liberalismus und politischer Freiheit übergegangen ... In unsinniger Weise hat er allem, was sich diesem Aktionsprogramm widersetzte, den Kampf angesagt – zunächst auf der Ebene der Diskussion, dann aber immer mehr auf der Ebene des Handelns ... bis er schließlich zu verschiedenen – mehr oder weniger stillschweigenden – Absprachen und Übereinkommen über gegenseitige Unterstützung und Zusammenarbeit kam ... Daher ergänzen sich seine Kader vor allen aus jenen Kreisen, in welchen diese Ideologie tonangebend ist.«[438]

b) Kartellmodell Italien

Somit war es nicht der ethisch orientierte, reguläre Masonismus, der seit Jahren die Führungsebenen infiltrierte, sondern diese irreguläre, unethische Form der Freimaurerei, die zumeist den Begriff »Orient« im Namen führt.[439] Ob der französische, belgische oder italienische Orient – sie alle spielen eine maßgebliche Rolle in der illegalen Nutzung der EU-Finanzquellen und in der Verhinderung eines einheitlichen europäischen Rechts. Die sich hier abzeichnenden, neuen Strukturen des Euromob durchdringen maßgebliche Entscheidungsgremien der EU und üben Druck auf nationale Regierungen zur Manipulation wichtiger Entscheidungen aus. Regelmäßig wirkt sich dieser Druck dahingehend aus, daß die demokratische Willensbildung, d. h. die mehrheitliche Mitsprache, unterlaufen und damit die Entwicklung einer rechtsfreien Machtriege begünstigt wird.

Diese Machtriege agiert auf allen wichtigen EU-Ebenen und formiert sich ersichtlich als ein loser, masonisch interaktiver Verbund, der sich als rechtlich immune Schnittstelle zwischen den nationalen Regierungen und den »supranationalen Aktionskreisen« betätigt. Bei diesen Aktionskreisen handelt es sich generell um grenzüberschreitende Bereiche mit hoher wirtschaftlicher, politischer und finanzieller Relevanz, d. h. im wesentlichen um Wirtschaftskonzerne, Geheimdienste, Kirche und Mafia, wobei wir die italienische Bezeichnung als Sammelbegriff für organisierte Kriminalität überhaupt verwenden.

Ein Schulbeispiel für die rechtsfreie Effizienz des Euromob lieferte seine italienische Abteilung, von der sich der führende reguläre Freimaurer Di Bernardo mit der Bermerkung distanzierte, »ein Ungeheuer« gesehen zu haben.[440] In Italien wurde das über dem Gesetz stehende Machtkartell aus Politik, Wirtschaft, Geheimdienst, Mafia – und Vatikan – in fast exemplarischer Form sichtbar.

Ein Ableger des italienischen Orient, die P2-Loge (Propaganda Due) war mit der Aufgabe geschaffen worden, die sozialistischen Strömungen des Landes zu zerschlagen, mit denen sich Ministerpräsident Aldo Moro im Jahre 1978 zu einer »antifaschistischen Allianz« verbunden hatte. Die führenden Kräfte waren der masonische Mafioso Licio Gelli, der Medienmogul Silvio Berlusconi und Sozialistenführer Bettino Craxi. Sie waren der Aufforderung des US-Geheimdienstes CIA gefolgt, »nützliche Aktionskreise« zu entwickeln und unter dem Deckmantel einer Freimaurerloge zu installieren.[441]

Unter Mitwirkung des US-Außenministers Kissinger und des NATO-Oberbefehlshabers Haig wurden schon 1969 etwa 400 hochrangige Militärs rekrutiert, die die Loge mit geheimen Dossiers über prominente Persönlichkeiten des Landes versorgten, um bei Bedarf zu gegebener Zeit deren Erpressung zu gewährleisten. Die Entführung und Ermordung Moros ist das Werk der P2, an dessen Vorbereitung der damalige Innenminister F. Cossiga beteiligt war,[442] wobei die Entführer selbst, die Terrorgruppe der *Brigate Rosse,* nur eine Statistenrolle spielten.[443] Als Drahtzieher gilt der multiple Ministerpräsident G. Andreotti, der mit dem Mafia-Paten und späteren Europa-Abgeordneten S. Lima eine über 14 Jahre währende kriminelle Vereinigung bildete.[444] Als Staatspräsident machte Cossiga später S. Berlusconi hoffähig, der seit Jahren die Neo-Faschistischierung Italiens vorantreibt. Gelli kann als Mussolini-, Franco-, Peron- und Pinochet-Kämpfer als Exponent des Krypto-Faschismus gelten, dessen vielfältige Geheimdienstkontakte ihn zur Mitarbeit im supergeheimen NATO-Dienst Gladio befähigten und, ausgehend von Italien, zum Starakteur der CIA in Europa machten.[445]

Die Kontakte des Kardinals und späteren Papstes Wojtyla zur CIA und seine Erwähnung in Verbindung mit der Freimaurer-Loge von Palermo verdeutlichen, daß sich das Papstamt und die kongeniale Verknüpfung der Kircheninteressen mit denen der Rock- und Euromobs sowie der italienischen Mafia durchaus vereinbaren ließen. Nach seiner Wahl setzte sich Wojtyla 1980 zusammen mit Craxi für die vorzeitige Entlassung des »Gottesbankiers« Calvi ein,[446] dessen Expertise in Sachen Wäsche der Mafiagelder aus Drogenhandel und anderen Mob-Aktivitäten dringend gebraucht wurde. Calvi war Nachfolger des kriminellen Genies M. Sindona, der eine weltweite Betrugsmaschine auf Basis von spekulativen Devisengeschäften unter Einbindung der Vatikanbank und deren Leiter, Bischof P. Marcinkus, aufgebaut hatte. Beide, Sindona und Calvi, waren Mafiosi und Vertrauensleute des Vatikan und wurden später umgebracht, weil ihr Wissen eine zu große Gefahr für Mob, Vatikan und das italienische Machtkartell bedeutete.

Die Verbindung des Vatikans zum amerikanischen Rockmob hielt Kardinal Cody in Chicago, der zusammen mit Sindona einen kriminellen Devisenhandel in der Continental Bank of Illinois aufgezogen hatte und als langjähriger CIA-Verbindungsmann das Wohlwollen Wojtylas genoß. Eskapaden mit Frauen und Alkohol störten hier wenig, solange die Geldmaschinen zwischen Vatikan, Geheimdienst und Mafia einerseits sowie Vatikan und seinem kriminellen Devisenkarussell andererseits störungsfrei liefen.

Der Fall Italien ließ und läßt weiterhin die Vernetzungen zwischen der Machtloge P2, Politik, Wirtschaft, Vatikan und Mafia erkennen, die das Land in eine tiefe Krise stürzten, mit G. Andreotti einen der obersten Repräsentanten des Staates auf die Anklagebank brachten und mit der Democrazia Christiana eine große Partei zerstörten. Heute schickt sich dieses Netz an, Italien zum Pilotfall für illegale Machtkonzentrationen zu machen, die sich auf Euro-Ebene fortsetzen und verstärken. Nach einem gescheiterten Versuch 1994 gelang Berlusconi im Jahre 2000 der erneute Sprung an die Spitze der italienischen Regierung. Ein Medienfürst, der seine Stellung einer über dem Gesetz stehenden, kriminellen Vereinigung mit dem Vatikan verdankt, übernimmt die Führung eines Staates, dessen Präsident zuvor in die Ermordung des Ministerpräsidenten Moro verwickelt war. Berlusconi hat nun erneut die Chance, den Traum der irregulären P2-Freimaurer von einer Renaissance des Mussolini-Faschismus als »zweiter Duce« zu verwirklichen, nachdem Craxi, der zunächst für diesen gehobenen Mobjob vorgesehen war, 1990 im tunesischen Exil gestorben ist.

Mino Pecorelli, als Mitglied der P2 Kenner internationaler Geheimpolitik, hatte eine Liste mit 121 vatikanischen Logenmitgliedern herausgegeben und Geld dafür gefordert, wichtiges Wissen über Einzelheiten der Loge nicht zu veröffentlichen. Nach seiner unvermeidlichen Ermordung kam der Name Andreottis als Auftraggeber ins Spiel.[447] Von Pecorelli selbst ist eine nüchterne Einschätzung seiner Brüder überliefert:

> »... Zudem sehen sich die Freimaurer als vom Schicksal bestimmt und vom ewigen Vater auserwählt, den Kurs für die Rettung des Landes auszugeben ... Freiheit, Gleichheit, Brüderlichkeit sind die drei Begriffe des genialsten Betrugs, der je organisiert wurde, um die Demokratie zu betrügen ... In der Regel versammeln sich die Freimaurer, um die zu betrügen, die selbst am meisten betrügen.«[448]

Berlusconis Werdegang erscheint wie eine Bilderbuchkarriere in die Elite des Euromob. Er könnte als Repräsentant des irregulären Masonismus gelten, der ein radikales Nutzenprinzip in der Akkumulation wirtschaftlicher und politischer Macht verfolgt. Dieses Nutzenprinzip steht außerhalb jeden Rechts und Gesetzes und folgt selbstgefertigten Regeln, die – frei von jeder Orientierung an Ethik und Gemeinwohl – eine durch die staatlichen Institutionen gestützte Maximierung von Profit und Macht anstreben. Die korrumpierende Fusion aus kriminellem Profit und politischer Macht brachte nach Erkenntnis des italienischen Parlaments »ein Zusammenspiel von Politik und Mafia hervor, das zur Schwächung des demokratischen Systems beigetragen hat und Italien mit seinen politischen Morden und Bombenanschlägen zu einem Sonderfall innerhalb der westlichen Demokratien werden ließ«.[449]

Wir werden sehen, daß Italien keinen Sonder-, sondern Pilotfall für eine generelle Entwicklung auf europäischer Ebene darstellt. Einen wesentlichen Beitrag zur Unterwanderung der EU durch den Euromob leistete eben wiederum der gleiche L. Gelli, der bereits dem Vatikan die höheren Weihen des Devisenbetrugs und Steuerbetrugs verliehen hatte und für seine besonderen Kontakte zu den amerikanischen Präsidenten von Carter über Reagan bis Bush sen. bekannt war.[450] Ähnliches zeichnete F. Pazienza aus, einen Vertrauten Reagans und Haigs sowie gewieften »Aktionsspezialisten«, der mit CIA, SDECE (französischer Geheimdienst) und islamischen Nachrichtendienst- und Finanzkreisen zusammenarbeitete, ebenfalls in den Vatikan-Skandal verwickelt war sowie schließlich Gellis Platz in Italien einnahm. Nicht zuletzt bildete er eine Art »Schlußstein« zum Intrigenpuzzle im Rahmen des Wahlbetrugs des G. Bush sen. (s. o. S. 217f.), dessen Hintermänner mit denen der P2-Loge teilweise identisch waren:

> »Und in der Tat erweist der von der Republikanischen Partei geschickte Pazienza zwei Jahre später (1980) der Gruppe um Reagan, dem Team Kissinger-Guarino, den besten Dienst mit der Operation Billygate, in deren Folge Carter die Stimmen der Juden des Staates New York verliert und Reagan der Weg für seinen Wahlsieg geöffnet wird.«[451]

Nach einer schöpferischen Pause in Argentinien hatte sich Gelli gegen Ende der 80er Jahre wieder in der Toskana niedergelassen, die Betrugsvarianten im EU-Subventionswesen studiert und dann effiziente Mafiastrukturen in den Brüsseler Verwaltungsapparat eingebaut.[452] Deren Original in Italien hat inzwischen begonnen, die Forza Italia Berlusconis zu fördern, nachdem sie zuvor die Democrazia Italiana unterstützt hatte.[453] Korruption und Erpreßbarkeit könnten somit zu integralen Bestandteilen einer neuen »Demokratie« werden, wie sie sich auch in Deutschland abzubilden beginnt (s. u. S. 269ff.).

c) Euromob und »MaMa«-Syndrom

Schon die Beteiligungen Gellis am Bombenattentat auf den Bahnhof von Bologna im Jahre 1980 und am Megabetrug der vatikanischen Banco Ambrosiano waren straffrei geblieben [454] und hatten nur das temporäre Exil in Argentinien nach sich gezogen. Ebenso zeigte auch seine Verwicklung in einen Subventionsskandal mit kalabresischen Schweinezüchtern 1993,[455] wie tief er in die Betrugschancen der EU eingedrungen war und wie hoch er – als informeller Chef des italienischen Geheimdienstes [456] – über jeder Ermittlungsbehörde stand. Das MaMa-Syndrom, die Symbiose aus (Ma)sonia-Loge und (Ma)fia-Klan, hatte sich bereits weit in die politischen Strukturen vorgearbeitet und war auch durch das Recht nicht mehr zu erschüttern, wobei indes der Ertrag aus diesem Betrug sich eher nur für die Portokasse eignete.

Die eigentlichen »Cash Cows« der Mafia sind illegale Beschaffung und illegaler Handel in Drogen, Waffen, Menschen (illegale Zuwanderung), Kunst (echt und gefälscht) und Industriedaten sowie die »Abteilungen« Prostitution, Pornographie und Terrorismus. Dabei sind einige dieser Bereiche wie Waffen, Industriedaten und Terrorismus ohne die direkte Einschaltung und Mitwirkung von Geheimdiensten gar nicht möglich. Die – steuerfreien – Jahreseinkünfte aus diesen Mob-Aktivitäten sind von so astronomischer Größenordnung – allein für Europa in einem Bereich um 1 Billion US-Dollar (nicht die amerikanische Billion) – daß die gezielte Ausbreitung des MaMa-Syndroms in den EU-Etagen und die weitere Festigung des Euromobs zu logischen Konsequenzen werden.

Da die Kontrollen demokratischer Willensbildung schon seit längerem weitgehend ausgebaut sind, können sich die politischen und rechtlichen Strukturen für dieses Syndrom ebenso unkontrolliert und damit unaufhaltsam öffnen. Korruption bzw. »nützliche Abgaben« überall dort, wo noch Widerstände zu überwinden sind, bedeuten keinerlei Problem, zumal seitens der EU-»Gesetzeshüter« kein konkreter Wille zur Bekämpfung der Ausbreitung von Masonia und Mafia, von rechtsimmuner Macht und organisiertem Verbrechen, entwickelt wird. Besorgte Parlamentarier, Beamte und reguläre Logenmitglieder monieren diesen Sachverhalt seit Jahren, wobei sie weder nennenswerten Erfolg erzielen, noch akuter Bedrohung durch Attentat und Mord entgehen. L. Orlando, der Bürgermeister von Palermo, sehr erfahren im Umgang mit dem MaMa-Syndrom, brachte es auf einen klaren, systematischen Punkt:

> »Die neue Front, die neue Grenzscheide der Welt ist nicht mehr der Kampf zwischen Kommunisten und Kapitalisten, sondern der Kampf zwischen Legalität und Illegalität.«[457]

Die Entscheidung, in welche Richtung diese Grenzscheide den Trend der Zukunft kippen und sich weiter verstärken läßt, ist längst getroffen. Sie drückt sich zum einen im wachsenden Einfluß von Masonia und Mafia aus, der die korrekte EU-Verwaltung graduell durch den korrupten Euromob ersetzt. Der Vatikan als integraler Mitspieler im Kartell der illegalen Macht hat nicht nur über die Autorität des Papstes signalisiert, daß MaMa-Syndrom und Islam gleiche, sakrale Weihen besitzen, sondern dies auch über den Glaubenspräfekten bestätigt. Nach dessen Sicht ist der Islam dem Syndrom integral einzuweben, um über seinen fundamentalistischen Impetus zu einer »unauflöslichen Einheit durch die Durchdringung von Religion, Kultur und Politik« zu kommen.[458]

Zum anderen spiegelt er sich im fehlenden Willen, mit einheitlichen Methoden gegen die Geldwäsche, den Lebensnerv des organisierten Verbrechens, vorzugehen. Es existieren zwar EU-weit nationale Einzelgesetze, die jedoch in ihrer Unterschiedlichkeit nicht greifen und leicht ausgehebelt werden können. Vor allem sind sie nicht in der Lage, den Geldwäscheprozeß auf globaler Ebene, im Bereich des elektronischen Transfers, an dem exotische Steueroasen und offizielle Banken beteiligt sind, nachhaltig zu erfassen. Hinzu kommen hier die Kryptisierungstechniken im Informationsbereich, deren exponentiell ansteigenden Leistungen – und Kosten – langfristig die organisierte Kriminalität, insbesondere den Terrorismus, begünstigen.[459]

Daß nicht nur der politische Wille, sondern auch die ethische Fähigkeit zum Kampf gegen das MaMa-Syndrom und seinen Hauptakteur, die Korruption, weitgehend fehlen, zeigt die fortschreitende Rechtsimmunität der Politik. Insbesondere die weitgehend ungehinderte Entwicklung von so fragwürdigen »Geschäftsbereichen« wie der Handel mit Jugendlichen zur Organentnahme und mit Pornovideos, die u. a. die Vergewaltigung von Kindern und ihre anschließende Ermordung (»snuff movies«) darstellen, verdeutlicht einen nachhaltigen Ethikwandel. Die jahrelange Verschleppung eines einschlägigen Prozesses in Belgien, der Schutz involvierter Politiker und die Beseitigung der wichtigsten Zeugen belegen die Wirksamkeit des MaMa-Syndroms auf schlagkräftige Weise.

Vor diesem Hintergrund nimmt der »normale Menschenhandel« im Rahmen von Zuwanderung und Prostitution schon fast legalen Charakter an. Da die illegalen Einwanderer ihre hochverzinsten Schulden bei den Schleuserbanden nicht bezahlen können, werden sie zu ebenso illegalen Tätigkeiten wie insbesondere Drogenhandel gepreßt. In Deutschland, abgeschwächt auch in England und Frankreich, findet diese Mechanik ideale Existenzbedingungen vor. Ein zunächst illegaler Drogenhandel kann die Fähigkeit zur graduellen Legalisierung erlangen, indem das geltende Recht in schwindendem Umfang zur Anwendung kommt.

Einen wichtigen »Beitrag« zu diesem Geschehen leisten die wachsenden Faschistenkader, die sich unter der verniedlichenden Bezeichnung als »Neo-Nazis« seit langem nicht nur EU-weit ausbreiten, sondern auch komfortabel mit ihren Gegenstücken in den USA sowie vermehrt im früheren Ostblock vernetzen. Sie finanzieren sich selbst zunehmend aus den klassischen Quellen des organisierten Verbrechens und bilden in Ziel und Methode eine Einheit mit den islamischen Organisationen und ihren Terrorablegern. Sie formieren sich im Windschatten der Islam-Invasion in Europa, welche mit Propagandaeinrichtungen wie Moscheen und »Kulturzentren« und desintegrierender Ghettoisierung das Zugpferd, sozusagen den harten Kern derjenigen Destabilisierung bildet, welche die rechtsauflösende Zuwanderungspolitik insgesamt anstrebt. Die Hauptrolle in diesem Szenarium umfassender Täuschung spielt ein Asyl-»Recht« in Deutschland, das sehr wenig mit Asyl und Recht, sondern sehr viel mit Selbsttäuschung und Betrug zu tun hat.[460]

Die von islamischer Seite treibenden Staaten dieser Dynamik – Iran und Saudi-Arabien – verfügen in Gestalt illegalen Drogen- und legalen Ölhandels wiederum über den entscheidenden Hebel, der den Kreis des rechtsfreien Kartells mit Rockmob und Euromob über eine interaktive Rohstoff- und Islampolitik – mit den üblichen Mechanismen der Korruption – logisch schließt. So macht sich der »interkulturelle Dialog« – ob gewollt oder ungewollt – zu einer willkommenen Hilfsorganisation für den »interkriminellen Katalog« organisierter Verbrechenssparten, an denen, wie oben skizziert, islamische Akteure in nicht unerheblichem Maße partizipieren.

Wie erwähnt, konnten nicht nur Arafat und die Hizbollah – vom Westen völlig ungestört – hochprofitable Mafianetze aufbauen, deren Gewinne sie zur persönlichen Bereicherung, aber auch zum Kampf gegen Israel bzw. gegen den »westlichen Satan« nutzen. Unter dem gleichermaßen ungestörten Schutzeffekt vollzieht sich die Expansion des Islam in den europäischen Raum, vorzugsweise natürlich nach Deutschland. Hier verbinden sich diverse Einrichtungen des »Dialogs« in Parteien, Kirchen, Wissenschaft, Wirtschaft und Kultur zu einer breiten proislamischen Interessenvertretung, die nicht nur wichtige Förderfunktionen für den Islamismus ausübt, sondern notwendigerweise auch zur Grundlage eines damit verknüpften, neuen Rechtsradikalismus bzw. Antisemitismus wird (s. u. S. 306ff.). Ebenso taucht immer wieder die ausgeprägte Mitwirkung deutscher Stellen an kriminellen Waffengeschäften auf, die diese Zusammenhänge auch materiell bestätigen.[461]

Die illegale Dynamik fortwährenden Machterwerbs, Machterhalts, der Ämterpatronage und Korruption haben in allen Staaten der EU zu unterschiedlich weit fortgeschrittenen, insgesamt jedoch ähnlichen Stadien der Entdemokratisierung und Kriminalisierung geführt, die sie zum beherrschenden Machtkartell des Euromob verbindet. Über das Medium der Korruption hat sich das organisierte Verbrechen bereits tief in den organisierten Interessen der Politklassen verwurzelt, die eine wirksame Kontrolle nachhaltig verhindern. Eine solche Kontrolle wäre nur über ein gemeinsames Bundesrecht und eine übergreifende Bundespolizei zu erreichen, deren Herausbildung eine »Europäische Union« gemeinsamer Interessen der offiziellen Wirtschaft (Konzerne), der inoffiziellen Wirtschaft (Mafia) und der antidemokratisch organisierten Politklasse verhindert.

Innerhalb des Euromob – und hier keineswegs auf die irregulären Freimaurer beschränkt – entwickelt sich ein Forum, das Kontakte und Potentiale aus den politischen, kommerziellen und mafiosen Einflußsphären zusammenführt und sich gern unter dem Schutz der immer wieder aufkommenden »Verschwörungstheorie« einrichtet. Solange sich der Öffentlichkeit kollektive Denkverbote einpflanzen lassen, welche die konkreten Machtinteressen einer abgehobenen Elite und die Aushöhlung der demokratischen Institutionen und Rechte als kuriose Fata Morgana, als absurdes Resultat konspirativer Illusionen etikettieren, wird sich das MaMa-Syndrom, die »Ehe zwischen Freimaurertum und Mafia« [462] ungehindert festigen und entsprechende Nachkommenschaft zeugen können.

Schon der bekannte Nationalökonom K. Galbraith hatte auf die Logik der »Neuen Weltordnung«, des Machtkartells aus Politik und Wirtschaft, hingewiesen, der nichts so sehr nütze wie das Verbot des Verschwörungsdenkens, welches seinerseits nichts anderes darstelle als »die sorgfältig gepflegte Vorstellung, eine Verschwörung existiere überhaupt nicht«.[463] Gerade der Destruktivismus der Postmoderne scheint besonders geeignet, die Konspiration zu einem paradoxen Vexierbild zu formen. Ein Weltbild, das ständigen Wandel zu einem profitabhängigen Dogma erhebt, legt sich ein doppeltes Gesicht zu.

Geistigen Ideen, zu denen auch Machtambitionen gehören, wird weit weniger Wirkmacht zugeschrieben als materiellen. Politik kann so nach außen als Verschwörung *par excellence* erscheinen, weil ihre Aussagen auf rasant abnehmende Akzeptanzdauer treffen, sich nach innen jedoch ungehindert ausbreiten, weil ihre materiellen Maßnahmen an den konkreten Wirkmächten, z. B. demokratischen Institutionen, ansetzen. So sind drei Viertel der amerikanischen Bevölkerung der Ansicht, daß bei den Vertretern der Regierung und den mietbaren »Experten« der Deutungseliten inkl. Kirchenleuten Merkmale der Korruption, des Betrugs und sogar des Verbrechens an der Tagesordnung sind.[464]

Für illegalen Waffen- und Nuklearhandel ist und bleibt Deutschland die internationale Drehscheibe, insbesondere nach der »Wende«, als Seilschaften des DDR-Nachrichtendienstes Stasi in Verbindung mit diversen Ostdiensten und Ostmafias diesen attraktiven Geschäftszweig in den Griff nahmen. Die Zurückhaltung der deutschen Politklasse gegenüber konsequenten Ermittlungen im organisierten Waffen- und Nuklearhandel ergab sich nicht nur aus den Profitmöglichkeiten, die hier mindestens ebenso hoch wie im Drogenhandel sind;[466] sie ergab sich auch aus den traditionell guten Verbindungen zu Südafrika und dem ebenso traditionellen Engagement dieses Landes im internationalen Waffengeschäft. Daneben wird die Waffen-Connection Deutschland-Iran zur Mafia-Connection Deutschland-Islam, die vielfältige Verzweigungen entfaltet, einerseits durch die Lieferungen des Iran an andere islamische Länder, andererseits durch Direktlieferungen und Unterstützung aus Deutschland.

Ähnlich dem Iran agiert auch Libyen, das nicht nur Biowaffen-Knowhow aus Deutschland bezieht, sondern vor allem auch die IRA und vermehrt die Ostmafias mit Waffen und Sprengstoff versorgt. Auch die Briten stehen hier in nichts nach, indem sie die »Achse des Bösen« mit allem Erforderlichen beliefern. Mit unterschiedlicher Intensität haben Deutschland einerseits und England, Kanada und USA andererseits die Forschung in waffentauglichem Bio-Knowhow weiterentwickelt. Die ethische Grenze zwischen Labor- und Kriegszwecken ist brüchig, zumal schon der große W. Churchill in Analogie zur Bombardierung ziviler Ziele jeden Moralismus auch in Sachen Giftgas mit dem aus seiner Sicht überzeugenden Hinweis ablehnte: »Heute tun es alle, und es gilt als Selbstverständlichkeit. Das ist einfach eine Frage der Mode, und die ändert sich wie die Rocklänge bei Frauen«.[467]

An den Zynismus der Regierenden anknüpfend, fragte ein führender Waffenhändler in England, »wo denn geschrieben stünde, daß Regierungen ihren eigenen Regeln gehorchen müßten«.[468] So steht der Einsatz britischer Flugzeuge beim Völkermord von Ost-Timor nur als ein banales Beispiel von vielen für die Regelroutine organisierter Interessen, zu der sich westliche Oligarchien in wechselnden Allianzen verbinden.

Wie gesehen, führen diese Kartelle in ihren diversen Konstellationen immer wieder zu ebenso auskömmlichen, für alle Beteiligten profitablen Kooperationsformen mit dem Islam. Mit einem »Dialog zwischen den Religionen und Kulturen« können die Kartelle allerdings schon von ihrer elitär isolierenden Aufgabenstellung her nichts zu tun haben. Sie reservieren allerdings diesen Schleierbegriff für die Ruhigstellung der Bevölkerung, die auf ihre Interessenwahrung d. h. ihren »Besitzstand« verzichtet und unter den Bannern der »Toleranz« und des »Glaubens« in die »multikulturelle Gesellschaft« marschiert.

Nach britischer Auffassung ist die EU-Zuwanderungsregelung (Schengener Abkommen) »nicht das Papier wert, auf dem sie geschrieben steht«,[469] so daß neben Drogen- und Waffenhandel auch der kriminelle Menschenhandel durch internationale Schleuser-Organisationen im Prinzip ohne Hemmnisse ablaufen kann. Die letzten nennenswerten Hürden, die diesem Geschäft in Deutschland noch entgegenstanden, konnten durch das Zuwanderungs-»Gesetz« von 2002 beseitigt werden, das allerdings einen Verfassungsbruch benötigte, um zustande kommen zu können. Daß dieser Akt problemlos durch die »demokratischen« Instanzen lief, bestätigt die Logik eines Prozesses, der sich graduell von Recht und Gesetz befreit. Der Bundespräsident, der ihn ratifizierte, hatte selbst bereits vor über drei Jahrzehnten unter dem Einfluß masonischer Kreise gestanden.[469a]

Die Einkünfte aus diesem Sektor wurden wie der Drogenhandel schon zu Mitte der 90er Jahre auf eine Größenordnung um 130 Milliarden US-Dollar veranschlagt. Dieses

Geld muß »gewaschen«, d. h. von einem schmutzigen, inoffiziellen Status in einen sauberen, offiziellen umgewandelt werden. Diese Aktivität hat sich als »natürlicher« Ableger der Basisgeschäfte zu einem der lukrativsten Geschäftszweige der internationalen Banken entwickelt. Hier wurden – insbesondere im Bereich des Investmentbanking – die gesamten Potentiale der Banker-Expertise und -Phantasie in Verbindung mit den Weltbörsen, Anlage-Alternativen und Steueroasen aktiviert – ein Paradefall praktizierter Globalisierung!

In Rußland hat sich seit der Wende aus den Mafia-Klans des Landes ein beherrschendes Syndikat gebildet, das als kaum überschaubares Konglomerat wesentliche Banken und Wirtschaftszweige kontrolliert. Hier ergeben sich – insbesondere auf internationaler und EU-Basis – die Kontakte zur Umwandlung und Investition der immensen Einnahmen, die aus den verschiedenen Verbrechenssparten fortwährend hereinströmen. Die weltweit operierenden Mafia-Organisationen investieren bereits »traditionell« in Immobilien, Kasinos sowie in letzter Zeit auch Alten- und Pflegeheime sowie Krankenhäuser, die zudem willkommene Beiträge zum diskreten Drogen-, Organ- und Waffenvertrieb sowie diversen Sondersektoren leisten können. Da hiermit auch und besonders der Zugriff auf enorme Rohstoffreserven und Nuklearpotentiale verbunden ist, erfreut sich die Ostelite der besonderen Zuwendung der westlichen Politklassen.

Mit dem wachsenden Einfluß des Euromob kann die EU-Osterweiterung somit auch zur größten Bereicherungs- und Geldwäscheaktion aller Zeiten werden, wenn sich die Seilschaftpotentiale aus den Tagen des Warschauer Pakts effizient nutzen lassen – Mechanismen, zu denen die deutsche Wiedervereinigung die geeignete Kopievorlage lieferte. Dabei sorgen die Bankenlobby und vor allem die Supra-Ebenen wie Weltbank und Währungsfond für die Aufrechterhaltung eines ausgeuferten und gänzlich anonymen Devisenmarkts, der täglich weit über 1 Billion US-Dollar bewegt und zwei wesentliche, komplementäre Tendenzen begünstigt: die Auflösung der nationalen Volkswirtschaften und die gleichzeitige Herausbildung einer globalen, kriminellen Gegenwirtschaft als Grundlage einer kleptokratischen Herrschaft.[470]

Eine Transaktionssteuer, die den Spekulationsteil des Devisenvolumens von über 90% erheblich dämpfen könnte, wurde vom amerikanischen Wirtschaftswissenschaftler J. Tobin vorgeschlagen, oft diskutiert und immer wieder verworfen, weil sie die kleptokratische Umverteilung behindert.[471] Das immer wieder strapazierte Argument der »Freiheit« des Marktes offenbart sich als Dogma, als »Logik des Mißlingens«, die sich langfristig selbst aufhebt:

> »Wenn man unter ›Freiheit‹ ganz einfach einen Zustand versteht, in dem sehr wenige äußere Zwänge für das Handeln des einzelnen existieren, und wenn man unter »Gleichheit« das Recht auf den gleichen Zugang zu den materiellen und nichtmateriellen Ressourcen einer Gesellschaft versteht, dann wird »Freiheit« sehr schnell zu großer Ungleichheit führen, da es denjenigen, die aus irgendwelchen Gründen für bestimmte Handlungen besser ausgerüstet als andere, also etwa intelligenter sind, besser gelingen wird, sich den entsprechenden Zugang zu verschaffen,

während anderen das schlechter gelingt. Mehr Freiheit wird also einerseits zu mehr Ungleichheit führen, andererseits zur Freiheit der Wenigen und zur Unfreiheit der Vielen.«[472]

Eine solche Zwangslogik begünstigt nicht nur die Bildung oligarchischer Machtzentren und ihre Öffnung zu den »klassischen« Sparten des organisierten Verbrechens. Im Zeitalter der sich globalisierenden Telekommunikation spielen die Invasion fremder Datennetze, Software-Piraterie und das Erpressen von Lösegeld gegen den »Schutz« von Systemdaten eine Rolle von rasant steigender Attraktivität in der mafiosen Geschäftsskala. Da sich der Verlust interner Wissens- und Systemdaten häufig direkt mit dem Überleben des betroffenen Unternehmens verbindet, gestaltet sich dieser neue Bereich überaus einträglich, zumal die Opfer überwiegend auf Ermittlungen verzichten. Ihr Schweigen gerät zu undurchdringlicher, mafiagerechter Verschlossenheit, z.B. bei Banken, die durch ihre Beteiligung an Geldwäscheaktionen bereits erpreßbar geworden sind.

Die Finanzen der Mafia, befreit von Kosten und Steuern, stellen sich natürlich wesentlich stabiler dar als die der offiziellen Wirtschaft und vor allem die der Staaten. Sie verfügt über die mit Abstand moderneren und effizienteren technischen Mittel sowie über Standards der Software-Organisation und Kryptisierung, die ihren Vorsprung vor den Ermittlungsbehörden ständig vergrößern. Inzwischen werden Verfahren zur digitalen Fälschung aller Dokumente eingesetzt, die zur Realisierung und Absicherung der kriminellen Aktivitäten erforderlich sind. Während die Finanzen der offiziellen Sicherheitsorgane gekürzt werden und sich ihr Technikstand laufend verschlechtert, rüsten offizielle und inoffizielle Wirtschaft sowie vor allem der internationale Terrorismus zu einem darwinistisch anmutenden Digitalkrieg auf.

Sowohl Pässe, Geburtsurkunden, Führerscheine, Drogenrezepte und Einwanderungsbewilligungen können ebenso überzeugend gefälscht werden wie Aktien, Anleihen, Schecks und sogar Geldscheine – ein Eldorado für die Spezialisten effizienter Terrornetze. Die Echtheitsprüfung durch die Ermittler gestaltet sich entsprechend schwierig und kostenaufwendig. Vom Fortschritt der Bild-Digitalisierung »profitieren« vor allem auch Pornographie und Pädophilie bis hin zur Flut endlosen Videohorrors und dem »*snuff movie*«, der Live-Hinrichtung von Sex-Opfern – eine neue Dimension der Gewalt im Westen, die sich u. a. in Amokläufen solcherart medial Verwirrter ausdrücken mag.

Befragt über ihre Pläne zu Maßnahmen gegen derartige Trends, erklären sich die Eurokraten regelmäßig für »nicht zuständig« oder sogar »nicht kompetent«, weil die Probleme sich »fachübergreifend« darstellten und auf nationaler Ebene sich in »unterschiedlichen Stadien« befänden. Natürlich ist diese Schwammsprache geeignet und ihre auch als »Eurospeak« bekannte Zweideutigkeit gezielt darauf zugeschnitten, jeden konkreten Diskussions- und konstruktiven Lösungsansatz, der dem Gemeinwohl dienen könnte, tendenziell zu vermeiden, zumindest zu schwächen. Im Vordergrund stehen Wahrung und Stärkung der elitären Oligarchie, die ihre anhaltende Entethisierung mit Ausstrahlung auf alle nachgeordneten Ebenen sowie der Gefahr einer fortschreitenden Kriminalisierung zur Folge haben.

Diese Kriminalisierung geht mit der ins Gigantische wachsenden Finanzkraft sowohl der Konzerne als auch der Mafia sowie der gleichermaßen zunehmenden Tendenz der Politik zu Korruption und Gefälligkeitsverhalten einher. Im Zentrum dieser Interaktion steht die Migration nach Europa, die zu etwa zwei Dritteln von Deutschland getragen und primär die laufende Ruinierung seiner Staatsfinanzen herbeiführen wird. Bezeichnenderweise ist dort auch die Besteuerung wesentlich höher als z.B. in England und Frankreich, wo man inzwischen wachsende Hürden gegen die Zuwanderung aufbaut.

Da sich hier vielfältige, finanziell attraktive Möglichkeiten im Bereich des Schleusergeschäfts und der Verwaltung öffnen, wurde die Zuwanderung nicht nur zur Domäne des organisierten Verbrechens, sondern auch zur willkommenen Einnahmequelle kommunaler Stellen. Gut abgestützt durch perfekt gefälschte Dokumente, nachhaltig gefördert durch korrupte Politiker und Verwaltungsbeamte, die das Asylrecht zum »Asyltourismus« ausbauen, hat sich die Zuwanderung längst zu einer äußerst lukrativen Geschäftssparte entwickelt, auf die niemand gern verzichten möchte. Hierauf deutet allein schon die bekannte »Drittelstufung« dieses Bereichs hin: ein Drittel des deutschen Bruttosozialprodukts besteht aus Sozialem; ein Drittel des Sozialbudgets nehmen die Kosten ein, die sich mit der Zuwanderung verbinden; ein Drittel der Verwaltung beschäftigt sich mit den Komplexen Zuwanderung und Ausländer.[473]

Bei knapp 10% Anteil der Ausländer an der Bevölkerung beansprucht die Migration im weiteren Sinne die Sozial- und Verwaltungsbudgets also zu jeweils einem Drittel, ein enormes Mißverhältnis, das der Bevölkerung bislang durch eine vielstrapazierte, nicht weniger desinformierende Propaganda der »Toleranz«, und eine konformierende Hinführung auf den »ausländischen Mitbürger« verschleiert wurde. Bei dieser Spezies handelt es sich in der Regel um abgelehnte Asylanten, die aus einer rechtswidrigen Warteschleife zwischen Ablehnung und Abschiebung in den neuen – nur in Deutschland möglichen – Schleichstatus eines rechtsfreien, eher virtuellen »Mitbürgers« überführt werden, innerhalb dessen sie den langen Weg vom Sozialhilfeempfänger zum realen Mitbürger antreten. Wie ganz besonders bei muslimischen Zuwanderern deutlich wird, bleibt in einem solchen System die Integration auf der Strecke und kann nur in Einzelfällen von idealistischen Sozialarbeitern geleistet werden, deren Bemühungen im Raum staatlich geförderter Zweideutigkeit und Mediokrität zwangsläufig verpuffen. Wie erläutert, sind die Vertreter des einschlägigen »Islamdialogs« ohnehin nicht zur konkreten Lösung von Sachproblemen angetreten, sondern zur Verschleierung derselben, um zusammen mit den »Islamvertretungen« eine authentische, nicht integrierte Gemeinschaft zu installieren.

So wie Italien einen Lehrfall für die Kriminalisierung der EU auf Basis der irregulären Masonia bildet, so kann Deutschland seinen Beitrag von Seiten einer Zuwanderung leisten, in der Verfassungsbruch zur Basis erweiterten Schleusertums wird. Entscheidend ist die Fähigkeit und Bereitschaft des deutschen Machtkartells, auch die letzten, theoretischen Elemente demokratischer Willensbildung außer Kraft zu setzen, um die Zuwanderung einem außerhalb des Gesetzes stehenden Interesse zu unterstellen. Es steht außer Frage, daß ein solcher Vorgang grundsätzlich auch eine perspektivische Terrorfähigkeit des Systems beinhaltet, da dieses schon jetzt über hinreichende ideologische und finanzielle Beharrungsmotive verfügt.[474]

Als in dieser Hinsicht schon wesentlich weiter gediehen kann Irland gelten, das einen Pilotfall für die organisierte Kriminalität, verbunden mit bereits ausgewachsenem Terror liefert. Weiteres Geld spülte den Terroristen der Iran in die Kassen. Die Ayatollahs finanzieren ihre Terrorinteressen in Europa und weltweit aus dem gleichen Drogenanbau, den schon der Schah begonnen hatte und der seit Jahren gezielt gefördert und erweitert wird, um der Botschaft Allahs überzeugenden Nachdruck zu verleihen. Die IRA in Nordirland und die ETA in Nordspanien, die jahrelang nahezu vollständig von iranischen Hilfszahlungen abhingen, bildeten willkommene Experimentierfelder, die laufende Islaminvasion durch eine Destabilisierung der westlichen Gesellschaften zu unterstützen.[475] Mit einem religiösen Konflikt, geschweige denn »Religionskrieg«, wie uns die »christliche« Islamlobby immer wieder glauben machen will, hat dies erkennbar wenig zu tun.

Auf politischer EU-Ebene hatte sich zwar die sogenannte Trevi-Gruppe gebildet, die den Eindruck einer Front gegen den Terrorismus vermitteln sollte. Auf nationaler Ebene handelten die Regierungen und die diversen gesellschaftlichen Gruppen jedoch nach jeweiliger Interessenlage, von der die zahlreichen, islamischen Gruppierungen – ob terrorbereit oder nicht – ausnahmslos profitierten:

> »Angesichts zynischer, psychologischer Kriegführung fragt sich, was an dem gesamten Terrorismusgeschehen echt ist und was zur Beeinflussung der öffentlichen Meinung, zur Lenkung der Wähler von außen wie von innen in Szene gesetzt wird.«[476]

Die Hinweise auf den gezielt proislamischen »Glauben« der Kirchen, die gezielt proislamische Zuwanderungspolitik der Parteien, die gezielt proislamische Ideologie der betroffenen »Wissenschaften«, insbesondere der Orientalistik, nicht zuletzt das gezielt proislamische Kultursponsoring der Unternehmen, verbinden sich zu einer umfassenden Strategie des Islamimports nach Europa. Der Bevölkerung werden dabei eine korrekte Information und demokratische Abstimmung über das, was den real existierenden Islam selbst, seine aggressive Geschichte und deren Bedeutung für die eigene Zukunft betrifft, vorenthalten. Mit dieser Strategie geht eine Tendenz zu Desinformation, Korruption und Kriminalisierung einher, welche die politische Ebene, aber auch Kirche und Wirtschaft, zu den Strukturen des organisierten Verbrechens öffnet.

Insgesamt weisen viele Ergebnisse unserer Betrachtungen darauf hin, daß die maßgebenden Führungsebenen in der Gefahr stehen, sich zu einer gemeinwohlfeindlichen Oligarchie zusammenzuschließen, welche ihrerseits Merkmale der *Kleptokratie* trägt. Hierbei handelt es sich um eine Machtform, die den Besitzstand der Gemeinschaft einseitig nach oben, d. h. zugunsten einer sich verdünnenden Elite, umverteilt. Geistige und rechtliche Substanzen wie Glaube, Herkunft und Menschenrechte werden durch die neuen Herrschaftsideologien von kultureller Toleranz und wirtschaftlicher Effizienz rapide abgebaut.[477] Somit kann sich das Urteilsvermögen der Bevölkerung über die Entwicklung der eigenen Situation und Interessen systematisch einengen und sie damit vor allem völlig unangemessene Steuern akzeptieren lassen. Mit anderen Worten: In dem Maße, in dem der Staat das Wohl der Wirtschaft verfolgt, dienen Toleranz und Effizienz als Treibsätze für die Umwandlung öffentlicher Potentiale in Privatvermögen und Privatmacht.

Innerhalb dieser globalen Tendenz spricht vieles dafür, daß sich auf EU-Ebene eine Allianz aus Masonia und Mafia, das sogenannte MaMa-Syndrom, bildet, welches als »harter Kern« Entdemokratisierung und Kriminalisierung der europäischen Führungsebenen fördert. Selbst wer diese Entwicklungen mit gelassenem, positivem Denken verfolgt, kann die dynamischen Impulse nicht übersehen, die durch die irregulären Freimaurer in Italien und die verfassungswidrigen Kräfte in Deutschland auf nationaler Ebene gesetzt werden. Sie haben eine ungute Tendenz angeschoben, die auch in allen anderen EU-Ländern unterschiedlich zu grassieren scheint.

Die Berichte sind unwidersprochen geblieben, nach denen in den Spitzen der EU-Verwaltung konkrete Personen die Verbindung zwischen Loge und Mafia halten, und nach denen in Kommission und Parlament ganze Abteilungen entstanden sind, die sich nach MaMa-Kompetenz »brüderlich« aufteilen. Offiziell werden auch diese Einschätzungen mit der üblichen »Verschwörungstheorie« abgetan, obwohl kein Geringerer als S. Lima, prominentes Mitglied der Cosa Nostra und Freund Andreottis, Abgeordneter des Europa-Parlaments war.[478] Der erwähnte Orlando, sizilianischer Bürgermeister, Europapolitiker und Spezialist für das organisierte Verbrechen auf europäischem Niveau, hatte diese fragwürdige Richtung erkannt und als Warner vor den weitreichenden Folgen des MaMa-Syndroms kein Blatt vor den Mund genommen:

> »Ich weiß ganz genau, wie viel Schutz die Freimaurer dem organisierten Verbrechen geben, und ich mache es bekannt. Denke nie das eine – die Mafia – ohne das andere – die Freimaurerei! ... Aus Palermo kommt das Abnorme, die Verbindung von Politik und Polizei mit der Mafia, die Verbindung von Richtern mit den Freimaurern. Zu zeigen, daß es möglich ist, eine normale Regierung in Palermo zu etablieren, wird eine Revolution sein «[480]

Natürlich kann nicht übersehen werden, welch frappierende Ähnlichkeit das MaMa-Syndrom mit der Dynamik des *djihad* und der Machtpolitik des Vatikan aufweist. Sie alle entwickeln kleptokratische, gewaltfähige Strategien, die sich auf Basis eines wertfreien Machtanspruchs an kollektivem Fremdvermögen bereichern und mit einem ideologischen Konstrukt garnieren, das sich im einen Falle »Allahgesetz«, im anderen »Toleranz« oder auch »Europäische Einigung« nennt. In allen Fällen ist die Anwendung von Gewalt kein Problem, sondern eher integraler Bestandteil der Strategie, wovon, wie sich in so manchem mysteriösen Todesfall gezeigt hat, auch der Vatikan nicht völlig auszunehmen ist.

Im Jahre 1993 wurde im EU-Bereich der Fall Quantraro bekannt, ein Logenmitglied und Eurokrat, der die Subventionsleistung für wertlosen europäischen Tabak von 1,0 auf 1,7 Milliarden US-Dollar steigerte. Er änderte die bestehenden Verordnungen mit dem einzigen Zweck, den Betrug zu erleichtern, denn nun konnten 700 Millionen für Tabak gezahlt werden, der nicht nur schlecht war, sondern überhaupt nicht vorhanden zu sein brauchte, und in einem Jahr mit einem Betrag subventioniert wurde, den die USA in 60 Jahren insgesamt an ihre Tabakbauern gezahlt haben. Dieser »Erfolg« nützte zwar Quantraro wenig, anderen Begünstigten umso mehr: Kurz vor seiner ersten Vernehmung kam er den von seiner Aussage Bedrohten entgegen und fiel durchaus passend aus dem Fenster seines Brüsseler Büros im 6. Stock.[480]

Das jährliche Betrugspotential im – mehrheitlich agrarischen – Topf der EU-Subventionen beträgt nach konservativer Schätzung zwischen 15 und 20 Milliarden US-Dollar. Während die EU indes subventionierte Produkte in Drittweltländer pumpt und deren Erzeugung ruiniert, sehen die Experten den einzigen Sinn dieser Subventionen in der Förderung von Betrug und organisiertem Verbrechen.[481] Selbst die Betroffenen – Kommission, Ministerrat und Parlament – scheinen sich trotz aller Privilegien ihrer Sache keineswegs sicher zu sein und werfen sich unentwegt nicht nur fehlende Demokratiefähigkeit und Kompetenz, sondern in bemerkenswerter Einsicht sogar auch Korruption vor.

»Schon jetzt leidet die Europäische Union an einem demokratischen Defizit, das es verbietet, Deutschland noch als Rechtsstaat zu bezeichen«,[482] lautet ein staatsrechtliches Resumee, das auf der Diskrepanz zwischen der Staatlichkeit der Länder und den feudalen EU-Strukturen fußt. Konsequenzen werden allerdings dennoch nicht gezogen, obwohl die Prüfungsberichte des Rechnungshofes voll von Kritik an diesen Strukturen sowie raffinierten Betrügereien sind, deren Größenordnung pro Einzelfall nicht selten 10 Millionen US-Dollar übersteigt. Die regelmäßige Verhinderung jeglicher Strafverfolgung wird mehrheitlich dem Einfluß der Masonia zugeschrieben,[483] deren halbgeheimen Bünde in zahlreichen Gremien der Exekutive und Judikative vertreten sind. So scheint die Unterwanderung weiter EU-Bereiche nicht mehr ernsthaft bestritten zu werden, zumal das chronische Scheitern der seltenen Reformversuche immer wieder auf diese Infiltrationen zurückweist.

Da das Prinzip der illegalen Profitmaximierung Mafia und Masonia eint, ist die Drohung mit Gewalt und latentem Terror als Schutz dieser gigantischen Geldmaschine eine selbstverständliche Option. Hieraus ergibt sich ebenso, daß eine effiziente, dauerhafte Kontrolle der zu vergebenden Gelder nachhaltig unterbleibt. Resignierte Eurokraten meinen daher, die EU und der Steuerzahler könnten nur profitieren, wenn die Mafia ihr Management offiziell übernähme, womit erhebliche Teile des Schwunds durch Korruption und Betrug entfielen.[484]

Dieses »Argument« überzeugt nicht wirklich, weil das MaMa-Syndrom den Potentialen der Gesellschaft nichts zuführt, sondern sich an ihnen in globaler Orientierung systemhaft bedient. Der Begriff der Globalität zielt dabei nicht nur auf den geographisch-territorialen Aspekt, sondern besonders auch auf diejenige Sphäre, welche die Dominanz der Macht sichert. Wie vielfach geschildert, begünstigen Einfluß und Korruption die wachsende Unterwanderung und graduelle Verbindung verschiedenster Machtfelder in Politik, Kirche, Mafia, Geheimdienst etc. und ermöglichen auch Terrorstaaten wie

Iran und Libyen und aufkommenden Mitspielern wie Saudi-Arabien erweiterte Handlungsspielräume. Gremien wie die Islamische Weltliga haben als Abteilung der UNO und Verwalter enormer Vermögen nicht nur direkten Einfluß auf westliche Regierungen, sondern auch – über Interpol und Europol – gewisse Zugänge zu qualifizierten Informationen, die sie über ihren hohen technischen Standard im Computer- und Internet-Bereich im Grunde beliebig verknüpfen können.

Während Europol weiterhin schwach ausgerüstet bleibt und keine übergreifenden, FBI-ähnlichen Kompetenzen erhält, kann und wird sich das EU-Kartell nicht nur kriminalisieren, sondern auch islamisieren. Denn der Import der Muslim-Massen nach Europa birgt neben finanziellen Anreizen einen unschätzbaren Vorteil für die Eliten: die Destabilisierung der europäischen Gesellschaften. Die Appeasement-Politik der EU gegenüber den islamischen Ländern stellt sich als Zug-um-Zug-Geschäft der gegenseitigen Marktsicherung, als Wohlwollens-Austausch der riesigen Waffen- und Konsum-Märkte des Islam gegen ungehinderte Zuwanderung nach Europa dar. In Erwartung späterer Investitionen fließen seit Jahren große Beträge aus Europa und Amerika nach Palästina, wo sie in erheblichem Umfang – in einem einzigen Jahr mit 323 Millionen US-Dollar – auf Arafats Privatkonten landeten.[485] Einschlägige Vorwürfe ließen seine Leute unter zynischem Hinweis auf die EU-Korruption routiniert ins Leere laufen:

> »Es tut mir leid zu sagen, daß auf Seiten der Geberländer und nicht etwa innerhalb der Autonomiebehörde Korruption herrscht ... Europas Problem ist die Korruption innerhalb der EU, und davon wird die Autonomiebehörde in Mitleidenschaft gezogen.«[486]

Bei solchen »Partnern« weiß niemand, wer sich in welchem Umfang an welchen Geldern bedient, ebenso wie niemand weiß, wer welche Vorteile von Schuldenerlassen wie z. B. demjenigen Deutschlands an Rußland im Jahre 2002 hat. In diesem Geschäft wirkte als erfolgreicher Verhandler Präsident Putin selbst mit, dessen Name immer wieder in Verbindung mit der Petersburger Tambow-Mafia auftaucht, dem mit Abstand stärksten Wirtschaftsfaktor Rußlands.[487] Hier beginnen sich »Imperien« völlig rechtsfreier Räume zu bilden, die sich aus der mafiosen Ausbeutung staatlicher Potentiale ergeben und von Einzelpersonen mit extremer Handlungsfreiheit beherrscht werden.[488]

Die Macht solcher Personen geht zuweilen weit über den Einfluß »normaler Politik« hinaus. So gewann z. B. jener russische »Admiral« – Imperator des neuen Imperiums und nebenbei Pate der österreichischen Mafia – schnell das »Vertrauen« Präsident Clintons, weil er über die Mittel zu verfügen schien, den Zugang sowohl zum ukrainischen Atomlager als auch kasachischem Öl zu ermöglichen.[489] Ob deutsch, europäisch oder global, ob Italien oder Deutschland, Türkei oder Rußland, EU oder Arafat – die Dynamik westlicher Entdemokratisierung und Korruption scheint kaum noch bremsbar. Je weiter sich die Kleptokraten dem Kreislauf der Korruption und mafioser Einflüsse öffnen, desto stärker der Schwund offizieller Rechtsnormen, der Schutz des organisierten Verbrechens und der Abbau bürgerlicher Freiheiten. Je deutlicher sich in diesem Rahmen proislamische Toleranzdoktrin, Schariatismus und der Druck islamischer Korrektheit bemerkbar machen können, desto ausgeprägter müssen die Verzichtsleistungen der Basisgesellschaft werden in der Wahrnehmung demokratischer Rechte und interessenwahrender Analysen.

Je mehr Muslime also unter Fortsetzung desinformierender Propaganda importiert werden, desto größer das Risiko sozialer Unruhen und damit die »Berechtigung« der Oligarchie zu weiterer Einschränkung der bürgerlichen Rechte. Mit anderen Worten: Je »liberaler« sich die kartellierte Kleptokratie an den »nützlichen Abgaben« der Wirtschaft und den Ressourcen der Gemeinschaft bedient, und je geschickter sie dabei im weiteren Abbau des kritischen Potentials ist, desto unangefochtener wird sich ihre Machtposition festigen lassen. Der Import des Islam ist in diesem Szenarium eine unabdingbare und vorhersagbare Bedingung, die mit Moscheenbau, Islamunterricht, Ghettoförderung und vor allem unentwegtem »Dialog« seit Jahrzehnten konsequent betrieben wird.

Ein weltweit einzigartiges Asylrecht, ein weltweit einzigartiges Zuwanderungsgesetz, eine islamfixierte Toleranzideologie und eine sowohl islam- als auch mafiaorientierte Rechtsauflösung machen Deutschland zum unverzichtbaren Nukleus des Euromobs und der vom MaMa-Syndrom vorangetriebenen Kriminalisierung Europas. Mit anderen Worten: Solange die deutsche Politik die Zuwanderung im allgemeinen und die Terrorfähigkeit des Islam im besonderen mit entmündigenden Diskussionstabus belegt, bestätigt sie einen Prozeß der Entdemokratisierung, der sich vor allem in ihrer absolutistischen Parteienherrschaft ausdrückt. Wie einschlägige Untersuchungen zeigen, werden bereits seit langem die demokratischen Institutionen okkupiert und darauf abgerichtet, der Bevölkerung den Verzicht auf demokratische Rechte als ihre höchste Pflicht zu vermitteln, während alternative Bürgerbewegungen, sachliche Meinungsbildung und die öffentliche Kontrolle insgesamt aggressiv abgewehrt werden.[490]

Wie ist nun eigentlich die Befindlichkeit eines politischen Systems beschaffen, das die Kontrolle der eigenen Loyalität, der islamischen Zuwanderung und nicht zuletzt des organisierten Verbrechens verhindert? Was befähigt die »Volksvertreter«, offenbar ganz andere Interessen als die des Volkes zu vertreten, wenn unzählige Milliarden in Subventionslöchern oder der Finanzierung amerikanischer Privatkriege im Golf und im Kosovo verschwinden? Warum wird die öffentliche Diskussion zentraler Fragen wie Eurolasten, europäische Zuwanderung und Islamisierung mit Straftabus umstellt, obwohl diese Fragen für die Zukunft der Bevölkerung von langfristig grundlegender Bedeutung sind?

d) Politkartell und Islam in Deutschland

Die deutschen Parteien und ihre geistigen Grundlagen in der politischen Willensbildung stehen seit Jahren unter wachsender Kritik. Als treibende Kräfte der politischen Praxis werden mehrheitlich das Interesse an Macht und Amt ausgemacht. Regierung und Opposition ergänzen sich in dieser Motivation, wobei im Verlauf der Entwicklung das Gemeinwohl deutlich hinter ein übergreifendes Berufsinteresse zurückzutreten begann, eine Konstellation, der Verfassungswidrigkeit bescheinigt wird.[491] Die Wahrung handfester, persönlicher Interessen unter Sicherung üppiger Gehälter und Altersversorgung schließt alle Parteien zu einem Profitkartell in eigener Sache zusammen, das auch vor Täuschung und Betrug nicht zurückschreckt, wie die deutsche Diätenaffäre von 1995 und die Folgeereignisse eindrucksvoll unter Beweis stellten.

Die Rechtsfreiheit des Abgeordneten ermuntert ihn zur Aufbesserung seiner Bezüge durch Übernahme von Interessenvertretungen für Verbände oder Unternehmen, wann immer diese Möglichkeiten erkennen, über ihn Einfluß auf die Gesetzgebung nehmen zu können. Die materielle Attraktivität dieser Regelungen zieht insbesondere Beamte und öffentliche Angestellte an, die ohne Parteibuch keine Karriere machen können, und zusammen mit den »Einrichtungen« der Parteienfinanzierung und kontrollfreien Bezüge zur Aufblähung eines enormen Politikapparats beitragen. Da allein die Parteigremien als eine Art geschlossene Gesellschaft und nicht die Wähler über die Nominierungen entscheiden, sind in der deutschen Demokratie Wettbewerb und Chancengleichheit ausgeschlossen.

Die kartellartige Position der Parteien wird zusätzlich gefestigt durch steuerfreie, nicht nachweispflichtige Wahlkampfpauschalen und Spenden, die etwaiger außerparteilicher Konkurrenz nicht zugestanden werden. Es bleibt abzuwarten, ob die Gesetzesänderung von 2002 zum Problem der Parteispenden hier spürbare Remedur schaffen kann. Da die Parteien als Gesetzgeber jede Politkonkurrenz nachhaltig abwehren wollen, wird auch die steuerliche Absetzbarkeit der Kosten nicht zugebilligt, wobei diese Zusammenhänge kollektivem Schweigen unterliegen. Die Verselbständigung des politischen Machtapparats, sein gesetzgeberisch verankertes und geschütztes Eigeninteresse und seine strukturell gegen Öffentlichkeit, Wettbewerb und Solidarinteresse ausgerichtete weitere Entwicklung gehören zum bestgehüteten Insiderwissen der Republik.

Das Auswahlsystem für öffentliche Ämter bevorzugt den Typus des angepaßten Parteiarbeiters mit wenig Zeit für sachliche Bildung und drückt somit systematisch und dauerhaft auf das intellektuelle Niveau des politischen Berufs. Die für andere Berufe übliche Kausalität zwischen Leistung und Erfolg sowie spezifische Anspruchsprofile sind somit im politischen Bereich unbekannt. Die Konzentration auf Ämterhäufung und Machtsicherung bei fehlender Leistungs- und Verantwortungsüberprüfung fördert zu Mediokrität und Skrupellosigkeit neigendes Personal, das weder strukturell noch intellektuell in der Lage ist, das öffentlich-gesellschaftliche Interesse zu erkennen, geschweige denn wahrzunehmen.

Die eigentliche Abhängigkeit der Politiker vom Nominierungsmonopol ihrer Partei und zu 40% von Verbands- und Unternehmenshonoraren wird kaum erkennbar. Da zudem sämtliche Zuwendungen ohne Meldepflicht persönlich und steuerfrei vereinnahmt werden können, kennt das Recht für deutsche Politiker ebensowenig den Tatbestand der Korruption. Wir haben es daher mit einem Parteiensystem zu tun, das ohne Leistung und Verantwortung gegenüber den Bürgern in allererster Linie seine

Selbstversorgung und Machtverewigung im Auge hat, und vom Verwaltungsrechtler H. von Arnim als ein »System der organisierten Verantwortungslosigkeit« eingestuft wird.

Das Phantom des unabhängigen Abgeordneten verdeutlicht nicht nur den Kontrast zur Wirklichkeit des angepaßten Parteisoldaten und seiner funktionalen Einbindung in die kollektive Machtsicherung der Partei, sondern auch die vollständige Abwesenheit der zwei wichtigsten Leitlinien moderner Demokratie: der Mitentscheidung des Volkes und der sachlichen Richtigkeit der zu entscheidenden Inhalte. In diesem Kontext wird nicht nur das Gemeinwohl durch das Parteieninteresse dominiert, sondern letzteres durch Besetzung der Medien, Verbände und Verfassungsorgane von jeglicher Kontrolle befreit. Im Rahmen einer dergestalt außer Kraft gesetzten Gewaltenteilung und Rechtsstaatlichkeit kann sich kein übergreifender gesellschaftlicher Zusammenhalt im Sinne einer sich selbst wirksam bestimmenden Gemeinschaft entwickeln.

Indem die politische Klasse ständig in eigener Sache entscheidet, verlieren die von ihr ohnehin besetzten Institutionen – Verbände, Gerichte, Medien etc. – nicht nur ihren gemeinschaftlichen Sinn, sondern mutieren in Usurpation durch die Parteien zu quasidiktatorischen Steuerinstrumenten, die selbst daran interessiert sind, das eigentliche Ausmaß der Entdemokratisierung zu verschleiern. Wichtigste Perspektiven wie Zuwanderung, Asyl, Eurokomplex werden nun von einer Handvoll abgehobener Politiker bestimmt, die im Verbund mit der Medienherrschaft den Neofeudalismus negativer Eliten, einen »Mechanismus der umgekehrten Demokratie« erzeugen.

Der seit Jahren von dieser Fehlentwicklung am konsequentesten profitierende Bereich ist der Komplex der Wirtschaftsglobalisierung, der eine umfassende »Deregulierung« mit Privatisierung von Staatsunternehmen und Steuervorteilen für Großkonzerne bewirkte. Im Zuge dieses Trends erwies sich die Bildung größerer Einheiten wie der EU als vermeintlich ideales Konzept zur Erschließung immer neuer Märkte, zur Vereinheitlichung der europäischen Gesellschaften und – vor allem – ihrer verstärkten Zerstreuung durch die polarisierende Wirkung der islamischen Zuwanderung. Je weiter diese Entwicklung voranschritt, desto intensiver und unkontrollierter konnten die Mechanismen des MaMa-Syndroms greifen – mit allen Folgen der Korruption und Kriminalisierung des europäischen Machtkartells.

Sowohl auf nationaler als auch auf EU-Ebene entfällt die Opposition als kontrollierende Instanz, weil die Machtebene außerhalb des Rechts ihre eigenen Regeln schafft und alle von dem selbstgestalteten, autonomen Regulierungssystem vital profitieren. Überall entstehen faktische Einparteiensysteme bzw. -staaten, in dem mehrere Parteien mit identischen Interessen existieren. Die macht- und pfründesichernde Verknüpfung der politischen Klasse mit den Globalinteressen der Wirtschaft zwingt die deutsche Einheitspartei zu einer umfassenden Aufnahme und Finanzierung der nach Europa drängenden Migranten. Hier richtet man sich massiv gegen die »Besitzstände« der Solidargemeinschaft und aktiviert dabei die Menschenrechte als Teil der liberalen Toleranzdoktrin, die somit – nach dem Pilotexperiment im Kosovo – zu einer erweiterten Machtbasis wird.

Ein auf Machtsicherung und Korruption ausgerichteter »Berufsstand«, der die Institutionen des Staates dem Diktat der Parteien und der Wirtschaft unterwirft sowie dabei die Ämter unter den Schutz undurchdringlicher Patronage stellt, kann weder das Gemeinwohl noch die sachliche Richtigkeit der jeweiligen Situation im Auge haben. Die Machthierarchie fordert systemgerechtes, d. h. parteigerechtes Wohlverhalten, dem jede Sachkonstellation anzupassen ist. Es liegt auf der Hand, daß diese Anpassung umso belastender für das Gemeinwohl wird, je stärker sie der systematischen und finanziellen Position des Kartells, des Systems »organisierter Interessen« zu dienen hat. Ein auf diese Interessen abgestimmtes Gefüge von Politikberatung, Gefälligkeitsgutachten und »Hofkommissionen« strebt dabei mit abnehmendem Erfolg den Eindruck einer rechtlichen und intellektuellen Seriosität an.[492]

Gesteuert von einem umfassenden, dem Kirchensystem nicht unähnlichen Gehorsam besetzen die Vertreter des Kartells den gesamten Staat – Verwaltung, Rechtswesen, Wissenschaft und Medien – und erzeugen eine gleichermaßen umfassende, geistige und damit auch materielle Korruption, die das sachorientierte Gemeininteresse dem organisierten Kartellinteresse grundsätzlich nachordnet. Es ergibt sich ein kraftfeldähnliches Spektrum, dessen Energien – gesteuert von den organisierten Interessen der Wirtschaft – von Kollaboration und Opportunismus über Lobbyismus und Bestechung bis hin zur Dynamik des ethikfreien Profits und organisierten Verbrechens reichen.

Als gestaltende Kraft dieses Spektrums tritt als führender Vorteilsnehmer das Kartell selbst auf, das sich in Politik, Kirche und Wissenschaft neue, aufeinander abgestimmte Regeln schafft, welche die eigene Position vom geltenden Recht abkoppelt und zugleich ihre jeweilige Klientel zu systematischem Rechteverzicht zwingt. Selbst wenn es in seltenen Fällen zu Ermittlungen gegen Fehlverhalten seitens der Politklasse kommt, werden die Verfahren in aller Regel niedergeschlagen oder der Form halber endlos in der Schwebe gehalten, weil alle Justizebenen von den Parteien besetzt und bis hinauf zum Verfassungsgericht manipuliert sind, das bekanntlich keine Schwierigkeiten hat, »Elemente der *sharia* ins deutsche Grundgesetz aufzunehmen«.[493] Da somit im Grunde weite Felder juristischer Relevanz von den Angehörigen der Politklasse frei gestaltet werden können, entwickelte sich eine Mentalität, die Korruption zur Norm und den Politiker zum wichtigsten Vollstrecker der organisierten Wirtschafts- und Kulturinteressen machte.

Durch Korruption wird die Wirkung des Amtes dem Gemeinwohl entzogen; der Politiker privatisiert sozusagen die ihm öffentlich übertragene Machtstellung zur Nutzung persönlicher Vorteile, so daß es zu einem Interessenkonflikt zwischen Amtsinhaber und Öffentlichkeit kommt. Da letztere die Kosten des Amtsmißbrauchs über längere Zeit nicht direkt spürt, wird von einem »opferlosen Verbrechen« gesprochen, das sich bei den Tätern, den Politikern, in einem fundamental fehlenden Unrechtsbewußtsein und schließlich in einem nur sie betreffenden Schattensystem, einem Korruptionsstaat im Staate, niederschlägt.[494]

Verschiedentlich wurden Versuche unternommen, diese Tendenz durch einen Vergleich mit der »unsichtbaren Hand« zu verharmlosen, jenem liberalen Prinzip, das nach dem Ur-Ökonomen Adam Smith (gest. 1790) eine harmonische Güterverteilung und Konkurrenz in der Wirtschaft bewirkt. Die Übertragung dieser Verteilungsfunktion auf die Politik muß jedoch mißlingen, weil die wesentlichen Voraussetzungen fehlen. Ein für alle offener Zugang zu einer intakten Rahmenordnung und damit ein unbehinderter Wettbewerb ist außer Kraft gesetzt. Da die Wenigen sich auf Kosten der Vielen bemächtigen und bereichern, erzeugt das System eine immer mächtigere und reichere, d. h. *kleptokratische* Elite, die ihre Macht und Finanzressourcen systematisch und dabei zunehmend kriminell organisiert und durch Okkupation der Institutionen gegen die Interessen des Wahlvolks abschottet.

Da die Korruption – noch – gegen allgemein akzeptierte Normen verstößt, sucht sie sich Ersatz- oder »Schatten-Normen«, die sich in abgeschlossenen Strukturen in einem für die Öffentlichkeit nicht zugänglichen Raum einrichten. Die Parteien bilden sich – sozusagen auf Korruptionsebene – neu, indem ihre Amtsträger sich auf inoffizielle Normen einigen, die als neues, exklusives Recht für alle verbindlich sind. In einer geheimbundartigen Organisationsform erlangen interne Hierarchie, Gehorsam, Vertrauen und vor allem undurchdringliche Verschwiegenheit eine existentiell wichtige Geltung.[495]

Es bilden sich ordensähnliche Kreise, in die im Rahmen regelrechter Initiationsriten nur bewährte Kräfte, die über Jahre einen eisernen Kadavergehorsam bewiesen haben, als »Eingeweihte« aufgenommen werden, um am System der illegalen Einkünfte partizipieren zu können. Was sich somit auf deutscher Ebene als gängige Praxis etabliert hat, kann in Abstufungen auch für die anderen Mitgliedsländer der EU, insbesondere Italien, angenommen werden und bildet die Vorbereitung auf die Praktiken des MaMa-Syndroms sowie die »höheren Weihen« des regierenden Euromob.

Zu diesen Praktiken gehört vor allem die ungestörte Zuwanderung, der das einzigartige Asyl-»Recht« in Deutschland ideale Bedingungen einräumt. Die illegalen Einwanderer/Drogenhändler stellen einen Antrag auf Asyl, der trotz regelmäßiger Ablehnung kaum zur Abschiebung, sondern in der Regel zu einem rechtlich illegalen, faktisch legalen Daueraufenthalt führt. Die Aushebelung des Asylrechts wird begleitet von einer zunehmend korrupten Justiz, welche die Arbeit der Polizei unterläuft, indem sie Verfahren verschleppt und einschlägige Straftäter nicht dem Gesetz entsprechend aburteilt, sondern immer wieder auf die Straße zurückschickt.

Von der Gesetzlosigkeit des »Zuwanderungsgesetzes« von 2002 und den dabei gebrochenen Verfassungsregeln war bereits die Rede (s. o. S. 264). Durchführungsverordnungen und Ausnahmebestimmungen dieses »Gesetzes« sind überaus komplex und erzeugen durch ihre innere Gegenläufigkeit zahlreiche, neutralisierende Effekte, so daß weniger von einer wirksamen Kontrolle der Zuwanderung, sondern eher von einer gezielten Kriminalisierung dieser Zuwanderung gesprochen werden kann. Da eine solche Weichenstellung zu erheblichen gesellschaftlichen Verwerfungen führen wird, wenn nicht bereits geführt hat, sind es somit Politik und Justiz selbst, die der beschworenen »Ausländerfeindlichkeit« die entscheidenden Impulse geben. Indem die Randbedingungen der Zuwanderungspolitik »Ausländerfeindlichkeit« und »Rechtsradikalismus« begünstigen, schafft die Politik die gesellschaftliche Destabilisierung, die das übergreifende

Machtkartell zu systematischer Entdemokratisierung und mentaler Entmündigung der Masse braucht.

Vergleichbar mit Priestern und Mafiapaten herrschen die Parteigrößen über das Parteivolk, das sich um der Pfründe willen jeder Anweisung unterwirft. Wie ein Pilzgeflecht breitet sich dieses Korruptionssystem aus und erzeugt durch seine finanzielle und dabei straffreie Attraktivität die Garantie für eine irreversible Entdemokratisierung. Dem Wahlvolk bleibt hier nur die Zustimmung zum Verzicht auf eigene Rechte, begleitet von einem Vertrauensverlust, der unter dem Eindruck wachsender Korruption zu einem ethischen Verfall auch in der Bevölkerung führt.

»Fremdenhaß ist eine Krankheit, die durch Respekt geheilt werden kann«, lautete die dialogkonforme Devise des türkischstämmigen Grünenpolitikers C. Özdemir, einer Gestalt, die der Versuchung durch die deutsche Verbindung aus Korruption und Islamförderung besonders ausgesetzt war. Respekt war diesem »Politiker« für die Gelassenheit zu zollen, mit der er hinter der probaten Maske des Kreuzritters gegen den »Fremdenhaß« optimierten Gewinn zu ziehen verstand. Durch einen Niedrigzinskredit hatte er sich in den Verdacht der Bestechung und der Steuerhinterziehung gebracht, den er durch eine öffentliche, aus seiner Sicht offenbar plausible »Erklärung« zu zerstreuen suchte: er habe nicht gewußt, daß man in Deutschland Steuern zahlen müsse![495a] Eine klarere Bestätigung für die kleptokratische Routine des Politkartells konnte Özdemir – wenngleich nur ein Leichtgewicht unter den Akteuren – nicht liefern. Seine anschließende Demission gehört eher zu den Ausnahmen.

So wird die politische Klasse zur »negativen Elite«, wobei die Nähe ihres Korruptionsordens zu den Machtorden der Kirche, Freimaurer, Mafia und Muslimbrüder zunehmend erkennbar sind. Als Kernzelle und Motor der Islamisierung und Kriminalisierung Europas ist Deutschland auf eine reibungslose Zusammenarbeit mit eben dieser Muslimbrüderschaft (MB) verwiesen, der »mächtigsten und bestorganisierten Geheimorganisation der islamischen Welt«.[496] Ursprünglich eine Gründung der Briten, propagierte diese Bruderschaft zwar ständig das »Gesetz Allahs«, nahm jedoch rasch einen eher an westliche Strukturen angelehnten Charakter an, dessen Organisation an Ordensformen der Jesuiten und der Mafia und dessen Propaganda an Praktiken der europäischen Ideologien erinnerte.[497] Mit der Doktrin des »Panislamismus« steuerten bereits die Briten die Muslimbrüder und ihren masonischen Strohmann Al-Afghani in Persien gegen Rußland und in Ägypten gegen Frankreich.

Sie schufen damit praktische Kopievorlagen für eine grundlegende Doppelfunktion der MB-Organisationen – als nach außen offen auftretender, werbewirksamer Sozialkader und nach innen als geheim operierender Terrorkader. Sowohl in den Ländern des Islam als auch in der europäischen Diaspora bilden diese Doppelstrategie und ihre subversive Ambivalenz zwischen weicher Wohlfahrt und hartem Terror eine latente Bedrohung für die aktuellen Regierungen und die innere Sicherheit ihrer Staaten. Nichts könnte dieses Zielbewußtsein zwischen Geduld und Gewalt besser beschreiben als das Motto des »Zentralrats«-Vorsitzenden in Deutschland, der weiß, »daß das weiche Wasser in Bewegung mit der Zeit den harten Stein besiegt«.[498]

Die herrschende Politklasse kann in dieser Konstellation keine Bedrohung erkennen, weil nach dem seit Jahren gepflegten »kritischen Dialog« mit dem Terrorstaat Iran natürlich gerade auch in der Kooperation mit dem Petro-Islam individuelle Profitchancen liegen. Zwar lassen sich aus dem wachsenden Anteil arabischer Mittel an der wuchernden Staatsfinanzierung auch kollektive Finanzrisiken erkennen, doch können diese gemäß der »organisierten Verantwortungslosigkeit« kommenden Generationen überlassen werden. In Deutschland scheint man aus dieser »Not« eine willkommene Tugend gemacht zu haben, indem sich alle »Verantwortlichen« und maßgeblichen Führungsebenen den Panislamismus der Muslimbrüder spätestens ab dem 11. September zur Grundlage der eigenen Weltanschauung gemacht haben.

Sie erklärten den Zentralrat der Muslime, der seine Zugehörigkeit zur Muslimbruderschaft bislang nicht überzeugend widerlegt hat, bekanntlich zur einzig akzeptablen und authentischen Vertretung des Islam in Deutschland. Eine dubiose, arabisch dominierte Gruppe, die dem Vernehmen nach vom wahhabitischen Saudi-Islam finanziert wird und die große Muslim-Mehrheit der Türken in Deutschland nicht vertritt, wurde per Dekret zur legitimen Vertretung aller Muslime in Deutschland aufgewertet. Selbst wenn der »Zentralrat« keine Verbindung zur MB unterhielte, so müßte er doch als ein Verband gelten, der ihre Strategie perfekt verinnerlicht hat.

In einem vom Nachrichtenmagazin *Focus* im Juni 2002 veranstalteten Streitgespräch zwischen dem Vorsitzenden des »Zentralrats« und dem Autor der hier vorgelegten Untersuchungen trat die MB-Dialektik der Polarisierung zwischen »moderat« und »extrem« in verfeinerter Form zutage. Weniger entwickelt schien die Taktik des Vorsitzenden, indem er die Zugehörigkeit zur Muslimbruderschaft leugnete, obwohl der Bericht über seine Aufnahme durch die Genfer Zentrale im Jahre 1973 seit 1990 veröffentlicht ist.[499] Umso subtiler stellt sich die Strategie seiner Organisation dar, von der das Holzschnittdenken ihrer Helfer, der schariatistischen Islamlobby, eine Menge lernen kann.

Hier sind die Pole des »Moderaten« und »Extremen« (s. o. S. 211) vom Islam auf das gesamte Spektrum der Islam/Westen-Begegnung erweitert. In einer neuen Rollenverteilung tritt der »Zentralrat« als der moderate Part auf, der alle Moderaten dazu »einlädt« (*da'wa*), seiner Islamversion zu glauben, was islamischer Tradition gemäß wiederum alle anderen zu »Extremen«, zu den üblichen Ungläubigen werden läßt. Diese Version lehnt jede »Verantwortung« für die Grundlagen und Geschichte des Islam und die daraus gewachsenen Pflichten ab und grenzt jeden als »absurd« aus, der an der Fähigkeit bzw. Berechtigung des Rats zweifelt, Islam und *shari'a* autonom verändern zu können.

Sobald die *da'wa* ein hinreichendes Maß der politisch-kirchlichen Unterwanderung erreicht hat, befindet man sich auf einem neuen Niveau, das auch vom Machtkartell als entscheidender Ebene angestrebt wird. Ausgehend von einem solchen »Sprungbrett« erhöhten Einflusses, das an Arafats Strategie erinnert (s. o. S. 196), kann die *hidjra*, der vom Propheten verlangte Durchbruch zu islamischer Dominanz, erfolgen.

Die eigenen Glaubensgenossen vom Münchner »Islamischen Zentrum« rufen den »Zentralrat« und seine »Islamische Charta« allerdings massiv zur Ordnung. Die »Charta« – obwohl eindeutig religiös bestimmt – strebt neben anderen schwierigen Punkten drei unmögliche Ziele an: die Integration unter Wahrung der islamischen Identität, einen pluralistisch verstandenen Koran und eine dauerhafte Akzeptanz der herrschenden Ordnung. Alle drei verweisen auf die vom »Zentrum« angemahnte Geltung des »unverfälschten Wort Allahs«, aus dem sich die historisch gewachsenen, diametralen Unterschiede zur Demokratie und die eherne Verpflichtung ergeben, früher oder später die *shari'a*, die islamische Rechtsordnung, durchzusetzen.[500]

Bei den Vertretern des »Dialogs« stößt die demokratische Versuchung des Vorsitzenden auf vehemente Zustimmung, weil sie die eigene islamische Heilsfiktion perfekt unterstützt. So kann der euphorische Chor der deutschen Islamlobby wenige Tage nach dem 11. September 2001 kaum überraschen. Alle, die berufsmäßig den »Frieden des Islam« zu beschwören haben, sahen Einfluß und Pfründe durch diese Katastrophe unmittelbar bedroht. Es war ihre höchste Pflicht in der Loyalität zum Kartell, das ganze Gewicht ihrer Ämter und Funktionen in die öffentliche Desinformation einzubringen und noch einmal alle Register der verdeckt schariatistischen Propaganda zu ziehen.

Indem nun indessen der Terror des Islam zum Frieden des Islam werden konnte, offenbarte das Kartell die eigene, latente Verpflichtung auf die Gewalt. Denn wenig später zog man nach: Israel, der Feind des Islam, wurde zum Terrorstaat und die deutschen Bischöfe sahen im *djihad,* den historisch bestätigten Krieg und Kampf, eine »Anstrengung im Glauben« sowie den Koran als vereinbar mit Demokratie. Man faßte dieses Bekenntnis zur dialogischen Islamfiktion in einem Manifest zusammen, das im Oktober 2001 über die Konrad-Adenauer-Stiftung an alle deutschen Parlamentarier verteilt wurde, und somit auch die schwindende Trennung zwischen Kirche und Staat verdeutlichte – eine mit zunehmender Nähe zum Islam unvermeidbare Folge.[501]

Nachdem wir bereits wissen, was *djihad* und praktizierter Terror ist, und nachdem wir uns ebenso einen Überblick über die Machtmechanismen der islamischen und westlichen Art verschafft haben, werden wir abschließend einige zusammenfassende Betrachtungen zu den psychologischen und ideologischen Grundzügen anstellen müssen, auf die sich islamisches und westliches Verhalten zurückführen lassen. Es ist unerläßlich, sich eine Vorstellung davon zu verschaffen, welche Art von Risiko das westliche Machtkartell den Gesellschaften eigentlich zumutet, wenn es damit fortfährt, unter weiterer Desinformation der Bevölkerung islamische Gemeinschaften zu importieren.

Denn wenn *djihad* der Kampf gegen den Unglauben ist, und der moderne Terror des Islam eine kollektive Reaktion auf die Zivilisation des Westens darstellt, dann müßte unter dem Schleier der »multikulturellen Gesellschaft« mit der Ansiedlung steigender Muslim-Massen auf westlichem, insonderheit deutschem Gebiet, eine besonders direkte und intensive Begegnung des Islam mit dem Westen und somit eine entsprechend hohe Wahrscheinlichkeit neuen, islamischen Terrors entstehen. Da das westliche Kartell in dieser Hinsicht bislang wenig Risiko- und Gemeinschaftssinn bewiesen hat, läßt sich vermuten, daß es den Islam, wenn nicht gezielt importiert, so doch – ohne kompetente Integrationsmaßnahmen – weiterhin bewußt zuläßt und fördert, um dessen Gewaltbereitschaft als Drohpotential zur Disziplinierung der Gesellschaft zu nutzen.

Je mehr »Toleranz« dabei gefordert wird, desto unintegrierter können die Kulturen ihre gewachsene Lebensmitte bewahren, einen unverzichtbaren Kern, sichtbar vor allem im »idealen Glaubensträger«, wie Max Weber ihn sah. Diesem lag die soziologische Analyse natürlich weit näher als der sogenannte »Fremdenhaß«, so daß ein Erkennen der *unterwerfenden Kriegerrolle* des Islam nicht schwerfiel:

> »... für den Konfuzianismus der weltordnende Bürokrat, für den Hinduismus der weltordnende Magier, für den Buddhismus der weltdurchwandernde Bettelmönch, für den Islam der weltunterwerfende Krieger, für das Judentum der wandernde Händler, für das Christentum der wandernde Handwerksbursche.«[502]

Nachdem es in Deutschland immer mehr zur politischen Pflicht wird, beim Diensteid auf die Gottesformel zu verzichten, scheint den Politikern auch der zweite Aspekt des Weberschen »idealen Glaubensträgers«, das handwerkliche Können, abhanden gekommen zu sein, was anhand der Parteienanalyse nicht weiter überraschen kann. Dennoch verblüfft das Ausmaß der Unwissenheit, mit der die »Verantwortlichen« einen Staat lenken bzw. einen so komplexen Prozeß wie islamische Zuwanderung verstehen wollen. Wenn deutsche Spitzenpolitiker Abgesandte der Islamischen Weltliga (*rabita*), die sich seit langem auch in die Terrorfinanzierung einschaltet, zusammen mit dem Vorsitzenden des »Zentralrats« und *rabita*-Vertreter, als legitime, konstruktive Gesprächspartner empfangen, dann wird sich die deutsche Bevölkerung langfristig auf schwierige Zeiten einrichten müssen.[503]

Es muß nicht gleich der Muslim als »weltunterwerfender Krieger« sein, wenngleich der historische Überblick, unsere analytischen Ergebnisse, der Einfluß des Petro-Islam, die islamweite Christenverfolgung und die Ideologie der Muslimbruderschaft die Formulierung Webers bestätigen. Es liegt genug Wissen über den Islam, seine Gewaltgeschichte, seine ideologische Unveränderbarkeit und die Ausrichtung der modernen, letztlich gleichermaßen gewaltorientierten Islamvertretungen vor. Schon längst hat sich die Einrichtung des »Dialogs« als groß angelegte Veranstaltung der organisierten Täuschung herausgestellt. Zum einen reicht sein Niveau nicht über informationslose und damit gesellschaftlich fragwürdige Reflexfloskeln hinaus, zum anderen bestätigen sich seine Vertreter tagtäglich als proislamistische Vorteilsnehmer, die je nach Klientel wichtige Beiträge zum Abbau westlicher Kultursubstanz leisten.

Niemand in verantwortlicher Stellung kann im Zeitalter der Transparenz für sich Unwissenheit in Anspruch nehmen und wird sich angesichts der gesellschaftlichen Wichtigkeit des Themas vorhalten lassen müssen, vorhandene Information aus Gründen abzulehnen, die nicht das Interesse derer im Auge haben, von denen er gewählt ist. Nach allem, was unsere Betrachtungen zu diesem Aspekt bis hierher erbracht haben, sind die Aussichten auf ein konstruktives Handeln der »Eliten« indes gering. Wir sollten daher ergänzend untersuchen, ob neben Machterhalt und Korruption noch weitere, alternative Motive zu finden sind, die das offenbar konstant destruktive Verhalten der »Verantwortlichen« zusätzlich erklärbar machen.

C
Spuren des Subhumanen

1. Die Ordnung der Täuschung

a) Die Paranoia des Islam

In der Betrachtung des islamischen Systems und seiner Mechanismen der Konfliktlösung hat sich als wichtiges Merkmal ein grundlegendes *Mißtrauen* feststellen lassen. Dieses System konservierte die arabische Stammesmentalität als eine Art »Basisprogramm«, das in einem Kampf der Stärksten Macht und mit dieser Macht Ehre erzeugt und erhält, um Islam zu erzeugen und zu bewahren. Wer über ein hinreichendes Maß an Gewaltbereitschaft verfügt, kann im Namen Allahs Kontrolle über andere ausüben. Wer eher zum schwächeren Bereich tendiert, unterwirft sich und setzt – ebenfalls im Namen Allahs – Heuchelei, Täuschung und Intrige ein, um sich nicht nur vor weiterer Verschlechterung seiner Situation zu schützen, sondern sie im Rahmen der gegebenen Möglichkeiten zu stabilisieren und, wenn möglich, zu verbessern.

Die Zwischenspektren, zu denen natürlich auch diejenigen anonymen Muslime gehören, welche dieses System zwar ablehnen, aber nicht ändern können, werden durch eine allgemeine Sphäre des Mißtrauens bestimmt, das sich zum Verschwörungsdenken verstärken kann, wenn die Normen der Heuchelei und Täuschung drohen, zum Selbstschutz und zur Lageverbesserung nicht mehr auszureichen. Eine wichtige Einrichtung des ländlichen Islam zum Ausgleich der Konflikte, die in diesem Spektrum immer wieder entstehen, sind berufsmäßige – und auch erbliche – Heilige, die sich in präventive oder schlichtende Vereinbarungen einschalten und das »Monopol auf gemeinsamen Rechtszwang« (Max Weber) steuern. E. Gellner spricht hier von einer »Zusammenhalt stiftenden Präsenz von Gewalt auf allen Ebenen«.[503a]

Da sich der Selbstschutz auf den religiösen Bereich ausweitet, ist jeder gehalten, dem Buchstaben des Glaubensdienstes und –verhaltens genau zu folgen, wenn er nicht zum *munafiq*, also demjenigen Heuchler werden soll, als der er im profanen Bereich gerade nicht erscheinen will. Hier wird die unlösliche, im Koran grundgelegte Verbindung von Glaube und Politik, Moschee und Staat besonders deutlich, welche in Verbindung mit der traditionellen Stammesmentalität die praktische Auswirkung alles Denkens und Verhaltens zu einer »Sache der Ehre« macht. Es entsteht ein Kollektiv, dessen Individuen die Tendenz zeigen, sich in elitär verstandenem, von Allah verstärktem Egoismus ständig zu belauern und in einem permanenten Zugzwang der Ehre jede Schwäche und Abweichung des Anderen zum eigenen Vorteil zu nutzen. Von außen kommende Kritik wird als »Beleidigung« und »Angriff«, im Falle des Nichtmuslim als »Unglaube« bzw. eher sogar als »Kreuzzug« empfunden. Es liegt auf der Hand, daß diese Wahrnehmung mit den Reflexen des »Dialogs«, die Hinweise auf ihrer Islamfiktion zuwiderlaufende Fakten als »Hetze« verstehen, eine weitgehende Harmonie entwickelt, auf die wir noch zurückkommen werden.

Da gerade im Einsatz gegen den Unglauben jeder errungene Vorteil zum individuellen Ehr- und kollektiven Machtgewinn gereicht, und die göttlichen Vorschriften zu Täuschung und Gewalt ermuntern, muß das islamische System umso heftigere Reaktionen erzeugen, je größer die Gegensätze sind, denen es begegnet. Zwischentöne, Nuancen und Mehrdeutigkeiten erlangen in diesem System keine Geltung auf Dauer, weil sie nicht als Grundlage für Kompromisse, sondern als Basis zur Optimierung der Eigenposition verstanden werden. Die Mischung aus Mißtrauen, abwertendem Feinddenken, überhobenem Selbstbild, Furcht vor Autonomieverlust und Wahrnehmung der Umgebung als generelles Gefahrenpotential erzeugt eine Sphäre der latenten Verschwörung, gegen die es sich permanent abzusichern und – wenn notwendig – auch mit Gewalt zu schützen gilt.

Dieses System der maximalen Sicherheit, welches die eigene Lage auf Kosten anderer optimiert, ist ebenso auf die permanente Abwehr von Gefahren und Prävention gegen Unwägbarkeiten verwiesen, eine Konstellation, die im Islam so manchen Philosophen das Leben gekostet hat, weil er mit der Kraft des menschlichen Verstandes das Gesetz Allahs und seine universale Geltung bedrohte. Auf psychosozialer Ebene manifestiert sich in einem solchen System allerdings die Weltsicht der *Paranoia*, der zwanghaften Vorstellung, in einer Umgebung der Verfolgung und Bedrohung zu leben:

> »Der Paranoiker lebt in einer Welt voller Gefahren, er steht im Mittelpunkt alles Übelwollens ... Wie ein Unterseeboot, das in feindlichen Gewässern unaufhörlich den Horizont nach einem Feind absucht, sucht der Paranoiker unablässig nach kleinsten Hinweisen auf eine drohende Gefahr.«[504]

Im Spektrum der Ehrbilanzen, die ständig aufgeladen oder geschmälert werden können, muß prinzipiell jedem mißtraut werden, dessen Verhalten von der islamischen Norm abweicht oder sich erkennbar dem Kontrollzwang entzieht. Jeder Muslim kennt seine unveränderbare Wahrheit und sieht in jeder Abweichung – ob real oder eingebildet – eine Bedrohung der Ehrbilanz bzw. eine Chance zu deren Verbesserung durch Denunziation der Abweichung anderer. Immerhin weiß er sich im Recht Allahs, das neben Leben, Vermögen und Abstammung vor allem die Ehre und den in diesem Sinne funktionierenden Verstand schützt.[504a] Der Geigerzähler des Mißtrauens tickt im Grunde unaufhörlich und zeigt innerislamisch besondere Sensibilität gegenüber den Frauen und »Heuchlern« sowie außerislamisch natürlich gegenüber den obligaten »Ungläubigen«.

Dabei braucht der Paranoiker keine Beweise für die andauernden Angriffe und Verschwörungen gegen ihn; er verschafft sich seine feindliche Realität selbst, indem er jede Wahrnehmung, jeden Hinweis als Gefahr und gezielte Bedrohung interpretiert, denn

»da der Koran nicht irren kann, muß die Realität falsch sein«.[505] Wie der Paranoiker, so sortiert auch der Muslim alle Tatsachen aus, die seinem Gut/Böse-Schema nicht entsprechen. In diesem Sensorium erlangt jedes Ereignis eine selektive Bedeutung, welche sich geradezu magnetisch auf ihn zuordnet, also nicht zufällig sein kann. So gerät z. B. Kritik an der Steinigung von Ehebrecherinnnen zu einer »Beleidigung des Glaubens«, und auch hinter jeder vordergründig neutralen Aussage und Handlungsweise werden verborgene Bedeutungen gesucht, die möglicherweise gegen die eigene Weltsicht oder gar Existenz gerichtet sein könnten. Eine derartige Wahrnehmungsform konnte Wissenschaften wie der Orientalistik, solange sie sich noch objektiv und faktenorientiert mit dem Islam auseinandersetzte, »Haß auf ihr Studienobjekt« vorwerfen,[506] woraus sich ebenso ergibt, daß derjenige, der sich wissenschaftlich z. B. mit dem Holocaust beschäftigen will, diesen zunächst lieben muß.

Diese ins Wahnhafte weisende Psychologisierung der Realität filtert Fakten im Sinne einer fest vorgegebenen Weltsicht und eignet sich – unschwer erkennbar – hervorragend für die Entwicklung politischer, insonderheit totalitärer Ideologien. Der Typus der zugrunde liegenden Logik wird »paläologisch« genannt,[507] um ihren starren, in gewissem Sinne fossilen Charakter hervorzuheben, der eher der Denk- und Verhaltensweise eines Naturvolkes als eines voll entwickelten geistigen Weltbilds entspricht. Ganz ähnliche Beobachtungen macht allerdings der amerikanische Philosoph J. Searle in bezug auf die geistige Verarmung der modernen westlichen Philosophie:

> »Wenn wir uns die Philosophie des Geistes als Person vorstellen, dann würden wir von ihr sagen, daß sie ein Zwangsneurotiker ist; ihre Neurose äußert sich darin, daß dasselbe Verhaltensmuster immer wieder wiederholt wird … Es reicht nicht, auf die logischen Fehler hinzuweisen, die gemacht werden. Eine direkte Widerlegung führt einfach zu einer Wiederholung des neurotischen Verhaltensmusters … Ich möchte auf eine gewisse Ähnlichkeit hinweisen, die zwischen meinem gegenwärtigen Vorhaben und dem eines Anthropologen besteht, der das exotische Verhalten eines fernen Stammes beschreiben möchte …«[508]

Ein solches, exotisch-neurotisches Verhalten wird aus ganz anderer Sicht durch die »somatischen Marker« des amerikanischen Neuropsychologen A. Damasio bestätigt. Diese Marker bezeichnen erworbene Sets von Faktenwissen, Erfahrung und Empfindung, die in negativer/positiver Besetzung zu kognitiven Hemm- bzw. Startsignalen führen. Bei hinreichender Vernetzung erzeugen sie höhere Geiststufen, die den Menschen zum Durchspielen hypothetischer Alternativen, zum evolutionären Schritt der »Als-Ob-Schleifen« befähigen.[509] Auf kultureller Ebene bedeuten diese Schleifen z. B. den gezielten Einsatz von Altruismus in der Verfolgung kollektiver Interessen. Die Loslösung vom Interesse der Gemeinschaft kann vereinzelt zwar Kulturleistungen, in der Regel jedoch eher die Gefahr irrationaler Vorstellungen bewirken:

> »Der automatische somatische Markermechanismus der meisten Menschen, die das Glück hatten, in einer relativ gesunden Kultur aufgewachsen zu sein, ist durch

Erziehung den Rationalitätsmaßstäben dieser Kultur angeglichen worden. Obwohl dieser Mechanismus in der biologischen Regulation verankert ist, ist er doch auf die kulturellen Regeln abgestimmt, die dazu gedacht sind, das Überleben in einer bestimmten Gesellschaft zu sichern. Wenn wir davon ausgehen, daß das Gehirn normal und die Kultur, in der es sich entwickelt, gesund ist, dann ist der Mechanismus, bezogen auf die sozialen Konventionen und Moralvorstellungen, rational.«[510]

Wir hatten im Verhalten derjenigen, die sich im »Dialog mit dem Islam« betätigen, eine ausgeprägte Resistenz gegen Fakten und soziale Verantwortung feststellen können, deren »Rationalität« sich gegen die kontinuierliche Gewaltgeschichte des Islam so immun gemacht hat, daß der Islam seit längerem mit »Toleranz« und »Frieden« gleichgesetzt wird.

Dies braucht insofern nicht paradox zu sein, als hier der somatische Markerbestand ganz offensichtlich nicht im eigenen Interesse eingesetzt wird und auf biologischer, akultureller Basis verharrt. Damit könnte also eine Bewußtseinslage vorliegen, die ausreichend irrational ist, um die eigenen Kulturinteressen zu negieren. Searles Diagnose der Denkstarre und Damasios irrationale Kulturmarker weisen also auf ein Bewußtsein hin, dessen Fähigkeit, sich – im eigenen Interesse – flexibel mit unterschiedlichen Aspekten zu befassen, weitgehend eingeschränkt ist, und damit dem »Kristall«-Status des »Dialogs« nahekommt (s. o. S. 9).

Wir sollten unser Bild vom Syndrom der Verfolgung jedoch noch etwas abrunden, um das Verständnis der Harmonie zwischen der islamischen Paranoia und den stereotypen Reflexfloskeln der Islamlobby weiter auszubauen. Das paranoide Verfolgungsdenken verbindet eine elitäre Egozentrik mit einer ebenso ausgeprägten Feindbildvorstellung, die im aktuellen Verlauf aus dem permanenten Mißtrauen rasch in Aggression überleiten kann. Der zwanghafte Eindruck, ständig von allen belauert und bedroht zu werden, macht reizbar, herausfordernd und vor allem völlig humorlos, zumal in einer solchen Verfaßtheit die »Ehre« einer permanenten Gefahr ausgesetzt zu sein scheint:

> »Die Gesellschaft eines Paranoikers vermittelt leicht das Gefühl, besonders vorsichtig sein zu müssen, um ihn ja nicht zu aggressiven Ausbrüchen zu provozieren.«[511]

Die Egozentrik zwingt zu absolut sicherer Unabhängigkeit und damit zur Abwehr jeder anderen, vermeintlich konkurrierenden Kraft. Sicherheit ist ein evolutionär eingepflanztes Verhaltensziel, das zum Überleben unverzichtbar ist, in pathologischer Übersteigerung jedoch die Urteils- und Handlungsfreiheit erheblich einschränkt. Das Streben des Islam nach vollständiger, autonomer Geltung gründet auf dem elitären Gesellschaftsverständnis des Koran und der Definition gegen den »Unglauben«, welche die Gewalt als selbstverständliches Instrument der Einzigartigkeit einschließt. Zwanghaftes Sicherheitsstreben und völlige Humorlosigkeit sind Kennzeichen totalitärer Ideologien und wurden bekanntlich bereits von Muhammad demonstriert, als er sich von den Juden Medinas und der Ironie der Dichterkritik mit Gewalt befreite.

Es entsteht die vollständige Gewißheit, im Auftrage Allahs das islamische Gute zu vertreten, das sich allerdings vom Anderen, vom nichtislamischen Schlechten umstellt sieht. Dabei zwingt die eigene Größe, die Hindernisse der laufenden Realität tatsächlichen oder eingebildeten »Feinden« zuzuschreiben, ein Reflex, den die Psychologie *Projektion* nennt. Was immer dem Paranoiker oder dem islamischen Machthaber mißlingt, wird als Ergebnis einer »Verschwörung« auf die Außenwelt projiziert, womit auch die Ehrbilanz unbeschädigt bleiben kann. Scham wird in dieser Konstellation als Schwäche empfunden und kommt daher als Gestaltungsmittel nicht in Frage. Sie greift in der intakten Psyche korrigierend ein, indem sie den Menschen von der »Sünde« emanzipiert, d. h. ihn zur Kooperation mit der Realität befähigt. Immerhin sah auch Freud im Verlust von Scham den »Beginn des Wahnsinns«.

Im paranoiden System der islamischen Perfektion ist daher kein Platz für Unzulänglichkeit, die Ähnlichkeiten mit dem Anderen zuließe. Was immer an Negativem entsteht, wird als Abweichung gesehen und als »Schuld« auf den Anderen, die unislamische Außenwelt, übertragen. Es entsteht eine trügerische Sicherheit, die sich aus der solcherart umgeformten Wirklichkeit speist. Der Islam ist danach nicht wirtschaftlich schwach, weil er systemisch unfähig zu produktivem Denken und Handeln ist, sondern weil der Westen ihn kolonisiert und ausbeutet. Das Kopftuch wird aus dieser Sicht im Westen nicht als Symbol der Frauenunterdrückung abgelehnt, sondern von anderen als willkommene Gelegenheit aufgegriffen, »die Kreuzzüge mit anderen Mitteln fortzusetzen«. So sind im Umgang mit dem Unglauben der Betrug und die Täuschung logische Mittel der Absicherung gegen jede auch noch so entlegene Form des »Unislamischen«.

Weil die »Agenten des Westens« ihre Finger überall im Spiel haben, ist der Islam berechtigt, seine Interessen überall – auch mit Gewalt – zu »verteidigen«, um nicht erneut zum Opfer westlicher »Aggression« oder zumindest »Arroganz« zu werden. In einer solchen Wahrnehmung müssen auch die weiträumigsten Eroberungen wie der historische Angriff auf Spanien zu Akten der »Verteidigung« werden, wie Azhar-Scheich Tantawi in einem Interview allen Ernstes bestätigte.[511a] Die letztliche Legitimation für diese Angriffslizenz erfolgt durch einen allverfügbaren Allah, dessen Gesetz die eigene, unübersteigbare Größe unwiderlegbar bestätigt. Jedwede Abweichung der Realität von den Vorstellungen dieses »Gesetzes« gilt als »Unglaube« und muß umgehend und konsequent bekämpft werden, wobei die mit Unehre einhergehende Aggression zum Einsatz kommt. Dabei liegt die Erhaltung der islamischen Ordnung und der Ausgleich für »Unrecht« in den Händen der Muslime selbst.[512]

Nachdem das islamische Wissen durch M. Abdou und der islamische Kampf durch S. Qutb wieder in den Mittelpunkt der Existenz gerückt worden waren (s. o. S. 153ff.), konnte die durch den Westen geschaffene Wirklichkeit dementsprechend verdrängt werden. Der historische *djihad* lieferte uns unzählige Beispiele für eine paranoide, gewaltbesetzte Weltbewältigung, und nun wird es das steigende Terrorpotential, mit dem die kollektive Unzulänglichkeit und der pathologische Narzißmus des modernen Islam bewältigt werden sollen. Unter ständigen Wiederholungen der eigenen Grandiosität sollen Massentötungen eine Realität verdecken, welche die Unfähigkeit zu Koexistenz umso klarer enthüllt, je notwendiger diese durch den Zwang der Globalisierung wird.

Bezeichnenderweise sind die beiden gefährlichsten Konkurrenten des islamischen Totalgesetzes von den Vertretern der Orthodoxie stets konsequent ausgegrenzt und bekämpft worden: die Vernunft in Gestalt der Philosophie und die Liebe in den Gestalten der Frau und der Mystik. Nach innen und nach außen ist es das vernunft- und lieblose Gesetz Allahs, das die Macht des Menschen über den Menschen – gegen die eigene Gesellschaft und diejenige des Unglaubens – durchsetzt. Dabei sitzt tief im kollektiven Gedächtnis die Erinnerung an das Modell von Medina, welches in der *hidjra* von Mekka das dort erfahrene »Unrecht« überwunden und das Ideal strahlender Stärke erreicht hatte. Ebenso tief liegt dieses Gefühl zuvor erlittenen »Unrechts« der Selbstgerechtigkeit des tausendjährigen *djihad* zugrunde, dem es ein immer wieder gleiches »Argument« für endlose Gewalt lieferte – für die Wiederherstellung der eigenen Großartigkeit, die sich gegenüber allen Feinden zu bestätigen hatte. Zu diesen Feinden zählt der Islam nicht zuletzt auch die Frau.

b) Der Djihad *gegen die Frau*

Schon die grundsätzliche, koranische Einordnung der Frau im Islam muß überraschen, angesichts ihrer vorislamisch-beduinischen Position, die ihr einen mehrheitlich mutterrechtlichen Vorrang mit zahlreichen, teilweise hymnischen Lobpreisungen in der altarabischen Poesie einräumte,[513] bevor sich die Lage mit Beginn des Islam indessen schlagartig änderte:

> »Die Männer sind den Weibern überlegen, wegen dessen, was Allah den einen vor den andern gegeben hat, und weil sie von ihrem Geld (für die Weiber) auslegen. Die rechtschaffenen Frauen sind gehorsam und sorgsam in der Abwesenheit (ihrer Gatten), wie Allah für sie sorgte. Diejenigen aber, für deren Widerspenstigkeit ihr fürchtet, warnet sie, verbannet sie in ihre Schlafgemächer und schlagt sie. Und so sie euch gehorchen, so suchet keinen Weg wider sie; siehe Allah ist hoch und groß« (4/34) .

Das herabwürdigende Gehorsamsdiktat des Verkünders läßt sich als weitere, für den Islam kennzeichnende Konservierung zeitgenössischer Einflüsse durch die jüdisch-christlichen Gemeinschaften auf der Halbinsel herleiten. Insbesondere die spezifischen Vorstellungen von einer Urschuld der Frau in Verbindung mit ihr generell unterstellter Unreinheit haben dem Islam eine zuweilen pathologisch wirkende Frauenfeindlichkeit eingepflanzt. Entgegen anderslautenden Aussagen des Koran ließ die Prophetentradition das Paradies zu einer Domäne des Mannes werden und münzte die biologischen Besonderheiten der Frau zu Strafen Allahs um. Spurenelemente dieser Denkweise haben sich bekanntlich auch – entgegen dem Geist des Evangeliums – bis in die Gegenwartsformen der christlichen Kirchen erhalten können.

Während die Moderne die westliche Frau indessen aus der kirchlichen Bevormundung herausgelöst und in eine wesentlich befreitere, wenngleich nicht gänzlich emanzipierte Stellung gebracht hat, konnte sie im Islam in dieser Hinsicht bislang nichts bewirken. Hier bildet die Frau nach wie vor das Ziel männlicher Gewalt und Sexualität als religiös verankertes Rechtsobjekt. Ihre Aufgabe besteht allein im Vollzug des Geschlechtsverkehrs im Sinne einer feldzugähnlichen Kampagne, indem Kinder »erbeutet« werden[514] und ihr Status einem »Kriegsgefangenen« nahekommt.[514] Während die Geschlechter streng getrennt und vorehelicher Verkehr verboten sind, soll der eheliche Verkehr auf die Genüsse im Paradies vorbereiten und daher als Dienst am Glauben gelten, der ohne Heirat und Fortpflanzung einen erheblichen Defekt aufweist.

Im Gegensatz zum Westen, der – allerdings in abnehmendem Umfang – durch Sozialisierung sexuelle Verbote innerlich verankert, erzwingt der Islam die Keuschheit durch äußerliche Verbote, indem die Geschlechter vorehelich getrennt, die Frauen durch den Schleier »geschützt« bzw. gänzlich aus dem öffentlichen Bereich verbannt werden. Wiederum taucht hier die Welt des *djihad* auf, indem nicht nur der Begriff der »Beute«, sondern auch der »Versuchung« (*fitna*), der gesellschaftlichen Unruhe, eine große Rolle spielt. Der Philosoph Al-Ghazali (gest. 1111) spricht sogar vom Verhältnis des Mannes zur Frau als dem des Jägers zur Beute, der sie zur Strecke bringt, um dem Dienst an Allah gerecht zu werden.[516] In diesem Sinne tritt eine der seltenen Situationen ein, in denen der *djihad* als »Anstrengung im Glauben« verstanden wird, als Bemühen des Mannes, die zerstörerische Macht der Frau im Zaum zu halten, die mit dem Teuflischen an sich identifiziert wird.

Mithin steht dem Muslim in Gestalt der Frau ein Wesen gegenüber, das – zu geistigen Beiträgen unfähig – ein von Begierden getriebenes Symbol satanischer Versuchung darstellt und daher unter permanenter Gehorsamskontrolle durch den Mann zu halten ist. Dies umso mehr, als koranisch gesehen der eheliche Geschlechtsakt als gottgefälliges Werk gilt, das möglichst oft und effizient zu vollziehen ist, da die unbefriedigte Frau potentiell den Teufel aktiviert und die islamische Ordnung stört.[517] Die Ehe, die im Stile eines Kaufvertrages geschlossen und von den Rahmenbedingungen der Polygamie und Verstoßung bestimmt wird, reduziert die Frau mithin auf den Status einer austauschbaren Ware mit sexueller Funktion.

In einer Interaktion, in der die Frau als Sexualobjekt und potentielle Botschafterin des Teufels und der Mann als ihr Kontrolleur und omnipotenter Herrscher den ehelichen Akt im Sinne einer Glaubensübung und ordnungsschaffenden Beitrags zur islamischen Gemeinschaft zu verstehen haben, bilden sich zwei Ebenen fundamentalen Mißverhältnisses. Zum einen erschweren moralische Unreinheit der Frau und moralische Reinheit des Mannes in Verbindung mit einer vollständigen Rechtsunsicherheit ein stabiles Emotionsgefüge im Sinne von Zuneigung und Liebe zwischen den »Partnern«. Zum anderen erfordert die zusätzliche Besetzung der weiblichen Unreinheit durch das metaphysische Böse in Gestalt von teuflischer Begierde und Verführung ein umfassendes System der körperlich-religiösen Reinigung. Dieses System ist insgesamt darauf ausgerichtet, dem Mann den Reifeprozeß zum Eingeständnis zu ersparen, Ursprung der gleichen »Begierde« zu sein, die er der Frau unterstellt. Die marokkanische Soziologin Fatima Mernissi faßt diesen Sachverhalt zusammen:

> »Der Geschlechtsakt, der als unrein gilt, wird von Riten und Beschwörungen begleitet, die eine gefühlsmäßige Distanz schaffen und die geschlechtliche Befriedigung auf seine elementarsten Funktionen reduziert: Orgasmus und Fortpflanzung. Die Botschaft des Islam, so schön sie auch sein mag, geht davon aus, daß die Menschheit nur aus Männern besteht. Die Frauen stehen außerhalb der Menschheit und sind sogar eine Bedrohung für sie ... Wenn es stimmt, daß Promiskuität und Permissivität die Barbarei kennzeichnen, dann ist nur die weibliche Sexualität durch den Islam zivilisiert worden; denn die männliche ist promiskuitiv (durch die Existenz der Polygamie) und permissiv (durch die Existenz der Verstoßung).«[518]

Das Ausmaß weiblicher Unreinheit läßt sich an der Bestimmung ablesen, der zufolge der Muslim sich nach dem Verkehr mit einer Frau zu reinigen hat, nicht jedoch nach einem solchen mit Tieren, Leichen oder Kindern, wobei das Hauptkriterium die Erregung ist, die beim Sexualobjekt hervorgerufen wird.[519] Abgesehen von den kulturhistorisch interessanten Sexualalternativen, die sich in Sodomie, Nekrophilie und Pädophilie ausdrücken, steht im Zentrum der islamischen Reinlichkeitsvorschriften die Sexualität als potentieller Störfaktor des Sakralen. Im Rahmen des ehelichen Aktes bei der Frau ausgelöste Begierden beinhalten notwendigerweise die virtuelle Anwesenheit des Teufels oder böser Geister (*djinn*), deren reale Wirkung der Mann durch beschwörende Glaubensformeln zu bannen hat. Nur die peinliche Beachtung der Verbindung aus strenger Gehorsamskontrolle und sexueller Reinheit kann das islamgerechte Verhalten der Frau, ein gottgerechtes Eheleben und den Zugang zur täglichen Glaubensausübung sichern.

Obwohl die Frau als Abgesandte des Bösen gilt und der Herrschaft und Kontrolle des Mannes unterliegt, bleibt die gesamte Gesellschaft durch ein tief empfundenes Risiko des Chaos und der Unruhe bedroht. Wie der *djihad* von außen durch den Unglauben an die *umma* herangetragen werden kann, so lauert er als innerer *djihad* in Gestalt der ständigen, metaphysischen Drohung durch die weibliche Versuchung. Während man im Westen die Sexualität durch zivilisatorische Techniken sublimierte, mußte sie im Islam durch den Kampf gegen die Trägerin der teuflischen Sexualität, die Frau selbst, unter Kontrolle gebracht werden. Nach Freud kann Kultur durch die Sublimierung des Triebes entstehen, im Islam nur durch die unentwegte Triebbefriedigung selbst.

Wenn ein psychisch so grundlegender Bereich wie die Sexualität eine staatstragende Rolle mit djihadischen Dimensionen spielt, kann nicht überraschen, daß auch hier das paranoide Mißtrauen mit seiner ganzen kollektiven Wucht wirkt. Die Gefahr, die in der Frau personalisiert die gesamte *umma* ständig belauert, muß durch kollektive Maßnahmen wie Verschleierung, Entrechtung, Demütigung und Einsperren gebannt werden. Dabei ist die »normative Kraft« des Verkünders stets präsent. Schon während seiner realen Gegenwart war Muhammad, dessen Frauenbild lange Zeit grundsätzlich eher von Kooperation geprägt gewesen war, auf eine konsequente Linie der Konfrontation eingeschwenkt:

»Wenn ich meinen Auftrag als Prophet erfüllt habe, wird es in dieser Welt keine Versuchung mehr geben, die für Männer verhängnisvoller sein kann als Frauen.«[520]

Die erwähnte F. Mernissi weist auf die »Armseligkeit« der islamischen Analysen über den Übergang von der angeblichen »Unwissenheit« der vorislamischen Zeit, der sogenannten *djahiliya*, hin und betont, »wie sehr sich der kulturelle Reichtum in der Zeit des aufkommenden Islam von der Enge jener Ordnung unterschied, die der Islam errichtet hat«.[521] Wie wichtig es dieser Ordnung erscheint, die Macht der Frau zu bannen, wird auch im Bilderverbot deutlich. Die im Islam verbreitete Angst vor Geistern projiziert in Bilder den »bösen Blick«, der impotent macht.[522]

»Die Prostituierten von Hadramaut« stehen beispielhaft für die umfassende Repression, mit der sich die neue »Religion« von der weiblichen Sexualität befreite. An 26 Frauen in Südarabien wurde im Jahre 632 ein Exempel statuiert, weil sie ihre Freude über den Tod Muhammads tamburinspielend zum Ausdruck gebracht hatten. Abu Bakr, der erste Kalif, knüpfte teilweise an die noch vom Verkünder begründete Tradition des Auftragsmords an und gab Anweisung, den Frauen die Hände abzuschlagen, und falls nötig, »diese Frauen aus der Gemeinschaft Muhammads herauszureißen, wie man auch einer Mücke die Flügel ausreißen würde.«[523]

Ihre Bezeichnung als »Prostituierte« sollte sich als bis heute gängige Schablone für diejenigen Frauen einbürgern, die versuchen oder versucht haben, eine über die rein biologische Funktion hinausgehende Rolle anzustreben. Weibliche Identität und Initiative, die Gefahr einer Renaissance der vorislamischen *djahiliya*, werden nun allerdings in ganz besonderem Maße durch die Arbeitswelt des Westens und ihre selbstverständlichen Grundrechte heraufbeschworen. Indem die westliche Zivilisation sich lockernd auf die strukturelle Verankerung der Frau in der metaphysischen Geschlechtsobsession des Islam auswirkt, erlangt sie den Status eines ebenso metaphysischen Feindbilds. Der *djihad* gegen die Frau muß sich in erster Linie gegen diese Zivilisation richten, weil eine sich selbst bestimmende Frau den Islam zerstört.

Damit wird die fundamentale Bedeutung erkennbar, die eine konsequente Unterdrückung der Frau für das Glaubens- und Menschenverständnis des Islam hat. Menschsein im islamischen Sinne ist in allererster Linie männliches Sein. Weibliches Sein bedeutet latente Bedrohung männlichen Seins und damit des Islam an sich. Jeder Versuch zur Emanzipation kann daher nur als Tendenz von latenter zu akuter Bedrohung der traditionellen Existenzform des Islam interpretiert werden, die somit das Geistpotential der Frau ausgrenzen und ihre physische Gegenwart in der Gesellschaft »verschleiern« muß.

Für die Vertreter des wahhabitischen Basisislam, den »Zentralrat der Muslime in Deutschland«, ist »das Tragen des Kopftuchs nicht nur Teil der religiösen Überzeugung, sondern religiöse Pflicht«,[524] wobei er allerdings auf die vielfältige Unterstützung des »Dialogs« zählen kann. Angesichts der existentiellen Bedeutung dieser Frage für den traditionellen Islam sind die Helfer der Islamlobby durchgängig vom Bemühen geprägt, die Lücke zwischen idealisiertem, koranischem Anspruch und der Wirklichkeit des real existierenden Islam zu übersehen, und eine weitgehende Gleichstellung der Frau in Ehe und Gesellschaft zu konstruieren.[525]

Wenn – auf welche Weise auch immer – eine hinreichende Motivation hergestellt ist, können auch »akademische« Arbeiten wie diejenige der Politologin R. Kreile zustande kommen, die im Kopftuch »ein bewußtes Zeichen von Autonomie und Widerstand« oder auch einen »Protest gegen die Überstülpung westlicher Lebens-, Konsum- und Rollenmuster« zu sehen glaubt.[526] Während hier einmal mehr der »Dialog« – nicht selten unter dem Druck attraktiver Gegenleistungen – in die Speichen des Islamismus greift, warnt der Verfassungsschützer H.L. Müller davor, diesen nämlichen Islamismus als »Folklore« zu verharmlosen.[527]

Wie wir inzwischen wissen, liegen die Wurzeln des proislamistischen Engagements wesentlich tiefer. Sie sind in einer neofaschistischen Verfaßtheit zu finden, die ihr islamisches Heilsobjekt »authentisch«, durch westliche Verunreinigungen ungetrübt, nun endlich zu installieren hofft. Denn wie immer auch die Desinformation des »Dialogs« lauten mag – nach islamischem Verständnis ist der Schleier ein unverzichtbares Instrument der Ausgrenzung, eine Tarnkappe zur Wahrung männlicher Dominanz im öffentlichen Raum.[528]

Eine Kultur, die in strenger Geschlechtertrennung die Männer dazu zwingt, Frauen als reine, auf Basis von Kaufverträgen zu ehelichende Sexualobjekte zu betrachten, bringt von ihr selbst abgelehnte Formen sexueller Abweichung hervor. Ein Drittel der ländlich lebenden Männer Marokkos gab an, sich dem Verkehr mit Geschlechtsgenossen oder Tieren zu widmen, wobei sie durchaus zwischen schlechtem Gewissen und Abscheu über sich selbst sowie Entrüstung über die Zumutungen des Systems, in dem sie leben müssen, schwanken.[529]

Ein Mann, der schließlich heiratet, wird allerdings in seiner Eigenschaft als Käufer und mit dem Recht der Züchtigung ausgestatteter Herr seiner »Ehefrau« kaum zu ethisch motiviertem Verhalten ermuntert. Nicht nur zu Fortpflanzungszwecken, sondern allein schon zur Bändigung des allgegenwärtigen Bösen, das in der unbefriedigten Sexualität der Frau brütet, soll der Verkehr so oft und effizient wie möglich vollzogen werden. Irgendwelche weiterreichenden Empfindungen wie Zuneigung, geschweige denn Liebe wirken in diesem Umfeld störend, wenn nicht gar »tierisch«:

> »Mitunter lassen sich einige Menschen vollkommen von einer leidenschaftlichen Liebe (zu einer Frau) hinreißen. Sie sind wahnsinnig, im reinsten Sinne. Sie verneinen völlig den ursprünglichen Sinn und Zweck des Beischlafs; sie begeben sich hinsichtlich der Selbstbeherrschung auf das Niveau eines Tieres herab.«[530]

Da der Beischlaf als Dienst an Allah und der *umma* gilt, wird er zur gefährlichen Schnittstelle zwischen dem Guten im omnipotenten Mann und Satan, der trotz aller Unterwerfung sich die Frau zur zentralen Basis seiner Versuchungskünste erwählt hat. So ist während des Koitus die Gegenwart Allahs zu beschwören und bei der Ejaculatio die schützende koranische Formel zu sprechen, jenes Lob Allahs, »der aus dem Wasser (Samen) den Menschen geschaffen hat« (25/56). Nur so kann der noch viel größeren

Gefahr einer echten Liebe zur Frau begegnet werden, welche die Loyalität des Muslim zu Allah beeinträchtigt, nicht ganz unähnlich den ebenfalls unerwünschten Ablenkungen, die sich in den Denkautonomien der Philosophie und Mystik bemerkbar machen. Um ihre Loyalität zu stärken, hat Allah den Muslimen zudem die Polygamie gegeben, die im Verein mit der Verstoßung zum idealen Instrument der Unverbindlichkeit, nicht selten auch der Erpressung wird.

Je schwächer die Ehebindungen in einer Gesellschaft, desto stärker die Mutterbindung des Mannes, die im Islam häufig eine ganz erhebliche Kontrollfunktion über das Ausmaß der Sexualität ausübt und die eheliche Intimität erheblich behindert. Erneut scheint das paranoide Weltbild des universalen Mißtrauens auf, das bereits in der Sozialzelle der Familie beginnt und sich in den öffentlichen Raum ausweitet. Das Mißtrauen schafft in diesem Kontext Räume und Grenzen, die in entscheidender Weise von der Sexualität bestimmt werden. In diesem Sinne sind Kopftuch, Schleier, Tschador etc. von elementarer Bedeutung, indem sie der Frau zwar keine »Autonomie«, wie westliche Vorteilsnehmer des Islam verkünden, aber für eine begrenzte Zeit eine begrenzte Mobilität geben.

Der Raum des Islam ist somit in zwei fundamentale und unvereinbare Ebenen gegliedert: in den männlichen Raum der Religion und Politik sowie den weiblichen Raum der Sexualität und Familie. Der männliche Raum ist öffentlich und dominant – das Universum der Macht und des Geistes; der weibliche Raum ist privat und vom Bösen bedroht – das Universum der Frauen, eher biologischer Wesen, die weder über Macht noch Geist verfügen. So wird erkennbar, daß sich Islam bei weitem nicht nur durch Moscheenbau und Islamunterricht installieren kann; wer mit Erfolg das Kopftuch vertritt, baut mitten in Europa etwas im Grunde noch Wichtigeres auf, das dort seit der Säkularisierung als undenkbar galt: den metaphysischen Raum des Islam, eine vom »Glauben« untrennbare Staatsvorstellung, in der Männer herrschen und Frauen gehorchen.[531]

Im Mikrokosmos der traditionellen Familie des Islam werden somit die tiefgreifenden Muster deutlich, welche die Personen zwingen, sich in eingeschliffene Rollen zu fügen, und sie zu Akteuren formen, die sich im Makrokosmos der Gesellschaft im Interesse des Islam organisieren. So wie der *djihad* dem Machterhalt nach innen und der Machterweiterung nach außen dient, so müssen die – männlichen – Muslime einzeln und gemeinsam den *djihad* gegen die Frau führen, um jenen metaphysischen Feind zu bannen, der ihre absolute Loyalität, ihre Liebesfähigkeit insgesamt, von der alles steuernden Macht Allahs ablenkt. Der große Averroes schien dies alles schon vor 800 Jahren erkannt zu haben:

> »In diesen unseren Staaten kennt man die Fähigkeiten der Frauen nicht, weil man sie hier nur für die Fortpflanzung einsetzt. Das macht ihre (anderen möglichen) Aktivitäten zunichte. Weil Frauen für keine der menschlichen Tätigkeiten für fähig gehalten werden, geschieht es oft, daß sie Pflanzen gleichen. Daß sie in diesen Staaten eine Last für die Männer sind, ist einer Gründe für die Armut dieser Staaten.«[532]

In diesem Raum begegnet uns nicht zuletzt auch jene allgegenwärtige »Ehre« des Islam wieder, die sich mit der sexuellen Raumhierarchie zu einem für europäische Gemüter offenbar nicht nachvollziehbaren Konfliktpotential verdichten wird. Muslime, die den öffentlichen Raum nicht dominieren, und im privaten Raum durch wachsende Einflüsse des westlichen Bösen gefährdet sind, werden auf längere Sicht den Prozeß der Islamisierung mit allen Mitteln des *djihad* vorantreiben müssen, um ihre Existenz »ehrenhaft« zu sichern. Wie weit die Sexualisierung des öffentlichen Raums geht, verdeutlicht die pakistanische Praxis zur Zeit Zia' ul-Haqqs, nach der niemand wegen Vergewaltigung verurteilt werden konnte, solange noch Frauen in der Gesellschaft Pakistans sichtbar waren. Der als »gemäßigt« geltende iranische Präsident Rafsandjani billigte einen Geheimdienstbericht, der die Frauen – neben der Korruption – als »oberstes Sicherheitsrisiko des Iran« einstufte.[533]

Dieses Risiko ist nicht nur auf den inneren Bereich beschränkt, sondern weitet sich auch auf den äußeren *djihad* aus, indem jede Gesellschaft ein Kriegsrisiko birgt, das mit dem Ausmaß der Frauenunterdrückung wächst.[533a]

Parallel zur islamischen Heimat wird sich dabei der *djihad* auch in der Diaspora noch primär gegen die Frau richten können, solange die westlichen Regierungen fortfahren, deren Grundrechte zu mißachten und das eigene Recht zu islamisieren. So wie die westliche Ehe und Familie sich auflösen, können somit die islamischen Strukturen konserviert werden und das gesellschaftliche Konfliktpotential reifen lassen. Solange hier allerdings das zugleich erhaltene islamische Tributdenken auf willige, einheimische Polit- und Solidarsysteme trifft, werden Integration und Konflikt gleichermaßen gehemmt. Der Kern des Prozesses bricht sich an der »Toleranz« der Basisgesellschaft, die es im Rahmen des »Dialogs« mit allen Mitteln zu gewährleisten gilt.

c) Die Schizoidie des Westens

Indem also der »interkulturelle Dialog« in eingeschliffenen Reflexen dem Islam die Merkmale des »Friedens«, der »Toleranz« und der »autonomen Frau« zuweist, wird er zu seiner natürlichen Ergänzung, zu einer aktiven Stellvertretung, einer Art Fünften Kolonne im Westen. Wie ist eine solche Entwicklung bei einer Kultur möglich, die sich auf so unterschiedliche Wurzeln wie das Christentum gründet und mit den Mitteln der aufklärerischen Vernunft völlig anders entwickelt hat? Welche Bedingungen müssen erfüllt sein, um sich einem paranoiden System harmonisch anverwandeln zu können, ohne selbst paranoid zu sein?

Denn was den Vertretern der Islamlobby ganz gewiß nicht vorgeworfen werden kann, ist Paranoia. Während im Zentrum der islamischen Weltwahrnehmung fundamentales Mißtrauen und Feinddenken stehen, die strikte Grenzen zu allem Nichtislamischen ziehen, wird das westliche Dialogdenken von einem grenzenlosen Vertrauen geprägt, das dem Islam in einer interkulturellen Zukunftsvision eine ganz besonders konstruktive, »bereichernde« und damit unverzichtbare Funktion zuweist. Jeder Zweifel an der friedensstiftenden Heilswirkung des Islam und jeder Hinweis auf seine historisch gegenläufige Wirklichkeit erscheint den Dialogisten als ein »Schüren des Feindbildes« oder auch als ein »Konservieren von Vorurteilen« und wird der Einfachheit halber seit Jahren mit der handlichen Plakette des »Rechtsradikalismus« etikettiert.

Repräsentative Sammlungen der dialogischen Stereotypen finden sich in besonders konzentrierter Form bei den deutschen Orientalisten P. Heine und G. Rotter, der auch als herber Kritiker der Nahost-Journalisten Konzelmann und Scholl-Latour bekannt wurde.[534] So berechtigt manche der Kritikpunkte auch sein mögen, so wird in diesen oder ähnlichen »Untersuchungen« immer wieder die atavistische Furcht vor jeder Art rational-historischer Islamanalyse deutlich, die folgerichtig als »Gefahr« anzusehen ist.[535] Diese Sicht befindet sich in ständiger Flucht vor Fakten und Zusammenhängen, welche die Toleranzfiktion in Frage stellen könnten, und löst jeden Kontext konsequent auf, dessen Inhalte und Aussagen auch nur kleinste Gefährdungspotentiale erkennen lassen.

So wurde seit langem »der Islam«, der kein »Monolith« ist, sondern viele bunte Facetten zeigt, vom Islamismus getrennt, und seit dem 11. September hat sich unter den Dialogdienern eine lebhafte Konkurrenz entfaltet, wie auch der Islamismus schnellstmöglich zum Verschwinden gebracht werden kann. Wie im Umgang mit »dem Islam« geschieht dies in gleicher Weise mit dem Islamismus, dem man ganz einfach so viele Nuancen diktiert, daß es »den Islamismus« eigentlich gar nicht gibt.

Solches Denken basiert wesentlich auf der Weltsicht der sogenannten »Postmoderne«, deren Oberdogma in einer nicht übersteigbaren »Pluralität« besteht. Hier werden nicht nur alle Werte der Vergangenheit wie Tradition und Autorität verneint, sondern auch übergreifende Vorstellungen abgebaut wie die Emanzipation der Menschheit vom Glauben (Aufklärung), die Zielgerichtetheit des Geistes (Idealismus) und der metaphysische Existenzsinn (Historismus).[536] Indem sich die westliche Kultur von diesen fundamentalen Bezugssystemen als »Obsessionen« befreit, macht sie Platz für den »Destruktivismus«, eine tiefgreifende Auflösung, in der alle überkommenen Einheitsideen, inkl. der Einheit des Wissens, aufgegeben werden – zugunsten einer radikalen Vielheitsidee, die zunächst von zwei Prozessen besetzt wird: Zum einen hat sich die kommerziell bestimmte, wissenschaftlich-technologische Entwicklung durchgesetzt, wobei sie sich mit der zweiten Dominante, dem dynamischen Vordringen von anderskulturellen Einheitsideen, insbesondere derjenigen des Islam, verbindet.

Das Ziel dieses Dogmas soll, obwohl die Zielgerichtetheit allen Denkens bestritten wird, eine umfassende Gerechtigkeit sein, die trotz aller Widersprüche aus technischer Effizienz, kultureller Selbstverwirklichung und politischem Gleichheitsgedanken »die Massengesellschaft ordnet«.[537] Aus einer sich zuvor selbstbestimmenden Ordnung, die auf traditionellen Denkkriterien wie Korrelation und Kausalität, also auf der Logik des Zusammenhangs beruhte, erwuchs die »Ordnung« des *Momentismus*, des »Denkens« in Einzelaspekten von Raum und Zeit, das auch die Verbindung von Extremen wie z. B. von Gewalt und Frieden ermöglichte. Dieser neuen Ordnung liegt ein ebenso extremer Gerechtigkeitsbegriff zugrunde, der buchstäblich bis zur Denk- und Sprachlosigkeit führt, weil der Einsatz des eigenen, sprachlichen Regelsystems in der Gefahr steht, andere Sprachstrukturen zu »dominieren«. Wer spricht, begeht also im Zweifel gegenüber dem Anderssprachigen ein »Unrecht«.[538]

Der amerikanische Literaturhistoriker B. Sanders weist auf den fundamentalen Zusammenhang zwischen »Wort und Welt« hin, unabhängig davon, ob die Sprache als »Makler des Selbst« durch intellektuelle Arroganz oder durch medialen Bildungsverfall verloren geht. Der Verlust der Sprache verursacht das für die Postmoderne so kennzeichnende und den Menschen unheilvolle »Brechen« (*Ruptur*) der Brücke zwischen Erfahrung und dem Verstehen der Erfahrung. Ohne Worte, den kognitiven »Kompaß« durch das Meer der Wahrnehmung, wird das Selbst zum orientierungslosen »Hintergrundrauschen«, das sich im Westen in rasch steigendem Analphabetismus ausdrückt. Mit dem Sprachverlust und der Leseunfähigkeit haben allerdings auch neue, eher biologische Formen des Verhaltens Konjunktur – Sucht, Magie und Gewalt – deren »Schreibgerät die Maschinenpistole« ist.[539]

Die Unvereinbarkeit von Einheit und Vielheit wird allerdings auch den Euphorikern der Postmoderne bewußt. Indem sie sich auf die Bereiche des Unentscheidbaren, des Unkontrollierbaren, des Diskontinuierlichen zurückziehen, sollen die herkömmlichen Begriffe der Erkenntnis und Vorhersage, des Wissens und der Logik, der Ursache und Wirkung, des wiederholbaren Zusammenhangs, schlicht die Funktionskriterien der Evolution, objektiver Forschung und des Fortschritts, außer Kraft gesetzt werden. Angestrebt wird statt dessen eine neue Erkenntnis und Logik, die vom »Fortschritt der Pluralität«, d. h. Stillstand und Destruktion, von Widersprüchen, Paradoxien und Trugschlüssen, in psychologischer Sicht von *schizoider* Spaltung bestimmt sind. Mit diesen momenthaften »Paralogien« entsteht die Komplementarität zur holistisch-ganzheitlichen »Paläologik« des Naturvolks bzw. Paranoikers, in der sich grundlegende Gegensätze des psychologischen und kulturhistorischen Bewußtseins verknüpfen lassen.[540]

Mit ihrer neuen Paralogik bildet die westliche Postmoderne das Schloß zum Schlüssel der *paranoiden* Logik des Islam. So wie dieser zur Rettung der eigenen Überlegenheit sich extrem abschottet, indem er alle Erscheinungen und Ereignisse als gegen sich gerichtet interpretiert, so sieht der postmoderne Westen alle Erscheinungen und Ereignisse durch den Filter der universalen Gerechtigkeit für alles Andere. Diese sieht sich dem unausweichlichen, *schizoiden* Zwang ausgesetzt, unentwegt das Eigene entgrenzen und abbauen zu müssen. So wie der Islam einen extremen Zwang zu Mißtrauen und Kontrolle verordnet, so verordnet der »Dialog« ein dogmatisches Vertrauen, das jedweden Verzicht auf die Prüfung des Anderen zwingend vorschreibt.

Die vermeintliche Irrationalität des Dialogs kann aus einer weiteren, allerdings noch problematischeren Dimension hergeleitet werden, der *kognitiven Regression*. Hierbei handelt es sich um den Abbau geistiger Kreativität insgesamt, der sich aus dem fortschrittsbedingten Schwund des *Zeitbewußtseins* ergibt. Die Wirklichkeitswahrnehmung entsteht in der laufenden Fusion einer Gegenwart, die in Richtung erinnerter Vergangenheitswerte »gedehnt« ist, um Erwartungswerte für die Zukunft erzeugen und somit ein korrelationsfähiges Zeitbewußtsein aufrechterhalten zu können. Ihre Funktionsfähigkeit wird durch die sogenannte »Exzentralität« aufrechterhalten,[541] eine Basisqualität des Selbstbewußtseins, die Distanz zum eigenen Denken und damit Elastizität in den Bewußtseinsbildern ermöglicht. Im modernen Entwicklungsprozeß erzwingt der laufende Anstieg des Einzelwissens eine wachsende Zahl von Wissensfeldern, die zwar einerseits die Erkenntniserfahrung einer laufenden Verengung und andererseits die Erkenntniserwartung einer laufenden Beschleunigung bewirkt, allerdings durch eine hinreichende Denkelastizität bewältigt werden kann.

Ist dies nicht der Fall, verkürzt sich der zeitliche Abstand, der die jeweilige Gegenwart von einer Zukunft mit erneut veränderten Bedingungen trennt, wobei sich komplementär die Integration der Vergangenheit verringert. Es entsteht der zivilisatorische Effekt der sogenannten »Gegenwartsschrumpfung«, die im Zuge des modernen Fortschritts einen proportionalen Rückschritt in der Fähigkeit zur denkerischen Integration von Gegenwart und Vergangenheit in der Zeit erzwingt.[542] Moderner Fortschritt bedeutet also, daß bei systematischer Beschleunigung der Gegenwartsverengung sowohl die Vergangenheitserfahrung als auch die Urteilsreichweite in die Zukunft schwinden, was sich u. a. auch in einem unausweichlichen Verlust von Denken, Sprache und Bildung ausdrückt. Mit diesem existentiellen Schwund geht – und dies ist mitentscheidend für die Konvergenz mit dem Islam – ein systematischer *Zwang zur Gewalt* einher.[542a]

Das menschliche Bewußtsein ist der Raum, in dem sich im Gegensatz zum gegenwartslosen, physikalischen System überhaupt irgendein Sinn für Zeit etablieren kann. Wenn sich allerdings die Korrelation erlebter Gegenwart mit erinnerter Vergangenheit abbaut, verflacht die kognitive Fähigkeit zur raumzeitlichen Verschränkung und reduziert unmittelbar die geistige Kreativität. Gedankliche Vernetzungen höherer Ordnung werden aus einem gedehnteren Zeitbereich intakter Bewußtseinsbildung in verengtere Gegenwartsräume mit leistungsärmeren Denkebenen gezwungen. Der damit verbundene Schwund geistiger Kreativität und korrelativen Denkens bedeutet eine fundamentale Rückentwicklung auf die materielle Basis, d. h. nicht weniger als die *Biologisierung* des Geistes. Der graduelle Verlust des subjektiven Zeitflusses transformiert die bewußte Identität in ein System mit abnehmender Gegenwart und Bewußtheit. Damit steigt der Anteil des Unbewußten, das mit intellektueller Vereinfachung und vor allem auch mit der Blockade der überlebenswichtigen, kognitiven Markerschleifen einhergeht (s. o. S. 280f.).

Der amerikanische Zeitforscher J. Fraser weist auf die physikalischen Eigenschaften des Kollektivverhaltens großer Massen hin,[543] die im westlichen Fortschritt eine günstige Basis für eine uniformierende Massenideologie erzeugen. Vor diesem Hintergrund erhält natürlich die Forderung nach Toleranz, wie oben bereits angedeutet, einen völlig anderen Sinn. In diesem Kontext bedeutet Toleranz nicht die souveräne Duldung des Anderen, sondern in einer umfassenden, *geistigen* Entgrenzung die *biologische* Anpassung. So können die Elemente der zunehmenden Islamisierung im Westen durchaus auch als Parallele zum biologischen Phänomen der *Mimikry* gedeutet werden, in der ein

»Mime« ein »Modell« nachahmt. Sowohl in Räuber/Beute-Konstellationen als auch in parasitären Konstellationen entwickelt die Beute häufig Anpassungstechniken, die sie dem Räuber ähnlich macht, wie auch umgekehrt der Räuber sich der Beute verähnlicht, um sich der Beute besser nähern zu können,[544] ein Vorgang, der sich in der islamischen Täuschungstaktik der *taqiya* auf frappierende Weise bestätigt (s. u. S. 295).

An die Stelle des gedanklichen Bauprinzips der Korrelation tritt das »Denken« in isolierten Einzelpunkten, die uns der »Dialog« in reichlichem Maße anbietet. Dieser Fragmentlogik ist der Zugang zu dynamischen Denkebenen, welche die Vernetzung diverser Zeitebenen ermöglichen, versperrt. Das Ergebnis ist die monotone Wiederholung von bestimmten Aspekten unter Abwehr konträrer Fakten, die allerdings intellektuell nicht mehr bewältigt werden können, weil die kognitiven Voraussetzungen fehlen. Die fortschrittsbedingte Schrumpfung des Zeitbewußtseins bewirkt den graduellen Ersatz kreativer Assoziationen und logischer Verknüpfungen durch ein automatenhaftes *Reflexdenken*, die geeignete »Basis« für die schizoide Projektion, für deren Studium die neurotische Starre des »Dialogs« überzeugendes Anschauungsmaterial liefert:

> »In der Neurose steht der Bezug zur Vergangenheit nun unter dem Diktat des Wiederholungszwanges. Das Vergangene, bestimmte, bedeutsame, in der Vorstellungswelt fixierte Ereignisse wirken unverarbeitet, als nicht zu bewältigende und nicht einzuschmelzende Fremdkörper weiter, wie Schablonen auch das Erleben in der Gegenwart bestimmend.«[545]

Wenn auch das Verhalten des Dialogs zunächst als absurde Inkompetenz erscheint, so kann es sich doch nach der näheren Analyse durch Ideologie-, Zivilisations- und Zeitforschung sehr wohl als pathologisch erklärbares, politisch jedoch nicht minder brisantes Phänomen darstellen. Hier kann sich durchaus eine Tendenz entfalten, die systemhaft auf eine wachsende Irrationalität programmiert ist und sich dabei in ihrer psychologischen Verfaßtheit zu der oben geschilderten Ideologie einer fiktiven Islamtoleranz verdichtet. Aufgrund des fortschrittsbedingten Denkschwunds muß diese Ideologie umso gewalt- und terrorfähiger werden, je weiter sich ihr Reflexarsenal verengt und zugleich mit dem Islam identifiziert.

Islam und Westen können also, obwohl auf diametralen Denkansätzen fußend, zu parallelen Überzeugungen kommen, weil die Dialogsicht auf herkömmliches, korrelierendes Denken verzichtet. Ein Phänomen, das es mit seinen vielfältigen Aspekten wie Glaube, Recht, Theologie, Dogmatik, Mystik, Kunst, Gewalt, Frau etc. seit über 1400 Jahren »eigentlich gar nicht gibt«, wird somit in unzählige ideologische, für die Bevölkerung nicht nachvollziehbare Phantasiepunkte gespalten und kann sich authentisch, seinem Rechts- und Staatskonzept entsprechend, in Europa etablieren.

Anders ausgedrückt bedeutet dies, daß die paralogische, schizoide Rationalität des Westens im mit Gewalt besetzten, paranoiden Kontrollzwang des Islam den gleichen, universalen »Frieden« erkennt, den dieser im *djihad,* in der Ausweitung des »Islamhauses« und im Kampf gegen das »Kriegshaus« des Unglaubens fordert. Der Abbau der traditionellen Logik, die auf dem Herstellen von Zusammenhängen und Kausalitäten beruhte, löst das kohärente Denken in *momentistische* Einzelpunkte auf, mit denen gezielt selektive Gemeinsamkeiten mit dem Islam hergestellt werden, obwohl ständig von der »unübersteigbaren Pluralität«, dem Nebeneinander von Einheit und Vielheit, die Rede ist.

So kann die Fiktion islamischer Toleranz und Friedensfähigkeit, die durch willkürliche Geschichtsaspekte »bewiesen« und »politisch korrekt« durchgesetzt wird, zu einer umso verpflichtenderen »Realität« werden, je mehr Anhänger sich durch andere in diesem Glauben bestätigt sehen. Ihre »Beweisführung« kombiniert zwei Geschichtsfiktionen, indem die eigene Vergangenheit einen Negativ- und die islamische einen Positivfilter durchläuft, wobei der Vertrauens- und Anpassungszwang des Dialogs sich mit dem egozentrischen Feindbilddenken des Islam zu einem groß angelegten Islamisierungsprozeß verbindet. Selten hat es in der neueren Geschichte der Weltbilder ein Ideenpaar von so tiefgreifender, sich zwanghaft ergänzender Wirkmacht gegeben.

Wer die Entwicklung der Zuwanderungs- und Islampolitik der 80er und 90er Jahre in Deutschland nachvollzieht, erhält eine Fülle praktischer Bestätigungen für einen letztlich praxisfernen Trend. Die zunehmende Bedrohung der inneren Sicherheit durch wachsende Islamghettos bei zugleich wachsender Radikalisierung wurde seit Jahren registriert, ohne zu konkreten Maßnahmen zu gelangen; Kritik des massiven und zumeist ungeprüften Moscheenbaus stieß auf den schizoiden Pauschalreflex der »Ausländerfeindlichkeit«; bislang hat sich in den »Deutungseliten« niemand dazu bereit oder in der Lage erklärt, den Islam und seine zweifelhaften Vertreter unideologisch, d. h. als ein durchaus nachprüfbares Sachproblem in den Blick zu nehmen, das zu den wichtigsten der Zukunft gehören dürfte.

Statt dessen wurden die – ohnehin seltenen – kritischen Analysen der Gefahrenpotentiale in islamischer Gewalt und Demokratieunfähigkeit als Produkte des allgegenwärtigen »Rechtsradikalismus« erkannt. Um keine »Ängste zu schüren«, wurden der Öffentlichkeit auf den immer breiteren Fronten des sogenannten Dialogs in Politik, Kirche, Universität und Wirtschaft die Standardfloskeln von einem mit Frieden identischen Islam verabfolgt. Aktuelle Gewalttaten von Terrorgruppen schliffen sich im Windkanal des neurotischen Wiederholungszwangs immer wieder zu der Schablone ab, daß die »Religion des Islam« mit der »Ideologie des Islamismus« nichts zu tun habe. Eine bessere Anpassung an das islamische Terrorpotential konnte es nicht geben, das sich dann auch im toten Winkel der dialogischen Tunnelsicht mit konkreten Netzwerken und wachsenden Ghetto-Reservoirs konsequent verankern konnte.

Die tief verwurzelte Verantwortungslosigkeit, mit der die Dialogisten den Islamterror trivialisieren, läßt sich sehr eingängig am Phänomen der »Zivilbuße« verdeutlichen, mit der H. Lübbe sich in einer lesenswerten Abhandlung beschäftigt hat. Hierbei geht es um ein seit einiger Zeit geübtes »Bußritual«, in dem Repräsentanten der »Deutungseliten« sich für Untaten vergangener Generationen entschuldigen. Ob Präsident Clinton für die Sklavenjagd, der Papst für die Kreuzzüge und Inquisition, die Deutschen für die Shoa – sie alle pauschalisieren die Schuld der Täter und das Leid der Opfer. Sie verhindern die Historisierung der Untaten, d. h. die Klärung der Frage, wie es wirklich war, und wie es dazu kommen konnte, und sprechen die Täter frei, »die sich über den Untatencharakter ihrer Taten täuschen konnten, nicht aber die Opfer«.[546]

So kann auch der Proislamismus Einzug in eine Moral halten, die weder moralisch bereit, noch intellektuell fähig ist, sich mit den historischen Grundlagen des islamischen Terrors zu befassen, womit sich diesem die Möglichkeit öffnet, Bestandteil einer eigenen, *schizoid projizierten* Täterbereitschaft zu werden. Wie tief diese Projektion bereits reicht, zeigt die reflexhafte Diffamierung von Personen, die es wagten, z. B. auf die im »Schwarzbuch des Kommunismus« analysierten Massentötungen zu verweisen,[547] oder es heute wagen, in der verdeckten Gewaltstrategie des *djihad* eine Gefahr für den Westen zu erkennen. Die Gewaltoptionen der europäischen Vergangenheit sollen offenbar weiterhin konsensfähig bleiben, indem die historisch und aktuell konträre Islamrealität durch Diffamierung derer, die sie darstellen, unterdrückt wird:

> »Ersichtlich handelt es sich bei solchen Vorgängen nicht um die Gewinnung vergangenheitspolitisch zukunftsfähiger Einsicht in die Umstände, die das 20. Jahrhundert zu einem Jahrhundert beispiellosen Massenterrors haben werden lassen. Es handelt sich vielmehr um Akte der Destruktion konventioneller politischer und akademischer Diskursmoral in der Absicht, die eigenen geschichtspolitischen Optionen durch moralische Disqualifikation faktenanerkennungsfähiger Intellektueller zu privilegieren.«[548]

Die Unterstützung des faktenleugnenden »Dialogs« nehmen die Muslime gern entgegen, denn nach ihrem Paranoia-System gehört es zum Basisverhalten, die Ebenen der Kooperation und Koexistenz zu meiden und die feindliche Umgebung durch Techniken der Täuschung und Verschleierung, im Islam *taqiya* genannt, über die langfristigen Absichten in die Irre zu führen. Solche Strategien sind zwar nicht für diejenigen erforderlich, die den Gewaltcharakter des Islam ohnehin begrüßen, erlangen jedoch gegenüber dem Vertrauenssystem des »Dialogs« einen generellen, entscheidenden Vorteil. Ein auf Täuschung geschaltetes System, das auf ein System trifft, dem die Fähigkeit zur Erkennung der Täuschung fehlt, begründet die klassische Konstellation von Betrüger und Altruist, die sich in jedem Falle zugunsten des Betrügers stellt.

Hierfür spricht nicht nur die Spieltheorie,[549] sondern auch die konkrete Praxis des Moscheenbaus in Deutschland, die innerhalb von 30 Jahren ohne jede Kontrolle knapp 3000 Beteinrichtungen einer »Religion« ermöglichte, die unter Ablehnung jeden nicht-islamischen Staatskonzepts den eigenen politischen Herrschaftsanspruch fordert. Das pathologische Vertrauen verhinderte die Prüfung des Artikels 4 des Grundgesetzes, der die Freiheit der Religionsausübung regelt, wobei hier offenbar nicht an »Religionen« gedacht ist, die auf einer eigenen Staatsordnung beruhen, ihrerseits die Religionsfreiheit ablehnen und darauf abzielen, die Rechtsordnung, der sie ihre freie Ausübung verdanken, zu beseitigen.

Da in einem Politkartell, das auf Eigeninteresse geschaltet ist, keineswegs die Schizoidie vorherrscht, scheint allerdings ebenso die Überlegung naheliegend, ob man die islamische Gemeinschaft als Instrument sieht, zur Erweiterung der kartellierten

Macht weitere »Toleranz« zu erzwingen, oder zumindest als Wählerpotential in der Sicherung der demokratiefeindlichen Parteienherrschaft zu nutzen. Der zunehmende Anteil des neuen Antisemitismus bzw. Anti-Israelismus, welcher den »liberalen« Parteien, insbesondere in Deutschland, zuwächst, ergibt sich somit geradezu zwangsläufig aus der Islamfixierung eines solchen, offenbar zunehmend aggressionsbereiten »Dialogs«. Nachdem das islamische Heilsprogramm bereits als totalitäre Ideologie gelten kann, bleibt abzuwarten, ob und wann sich die »Eliten« der Definition europäischer Terrorqualität oder zumindest Staatsfeindlichkeit nähern, oder ob es bei der Strategie der entmündigenden »Toleranz« bleibt:

> »*Totalitäre Ideologien* sind in sich geschlossene Systeme, die die Gesamtheit der vergangenen, gegenwärtigen und zukünftigen Wirklichkeit aus fiktiven Prämissen pseudo-wissenschaftlicher Art deduzieren. Das in der Ideologie entworfene Heilsziel entspricht – so eine der Basisfiktionen – dem eigentlichen »Willen« des Kollektivs ... *Das Grundmerkmal des Terrors* ist die Ablösung der Gewaltanwendung von normativen Definitionen des Verbotenen, die Durchtrennung des Bandes zwischen »schuldhaftem« Handeln und »Strafe«, die Emanzipation der Gewaltanwendung der Machthaber von der »bösen« und der »guten« Gesinnung und dem »richtigen« und »falschen« Verhalten der Unterdrückten: Der Terror läßt denjenigen, gegen die er sich wenden will, keine Chance« (Bet. d. Verf.).[550]

Gleichfalls wird zu prüfen und zu beobachten sein, ob der Islamdialog zu einer »Bewegung« neben den Institutionen werden kann oder es bereits geworden ist, und Impuls für den sogenannten »Doppelstaat« wird, der ein wichtiges Kennzeichen der nationalsozialistischen »Bewegung« war.[551] Zuverlässige Merkmale einer solchen Spaltung ist zunächst ein Wandel der Rechtsprechung im Sinne der »Bewegung« sowie als zweite Phase ihre graduelle Integration in das Gewaltmonopol. Erste Schritte in Richtung einer Rechtsprechung im Sinne des Islam sind erkennbar gemacht, inzwischen beherzt verstärkt vom Erlanger Juristen Rohe, der zusammen mit anderen »fortschrittlichen« Kollegen richtungweisend für das Entstehen eines parallelen Rechtswesens werden könnte.

d) Fixierung auf den »guten« Terror

Ein Wettbewerb zwischen ehrlichen und unehrlichen Signalgebern geht grundsätzlich zugunsten der letzteren aus. Die Skepsis gegenüber dem Signal und die Prüfung der Information sind Basisfunktionen des Lebens und der Evolution sowie unverzichtbar für das Zustandekommen einer informierten und damit paritätischen Kooperation. Wenn wie vorliegend der Erwerb von Wissen sich vorwiegend auf generelles Vertrauen auf das Objekt (Islam) stützt, kann das Subjekt (Westen) sich der konstant bleibenden Realität des Islam umso dynamischer angleichen, je kräftiger sich im Prozeß der Biologisierung der elementare Reflex der *Vermeidung von Frustration* geltend macht:

»In einem solchen Fall ... macht sich die ›Bewußtwerdung‹ an etwas fest, was als Hindernis fungiert oder das Verhalten ... unangepaßt sein läßt; solange dieses Verhalten ... reibungslos, ohne auf äußere Widerstände zu stoßen, bleibt es unerkannt.«[552]

Ein solcher Prozeß der Subjekt/Objekt-Vertauschung, der zu einer »Objektivierung« des Wissens führt, kann durchaus an die Umkehrung des Wissens anschließen, wie sie von den Auguren der Postmoderne gefordert wird. Allerdings gewinnt damit auch die spieltheoretische Dimension eine gesteigerte Bedeutung. Die Westen/Islam-Dynamik weist Entsprechungen zum sogenannten Paradox der Allwissenheit auf. Es handelt sich hier um die Frage, welches von zwei Systemen, die sich auf Kollisionskurs befinden, zum Überleben ausweichen wird, wobei eines als allwissend angenommen wird, vorliegend das westliche, das paradoxerweise das Wissen grundlegend okkupieren muß, um es in postmoderner Auflösung umkehren zu können.

Zur Erreichung seines Heilsziels, und darin liegt das – nun nicht mehr ganz so unverständliche – Paradox, muß der »Allwissende«, der sich in unserem Fall zum Fremden Entgrenzende, den Status des Allwissenden aufgeben. Da letzterer sich in der Objektivierung des Anderen dessen Wissen anpaßt, muß er ihm, dem eigentlich Nichtwissenden, das Wissen um sein Allwissen unterstellen. Er muß ihm damit auch das Wissen unterstellen, daß er nicht ausweichen wird, weil er weiß, daß der Nichtwissende ausweicht. Da dies wiederum der Nichtwissende vom Allwissenden annehmen muß, weiß er, daß der Allwissende (Westen) zum Überleben letztlich ausweichen muß, der Nichtwissende (Islam) also seine Position und Richtung beibehalten kann.[553]

Diese zunächst nicht ganz einfache Konstellation erzeugt die – letztlich dann nicht mehr paradoxe – Konsequenz, daß sich ein ehemals geistiges, aktives, dynamisches und offenes System durch Biologisierung und logische Spaltung eher physikalisch bestimmte Eigenschaften aneignet und zu einem materiellen, reaktiven, statischen und geschlossenen System mutiert. Diese Mutation ergreift die Wurzeln der evolutiven Existenz und Logik und entwickelt einen umfassenden Zwang zur Anpassung, der sich, wie wir hier kurz skizziert haben, nicht nur auf den Ebenen der Erkenntnis- und Spieltheorie, sondern vor allem im modernen Schwund fundamentaler Fähigkeiten nachweisen läßt – in den Bereichen der kreativen Denkfähigkeit, somatischen Markeraktivität und damit der psychologischen Eigenständigkeit als solcher.

In der Denkstarre des »Dialogs« könnte die Avantgarde einer neuen Massenideologie mit totalitärem Potential deutlich werden. Es gibt keinen Grund, warum sich dieser Trend, der eindeutig biologisch bestimmt und hinreichend finanziell unterstützt ist, sich nicht weiter in Richtung auf die Vision des Weltordnungs-»Empire« vorantreiben lassen sollte (s. u. S. 326f.), ähnlich wie auch Hannah Arendt bezüglich des Nazi-Terrors definiert, »auf radikale Destruktion des Selbst, auf die Zurichtung der Opfer zu Partikeln einer Masse, deren Existenz nur noch aus gleichgerichteten Reaktionen besteht«.[553a]

In einem theoretischen Spektrum zwischen vollständiger Täuschung und vollständigem Vertrauen sind allerdings praktische Kooperationsformen nur möglich, wenn sich die Partner auf eine gemeinsame Logik einigen.

Da der Islam auf einer paranoiden Einheitslogik basiert, und der Westen einer schizoiden, d. h. einheitsverneinenden Paralogik folgt, vollziehen sich kollektive Psychoprozesse von ausgeprägter Gegensätzlichkeit in der Verarbeitung von Gut und Böse. Während der egozentrische Paranoiker das interne Böse auf den Anderen projiziert, verinnerlicht die schizoide Dialogpsyche das Böse als interne Schuld und Selbsthaß und projiziert das Gute auf den Anderen. Sowohl im individual- als auch kollektiv-psychischen Bereich geht es entscheidend um den Umgang mit dem Bösen, den »inneren Peiniger« und seiner ableitenden Verarbeitung, die offensichtlich einiges mit der Spannung zwischen dem Heiligen und der Gewalt zu tun hat.

Die moderne Überwindung der trinitarischen Transzendenz scheint die Dynamik der Macht des Menschen über den Menschen ganz erheblich gefördert zu haben. Es war das heilsgeschichtliche Opfer Gottes in Jesus Christus, das den Menschen »erlöste«, also ihn befähigte, zwischen den Buchstaben des Gesetzes zu unterscheiden und die Welt in Verantwortung vor Gott, d. h. in der Loslösung von der Gewalt, zu gestalten. Wie der französische Kulturanthropologe R. Girard bemerkt, »geht die Verkennung der Gewalt weiter, indem das moderne Denken das Opfer insgesamt jenseits jeglicher Realität ansiedelt«.[554]

Wie in diversem Zusammenhang ausgeführt, ist im Umgang mit dem Islam nicht nur die Transzendenz des christlichen Glaubens, sondern im politischen Sektor auch die der Menschenrechte in den Hintergrund getreten. Weil die Instanzen der Religiosität und Humanität im postmodernen Pluralismus ihre Bedeutung als Maßstäbe der Gewalt beschleunigt verlieren, fallen deren Legitimität und Illegitimität immer mehr dem Ermessen des einzelnen, also dem Recht des Stärksten oder auch einem wie immer gearteten Machtkartell anheim.[555]

Unter solchen Bedingungen, die an die mythischen Wurzeln des Zwiegesprächs der Menschheit mit Gott rühren, »kann sich Toleranz letzten Endes als ebenso fatal erweisen wie Intoleranz«.[556] Die Gewalt kann somit *mimetische* Wirkung ausüben, d. h. je mehr sich um ihre Bewältigung bemüht wird, desto mehr können Maßnahmen zu ihrer Begrenzung sie verstärken, wie Öl ins Feuer wirken. Der Kosovo-Krieg war ein erster Lehrfall. Die trinitarische Transzendenz unterscheidet sich nach biblischem Sprachgebrauch von der nicht-trinitarischen durch die »Unterscheidung der Geister«. Wer das Opfer Gottes in Christus als Erlösung im Sinne der Bewältigung von Gewalt akzeptiert, erkennt diese als kollektive Unreinheit, die aus dem Inneren der Gemeinschaft verbannt bleibt, wenn sich der Erlösungstat im Ritus erinnert wird. Der klerikale Machtwille bemächtigte sich dagegen dieses Befreiungsaktes und deformierte das sakrale Heilsversprechen zur profanen Verwaltung von »Sünde« bzw. zum islamisierten Mischglauben der Gegenwart.

Auch die Bewußtseinsforschung hat sich mit diesem Sachverhalt beschäftigt. Nach dem amerikanischen Kognitionsforscher J. Jaynes basierte die kollektive Psyche der Vorzeit auf einer reflexions- und ichlosen Interaktion zwischen Göttern und Menschen, die sich im Verlauf des letzten vorchristlichen Jahrtausends in eine selbst- und eine ichbewußte Psyche zu differenzieren begann. Die Selbst/Ich-Dynamik dieses neuen Bewußtseins machte dem Menschen eine vom Unbewußten bedrohte, unübersichtliche Identität deutlich, die nur durch das Konzept des Monotheismus, des von einem Höchsten abhängigen Ich, gerettet werden konnte. Homers Odyssee, das mosaische Gesetz, die griechische Philosophie und Demokratie und nicht zuletzt die Ankündigungen Jesu durch Jesaja und die römischen Sibyllen waren fundamentale Stufen auf dem Weg zum individuellen Geist und Glauben sowie zu einem Christentum, das sich als religiöse Struktur des erwachenden Selbstbewußtseins vorbereitete.[557]

Mit dem Erscheinen Christi differenzierte sich die kollektive Außenleitung in eine individuelle Innenleitung durch eine Ich-Werdung, der durch die Überwindung des Gesetzes der Glaube an und das Vertrauen in einen neuen, dem Menschen zugewandten Gott zuwuchs. Durch die gleichzeitige Überwindung der Dämonen wurde ebenso ein neuer Zugang zu göttlichem Geist und natürlicher Welt erschlossen, der ein ich-reflektierendes Bewußtsein im Wissen um das Unbewußte aktivierte.

Mit der Ehebrecherin und der Samariterin, der Fundamentalkritik an den Pharisäern und mit der Erlösung selbst befreite das Christentum nicht nur die Frau, sondern den Menschen insgesamt aus der Einschränkung des Bewußtseins durch eine kollektive »Sünde«, die als Grundlage der Macht des Menschen über den Menschen diente.

Hieraus erwuchs eine neue Kontrolle des Denkens und Handelns, die sich vom Außendruck kasuistischer Ver- und Gebote löste und in das Innere des Menschen und sein Gewissen verlagerte. Das Handeln des Menschen, mithin auch die Sünde, wandelte sich von äußerem, unbewußtem Schicksal zu bewußtem, innengesteuertem Handeln und begründete die Freiheit des Menschen in Verantwortung vor Gott. Christus erfüllt dabei die Doppelfunktion des menschgewordenen Geistes Gottes und der geistgewordenen Individualität der menschlichen Glaubenswelt. Daß der Klerus diese Freiheit in zynischer Umgehung des Erlösungsgedankens zur eigenen Machtsicherung mißbrauchte, hat zwar die Gewalt reaktiviert und dem Gedanken des Christentums fundamental geschadet, änderte jedoch nichts an seiner kognitiven Wirkmacht.

In der islamischen Ablehnung des trinitarischen Prinzips wird diese Wirkmacht besonders deutlich, indem der Gedanke der kollektiven Unreinheit erhalten bleibt, der die »Festsetzung der endlosen Gewalt im Schoße der Gemeinschaft« bedeutet,[558] an der auch das islamische Schächtopfer nichts ändert. Vor diesem Hintergrund wird eine Ahnung von den atavistischen Wurzeln des *djihad* vermittelt, der zu nicht endenwollender Gewalt gegen die innere Unreinheit – Frauen und »Heuchler« – sowie gegen die äußere – den »Unglauben« – zwingt. Was eine derartige Dynamik langfristig für die europäischen Gesellschaften mit starker muslimischer Zuwanderung bedeutet, liegt auf der Hand. Der schizoiden Psyche der aufnehmenden Gesellschaft ist indessen nicht möglich zu erkennen, daß sie – bei gleichbleibenden Bedingungen – zum Opfer ihres Gastes werden muß. Selbst wenn sie es könnte, wären ihre Möglichkeiten begrenzt, weil die Interessen der globalen Politnorm, d. h. die Zwänge der Globalisierung, die Interessen einzelner Staaten schon längst überlagern und dominieren.

Deren Sorge muß sein, die religiösen Identitäten insgesamt zu zerstören, wobei der Verlust des Opferkultes die Christen besonders trifft. Denn dieser Verlust bewirkte die moderne Krise der Unterscheidungsfähigkeit, die Auflösung des Wissens, die Umkehrung der Logik, den Schwund des Seins und – die schizoide Verinnerlichung des Bösen.[559] Die innere Instanz des Hasses verlangt die Beseitigung des Bösen, das der Islam im Westen und der Westen in sich selbst sieht. Die Moral, die aus der aufgearbeiteten Schuld kommt, kann vom Islam nicht geleistet werden, weil der Paranoiker frei von Schuld ist, und kann vom Westen nicht praktiziert werden, weil das Gute auf den Anderen projiziert wird.

So haben wir es also mit zwei perfekt aufeinander abgestimmten Partnern zu tun. Der Islam leitet das Böse in den Terror des *djihad* ab; der Westen schließt diesen Terror in die Projektion des Guten ein und speist die eigene Terrorfähigkeit inzwischen aus zwei sich ergänzenden Quellen: aus der traditionellen Quelle der Entchristlichung und aus der postmodernen Quelle der geistigen Destruktion, welche die kognitive Regression, die psychische Deformation und die Projektion des Guten auf den Islam antreibt. Der Abbau des Geistes scheint also etwas mit der schwindenden Verbindung zwischen dem Geist Gottes und dem des Menschen zu tun zu haben, mit dem Versuch, die ewige Transzendenz der göttlichen Allmacht durch die zeitliche Verwirklichung menschlicher Macht zu ersetzen.

Wenn allerdings sowohl die Autorität Gottes als auch der Wissenschaft abgelehnt werden, wobei sich eine tiefgreifende geistige Regression geltend macht, findet die Rückkehr zum *Mythos* statt, der die Defizite der verlorenen Sinnbezüge ausgleichen soll.[560] Die »Wahrheit« des Mythos Islam soll nun zum neuen, übergreifenden Bezugssystem aufgebaut werden, mit allen konkreten Folgen für die Gesellschaft und ihre Institutionen.

e) Vom »Islamdialog« zum Euro-Islam

Wie wichtig allerdings hierbei das Wissen um das erstaunliche Mißverhältnis zwischen bewußter und unbewußter Wahrnehmung ist, machten nicht nur die christliche Vertreibung der Dämonen, der abendländische Konflikt zwischen rationaler Vernunft und esoterischer Intuition sowie die Freudsche Sublimierung der »Triebseele« deutlich; auch die modernen Kognitionsforschungen zeigen den verschwindend kleinen Anteil, den das Bewußte gegenüber dem Unbewußten ausmacht. Ganze 20 Bits filtert das menschliche Bewußtsein in einer Sekunde aus ca. 11 Millionen Wahrnehmungsbits und komponiert in einer halben Sekunde die laufenden Raster aus Sinnesreizen und Handlungsimpulsen, welche die Kontinuität der Persönlichkeit sicherstellen. Nur ein Fünftel einer Sekunde steht ihm zur Verfügung, sich gegen ein aktuelles Rasterbild zu entscheiden, sozusagen eine rationales Vetorecht gegen das irrationale Gefühl auszuüben und sich vom Es, der Triebseele, zu emanzipieren.

Das Reservoir des Unbewußten, aus dem das Bewußtsein unentwegt die Konturen der laufenden Realität modelliert, drängt allein aufgrund seiner statistischen Übermacht den Menschen zu kontinuierlichem Handeln, d. h. es schränkt den freien Willen ein und zwingt tendenziell zu einem Konformismus, der zusätzlich durch die dominante »Intuition« der Triebseele verstärkt wird und im »ozeanischen Gefühl« der New Age-Bewegung beispielhaft zum Ausdruck kommt. Ein spektakulärer Fall dieser postmodernen Form »emotionaler Korrektheit« konnte nach dem Unfalltod der Prinzessin von Wales in der gesamten westlichen Welt beobachtet werden, als eine unübersehbare Menschenmasse das Phänomen einer einheitlichen Trauer hervorbrachte, eine neue Gefühlsnorm, die – spätestens auf gezieltes Befragen – klar zur Schau zu tragen war, wollte man nicht in den Verdacht der unkorrekten Gefühlslosigkeit geraten.

Wie die kollektive Trauer, so kann auch ein kollektives Glücksgefühl entstehen, je ungestörter vom Verstand das laufend hervordrängende Handeln vom Unbewußten angetrieben wird und in der Gruppe wiederholte Denk- und Verhaltensmuster erzeugt. Dieser kognitive Mechanismus bildet die universelle Bewußtseinsbasis einer jeden Ideologie und trägt zum Verständnis des Nachdrucks bei, mit dem der »Islamdialog« seine dogmatischen »Gemeinsamkeiten« mit dem Islam gegen jede Realität und gegen die eigene Gesellschaft vertritt. Dominante Kennzeichen einer solchen Verfaßtheit sind mentale *Intuition,* geistige *Konformität* und latente *Gewaltbereitschaft.* Der Mensch versteht sich als Objekt einer Strömung, der sich sein Selbst leicht anvertrauen kann, weil der statistische Druck und damit die kognitive Überzeugungskraft des Unbewußten durch das konforme Verhalten der Gruppe bestätigt und verstärkt wird. Umso irritierter und aggressiver kann und wird eine solche Befindlichkeit auf Gegenkräfte reagieren, die sich auf den Strom des mentalen Wohlbefindens, möglicherweise auch die Teilhabe an Macht und Korruption, störend auswirken.

Judentum und Islam stellten Verbote auf und verlangten von außen, das Falsche zu unterlassen. Jesus drehte – vor allem in der Bergpredigt – die Denkrichtung um und verlangte vom inneren Gewissen vor Gott, das Richtige zu wollen und zu tun. Diese emanzipierte, *aktive Ethik* erlangt im kognitiven Erkenntnisgeschehen eine grundlegende Bedeutung. Der Mensch ist nicht passives Objekt, sondern aktives Subjekt, rationaler Kontrolleur seiner Bewußtseinsbilder, die nicht nur richtige Handlungen, sondern auch Absichten anstreben. Im Vordergrund des Seins steht nicht das irrationale, kontrollfreie Gefühl, sondern der rationale Verstand, der eine – wenngleich begrenzte – Kontrolle seines Unbewußten ermöglicht. Um diesen Kontrolleffekt bewirken zu können, ist ein autonomer Antrieb der bewußten, intakten Person erforderlich, den wir »Plus-Impuls« nennen.

Es liegt auf der Hand, daß ein »von Hause aus« enger Denkraum, der sich durch Schrumpfung des Zeitbewußtseins und geistige Zersplitterung des postmodernen Pluralismus laufend weiter verengt, zwei wesentliche Impulse erzeugt. Im Rahmen eines umfassenden Geistverlustes entsteht zum einen ein »Denken« der reflexhaften Art, das kaum raumzeitliche Korrelationen herstellt, auf kurzfristige Erinnerungen beschränkt ist und daher in Einzelaspekten, in *momentistischen* Stereotypen verharrt. Zum anderen zieht der geistige Zerfall neben der schizoiden Tendenz eine soziale Desintegration nach sich, die sich vermehrt in gesellschaftlicher Vereinzelung, Vergreisung und Verfallserscheinungen des kulturellen und finanziellen Gemeinwohls ausdrückt. Damit gehen Trends zur Verstärkung des statistischen Unbewußten einher, die sich in der Biologisierung des individuellen Verstands ausdrücken. Sexualität, Gewalt, Denkverlust, Abbau der kollektiven Ethik, Neigung zu Korruption und Totalitarismus sind aktuelle Folgen, die den »Plus-Impuls«, das konstruktive Denken, die sachliche Kompetenz und gesellschaftliche Verantwortung deplaziert erscheinen lassen.

Wie unsere Betrachtungen in vielfältiger Weise haben verdeutlichen können, lehrt die Erfahrung der letzten Jahrzehnte denn auch etwas ganz anderes. Die »Eliten« haben die Institutionen der westlichen Staaten zur eigenen Machtvermehrung ausgehöhlt, sich in zunehmender Korruption zu den Strukturen des organisierten Verbrechens geöffnet und zugleich Bedingungen geschaffen, unter denen die legitimen Rechte der ihnen anvertrauten Gesellschaften – demokratische Mitsprache und emanzipierte Bildung – konsequent in den Hintergrund gedrängt wurden.

Damit sind wesentliche Weichenstellungen zu einer Verähnlichung mit dem Islam gewährleistet, die sich in der enormen Ideologisierung und der von uns so genannten »Schariatisierung« des »Dialogs« abzuzeichnen beginnt. Eine wesentliche Voraussetzung für die darin angelegte Gewaltbereitschaft ist das reflexhafte Automatendenken, das sich in ständiger Furcht vor einer klaren Definition seiner Fiktion in die Anonymisierung flüchtet, indem es »den Islam eigentlich nicht gibt«. Wieso allerdings derjenige, der dieses Phantom beschreibt, »Feindbilder schürt«, erschließt sich nur dem, der aus diesem Unsinn Vorteile zieht.

Im »Dialog«, in der »Diskussion« über den Islam, werden der Bevölkerung immer gleiche, willkürlich diktierte Einzelpunkte eingetrichtert, die zur »Erklärung« eines Sachverhalts von vitaler Zukunftsbedeutung genügen sollen. Eines der zahlreichen, beeindruckenden Beispiele für die postmoderne Faktenferne dieses »Denkens« ist das inzwischen zum Dogma gereifte »Argument«, dem zufolge die Toleranz des Islam sich ganz besonders in Spanien unter Beweis gestellt habe. Abgesehen davon, daß in Spanien die Minarette aus Christenschädeln besonders beliebt waren und somit als Toleranzbeweis wenig taugen, bleibt die Frage, warum überhaupt auf ein bestimmtes Land des Islam verwiesen werden muß, wenn ihm das Merkmal der Toleranz generell, sozusagen in der Wolle gewirkt, zueigen sein soll.

Da es inzwischen auch den Islamismus »eigentlich nicht gibt«, können islamistische Gewalttaten und Christenverfolgung verschwiegen bzw. verharmlost und die wachsenden Terrorvernetzungen in Europa als im Grunde nicht existent betrachtet werden. Hier bilden sich untrügliche Zeichen einer totalitären Tendenz in der westlichen, insonderheit deutschen »Demokratie«, welche sich in die Gefahr begibt, mit ihrer unbeirrbaren *djihad*-Leugnung in die Fußstapfen der ebenso unbeirrbaren Holocaust-Leugner zu treten. Diese Pawlowsche Abwehr blendet sogar die – wenngleich zaghaften, so doch nicht minder deutlichen – Zugeständnisse deutscher Altkonvertiten wie z. B. M. Hofmann und S. Abdullah aus, die immerhin *djihad* als »vorwiegend militärischen Kampf« und die *dhimma* als »zeitweilige Rechtsverletzung und Bedrückung der Juden und Christen« erkennen.[561]

Mit dem faktenleugnenden »Dialog« bildet sich eine neue Spezies, eine hybride, politkirchliche Deutungselite von Islam-Mutanten, die den Muslimbrüdern zuarbeitet, ihrerseits eine Organisation, die gestützt auf die Finanzen der *rabita* und die Lizenzen Allahs sich zu einer neuen Art von Schattenregierung entwickeln kann. In einem solchen Szenarium werden Gewalt und Terror zu unverzichtbaren Gestaltungsmitteln der Zukunft gehören, weil sie im Islam natürlicher Bestandteil des Machtprozesses sind und sich im Westen wieder als Resultat des Geistschwunds zurückmelden. Dort ist man also keineswegs auf die Islamisierung angewiesen, um terrorfähig zu sein. Die eigene Gewalt- und Ideologietradition kann sich mit der des Islam durchaus messen. Schon seit den Zeiten Machiavellis war es »notwendig, sich zu gewissen Zeiten des Terrors zu bedienen, um die Macht zu bewahren«.[562]

Hierbei hilft eine faschistoid-esoterische Dialog-Ideologie, die an vergangene Praktiken anknüpft, und in deutlich wachsendem Umfang die »freiheitlich-liberalen« Parteien Europas als Sprungbrett nutzt. Da sich dieses Politelement auf eine große, historische Tradition sowohl im Kapital als auch im Islam stützt, wird es auch in den anderen Bereichen politischen Handelns – besonders im konservativen Lager – auf ganz erhebliche und mit großer Wahrscheinlichkeit wachsende Potentiale zurückgreifen können, zumal man dort besonderes Verständnis für den Israelhaß der Milli Görüsh demonstriert.[563] Wie sich beispielhaft im deutschen FDP-Konflikt des Jahres 2002 zeigte, kann sich mit dem Prozeß der Islamisierung eine neue Form des Anti-Semitismus entfalten, der sich mit dem Anti-Judaismus des Islam leicht verbindet. Die Sensibilität für die Lage Israels im existentiellen Dauerkonflikt mit Palästina und die Information aus sachgerechter Analyse können im generellen Zug zu Denkverlust und Ideologie den gröberen Mustern des »Terrorstaats Israel« und der Parteinahme für Arafat ebenso weichen, wie man in der Weimarer Republik begann, Hitler für wählbar zu halten.

So wie im individualpsychischen Bereich der Paranoiker die Gewalt weitaus häufiger nach außen als gegen sich selbst richtet, so findet der Westen wesentlich mehr Argumente für eine Gewalt, die sich gegen ihn selbst – z. B. Abtreibung und Christenverfolgung – richtet. Aber auch die nach außen geführte Aggression könnte sich erneuern, weil die Kirchen auf den Abbau des Kultes hinwirken, der eine wesentliche Rolle in der gesellschaftlichen Gewaltbindung spielt.[564] Die paranoid-schizoide Komplementarität zwischen Islam und Westen erscheint für sich gesehen bereits als nahezu perfekte Konstellation; ihr kann jedoch ein ganz erheblicher Zusatzelan verliehen werden, wenn der Islamisierungsprozeß mit einem nachhaltigen Wissensverlust bei der Masse und einem ebenso sicheren Zugewinn von Macht und Profit bei den Eliten kombiniert wird.

Im Rahmen der Globalisierung verstärkt sich die Begegnung des Islam mit der westlichen Zivilisation für ersteren zu einer Dauerbelastung, die ihm, wie aus unzähligen Publikationen hervorgeht, als permanenter Angriff erscheint. Zum Gegenangriff überzugehen, ist nicht nur Vorschrift des Koran, sondern gilt nach der hier vorgestellten Doktrin des *djihad* als notwendiger Akt der »Verteidigung«. Mit dem gleichen Argument begründen Islamisten ihre Terrorakte gegen westliche Objekte und Menschen. Da sie sich als Opfer der westlichen »Verschwörung« betrachten, lehnen sie jede Verantwortung für ihre Taten ab, ebenso ein wichtiges »Argument« des »Zentralrats« (s. o. S. 275). In Anlehnung an dessen Propheten ist es zuvor erlittenes »Unrecht«, das im Prinzip jedes Mittel heiligt, um dem Islam zu »Gerechtigkeit« zu verhelfen.

Die westlichen Dialogisten stimmen aus eigener Entgrenzung und Schuldprojektion dieser Argumentation vehement zu. Beide, Islam und ein entstehender, politreligiöser »Euro-Islam«, kämpfen somit gegen die überkommenen Werte des Westens – sie kämpfen gegen Christentum, gegen Demokratie und gegen die alte Logik, die wissenschaftliche Objektivität, die das Wissen um die Grenzen der Identität schafft. Dem westlichen Dialog erwächst somit eine neue, totalitäre Ideologie, der Mythos des toleranten Islam, der in der eigenen Gesellschaft den ärgsten Feind sieht. Längst entwickelt sich diese umfassende Lobby zu einer »zivilen Islamkirche«, die in einem charismatischen Wettbewerb zwischen Kirchen, Politik, Universitäten und muslimischen Lobbyisten die oligarchische Tendenz beschleunigt, weil die wachsende Fixierung auf den Islam als Einheit von Moschee und Staat zu einheitlichem Handeln zwingt.

Auf diese Weise können islamische Verhaltensstrukturen zum Sinnbild und Wegweiser der westlichen Politik werden, und dies offenbar in einer direkten, zunehmend biologistisch bestimmten Abhängigkeit. In einer ideologisch-psychologisch deformierten Sicht kann Islam umso mehr Frieden ausstrahlen, je spürbarer die von ihm ausgehende Bedrohung und je monströser der von ihm inspirierte Terror werden. Das spektakulärste Beispiel der neuen Paralogik und des biologischen Anpassungszwangs lieferten die deutschen »Deutungseliten«, die sich wenige Tage nach der Katastrophe des 11. September zu dem erwähnten Chor des kollektiven Lobes auf die Toleranz des Islam und seine schier unübertreffliche Friedensfähigkeit zusammenschlossen.

Ausgerechnet der »Zentralrat der Muslime«, der immer mehr Hinweise darauf liefert, in Verbindung zu den Muslimbrüdern und ihren Finanziers am Golf zu stehen, wurde von den westlichen Islam-Lobbyisten zur einzig authentischen Vertretung aller deutschen Muslime ausgerufen, obwohl die große Mehrheit der Türken nicht vertreten wird. Wie wir wissen, sind es allerdings gerade diese Muslimbrüder, die seit einem dreiviertel Jahrhundert ihre Fähigkeit zu gezielter Subversion, Einschüchterung und Gewalt in zahlreichen Ländern und Situationen unter Beweis gestellt haben. Diese Einschätzung wird von keinem Geringeren als dem renommierten Islam-Historiker B. Lewis geteilt,[565] läßt also für die Tätigkeit der Bruderschaft in Deutschland nicht nur Gutes erwarten, wie es uns der »Dialog« glauben machen will. Die geschmeidige *djihad*-Politik des »Zentralrats«, die eine graduelle Realisierung schariatischer Regeln als seine Version des »Dialogs« verkauft, läßt bei allem bisherigen Erfolg dieser Strategie die Islamskeptikerin U. Spuler-Stegemann indes immer noch »hoffen, daß Schariatsgerichtshöfe in Deutschland eine Fiktion bleiben«.[566]

Der paranoide Fremdenhaß des Islam und der schizoide Eigenhaß des westlichen »Dialogs« richten sich gegen ein gemeinsames Feindbild: die westlichen Gesellschaften. Dieses Feindbild wird auch kommerziell in Gestalt gut bezahlter Strategien belohnt – verfassungswidrige Migrations- und Islampolitik, synkretistische Glaubensmanipulation, vielfältige Islamwerbung in den Medien und Dialogveranstaltungen und nicht zuletzt massiver Moscheenbau gegen den Bürgerwillen. Wir stehen erneut vor der Konstellation einer übergesetzlichen Oligarchie, welche die islamische Mutation, die psychisch-ideologischen Zwänge der Modernisierung, zu einer idealen Machtbasis kollektiver Manipulation ausbaut.

Allen historischen und aktuellen Fakten zum Trotz setzt sich die Polit-Oligarchie über Recht, Verfassung, die Erkenntnisse der eigenen Sicherheitsorgane und damit die Interessen der eigenen Wählerschaft hinweg. Das Kartell undemokratischer Macht installiert mit hohem Tempo eine muslimische Gemeinschaft, die als »Bereicherung« vermarktet wird, obwohl sie sich ohne jede Anpassungsleistung, sozusagen originalislamisch, mit allen historisch konservierten Risiken einrichtet. Von dem oft diskutierten »Euro-Islam« kann also durchaus in dem Sinne die Rede sein, in dem sich westliche Dialogisten die Propaganda des Islam zueigen machen, sich fortlaufend zu einer neuen Spezies von Islam-Mutanten entgrenzen und einen Schulterschluß mit den Original-Muslimen bilden. Diese nutzen die Kollaboration des entstehenden Euro-Islam selektiv, indem sie gezielt auf eine autonome Gemeinschaft, eine Original-*umma* hinarbeiten, die sich unter Wahrung der *shari'a* in Europa einrichtet.

Euro-Islam wird somit nicht aus dem Original-Islam hervorgehen können, der sich keinen anderen Regeln als den eigenen unterwirft, und sich ohnehin gar nicht verwestlichen bzw. europäisieren kann, solange ihm nicht »zugemutet« wird, Religionsfreiheit und Frauenrechte zuzulassen. Euro-Islam ist vielmehr als ein Teil des Westens zu verstehen, der sich – den spanischen Mozarabern nicht unähnlich – zunächst islamische Denk- und Verhaltensweisen aneignet und damit neben der *umma* proislamisch agiert, ohne sofort zu konvertieren. Dieser Euro-Islam ist seinerseits seit langem im Begriff, Schattierungen des religiös-ideologischen Spektrums anzunehmen. Unter dem Dach dieser charismatischen Institution finden sich Vertreter der verschiedensten Denkrichtungen, die vom sufiartigen Friedensesoteriker über den postmodernen Salon-Muslim, den dialogistischen Islam-Mutanten bis hin zum terrorbereiten Islamisten aus europäischer Gewalttradition reicht. Sie alle eint zum einen der Islam, zum anderen allerdings auch die Rolle als Kontrollinstrument einer Eurokratie, die sich mit den islamischen Eliten arrangieren muß.

Während die schizoiden Widersprüche der westlichen Paralogik die Gesellschaft in eine grundlegende Auflösung des Wissens und eine daraus folgende Lähmung des eigeninteressierten Handelns treiben, kann die islamische Gemeinschaft, wo immer sie sich in ausreichender Größe formiert, als durchaus einheitliches, wenngleich paranoid deformiertes Ganzes betrachtet werden. Zu diesem Bild tragen nicht nur die Situationen der »Beleidigung«, »Polemik« und des unverzichtbaren »Feindbilds« bei, die in den zahllosen Begegnungen auf lokaler Ebene zur Schau getragen werden, wenn die »Toleranz« der Verwaltungen und ihres Wahlvolks noch nicht hinreichend islamorientiert erscheint. Auch auf allgemeiner Ebene werden die Einflüsse des herkömmlichen *djihad* erkennbar. Die fortlaufenden Aktionen zur Verfolgung und Tötung von Christen im islamischen Raum, die sich steigernden Terrorakte der islamistischen Gegenwart und die Täuschungsstrategien der islamischen Expansion in Europa sind deutliche Merkmale eines auf seine Weise rationalen, nicht minder paranoiden Verhaltens.

Die eigene »Pluralität« zwingt der modernen Gesellschaft eine schizoide Auflösung des faktenorientierten Wissens und damit einen keineswegs zumutbaren Verzicht auf die Wahrnehmung eigener Interessen auf. Für diejenigen, die sich mit dem Weltbild der entstehenden Islamkirche identifizieren, ist ein Weg komfortabler Umwandlung vorgezeichnet, an dessen Ende – gleiche Bedingungen vorausgesetzt – die Konversion zum Islam stehen könnte, denn für den Eintritt gibt es im Islam »keinen Zwang«. Schon jetzt gibt es unter den Protagonisten des »Dialogs« formidable Quasi-Imame, wie z. B. Jesuitenpater C. Troll im katholischen, J. Miksch im evangelischen und G. Rotter im orientalistischen Bereich, deren proislamische Propaganda derjenigen ihrer Originalvorlagen nur geringfügig nachsteht, insbesondere, wenn sie im Ausland vorgetragen wird.

f) Islamlobby und Neofaschismus

Der Abbau der Zeit im Bewußtsein bewirkt den Abbau des Geistes, der in hohem Maße manipulierbar wird, weil er die Fähigkeit verliert, den Sinn seines Seins zu erkennen. Es bedarf nicht unbedingt des Islamismus, der dem Westen grenzenlosen Hedonismus vorhält, um realisieren zu können, daß der Geistverlust sich seit längerem in einer umfassenden *Biologisierung* niederschlägt, die Sexualität und Gewalt zu wichtigen Prioritäten gemacht hat. Für den Muslim löscht die Projektion des Bösen auf den Unglauben jeden Zweifel am eigenen Glauben aus. Ebenso ist für den kanalisierten Geist des Dialogisten jeder Zweifel an dessen Toleranz und Friedensfähigkeit ausgelöscht, indem er das Gute auf dieses überhöhte Heilsziel projiziert, dem – wenn nötig mit allen Mitteln – »Gerechtigkeit« zu verschaffen ist. Hier könnte eine keineswegs utopische Massenideologie von konkreter Gewaltfähigkeit heranreifen, die drei beunruhigende Bedingungen erfüllt:

1. Es wird mit hohem Propagandaaufwand eine fiktive Realität, die Toleranz und Friedensfähigkeit des Islam, vermarktet;
2. Diese Fiktion sieht ihr Feindbild in der eigenen Gesellschaft, der mit wachsender »politischer Korrektheit« ein ungeprüfter Islam und damit ein Verzicht auf eigene Interessen aufzuzwingen ist;
3. Hinter dem zwanghaften Islam-Marketing steht ein charismatischer, gut bezahlender »Führerwille«, der sich in einem übergesetzlichen Machtkartell der »Deutungseliten« ausdrückt und die komplementäre Logik auf Kosten der Gesellschaft zu laufendem Machtgewinn nutzt.

Der Begriff des »Führerwillens« ist keineswegs verfehlt, weil die Dynamik des »Dialogs« einer *metafaschistischen* Bewegung nahekommt,[566a] die insofern über den »normalen« Faschismus hinausgeht, als sie auf eine Vermassung höherer Ordnung abzielt, die den

Nationalismus und Anti-Sozialismus alter Schule hinter sich läßt. Hinter diesem Führerwillen steht nicht das Charisma einer Person wie im Faschismus oder der Partei des Sozialismus, sondern das Charisma der islamischen Fiktion, einer religiös-ideologisch überhöhten Idee.[567] Auch die alten Formen der faschistischen Esoterik werden überwunden, indem sich die Wirtschaft Elemente der Gnosis aneignet, die Spiritualität mit Kommerzialität verbindet und Theologie in eine technische Disziplin umwandelt.[568]

Es entsteht eine Elite, die eine neue, die gesamte Welt umspannende Einheit anstrebt und aus dieser Einheit maximierten Profit zieht. Die Basis dieser Strategie kann sich auf fundamentale Prozesse stützen: eine fortlaufende, netzwerktechnische Vermassung, den Verzicht auf ein emanzipierendes Christentum sowie auf »unveräußerliche« Rechte der demokratischen Mitsprache und die postmoderne Umkehrung von Wissen und Logik, der sich Konformität und Gewalttradition des Islam leicht zumischen lassen. Das Charisma dieses Führerwillens macht sich an allen Personen, Gruppen, Konzepten und Tendenzen fest, die der Fiktion nützen können, eine universale »Bewegung«, die ihre ideologische und finanzielle Omnipräsenz in Politik, Kirchen, Universitäten und Medien erklärt. Wie gesehen, ist das Dogma der Toleranz des Islam und seiner darin verborgenen Herrschaftszukunft weder aus der Schuldsicht des Dialogs und noch viel weniger aus der Egozentrik des Islam zu bezweifeln. Wer sich dennoch von den Propagandafloskeln des »Dialogs« nicht überzeugt sieht, ist »Feind« des Systems und schürt »Ängste«, welche die Menschen daran hindern, an das irreale Heilsziel der islamisierten Einheitsutopie zu glauben.

Solche Zweifler, läßt sich der »Dialog« vernehmen, neigten womöglich zu »Verschwörungstheorien«, die schon immer von Außenseitern der Gesellschaft vorgetragen worden seien und sich allein dadurch *ad absurdum* führen ließen, daß selbst der Koran im Islam »keinen Zwang im Glauben« (2/256) zulasse. Abgesehen davon, daß dieser auch das Verlassen des Glaubens nicht zuläßt, haben offensichtlich Holzschnitte dieser und ähnlich simplen Art in Deutschland besonders viele und überzeugte Anhänger gefunden. Im Land des Holocaust, in dem man offenbar noch immer für Massenideologien empfänglich ist, konnte sich daher rasch und nachhaltig die postmoderne Vorstellung von der »Umkehrung des Wissens« ausbreiten, die sich mit der Exklusivität des islamischen Glaubenswissens harmonisch ergänzt.

Es gehört zum festen Bestand dieses »Wissens«, daß es im Islam niemanden gibt, der mit der Gewalt des Islam und des Islamismus zu tun hat, während praktisch alle Christen, Europäer und Deutschen sehr viel mit der Gewalt Europas, vor allem der Nationalsozialisten, zu tun hatten, ja sogar ihre »Vollstrecker« waren.[569] Hier erlangt jenes Marxsche Wort besondere Geltung, das sich offenbar so mancher Dialogist angeeignet hat, und dem zufolge sich die Deutschen – auch ohne Holocaust – »erst nach und nach zu Menschen emanzipieren müssen«,[570] mithin einen Feind darstellen, den man »nicht widerlegen, sondern vernichten« muß.[572] Auf einer solchen Basis verwundert nicht, daß der deutsche Bundestagspräsident »das Extrem in der Mitte der Bevölkerung« sah, während er sich als Galionsfigur für islamische Propaganda in Berlin zur Verfügung stellte.[572]

Aber auch im »liberalen« Lager blieb man von diesem Trend nicht verschont. Es waren die Liberalen, die schon in den 80er Jahren den undifferenzierten, »kritischen Dialog« mit Khomeinis Gewaltregime führten, und es waren Liberale, die in den Jahren der Gewalteskalation 2001/2 zur einseitigen Verurteilung Israels als »Terrorstaat« übergingen, der aus ihrer Sicht eine »Vernichtungsstrategie« gegen die Palästinenser betrieb. Ebenso lösten sie sich mit der temporären Aufnahme des Ex-Grünen und Israelfeinds Karsli eine richtungweisende Antisemitismus-Debatte aus, und ihr ehemaliger Vorsitzender ließ sich von einer türkischen Interessengruppe als Berater anheuern, um einen EU-Beitritt zu fördern, gegen den in der Türkei starke Widerstände bestehen.

So konnte nicht mehr erstaunen, daß der Führer der österreichischen Schwesterpartei seine Ahnen im islamischen Raum gefunden zu haben glaubte, eine Annahme, die ihn mit keinem Geringeren als Otto von Habsburg verbindet, der sich auf den merowingischen Genpool und damit auf eine mythische Linie zum Islam zurückführt.[573] Nach einer alten Erkenntnis braucht jemand mit solchen Freunden keine Feinde, was Israels Regierungsberater zu einer skeptischen Aussage in Sachen deutsches Schuldverständnis veranlaßte:

> »Erst schicken sie uns in die Gaskammer, dann unterstützen sie unsere Feinde, um ihren Mord an uns gutzumachen!«[574]

Europäische Ideologietradition und -praxis kann sich im Härtegrad mit der islamischen *djihad*-Tradition durchaus vergleichen und scheint mit den neuen Dialogformen und Heilszielen an alte, überwunden geglaubte Strukturen anschließen zu können. In Deutschland gibt es bekanntlich eine lange Tradition der Solidarität mit der Sache Palästinas, in der sich nicht nur die Vermischung von Zionismus und Kapitalismus, sondern auch ein strukturell gestörtes Verhältnis zur Gewalt abzeichnete. Es wurde von der Öffentlichkeit unreflektiert hingenommen, daß schon die RAF enge Verbindungen zur Terrorszene der PLO unterhielt und ihre Sympathisanten bereits in den 70er und 80er Jahren für deren Ziele auf die Straße gingen.

Wie wir ausgeführt haben, bilden die PLO und ihr Führer nicht nur eine der bemerkenswertesten, politischen Erscheinungen der neueren Zeitgeschichte, sondern auch ein Deutungsmodell für den Islam/West-Konflikt insgesamt. Arafat, der aus der Verwandtschaft Hadj Amins, des Muftis von Jerusalem und Protegés Hitlers stammt,[575] hatte bereits zwei Jahrzehnte nach Gründung der PLO im Jahre 1964 – mehrheitlich aus Schutzgelderpressung, Drogen- und Waffenhandel und Zuwendungen von islamischer und westlicher Seite – ein Vermögen »erwirtschaftet«, das Kapitalerträge um 500 Millionen US-Dollar erzeugte, also zu jener Zeit etwa im Rahmen von 5 Milliarden lag. Zu jeweils Ende der 80er und 90er Jahre wurde das Vermögen dieses Konzerns der politisierten Kriminalität, das als mit Arafats Privatvermögen identisch zu sehen ist, von der renommierten Rand-Corporation, einem Ableger des Pentagon, auf 6 bzw. 10 Milliarden US-Dollar geschätzt. Die letztere Angabe wurde für das Jahr 1998 auch vom Middle East Digest bestätigt.[576]

In den stehenden Ovationen, welche die UNO-Delegierten dem PLO-Führer schon

1974 zollten, mochten sich sowohl pragmatischer »Respekt« vor einer Organisation wachsenden Einflusses, als auch das schlechte Gewissen spiegeln, schon bei der Gründung Israels – bewußt oder unbewußt – Konzepte der Friedenssicherung verabsäumt zu haben. Auf dieser Basis konnte sich die Forderung nach einem »Friedensprozeß« entwickeln, der sich im Verlauf der 90er Jahre zu einem grotesken Maskenspiel des Jassir Arafat zuspitzte. Dem Westen brachte der Nobelpreisträger jede gewünschte Friedensfloskel, der arabischen Seite jede erforderliche Haßschablone dar. Nur wenige Tage nach dem Osloer »Friedensabkommen« war dieser Könner der organisierten Machtdialektik zu vernehmen:

> »Für uns bedeutet Frieden die Zerstörung Israels. Wir bereiten uns auf einen totalen Krieg vor ... Wir sind zum gefährlichsten Feind geworden, den Israel hat. Wir werden nicht ruhen ... bis wir Israel zerstört haben.«[577]

Hier war eine Kraft herangereift, die von der überaus komplexen Islam/West-Konstellation in zweierlei Hinsicht profitieren konnte. Zum einen spielte Arafat die westlichen Politiker und Kirchenleute – er ist eine der am häufigsten empfangenen Persönlichkeiten im Vatikan – gegeneinander aus, indem er sie mit der latenten Terrordrohung in einen surrealen Wettbewerb um »Toleranz und Frieden« zwang. Zum anderen bot sich in Gestalt der islamischen Gewaltregime williges Spielmaterial, das sich Arafats ständigen Finanzforderungen durchaus beugte, weil die »Sache Palästinas« einen nahezu unbeschränkten Propagandaraum und damit einen Dauerschutz vor dem ständig drohenden Ehrverlust lieferte.

Die PLO konnte sich zu einem kriminellen und zugleich devot hofierten Politkonzern entwickeln, weil sie wichtigen Zwecken sowohl islamischer als auch westlicher Machtebenen diente. Daß sich unter Hinzunahme des Ölarguments hier eine für Israel schwierige Situation entwickeln mußte, lag auf der Hand und im Interesse maßgeblicher Kreise in Amerika und Europa (s. o. S. 218).

Nach der Klassenideologie des International-Sozialismus und der Rassenideologie des National-Sozialismus entwickelt sich nun die Massenideologie eines Proislamismus, der stark genug scheint, die Shoa-Schuld zu überwinden und einen neuen Antisemitismus zu ermöglichen. Wer die Fiktion des toleranten Islam als Garanten des Friedens vertritt, muß dessen Feindbild übernehmen, das sich – vor dem Westen – zunächst auf Israel konzentriert. In Deutschland wird der nach dem 11. September enorm erstarkte »Zentralrat« zu beobachten sein, der in unverkennbarer Nähe zu den »gemäßigten« Vertretern der *rabita* und Muslimbrüdern steht. Deren Gründer Hasan al-Banna hatte schon kurz nach der Gründung Israels das Feindbild seiner Bruderschaft dahingehend umrissen, daß »Israel besteht, bis der Islam es auslöscht!«

Sein Epigon und Ratsvorsitzender nahm wenige Tage vor dem 11. September an einer Veranstaltung des saudischen Islam-Marketing in Kopenhagen teil und verkündete, daß man »mit allen Elementen der Gesellschaft zusammenarbeite« und gemäß der Korananweisung 6/152 »nur töten würde, wenn es nach der Rechtslage geboten sei«. Die Aussage dieses Propagandisten hat die deutschen Schariatisten in Hochstimmung versetzt und scheint auch die wesentlichen Träger des gesellschaftlichen Geschehens überzeugt zu haben. Der Vorsitzende genießt vom Kardinal bis zum Innenminister, vom EKD-Präsidenten bis zum Zentralrat der Juden das Vertrauen der »Verantwortlichen«. Sie alle scheinen allerdings nicht zu berücksichtigen, daß für Muslimbrüder nicht ihre »Meinung«, sondern nur das Recht Allahs verbindlich ist. Es sind die Muslime, die nach unzähligen Stellen des Koran, der Prophetentradition und der historischen *djihad*-Praxis entscheiden, wann welche Rechtslage welche Maßnahme erfordert, zumal es die »Verantwortlichen« selbst sind, die ihre autonome Ansiedlung fördern. Wie die von der Geschichte untrennbare Gegenwart des Islam zeigt, ist das Töten keineswegs der Modernisierung zum Opfer gefallen, sondern gehört nach wie vor zu den wichtigsten »Rechtsmitteln« der Muslime in ihrer neuen *Grenzfestung* Europa (s. o. S. 39ff.).

g) Die Globalisierung des Machtkartells

Der Bevölkerung verlangt das westliche Kartell zwischen islamischer Bedrohung und postmodernem Spaß mit großem Erfolg den steigenden Verzicht auf demokratische Rechte ab, wobei zudem auch fortlaufend steigende Steuern bei sinkenden Realeinkommen akzeptiert werden. Hier bildet die »Öko-Steuer« die vorläufige Spitze in einer fragwürdigen Strategie, die schon eine Generation zuvor von der Trilateralen Kommission initiiert wurde.

> »... es ist angemessen, wenn die trilateralen Länder verschiedene Mechanismen zur Erhöhung der Preise in Betracht ziehen würden. Wir empfehlen dringendst jeder trilateralen Regierung, ihre Steuerstrukturen zu überprüfen und spezifische Energiesteuern einzuführen ... es steht außer Zweifel, daß für die internationalen Ziele in den künftigen Jahren immer mehr Geld benötigt werden wird.«[578]

Ein Jahr später rückte der seinerzeitige IMF-Präsident Larosière die Verhältnisse zwischen lenkenden Eliten und gelenkter Masse zurecht, als er unmißverständlich verkündete, daß »die Neuordnung der Welt auf Kosten einer Schrumpfung des Arbeitsniveaus und des Lebens in den industrialisierten Ländern« zu betreiben war.[579] So kann die »Öko-Steuer« – in Abstimmung mit dem Ölpreis auf dem Weltmarkt – in einer dürftigen Verkleidung der »Umweltverbesserung« noch für eine Weile die enormen Kosten der Zuwanderung und den rasanten Verfall der Solidarsysteme kaschieren.

Die Masse, getäuscht durch die Propaganda des zuwandernden Islam und den »Dialog« der korrupten Politklassen und islamisierten Kirchen, ist nicht imstande, die Verantwortungsferne und Inkompetenz ihrer Führungsebenen zu erkennen. Da zudem ihr postmodernes Kurzzeitgedächtnis die Erinnerung an jede erfolgte Fehlleistung umgehend löscht, kann die Führung ungestört in der Sicherung der eigenen Machtposition fortfahren. Zunächst bleibt indessen ein kaum veränderbarer, rationaler Bodensatz von Menschen, die in ihrer jeweiligen Tätigkeit auf Kompetenz angewiesen sind, und die Langzeitrisiken der unregulierten Zuwanderung und flagranten Entdemokratisierung nicht akzeptieren.

An diesem Punkt vereinen sich kurioserweise Glaube und Vernunft, denn was die Aufklärer dem antichristlichen Klerus und machthungrigen Adel einst abrangen, waren Menschenrechte, die aus der christlichen Ethik kamen. Aus diesen Menschenrechten erwuchsen Gemeinschaften, die sich demokratisch ordneten und die Gewalt im religiösen Kult sowie in politischen Institutionen, insbesondere in Recht und Verfassung, sublimierten. Beide, Kult und Recht, lösen sich nun zugunsten einer »Neuen Weltordnung« auf, die sich sogar einen »Weltethos« verordnet, dabei jedoch die entscheidende Voraussetzung vernichtet. Es fehlt die vom Christentum angebotene, vom Klerus mißbrauchte Mittlerfunktion, welche den Menschen in die Verantwortung zwischen Gott und Welt stellt, und ihm in dieser Emanzipation fundamentale Rechte zuweist.

Diese Rechte wurden zunächst von Klerus und Adel usurpiert, bevor sie sich ihre Nachfolger in den modernen, aufklärerischen Nationalstaaten und Ideologien aneigneten. In der »liberalen Erosion« der Postmoderne ging die Macht durch neue Prioritäten in globalisierter Arbeit und Produktivität auf die Eliten der Wirtschaft über, die sich die Potentiale der Kirche, der Politik und des Islam zunutze machten. Was im christlich-humanistischen Denken theoretisch angestrebt war, der Machtausgleich zwischen Gott und Mensch, wurde faktisch stets durch die Macht des Menschen über den Menschen verdrängt. Was sich hier historisch auf der Ebene der Machtkämpfe in Gestalt von unzähligen Staats- und Religionskriegen vollzog und in vielen Teilen der Welt noch vollzieht, soll nun auf der Ebene einer politreligiösen Einheitsgesellschaft, gesteuert durch ein globales Machtkartell, abgefangen werden. Abgesehen von den hier geschilderten massenpsychologischen Bedingungen, die einen massiv proislamischen Trend erzeugen, muß der Einheitsprozeß, d. h. die Kartellierung der Macht, eine entsprechende Entrechtung der Masse erzwingen.

Die Praxis der Vergangenheit bestätigt eine zunehmende Ausgrenzung der Bevölkerung von ihren verbrieften Rechten demokratischer und kirchlicher Mitsprache, wobei die Sprache des Kartells ihrerseits umso deutlicher wurde. Die Fiktion vom toleranten Friedensislam verbot den »Rückfall hinter das Konzil«, also die Authentizität des Christentums, sie verbot ebenso die »Menschenrechtsarroganz«, also die Beanspruchung unveräußerlicher Grundrechte, und sie verband diese Negativdogmen ganz konkret mit politischen Programmen, welche die Gesellschaft von sie selbst betreffenden Entwicklungen ausschlossen. So kann die Zuwanderung »kein Wahlkampfthema« und der Asylmißbrauch eine sakrosankte Praxis sein, wobei der proislamistische »Dialog« eine konstruktive Einbindung der muslimischen Mehrheit verhinderte.

Am deutlichsten tritt dieser Neo-Absolutismus in den Feudalstrukturen der EU zutage. Unter Mißachtung der im Vertrag von Maastricht formulierten Konvergenzkriterien ist der Euro der deutschen Gesellschaft per Rechtsbruch aufgezwungen worden. Indem es diesen Rechtsbruch legalisierte, hat sich das Verfassungsgericht über Grundprinzipien der Demokratie, des Sozialen und des Rechts hinweggesetzt.[580] Die Abgeordneten der Bundestages »vertraten« das deutsche Volk, von dem »alle Macht« ausgehen soll, unter Gefährdung des wirtschaftlichen Gleichgewichts sowie unter Usurpation des Rechts, ohne das allerdings ein Staat erkennbar nicht existieren kann. Die

Politklasse hat zudem die Gelegenheit der Währungsunion genutzt, sich die Verfügungsgewalt über die Grundrechte selbst anzueignen. Der Schutz der bürgerlichen Grundrechte ist vom Verfassungsgericht in einer Weise außer Kraft gesetzt worden, die ihn der Interpretation der jeweils regierenden Parteien anheimstellt und eine Wahrung des Gemeinwohls durch die Bürger ausschließt.[581]

Die Realisierung des ideologischen Einheitskonzepts, in dem der EU-Prozeß einen unverzichtbaren Baustein darstellt, muß also gegen die Rechte und Interessen der Bürger und auf Kosten der Gesellschaft durchgesetzt werden. Die Verdrängung der demokratischen Grundrechte und der solidarischen Sozialsysteme sind wesentliche Kriterien des globalen Machtkartells, die im sogenannten MAI, dem »Multilateralen Abkommen über Investitionen« exemplarisch sichtbar wurden. Mit diesem, 1998 vorläufig gescheiterten Abkommen soll die Führung der Welt auch offiziell und endgültig von der Politik auf die Wirtschaft übertragen werden.

Unter der Ägide der OECD wurde ein Vertragswerk ausgearbeitet, mit dem das demokratische Prinzip gesellschaftlichen Gemeinwohls auf das korporatistische Prinzip der wirtschaftlichen Profitmaxime übergeht.[582] Im Kern bedeutet das MAI das offizielle Siegel auf eine Entwicklung, welche im EU-Rahmen in vollem Gange ist: das Ende der bürgerlichen Verfügungsgewalt über die Wahrung der eigenen Interessen. Es heißt ausdrücklich, »daß die Gesetzgebung nicht durch Sozial- und Umweltziele behindert werden sollte, d. h. daß globale Marktziele Vorrang vor regionalen Gesellschaftszielen erlangen.[583] Indem sich die Parteien und Investitionen von Bindungen an Prinzipien der Demokratie, des Sozialen und des Rechts lösen, liefern sie nicht nur das Gemeinwohl an das Profitkalkül aus, sondern entfernen die Schranken zum Asozialen, zu Korruption, zur Mafia und ermuntern den Terror, die Schutzfunktion des Asozialen.

Damit ist das Feld bestens bestellt für ein Kartell der Macht, das keine »Verschwörungstheorie« benötigt, aber durchaus begrüßt, weil ihm derart komfortable Denkverbote willkommen sind. Eine »Verschwörung« liegt nicht vor, weil die Ausschaltung des Sittengesetzes das humanistische Prinzip und damit das Gemeinwohl systemhaft lahmlegt. Der nun aktivierte Verzichtsprozeß auf Seiten der Masse, der mit Floskeln wie »Toleranz«, »Besitzdenken« und »Strukturwandel« verbrämt wird, zementiert eine neue, globale Herrschaftsebene, die, ob sie will oder nicht, immer mächtiger, reicher und gewaltbereiter werden muß, um die Entrechtung der Masse sicherzustellen. Dieser Prozeß ist nur dann umkehrbar, wenn auch die neue Entmündigung, die bekanntlich schon Kant beseitigen wollte, in einem Machtausgleich zwischen Gott und Welt, zwischen Elite und Masse, revidiert wird. Der Kantsche Imperativ, der einst das individuelle Handeln nach Maximen ausrichtete, die sich auch als Grundlage allgemeiner Gesetze eigneten, wird derzeit darauf ausgerichtet, daß der Abbau der allgemeinen Gesetze die Bausteine zum Machtgebäude des globalen Kartells liefert.

Die Allianz aus arbeitsorientierten Wirtschaftsinteressen und den Dialogtruppen der »Deutungseliten«, die teils ideologisch, teils profitorientiert einer undifferenzierten Globalisierung das Wort reden, bildet das Rückgrat der kommenden Globalelite, der selbsternannten Führung des »interkulturellen« Menschheitsprojektes. Ihre Protagonisten treten als Dirigenten der globalen Unbestimmtheit auf, die durch »Symbolarchitekten« auf eine massengerechte, steueroptimierte Ordnung ausgerichtet wird. Zu diesen Architekten gehören Akteure in den CFR- und UN-Gruppen, die weltordnenden Polit- und Wirtschaftsnormen, die esoterischen Denkanweisungen der Kirche oder auch dominante kommerzielle Mitspieler wie vor allem B. Gates, dessen Betriebssysteme und Netzprogramme das Denken und Verhalten der Menschen weltweit vereinheitlichen.

Sie alle agieren als Konstrukteure eines Menschheitsbaus, den sie mit einer nichtssagenden Ethik, aber doktrinären Praxis formen und als seine Propheten, Vollstrecker und Vorteilsnehmer eifersüchtig kontrollieren. In liberalistischer Tradition haben sie das Recht, wenn nicht die Pflicht, dieses Herrschaftswissen in Programmen sublimierter Verhaltenskontrolle, verordneter Toleranz und interkulturell kanalisierter Entmündigung der Masse einzupflanzen. Da ihr Auftrag nicht nur finanziell lukrativ ist, sondern auch Züge des quasi-religiösen Heilszwangs trägt, mißt ihm die Zivilisationsforschung potentielle Terrorfähigkeit zu.[584] Diese Terrorform steht als »weltlicher Arm« der Machtkartells über dem Gesetz, und nichts spricht dagegen, daß sie sich bei Bedarf als globale, totalitäre Option mit dem globalisierten Totalterror des Islam verbindet.

Auf der Ebene absoluter Macht und kollektiver Verantwortungslosigkeit verlieren Aspekte der Religion und Ideologie ihre Wirkmacht, die sie in umso stärkerem Maße auf die Masse ausüben. Wo mediale Süchte wie Videos, Mobiltelefonie, Cybersex und Börsenkurse zu Bausteinen der Identität werden, die Buchstaben des Korans den Rang ewiger Wahrheit erlangen, wo Kritik am Papst als »Angriff auf Gott« verstanden wird und der Papst selbst »keinen Unterschied zwischen Christen und Mohammedanern« erkennt, kann die Masse komfortabel manipuliert und in gleicher Weise auf ihre »Symbolarchitekten« zugeordnet werden.

Der westliche »Dialog«, ob kirchlich oder politisch, ob ideologisch oder opportunistisch, hat sich zu einem Vasallen entwickelt, dessen proislamische Zuverlässigkeit durch intellektuelle Inkompetenz, ideologische Programmierung und psychologische Deformation zur unverzichtbaren Grundlage einer globalen Oligarchie wird. Dabei bedient die panislamische Substruktur der Muslimbrüder, ob gemäßigt oder extrem, ob offen oder geheim, die Klaviatur der Machtpolitik in den islamischen Ländern ebenso geschickt wie in der europäischen Noch-Diaspora. Auch wenn die Konsequenz schwerfällt, so formt auch und gerade der Terroranschlag von New York ein Symbol, hinter dem eine Oligarchie interessierter Architekten steht. Denn wie kaum ein Ereignis zuvor provoziert diese Katastrophe das obligate »Cui bono?«, die Frage nach denjenigen Kräften, denen nicht nur dieses einzelne Ereignis, sondern auch die allgemeine Terrordrohung nutzen kann, die als Hintergrund zur permanenten Beeinflussung des kollektiven Verhaltens dient.

Die Al-Qa'ida, das virtuelle Terrornetz des Usama bin Ladin, ist der globalisierte Ausdruck islamischer Gewalt, die auf die scheinbare Bedrohung durch die westliche Zivilisation reagiert. In weniger als zwei Jahrzehnten wird die Weltbevölkerung zu einem Achtel aus Menschen dieser Zivilisation und zu einem Drittel aus Menschen des Islam bestehen. Der westliche »Dialog« ist also mindestens ebenso Ausdruck der islamischen Bedrohung wie der Islamismus als Intensivreaktion auf die westliche »Bedrohung« zu sehen ist. Beide sind Motoren eines epochalen Trends aus demographischer (Islam) und technologischer (Westen) Entwicklung. Ihre wechselseitige Bedrohung liefert das willkommene Gestaltungspotential, mit dem die islamischen Despoten ihre Macht nach innen sichern und nach außen ausweiten, und mit dem die westlichen Machtebenen die unentwegten Forderungen nach noch mehr »Toleranz« und noch mehr »Frieden« fortsetzen können.

In der Sicht des westlichen Vexierdenkens ist es somit kein Paradox, wenn die Friedensfähigkeit des Islam mit dem Terrorgrad seiner Gewaltgruppen wächst. Übergesetzliche Interessengruppen, die sich ganz wesentlich auch aus Kräften des Westens und des Islam bilden, können aus dieser Konstellation am effizientesten profitieren, wenn sie den virtuellen Terror gezielt nutzen, um die Gesellschaften in beiden Kulturen mit den Mitteln der jederzeit realisierbaren Bedrohung zu »befrieden«. Korruption und organisiertes Verbrechen sind die Aktionsebenen, die sich im Zuge der westlichen Rechtsauflösung mit den »Verantwortlichen« in Wirtschaft, Politik, Kirchen und Wissenschaften zu einem neuen, rechtsfreien Absolutismus, eben zum besagten Machtkartell, verbinden.

Das Betriebssystem dieses Kartells beruht auf dem »magischen Fünfeck« der Macht, dem Pentagramm aus fünf Denk- und Handlungssträngen, die dem Sittengesetz entgegenwirken und sich untereinander kausal beeinflussen. Dieses Konzept ist überall dort erfolgreich, wo es um die Entrechtung immer größerer Massen und die Ermächtigung immer kleinerer Eliten geht und ist an der Jahrtausendwende mit der Globalisierung von Wirtschaft, Politik und Religion auf die Zielgerade in Richtung eines Imperiums universaler Macht für die Wenigen sowie universaler Kontrolle über die Vielen eingeschwenkt.

Die fünf Säulen des »Imperiums der Biopolitik«[585] – Unethik / Profit, Deregulierung / Entdemokratisierung, Entgeistigung / Biologisierung, Anti-Christentum / Pro-Islamismus bzw. Synkretismus, Paralogik / Schizoidie – können sich so lange an den Steinbrüchen traditioneller Werte – Glaube, Toleranz, Vertrauen, Rechtstreue etc. – bedienen, wie ihre Lieferantin, die mit wachsender Stringenz kontrollierte Masse, nicht zur Kenntnis nimmt, daß die ihr aufgezwungenen Prozesse der »interkulturellen Dialoge« in eine *Kultur der Kontrolle* führt.

Die Natur dieser entstehenden Kontrollkultur ist gewaltorientiert, weil sie das korrelierende Denken abbaut und das geschichtlich gewachsene Heilige, das die Gewalt notwendig enthält,[586] auf das, »was allen Religionen gemeinsam ist«, also auf eine politisch definierte »Religion« reduziert. In dieser neuen Kultur eines gemeinsamen, anonymen Gottes, der sich in kultischen Ereignissen des kollektiven »Gefühls« ausdrücken soll, wird der religiöse Kult »gezähmt« und die Gewalt entfesselt. Das Göttliche, das sich als Gnade zwischen Gott und Mensch manifestierte, wurde im Kult und im individuellen Gebet erlebt. Nun wird es im Kult der Kontrolle auf die Architekten der Macht und die ordnenden Normen und Symbole projiziert, welche der Masse neue Korsette des standardisierten Denkens und Handelns anlegen.

2. Die Ordnung der Selbsttäuschung

a) Die Biologisierung des Denkens

Um eine Idee vom Wesen des Skelettscharakters postmodernen Denkens zu erhalten, müssen wir zunächst wieder an das wesentliche Resultat des fortschrittsbedingten Geistverfalls, die Schrumpfung der Gegenwart im Zeitbewußtsein, anknüpfen. Dieser Abbau schwächt zunehmend Vitalität und Kreativität des Denkens, weil die zeitlichen und damit sachlichen Räume, d. h. die verfügbaren Datenspeicher, verengt werden und das Denken somit auf leistungsärmere Ebenen gedrückt wird.

Das *Kreativdenken* bezieht Fakten der Vergangenheit ein und greift auf bewährtes Verhalten und zukunftsrelevantes Wissen zurück, das ihm eine distanzierte, beherrschende Position zur Umwelt, also diejenige Fähigkeit ermöglicht, die den entscheidenden, evolutionären Vorteil des Ich-Bewußtseins begründet. Das *Reflexdenken* verengt sich auf eine quasi-lineare Denkschiene, die über wenige, in der Regel kaum zusammenhängende Stereotypen des »Wissens« verfügt und somit auf Umweltreize mit automatenhaften Wiederholungen reagiert. Die Elastizität der geistigen Verknüpfung ist einer kognitiven Erstarrung gewichen, die das Bewußtsein um seine entscheidende Fähigkeit, die Autonomie des Denkens im eigenen Interesse, verringert und so vom Subjekt zum Objekt reduziert, das von seiner Umwelt beherrscht wird.

Ein schulmäßiges Beispiel liefert der interkulturelle Dialog, der mit einer begrenzten, stereotyp wiederholten Aspektauswahl die Toleranz des Islam vertritt, ohne gegenläufige Fakten zur Kenntnis zu nehmen. Das prägnante Kennzeichen dieser Kulturspezies ist das automatenhafte Abrufen von »Gedanken«, die – ähnlich physikalischen Molekülen – zum immer gleichen, fiktiven und zugleich infantilen »Kristall« des toleranten Islam zusammengesetzt werden, fest verdrahtet und durch kein Faktum der Geschichte modifizierbar. Wie gesehen, gehört es zur interkulturellen Identität, unentwegt die Vorzüge islamischer Toleranz und Friedensfähigkeit zu preisen. Wer nicht ständig wiederholt, daß z. B. der *djihad* keine Kampfideologie, sondern eine »Anstrengung im Glauben« und der Islam »kein Monolith«, sondern eine »facettenreiche Religion« ist, wird sehr bald vom charismatischen Konkurrenzdruck des interkulturellen Propagandabetriebs auf sein identitätsschädliches Versäumnis hingewiesen.

Wie wir detailliert ausgeführt haben, ist dieses Phänomen als Teilmenge eines umfassenden Sinnverlustes der westlichen Zivilisation zu sehen, in dem sich mit der fortschreitenden Rückbildung des aktiven Bewußtseins und der Verarmung des komplexen, selbständigen Denkvermögens eine unausweichliche Wiederannäherung an die physiologische Basis vollzieht. Die damit ablaufende *Biologisierung* des Verhaltens drückt sich nicht nur in einer breitgefächerten Betonung der Körperlichkeit und in der Rückbildung des Todesgedankens aus, auf die noch einzugehen ist.

Sie verdeutlicht auch die enorme, statistische Übermacht des Unbewußten, welches die laufende Wahrnehmung umso mehr dominiert, je weniger sich die – statistisch weit unterlegene – Kontrolle des bewußten, korrelierenden Denkens geltend macht. Sie bestätigt vor allem auch die Einschätzung der Kognitionswissenschaft vom Christentum als »Religion des Bewußtseins«. Hier wurde ein neues Denken entwickelt, das nicht nur passiv das Falsche unterläßt, sondern aktiv das Richtige fordert – der Antrieb des Sittengesetzes, der über das mythisch fixierte, programmhafte Denken hinausweist und den sogenannten »Plus-Impuls«, den Menschen als Individuum, aktiviert.

Ein Bewußtsein, das auf diesen Plus-Impuls, die begrenzte »Minderheit« seines autonomen Denkapparats und somit auf die einzige, individuelle Kontrollinstanz verzichtet, mit der die erdrückende »Mehrheit« seines unbewußten Wahrnehmungsteils relativiert werden könnte, verliert seine Ich-Qualität und verringert seine Distanz zur Umgebung. Je weiter der Prozeß des Geistschwunds fortschreitet, je weniger autonom also verarbeitete Daten in den Entscheidungsprozeß eingehen, desto stärker nimmt die Reichweite ab, mit der das Bewußtsein seine konkrete Position im Lebens- und Geistprozeß beurteilen kann – ein entscheidender Rückschritt in der Wahrnehmung evolutionär gewachsener Fähigkeiten. Somit ergibt sich, daß mit wachsender Abnahme dieser Urteilsreichweite der Mensch sich umso »natürlicher« in seine Umgebung einfügen, umso »unvoreingenommener« auf Signale der Umwelt reagieren und sich von ihnen manipulieren lassen kann.

In der Sprache der Evolutionstheorie erleichtert die *Biologisierung* des Bewußtseins die Rückbildung vom agierenden Individuum als *Genotyp* zu einem reagierenden Element des *Phänotyps,* d. h. der umgebenden Gruppe. Evolutionstheorie und Systemtheorie messen der Gruppe einen »*Systemgeist*« zu, der das Verhalten der Mitglieder entscheidend bestimmt und im allgemeinen Sprachgebrauch als »Gruppengeist« bzw. im Volksmund als »Herdentrieb« bekannt ist. Dieser Systemgeist kommt auf allen Ebenen der Natur zum Ausdruck, indem das Ganze »mehr als seine Teile« darstellt. Ein Körper ist erkennbar mehr als die Summe seiner Glieder und Organe, und das Bewußtsein ist ebenso erkennbar mehr als die Summe der Hirnzellen in Wechselwirkung mit der Umwelt. Das Wesen des Systemgeistes drückt sich nach dieser Vorstellung besonders deutlich im hierarchischen Aufbau der Natur aus, der sich in wachsender Komplexität von der einfachen Zelle bis zum menschlichen Bewußtsein spannt, und daher mit aufsteigender Systemstufe umso komplexere Vernetzungen benötigt, um »systemgerecht« tätig zu sein.

Der Verlust von Vernetzungskomplexität, wie er sich im liberalen Abbau des Geistes geltend macht, bedeutet den Verlust von Freiheitsgraden des Denkens und Handelns, der den Betroffenen umso beeinflußter vom Unbewußten, abhängiger vom Verhalten der Umgebung und damit insgesamt vorhersagbarer macht, je weiter der aktuelle Geistschwund fortschreitet. Die synthetische Evolutionstheorie vergleicht diesen Zustand mit dem Verhalten von *zellularen Automaten*, theoretischen Musterbildungen, deren Elemente, abhängig von ihrer Umgebung, bestimmte Zustände annehmen und das Verhalten von Populationen simulieren.[587]

Diese gewebeartigen Strukturen, mit denen sich u. a. anthropologisch verankerte Verhaltensnormen, die sogenannten *Humanuniversalen* abbilden lassen, machen sich z. B. die Konsumstrategen zur Produktoptimierung zunutze.[588] Parallelen zum kulturellen

Bereich werden hergestellt, indem die Stereotypen der Toleranzfiktion das Denken der Menschen »kristallisieren« und die Menschen selbst so weit verähnlichen, daß sie zu quasi-identischen Zellen werden, die sich nach vergleichbaren Entwicklungsregeln verhalten – eine geeignete Basis, um vom zellularen zum *humanen* Automaten aufzurücken.[589]

Entscheidend ist, daß hierbei die Verbindung zur Netzwerklogik des Computers hergestellt wird, die seit Jahren eine massive Integration in Wirtschaft und Gesellschaft erfährt und in einem Langzeitprozeß des umfassenden, kollektiven Feedbacks zwischen Mensch und Computer die »alte«, unwirtschaftlich-humane Logik des autonomen Denkens mit der neuen Logik optimierter Netzintelligenz verähnlicht.[590] Diese Logik ist unfähig zu typisch menschlicher Reflexion und arbeitet absolut funktional und modular. Sie optimiert die Leistung im Netz und unterbindet die Individualisierung durch Lernen, weil das Lernen – gerade über von Netzen vermittelte Symbole und Module – die Einschleifung des Einzelnen in die Gruppe besonders fördert.[591]

b) Die Darwinisierung der Kirche

Der Systemgeist des menschlichen Bewußtseins ist nun der einzige, der in der Ich-Bildung fähig ist, sich seiner physiologischen Grundlage und seiner Umwelt »bewußt« zu sein und seine Position im Weltprozeß zu beurteilen, wobei die Autonomie seiner Urteilsbildung mit der sozialen Umgebung kommuniziert. In der fortlaufenden Spiegelung mit der Natur bildeten sich mythische, religiöse, rechtliche, politische und technische Vorstellungen, Fähigkeiten und Institutionen heraus, die den westlichen Kulturkreis in ganz besonders dynamischer Weise geprägt haben. Die wohl nachhaltigste Formgebung in der Moderne bewerkstelligte die Evolutionstheorie des C. Darwin, die 1859 veröffentlicht wurde und der aktuellen Kolonisation sowie den späteren Ideologien des Marxismus und Hitlerismus wesentliche Impulse gab. Besonderen Einfluß übte hier die Idee vom »Überleben des Stärksten« aus, die wir auch im klerikalen Glaubensmonopol, vor allem allerdings in der Machtpsyche des Islam festgestellt haben.

In der katholischen Sicht des Christentums erschien dieser naturhafte Einfluß im *Omegapunkt* des Teilhard de Chardin (gest. 1955), einer zweipoligen Vorstellung, in der Christus als Basis und Spitze, als Endlosschleife der Evolution gedacht ist. In einer Interaktion von Makro- und Mikronatur, von Geist und Materie, erscheint die Menschheit als Bestandteil des Universums, dessen Systemgeist sich in Christus abbildet. So wie das »Mehr«, das im Zusammenwirken aller Systeme als »Überschuß« der Teilesumme erkennbar ist, bislang unerklärt blieb, so wurde hier das Übernatürliche erklärbar gemacht, indem das »Mehr« in einem geschlossenen Naturmythos aufging.[592]

Der Mensch wird somit als Ganzes zum Teil im Ganzen, unterliegt den Gesetzen der Physik und wird durch den Tod zu Entropie bzw. einer Teilmenge des Systemgeistes. Die Auferstehung, zentrales Prinzip eines von der Materie freien Geistes, und die Vergegenwärtigung Gottes im Kult, öffnen dagegen als offenes System den materiegebundenen

Menschengeist in den metaphysischen Raum. Ihr »Mehr«, in der theologischen Sprache die Gnade, ermöglicht die kognitive Bewältigung des Unbewußten, die Befreiung des Individuums im Erkennen und Anstreben des Richtigen, den Kern des trinitarischen Prinzips, das den Weg zwischen irdischem Leben und göttlicher Wahrheit vorzeichnet.

In der evolutiven Interpretation geht das trinitarische Geschehen, die Individualisierung des Menschen zum autonomen Geistwesen in der Prägung durch Gott, in ein kollektives Werden über, in dem Gott sich als Geist des Universums systemisch mit dem Menschen entwickelt. In dieser Sicht griff der Theologe K. Rahner (gest. 1980) die Geschichtsphilosophie Hegels auf, der wiederum Nietzsche zufolge die Basis für Darwin bildet. Über den Teilhardschen Begriff der kosmischen Energie, die sich im Menschen universal verdichtet, gelangte Rahner zu einer Synthese von Göttlichkeit und Kreatürlichkeit, in der sich Christus in ständiger Wiederholung manifestiert.[593] Das singuläre Ereignis der Erlösungstat Christi, die kollektive Befreiung von der Erbschuld – oder auch vom Unbewußten – kann somit zu einer Systemeigenschaft jedes Menschen werden, die zur Vorstellung des »anonymen Christentums« führte, dem pluralistischen »Rohstoff« des interkulturellen Dialogs.

In der Aufhebung der individuellen Auferstehung wird der Tod zu einem Beitrag zur kollektiven Menschheitsentwicklung, verstanden als kosmisches Geschehen, umgewandelt. Damit ist auch die systemische Verbindung des Geistes zur natürlichen Materiebindung hergestellt, die den Sündengedanken aufhebt und den Tod zur Bedingung der humanen Höherentwicklung macht. Der Tod wird somit zum angstfreien, weil sündenfreien Impuls für die Hinwendung zum Leben, das sich allerdings ebenso in der Aufhebung des Tötungsverbots und einer Rückwendung zur Gewalt erfüllen kann.

Die Kollektivierung des Geistes, die Aufhebung der individuellen Verantwortung und die implizite Legitimation der Gewalt sind Bausteine des darwinistischen Christentums, das sich in der Theologie K. Wojtylas, Papst Johannes Pauls II., in wesentlichen Aspekten ausdrückt. Dies ganz besonders in der menschlichen Intelligenz, die im »Sein in Christus« diesen letztlich übersteigt und die Vereinigung mit dem universalen Systemgeist, dem »Gott unendlicher Majestät« anstrebt.[594] Aus diesem Kraftfeld erhebt sich nach Wojtyla ein elitärer Intellekt über den dumpfen Willen der Masse und ihren herkömmlichen Glauben, ein Konzept, das in die menschenzentrierte Strategie seines Landsmanns Bzrezinski einschwenkt (s. o. S. 235f.):

> 1. »Auf den Schultern Jesu, prophezeit Jesaja, ruht das Zeichen höchster Gewalt. Es ist nicht höchste Gewalt über den Menschen, es ist höchste Gewalt für den Menschen.«
> 2. »Jesus von Nazareth nimmt unsere Liturgie an … weil er will, daß sich auf diese Weise die messianische Wahrheit über sein Königtum offenbare; dies bedeutet nicht Herrschaft über die Völker, es enthüllt vielmehr das Königtum des Menschen.«[595]

Dergestalt als selbsternannter Usurpator der Gottesgewalt bestätigt, traditionelles Markenzeichen eines klerotischen Heilsmonopols, adelte Wojtyla seine Brüder von der Trilateralen Kommission mit den sakralen Weihen der neuen Menschheitsführung:

»Alle zusammen sind Sie eine enorme Macht: die Macht der Intelligenzen und der Gewissen ... Entschließen Sie sich, Zeugnis abzulegen von der edelsten Solidarität mit der Menschheit, von jener, die auf die Würde der menschlichen Person gegründet ist ...«[596]

Die globale Priesterkaste, die nun zur Formung des übergreifenden Machtkartells das christliche Gewissen durch das Gewissen des Kapitals ersetzt hatte, mußte nur noch in angemessener Weise mit dem Heilsziel des sakralisierten Profits als Machtmittel über den Menschen verbunden werden:

»Alles, einschließlich der Dynamik der Produktion und des Profits, wurzelt in der Wahrnehmung der menschlichen Würde .. Mit einem Wort, es geht darum zu trachten, mehr zu tun, mehr zu wissen und mehr zu haben, mit dem Ziel, mehr zu sein. – Denn die Würde besteht in der Zustimmung unserer Intelligenz und unseres Willens zum Wahren und zum Guten.«[597]

Bei so viel Macht, Intelligenz und Willen konnte kein Irrtum darüber entstehen, wem die Entscheidung über das, was wahr und gut zu sein hatte, zustand. Mit wenigen, entschlossenen Kernsätzen hatte Wojtyla die Machtorientierung seiner Institution bestätigt. Was sich im Konzil mit der Öffnung zum Islam bereits theologisch angebahnt hatte, wurde im Verlauf seines Pontifikats mit der Öffnung zum globalen Kapitaldiktat der Neuen Weltordnung erweitert. So wie sie einst simultane Kooperationen mit Bolschewismus und Faschismus unterhielt, so entwickelte sie erneut erstaunliche Flexibilität in der geradezu eleganten Mühelosigkeit, mit der sie sich an so unterschiedliche Kriterien assimilierte, wie sie vom antichristlichen Gott des Islam und vom antichristlichen Kontrollwillen der Neuen Weltordnung gefordert werden.

Die geschmeidige Anpassung an die Erfordernisse der Machtpraxis, die den Spitzenklerus vom Glaubensgut isolierte und im »Raumschiff Rom« verkapselte, bestätigte seine traditionelle Machtzentrierung, deren Wirkungsweise auf ihrer systematischen Antichristlichkeit beruht. So wie der Islam seine Interessen mit dem »Gesetz Allahs« verfolgt, so hatte der kirchenferne Klerus sein profanes Monopol immer schon mit dem »Reich Gottes« abgesichert. In bewährter Zweideutigkeit war der Papst hier ganz Sohn der Kirche, indem er die von ihm vertretene Zivilreligion vehement abzulehnen schien:

»Wenn Menschen meinen, sie verfügen über das Geheimnis einer vollkommenen Gesellschaftsordnung, die das Böse unmöglich macht, dann glauben sie auch, daß sie für deren Verwirklichung jedes Mittel, auch Lüge und Gewalt, einsetzen dürfen. Die Politik wird dann zu einer ›weltlichen Religion‹, die sich einbildet, das Paradies auf Erden zu erreichten. Aber niemals wird irgendeine politische Gesellschaft, die ihre eigene Autonomie und ihre eigenen Gesetze besitzt, mit dem Reich Gottes verwechselt werden können.«[598]

Wojtyla, selbst aus esoterischen Kreisen hervorgegangen,[599] hat mit seiner matrixartigen Vorstellung, die ihrerseits eine Scheinautonomie des Menschen in den Dienst einer kosmischen, von superhumaner Intelligenz gesteuerten Gemeinschaft stellt, die Kirche in ganz erheblichem Maße esoterisch-holistisch, d. h. im Sinne der New-Age-Bewegung, umgeformt[599a]. Unter den Einflüssen der darwinistischen Theologie und der Phänomenologie gewannen gefühlsmäßige Kriterien der *intuitiven Erfahrung* die Oberhand über die verstandesmäßige Betrachtung und *rationale Abstraktion*.

Diese Ambivalenz, die schon im 2. Vatikanischen Konzil zur neuen Weltsicht erhoben wurde,[600] spiegelte sich zum einen in der Wirtschaftsenzyklika *Centesimus Annus*, in der wiederholt einer undifferenzierten »Bedürfnisbefriedigung« sowie einer Einbindung der Dritten Welt in den Freihandel das Wort geredet wird – beides Bereiche, die ohne fachliche Präzisierung den Schwächeren eher schaden. Ähnlich zweideutig fällt des Pontifex' Sicht der Evolutionstheorie aus, die sich einer klaren Position geschmeidig entzieht und damit eher dem Stärkeren nützt. Auf der einen Seite wird der Theorie auf pseudowissenschaftlicher Basis eine gewisse Geltung zuerkannt, auf der anderen Seite indes auf pseudo-christlicher Basis wieder abgesprochen:

> 1. »Es ist in der Tat bemerkenswert, daß diese Theorie nach einer Reihe von Entdeckungen in unterschiedlichen Wissensgebieten immer mehr von der Forschung akzeptiert wurde. Ein solches *unbeabsichtigtes und nicht gesteuertes Übereinstimmen* von Forschungsergebnissen stellt schon an sich ein bedeutsames Argument zugunsten dieser Theorien dar.«
> 2. »... Folglich sind diejenigen Evolutionstheorien nicht mit der Wahrheit über den Menschen vereinbar, die – angeleitet von der dahinter stehenden Weltanschauung – den Geist für eine Ausformung oder für ein bloßes Epiphänomen dieser Materie halten. Diese Theorien sind im übrigen nicht imstande, *die personale Würde des Menschen* zu begründen.« (Bet.d.Verf.)[601]

Weder läßt sich die innere Geltung einer Theorie durch Parallelen zu anderen Wissensbereichen belegen, noch kann im Christentum die personale Würde einen Wert *sui generis*, ohne Einbindung in die trinitarische Gottesvorstellung, annehmen. In Wojtylas Denken scheint letztere nicht nur durch Globalismus und Islam zurückgedrängt zu werden, sondern zuweilen auch einer existentialistischen Philosophie zu weichen, die den Menschen allein durch sein Handeln »Mensch« werden läßt. Durch das Gewicht des Lehramtes öffnete sich hier ein weites Feld zur Gestaltung einer markt- und islamorientierten Zivilreligion, die im Verlauf des Pontifikats deutlicheres Profil gewann.

Wenngleich sich nach christlicher wie auch naturwissenschaftlicher Auffassung Bewußtsein und Verstand des Menschen in ständiger Wechselwirkung zwischen laufender Gegenwarts- und erinnerter Vergangenheitsinformation befinden, so griff Wojtylas kosmische Matrix in schwindendem Umfang auf diese Bezugsgrößen zurück. Bei ihm verschwimmen Bewußtes und Unbewußtes, Verstand und Eingebung, Theologisches und Anthropologisches, Christus und Mensch, zu einem intuitiv-momentan bestimmten »Bewußtsein«, zum Systemgeist des Evolutionsdenkens, zur Mechanisierung des Individuums, zur Vermischung mit dem Islam, d. h. letztendlich zur idealen Textur der ideologischen Vermassung, die u. a. in gigantischen Messen zum Ausdruck kommt.

Damit die Befreiung von Individualität auch innerkirchlich gedeiht, befinden sich neokatholische Sekten im Vormarsch, die im Rahmen der »Neuen Menschheit« eine kosmische Spiritualität verkünden und in einschlägigen UN-Organisationen den »Weltdialog« der Religionen vorantreiben. Die *Focolare* beansprucht in attraktiven Prospekten neben dem »mystischen Leib Marias in der Kirche« vor allem grenzenlose Liebe, d. h. eine Art Ich-Abstreifung der »Gläubigen«, als Bedingung der Mitgliedschaft. Damit ist nicht nur die solide Basis für einen ebenso soliden Spendenstrom, sondern auch den Betrieb hocheffizienter Bühnenbau- und Jublertruppen geschaffen, die das weltethische »Spiritainment« des schauspielerfahrenen Papstes global vermarkten.

Als eher noch wichtigere Kultgruppe des neukatholischen Vermassungsbetriebs stellt sich die *Neocatechumenate* dar, ein straff geführter Kader hochmotivierter Prediger, die als »Diener Jahwes« zu einem sektiererischen Verdrängungskampf gegen die herkömmlich geweihten Priester angetreten sind. Mit dem Plazet des Papstes, der nach eigener Aussage »seinen Glauben im Konzil fand«, amputiert ihre Lehre 1652 Jahre kirchlicher Tradition – zwischen dem Mailänder Toleranzedikt 313 und dem Konzil 1965 – und beansprucht, mit einem weitgehend geheimen, gnostisch-esoterischen Konstrukt die »wahre Kirche« zu vertreten. Ein dogmatisch verordnetes Sündenbewußtsein bewirkt die Entfremdung – sowohl der Prediger als auch der Sektenmitglieder – vom trinitarischen Glauben und familiären Zusammenhalt und verstärkt zugleich ihre Abhängigkeit von der »erleuchtenden Erkenntnis«, die wie in vielen Logen und Geheimbünden immer nur in homöopathischen Dosen verabfolgt wird, um eine angemessene Loyalität und Spendenbereitschaft zu gewährleisten.

Um zudem ein hinreichend niedriges Wissensniveau sicherzustellen, werden die »Gläubigen« auf einen begrenzten Katechismus umso intensiver eingetrichterter Denkweisen und Maßregeln abgerichtet, in deren Mittelpunkt die Feindbilder der katholischen Tradition und der alternativen Information stehen. Deren Exponenten sind natürlich die Intellektuellen, die den Neocatechumenaten als Abgesandte des Teufels erscheinen, weil sie offenbar geeignet sind, den Prozeß der *intuitiven* Vermassung *rational* zu verzögern. Wer diesen postmodernen Orden angreift, »greift den Papst an« und könnte allenfalls die Erneuerung eines historisch verankerten Mechanismus aufdecken: die Korruption des Papstamtes durch einen unchristlichen Absolutismus. So wie die Dominikaner die Netze inquisitorischer Kontrolle auslegten, so installiert die *Neocatechumenate* die Kontrolle direkt im kupierten Bewußtsein der Kirche und stellt die Weichen in Richtung einer globalen Solidarität mit den Zielen einer »Neuen Weltordnung«.

c) Die Gnostisierung des Westens

Als gemeinsame Grundlage des postmodernen Pluralismus, des darwinistischen Entwicklungsglaubens, des prophetischen Kapitalismus und des digitalen Systemgeistes kann das gnostische Denken gelten. Die Gnosis (griech.: Wissen, Erkenntnis) tauchte etwa gleichzeitig mit dem Christentum als Reaktion auf den antiken Rationalismus, die platonische Spiritualität und den christlichen Komplex von Schöpfung und Erlösung auf. Im System der gnostischen Erkenntnis teilte sich das Eine und Gute als höchstes kosmisches Prinzip in hierarchischen Emanationen, in Ebenen geistiger Ausflüsse von abnehmender Vollkommenheit bis hin zur geschaffenen Welt mit. In diesem Rahmen war auch das Böse in dem Maße ermöglicht, in dem der Mensch der Welt und Materie verhaftet blieb.

Das gesamte Universum bildete eine Fluktuation des Geistes vom absoluten Einen zur Vielfalt des Geschaffenen, aus der wiederum durch Läuterung und Spiritualisierung die Hinwendung zum Einen, getragen von dieser Geisthierarchie, angestrebt wurde. Das Eine war identisch mit dem göttlichen Intellekt, der umfassenden Weisheit des Universums, dem »Gott unendlicher Majestät«, gleichbedeutend mit der Ideenordnung hinter den Dingen. Diese Ordnung erschien als allgegenwärtige Weltseele, in die alle Wirklichkeit des Geistes und der Materie in einer ewig verschmelzenden und auflösenden Spirale des Werdens und Vergehens der Seelen und Objekte eingewoben war. Der Mensch als Einheit aus Geist und Körper konnte an dieser Hierarchie in dem Maße teilhaben, in dem er sich in gnostischer Erkenntnis- und Sinnsuche über die Materie erhob.

Die wichtigste »Konstante« in einem derartigen Raumzeitsystem ist die Dualität, die Zweideutigkeit, das Nebeneinander von zwei nicht vereinbaren Zuständen, Denkrichtungen, Prinzipien etc. Begriffspaare wie Gut und Böse, Gott und Welt (biblisch: Satan oder Mammon), Schöpfung und Erlösung, Individuum und Masse, Einheit und Vielheit etc. spielen daher in gnostisch beeinflußten Systemen eine große Rolle. Der für die Geschichte wohl wichtigste Aspekt besteht im guten, apersonalen Gott der Gnosis, der im Gegensatz zum christlichen die schlechte Welt nicht erschaffen haben kann, und daher den Menschen auffordert, diese Welt zu überwinden und zu ihm zurückzukehren. Man unterscheidet im wesentlichen drei große Gnosis-Wellen, die frühchristliche, die auch von den Kirchenvätern kommentiert wurde, die mittelalterliche – z. B. die katharischen Ketzer – und die postmoderne, die sich u. a. in der Umkehrung von Wert, Sinn und Wissen als pluralistische Weltüberwindung ausdrückt.

Dieser Umwertung liegt die zweite Gnosis-Konstante zugrunde, die sich notwendig aus der ersten ergibt: der Mensch sieht zwar das Faktum seiner Existenz *in der Welt*, zugleich aber die zwingende Berufung, diese Existenz als nicht *von der Welt* zu überschreiten. Diese exzentrische Ortsverlagerung wird die *gnostische Differenz* oder auch »theologische Kernspaltung« genannt [604] und erscheint als *Negativform* der Exzentralität, die dem rationalen Individuum die kreative Distanz zur Welt schafft (s. o. S. 292). Die gnostische Differenz ermöglicht eine fundamentale Verneinung des gesamten Seins in der Form, in der es die uns bekannte Welt anbietet. Da der gnostische Gott die reale Welt nicht geschaffen hat, kann der gnostische Mensch diese Welt nicht nur ablehnen, sondern auch radikal umgestalten, wenn nicht zerstören, um die Rückkehr zu ihm zu beschleunigen. Auch dem christlichen Menschen ist der Eingriff in die Welt gestattet, allerdings nur im Rahmen einer Strategie, die mit der Schöpfungsordnung harmoniert und ihre Potentiale sinnvoll nutzt.

Der Gegensatz liegt auf der Hand: Während der Christ mit erheblichem Aufwand seinen kognitiven Plus-Impuls, seine positive Exzentralität, gegen die gegenläufige Minus-Masse des Unbewußten zur Geltung bringen muß, kann der Gnostiker diese Minus-Masse, seine negative Exzentralität, in der Nutzung der Welt und der Menschen überaus komfortabel, sozusagen als selbstlaufenden Psychohelfer, zu seinen Gunsten arbeiten lassen. Im kommerziellen Bereich erzeugt diese Freisetzung des Unbewußten die ungeheure Dynamik einer vielfältigen »Bedürfnisbefriedigung«, mit der die globale Weltveränderung im Hinblick auf Kulturen, Religionen, Nationen, Sprachen etc. einhergeht. Die Ablehnung der Schöpfung erzwingt dabei über die Veränderung hinaus eine Neuschöpfung, die sich z. B. in der Gen- und Netzwerktechnik zu entfalten beginnt, und darin, wie wir noch sehen werden, sogar Züge einer Quasi-Erlösung annehmen kann.

Durch eine dritte Konstante erhält die gnostische Matrix einen verstärkt biologischen, wenn nicht physikalischen Charakter, der nicht nur unsere aus der Sicht des Zeitbewußtseins gewonnenen Ergebnisse, sondern auch die Systemdynamik überhaupt als Weltbild der Gnosis bestätigt. Die Ablehnung der Welt wird durch die erwähnten Emanationen, die Entfaltungen des Supergottes zur Welt der Erscheinungen, verstärkt. Der Gnostiker sieht in Weltflucht und Einheitsstreben mit Erkenntnis und Erleuchtung als oberste Priorität, vor aller Theologie und Philosophie, einen *Weg*. Dieses Wegdenken ist hochdominant und mit geradezu physikalischer, nämlich *anodischer* Konsequenz auf seinen Pluspol ausgerichtet.[605] Die gefürchtete Minusrichtung ist natürlich *kathodisch* und bedeutet eine widerwillige Akzeptanz der Welt, die auf Dauer nur unter psychischen oder ideologischen Deformationen, aus dieser Sicht vergötzten Massen, Kirchen, Parteien oder Orden, zu sublimieren ist. Immer aber bleibt der systemische Weg, der durch den Sog des Supergotts tendenziell vorgegeben ist. Wie im Islam die Frau als Pflanze die Ausbreitung des Glaubens sicherstellt, so wird auch der gnostische Prozeß unaufhörlich vorangetrieben, solange eine ausreichende Zahl von Menschen, »die Aussaat der Einzelseelen in den Acker des Werdens«, existiert.

Der Kontrast zwischen Christentum und Gnosis, zwischen Aufbauprinzip des Humanismus und Abbauprinzip der Postmoderne, tritt uns nun noch deutlicher entgegen. Der christliche Plus-Impuls agiert – in seiner Arbeit gegen die kognitive Minus-Masse – konstruktiv, wobei sich viele ähnlich agierende, individuelle Einheiten in einer Gemeinschaft zur Bewältigung der Welt organisieren. Der gnostische Massen-Impuls muß, um positiv zu sein, sich destruktiv gegen die Welt richten. Er wird indes, weil sich in diesem Geschehen ein zunehmender Geistverlust im Plus-Sinn einstellt, ein *intrinsisches,* d. h. eigendynamisches Systemverhalten entfalten, das in wachsendem Umfang reflexhaftes Verhalten erzeugt. Moderne Gnostiker können sich harmonisch in Netzwerke humaner Automaten eingliedern, weil ihnen die Individualität des kognitiven Plus-Impulses entgleitet – als zentrale Folge der »anodischen« Modernisierung.

So verstanden, stellt sich die europäische, aufklärerische Moderne als ein gradueller Umbildungsvorgang fundamentalen Ausmaßes dar. Mit fortschreitender Verdrängung des Christentums und der humanistischen Bildung rückte ein Wissenschaftsglauben mit zunehmend kommerzieller Zielrichtung in den Vordergrund. Mit der Spezialisierung des Wissens verlagerte sich die aktuelle Macht von »Thron und Altar« zunächst auf Staaten und Institutionen sowie dann auf Konzerne und Banken, wobei sich zugleich eine Abnahme der menschlichen Individualität vollzog. Die Maschine im 19., das Fließband im 20. sowie der Computer in 21. Jahrhundert bewirkten bzw. bewirken einen enormen Eingriff in das Rollenverständnis des arbeitenden Menschen, wobei die Frau zunehmend eingebunden wurde. Mit dem Verlust kognitiver Kreativität verbanden sich die Industrialisierungsstufen zu den bekannten Effekten gesellschaftlicher Uniformierung und wirtschaftlicher Ausbeutung.

Wie gezeigt, vollzieht sich dieser Vermassungsprozeß in einem sich wandelnden, philosophisch-ideologischen »Betriebssystem«: vom Christentum zur Gnosis, vom konstruktiven Aufbau- zum destruktiven Abbauprinzip, vom linearen Zieldenken zum parallelen Netzdenken, von der Person zur Masse, vom Verstand zum Gefühl. Mit der Globalisierung verstärkte sich dieser Effekt ins Gigantische, da sich Uniformierung und Ausbeutung durch den Abbau von Grenzen zwischen Staaten, Kulturen, Religionen und Ethnien spürbar ausweiteten. Durch Liberalisierung und Elektronisierung der Märkte und Finanzmärkte setzte ein monströser Kapitaltransfer von der Arbeit zum Kapital ein, der sich an weltweiten Ressourcen bediente und die Banken und Börsen zu gewaltigen Saugnäpfen internationaler Liquidität aufblähte. So wie sich an der Basis die Massen zu vermischen begannen, konnte sich allerdings an der Spitze eine überlegene Oligarchie – Wirtschaft, Politik, Medien, Mafia, Kirche, Islam – diskret arrangieren.

d) Der Tributautomat der »Weltordnung«

Je weiter sich dieses System »gnostisiert« – und wie wir insgesamt sehen können, spricht vieles dafür – desto ähnlicher wird es einer hybriden Religion, die allerdings zwei beunruhigende Merkmale aufweist: Sie speist sich aus dem »Kraftstoff« des Unbewußten, der auch Arbeit und Konsum antreibt, und sie fungiert auf devolutionärer, d. h. einfaltender Netzwerkbasis, die einen sich verähnlichenden, automatenhaften Menschentypus begünstigt. Die Ideologen der »Neuen Weltordnung« sehen dies nicht anders, indem sie die *baumförmig*, tiefstrukturierten Staaten und Völker der Vergangenheit in das flache, *pilzförmig* agierende Wurzelgeflecht eines zukünftigen Weltvolks transformieren wollen.[606] Sie sehen zwar »schreckliches Leid« voraus, sind jedoch zuversichtlich, daß als Ergebnis dieses Vorgangs den Menschen eine »neue Freiheit« bevorsteht.

Der amerikanische Autor T. Wolfe kann solchem Zynismus nicht folgen und bescheinigt seinen weltordnenden Landsleuten eine eher unsichere Zukunft:

> »Die Liebe zu Natur und Menschheit, zu Familie, Gemeinschaft, Kultur und Brauchtum wird mit Füßen getreten, weil es ja so wichtig ist, den ›American way of

> life' zu verteidigen, der nichts anderes ist als eine Ausdruckform des idealisierten Ich. Wenn die Welt tatsächlich zerstört werden muß, um die unantastbare Wahrheit des Ich zu schützen, dann wird diese Nation mit der Seele einer gnostischen Kirche aufrecht und mit wehenden Fahnen untergehen.«[607]

Im Rahmen der evolutionären Dynamik, im Wettbewerb der Arten durch Mutation und Auslese, behauptet sich gegen andere Gruppen diejenige Gruppe oder Art, die sich im internen Abgleich und externer Anpassung als der am besten optimierte Verband erweist. In der Kulturevolution setzten sich »Sets« von Wissen, Glauben, Kunst, Technik, Sitten und Traditionen durch, die sich in einem vererbungsartigen, allerdings gegenüber der genetischen Vererbung wesentlich schnelleren Prozeß über viele Generationen (etwas über 600) entwickelten. Im »Strukturwandel« der Moderne unterlagen diese Sets indessen einer zunehmend stringenten Veränderung, die sich politisch-gesellschaftlich in der Herausbildung demokratischer Nationalstaaten und des wissenschaftlich-wirtschaftlichen Weltbilds niederschlugen. In der neo-liberalen Postmoderne schließlich mündete dieser Zwischenstatus in die bereits beschriebene »Umkehrung des Wissens« und einen amerikanisch geführten Superkapitalismus, der dabei ist, in einem universalen, Globalisierung genannten Vorgang alle Herkunft, Religion und Kultur dem Regime der Profitmaximierung zu unterstellen. Ob sich im Rahmen der dynamischen Genforschung dabei das Genom des Menschen dieser Kommerzialisierung entziehen kann, unterliegt offenbar noch gewissem Zweifel.[608]

In der Isolierung des Wissens, in der Auflösung komplexer Denkräume, die Reflexion auf den Reflex reduzierten, vollzog sich eine grundlegende Wandlung des menschlichen Bewußtseins. Der westliche Mensch mutierte vom distanziert beurteilenden und handelnden Subjekt zum beurteilten und behandelten Objekt, zu einer Art »humanem Automaten«, dessen Verhalten weitgehend von der unmittelbaren Umgebung und externen Prinzipien bestimmt wird. Zu diesen Prinzipien gehört vor allem die »Verdrahtung« der arbeitenden Menschen zu effizienten, netzfähigen Schaltkreisen, die dasjenige ausschalten oder zumindest blockieren, was geistig bestimmte Wesen hervorbringt, nämlich jenes Denken, das nicht nur zu Komplexität im allgemeinen, sondern zur rationalen Überwindung des irrationalen Unbewußten befähigt, den humanistischen Plus-Impuls.

Wie die Marktstrategen sehen auch die Netzarchitekten den Geist ihres Systems von einer »unsichtbaren Hand« beseelt, ein über das Netz verteiltes Selbst, so daß bezeichnenderweise kein Teil »ich bin das Ich« sagen kann. Sie erkennen, daß das Symbol des Netzwerks »den Sumpf der Psyche, die Verstrickung des Lebens und die der Individualität entbehrenden Massen bedeutet«.[609] Die neue Selbstkontrolle stützt sich auf ein dem Netzgeist verpflichtetes Selbst, das wie im Islam nur ein vorgegebenes Systemdenken zuläßt, Alternativen unterdrückt und die Basis aller totalitären Systeme bildet.[609a]

So können Verstand und Distanz einem neuen Verbund aus Gefühl und Kontakt, einem manichäischen System weichen, in dem Individualität zur technischen Unangepaßtheit wird und systemfremde Kreativität die garantierte Erfolglosigkeit bedeutet.

Erfolg stellt sich bei denen ein, die sich als Teil einer »Maschine mit Charakter« verstehen, die »spirituelle Gesundheit« in dem Wissen finden, daß sie Glied einer komplexen Maschinerie sind, und die »Ehrfurcht« in ihrer Resonanz mit dieser Maschine empfinden.[610] In der Sprache der Vererbung bedeutet die Ausschaltung des statistisch schwächeren, also *rezessiven,* rational Bewußten die endgültige Entbindung des seinerseits übermächtigen Unbewußten zu einem offiziellen, also *dominanten* Weltbild. So kann der postmoderne Philosoph M. Foucault den »Wahn als kritisches Korrektiv zu einer maßlos gewordenen Vernunft« erheben.[611]

Es ist das Unbewußte, dessen kognitive Wirkmacht die gesellschaftliche Sucht- und Körperneigung, den esoterischen Mischglauben des *Chrislam* und die bedarfssteigernde Produktentwicklung der Wirtschaft steuert. In der fortschreitenden Liberalisierung ist es der enorme Denk-, Sprach- und Bildungsverfall, der in den elektronischen Bildermedien, aber auch im Theater die Normalisierung von Pansex, Gewalt und Fäkalisierung vorantreibt, in denen sich wiederum die Biologisierung der Ausdrucksformen dokumentiert. Mit wachsender biologischer Freiheit der Individuen schrumpfen die geistigen Freiräume der Gesellschaft. Aus Menschen, die einst in der Lage waren, ihre Existenz autonom und kritisch zu beobachten, beginnt sich eine kognitiv steuerbare »*Biomasse*« zu entwickeln.

Auf eben diesen Begriff zielen die Ideologen der »Neuen Weltordnung«, ab, vor allem das *Empire*, ein Harvard-gesponsortes »Manifest«, ein »Mein Kampf« des postmodernen Kapitalismus, das sich ganz ausdrücklich auf den Systemgeist der menschlichen Vielheit, auf einen manipulierbaren »Massenintellekt« stützt.[611a] Es handelt sich um einen systemlogischen Wertbegriff, der jede utopische Irrealität ablehnt und den Anspruch erhebt, auf dem Wege seiner Realisierung schon ein gutes Stück vorangekommen zu sein. Es geht um die bekannte Globalisierung, allerdings im Sinne einer optimierten Ausbeutung des Systemgeistes der globalen Biomasse, einer *biopolitischen Maschine*, unter der die Autoren die Gesamtheit der weltweiten Arbeits- und Produktionspotentiale verstehen. Dieser aktuell laufende Prozeß soll sich über längere Phasen zunehmend verwirklichen, wobei eine *Weltpolizei* diese Entwicklung gegen Widerstand und Revolutionen schützen soll – mit dem Anspruch, nicht totalitär zu sein.[612]

Ausgehend von den Machtbegriffen und Staatsideen Macchiavellis, Spinozas und Marx', die an Personen und Institutionen gebunden sind, versteht sich das neue Imperium als ein offenes System, dessen Geist sich in einer spirituell anmutenden »Biokraft« der neuen Gesellschaft äußert, die ihrerseits durch »Biopolitik« effizient zu steuern und zu kontrollieren ist. Die zentrale Rolle in diesem Denken, das eine eher mystische Lebenskraft mit der Netzwerktechnik der Postmoderne verbindet, spielt das Geistsystem des Baruch Spinoza (gest. 1677), dessen Hauptwerk mit »Ethik, nach geometrischer Methode entwickelt« betitelt ist. Er wollte sich mit der beginnenden Spaltung zwischen Glaube und Wissenschaft nicht abfinden und »verfaßte von neuem ein gewissermaßen gnostisches, allein seiner Gotteserkenntnis adäquates System, und zwar nach der mathematischen Elementarmethode«.[613] Die Weltordner greifen diese Fusion politisch auf:

»Today a manifesto, a political discourse, should aspire to fulfill a Spinozist prophetic function, the function of an immanent desire that organizes the multitude. There is not finally here any determinism or utopia: this is rather a radical counterpower, ontologically grounded not on any ›vide pour le futur‹ but on the actual activity of the multitude, its creation, production, and power – a materialist teleology.«[614]

Die wesentliche, postmoderne Fortsetzung spinozistischen Denkens stammt vom erwähnten Philosophen M. Foucault, der auf die beiden evolutionären Pole der abendländischen Machtentwicklung hingewiesen hat: als *Genotyp* der menschliche Körper im Sinne einer nützlichen Maschine, die sich in immer effizientere Systeme integrieren läßt, und als *Phänotyp* die Gesellschaft als ein biologischer Organismus im Sinne eines nach Wissen, Produktion und Verteilung gestaltbaren Systems.[615]

Wenn diese bipolare Dynamik auf globaler Ebene verwirklicht werden soll, muß es eine Kontrollmacht geben, die das Lebenszentrum der globalen Maschine überwacht.[616] Dieser zentralen Kontrollinstanz, die anonym bleiben kann, arbeiten »*dressierte Eliten*« der imperialen Konzerne zu, die als globale Kommandeure allerdings neue Qualitäten entwickeln müssen, um den Anforderungen des universalen Bio-Managements gerecht zu werden. Der neue Systemgeist hat sich immerhin aus der optimierten Verteilung von Wissen, Kapital, Rohstoff und Menschen zu ergeben – eine Aufgabe für superhumane Titanen.

Bislang waren die Anstrengungen der kommerziellen Weltpiloten zwar durchaus auf eine globale Ausbeutung der Ressourcen, allerdings noch nicht auf die Zuweisung der Gewinne an die globale Vielheit ausgerichtet, von der im Empire-Manifest unentwegt die Rede ist. Viel eher läßt sich eine US-zentrierte Wirtschaftspolitik ausmachen, deren prominenteste Opfer zunächst Ostasien und Südamerika wurden. Nach dem Kalten Krieg hatte man die Länder dieser Regionen genötigt, ihre Märkte zu öffnen, ihre Währungen zu liberalisieren und sich somit dem globalen Wettbewerb zu stellen. Die Folge war ein massiver Exodus ausländischer Investoren aufgrund der im internationalen Standard hohen Verschuldung der inländischen Unternehmen sowie eine entsprechende Liquiditätsverengung und Zinserhöhung, die eine enorme Börsenbaisse und Welle von Insolvenzen auslösten.

Die anschließenden Interventionen des IWF verschärften die Situation für Länder wie Indonesien, Thailand, Brasilien und Argentinien in ganz besonderer Weise und erschienen als »Episode eines rücksichtslosen Feldzuges zur Neudefinition der Weltwirtschaft, dessen destruktive kulturelle und soziale Konsequenzen sich als ebenso übermächtig erweisen könnten wie der Kolonialismus des 19. Jahrhunderts«. Das Ergebnis war ein Ausverkauf ehedem blühender Unternehmen, ein grassierendes »Company Shopping«, von dem auch – wer könnte sich jetzt noch wundern – die Carlyle Group des G. Bush sen. profitierte.[617]

Das im Entstehen begriffene Reich ist somit bislang weniger als Kraft der Wohlstandsverteilung, sondern eher als globales Tributsystem in Erscheinung getreten. In der

Empire-Hierarchie wird es von einer Machtpyramide gelenkt, an deren Spitze die Supermacht USA die Schalthebel exklusiv besetzt. Ihr zur Hand gehen die Gx-Staaten im Verbund mit den Vereinten Nationen und Regulatoren wie Weltbank, IMF, Gatt und WTO, sowie CFR, Trilaterale Kommission, Bilderberger, London Club, Davostreffen etc.

In einer zweiten Linie erscheinen die transnationalen Konzerne, welche die konkreten Netzwerke der Wirtschaftsglobalisierung in den Bereichen Kapital, Güter, Technologie, Populationen etc. schaffen. Die Lenkung der Migration beruht wesentlich auf Wirtschaftsanreizen in der Ersten und Repression in der Dritten Welt und wird von den Nationalstaaten als Konzernhelfer arrangiert. Sie fungieren als Puffer zwischen Globalmacht und Bevölkerungen, als Verteiler von Finanzmitteln bzw. als Instanz zur Förderung des »biopolitischen Bedarfs«,[618] der vor allem in einer Maximierung der vornehmlich islamischen Zuwanderung bestehen wird.

Auf dem dritten Machtlevel erscheint schließlich das »Weltvolk«, das in rasch abnehmendem Maße von seinen Regierungen und UN-Vertretern und zunehmend von einer Reihe von Organisationen repräsentiert werden soll. Zu diesen Organisationen gehören einerseits die Kirchen und Medien sowie andererseits die sogenannten »Non-Government-Organizations« (NGO), die als eine Art Sprachrohr des Volkswillens »von unten« konzipiert sind. Systemisch versteht man sie als den »Humus der Biokraft«, als Ausläufer eines multilateralen Netzwerks an der Basis der Machtpyramide. Sie sollen diverse Interessen des Weltvolks in Sachen Friedenssicherung und Menschenrechte, Bekämpfung von Hunger und Gewalt etc. wahrnehmen, können jedoch *vice versa* durchaus als januskörpfige Saugnäpfe bzw. Signalgeber für eine fortlaufende Erfassung von Meinungsprofilen bzw. eine diskrete Verbreitung suggestiver Propaganda verstanden werden.

Insgesamt wird die Dreiteilung der Macht ihrerseits als Übergangsphase angesehen, die in eine diffuse Mischform einer »Monarchie mit Aristokratie« übergeht, in die hybride Herrschaft einer »Wenigheit« über die Vielheit, in die »biopolitische«, d. h. flexible Kontrolle von Produktion, Konsum, Sozialem, Kultur, Gewalt, vor allem jedoch von »Subjektivität« bzw. Individualität, einer offenbar höchst unerwünschten Qualität.[619] Die Kontrollebenen vollziehen sich über drei Kriterien: Atombombe, Geld und Äther, womit die Telekommunikation gemeint ist.

Für eine Macht, die sich als Regulator des globalen Systemgeistes, als Manager des Lebenssystems selbst versteht, fungiert die Bombe als »Nicht-Ort« des Lebens und ist von der Weltmacht zu monopolisieren. Geld bildet den »Lebenssaft« des liberalistischen Weltmarktkonzepts und kontrolliert alle Potentiale der Produktion, Investition, Weltbörsen, Erziehung und Kultur, Kirche und Konsum, mit dem Ergebnis, daß die traditionellen Souveränitäten – beschleunigt durch grenzenlose Kommunikation – in einen irreversiblen Abbau eingetreten sind. Der Zusammenhang zwischen Raum und Ordnung wird in einem globalen Systemgeist – monarchische Weltmacht, aristokratischen Weltmarkt, demokratische Weltkultur – aufgelöst. Symbolisiert wird diese Dreiheit wiederum durch die Machttriade – Bombe, Geld, Äther – die in den drei Zentren der Supermacht – Washington, New York, Los Angeles – als das »Neue Rom« konzentriert sind.

Es liegt auf der Hand, daß »Demokratie« hier nur noch als Zustimmung zur vorgegebenen Seinsform, dem Abbau von Individualität und Struktur in Raum und Zeit, denkbar ist, sich allerdings umso nachdrücklicher auf zwei *Wegen* gnostischer Weltbewältigung verwirklicht – im Wege der globalen Vernetzung und des American *Way of Life*, der »Consumer Democracy«.[620] So versteht sich denn die Weltordnung als »transzendente Machtmaschine«, die als Verbindung aus politischer Herrschaft und konzentriertem Kapital die »Totalität der Gesellschaft beherrscht«.[621]

Der Hauptimperativ dieses Imperiums richtet sich natürlich primär auf die globalen, kulturellen Unterschiede und ist erneut dreigeteilt: Die neue Ordnung *umgreift*, *betont* und *nutzt* sie. Nachdem – z. B. im »Dialog« – durch Ignorieren der Unterschiede ein »Schleier der Akzeptanz« erzeugt ist, können sie in einer »flexiblen Hierarchie« geordnet und der kommerziellen Nutzung in einem »Kommandoapparat« verfügbar gemacht werden.[622] Die hier erkennbar werdende Hierarchie aufsteigender Herrschaftshärte bricht ganz ausdrücklich mit jeder – in der Vergangenheit diffamierten – Moral, vernichtet jede subjektive Individualität und erhebt die Korruption zum notwendigen Prinzip als »Bruch mit der Seinsordnung«.[623]

Ein dergestalt transzendiertes Netzwerksystem wird auf Basis einer depersonalen »Kerkerlogik« gesehen, die unter Ausschaltung dessen, was bislang die personale Würde des Menschen ausmachte, Kulturen als Seinsform vernichtet. Der unmerkliche »Kerker« erfaßt zunächst alle Identitäten in einer »verschleiernden« Umarmung, betont in einer zweiten Phase ihre Unterschiede besonders deutlich, um die Absurdität ihrer Einheit in der neuen Vielheit deutlich zu machen, und macht sie in der dritten und letzten Phase zum Gegenstand der neuen, imperialen Herrschaft. Da die Macht dieses Imperiums also mit den Kulturunterschieden wächst, weil ihre Antagonismen in fruchtbare Konkurrenz transformiert werden sollen, bildet das islamische Antiprinzip eine besonders willkommene »Bereicherung« dieser Herrschaftslogik. Nicht »teile und herrsche« ist das logische Konzept, sondern »umgreife, ordne und herrsche«. Es soll nun eine weitere, verbesserte Machtstufe erreicht werden, indem man nicht mehr – wie im bisherigen Dialog – die Unterschiede bis zum Exzeß ausblendet, sondern in einer neuen, »ökonomischen Kommandostruktur« geradezu »zelebriert«.[624]

Im transformierenden Netz des *anthropologischen Exodus*, in dem es zukünftig »keine Grenzen zwischen Mensch und Tier, Mensch und Maschine, Männlich und Weiblich etc.« gibt,[625] geraten traditionelle Unterschiede zu sich selbst prophezeienden Unwerten, deren Nutzlosigkeit umso deutlicher hervortritt, je klarer sie erkannt und beschrieben werden. Es kann nicht verwundern, daß die Denkenge des »Dialogs«, die in ihren Käfigen »interkultureller Gemeinsamkeiten« kreist, dieses universale Konzept noch nicht gänzlich begriffen hat, und daher z. B. Huntingtons kongeniales Werk vom »Kampf der Kulturen« verbissen angreift. Die Offerte der Kirche an den Islam, »den einen Gott« der »abrahamitischen Religionen« anzubeten, geriet entsprechend plump, weil es – wie notwendigerweise auch der »Weltethos« des H. Küng – das Ziel der »verschleiernden Akzeptanz« weitgehend verfehlte.

Es wird noch einige Zeit brauchen, bis auch die Inkompetenz des »Dialogs« ihren Platz in der Seinsform des neuen Machtimperiums findet: nicht der Mensch, sondern die Masse ist die Realität. Weder mit dem Extrem des Informations-»Kristalls« noch des -»Rauchs« (s. o. S. 9f.) läßt sich die Uniformierung dieser Masse hinreichend bewerkstelligen. In der Sicht der Neuen Ordnung kursiert ein produktiver »Strom von Körpern« im Weltnetz, staut sich eine Weile in den wachsenden Metropolen und bricht vermehrt auf zur globalen Migration, zu den »leuchtenden Horizonten« kapitalistischer Freiheit.[626] Die bombastische Stärke dieser Bewegung kann kaum erkannt und gesteuert werden, indem man die Merkmale ihrer Kulturen, Religionen und Ethnien zu unkenntlichen, »gemeinsamen Nennern« verkleinert, sondern nur, wenn man ihre Differenzen kennt und nutzt.

Dieser Nutzen liegt im *Wissen* um die kulturellen Wesenheiten der wandernden Weltmassen und ihre Unterschiede, um sie der *Arbeit* der biopolitischen Produktionsmaschine optimal zuführen zu können. Daher kann der »Dialog« seine Aufgabe wissenschaftlich und weltordnend nur erfüllen, wenn er seine bislang praktizierte, extreme Faktenresistenz aufgibt und zur neuen Strategie des *Faktenoptimums* übergeht, die eine maximale Information über die Differenzen zwischen den Kulturen, also auch zum Islam, sicherstellt. Wie solches geschehen kann, ist in dieser Untersuchung vorgestellt worden. Die *Ruptur*, die Zerstörung der Identitäten, erfolgt nur wirklich effizient, wenn die Unbrauchbarkeit der kulturellen Unterschiede und damit ihre Netzwerkunfähigkeit zuvor in deutlichst möglicher Form herausgestellt worden sind. Das Wissen um die Masse und die Nutzung ihrer Differenzen für die Arbeit im Weltnetz bilden das zentrale Selbstverständnis der »globalen Kommandeure«, der Eliten des Machtkartells, allerdings nicht ihr Monopol.

e) Gnostische Parallelen im Djihad

In diesem Rahmen kann zumindest eine, hinreichend tiefgreifende Parallele zum Islam ausgemacht werden. Eine Masse von »Humanautomaten«, die sich netzwerkartig organisiert und dem Führerwillen des muhammadanischen Systemgeistes folgt, haben wir im Islam ebenso feststellen können wie im postmodernen Netzwerkdenken. Nach Kenntnis des christlich-konstruktiven Plus-Impulses konnte kaum eine Rückkehr zum Gesetz totaler sein als eine zur Offenbarung erklärte Schrift und ein Allahgesetz, das alles Denken und Leben bis zum letzten Buchstaben in einem Ausmaß regulierte, das das jüdische Regelwerk wie ein Sinnbild ungehemmter Freiheit erscheinen ließ.

Neben den erkennbar militärisch strukturierten Gebetsriten könnte keine Glaubensübung diese totale, wenn nicht totalitäre Unterwerfung unter das »Gesetz« deutlicher zutage treten lassen als die »Ich-Abstreifung« (arab.: *tadjarrud*), jene Befreiung von den Hemmnissen der Individualität, die eine weitgehende Konformität mit dem kollektiven Glaubensgut anstrebt. In mentalen Übungen und rhythmischen Erinnerungstechniken (*dhikr*), die keineswegs nur von Mystikern erlernt werden, entstehen geistige Rumpfexistenzen, die sich im Verlauf ihres Lebens zunehmend mit dem Systemgeist Muhammads verähnlichen.[627] Diese Ähnlichkeit macht sie zu idealen »Humanautomaten«, die allerdings im Vergleich zu ihren westlichen »Kollegen« einen wesentlich stärkeren Existenzwillen aufweisen, und vom französischen Philosophen A. Glucksmann als »geklonte Gesellschaft« eingestuft werden.[628] Den darwinistischen Charakter des islamischen Systems haben innerer und äußerer *djihad* eindrucksvoll bestätigt, u. a. unterstrichen von keinem Geringeren als dem großen Averroes, der schon im 12. Jahrhundert die armutssichernde Unterdrückung der Frau in einer »pflanzenähnlichen« Existenz kritisierte.

Hier drängt sich erneut die gnostische Plattform auf. Der Islam hat den rationalen Plus-Impuls nicht nur in Gestalt seiner hochentwickelten Philosophie unterdrückt, sondern teilweise auch mit den Angeboten seiner ebenso hochentwickelten Mystik, die nicht nur gnostisch war. Einen kongenialen Ausdruck findet diese letztere Ablehnung in den erwähnten Gestalten des Halladj und Suhrawardi und vor allem im Universalgenie Ibn al-Arabi (gest. 1240), dessen umfassendes Aussagespektrum von Mystik und Orthodoxie äußerst kontrovers eingestuft wird. Während die einen in ihm ihren »größten Meister« sehen, stufen ihn die anderen eher als häretischen Philosophen ein. Parallel dazu läßt sich auch im Westen eine ähnliche Teilung der Interpretation feststellen. Die einen vermuten in ihm den statischen Gottsucher, der die »Einheit des Seins« anstrebt, die anderen sehen als dominantes Merkmal seiner Lehren das Gegenteil, die dynamische Beurteilung im jeweiligen Kontext seiner existentiellen Position.[629]

Als beherrschendes Kennzeichen des Ibn al-Arabi und seiner Wirkung tritt ein ungewöhnliches Maß an Systematisierung hervor, mit der dieser exorbitante Geist sich über die grundsätzliche Spaltung von Glaube und Vernunft, Ratio und Intuition, Differenzierung und Integration erhob. Er lieferte ein geniales Koordinatensystem, das dem Einzelnen in der Fülle der theologischen Einzelpunkte einen Kompaß für den eigenen Standort sowie ein Raster für die ganzheitliche Erfassung des islamischen Systems gab. Hier konnten sowohl Mystiker als auch Philosophen zu aufsteigenden Graden der Erkenntnis gelangen – der Mystiker in der esoterischen Gottsuche, der Philosoph in der ich-bildenden Abstraktion. Da sowohl mystische Erleuchtung als auch philosophische Erkenntnis die ich-abstreifende Konformität des islamischen Gläubigen behindern, hat die Orthodoxie beide Richtungen immer wieder bekämpft und das unverfälschte Glaubensgut der *sharia* betont, den reinen Glauben, der sowohl die Vernunft als auch die Liebe des Menschen beansprucht.

So hat denn auch Ibn Taymiya (gest. 1228), nach Ahmad Ibn Hanbal größter Kämpfer für den orthodoxen Glauben und Vorbild der modernen Fundamentalisten, das System des Ibn al-'Arabi, das Spiritualität und Intellekt genial verband, massiv angegriffen, weil es geeignet war, dem Menschen Wege aus der vom Islam strikt geforderten kollektiven Unterwerfung zu weisen. Nicht ohne Grund ist diese Säule der unverfälschten Rechtgläubigkeit bis heute eine der größten Autoritäten des *djihad*. Ibn Taymiyas Kritik zielte vor allem auf Ibn al-Arabis Intellektualität, der auf hohem theoretischen Niveau die Werkfrömmigkeit fehlte, eine unverzichtbare Voraussetzung für den rechten Glauben im Islam, allerdings auch – nach dem Beispiel Luthers – eine Möglichkeit zur Privatisierung des Glaubens. Ibn Taymiyas Theologie war die der starren, politischen Legitimation, Ibn al-'Arabis diejenige der dynamischen, geistigen Entwicklung, nicht weniger als die Grundlage für eine Reformation, die Trennung von Moschee und Staat, die somit nicht stattfinden konnte.

Nicht wenige Fundamentalisten sehen Usama bin Ladin als Inkarnation jener jemenitischen Exilgestalt (*Hayy Ibn Yaqzan*), welche der größte Gnostiker des Islam, Abu Shihab as-Suhrawardi (gest. 1191) in seinem berühmten »Buch der Erleuchtung« (*kitab al-ishraq*) kritisiert. Es geht um die Überwindung der sinnlichen Welt, welche im Westen lokalisiert wird, und um die Welt des Lichts, der unverfälschten Spiritualität, die der Orient bereithält. Schon vom Propheten selbst wird die Aussage überliefert, daß »die Welt das Gefängnis der Gläubigen und das Paradies der Ungläubigen ist«. Also muß die Imago-Welt des »Nicht-Wo« (pers.: *na kodja abad*) das Ziel des Gläubigen sein, der zur Überwindung der abgelehnten Real-Welt auch zu individueller Orientierung und Revolte berechtigt ist.[630] Die Profanität der islamischen Machthaber stand solchem Denken natürlich diametral entgegen, so daß die Individualität der Lehren Suhrawardis den Meister nicht nur in die Nähe des Christentums rückte, sondern ihn schließlich sogar das Leben kostete. Die »Toleranz« des westlichen Toleranzidols Saladin, der ihn hinrichten ließ, endete an diesem Genius, einem der brillantesten Köpfe des Islam überhaupt.

Dennoch konservierte der Islam die gnostische Orientierung teilweise gegen die bestehende Welt. Das »Haus des Islam« ist bereits die Welt, wie sie sein soll, und das »Haus des Krieges«, die Welt des Unglaubens, ist zu überwinden und im Sinne des Islam umzugestalten. Zum anderen kann der Islam natürlich nicht gänzlich mit der »klassischen Gnosis« identifiziert werden, welche die Welt *in toto* ablehnt, weil ihr Supergott außerhalb des Weltwerdens gedacht ist. Allah ist dagegen verantwortlich für das Entstehen der Welt, und er hat die Menschen als ihre integralen Elemente erschaffen, die kraft der ihnen von Allah verliehenen Fähigkeiten aufgerufen sind, diese Welt seinem Gesetz, der *sharia*, und seiner Gemeinschaft, der *umma*, zu unterstellen. Aus dem totalen Anspruch entsteht somit das Recht auf Überwindung der Welt im islamischen Sinne.

So verstanden ist der *djihad*, der Kampf gegen den Unglauben, und die Ausweitung des Islamgebietes ein gnostisches Geschehen, weil es die bestehende Welt im Sinne desjenigen, der sie erschaffen hat, umformt und überwindet. Je erfolgreicher die Muslime in der Entindividualisierung in Gestalt der Ich-Abstreifung voranschreiten, desto effizientere Mitglieder werden sie für ein islamisches Netzwerk und desto unempfindlicher für Fremdeinflüsse von außen sein. Die unverkennbare Sympathie der Islamisten für die Errungenschaften der Technik und der hohe Anteil von Ingenieuren und Naturwissenschaftlern unter ihnen verweist zudem auf eine frappierende Ähnlichkeit mit der westlichen Netzdynamik, die sich bekanntlich auf eine Konvergenz mit dem Computerdenken orientiert.

Die wesentliche metaphysische Gemeinsamkeit des Islam mit der Gnosis besteht in der Ablehnung einer trinitarischen Gottesvorstellung, aus der die Verwerfung des Sittengesetzes, der positiven Exzentralität, also des von uns so genannten »Plus-Impulses« folgt. Getreu der Devise, daß »keiner des anderen Last trage«, setzt sich dagegen auch im

Islam ganz wesentlich das Unbewußte durch, das allerdings auf Elitenebene im darwinistischen Kampf um die Macht und auf Massenebene in der paranoiden Alltagskonkurrenz sowie – vor allem – in der Unterdrückung der Frau »sublimiert« wird. Vor diesem Hintergrund wird verständlicher, warum der Islam schon in dieser ganz natürlichen Verfaßtheit zum Heilsziel des westlichen Gnostikers wird.

Die Überwindung – vielleicht auch Zerstörung – seiner eigenen abgelehnten Welt, kann vom Islam als ein netzartiges Gegenkonzept, das schon von seiner Anlage her *nicht baumförmig* konzipiert ist,[631] eher als von allen anderen derzeit verfügbaren Weltbildern vollzogen werden. Für den Muslim ist die abgelehnte Welt des Unglaubens das irdische Spiegelbild des Endgerichts. Seine Motivation ist die höchstmögliche, denn wer den *djihad* nicht mit allen Mitteln führt, versäumt die Chance, die Allah ihm für den Jüngsten Tag gewährt hat.[632] Derweil arbeitet der Westen am eigenen, biologischen Abbau – Abtreibung, Vergreisung, Sterbehilfe – und trimmt seinen Geist auf eine biologische Netzwerklogik, die eine fortschreitende Uniformierung bewirkt. In diesem Trend macht sich ein schizoider »Dialog« geltend, der seinen »anodischen Weg« in Richtung Islam angetreten hat und dabei als ärgstes Hindernis die eigene, nichtislamische Gesellschaft erkennt.

f) Netzwerklogik als Herrschaftsinstrument

Wir haben eine ganze Reihe von Begründungen angeboten, die für eine »Neue Weltordnung« auf biotechnischer, eigendynamischer Basis sprechen. Während sich diese Ordnung in den globalen Raum ausbreitet, kriminalisiert sie sich durch eine dem System eigene Tendenz zu Korruption und gesellschaftlicher Enteignung. Ein übergreifendes Machtkartell suggeriert der Masse den Zwang zu steigendem Steueraufkommen und Zuwanderungsvolumen sowie sinkendem Einkommen und Bildungsstand als die »Chance« zu »Strukturwandel« und »Toleranz« und blockiert die Erkenntnis der gegenläufigen Realität durch eine Spirale immer neuer Bedürfnisse. Während in allen Bereichen der Gesellschaft die neuen, »humanen Automaten« zu immer effizienteren Netzwerkteilnehmern und Funktionselementen heranreifen, entwickeln sie sich ebenso zu Mitgliedern einer »Konsumdemokratie«, die ihnen allerdings auch hier in abnehmendem Maße Individualität verschafft, weil die Produkte sich immer ähnlicher werden. Wer sich im profanen Bereich durch Reisen, Autos, Kleidung, Börsentips, Mobiltelefone, Piercing etc. nicht mehr differenzieren kann und dennoch den Wunsch nach Differenz verspürt, könnte indessen früher oder später wieder auf den Bereich des Geistes ausweichen.

Wie mehrfach gesehen, stoßen wir hier unausweichlich auf unseren Plus-Impuls, den wir auch den »humanistischen Imperativ« nennen können, auf die Kontrolle des Unbewußten, die Basis konstruktiven Denkens, die Abwehr der Gnosis. Wovon wir uns allerdings ebenso überzeugen konnten, ist dieses: Die Strategen der »Neuen Weltordnung« haben keine Bedenken, ihr Netzwerkprinzip auch unter Inkaufnahme »schrecklichen Leids« durchzusetzen. Sie sprechen offen von den alten, »baumartigen« (arboreszenten) Strukturen, die zugunsten der neuen, »pilzartigen« (rhizomatischen) nicht nur zu überwinden, sondern im Prozeß der »Ruptur« zu zerbrechen und zu zerreißen sind.[633]

Wissenschaftliche Modernisierung und Säkularisierung schufen die gedanklichen Voraussetzungen für diesen Zerstörungsprozeß, der in der Globalisierung unter dem Regime des marktwirtschaftlichen Kapitals seine praktische Fortsetzung und Intensivierung erfährt. Erste Experimente der gedanklichen Vermassung liefen in den links- und rechtsextremen Ideologien des 20. Jahrhunderts ab, die als Ableger des »liberalen Systems« gelten,[633a] wobei ein enormes Potential der Gewalt gegen alles Abweichende erkennbar wurde. In Begriffen der Computersprache waren diese Experimente »Programme«, die sich die Manipulation des Unbewußten als Klassen- bzw. als Rassenbewußtsein zunutze machten. Im Kontext des weiter liberalisierten, globalen Marktes und universaler Vernetzung wird der Mensch nun vom Kontrollmittel des individuellen, bewußten Plus-Impulses »befreit«, um unter dem Regime des übermächtigen, unbewußten Massen-Impulses »netzwerkfähig« zu werden. Mit diesem Vorgang wird die »Maschinenebene« aktiviert, auf der sich die erwähnten »humanen Automaten« zum Massenbewußtsein, zu festen, wiederholbaren Schaltkreisen, verdrahten lassen.

Um diese Fähigkeit zu erlangen, mußte der Mensch von seiner Qualität als einmalige Person befreit werden, die sich in der Entwicklung von Sinn-, Wert- und Zielvorstellungen in der – akzeptierten – Welt formt. Um die Rückkehr des Geistes zur biologischen Basis und seine Konvergenz mit der unpersönlichen Maschinenfunktionalität des Computers zu gewährleisten, bedarf es einer »kognitiven Architektur« oder auch einer insektenartigen »Schwarmlogik«,[634] in der Freiheit und Autonomie darin bestehen, die inneren Funktionsregeln mit den Zuständen der äußeren Umgebung in Einklang zu bringen. Je enger also die äußere Funktion – das Netz des Marktes – mit der inneren Funktion seiner Elemente – dem Massen-Impuls des Unbewußten – interagiert, desto stabiler wird das System. Es entsteht eine *intrinsische* Dynamik, d. h. der Geist des Systems nährt den Geist seiner Elemente und umgekehrt – eine Wechselwirkung, die in der Natur nicht nur endlos vorkommt, sondern ihr Funktionsprinzip überhaupt bildet. Dieses Prinzip soll nun von den Weltordnern in der Globalisierung – dem Manifest des biologistischen Imperiums zufolge – als dritter, abschließender Durchlauf inszeniert werden, der die Menschheit in ihre endgültige »biologische Form« führt.

Die Aktivierung des unbewußten Massen-Impulses als Basis dieses vorläufig letzten Experiments der Modernisierung bringt in der hier beschriebenen Weise ein umfassendes Zusammenwirken ideologischer (faschistoider), psychologischer (schizoider) und religiöser (gnostizoider) Tendenzen zum Vorschein, die sich mit der Paranoia des Islam, der sich vergleichbar faschistoid und gnostizoid und vor allem darwinistisch zeigt, harmonisch verschränken können. Die westliche Gnosis lehnt die Welt insgesamt ab und hat sich bereits in einen konsequenten Prozeß der ideologischen (Islam), psychischen (Sucht), physischen (Abtreibung) und eventuell auch genetisch manipulierten Auflösung begeben.

Der Islam, der um 2020 mehr als ein Drittel der Weltbevölkerung stellen wird, kann aufgrund seiner starken demographischen Entwicklung und seiner wachsenden Bedeutung im Finanzbereich seine Position graduell ausbauen. Dabei ist der westliche »Dialog«, die gnostisch-irrationale Avantgarde, der wichtigste Helfer, weil sein Feindbild in der eigenen Bevölkerung lauert. Dieser Feind – falls uneinsichtig – kann mit einer Gewalt bekämpft werden, deren Qualität auf der Maschinenebene des Unbewußten fußt, und diejenige der Links-/Rechts-Experimente als harmlose Sandkastenspiele erscheinen lassen wird. Der Einbruch gnostischen Denkens in die Politik führt vor allem – die Weltordner sehen es nicht anders – zu einem vermehrt »polizistischen Denken«,[635] das Wellen immer härterer Kontrolle auslöst, ihrerseits verstärkt durch die anwachsende Spirale der Bedrohung durch Terror und Gewalt.

Da sich dieser Prozeß auf einer schiefen Ebene abnehmenden Geistes, in gewisser Weise also in »hardwaremäßiger Verdrahtung« vollzieht, stellt sich die neue, erweiterte Gewaltdimension als kaum vermeidbares Ergebnis des Systems selbst dar. Die Logik der Gesamtentwicklung läßt sich dabei auch in einem grundlegenden, zahlenmäßigen Kontext ausdrücken, der die eherne Konsequenz für den Menschen und den Verlust dessen, was ihn Mensch sein läßt, symbolisch repräsentiert. Es geht einmal mehr um den Verlust des Zeitbewußtseins, der im Rationalen das Denken minimiert und im Irrationalen das Gefühl maximiert. Ein Symbol dieses logischen Raumes ist der *Zeitkreis*, der – mit der Gegenwart als Mittelpunkt – Vergangenheitserinnerung und Zukunftserwartung umschließt. Mit dem Verlust der Zeit verengt sich der Radius des Kreises auf die zentrale Gegenwart, womit der Raum des Bewußtseins sich auf punktuelle Wahrnehmungen reduziert, auf den *Momentismus*, eine Qualität, die es physikalischen Systemen verähnlicht, die nur auf Gegenwart beruhen, und die erwähnte »Maschinenebene« öffnet.

Die Gegenwart, das »ewige Jetzt«, der permanente Moment als Ereignis, ist nun allerdings auch das Diesseitsparadies der Postmoderne, der gnostischen Weltflucht, deren unentwegte Suche nach Zeitlosigkeit zur Sucht gerät. Sexualität und Sport, Drogen und Alkohol, Musik und Rhythmus, Filme und Videos, Unterhaltung und Glücksspiel etc. sind die Sakramente der westlichen Ersatzreligion des Unbewußten, die zugleich Signalgeber und Saugnäpfe für die Produktorientierung des »freien Marktes« bilden.

Die Kette aus rationaler, spiritueller und emotionaler Verarmung führte über permanent und subliminal angeregte Wünsche zur kommerziellen Bedürfnisbefriedigung, welche einen ständig wachsenden »Schwarm« von Subjekten erzeugt, die hinwiederum über den Hebel des Unbewußten zu netzfähigen Funktionseinheiten »objektiviert« werden.

Wie sich u. a. in Loveparaden, Technomassen, Lichterketten und Chaostagen unmittelbar zeigt, sind diese Einheiten in abnehmendem Maße in der Lage, eigene Ziele zu definieren, weil ihr Vermögen schwindet, bewußte Gedanken zu entwickeln, die wiederum zur Grundlage höherer Gedankenebenen wie autonomer Überzeugungen und selbstbestimmter Absichten werden könnten. Umso eher können sie in Netzwerksysteme oder Kommandostrukturen eingebaut werden, die ihrerseits ihre Funktionalität biologischen Systemen annähern.

Es bleibt die Frage, was es eigentlich ist, das den Weltordnern die Ablehnung der Baumstruktur so wichtig erscheinen läßt. Das aufsteigende Prinzip der Evolution und des strebenden Geistes steht für den *Zeitpfeil,* der sich mit dem beharrenden, zyklischen Prinzip des *Zeitkreises* zum evolutiven Prozeß eines sich hierarchisch entfaltenden, vielfältigen Geistes verbindet. Dieser Geist steht in konträrem Gegensatz zum devolutiven, sich einfaltenden, im wahrsten Wortsinne »einfältigen« Geistes. Während letzterer auf immer gleicher Ebene dem kollektiven Systemgeist des Netzwerks dient, bildet ersterer eigenständige, »selbstähnliche« Hierarchien, die sich aus der Individualität ihrer Glieder speisen und in Strukturen von *Bäumen oder Spiralen* organisieren. Die Selbstähnlichkeit des Baumes (*arbor*) ergibt sich aus dem Einbau der vergangenen Erfahrung und ist produktiv, weil sie ihr Wachstum selbst konstruiert; die Netzstruktur des Pilzgeflechtes (*rhizom*) basiert auf der Gleichheit ihrer Knoten und ist konsumptiv, weil sie sich zur Aufrechterhaltung ihrer Stabilität an der – teilweise höher organisierten – Energie ihres Umfelds bedient. Christentum, demokratische Nationalstaaten, die Kultur des Abendlands insgesamt – Kunst, Literatur, Musik – sind *baumförmig,* d. h. selbstähnlich, konstruiert und ihre Entwicklung hat sich *spiralförmig* vollzogen. Sie müssen – wie es im Manifest der Globalkommandeure heißt, unter »schrecklichem Leid« – zu einer flachen, netzwerkartigen Modulorganisation umgeformt werden, wenn sie ein »konstruktives« Glied in der neuen Ordnung bilden wollen – ein Projekt, das sich regional in der EU abzuzeichnen beginnt.

Die Weltordner weisen im »Mein Kampf« des neuen Imperiums so oft auf das Dogma einer biologischen »Netzwerkmaschine« hin, daß wir ihnen auch das Wissen um die maschinenhafte Unvereinbarkeit der beiden Prinzipien unterstellen können. Das Symbol für die harmonische Entwicklung von Leben und Geist, für die Synthese von Zeitpfeil und Zeitkreis, ist die *Spirale.* Die zahlenmäßige Symbolstruktur für die Unterscheidung zwischen Ratio und Mythos, Bewußt und Unbewußt, sind die Primzahlen, deren ungleichmäßige Verteilung bis heute ein ungelöstes Geheimnis geblieben ist.[636] In einem Aspekt zeigen sie allerdings ein klares Ordnungsprinzip, das sich in zwei entscheidende Funktionstypen spaltet. Ordnet man die natürlichen Zahlen in konzentrischen Reihen (z. B. die 11 in 1,12,23 etc./ 2,13,24 etc. bis 11,22,33 etc.) an, dann entstehen Sternformationen, deren Strahlen ebenfalls Primzahlen enthalten, wenn Primzahlen die Basis sind, ansonsten diese – wie bei der Nachbarzahl 12 – nur auf einzelnen, mathematisch als »lebendig« bzw. »tot«[636a] eingestuften Armen erscheinen.[636b] Eine Linie durch die Primzahlen läßt nun indessen eine frappierende Struktur auftauchen: Bei Primzahlen als Basis verbindet sich diese Linie zu einer *logarithmischen Spirale*, bei allen anderen zu deren *archimedischen* Gegenstück (s. S. 356). Die logarithmische Version ist auch als Wachstums- oder Fibonacci-Spirale bekannt, deren Universalität sich u. a. im Pflanzenwuchs, in den Raumrelationen der Kunst und Finanzkurven bis hin zu den kosmischen Galaxien abbildet. Welche Primzahl auch immer zugrunde liegt – sie alle erzeugen die dynamische, offene, »lebendige« Fibonacci-Spirale, während ihre direkten Nachbarn, nur um eine einzige Zahl getrennt, im diametralen Gegenteil verharren, in der statischen, geschlossenen, »toten« Archimedes-Spirale.[636c]

Die spiralige Primzahlstruktur symbolisiert den von den Weltordnern abgelehnten »*Baum*«, den aus Richtung und Zyklus (Pfeil und Kreis) geformten Systemgeist natürlicher, selbstkonstruierender Prozesse, während der statische Zahlenstrahl der Normalzahlstruktur das »*Rhizom*« repräsentiert, das wuchernde Pilzgeflecht des konsumptiven Netzwerkprinzips. Von entscheidender Bedeutung ist offenbar die Verhinderung des Plus-Impulses, der konstruktiven Individualität, weil sie die Maximierung der Macht verhindert. Unsere Untersuchungen haben ergeben, das dieses Prinzip, die Maximierung der Macht, im Islam von Beginn an realisiert wurde. In seinem Zentrum steht das Recht, das Gesetz Allahs, das natürlich nicht baumförmig (analytisch), sondern pilzförmig (analogisch) strukturiert ist.[637]

Eine weitere, wichtige Machtform Allahs ist das Bilderverbot, das sich mit dem zusätzlichen Herrschaftsziel der weiblichen Sexualität verknüpft (s. o. S. 286). Die alternative Form des künstlerischen Ausdrucks ist die Moscheen-Ornamentik, nicht weniger als das Netzwerk in höchster Vollendung. Hier bestätigen zellulare Automaten und Zahlenbilder die unverkennbare Nähe islamischen Denkens zur analogen Technik der Fläche und die entsprechende Scheu vor analytischer Tiefe (s. S. 358). Beide ergeben sich aus der Kombination aus Vielecken und erreichen ihre größte Ähnlichkeit – innerhalb eines festen Algorithmus – offenbar mit Prim-Vielecken.[638]

Selbst auf der maschinellen Ebene der zellularen Automaten bestätigt sich nicht nur die strukturierende Rolle der Primzahlen,[638a] sondern auch die Unvereinbarkeit von spiralorientierten und anderen, als *parasitär* geltenden Molekülen. Letztere richten sich grundsätzlich an der Peripherie des Systems ein, können diesem allerdings gefährlich werden, wenn ihnen durch *Katalysatoren* der Eingang ins Spiralinnere ermöglicht wird.[639] Mit anderen Worten: Dort, wo das konstruktive Spiralprinzip der Natur aufgehoben wird, kommt es zu Destruktion und Auflösung, dort wo es erhalten bleibt, erhöht sich die Widerstandskraft gegen Eindringlinge, ohne ihnen – und dies ist in der Analogie zur Gesellschaft interessant – die Lebenschancen zu nehmen.

Der Evolutionschemiker F. Cramer spricht vom »Zeitbaum« als Symbol eines universalen Raumzeitfeldes, in dem sich alle Prozesse der Natur *spiralförmig* entfalten und verästeln. Sie alle folgen ihrem *Attraktor,* ihrem konstruktiven Systemgeist und gehen unter, wenn sie nicht dem ehernen Prinzip des Austauschs zwischen Systemgeist und Umgebungsenergie folgen, bis hin zu den großen, geistigen Gegensätzen und Konfliktfeldern zwischen Gott und Welt.[640] In diesem Geschehen vollzieht sich Zeit nicht im Kontinuum, sondern in Sprüngen, die sich mit der Materie zu ihren selbstähnlichen Formen verbinden. Da der Mensch als Beobachter ohnehin Teil des Gesamtsystems ist, kann er seine – seinerseits begrenzte – Erkenntnis von Teilsystemen nur durch Distanz und Differenz ermöglichen, nicht durch seinen vernetzten Einbau.

Diese Distanz befähigt den Menschen ebenso zur evolutionär unverzichtbaren Erkenntnis von *Risiko.* Nicht ganz zufällig liegt der logarithmischen Spirale die fundamentale Wachstumsreihe des Leonardo von Pisa (gest. um 1240), genannt Fibonacci, zugrunde, ein genialer Mathematiker, der – als Berater Friedrich des Staufers – nicht nur das arabische Zahlensystem in Europa einführte, sondern auch die Grundlagen moderner Finanzprognostik und Risikoberechnung legte.[641] Dieses System der *positiven* Ausweitung schließt das Wissen um ein mögliches Ausufern des Wachstums, d. h. eine *negative* Begrenzung ein, welche das Durchbrechen wichtiger Schwellenwerte, die Gefährdung der eigenen Position, womöglich der gesamten Existenz, signalisiert.

So wie die Versicherungsmathematik solche Signalwerte errechnet, so verankert sich in der psychologischen Vernunft das Wissen um Risiken und Verlustmöglichkeiten.[642] So wie z. B. auch der Spezialist des Finanzmarkts seine Prognosen mit hoher Verantwortungs- und Urteilsreichweite kontrolliert und gegebenenfalls revidiert, so entzieht sich das momentistische Punktdenken des dialogischen Generalisten dieser Verantwortung und löst sich in einer entgrenzten *Kasinomentalität* auf, der die Berücksichtigung, geschweige Absicherung der Gesellschaft gegen Risiken des Islam überflüssig erscheint. Der Dialogist ist weder kompetent für seine Aufgabe, noch wird er für mögliche Folgen seines Handelns zur Verantwortung gezogen, weil es *systemgerecht* ist. Rationaler Kritik an seinem faktenfernen Wirken begegnet er mit der stereotypen Wiederholung eines irrationalen Katechismus, der ihn jeder realen Nachprüfbarkeit entzieht. Der verantwortlich Handelnde sichert sein System gegen Risiken, der Dialogist macht das ungesicherte Risiko zum System ohne Verantwortung.

Während das Hasardspiel des Islam-Dialogisten und seine Folgen nicht von ihm, sondern von der gesamten Gesellschaft zu tragen sind, sieht sich der Einzelne zu erheblichen Risiken gezwungen, die er bewußt eingehen muß, um zu beruflichem Erfolg zu kommen. Nirgends kommt dies so deutlich zum Ausdruck wie in der Netzwerkphilosophie der Wirtschaft. Da sich hier die früheren, baumartigen Hierarchien in hohem Tempo durch lose geknüpfte, flach gespannte Netzstrukturen ersetzen, werden die arbeitenden Menschen, die »Humanmodule«, zu flexibler Austauschbarkeit gezwungen, die immer weniger von Herkunft, Bildung und Dauer der Firmenzugehörigkeit bestimmt wird. Im Westen pendeln sich die Qualifizierten bei 35% ein, während nur für 20% des Arbeitsmarktes ein Studienabschluß erforderlich ist. Der Druck dieser Diskrepanz in Verbindung mit dem abnehmenden Anteil der Arbeits- an der Lebenszeit, d. h. mit der Betonung der Jugend als Folge des verdichteten Arbeitslebens, führt zur sogenannten »*Drift*«.[643]

Die Drift ist die Tendenz, die ein statistisches System, eine Folge von Ereignissen, zu einer Mittellage bringt, welche ihrerseits Abweichungen als umso größere Risiken deutlich macht, je weiter sie vom Mittelwert divergieren. Übertragen auf die biologische Strategie der Weltordnung bedeutet dies, daß die Folge von Ereignissen, die früher den beruflichen Werdegang eines Menschen ausmachten, im neuen Netzwerk ihre Struktur und damit ihren Bedeutungsgehalt verlieren. Es entsteht genau die Mentalität, welche ein Management für den problemlosen Betrieb einer Produktionsmaschine benötigt: die abnehmende Fähigkeit des Menschen zur Erkennung eines Lebenssinns und persönlichen Risikos, wobei die Fähigkeit wächst, persönliche Verluste und laufende Mobilität im Netz der Verwendbarkeiten in Kauf zu nehmen. Mit anderen Worten: Immer mehr Menschen arbeiten immer mehr, um leben zu können und den Kapitaltransfer zu einer schrumpfenden Zahl von Vorteilsnehmern – Shareholdern, Symbolarchitekten etc. – zu gewährleisten, ohne dies als Ungerechtigkeit zu empfinden.

Mit der »Teamarbeit« kehrt auch der Zwang zur maskierten Existenz zurück, zur »durchgehaltenen Schauspielerei«, mit der eine machtvolle Fiktion aufrechterhalten wird.[644] So wie die Fiktion der Kooperativität im Team der Produktivität des Unternehmens nützt, so fördert die Toleranzfiktion des Dialogs die Migration und Expansion des Islam. Beide Fiktionen sind darauf angewiesen, die produktive, baumartige Zielrichtung des individuellen Selbst zu verhindern, um es als vereinheitlichtes Modul in der Netzwerkstruktur einsetzen zu können, dessen »Ziel« der unentwegte Wandel ist. Nur wer den Wandel als »Selbstzweck« akzeptiert, kann auf das Grundprinzip der Natur, die Selbstorganisation, verzichten und zum nützlichen Element des »Netzgeistes« werden.

Damit treffen wir allerdings wieder auf die »Gegenwartsschrumpfung«, die Fixierung auf das Unmittelbare und den Verlust des Zusammenhangs, auch bekannt als »kognitive Dissonanz«. Komplexes Denken hört graduell auf und verengt sich in Endlosschleifen auf immer neu wiederholte Stereotypen und Handlungszwänge, die uns aus dem Reflexarsenal des »Dialogs« bekannt sind. Diese Schleifen vollziehen sich – notwendigerweise – in negativen, also sich verengenden Spiralen und können bis zu traumatischer Erstarrung führen, vergleichbar dem Kaninchen und der Schlange oder besser – dem *Chamäleon vor dem Spiegel* – dessen Terrorfixierung wir im letzten Kapitel beschreiben.

Darüber hinaus beginnt eine weitere Drift von mindestens ebenso massiver Wucht auf die kognitive Verarmung verstärkend einzuwirken: der Einfluß durch die Strukturen der Computertechnologie, durch die skeletthaften Ausdrucksformen der Programme und Betriebssysteme insgesamt. Menschliches Denken und Verhalten übernehmen den binären Sprachstil, der sich in zunehmend vereinfachten Denkebenen mitteilt und komplexe Sachverhalte auf Ja/Nein-Entscheidungen reduziert. Auch ohne die ideologische Feindbildbewehrung kann hier z. B. das obligate »Sag ja zu Toleranz« eine hinreichende Simplifizierung bedeuten, die nicht nur eine austauschbare »Netzeffizienz« garantiert, sondern auch auf »gespenstische und beunruhigende Art und Weise das binäre Grundprinzip von Computerprogrammen nachzubilden scheint«.[645]

Wir können sehen, wie sich hier grundlegende Aspekte aus diversen Blickrichtungen zum »*Kairos*«, zu jenem wichtigen Raumzeitmoment verdichten, das konstruktives, bewußtes Verhalten von einer Irrealität trennt, die sich aus der Aktivierung des Unbewußten in Wirtschaft und Gesellschaft ergibt. Im Maßstab der Natur wird sich das Bewußtsein letztlich destruktiv entwickeln, wenn es Einflüssen wie der Unterdrückung von Fakten ausgesetzt wird, die ihren produktiven Funktionsprinzipien entgegenwirken. Das vom »Empire« der Weltordnung erkannte und konsequent verstärkte System des »neuen Menschen« ist ein Netzwerk, das eine intakte, biologische Kreativität suggeriert, weil es sich die Dynamik des menschlichen Bewußtseins durch Aktivierung des Unbewußten *parasitär* nutzbar macht.

Indem der »neue Mensch« im biologischen Design globaler Netzwerke seinen bewußten Geist und individuellen Selbstwert zurückdrängt, ist er darauf verwiesen, den fundamentalen Bedarf an »Selbstverwirklichung« in Bereichen zu suchen, die mit dem Biologischen kompatibel sind, sich also eher aus dem Materiellen und Physiologischen rekrutieren. Alkohol, Drogen, Sexualität, Esoterik, Fitness, Grenzsport, Fernsehen, Internet etc. bilden wichtige Ankerpunkte im Meer der Entspannungs- und Glückssuche, die nicht nur Suchtcharakter, sondern den entscheidenden Vorteil besitzen, dasjenige zu fördern, was den »neuen Menschen« in Zukunft wesentlich ausmachen soll: Konsum.

»Ich kaufe, also bin ich«[646] lautet die postmoderne Gegenformel zu Descartes' Bekenntnis, der die Basis menschlicher Existenz eher im Bereich des Geistes ortete, wenngleich auch ihm die »menschliche Maschine« vorschwebte. Es kann kaum verwundern, daß unter diesen Umständen die *Drift*, die Tendenz zur Bildung einer vereinheitlichten Mitte, sich noch einmal entscheidend verstärkt. Es ist die statistische Übermacht unbewußter Bewußtseinsdynamik, die von der singulären *Person* des Menschen Besitz ergreift und die aktive Kontrolle des Individuums gegen ein passives Kontrolliertwerden durch das Kollektiv der Wünsche ersetzt. »Ich töte, also bin ich« hieß das Motto, unter dem die islamische Revolution im Iran ihr Selbst gefunden hatte,[647] in dem seinerseits die kollektive Glücksorientierung der Individuen durch das Gesetz Allahs perfekt zum Ausdruck kam.

Um das Glück nicht in der Gewalt gegen irgendwelche Gegensätze oder »Feinde« finden zu müssen, konzentriert sich die westliche Gesellschaft auf ihre Neurotransmitter, insbesondere auf Serotonin und Dopamin, die wichtige Fähigkeiten wie Aufmerksamkeit, Sensibilität und Konzentration fördern sowie Aggression hemmen und in ihrer wachsenden Anwendung zwei fundamentale Mittelungseffekte ausüben. Zum einen entsteht ein standardisierter Verhaltenstyp als »Selbstwert«, der mit zunehmender Verbindlichkeit entsprechend empfindlich auf Abweichungen reagiert; zum zweiten beginnen sich innerhalb dieser Standardisierung auch die mentalen Unterschiede zwischen den Geschlechtern in Richtung einer androgynen, angepaßten, »politisch korrekten« Persönlichkeit zu mitteln.

F. Fukuyama beschreibt die enorme Wichtigkeit von Pharmaprothesen für »Symbolarchitekten« wie Psychologen und Ärzte, aber auch für die organisierten Interessen der Wirtschaft und Politik, welche in der kommenden »Biogesellschaft« eine effiziente »soziale Kontrolle«, d. h. eine breite, berechenbare Mitte, eben die *Drift*, anstreben.[648] Mit Perfidie oder »Verschwörung« hat dies einmal mehr nichts zu tun. Es handelt sich um einen logischen, »natürlichen« Prozeß, der hinreichend skrupellosen »Eliten« monströse Profite sichert, solange das resistente, »biologisch unbelehrbare« Potential in der zahlenden »Masse« keine Veranlassung sieht, seine Interessen wahrzunehmen.

Wie unsere Betrachtungen zeigen, sind diese Interessen nicht nur im finanziellen, sondern vor allem auch im politisch-kulturellen Bereich tangiert. Wer in der bisher praktizierten Realitätsferne fortfährt, die Interessen des Islam gegen die eigene Bevölkerung durchzusetzen, wird hinsichtlich seiner Position zu demokratischen Grundrechten in zunehmende Erklärungsnot geraten, wenn denn diese Grundrechte überhaupt noch intakt sein sollten, wobei das Problem der unseriösen Staatsfinanzierung ohnehin ungelöst bleibt. Der zuwandernde Islam wird in einer solchen Umgebung wachsende

Konfliktherde erzeugen, deren Terrorpotential auf Dauer nur durch *relevante Information* zu entschärfen ist. Der Dialog muß Wissen vermitteln, das den Muslimen und der aufnehmenden Gesellschaft keine sinnlosen Punktfloskeln mitteilt, sondern sie *informiert,* d. h. ihnen sagt, in welchem Kontext sie selbst und in welcher Perspektive sie zueinander stehen. Eine solche Aufgabe kann nicht von psychisch deformierten Ideologen, sondern nur von sachlich informierten »Symbolarchitekten« bewältigt werden.

g) Terror – das Chamäleon vor dem Spiegel

Im universalen Gesamtrahmen muß allerdings ein System, das zum eigenen Überleben komplexe Energieformen wie das Bewußte in weniger komplexe wie das Unbewußte umwandelt, nach dem Prinzip der *Informationsausbeutung* ihren Unordnungsgrad *erhöhen.*[649] In eherner Konstanz wird das dominante »Baumdiktat« der kosmologischen Weltordnung daher das Pilzprinzip der »Neuen Weltordnung« zur Erzeugung von *Unordnung* zwingen. Im Umbau der gewachsenen Strukturen von Kultur, Religion und Bewußtsein zum globalen Netzwerk wird zwar laufend Energie freigesetzt, die sich u. a. in enormen Profiten niederschlägt; gleichzeitig entsteht auf niedrigerem Organisationsniveau jedoch *Entropie*, negative Ordnung, die kulturell gesehen wirtschaftlich-sozialen *Konfliktpotentialen* und in der Sprache der biologischen Weltordner »schrecklichem Leid« entspricht, das nur durch verstärkte Kontrollen eingedämmt werden kann.

Da der Plus-Impuls, die Baumbahn des selbstähnlichen Aufbaus, unterdrückt wird, geht ihr – bislang unerklärter – schöpferischer Effekt verloren und macht dem Massen-Impuls der Pilzbahn Platz, dem Prinzip des konsumptiven Abbaus, das nach dem Willen der Weltkommandeure alles unter dem Plus-Impuls Entstandene – Nationen, Religionen, Sprachen, Kulturen – einebnen, aufsaugen und vernichten soll. Jeder soll »das Gefühl haben, der gleichen Lebenswelt anzugehören, und zwar einer Lebenswelt im biologischen Sinn, so wie man von den Standortbedingungen einer Pflanze spricht«.[649a] Dieser negative Umwandlungsprozeß von Selbstorganisation zu Entropie, von Baumhierarchie zu Pilzgeflecht, von Individualität zu Kollektivität, von Demokratie zu Kontrolle, erzeugt ein parasitäres Absaugsystem, dessen Scheinstabilität von der Bereitschaft der Menschen zehrt, weltweit auf die vitalen Bausteine ihrer politischen, wirtschaftlichen, sozialen und psychischen Existenz zu verzichten – Menschenrechte, Arbeit, Eigeninteresse, Individualität und personale Würde.

Die Biologisierung des menschlichen Geistes und die Biologisierung der elektronischen Systeme transformieren die Menschheit – nach Wunsch und Wille der Weltordner – zur global vernetzten, »biopolitischen« Produktionsmaschine, in welcher der Computer »sich vom Tod des Individuums nährt und das Schicksal der Unsterblichkeit vom Streben des Menschen emanzipiert«.[650] Wie der französische Postmoderne Baudrillard bemerkt, »arbeitet die menschliche Spezies ja geradezu daran, die eigene Immunität und Spezifität zu verlieren und als *nichtmenschliche Spezies* Unsterblichkeit zu erlangen – durch Abschaffung der Sterblichkeit der Lebenden zugunsten der Unsterblichkeit der Toten«.[651] Im Netzwerk der effizienten Humanautomaten werden Sender zu Empfängern, Produzenten zu Konsumenten und aktive Entscheider zu passiven Verurteilten. In der Vernichtung von Verstehen, Gedächtnis und Todesbewußtsein werden Menschen zu geistigen, kulturellen und finanziellen Untoten, zu den Zombies der aufkeimenden, interkulturellen Biogesellschaft.

Die weltordnende Ideologie der biologischen Produktionsmaschine kann in der islamischen Invasion nur noch einen willkommenen »Spaltpilz« erkennen, der mit dem Katalysator – oder besser Enzym – der »Toleranz« die Baumstruktur der abgelehnten Humangesellschaft vom Plus-Impuls, dem Prinzip konstruktiver Individualität, trennt. Was Fukuyama mit dem »Ende der Geschichte« und Huntington mit dem »Kampf der Kulturen« als Ideen globaler Raumordnungen skizzierten, lenkte lediglich vom zentralen Geschehen ab, der *Deformation* und – in einem möglichen weiteren Verlauf – der *Spaltung des Westens.* Eine solche Spaltung geht bis auf die »Maschinenebene« der kognitiven Wahrnehmung herunter, die unter dem Druck des islamischen Wachstums und seiner elitären Vorteilsnehmer die Menschen zur Entscheidung für oder gegen die – islamische – Globalisierung zwingt. Wer hier von »Feindbildern« redet, beweist, das er lediglich ein Molekül, nicht ein Beobachter des Prozesses ist.

Es kann eingeschwenkt werden – und dies ist derzeit mehrheitlich der Fall – in eine Netzwerklogik, die umfassende Einbußen in Demokratie, Glaube, Recht, Wissen und personale Würde nach sich zieht, oder es kann – mit zunehmender Zumutung von Verzichtsleistungen – die Erkenntnis reifen, daß der postmoderne »Strukturwandel« dabei ist, die letzte Wurzel und die aus ihnen wachsenden »Bäume« menschlicher Existenz anzugreifen. Es ist der einst christlich fundierte, humanistische Plus-Impuls des Sittengesetzes, des kreativen Denkens autonomer Individualität, der allein in der Lage ist, auch gesellschaftlich eine konstruktive Grundlage von Dauer zu erzeugen. Auf dem Seziertisch der postmodernen Biopolitik und Genmanipulation wird dieser Impuls in die Gefahr geraten, sich in den Massen-Impuls der globalen Biogesellschaft aufzulösen, der allerdings im Religionsdarwinismus des Islam auf starke Konkurrenzkräfte stößt.

Diese Konkurrenzsituation scheint von erheblicher Tragweite, deren ideologische und psychologische Grundzüge wir hier vorgestellt haben. In der Kognitionsforschung wird eine solche Konstellation mit dem Bild des *Chamäleons vor dem Spiegel* beschrieben, ein raffiniertes Paradox, das die Selbstreflexion des Bewußtseins als sich verstärkenden Kreislauf in der Begegnung mit Konkurrenten beschreibt, in denen sich nämliches Bewußtsein spiegelt.[652] Das »Chamäleon« des westlichen Dialog-Bewußtseins, das sich in einen Anpassungsprozeß an den Islam begeben hat, ist in fortlaufender Spiegelung mit seinem Gegenüber darauf verwiesen, seine »Tarnfarbe« dessen Erscheinungsformen anzugleichen. In der dialogischen Praxis hat dies zu einer einer Art »Biotanz« geführt, in dem der Dialog Ähnlichkeitsofferten wie »Toleranz«, »Friedensfähigkeit«, den »gemeinsamen Gott« und etliches mehr machte, so »wie die Maus es selbst ist, die der Katze die Feinheiten des Mäusefangs beibringt«.[653]

Als Täuschungsexperte griff der Islam diese Offerten auf und suggerierte seinem chamäleonischen Gegenüber seine vermeintliche Anpassung, die dort hinwiederum den nächsten, verstärkten Tarnreflex auslöste. So konnte sich der Zyklus selbstverstärkender Spiegelungen in Gang setzen, eine »Koevolution«, die umso biologischer wurde und dem Darwincharakter des Islam umso weiter entgegenkam, je weniger Information in den Reflexionstakt einging, d. h. je weiter liberaler Geistschwund und Monotonie des »Dialogs« voranschritten. Schließlich erreichte dieser Prozeß einen Status stabil wachsender Abhängigkeit, in dem das Chamäleon seine Existenz nur noch durch reines Nachäffen seines Gegenübers aufrechterhalten kann. Dieser Kopierzwang erzeugte im »Dialog« vor allem jenen, jetzt allerdings kaum noch erstaunlichen Positivfilter, der Terror in »Toleranz« und *djihad* in »Frieden« umwandelt. Er erzeugte auch den inzwischen offenbar fest verdrahteten Dauerreflex, nach dem es Islam, Islamismus und alle weiteren Aspekte der analysierbaren Art »eigentlich gar nicht gibt«.

Hier ist letztlich nicht nur jene pathologische Entindividualisierung angesprochen, welche die westliche Tendenz zur Schizoidie erzeugt, den Feind zum Freund macht und die Evolutionsforschung von »Wahnhaftigkeit« sprechen läßt; ebenso schließt sich der notwendige Kreis zur modernen Netzfähigkeit, die als »Mensch-Maschine« und Ergebnis des »Echsen-Spiegels« die optimierte Funktionsfähigkeit des Menschen verspricht, eine »Kooperation ob man will oder nicht«.[654] Die einzige Chance, die das islamfixierte Dialog-Chamäleon hat, ist die Ausweitung seines Fokus auf die Umgebung des Gegenübers, auf eine Basis der Offenheit, d. h. auf die freie, konstruktive Information zwischen »Kristall« und »Rauch«.[655] Geschieht dies nicht, so wird es in wachsender Angst danach trachten, seine Realität derjenigen des Konkurrenten weiter zu verähnlichen, bis die Verschmelzung einsetzt, ein Vorgang, für den die unbeirrbaren Islam-Elogen der Dialogvertreter und ihre diversen Mutationsformen in Kirche und Politik unter Führung ihrer westlichen Quasi-Imame zuverlässige Indikatoren bilden.

In fortlaufender Spiegelung wird das Selbst »entobjektiviert«, d. h. im schizoid defekten Kontakt mit der Realität wird der Andere schließlich das Selbst »selbst«.[656] Hier schließt sich der Kreis auch zur modernen Kunst, die in Vexierbildern die systemhafte Klammer um Schizoide und Paranoiker zum Gegenstand hat, ebenso wie die Literatur sich kongenial mit dem Phänomen des Doppelgängers beschäftigt. Natürlich taucht dieses Phänomen auch im Islam auf und zwar – konsequenterweise – in den unorthodoxen, nichtparanoiden Bereichen der Mystik und Philosophie, wo sich in Gottsuche und Abstraktion das Selbst auf sich selbst »zurückkrümmt«. Der Mystiker Nadjm ad-Din Kubra spricht vom »Doppelgänger im Jenseits« und der Philosoph Suhrawardi von einer Art »Seelenbegleiter«,[657] Wahrnehmungen, die beide Denker – ebenso konsequent – in die Nähe zum Christentum gerückt haben.

Wer also die islamisierenden Botschaften des Dialogbetriebs vernimmt oder sie sogar selbst erzeugt, muß sich darüber im klaren sein, daß er keine Religion »toleriert«, sondern einer anderen Seinsform zustimmt, die nicht nur dem ehedem aufgeklärten Geist Europas entgegengerichtet ist, sondern eine gänzlich andere Gesellschaftskategorie anstrebt. Wer nicht nur als »humaner Automat« funktioniert, sondern die Konformität des neuen Netzes bewußt nutzt, wird zwar zu lukrativen Möglichkeiten des Opportunismus vorstoßen können, aber auch erkennen müssen, daß sich im Zuge der Islamisierung seine Handlungsspielräume verengen, weil die Totalität des Islam mit der ständigen Terrordrohung Allahs disziplinierend auf sein Verhalten einwirkt.

Als Erklärungsansatz aus ultra-langfristiger Evolutionssicht schlägt der Historiker A. Nitschke einen fundamentalen »Systemsprung« vor. Auf Basis von DNA-, Pflanzen- und Organstrukturen klassifiziert er auch menschliche Gesellschaften nach grundsätzlichen Verhaltenstypen. Danach werden Geber-, Beschleuniger- und Erweiterer-Gesellschaften unterschieden, in denen Moleküle, Organismen und Menschen sich in bestimmten, vereinheitlichenden Prozeßabläufen organisieren. Dieser Ablauf scheint sich unbewußt und zwanghaft zu vollziehen, indem die Gemeinschaften, wie auch die des Islam, von diesen Strukturen wie von Kraftfeldern erfaßt und geordnet werden.

Menschen in Gebersystemen – z. B. Kulturen im indianischen und afrikanischen Raum – fördern, vor allem im symbolischen Kult, andere, mit ihnen verbundene Menschen, die sich dadurch vorteilhaft entwickeln können; die Geber nehmen Nachteile in Kauf, wiederholen ihre Aktivität dennoch ständig, geraten in Feedback mit den Empfängern, bis eine stabile Netzwerklage entsteht. Menschen in Beschleunigersystemen – z. B. im Islam – erhalten als Kollektiv Impulse durch einen Einzelnen – vorliegend Muhammad –, die alte Prozesse wie den beduinischen Stammeskampf zu einem Gotteskrieg verstärken und ausweiten.[658]

Menschen in Erweiterersystemen – z. B. in Europa – nehmen sich als vom Raum getrennt wahr, separieren sich zu Individuen, welche sich in die Räume ausweiten und sich in den expandierenden Räumen und neu entstehenden Teilräumen ständig umgruppieren und weiterentwickeln.

Der Unterschied zwischen islamischem Beschleuniger- und europäischem Erweiterersystem wird besonders deutlich in der Kunst. In Europa entwickelte sich die perspektivische Darstellung, die plastische Körper in Räume stellte, welche ihrerseits wiederum die Vorstellung weiterer Räume ermöglichen und die Bewegung dorthin vorbereiten. Wie erwähnt, ist die Kunst des Islam auf das Ornament verwiesen. In den bildlichen Darstellungen beschränkt sie sich auf die Darstellung von Körpern in einer »schützenden Umgebung«, vornehmlich Zelten, deren Verlassen aggressiv, mit Lanzen und Minaretten, angedeutet wird.[659] Das Bilderverbot brachte ein reiches Strukturdenken hervor, in dem sich sowohl ein geistiger Wiederholungszwang als auch die Disposition zu einer netzwerkähnlichen Gesellschaftsordnung dokumentiert. In einer solchen institutionslosen Umgebung , in der verstärkt Menschen auf Menschen wirken, wird Gott zur übermächtigen Abstraktion, die auf aktives, produktives Verhalten dämpfend einwirkt.[660]

Die Expansion des Mittelalters, die Kolonisation der Neuzeit und die Globalisisierung der Postmoderne sind nach dieser Analyse Stationen fundamentaler Raumausweitung, welche ihrerseits das Ausmaß der Expansion laufend ausdehnten. Je stärker die Menschen der Moderne auf die Welt verändernd einwirkten, desto stärker wurden sie selbst von den Systembedingungen erfaßt. Da die drei Systemsphären zirkulär wechselwirken und sich gegenseitig »versklaven«, d. h. ihre Ordnungen aufzwingen können,[661] sieht man für das überdehnte Europa-System bereits Zeichen der Kontraktion, d. h. der Rückentwicklung in das Gebersystem. Auf dieser Ebene begegnet uns allerdings erneut die

Stufe des Naturvolks, der biologischen Vernetzung, in der es nicht mehr um die »Person«, sondern um »Instinkt« und die »Fortdauer« der anderen, damit also um den »Systemgeist der Biomaschine« und die Frage geht,

> »... ob du dein Dasein gegen etwas austauschst, das dauerhafter ist als du selbst ... du kannst nur von dem leben, was du verwandelst und woran du täglich ein wenig stirbst, da du dich dagegen austauschst ...«[662]

Wer die hier erneut auftauchende, umfassende Konformität ablehnt und die individuellen Spielräume humaner Vernunft und Demokratie bevorzugt, hat bei dominantem Reflexdenken zunächst den erkennbar schwereren Stand, der allerdings zeitlich begrenzt ist. Denn natürlich sind, um die Sprache des »Dialogs« aufzugreifen, »nicht alle« Politiker korrupt, »nicht alle« Kleriker antichristlich und »nicht alle« Medienleute gewissenlos. Daneben opfern »nicht alle« Wissenschaftler ihre Objektivität dem Meinungs- und Nutzendiktat der Kleptokratie, und schließlich sind »nicht alle« Bürger – auch im Zeitalter der Biopolitik – zum »stumpfsinnigen Stimmvieh« zu zählen, vor dem schon die islamischen Philosophen des hohen Mittelalters warnten.

Zudem handelt es sich bei der globalen Vernetzung um einen in Raum und Zeit differenzierten Komplex mit unzähligen Zwischenzuständen, die den Massentrend zwar über längere Zeit unklar erscheinen lassen, ihn jedoch nicht auf Dauer verschleiern, geschweige finanzieren können. Es wird zunehmend offenbar, daß als Ergebnisse des Massen-Impulses ein ausufernder Profit- und Machtzuwachs für exklusive Eliten sowie ein Einkommens- und Mitspracheschwund für arbeitende Menschen zu erwarten sind, die ihren Arbeitsplatz und Bürgerschutz umso sicherer verlieren, je verbissener sie sich den Prozessen der »Effizienz« und »Toleranz« unterwerfen. So wird sich unmerklich die Korrektur durch die »Überflüssigen« vorbereiten, die Systemskeptiker und postmodernen »Dissidenten«, jene demokratischen Nichtwähler, Kirchenflüchter und aufgeklärten Muslime, die den korrupten Feudalismus der Oligarchen als Ausdruck eines zutiefst menschenfeindlichen Tributsystems, einer rücksichtslosen »Finanzguerilla«, als »Ende der Demokratie« erkennen.[663]

Die kollektivierende Vernetzung der Masse und die kriminalisierende Verflechtung des Machtkartells werden in einem Umfang erkennbar werden, der die weitere Akzeptanz der kulturellen und finanziellen Zumutungen für die Systemdissidenten, die auch mündige Bürger genannt werden können, zu einer politisch und mental zunehmend schwierigen Angelegenheit macht. Es sind gerade diese Abweichler im globalen Netz der Gleichheit und Ausbeutung, die um den Wert der individuellen Entscheidung und der human verantwortlichen Identität wissen. Neues und Konstruktives entsteht nicht in der Gleichheit der Masse, sondern in den Impulsen Einzelner, die in der Resonanz mit dem Ganzen höhere Entwicklungsstufen bewirken. Eine solche evolutive Entwicklung entsteht und besteht nicht durch den Verzicht der Vielen zugunsten einer parasitären Elite, sondern nur durch den Gewinn der Vielen, der wiederum der Entwicklung des Ganzen zugute kommt. Wer also weiterhin auf der Heilstriade »Dialog – Toleranz – Effizienz« in den gegenwärtigen Formen der »Deregulierung« besteht, um zu »schlanken

Netzwerkstrukturen« in einer »interkulturellen Globalkultur« zu kommen, offenbart nichts anderes als die Unterwerfung unter ein totalitäres Prinzip, das die Terrorformen des Islam und des Westens einschließt.

Wenngleich im globalen Netzwerk destruktiv gepolt, bleiben der Mensch und sein Gehirn eine vorgeprägte Struktur, die genetisch vernetzte Eigenschaften durch erworbene Fähigkeiten verändert. Bislang drückte sich diese Wechselwirkung in »Intelligenz« aus und konnte nicht wirklich definiert werden. Solange diese Intelligenz von der Genforschung nicht manipuliert wird, bleibt sie undefiniert und damit – trotz aller sublimen Medialwäsche – nicht autonom veränderbar. Dem Genius Goethes entging nicht, daß »keine Macht und keine Zeit zerstückelt, geprägte Form, die lebend sich entwickelt«. Und auch der große Kierkegaard sah das Erlösungsgeschehen als unauflösliche, wenngleich »entfremdete« Bindung zwischen innen und außen, zwischen Mensch und Gott:

> »Es ist ein christlicher Heroismus, und wahrlich ist dieser selten genug anzutreffen, es zu wagen, ganz man selbst zu sein, ein einzelner Mensch, dieser bestimmte, einzelne Mensch, alleine direkt Gott gegenüber, alleine in dieser ungeheuren Anstrengung und in dieser ungeheuren Verantwortung …«

So bleibt auch im profitorientierten Bewußtseinsgeflecht die evolutive »Erinnerung« an jenen Plus-Impuls erhalten, der sich im Ich des selbstbewußten Menschen geltend macht und zugleich im Massen-Impuls der postmodernen Suchtgesellschaft, in unentwegter Suche nach dem ewigen Glück, als Negativfolie sichtbar wird. Unschwer erkennbar zeigt sich hier jene Endlosschleife, die vom Gnosis-Experten C.G. Jung und seinen Epigonen als »Selbstfindung der Seele« einst in Gang gesetzt wurde[665] und in der verordneten Allerlösung der *chrislamischen* Dialogkirchen eifrige Nachahmer fand, welche ihrerseits nun in der *djihad*-Gewalt des Islam ihren »Frieden« finden. In diesen klerotischen Kümmerformen »christlicher« Führerschaft konnte somit eine der epochalen Warnungen des großen Augustinus ungehört verhallen: »Versucht euch selbst zu bauen, und ihr baut eine Ruine«.

Unser Plus-Impuls erscheint also letztlich als der freie Wille, der aus der Erlösung kommt,[666] und den Menschen zum schöpferischen, glaubenden und zugleich autonomen Menschen macht. Es ist diese entscheidende Seinsdifferenz, die das konstruktive Gerichtet-Sein des bewußten Individuums vom destruktiven *Gerichtet*-Sein des gesteuerten Kollektivs trennt. Es ist jenes unergründliche, schöpferische Mysterium, das dem Menschen das unzerstörbare Sittengesetz gegen die Gewalt einschreibt, indem es seinen Geist über die Materie zu Gott erhebt und ihm Ziel, Sinn und Liebe gibt – fern von der Masse und dabei dem Nächsten und seinem Ursprung, dem Geist Gottes, der sich allen Menschen zuwendet, umso näher.

Anmerkungen

1 Lévy, Die kollektive Intelligenz, 198f.
1a Pohlmann, Ideologie und Terror, 129ff.
2 Spuler-Stegemann, Muslime in Deutschland, 225f.; Raddatz, Von Gott zu Allah?, 407
3 GTB-Sachbuch 779, 153f.
3a Tagung der Dt. Ges. f. d. Vereinten Nationen, Berlin 24. 6. 2002
4 Hardt/Negri, Empire, Cambridge/Oxford 2000
5 Fukuyama, Das Ende des Menschen, 210ff.
6 Popitz, Phänomene der Macht, 74
7 Birg, Die demographische Zeitenwende, 196ff.
8 Hardt/Negri, Empire, 348
9 Ebd., 215
10 Planhol de, Kulturgeographische Grundlagen, 59ff.
11 Gellner, Der Islam als Gesellschaftsordnung, 46ff.
12 Dozy, Die Mauren in Spanien I, 11
13 Ebd., 12
14 Watt, Der Einfluß des Islam, 24
15 Dashti, 23 Jahre, 47
16 Dozy, Die Mauren in Spanien I, 16
17 Goldziher, Muhammedanische Studien I, 18
18 Noth in: Geschichte der arabischen Welt (GAW), 35
19 Ebd., 36
20 Noth, Heiliger Krieg und Heiliger Kampf (Heiliger Krieg), 14
21 Colpe, Der »Heilige Krieg«, 58f.
22 Noth, Heiliger Krieg, 18, Anm. 17
23 Busse, Theologische Beziehungen, 51
24 Bürgel, Allmacht und Mächtigkeit, 75
25 Yahsubi, ash-Shifa', 373ff.
26 Suyuti, al-itqan, Beirut 1973
27 Noth, GAW, 44
28 Bürgel, Allmacht und Mächtigkeit, 76
29 Demandt, Vandalismus, 123
29a Nagel, Staat I, 20. Hier zerbricht Jesus alle Kreuze und tötet alle Christen, um den Sieg des Islam am Ende der Zeit zu vollenden (Handwörterbuch des Islam (HI), 216f.)
29b Watt, Der Einfluß des Islam, 21
30 Firestone, Jihad, 72f.
31 Nagel, Staat und Glaubensgemeinschaft (Staat), 20; Colpe, 59
32 Noth, Heiliger Krieg, 16, A.12
33 Ebd., 20
34 Abu Da'du, Sunan I, Djihad 12, 391
35 Ebd., 24, 394
36 Encyclopaedia of Islam (EI), 576f.; Nagel, Koran, 290f.
37 Nagel, Islam, 110
38 Peters, Jihad in Classical and Modern Islam (Jihad), 47
39 Noth, Heiliger Krieg, 35f.
40 Grunebaum, Propyläen 5, 63
41 Noth, Heiliger Krieg, 50
42 Ebd., 51
43 Raddatz, Sufyan al-Thauri, 58
44 Bayhaqi, Sunan IX, 161
45 Noth, Heiliger Krieg, 50; s. a. Bukhari II, 209
46 Noth, Heiliger Krieg, 58, A.226
47 Ebd., 53
48 Ebd., 60
49 Abu Nu'aym, tabaqat as-sufiya, 101
49a Binswanger, Fundamentalisten-Filz, 139
50 Peters, Jihad, 47
51 EI VII, 777
52 Peters, Jihad, 49
53 Kramers (Ed.), kitab al-masalik, 181f.
54 Noth, Heiliger Krieg, 76
55 Rescher, Die Zahl 40, 191f.
56 Yaqut, mu'djam al-buldan III, 598
57 Noth, Heiliger Krieg, 81; Baladhuri, futuh, 368f.
58 Schimmel, Mystische Dimensionen des Islam, 328
59 Bukhari, kitab al-tauhid, 413f.
60 Ibn Ishaq, sira I, 590
60a Nagel, Der Islam, 100
61 Bürgel, Allmacht und Mächtigkeit, 78
62 Nagel, Koran, §18
63 Goldziher, Muhammedanische Studien I, 76

64 Lewis, Die politische Sprache im Islam (Sprache), 129f.
65 Raddatz, Von Gott zu Allah?, 344f.
66 Nagel, Islam, 32
67 Firestone, Jihad, 106ff.
68 Nagel, Staat, 20
69 Hitti, Histora of the Arabs (History), 164f.
70 Caetani, Annali III, 742ff.
71 Puin, Der Diwan von 'Umar b. al-Khattab (Diwan), 84ff.
72 Ebd., 101f.
73 Ebd., 106f.
74 Hitti, 237; die Angaben schwanken zwischen 500.000 und 800.000
75 Puin, Der Diwan, 135f.
76 Morony, Iraq after the Muslim Conquest, 382
77 Peters, Jihad, 43f.
78 Noth, Heiliger Krieg, 88
79 Ebd., 32
80 Noth, GAW, 66f.
81 Ebd., 71
82 Nicholson, Literary History of the Arabs, 195
83 Hitti, History, 167
84 Fregosi, Jihad, 80f.
85 Rodinson, Muhammad, 210
86 s. a. Raddatz, Von Gott zu Allah?, 54
87 Ebd., 56ff.
88 Noth, GAW, 106
89 Hitti, History, 197
90 Ebd., 207f.
91 Singer, GAW, 265
92 Fregosi, Jihad, 99
93 Ebd., 113
94 Durant, Kulturgeschichte VI, 98
95 Demandt, Vandalismus, 123
96 EI II, 546f.
97 Nagel, Staat I, 275; GAW, 111
98 Ebd., 110
99 Bat Ye'or, The Decline of Eastern Christianity under Islam, 47
100 Noth, GAW, 83f; Nagel, Staat I, 295f.
101 Noth, GAW, 83f.
102 Bat Ye'or, Decline, 50
103 Hoffmann/Schoeller (Hrsg.), Wendepunkt 11. September, 157ff.
104 Noth, GAW, 96f.
105 Konrad-Adenauer-Stiftung, Auslandsnachrichten 9/1997
106 Nagel, GAW, 115, 117
107 Nagel, Staat I, 159f.
108 Ibn Warraq, Why I am not a Muslim (Muslim), 252
109 EI III, 747
110 Ibn Warraq, Muslim, 253
111 Kraus, Ketzerei, 109ff.
112 Ebd, 127
113 s. a. EI III, 905
114 Bat Ye'or, Decline, 75ff.
115 Ebd., 73f.
116 Ebd.
117 EI I, ein Terminus, der hauptsächlich in der späteren Osmanenzeit verwendet wurde.
118 Ramadan, Das islamische Recht, 157
119 Ebd., 143ff.
120 Bat Ye'or, Decline, 128f.
121 Möhring, Der Weltkaiser der Endzeit, 57f.
122 Ebd., 78
123 Nagel, Medinensische Einschübe in mekkanische Suren, 26f.; im Terminus der »Hagariten« erscheint die Herkunft der Araber von Hagar, der Nebenfrau Abrahams und deren Sohn Ismael wie auch die sprachliche Verbindung mit den muhadjirun (Auswanderern).
124 Courbage/Fargues, Chrétiens et Juifs, 142
125 Nagel, GAW, 129
126 Ebd., 131
127 Hitti, History, 454f.
128 Nagel, GAW, 145
129 Bat Ye'or, Decline, 84
130 Nagel, GAW, 132
131 Hitti, History, 344
132 Nagel, GAW, 136
133 Hitti, History, 471
134 Inalcik, The Ottoman Empire, 18
135 Tibi, Kreuzzug und Djihad, 136
136 Bat Ye'or, Decline, 109
137 Hitti, History, 457f.
138 Nagel, GAW, 154f.
139 Ebd., 156
140 Lewis, Sprache, 167
141 Girard, Das Heilige und die Gewalt, 18f.
142 Nagel, GAW, 160
143 Singer, GAW, 269
144 Ebd., 276
145 Bat Ye'or, Decline, 78
146 Hitti, History, 516
147 Singer, GAW, 278
148 Watt, Der Einfluß des Islam, 18f.
149 Bat Ye'or, Decline, 78

150 Ebd., 81, 84
151 Ebd., 128
152 Nicholson, Literary History of the Arabs, 411f.
152a Fregosi, Jihad, 146
153 Singer, GAW, 293
154 Sezgin, Geschichte des arabischen Schrifttums X, 445ff.
155 Hitti, History, 540
156 Ebd.
157 Nagel, Im Offenkundigen das Verborgene, 36
158 Singer, GAW, 300
159 Ebd., 301f.
160 Fregosi, Jihad, 187f.
161 Singer, GAW, 306, 306
162 Nagel, Staat I, 20
162a Raddatz, Von Gott zu Allah?, 161; Durant 6, 499f.
163 Pirenne, Geschichte Europas, 39f.
164 Tibi, Kreuzzug und Djihad, 93f.
165 Ebd., 95
166 Pirenne, Geschichte Europas, 40
167 Bartlett, Die Geburt Europas aus d. Geist der Gewalt (Europa), 21
168 Hitti, History, 451
169 Ebd., 607
170 Stürner, Friedrich II., 69f.
171 Gabrieli, Kreuzzüge, 335
172 Stürner, Friedrich II, 70f.; Stupor Mundi, 273f.
173 Bartlett, Europa, 22f.
174 Nagel, Im Offenkundigen das Verborgene, 35
175 Bartlett, Europa, 36
176 Ebd.
177 Ebd., 44
178 Le Goff, Der Mensch im Mittelalter, 92f.
179 Bartlett, Europa, 43
180 Le Goff, Der Mensch im Mittelalter, 91
181 Bartlett, Europa, 149
182 Ohler, Krieg und Frieden im Mittelalter, 299ff.
183 Planhol de, Kulturgeographische Grundlagen, 59f.
184 Bartlett, Europa, 107
185 Ebd., 285f.
186 Ebd., 288
186a Zu der Bedeutung der Fälschungen im Mittelter s. Fuhrmann, Einladung zum Mittelalter, 198ff.
187 Ebd., 150
188 Ebd., 152
189 Ebd., 140
190 Ebd., 356
191 Dozy, Die Mauren in Spanien I, 170
192 EI VII, 578f.
193 Bartlett, Europa, 109, 114f.
194 Gabrieli, Die Kreuzzüge aus arabischer Sicht (Kreuzzüge), 131
195 Ebd., 152f.
196 Ebd., 145
197 Ebd., 185f.
198 Tibi, Kreuzzug und Djihad, 125
199 Girard, Das Heilige und die Gewalt, 34f.
200 Gabrieli, Kreuzzüge, 183
201 Ebd., 156f.
202 Ebd., 268
203 Möhring, Der Weltkaiser der Endzeit, 206
204 Gabrieli, Kreuzzüge, 334
205 Bartlett, Europa, 314
206 Ebd., 306
207 Noth, Heiliger Krieg, 112f.
208 Colpe, Der »Heilige Krieg«, 56
209 Bartlett, Europa, 317
210 Noth, Heiliger Krieg, 144
211 Raddatz, Von Gott zu Allah?, 114
212 Colpe, Der »Heilige Krieg, 65
213 Bartlett, Europa, 295
214 In jenem Jahr existierten zwei Gegenpäpste, Benedikt XIII. und Johannes XXIII., der vom Konstanzer Konzil 1415 abgesetzt wurde und später dem Papst des 2. Vatikanischen Konzils als Namensgeber diente.
215 Bartlett, Europa, 297
216 Ebd., 302
217 Ebd., 304
218 Lea, Die Inquisition I, 142
219 Ebd., 52
220 Ebd., 77
221 Ebd., 257
222 Colpe, Der »Heilige Krieg«, 65
223 Nagel, Staat II, 143
224 Bat Ye'or, 129f.
225 Fregosi, Jihad, 229
226 Ebd., 238
227 Nagel, Timur der Eroberer, 357f.
228 Werner, Osmanen, 274
229 Ebd., 277
230 Ebd., 283f.
231 Ebd., 293f.
232 Inalcik, The Ottoman Empire, 134f.

233 Werner, Osmanen, 293
234 Ullstein Weltgeschichte Orient, 248
235 Weber, Berichte, 295
236 Inalcik, The Ottoman Empire, 31
237 Ebd., 33
238 Fregosi, Jihad, 286
239 Ebd., 307f.
240 Ebd., 319
241 Ebd., 331
242 Inalcik, The Ottoman Empire, 184
243 Fregosi, 334
244 Miksch, Der Kampf der Kaiser und Kalifen, 271f.
245 Ebd., 381f.
246 Weber, Berichte, 226f.
247 Fregosi, Jihad, 358
247a Nagel, Islam, 7f.
248 Ebd., 11f.
249 Fregosi, Jihad, 373
250 Gibbs/Bowen, Islamic Society and the West, 63f.
251 Tuchman, Bibel und Schwert, 168
252 Pryce-Jones, The Closed Circle (Circle), 69f.
253 Fregosi, Jihad, 394
254 Ebd., 395
255 Fregosi, Jihad, 407, Pryce-Jones, Circle, 144
256 Nagel, Geschichte der islamischen Theologie, 255
257 Antes, Islam, 15
258 Ebd., 22f.
258a Carmin, Reich, 488
259 Tibi, Der wahre Imam, 241
260 Ebd., 242
261 Rashid Rida bei Konzelmann, Herausforderung, 22
262 Nagel, Staat I, 31
263 Lewis, Sprache, 146f.
264 Tibi, Der wahre Imam, 170
265 Meier, Der politische Auftrag des Islam, 107
266 Carmin, Das schwarze Reich (Reich), 487f.
267 Ebd., 490
268 Ebd., 491f.
269 Pryce-Jones, Circle, 29
269a Nagel, Koran, 192f.
270 Gellner, Der Islam als Gesellschaftsordnung, 27
271 Ebd., 31
272 Dozy, Die Mauren in Spanien I, 9
272a S. hierzu auch 16/95, 74/35 sowie HI, 42f.
273 Peters, Jihad, 50
274 Ibn Khaldun, Muqaddima I, 305, 307
275 Dozy, Die Mauren in Spanien I, 9
276 Peters, Jihad, 52
277 Encyclopedia Britannica,
278 Ibn Khaldun, MuqaddimaI, 269
279 Peters, Jihad, 133
280 Ebd., 131
281 Goitein, Individualism and Conformity, 11
282 Ebd., 13, 16
283 Pryce-Jones, Circle, 46
284 Gellner, Der Islam als Gesellschaftsordnung, 76
285 Peters, Jihad, 135
286 Pryce-Jones, Circle, 63
287 Ebd., 64
288 Ebd., 68
288a Ebd., 86f.
289 Gellner, Der Islam als Gesellschaftsordnung
289a Einladung der Botschaft d. Königreichs Saudi-Arabien v. 13. 6. 02 zur Pressekonferenz zur Palästinafrage, in der Nadeem Elyas, Vorsitzender des Zentralrats der Muslime in Deutschland, als Delegierter der Islamischen Weltliga (rabita) erscheint.
290 Pryce-Jones, Circle, 105
291 Carmin, Reich, 489
292 Pryce-Jones, Circle, 122
292a Afshar, Die letzte Schlacht des Islam, 86ff.
293 Ebd., 350f.
294 Gellner, Der Islam als Gesellschaftsordnung, 145
295 Pryce-Jones, Circle, 120
296 Ebd., 121
297 Ebd., 253
298 Lewis, Semites and Antisemites, 161
299 Ebd.
300 Gellner, Der Islam als Gesellschaftsordnung, 76
301 Pryce-Jones, Circle, 317
302 Hunziker, Das Weltliche im Islam, 258f.
303 Taheri, Morden für Allah, 53f., 197ff.
304 Pryce-Jones, Circle, 329
305 Ben-Ari, Saat des Hasses, 19
306 Pryce-Jones, Circle, 285
307 Ebd., 283
308 Bennett, Die Wand, 196
309 Taheri, Morden für Allah, 129
310 Ebd., 186
311 Jaquard, Die Akte Osama Bin Ladin (Die Akte), 152

312 Tophoven, Sterben für Allah, 89f.
313 Ebd., 193
314 Bergen, Heiliger Krieg Inc., 251
315 Meier, Der politische Auftrag des Islam, 185f.
316 Bergen, Heiliger Krieg Inc., 70f.
317 Kepel, Das Schwarzbuch des Dschihad (Schwarzbuch), 184
318 New York Times, 21. 9. 1997
319 Brisard/Dasquié, Die verbotene Wahrheit, 28
320 Kepel, Schwarzbuch, 228f.
321 Meier, Der politische Auftrag des Islam, 526f.
322 Mordecai, Der Islam – eine globale Bedrohung?, 88
323 Rashid, Taliban, 222
324 Bergen, Heiliger Krieg Inc., 92
324a Schwarzer, Gotteskrieger, 97
325 Ebd., 102
326 Kepel, Schwarzbuch, 312f.
327 Stolz, Kommt der Islam?, 334
328 Kepel, Schwarzbuch, 33
329 Bergen, Heiliger Krieg Inc., 93
329a Peters, Jihad, 43ff.
329b Sabuni, Rawa al-Bayan I, 236
330 Peters, Jihad, 161f.
331 Kepel, Schwarzbuch, 403
332 Celik, Verbrecher Staat, 147
333 Ebd., 133
334 Ebd., 152
335 Broek, Türkei-Connection, 22
336 Celik, 112f.
337 Ebd., 44f.
338 Kepel, Schwarzbuch, 416
339 Ughur Mumcu, Rabita, Ankara, 1987
340 S. u. a. diverse Verfassungsschutzberichte Baden-Württemberg und Nordrhein-Westfalen ab 1999
341 Carmin, Reich, 509f.
342 Hunziker, Das Weltliche im Islam, 71f.
343 Carmin, Reich, 509
344 Bergen, Heiliger Krieg Inc., 282f.
345 Mordecai, Der Islam – eine globale Bedrohung?, 64
346 Brisard/Dasquié, Die verbotene Wahrheit (Wahrheit), 184
347 Ebd., 39f.
348 Pryce-Jones, Circle, 325
349 Brisard/Dasquié, Wahrheit,125
350 Ebd., 136f.
351 Ebd., 141
352 Roth, Netzwerke des Terrors, 192
353 Brisard/Dasquié, Wahrheit, 105
354 Ulfkotte, Die Propheten des Terrors, 155f.
355 Brisard/Dasquié, Wahrheit, 167
356 Hafner, Im Schatten der Derivate, 143
357 Carmin, Reich, 492
358 Haaretz, 17.3.02
359 Brisard/Dasquié, Wahrheit, 175
360 Hafner, Im Schatten der Derivate, 143
361 Ebd.
362 Carmin, Reich, 571
363 Roth, Netzwerke des Terrors, 191
364 Poly/Duran, Usama bin Ladin, 95ff.
365 Hoffman, Terrorismus, 48
366 Ebd., 51
366a S. z. B. FAZ 15. 7. 02
367 Lewis, Die Juden in der islamischen Welt (Die Juden), 37
368 Raddatz, Von Gott zu Allah?, 268
369 Lewis, Die Juden, 97
370 Carmin, Reich, 490
371 Pryce-Jones, Circle, 190
372 Ebd., 193
373 Meier, Der politische Auftrag des Islam, 115
374 Pryce-Jones, Circle, 200f.
375 EI III, 315 (Asad)
376 Pryce-Jones, Circle, 201
377 Ebd., 109
378 Carmin, Reich, 180
379 Ebd., 689
380 Pryce-Jones, Circle, 206f.
381 Bortschagowski, Orden für einen Mord, 40ff.
382 Mordecai, Der Islam – eine globale Bedrohung?, 88
383 Ben-Itto, »Die Protokolle der Weisen von Zion« (Protokolle), 404f.
384 Ebd., 418
385 Ebd.
386 Ebd., 419
387 Jaquard, Die Akte, 286
388 Ben-Itto, Protokolle, 421
389 Carmin, Reich, 376
390 Hösle, Moral und Politik, 469f.
391 Ebd. 470f.
392 Carmin, Reich, 374
393 Ebd., 141
394 Ebd.
395 Ebd., 141f.
396 Ebd., 591, 609f., Anm. 602
397 Frank, New Economy, 277ff.
398 Carmin, Reich, 391

399 Ebd., 390
400 Ebd., 502, 504
401 PNO-Nachrichten 3-4/1998
402 I Milennari, Wir klagen an, 205ff.
403 Ebd., 268ff.
404 Raddatz, Von Gott zu Allah,
405 Roques von, Verschwörung gegen den Papst, Bildteil
406 Blondiau, Tod auf Bestellung, 293
407 Carmin, Reich, 479f.
408 Drewermann, Kleriker, 163
409 Ebd., 161
410 Raddatz, Von Gott zu Allah?, 348
411 Documents Catholiques, 4/2000
412 Welt am Sonntag, 6. 5. 2000
413 Malinski, Wer ist Karol Wojtyla?, 244
414 Raddatz, Von Gott zu Allah?, 365
415 Ebd., 352f.
416 Spuler-Stegemann, Muslime in Deutschland, 225
417 Herrmann, Hirtenwort und Schäferstündchen, 401f.
418 Vorgrimler, Kirche und Freimaurer, Freiburg 1981
419 Ein Manifest der neukatholischen Zivilreligion präsentierte Schönborn in der Teheraner Universität (»Dialogue between the Cultures for the Civilisation of Love and Peace« (Februar/2001)
420 Carmin, Reich, 584
421 CIBEDO 2/94, 48ff.; die einschlägige Literatur verdeutlicht häufig die Gefahr der gespaltenen Person, des »double belonging« oder der psychologischen Regression im Versuch, Loyalität zu zwei oder mehr Gottheiten zu entwickeln (s. a. Mooren, Auf der Grenze, 102f.)
422 Ott in: Horizontüberschreitung, 35
422a Mooren, Auf der Grenze, 103
423 Cumhuriyet vom 28. 3. 2002 (»Alman vakiflarina inceleme«)
424 Freemantle, Importeure d. Verbrechens (Importeure), 234f.
425 Kisir, Mönche, 281
426 Stolz, Kommt der Islam?, 334f.
427 Freemantle, Importeure des Verbrechens, 239
428 Erneuerung und Abwehr 2/2002
429 Idea-Spektrum, 40/2001
430 Siehe z. B. Renate Kreile, Pol. Herrschaft, Geschlechterpolitik und Frauenmacht im Vorderen Orient, Centaurus 1997
431 Brown, Cyberdiktatur, 159f.
432 Hauf, Der Mythos der Templer, 307
433 Ebd., 309
434 Ebd., 303
435 Mellor, Logen, Rituale, Hochgrade, 169f.
436 Carmin, Reich, 504f.
437 Ebd., 505
437a Feldbauer, Staatskomplott, 49
437b I Milennari, 272
438 Mellor, Logen, Rituale, Hochgrade, 170f.
439 Freemantle, Importeure, 37
440 Ebd., 38
441 Feldbauer, Agenten, Terror, Staatskomplott (Agenten), 42ff.
442 Ebd., 46
443 Kellmann, Der Staat läßt morden, 153
444 Ebd., 210
445 Igel, Andreotti, 231ff.
446 Carmin, Reich, 583
447 Igel, Andreotti, 284f.
448 Kellmann, Der Staat läßt morden, 183f.
449 Ebd., 266
450 Roth, Die Mitternachtsregierung, 132f; Igel, Andreotti, 232f.
451 Ebd., 210f.
452 Freemantle, Importeure, 43f.
453 Igel, Andreotti, 272f.
454 Ebd., 236
455 Freemantle, Importeure, 44
456 Igel, Andreotti, 239
457 Freemantle, Importeure, 26
458 Raith, Eiszeit im Vatikan, 91
459 Kelly, Der zweite Akt der Schöpfung, 290f.
460 Birg, Die demographische Zeitenwende, 17
461 Carmin, Reich, 494f.; Freemantle, Importeure, 45
462 Ebd.
463 Galbraith, Anatomie der Macht, 168f.
464 Wilson, Lexikon der Verschwörungstheorien, 9f.
465 Freemantle, Importeure, 47
466 Ebd., 54
467 Barnaby, Biowaffen, 113
468 Freemantle, Importeure, 74
469 Ebd., 95
469a Mumcu, Rabita, Dokumentenanhang
470 Chomsky, Profit over People, 90; Chalmers, Imperium, 161

471 Rau, Märkte, Mächte, Monopole, 98f.
472 Dörner, Logik des Mißlingens, 101
473 S. hierzu auch Birg, Zeitenwende, 160ff.
474 Lübbe, Im Zug der Zeit, 149f.
475 Freemantle, Importeure, 232
476 Bülow von, Im Namen des Staates, 256f.
477 Diamond, Arm und Reich, 337f.
478 Igel, Andreotti, 273f.; Freemantle, Importeure, 329f., 336
479 Ebd., 318, 320
480 Ebd., 339f.
481 Ebd., 353
482 Hankel, Die Euro-Illusion, 39
483 Freemantle, Importeure, 365
484 Ebd., 373
485 Bennett, Die Wand, 186
486 Ebd.; s. a. ZEIT-Dossier 24 v. 6.6.2002
487 Roth, Netzwerke des Terrors, 152f.
488 Roth, Die roten Bosse, 265ff.
489 Ebd., 295ff.
490 Arnim von, Fetter Bauch regiert nicht gern, 295ff.
491 Ebd., 60
492 Arnim von, Das System, 219ff.
493 Spuler-Stegemann, Muslime in Deutschland, 225, 228
494 Arnim von, Das System, 48f.
495 Ebd., 180f.
495a FAZ (»Exzellent!«) vom 23. 7. 2002
496 Laffin, Islam, 145
497 Dietl, Heiliger Krieg, 60
498 Elyas, Nadeem, Das weiche Wasser wird besiegen den harten Stein, 71 (Islamischer Informationsdienst 1997
499 Binswanger, Fundamentalisten-Filz, 141 in: B. Nirumand (Hrsg.) Im Namen Allahs
500 Al-Islam 2/2002; Islam-Charta, 21. 2. 2002 (Zentralrat d. Muslime)
501 Gewalt und Islam, CIBEDO Oktober 2001
502 Weber, Grundriß III, 238
503 Empfang der rabita im Bundesministerium des Inneren am 17. 7. 2002; s. a. Einlad. d. saud.-arab. Botschaft zur Pressekonf. v. 13. 6. 2002
503a Gellner, Der Islam als Gesellschaftsordnung, 97
504 Robins/Post, Psychologie des Terrors, 23
504a Nagel, Der Islam, 100
505 Ulfkotte, Propheten des Terrors, 27
506 Hoffmann, Al-Islam 4/2001
507 Robins/Post, Psychologie des Terrors, 25
508 Searle, Die Wiederentdeckung des Geistes, 47
509 Damasio, Descartes' Irrtum, 237f.
510 Ebd., 272
511 Robins/Post, Psychologie des Terrors, 27
511a Süddeutsche Zeitung, 21. 9. 2001
512 Gellner, Der Islam als Gesellschaftsordnung, 64
513 Spuler, Die Kultur des Islam, 10
514 Mernissi, Geschlecht, Ideologie, Islam (Geschlecht), 9
515 Barreau, Die unerbittlichen Erlöser, 76
516 Mernissi, Geschlecht, 12f.
517 Heller, Hinter den Schleiern des Islam (Schleier), 40f.
518 Ebd., 45, 49
519 Ebd., 103
520 Ebd., 83f.
521 Mernissi, Geschlecht, 60
522 Demandt, Vandalismus, 124
523 Mernissi, Geschlecht, 68ff.
524 Schwarzer, Die Gotteskrieger u.d. falsche Toleranz, 100
525 Smith, Die eine Wahrheit u.d. Religionen, 311
526 Schwarzer, Die Gotteskrieger u.d. falsche Toleranz, 101
527 Ebd.
528 Mernissi, Geschlecht, 161f.
529 Messaoudi, Meine Waffen sind die Worte, 163ff.; Mernissi, Geschlecht, 103ff.
530 Ebd., 119
531 Ebd., 161ff.
532 Heller, Schleier, 82
533 Goodwin, Der Himmel der Frauen, 62f.
533a Harris, Fauler Zauber, 87
534 Rotter in: Dumonts Islam, 95ff. – Geschichte d. mod. Islamismus; s. a. Spiegel-Spezial 1/99, Feindbild Islam
535 Klemm/Hörner, Das Schwert des »Experten«, 12
536 Welsch, Unsere moderne Postmoderne, 32
537 Ebd., 27
538 Ebd., 230
539 Sanders, Der Verlust der Sprachkultur, 108f., 119
540 Robins/Post, Psychologie des Terrors, 46f.
541 Pannenberg, Theologische Anthropologie, 66f.

542 Lübbe, Lebenssinn der Industriegesellschaft, 115
542a Sofsky, Gewaltzeit, 104 in: Soziologie der Gewalt 1997
543 Fraser, Die Zeit, 304
544 Campbell, Biologie, 1224f.
545 Gadamer/Vogler, Neue Anthropologie 4, 132
546 Lübbe, Ich entschuldige mich, 41f.
547 Ebd., 92f.
548 Ebd., 93f
549 Hösle, Politik und Moral, 470f.
550 Pohlmann, Ideologie und Terror, 331
551 Ebd., 176
552 Dux, Logik der Weltbilder, 83f.
553 Poundstone, Im Labyrinth des Denkens, 369ff.
553a Pohlmann, Ideologie und Terror, 141
554 Girard, Das Heilige und die Gewalt, 27
555 Ebd., 41
556 Ebd., 50
557 Norretranders, Spüre die Welt, 348f.
558 Girard, Das Heilige und die Gewalt, 58
559 Ebd., 77
560 Gadamer/Vogler, Neue Anthropologie 6, 319f.
561 Schiffers, Meint es Allah so?, 142f.
562 Macchiavelli, Discorsi, 153
563 Carmin, Reich, 492; Raddatz, Von Gott zu Allah?, 406
564 Girard, das Heilige und die Gewalt, 32, 40
565 Lewis, Der Atem Allahs, 173f.
566 Spuler-Stegemann, Muslime in Deutschland, 228f.
566a Pohlmann, Ideologie und Terror, 129ff.
567 Ebd., 131, 227, 321
568 Sloterdijk/Macho, 222, 258
569 Goldhagen, Hitlers willige Vollstrecker
570 Lübbe, Politik nach der Aufklärung, 51
571 Ebd.
572 Berliner Tageszeitung, 15. 7. 01
573 Carmin, Reich, Anm. 728
574 FAZ, 13. 8. 2000
575 Pryce-Jones, Circle, 286
576 Ebd., 303; s. a. ZEIT-Dossier 24 v. 6. 6. 2002
577 Bulletin of the Jerusalem Inst. for Western Defense, 2. 6. 1998
578 Carmin, Reich, 498
579 Ebd.
580 Hankel, Die Euro-Illusion, 25f.
581 Ebd., 295ff.
582 Glunck, Das MAI und die Herrschaft der Konzerne, München 98
583 Ebd., 196
584 Lübbe, Im Zug der Zeit, 149f.
585 Hardt/Negri, Empire, 27f.
586 Girard, Das Heilige und die Gewalt,
587 Franke, Das P-Prinzip, 73f.
588 Bosshart, Die Zukunft des Konsums, 290f.
589 Gerhardt/Schuster, Das digitale Universum, 18f.
590 Kelly, Der zweite Akt der Schöpfung (Akt), 262ff.
591 Maar/Pöppel, Die Technik auf d. Weg zur Seele (Technik), 112
592 Dörner, Zeichen des Widerspruchs, 61ff.
593 Ebd., 72ff.
594 Raddatz, Von Gott zu Allah?, 308f.
595 Weihnachtsbotschaft, Palmsonntag-Homelie 1980
596 Ansprache UNESCO 1980
597 Doc. Cath. Nr. 1852, S. 516
598 Centesimus Annus 25
599 Raddatz, Von Gott zu Allah?, 305f.
599a In den »Prolegomena« des Missionstheologen J. Dörmann ist die anthropozentrische Theologie des K. Wojtyla exemplarisch dargestellt (Der theologische Weg II/1, 23ff.)
600 Amerio, Iota Unum; Raddatz, Von Gott zu Allah?, 300
601 Fukuyama, Das Ende des Menschen, 225f.
602 Urquhart, Im Namen des Papstes, 336
603 Ebd., 141
604 Sloterdijk/Macho, Weltevolution der Seele (Seele), 28f.
605 Ebd., 45
606 Hardt/Negri, Empire, 299
607 Sloterdijk/Macho, Seele, 226
608 Rifkin, Zeitalter der Biotechnik, 179, 223
609 Kelly, Akt, 44f.
609a Pohlmann, Ideologie und Terror, 125
610 Kelly, Akt, 90f.
611 Gadamer/Vogler, Neue Anthropologie 4, 397
611a Hardt/Negri, Empire, 28f.
612 Ebd., 189f.
613 Orthband, Geschichte der großen Philosophen, 294f.
614 Hardt/Negri, Empire, 66
615 Mazumdar, Foucault, 377f.
616 Hardt/Negri, Empire, 24

617 Chalmers, Ein Imperium verfällt, 275, 293f.
618 Hardt/Negri, Empire, 310
619 Ebd., 344f.
620 Bosshart, Die Zukunft des Konsums, 17
621 Hardt/Negri, Empire, 87
622 Ebd., 199
623 Ebd., 200ff.
624 Ebd., 201,
625 Ebd., 215
626 Ebd., 397f.
627 Nagel, Muhammad, 5
628 Glucksmann, Das Ende des Tunnels, 135
629 EI X, 317
630 Sloterdijk/Macho, Seele, 292f.
631 Gellner, Der Islam als Gesellschaftsordnung, 96
632 Canetti, Masse und Macht, 160f.
633 Hardt/Negri, Empire, 365f.
633a Pohlmann, Ideologie und Terror, 151
634 Sloterdijk/Macho, Seele, 347; Kelly, Akt, 34ff.
635 Ebd., 240
636 Schneider, Die Kunst des Teilens, 224, 276
636a Tietze, Mathematische Probleme, 139f.
636b Schneider, Die Kunst des Teilens, 277; s. hierzu die »toten« Arme der Abb. 2, die – ohne Zusammenhang – starre Strukturen bilden. Erst kontinuierliche »Prim-Arme« erfassen dynamische Strukturen in nichtlinearen und ausdünnenden Verteilungen (Tietze, 134f.; Schneider, 224)
636c Ebd., 224; hier für den diametralen Unterschied zwischen 211 (Prim) und 210 (Normal); s. a. die erstaunlichen Beispiele für wesentlich höhere Zahlen auf S. 232f.
637 Schacht, Islamisches religiöses Recht, 174 in: Schacht/Bosworth, Das Vermächtnis des Islams II
638 Schneider, Die Kunst des Teilens, 260, 279
638a Wolfram, Cellular Automata, 7
639 Gerhardt/Schuster, Das digitale Universum, 189
640 Cramer, Der Zeitbaum, 116ff.
641 Sennett, Der flexible Mensch, 106ff.
642 Ebd., 108
643 Ebd., 118
644 Ebd., 150f.
645 Sanders, Der Verlust der Sprachkultur, 185f
646 Kemper/Sonnenschein, Die Kick-Kultur, 182
647 Taheri, Morden für Allah, 142ff.
648 Fukuyama, Das Ende des Menschen, 80f.
649 Fahr, Die Illusion von der Weltformel, 240f.
649a Guéhenno, Das Ende der Demokratie, 124
650 Bauman, Unsterblichkeit, 254 in: Maar/Pöppel, Technik, 254
651 Ebd., 255
652 Kelly, Akt, 113 ff.
653 Ebd., 117
654 Ebd., 129
655 Ebd., 142
656 Gadamer/Vogler, Neue Anthropologie 4, 418
657 Schimmel, Mystische Dimensionen des Islam, 363
658 Nitschke, Die Zukunft in der Vergangenheit, 108ff.
659 Ebd., 110, 129
660 Ebd., 110
661 Ebd., 252
662 Ebd., 280
663 Rau, Märkte, Mächte, Monopole, 192f.
664 Appleyard, Der halbierte Mensch, 277
665 Taubes, Gnosis und Politik, 223f.
666 Sloterdijk/Macho, Seele, 266

Archimedische Spirale (Pilz) – Prinzip des statischen Netzwerks (S. 336f.)

Logarithmische Spirale (Baum) – Prinzip der dynamischen Hierarchie (S. 336f.)

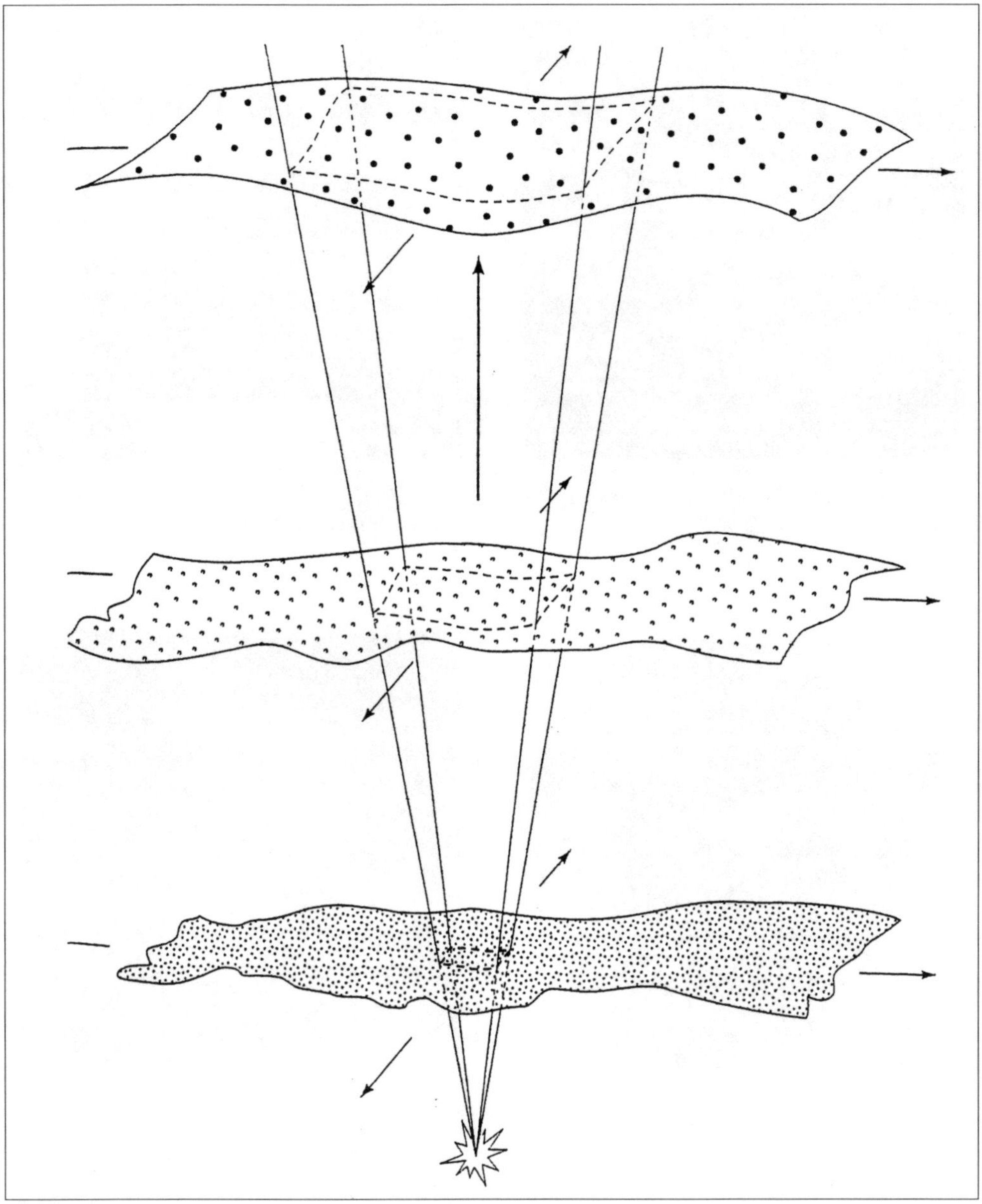

Simulation starrer Strukturen aus Nicht-Primzahlen (S. 336; Anmerkung 636b f.)

Netzwerksimulation aus zellularen Automaten: Moscheen-Ornamentik (S. 337)

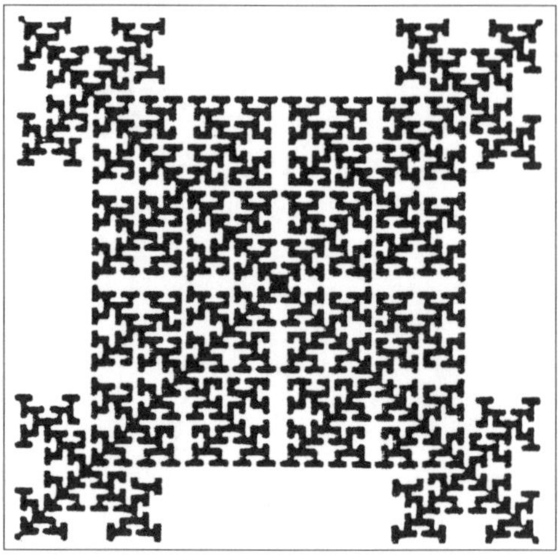

Netzwerksimulation aus zellularen Automaten: Teppich-Ornamentik (S. 337)

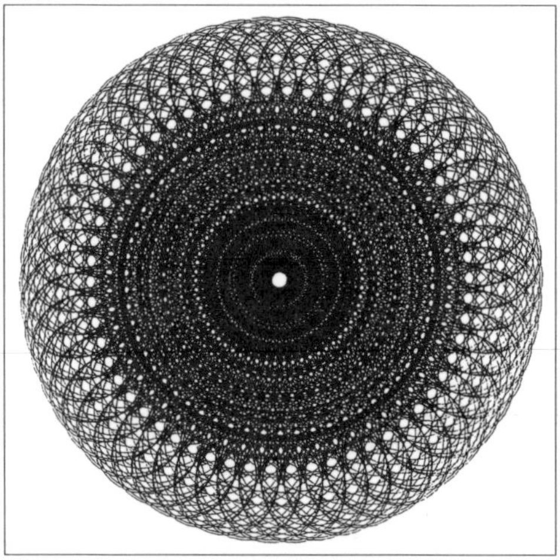

Netzwerk- und Ornamentiksimulation aus Zahlenbildern (S. 337)

Moscheen-Ornamentik im Original (S. 337)

Literaturverzeichnis

Amerio, Romano: Iota Unum, Kirchliche Umschau 2000
Antes, Peter: Der Islam, Stuttgart, Berlin, Köln 1991
Appleyard, Bryan: Der halbierte Mensch, München 1992
Arnim, Hans H. von: Fetter Bauch regiert nicht gern, München 1997
–: Das System, München 2001
Arlacchi, Pino: Mafiose Ethik und der Geist des Kapitalismus, Frankfurt 1989
–: Ware Mensch, München 1999
Baar, Marius: Das Abendland am Scheideweg, Asslar 1979
Barber, Benjamin: Coca Cola und Heiliger Krieg, Bern, München, Wien 1995
Barnaby, Wendy: Biowaffen. Die unsichtbare Gefahr, München 2002
Barreau, Jean-Claude: Die unerbittlichen Erlöser, Reinbek 1992
Bartlett, Robert: Die Geburt Europas aus dem Geist der Gewalt, München 1996
Bat Ye'or: The Decline of Eastern Christianity under Islam, London 1996
Baudler, Georg: Töten oder Lieben, München 1994
Bauman, Zygmunt: Unbehagen in der Postmoderne, Hamburg 1999
Ben-Ari, Gal: Die Saat des Hasses, Holzgerlingen 2002
Ben-Itto, Hadassa: »Die Protokolle der Weisen von Zion«, Berlin 1998
Bennett, Ramon: Die Wand, Jerusalem 2000
Bergen, Peter: Heiliger Krieg Inc., Berlin 2001
Berlin, Isayah: Das krumme Holz der Humanität, Frankfurt 1992
Bernardo, Giuliani di: Die Freimaurerei und ihr Menschenbild, Wien 1989
Bernhardt, Reinhold: Horizontüberschreitung, Gütersloh 1991
Bernstein/Politi: Seine Heiligkeit – Johannes Paul II. und die Geheimdiplomatie des Vatikans, München 1997
Birg, Herwig: Die demographische Zeitenwende, München 2001
Blondiau, Heribert: Tod auf Bestellung, München 2002
Bly, Robert: Die kindliche Gesellschaft, München 1997
Bögel, Marion: Strukturen und Systemanalyse der Organisierten Kriminalität in Deutschland, Kriminal- und sanktionsrechtliche Forschungen, Bd. 5
Bosshart, David: Die Zukunft des Konsums, Düsseldorf, München 1997
Brisard/Dasquié: Die verbotene Wahrheit, Zürich 2002
Broek, Martin u. a.: Türkei-Connection, Idstein 1996
Brown, David: Cyberdiktatur, Berlin 1997
Bülow, Andreas von: Im Namen des Staates, München 1998
Bürgel, Johann Christoph: Allmacht und Mächtigkeit, München 1991
Busse, Heribert: Die theologischen Beziehungen des Islams zu Judentum und Christentum, Darmstadt 1991
Canetti, Elias: Masse und Macht, Köln 1984
Celik, Selattin: Verbrecher Staat, Frankfurt 1998
Chalmers, Johnson: Ein Imperium verfällt, München 2001
Chomsky, Noam: Profit over People, Hamburg, Wien 2000
–: War against People, Hamburg, Wien 2001

Colpe, Carsten: Der »Heilige Krieg«, Bodenheim 1994
Courbage/Fargues: Chrétiens et Juifs dans l'Islam arabe et turc, Paris 1997
Cramer, Friedrich: Der Zeitbaum, Frankfurt, Leipzig 1993
Crossan, John D.: Der historische Jesus, München 1994
Damasio, Antonio: Descartes' Irrtum, München 1997
Dashti, Ali: 23 Jahre. Die Karriere des Propheten Muhammad, Aschaffenburg 1997
Demandt, Alexander: Vandalismus, Hamburg 1997
Detlefs, Gerhard: Die Pervertierung der Meinungsfreiheit, Tübingen 1995
Deutsch, Andeas (Hrsg.): Muster des Lebendigen, Braunschweig, Wiesbaden 1994
Diamond, Jared: Arm und Reich, Frankfurt 1999
Dietrich/Link: Die dunklen Seiten Gottes, Neukirchen 2000
Ditfurth, Jutta: Das waren die Grünen, München 2000
Dörmann, Johannes: Der theologische Weg Johannes Pauls II. zum Weltgebetstag der Religionen in Assisi, Band I+II, Senden 1990-98
Dörner, Dietrich: Die Logik des Mißlingens, Reinbek 1993
Dörner, Reinhard (Hrsg.): Kirche: Zeichen des Widerspruchs, Paderborn 1997
Dozy, Reinhart: Geschichte der Mauren in Spanien, Leipzig 1874
Drewermann, Eugen: Strukturen des Bösen, München, Wien, Zürich 1978
–: Kleriker, Olten 1989
–: Glauben in Freiheit, Bd.1, Solothurn, Düsseldorf 1993
Ducellier, Alain: Byzanz, Frankfurt, New York 1986
Durant, Will/Ariel: Kulturgeschichte der Menschheit, Frankfurt 1982
Dux, Günter: Die Logik der Weltbilder, Suhrkamp Wissenschaft 370
Eibl-Eibesfeldt, Irenäus: Wider die Mißtrauensgesellschaft, München 1994
–: In der Falle des Kurzzeitdenkens, München 2000
Eliade, Mircea: Das Heilige und das Profane, Frankfurt, Leipzig 1998
Encyclopaedia Britannica, Chicago 1983
Encyclopaedia of Islam, Leiden seit 1960
Fahr, Hans Jörg: Die Illusion von der Weltformel, Frankfurt 2000
Feldbauer, Gerhard: Agenten, Terror, Staatskomplott, Köln 2000
Fernandez-Armesto, Felipe: Millennium, München 1995
Firestone, Reuven: Jihad, New York, Oxford 1999
Feyerabend, Paul: Irrwege der Vernunft, Frankfurt 1989
Forrester, Viviane: Die Diktatur des Profits, München, Wien 2001
Franke, Herbert: Das P-Prinzip, Frankfurt, Leipzig 1995
Franzen, August: Kleine Kirchengeschichte, Freiburg 1988
Freemantle, Brian: Importeure des Verbrechens, Frankfurt 1996
Fregosi, Paul: Jihad, Amherst N. Y. 1998
Freiberg/Thamm: Das Mafia-Syndrom, Hilden 1992
Friedmann, Thomas: Globalisierung verstehen, München 2000
Fuhrmann, Horst: Einladung ins Mittelalter, München 2002
Fukuyama, Francis: Das Ende des Menschen, Stuttgart, München 2002
Furet, Francois: Das Ende der Illusion, München, Zürich 1995
Gabrieli, Francesco: Die Kreuzzüge aus arabischer Sicht, Zürich, München 1973
Gadamer/Vogler: Kulturanthropologie, München 1973
–: Philosophische Anthropologie, Stuttgart 1974
Galbraith, Kenneth: Anatomie der Macht, München 1987
Gärber, Andrä: Islam, finanzielle Infrastruktur und wirtschaftliche Entwicklung, Europäische Hochschulschriften, Reihe IV, Bd. 1249
Gassmann, Lothar: Anthroposophie, Holzgerlingen 2001

Gay, Peter: Kult der Gewalt, München 1996
Geertz, Clifford: Religiöse Entwicklungen im Islam, Suhrkamp Wissenschaft 972
Gellner, Ernest: Der Islam als Gesellschaftsordnung, München 1992
Gibb/Bowen: Islamic Society and the West, London, New York 1965
Gibbon, Eduard: Der Sieg des Islam, Reprint Vollmer Essen
Girard, René: Das Heilige und die Gewalt, Frankfurt 1992
Glagow, Rainer: Die Dschihad-Tradition im Islam, in: Analysen 26, Hanns Seidel Stiftung, München 2001
Glucksmann, André: Am Ende des Tunnels, Goldmann 1991
Glunck, Fritz (Hrsg.): Das MAI und die Herrschaft der Konzerne, München 1998
Goitein, S.D.: Individuation and Conformity in Classical Islam, Institute for Anvanced Study, Princeton
Goldziher, Ignaz: Muhammedanische Studien, Bd. I / II, Hildesheim 1971
Goodwin, Jan: »Der Himmel der Frau ist unter den Füßen ihres Mannes«, Frankfurt 1999
Gould, Stephen: Die Entdeckung der Tiefenzeit, München, Wien 1990
Gray, John: Die falsche Verheißung, Frankfurt 2001
Guéhenno, Jean-Marie: Das Ende der Demokratie, München, Zürich 1994
Guenema, Nemat: The »Jihad«: Cairo Papers in Social Science Vol. 9, Kairo 1986
Haarmann, Ulrich (Hrsg.): Geschichte der arabischen Welt, München 1994
Hafner, Wolfgang: Im Schatten der Derivate, Frankfurt 2002
Handwörterbuch des Islam: Leiden 1941
Hanisch, Ludmila: Briefwechsel I. Goldziher / M. Hartmann, Wiesbaden 2000
Hankel, Wilhelm u. a.: Die Euro-Illusion, Reinbek 2001
Hauf, Monika: Der Mythos der Templer, Zürich, Düsseldorf 1998
Hardt/Negri: Empire, Cambridge, Mass., London 2000
Harris, Marvin: Fauler Zauber, München 1997
Heitmeyer, Wilhelm: Verlockender Fundamentalismus, Suhrkamp Wissenschaft 767
Heller/Mosbahi: Islam, Demokratie, Moderne, München 1998
–: Hinter den Schleiern des Islam, München 1994
Herman, Arthur: Propheten des Niedergangs, Frankfurt 1998
Herrmann, Horst: Hirtenwort und Schäferstündchen, Hamburg 1992
Hitti, Philip: History of the Arabs, London 1964
Hobsbawm, Eric: Das Zeitalter der Extreme, München 1999
Hoffmann/Schoeller (Hrsg.): Wendepunkt 11. September 2001, Köln 2001
Hoffman, Bruce: Terrorismus. Der unerklärte Krieg, Frankfurt 1998
Hösle, Vittorio: Moral und Politik, München 1997
Hourani, Albert: Der Islam im europäischen Denken, Frankfurt 1994
–: Die Geschichte der arabischen Völker, Frankfurt 2001
Hummel, Reinhart: Religiöser Pluralismus oder christliches Abendland?, Darmstadt 1994
Huntington, Samuel: Kampf der Kulturen, München, Wien 1996
Hunziker, Ernst: Das Weltliche im Islam, Zürich 1995
Ibn Warraq: Why I am not a Muslim, Amherst N. Y. 1995
–: The Quest for the Historical Muhammad, Amherst N. Y. 2000
Igel, Regine: Andreotti, München 1997
I Millenari: Wir klagen an, Berlin 1999
Inalcik, Halil: The Ottoman Empire, London 1973
'Iyad Ibn Musa: Muhammad, Messenger of Allah, Granada 1991
Jaquard, Roland: Die Akte Osama Bin Laden, München 2001
Johnson/Van Vonderen: Geistlicher Mißbrauch, Wiesbaden 1997
Jonas, Hans: Gnosis und spätantiker Geist, Göttingen 1954
Kellmann, Klaus: Der Staat läßt morden, Berlin 1999
Kelly, Kevin: Der zweite Akt der Schöpfung, Mannheim 1999

Kemper/Sonnenschein (Hrsg.): Die Kick-Kultur, Leipzig 2001
Kennedy, Paul: Aufstieg und Fall der großen Mächte, Frankfurt 1996
Kepel, Gilles: Der Prophet und der Pharao, München, Zürich 1995
–: Das Schwarzbuch des Dschihad, München 2002
Kerber, Walter: Wie tolerant ist der Islam?, München 1991
Khoury, Adel: Was sagt der Koran zum Heiligen Krieg?, Gütersloh 1991
Klemm/Hörner (Hrsg.): Das Schwert des »Experten«, Hamburg 1995
Knopp, Guido: Die Macht der Päpste, München 1998
Koch/Schröm: Verschwörung im Zeichen des Kreuzes, München 1995
Konzelmann, Gerhard: Dschihad, München 2002
Kotkin, Joel: Stämme der Macht, Reinbek 1996
Kowaljow/Malyschew: Terror, Drahtzieher und Attentäter, (Ost)Berlin 1986
Kuhn, Thomas: Die Entstehung des Neuen, Suhrkamp Wissenschaft 236
Küppers, Bernd Olaf: Der Ursprung biologischer Information, München 1986
Kurzweil, Ray: Homo sapiens, München 2001
Laffin, John: Islam, München 1989
Laqueur, Walter: Die globale Bedrohung, München 2001
Le Goff, Jaques: Der Mensch des Mittelalters, Frankfurt 1989
Lennhoff/Posner/Binder: Internationales Freimaurer-Lexikon, München 2000
Lerch, Wolfgang G.: Allahs neue Krieger, Braunschweig 1991
Lévy, Pierre: Die kollektive Intelligenz, Mannheim 1997
Lewis, Bernard: Die Welt der Ungläubigen, Frankfurt 1983
–: Die Juden in der islamischen Welt, München 1987
–: Die politische Sprache des Islam, Berlin 1991
–: Der Atem Allahs, München 1998
Liedtke, Rüdiger: Die Vertreibung der Stille, München 1996
Lübbe, Hermann: Der Lebenssinn der Industriegesellschaft, Berlin, Heidelberg 1990
–: Im Zug der Zeit, Berlin, Heidelberg 1992
–: Abschied vom Superstaat, Berlin 1994
–: Modernisierung und Folgelasten, Berlin, Heidelberg 1997
–: Ich entschuldige mich, Hamburg 2001
–: Politik nach der Aufklärung, München 2001
Lumsden/Wilson: Das Feuer des Prometheus, München 1984
Maas, Wilhelm: Arabismus: Islam: Christentum, Stuttgart 1991
Malinski, Mieczyslaw: Wer ist Karol Wojtyla?, München 1998
Mander/Goldsmith (Hrsg.): Schwarzbuch Globalisierung, München 2002
Matzner, Egon: Monopolare Weltordnung, Marburg 2000
Mayr, Hans-Eberhard: Geschichte der Kreuzzüge, Stuttgart, Berlin 1985
Meier, Andreas: Der politische Auftrag des Islam,Wuppertal 1994
Meisner, Joachim Kardinal: Mit dem Herzen sehen, Aachen 2000
Mellor, Alec: Logen, Rituale, Hochgrade, Österreich 1985
Mernissi, Fatima: Geschlecht, Ideologie, Islam, München 1987
–: Der politische Harem, Frankfurt 1989
–: Die vergessene Macht, Frankfurt 1997
Merö, Laszlo: Die Logik der Unvernunft, Reinbek 2000
Messadié, Gerald: Teufel, Satan, Luzifer, München 1999
Messaoudi, Khalida: Worte sind meine einzige Waffe, München 1995
Miegel, Meinhard: Die deformierte Gesellschaft, Berlin, München 2002
Miksch, Hans: Der Kampf der Kaiser und Kalifen, Bonn 1992
Minc, Alain: Das neue Mittelalter, Hamburg 1995

Minois, Georges: Die Geschichte der Prophezeiungen, Düsseldorf 2002
Möhring, Hannes: Der Weltkaiser der Endzeit, Stuttgart 2000
Moore, Barrington: Ungerechtigkeit, Frankfurt 1982
Mooren, Thomas: Auf der Grenze. Die Andersheit Gottes und die Vielfalt der Religionen, Europäische Hochschulschriften, Reihe XXIII, Bd. 434, Frankfurt 1991
Mordecai, Victor: Der Islam. Eine globale Bedrohung?, Holzgerlingen 1999
Musk, Bill: Das unbekannte Gesicht des Islam, Marburg 1992
Nagel, Tilman: Staat und Glaubensgemeinschaft im Islam I+II, Zürich, München 1981
–: Timur der Eroberer, München 1993
–: Geschichte der islamischen Theologie, München 1994
–: Die islamische Welt bis 1500, München 1998
–: Das islamische Recht, Westhofen 2001
–: Islam: Die Heilsbotschaft des Korans, Westhofen 2001
–: Im Offenkundigen das Verborgene, Göttingen 2002
Nicholson, Reynold: A Literary History of the Arabs, Cambridge 1962
Nietzsche, Friedrich: Werke, München, Wien 1999
Nirumand, Bahman (Hrsg.): Im Namen Allahs, Köln 1990
Nitschke, August: Die Zukunft in der Vergangenheit, München 1994
Norretranders, Tor: Spüre die Welt. Die Wissenschaft des Bewußtseins, Reinbek 1996
Noth, Albrecht: Heiliger Krieg und Heiliger Kampf in Islam und Christentum, Bonn 1966
Novak, Michael: Die katholische Ethik und der Geist des Kapitalismus, Trier 1996
Ohler, Norbert: Krieg und Frieden im Mittelalter, München 1997
Ohlig, Karl-Heinz: Weltreligion Islam, Mainz 2000
Pannenberg, Wolfhart: Anthropologie in theologischer Perspektive, Göttingen 1983
Paret, Rudi: Der Koran. Übersetzung und Kommentar, Köln 1993
Penrose, Roger: Computerdenken, Heidelberg 1991
–: Schatten des Geistes, Heidelberg, Berlin 1995
Peters, Rudolp: Jihad in Classical and Modern Islam, Princeton 1995
Pirenne, Henri: Geschichte Europas, Frankfurt 1956
Planhol, Xavier de: Kulturgeographische Grundlagen der islamischen Geschichte, Zürich, München 1975
Popper, Karl: Die offene Gesellschaft und ihre Feinde, München 1980
Popitz, Heinrich: Phänomene der Macht, Tübingen 1992
Postman, Neil: Die zweite Aufklärung, Berlin 2001
Poundstone, William: Im Labyrinth des Denkens, Reinbek 1995
Price-Jones, David: The Closed Circle, London 1989
Propyläen – Geschichte der Literatur, 5 Bde., Frankfurt 1985
Propyläen – Weltgeschichte, 10 Bde., Berlin, Frankfurt 1986
Raddatz, Hans-Peter: Die Stellung und Bedeutung des Sufyan al-Thauri, Phil.Diss., Bonn 1967
–: Von Gott zu Allah?, München 2001
Raith, Werner: Mafia: Ziel Deutschland, Köln 1989
Ramadan, Said: Das islamische Recht, Wiesbaden 1996
Ranke, Leopold von: Weltgeschichte, Essen 1995
–: Die Päpste, 1996
Rashid, Ahmed: Taliban, München 2001
Rau, Joachim: Märkte, Mächte, Monopole, Zürich 2001
Reich, Robert: Die neue Weltwirtschaft, Frankfurt 1993
Rifkin, Jeremy: Das biotechnische Zeitalter, München 2000
Robins/Post: Die Psychologie des Terrors, München 1997
Rodinson, Maxime: Muhammad, Luzern, Frankfurt 1975
–: Die Faszination des Islam, München 1991

Roques, Valeska von: Verschwörung gegen den Papst, München 2001
Roth, Jürgen: Die Mitternachtsregierung, Hamburg 1990
–: Die roten Bosse, München 1998
–: Netzwerke des Terrors, Hamburg 2001
Said, Edward: Zionismus und palästinensische Selbstbestimmung, Stuttgart 1981
Sanders, Barry: Der Verlust der Sprachkultur, Frankfurt 1994
Schacht, Joseph: The Origins of Muhammadan Jurisprudence, Oxford 1959
Schacht/Bosworth: Das Vermächtnis des Islam, 2 Bde., München 1983
Scherer, Peter: Das Netz, Frankfurt 1993
Schiffauer, Werner: Die Gottesmänner, Suhrkamp 3007, Frankfurt 2000
Schimmel, Annemarie: Mystische Dimensionen des Islam, München 1995
Schleichert, Hubert: Wie man mit Fundamentalisten diskutiert, ohne den Verstand zu verlieren, München 2001
Schneider, Norbert Jürgen: Die Kunst des Teilens, München 1991
Scholl-Latour, Peter: Allahs Schatten über Atatürk, München 2001
–: Der Fluch des neuen Jahrtausends, München 2002
Schönenberg, Regine: Internationaler Drogenhandel und Gesellschaftl. Transformation, Wiesbaden 2000
Schreiner, O.: Die Osmanen in Europa, Styria 1985
Schwarz, Hans-Peter: Das Gesicht des Jahrhunderts, München 1998
Schwarzenthal, Rainer: Konflikt und Ausgrenzung in der katholischen Kirche, Frankfurt 1990
Schwarzer, Alice: Die Gotteskrieger und die falsche Toleranz, Köln 2002
Schwinges, Rainer: Kreuzzugsideologie und Toleranz, Stuttgart 1977
Sennett, Richard: Der flexible Mensch, Berlin 2000
Seufert, Günter: Politischer Islam in der Türkei: Beiruter Texte und Studien, Bd. 67, Istanbul, Stuttgart 1997
–: Café Istanbul, München 1997
Sezgin, Fuat: Geschichte des arabischen Schrifttums, Bd. 1: Leiden 1967; Bde. X+XI: Mathem. Geographie und Kartographie, Frankfurt 2000
Sloterdijk, Peter: Foucault in: Philosophie Jetzt!, München 1998
Sloterdijk/Macho: Weltrevolution der Seele, Zürich 1993
Sofsky, Wolfgang: Traktat über die Gewalt, Frankfurt 1996
Spuler, Bertold: Die Kultur des Islam, Frankfurt 1971
Spengler, Oswald: Der Untergang des Abendlandes, München 1980
Spuler-Stegemann, Ursula: Muslime in Deutschland, Freiburg 2002
Stahr, Volker: Südostasien und Islam, Darmstadt 1997
Stanley, Ruth (Hrsg.): Gewalt und Konflikt in einer globalisierten Welt, Wiesbaden 2001
Stenglein, Josef: Die Päpste von 2000 Jahren, Abensburg 1983
Stolz, Rolf: Kommt der Islam?, München 1997
Stürner, Wolfgang: Friedrich II., 2 Bde., Darmstadt
Suendorf, Ulrike: Geldwäsche, BKA, Polizei und Forschung, Bd. 10, Wiesbaden
Suter, Daniel: Rechtsauflösung durch Angst und Schrecken. Schriftenreihe zur Rechtssoziologie und Rechtstatsachenforschung, Bd. 55, Berlin 1983
Szostak/Taufiq: Der wahre Schleier ist das Schweigen, Frankfurt 1995
Taheri, Amir: Morden für Allah, München 1993
Taubes, Jacob: Gnosis und Politik: Bd 2 in Religionstheorie und Politische Theologie, München, Paderborn 1984
Tibi, Bassam: Aufbruch am Bosporus, München, Zürich 1998
–: Europa ohne Identität?, München 1998
–: Kreuzzug und Djihad, München 1999
–: Die neue Weltunordnung, München 2001

Tietze, Heinrich: Gelöste und ungelöste mathematische Probleme, München 1959
Tophoven, Rolf: Sterben für Allah, Herford 1991
Trotha, Trutz von: Soziologie der Gewalt, Göttingen 1997
Tuchman, Barbara: Der ferne Spiegel, München 1982
–: Bibel und Schwert, Frankfurt 2001
Ulfkotte, Udo: Propheten des Terrors, München 2001
Valle, Alexandre del: L'Islamisme et les Etats Unis, Paris 1997
Vyse, Stuart: Die Psychologie des Aberglaubens, Basel 1999
Watt, Montgomery: Muhammad at Medina, Oxford 1962
–: Muhammad at Mecca, Oxford 1965
–: Der Einfluß des Islam auf das europäische Mittelalter, Berlin 2001
Weber, Max: Wirtschaft und Gesellschaft Bd. I, Tübingen 2001
Weiss, Walter (Hrsg.): Dumont Handbuch Islam, Köln 2002
Wellhausen, Johann: Das arabische Reich und sein Sturz, Berlin 1902
Welsch, Wolfgang: Unsere postmoderne Moderne, Berlin 1997
Werner, Ernst: Die Geburt einer Großmacht – Osmanen, Böhlau 1985
Wilson, Edward O.: Die Einheit des Wissens, Berlin 1998
Wilson, Robert A.: Das Lexikon der Verschwörungstheorien, München 2002
Winterberg, Jörg M.: Religion und Marktwirtschaft. Die ordnungspolitischen Vorstellungen in Christentum und Islam, Baden-Baden 1994
Wolf, Gunther (Hrsg.): Stupor Mundi, Darmstadt 1966
Wolf, Hans-Jürgen: Sünden der Kirche, Hamburg 1995
Ziegler, Jean: Die Barbaren kommen, München 1998
Zimmer, Dieter: Deutsch und anders, Reinbek 1997

Namen- und Sachregister

VERBREITUNG